KB083947

jinhak **blacklabel**

영어 내신 어법

1 등급을 위한 **명품 영어**

Tomorrow
better than today

환경을 사랑하는 `JINHAK`
진학사 `blacklabel` 시리즈는 친환경용지로 만듭니다.

블랙라벨 영어 내신 어법

저자　　이진국 박경아 김용선 박경열 (고등영어 컨텐츠 전문가 그룹 '빅포레스트')

기획 위원

강미라(대치탑영어학원)	김지연(인천 송도 탑영어학원)	박철홍(에픽영어)	이상용(교담영수학원)	임창민(목동하이씨앤씨)
김근범(딱쌤영어)	문일(강대영어전문학원)	안미영(스카이플러스학원)	이상윤(제스트학원/일산 한서학원)	전수지(강릉 이보영의토킹클럽)
김민정(제주 낭만고등어영어)	민승규(민승규영어)	양희진(지니어스영어)	이석준(이석준입시연구실)	최성호(PK리더스영어학원)
김선우(진성학원)	박미애(명문지혜학원)	유영목(유영목영어전문학원)	이헌승(성균영어학원)	
김일환(김일환어학원/고등영어)	박원효(PK리더스영어학원)	이동현(쌤마스터입시학원)	이희승(흥진고등학교)	

검토위원

강다솜(리더스어학원)	김수훈(대치 미래탐구)	류성준(타임영어학원)	송정식(능통학원)	이종태(대치 명인학원)
강선우(EiE고려대국제어학원)	김순남(동탄중앙학원)	문장엽(엠제이영어수학전문학원)	신동범(멘토시스템학원)	이진기(일등공신학원)
강윤구(최강영어백년대계)	김영국(리벤티움영수전문학원)	박미영(박선생영어년+소)	신니혜(싱균영어힉원)	이진동(청담영이전문학원)
고경민(고선생영어)	김용규(win school)	박수진(반송고등학교)	신호현(아로새김)	임경혜(선덕고등학교)
곽억훈(훈민영어)	김우진(수석영어학원)	박시현(박앤박영어)	심우림(Pit-a-Pat English)	임백규(동화고등학교)
권미애(코어English)	김윤경(신헌 엠베스트SE학원)	박영주(BOM 학원)	양아람(위도중고등학교)	장가은(Alice's English Community)
권익재(제이슨영어교습소)	김은정(잉글리시가든)	박재형(인투잉글리쉬어학원)	엄재경(강의하는아이들침산)	장흥규(민준어학원)
김다영(제이케이영어전문학원)	김의식(S&T 입시전문학원)	박종근(유빅학원)	윤경득(곰샘영어)	전상호(제임스입시영어학원)
김명진(선진학원)	김인곤(세종학원)	박지영(더클래스)	윤희영(세실영어)	전영재(시흥 배곧영재아카데미학원)
김문경(도아스터디)	김주영(홍성민영어학원)	박지은(제이케이영어전문학원)	이경열(본오세종학원)	정윤석(예스영어)
김미연(이오어학원)	김지혜(YT어학원 광명분원)	박희경(이엠플러스)	이병권(신한고등학교)	한정희(제니영어)
김미원(켈리3시간영수학원)	김진규(서울바움학원(역삼력키))	배상빈(이레)	이세인(제이엠어학원)	한형식(서대전여자고등학교)
김병택(탑으로가는영어)	김창훈(영품영어)	백미선(최종호어학원)	이승현(대구 학문당입시학원)	
김수정(리더스어학원)	남재호(부산 사하 제니스학원)	석미경(Tom&Toe스터디)	이영민(상승공감학원)	

2판3쇄 2024년 9월 20일　**펴낸이** 신원근　**펴낸곳** (주)진학사 블랙라벨부　**기획편집** 윤문영　**디자인** 이지영　**마케팅** 박세라

주소 서울시 종로구 경희궁길 34　**학습 문의** booksupport@jinhak.com　**영업 문의** 02 734 7999　**팩스** 02 722 2537　**출판 등록** 제300-2001-202호

● 잘못 만들어진 책은 구입처에서 교환해 드립니다.　● 이 책에 실린 모든 내용에 대한 권리는 (주)진학사에 있으므로 무단으로 전재하거나, 복제, 배포할 수 없습니다.

www.jinhak.com

영어

내신 어법

1등급을 위한 명품 영어

블랙라벨

수능 어법과 내신 어법은 다르다!
시험 대비 문제집도 달라야 한다!

모든 언어에는 고유한 법칙이 있듯, 영어에도 지켜야 할 원칙인 '어법'이 있습니다. 우리말에서는 '나는 / 사랑해 / 너를'이라고 하면 어순이 어색하지만, 영어에서는 '나는(I) / 너를(YOU) / 사랑해(LOVE)'가 어색합니다. 이렇듯 고유한 원칙인 어법을 지켜야 제대로 된 영어를 구사할 수 있습니다.

그런데 말입니다. 절대 규칙인 이 어법이 '내신 중간·기말고사'와 '수능 영어 영역 시험'에서는 매우 다른 방식으로 출제된다는 것을 알고 계십니까? 대표적인 예로 수능 어법 문제는 모두 객관식인 반면, 내신 어법 문제는 객관식도 있고, 서술형과 주관식도 있습니다. 그뿐만 아니라 내신 어법 문제는 다양한 유형과 복수의 정답을 가지고 변별력을 확보하고자 하기 때문에 대충 알아서는 1등급을 달성하기 어렵습니다.

그런데 말입니다. 대부분의 영어 어법 교재들은 수능형으로만 출간되고 있다는 사실, 그리고 우리도 여전히 수능 문제집으로 내신 시험을 대비하고 있다는 사실을 알고 계십니까? 학교마다 달라서 내신은 책으로 대비할 수 없다고요? 정말 그런지 확인하고자 블랙라벨 영어팀은 주요 학교들의 최근 2~3년간의 거의 모든 시험 문제를 분석했습니다. 그랬더니, 학교마다 다르다고 생각했던 내신 어법 시험이 뜻밖에도 반복되는 특정 유형이 존재한다는 것을 알았습니다. 또한 시험에 자주 나오는 빈출 어법도 찾았습니다.

이제 답은 명확해졌습니다.
내신 어법은 수능 문제집이 아닌 내신 문제집으로 대비해야 한다는 것!
〈블랙라벨 영어 내신 어법〉이 어렵고 답답한 영어 내신 어법 문제에 대한
명쾌한 해결책을 제시해 드리겠습니다.

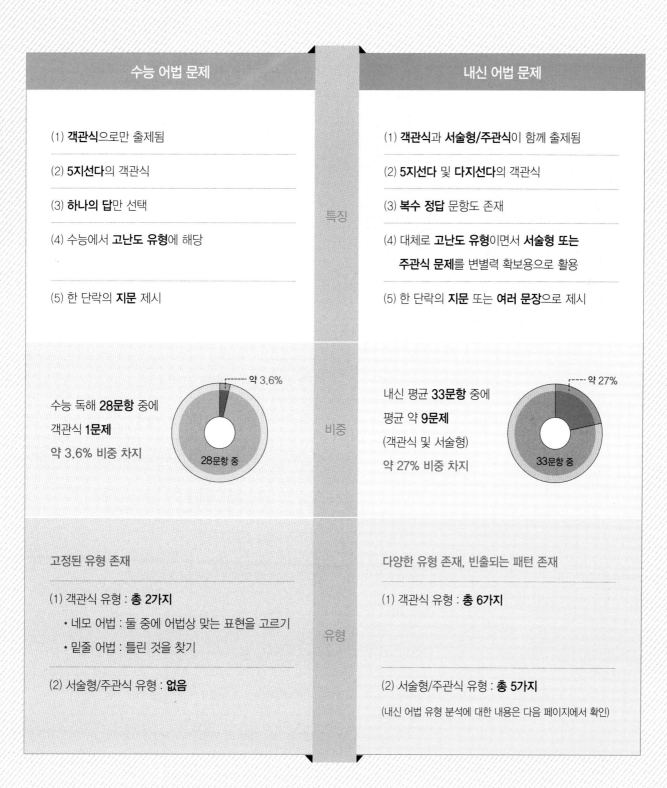

수능 어법 문제		내신 어법 문제
(1) **객관식**으로만 출제됨	특징	(1) **객관식**과 **서술형/주관식**이 함께 출제됨
(2) **5지선다**의 객관식		(2) **5지선다** 및 **다지선다**의 객관식
(3) **하나의 답**만 선택		(3) **복수 정답** 문항도 존재
(4) 수능에서 **고난도 유형**에 해당		(4) 대체로 **고난도 유형**이면서 **서술형 또는 주관식 문제**를 변별력 확보용으로 활용
(5) 한 단락의 **지문** 제시		(5) 한 단락의 **지문** 또는 **여러 문장**으로 제시

약 3.6%

수능 독해 **28문항** 중에
객관식 **1문제**
약 3.6% 비중 차지

28문항 중

비중

약 27%

내신 평균 **33문항** 중에
평균 약 **9문제**
(객관식 및 서술형)
약 27% 비중 차지

33문항 중

고정된 유형 존재

(1) 객관식 유형 : **총 2가지**
　• 네모 어법 : 둘 중에 어법상 맞는 표현을 고르기
　• 밑줄 어법 : 틀린 것을 찾기

(2) 서술형/주관식 유형 : **없음**

유형

다양한 유형 존재, 빈출되는 패턴 존재

(1) 객관식 유형 : **총 6가지**

(2) 서술형/주관식 유형 : **총 5가지**
(내신 어법 유형 분석에 대한 내용은 다음 페이지에서 확인)

‘내신 어법 문제’ 유형 분석

객관식 유형의 경우, 수능 어법 유형을 내신에서 사용하는 학교들도 있지만, 다양하게 변형된 형태로 출제하는 학교들이 많다. 기본적으로 지문이나 문장 속에서 어법이 맞는지 틀린지를 파악하는 문제가 대다수이며, 그 외에 특정 문법의 쓰임이나 영작에 오류가 없는지를 파악하는 문제도 등장한다. 또한 틀린 또는 맞는 곳을 여러 개 찾아야 하는 경우도 있으므로 여러 개념을 정확히 아는 것이 중요하다.

유형	구분	실제 문항
1. 밑줄 어법 (틀린 것 찾기)	복수 정답 찾기	• 다음 밑줄 친 부분 중 어법이 어색한 것 2개는?
	개수 찾기	• 다음 글의 밑줄 친 부분 중 어법상 틀린 부분이 있다면 그 개수는?
	짝지어진 것 찾기	• 다음 밑줄 친 ⓐ~ⓕ 중 어법상 틀린 것끼리만 짝지은 것은?
1-1. 밑줄 어법 (맞는 것 찾기)	기본형	• 다음 밑줄 친 ⓐ~ⓔ 중 어법상 옳은 것은?
	개수 찾기	• 다음 밑줄 친 단어 중 문맥상 쓰임이 올바른 것은 모두 몇 개인가?
	짝지어진 것 찾기	• 다음 ⓐ~ⓗ 중 어법상 바른 문장끼리 짝지어진 것은?
2. 틀린 문장 찾기	기본형	• 다음 중 어법상 틀린 부분이 있는 문장은?
	복수 정답 찾기	• 다음 주어진 ①~⑤ 문장 중, 밑줄 친 부분이 어법상 틀린 것을 2개 고르면?
	개수 찾기	• 〈보기〉의 ⓐ~ⓗ의 문장 중 어법상 틀린 것의 개수는?
	짝지어진 것 찾기	• 아래 〈보기〉에서 어법상 틀린 문장을 골라 짝지은 것은?
2-1. 맞는 문장 찾기	기본형	• 다음 중 어법상 올바른 것은?
	복수 정답 찾기	• 다음 중 어법에 맞게 쓰인 문장을 2개 고르면?
	개수 찾기	• 다음 중 어법상 맞는 문장의 개수는?
	짝지어진 것 찾기	• 다음 중 어법상 옳은 문장만을 모두 고른 것은?
3. 문법 쓰임이 같은/다른 것 찾기	기본형	• 다음 밑줄 친 that과 문법적 쓰임이 같은/다른 것은?
	짝지어진 것 찾기	• 아래 ⓐ~ⓔ의 밑줄 친 부분의 to부정사 용법이 같은 것끼리 짝지어진 것은?
4. 영작이 틀린/맞는 것 고르기	기본형	• 주어진 우리말에 대한 영작으로 옳지 않은 것은?
	복수 정답 찾기	• 우리말을 바르게 옮긴 것을 2개 고르면?

특징	실제 출제된 학교명 (가나다 순)
밑줄 어법 유형의 경우, 크게 두가지로 나눌 수 있다. 틀린 것을 찾거나 맞는 것을 찾는 경우이다. 특히 맞는 것을 찾는 경우에는 틀린 것을 먼저 찾아 번호를 지워나가면서 정답을 찾는 것이 적절한 해결 방법이다. 세부적인 특징으로는 주로 단락형 지문이 제시되며, 그 안에서 밑줄 친 부분이 단어, 구, 문장인 경우로 구분된다. 밑줄 친 부분이 단어나 구인 경우 그 부분을 중심으로 유의해서 보면 되지만, 문장 전체를 선택지로 제시하는 경우에는 모든 어법 요소를 다각도로 고민해야하기 때문에 난이도가 상당히 올라가게 된다.	개포고/대일외고/대진여고/마포고/목동고/배재고/숙명여고/신목고/용산고/이화여자외고/중앙고/진명여고/한영고 외
	마포고/서라벌고/선덕고/장훈고/중동고/중산고 외
	개포고/대진여고/반포고/배재고/서라벌고/선덕고/양천고/중대부고/중동고/중앙고 외
	개포고/광남고/대진고/마포고/명덕고/배재고/상문고/서라벌고/서초고/양천고/잠신고/중대부고/중앙고 외
	상문고
	개포고/상문고/서울고/중대부고 외
틀린 문장 또는 맞는 문장을 찾는 유형으로, 선택지는 주로 문장형이 제시된다. 따라서 단락형 지문과는 달리 선택지마다 문맥적인 연결고리가 없게 되고, 시험 범위에 해당하는 모든 문장들이 전부 선택지가 될 가능성이 높다. 따라서 모든 문장을 꼼꼼히 분석적으로 보는 연습이 필요하다. 또한 특정 부분에 밑줄이 들어가는 경우가 있고, 밑줄이 없는 경우가 있다. 밑줄이 없는 경우, 문장을 보고 모든 어법의 수를 생각해야 하므로 난이도가 높아지게 된다. 가장 확실하게 틀리거나 맞는 선택지를 제외하면서 문제를 푸는 것이 좋다.	개포고/광남고/대일외고/마포고/반포고/신목고/재현고/중산고/중앙고/한가람고 외
	보인고/신목고/재현고/한영고 외
	경기여고/숙명여고/중산고/중앙고 외
	개포고/신일고/중동고 외
	배재고/중산고/중앙고 외
	배재고/이화여자외고 외
	경기여고/상문고/숙명여ㄱ 외
	숙명여고/중동고 외
특정 어법 사항의 쓰임이나 기능에 대해 구분할 수 있는지를 아는지 물어보는 문제로, that 이나 to부정사처럼 여러가지 역할을 가진 것들에 대해 묻는 경우가 있다.	마포고/신일고 외
	한가람고 외
각 선택지에 한글이 주어지고, 그에 맞게 영작이 제대로 되었는지를 확인하는 문제이다. 영작문 자체가 길지는 않으나, 특정 어법 표현을 정확히 알고 있는지를 묻는 문제이므로 난이도가 있는 유형이다.	배재고/중앙고 외
	동덕여고/배재고/숙명여고 외

여러가지 서술형/주관식 문항 중에 어법을 알아야 해결할 수 있는 문항만을 골라 분석하였는데, 크게 '단어 배열' 유형과 '어법상 틀린 것 찾아 고치기' 유형, 그리고 '문장 전환' 유형 이렇게 세 가지로 분류할 수 있었다.

'단어 배열'은 문장 구조와 어형 변화에 대해 아는 것이 중요하고, '어법상 틀린 것 찾아 고치기' 유형은 어법에 대한 정확한 이해와 고치는 연습이 필요하다. '문장 전환' 유형은 내신에서 빈도가 잦은 유형은 아니지만 난이도가 상당히 높아 킬러 문항이 될 가능성이 높으므로 평소에 연습해 두는 것이 좋다.

유형	구분	실제 문항
1. 단어 배열	단순 단어 배열	• 다음 밑줄 친 부분을 우리말과 같이 영작할 때 주어진 단어들을 알맞게 배열하여 쓰시오.
	어형 변화/특정 조건 단어 배열	• 주어진 단어를 이용하여 밑줄 친 (A)의 해석에 맞게 문장을 완성하시오. (단어 중복 사용 및 어형 변화 가능)
	기타 단어 배열	• 〈보기〉의 단어를 (A)의 주어진 우리말에 맞게 배열하시오. (중복 가능, 번호로 표기) • 윗글의 밑줄 친 (A)의 주어진 뜻에 맞도록 아래 〈보기〉의 단어 중 필요한 단어만을 골라 문장을 완성하시오.
1-1. 단어 배열 복합 문제	요약문 제목 요지 주제 + 단어 배열	• 윗글을 다음과 같이 요약하고자 한다. 빈칸 (A), (B)에 들어갈 알맞은 말을 〈보기〉의 말을 모두 사용하여 쓰시오. (단, 필요시 단어를 첨가하거나 활용할 것) • 윗글의 제목을 영어로 완성하시오. (주어진 단어 모두 사용할 것. 필요시 어형 변화 가능. 문장으로 쓰지 말 것) • 다음 글을 읽고, 괄호 안의 주어진 단어 모두를 한 번씩만 사용하여 Dworkin의 견해를 완성하시오.
2. 틀린 것 찾아 고치기	밑줄 어법의 주관식 (지문형)	• 다음 중 어법에 맞지 <u>않는</u> 것을 모두 찾아 틀린 문장의 번호를 쓰고, 틀린 부분을 바르게 고치시오.
	밑줄 어법의 주관식 (문장형)	• 각 문장에서 어법상 <u>틀린</u> 한 단어를 찾아 바른 한 단어로 고치시오.
2-1. 괄호/밑줄 단어 고치기	어형 변화	• 빈칸에 들어갈 말을 괄호 속에 주어진 단어를 활용하여 문맥과 어법에 맞도록 각각 넣으시오. (반드시 변형하되, 한 단어로 채울 것) • 주어진 동사의 형태를 어법에 맞게 적절히 고쳐 쓰시오. • 문맥에 가장 자연스럽고 알맞게, 아래 주어진 조동사를 활용하여 괄호 안의 동사를 알맞은 형태로 쓰시오.
3. 문장 전환	의미가 같도록 영작/배열하기	• 다음 문장이 아래의 단어로 시작하는 문장과 같은 뜻이 되도록 올바르게 적으시오.

특징	실제 출제된 학교명 (가나다 순)
제시된 우리말의 의미와 어법에 맞게 단어를 배열하는 문항이다. 내신에서 가장 기본적으로 출제되는 서술형 문항이다.	개포고/경문고/광남고/대진고/대진여고/반포고/상문고/서라벌고/서울고/세화여고/신목고/신일고/양천고/용산고/재현고/중대부고/중동고/중산고/중앙고/현대고 외
제시된 단어들을 이용해 배열하되 어형 변화를 하거나, 요구하는 특정 조건에 맞춰 단어를 배열해야 하는 문항이다. 단순 단어 배열 문항보다 난이도가 있는 유형이다.	강서고/경문고/대일외고/대진고/동덕여고/마포고/명덕고/목동고/반포고/보인고/상문고/서라벌고/서울고/서초고/선덕고/세화여고/숙명여고/신일고/양천고/용산고/이화여자외고/잠신고/장훈고/재현고/중대부고/중동고/중산고/중앙고/진명여고/한영고/현대고 외
단순 단어 배열 형태이지만, 직접 단어들을 쓰지 않고 주어진 원번호를 순서에 맞게 나열하거나 문장 안의 특정 위치에 들어가는 단어를 원번호로 쓰는 유형이 있다. 또한 보기에 여러 단어들을 제시해 놓고, 필요한 단어만 골라서 단어 배열하는 유형도 있는데, 단순 단어 배열의 형태이긴 하나 불필요한 단어를 걸러내야 하므로 난이도가 약간 있는 유형이다.	대진고/재현고/중산고 외
주어진 지문을 읽고 그에 대한 요약문, 제목, 요지, 주제문 등을 단어 배열하여 완성하는 유형이다. 기존의 단어 배열 형태처럼 우리말이 제시되는 것이 아니기 때문에, 독해력과 영작 실력을 동시에 확인하는 복합 문제이다. 여기에 언급되지 않은 다른 학교에서도 자주 등장하는 고난도 유형이니 꼭 알아두자.	대진여고/선덕고/숙명여고 외
객관식 밑줄 어법 유형과 같은 형태지만, 틀린 곳을 직접 고쳐야 하는 주관식 유형이다. 기본적으로 하나의 이야기를 가진 단락형 지문이 제시되는 편이고, 선택지는 단어, 구, 문장으로 객관식 형태와 유사하다. 일반적으로 복수의 선택지를 고치게 하는 형태가 많은 편이다.	강서고/개포고/경문고/광남고/대일외고/대진고/대진여고/마포고/명덕고/반포고/상문고/서라벌고/선덕고/세화고/세화여고/숙명여고/신목고/신일고/양천고/영동고/용산고/잠신고/장훈고/재현고/중대부고/중동고/중산고/중앙고/진명여고/한영고 외
문맥적 연결고리가 없는 각각의 문장 속에서 틀린 곳을 찾아 고치는 주관식 유형이다. 다양한 문장이 제시될 수 있으므로 문법 사항도 다양하게 묻는 경우가 많다.	대진고/대진여고/명덕고/이화여자외고/재현고/한가람고/현대고 외
괄호 안에 특정 단어를 기본형으로 제시하고, 어법상 혹은 문맥상 적절한 단어로 고치는 유형이다. 일반적으로 동사 변형에 대한 문제가 자주 등장한다.	대일외고/세화여고/용산고/장훈고/중앙고/진명여고 외
제시된 문장과 같은 의미가 되도록 부분 영작하는 문제로, 평소에 단문/복문 전환, 비교급 전환, 수동/능동 전환, 4형식/3형식 전환, 부정어구 도치문 전환 등 다양한 형태를 알고 있는 것이 좋다.	개포고/광남고/신일고/양천고/중동고 외

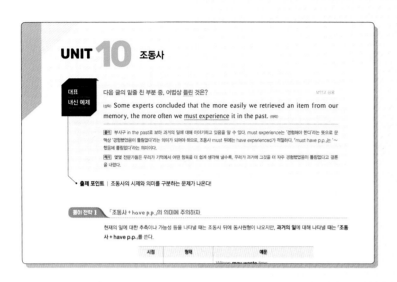

대표 내신 예제 & 풀이 전략

어떤 어법 요소를 다룬 문제들이 내신에서 출제되고 어떤 해결 방법이 있는지를 알려줍니다. 총 40개 학교의 내신 시험을 분석하여 빈출도가 가장 높은 어법 개념만을 골라 구성하였고, '함정 피하기'와 '서술형 잡기' 코너를 통해 부족한 설명을 보충하였습니다.

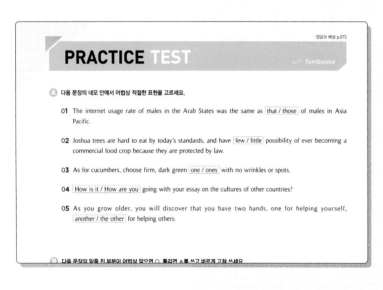

PRACTICE TEST

앞에서 설명한 어법 개념과 내용을 문장에 적용하여 연습할 수 있게 만든 문장형 테스트입니다. 약 25개의 문장들은 교과서 및 기출 문장에서 응용하였으므로 내신에 직·간접적으로 도움이 될 것입니다.

UNIT TEST

2~3개 유닛을 묶어 다양한 어법을 종합적으로 연습할 수 있게 만든 테스트로, 총 10개의 문항을 객관식과 서술형/주관식으로 섞어 다양하게 구성하였습니다. 모든 문제는 실제 내신 시험에서 자주 등장한 유형을 응용하여 '우리 학교에서 진짜 나오는 문제'처럼 느낄 수 있도록 만들었습니다.

ᵁᴺᴵᵀ 01-05 REVIEW TEST

01
→ 서라벌고 응용

다음 중, 어법상 틀린 문장을 모두 고르면?

① Through frequent staff training, the company makes an effort to lie the foundation for continuous improvement and rise.
② When you buy the tomato at a supermarket, there are a number of costs that results in you paying much more than you would pay the farmer.
③ She began to tell him that she had been married to a traveling salesman who had recently passed away.
④ The principal sincerely hoped that this opportunity would be taken advantage of by many students who were interested in drones.

02
→ 배재고 응용

다음 글의 밑줄 친 부분 중, 어법상 틀린 것끼리 짝지은 것은?

ⓐ Recent experimental evidence for the importance of reputation in facilitating cooperation has come from an analysis of the contributions to an 'honesty box' for drinks in a university departmental coffee room. Bateson and colleagues looked at contributions to the box when images (always posted above the recommended price list) of a pair of eyes ⓑ were alternated on a weekly basis with images of flowers. The amount of milk ⓒ consumed turning out to be the best indicator of total consumption, but remarkably almost three times more money ⓓ was paid per liter in weeks when there were eyes portrayed, compared to when there

---

REVIEW TEST

시간이 지나면서 앞에서 배웠던 것들을 잊지 않으려면 중간에 지속적인 확인 작업이 필요합니다. 지금까지 배운 단원의 어법 내용을 틈틈이 상기할 수 있도록 빈틈없이 복습 테스트를 구성하였습니다.

미니 모의고사

2회

01
→ 개포고 응용

다음 글의 밑줄 친 부분 중, 어법상 틀린 것을 2개 고르면?

You are far more likely to eat ① what you can see in plain view. ② Organize the foods in your kitchen so the best choices are most visible and easily accessible. It also helps to hide poor choices in inconvenient places. An even better idea is to simply get rid of anything with low nutritional value ③ that you may be tempted to eat. Put fruits, vegetables, and other healthy options at eye level in your refrigerator, or ④ leaving them out on the table. Even when you aren't hungry, simply seeing these items will plant a seed in your mind for your next snack. Also consider ⑤ to take small bags of nuts, fruits, or vegetables with you when you

02
→ 서울고 응용

다음 글 (A), (B)의 밑줄 친 부분 중, 어법상 적절한 것끼리 짝지어진 것은?

(A) Playing any game that involves more than one person teaches kids teamwork, the consequences of cheating, and how to be a good team player whether they win or lose. It's not hard ⓐ to see how those skills make it into the daily lives of kids. But like all things ⓑ we hope teaching our children, learning to cooperate or to compete fairly takes practice. Humans aren't naturally good at losing, so there will be tears, yelling, and cheating, but that's okay. The point is, playing games together helps kids with their socialization. It allows them a safe place ⓒ to practice getting

---

미니 모의고사

한 유닛을 배우고 바로 푸는 테스트는 어렵지 않을 수 있습니다. 하지만 여러 어법 사항이 마구 섞여 있는 문제를 맞닥뜨리게 됐을 때, 비로소 본인의 실력이 드러납니다. 이제까지 배운 모든 어법 지식들이 총망라된 미니 모의고사로 본인의 진짜 실력을 확인해 보시기 바랍니다.

UNIT 04 수동태의 이해

PRACTICE TEST with Textbooks

A
01 were valued 02 happened 03 consists
04 appeared 05 looked at

B
01 ×, were inspired 02 ○ 03 ×, was regarded
04 ×, holds 05 ×, be treated

C
01 parked → was parked 02 is remained → remains
03 dealt with → dealt with by 04 seem → to seem
05 called → were called

D
01 Subjects were shown about 1,000 word cards
02 more than hundreds of passengers were denied boarding
03 are often influenced, be expected to be red
04 were made to sound an alarm
05 these signals should be paid attention to by us

E

풀이 자동사 appear는 수동태로 쓸 수 없으므로 appeared가 적절하다.
05 정답 looked at
해석 이 연구에서 그것들이 같은 유전자 코드를 가지고 있는지를 알아내기 위해 200개 이상의 동물이 조사되었다.
풀이 look은 수동태로 쓸 수 없는 자동사이지만, 구동사 look at은 '~을 〈자세히〉 살피다[조사하다]'라는 의미로 타동사처럼 쓰이기 때문에 수동태로 쓸 수 있다. 200개가 넘는 동물이 '조사될' 것이므로 수동태로 나타내며, at을 함께 써 주어야 하므로 looked at이 적절하다.

B

01 정답 ×, were inspired
해석 Whitman의 작품들 중 일부는 1800년대의 초월주의 운동에서 영감을 얻었다.
풀이 Whitman의 작품들이 영감을 '받은' 것이므로 수동태가 되어야 하고, 주어 Some of Whitman's works가 복수이므로 inspired를 were inspired로 고쳐야 한다.

02 정답 ○
해석 한국인들과 미국인들이 똑같은 장소에서 어떤 한 사람의 사진을 찍도록 요청받았을 때, 그 사진들의 결과는 매우 달랐다.
풀이 한국인들과 미국인들이 사진을 찍도록 '요청받은' 것이므로 수동태 were required가 쓰였고, 능동태 문장의 목적격보어였던

정답과 해설

이해하기 쉬운 해석, 정·오답에 대한 명확한 해설, 문법적으로 꼭 알아야 할 중요 구문 분석, 그리고 알아두면 좋을 어휘 및 어구를 실어 스스로 학습 할 때 도움이 될 수 있도록 하였습니다.

►► CONTENTS

If we are to achieve results never before

accomplished, we must expect to employ

methods never before attempted.

누구도 해 낸 적 없는 성취란, 누구도 시도한 적 없는 방법을 통해서만 가능하다.　　− 프랜시스 베이컨

특유의 지성과 지혜로움으로 엘리자베스 1세 여왕으로부터

"젊은 옥새상서"라 불린 프랜시스 베이컨.

그는 당시 아리스토텔레스 학파에 반대하여 새로운 논리철학인 귀납법을 주장하면서

기존 논리의 한계를 지적했습니다. 비판 없이 현실을 수용하고 한계를 인정하는 자세로는

새로움을 만들어 낼 수 없습니다. 누군가가 가지 않은 길,

험하고 거친 길로 뛰어드세요. 그곳에 당신이 원하던 새로움이 있습니다.

동사의 이해

UNIT **01** 동사의 기초

다음 글의 밑줄 친 부분 중, 어법상 잘못 사용된 것을 찾아 바르게 고치세요.   마포고 응용

(상략) Further, explaining to the child why its behaviour must conform to family norms and remain within family boundaries <u>helping</u> the child to respect the significance of family boundaries and to learn to be happy within that frame. (하략)

[풀이] explaining ~ boundaries까지가 주어인데, 그 안에 간접의문문 why ~ boundaries가 포함되어 주어 부분이 길어지게 되었다. 문장의 동사가 있어야 할 자리에 준동사 helping이 왔으므로 helping을 동사 형태로 고쳐야 하는데, 주어의 핵인 explaining은 동명사로 단수 취급해야 하므로 helps로 고치는 것이 적절하다.

[해석] 게다가, 자신의 행동이 가족 규범을 따라야 하는 이유와 가족 경계 내에 머물러야 하는 이유를 자녀에게 설명하는 것은 자녀가 가족 경계의 중요성을 존중하고 그 틀 안에서 행복하게 지내는 것을 배우는 데 도움이 된다.

● **출제 포인트** │ 동사와 준동사를 구분하는 문제가 나온다!

풀이 전략 1   주어와 동사를 찾아라.

하나의 문장에는 **하나의 동사**가 있어야 하고 **나머지는 준동사**로 표현해야 한다. 준동사에는 부정사, 동명사, 분사가 있다.

A. [Answer / Answering] questions in a new, unexpected way **is** the essential creative act.

동사 is가 있으므로 주어 역할을 할 수 있는 동명사 Answering이 적절하다.

B. The sound of the water running under the bridge [grabs / grabbing] my attention.

The sound of the water가 문장의 주어이고 동사가 없으므로 grabs가 적절하다. running under the bridge는 주어를 수식하는 현재분사구이다.

[해석] **A.** 새롭고 예상치 못한 방식으로 질문에 답하는 것은 아주 중요한 창의적인 행동이다.
B. 다리 아래로 흐르는 그 물소리가 나의 주의를 끈다.

풀이 전략 2   접속사가 있는지 확인한다.

「**동사의 개수=접속사의 개수＋1**」 공식을 기억하자. 하나의 문장에는 하나의 동사가 원칙이지만, 접속사가 있으면 동사를 하나 더 추가할 수 있다.

C. Many people [supported / supporting] Hitler because he offered prospects for a better life.
_{접속사   동사}

접속사 because 뒤의 offered는 **종속절의 동사이다. because 앞의 *주절에도 본동사가 필요하므로 동사인 supported가 알맞다.

D. This survey shows that some old people [living / live] in urban areas hope to live in rural areas.
_{접속사   동사}

접속사 that 이하는 shows의 목적어 역할을 하는 종속절인데 동사 hope가 있으므로 준동사인 현재분사 living이 적절하다. living은 some old people을 수식한다.

*주절 : 접속사가 없으며, 독립적으로 쓸 수 있는 문장 **종속절 : 접속사를 갖고 있으며, 주절을 보충하는 문장으로 독립적으로 쓸 수 없는 문장

[해석] **C.** 많은 사람들은 히틀러를 지지했는데, 그가 더 나은 삶에 대한 가능성을 제시했기 때문이다.
D. 이 설문조사는 도시에 사는 몇몇 나이 든 사람들이 시골에서 살기를 희망한다는 것을 보여준다.

기계적으로 눈에 보이는 접속사의 개수로만 동사의 개수를 판단해서는 안 된다. 목적어나 보어로 쓰인 ***명사절을 이끄는 접속사 that**과 **목적격 관계대명사** 등은 **생략**될 수 있으므로 주의하자.

* 명사절이란? '명사의 역할을 하는 절'이란 뜻으로, 명사처럼 주어, 목적어, 보어 자리에 올 수 있는 문장을 뜻한다.

E. The man she [loved / loving] knew Tom.	**F.** I knew she [loved / loving] Tom.
위 문장에는 man과 she 사이에 목적격 관계대명사 who(m)이 생략되었다. 따라서 동사 loved가 적절하다.	knew와 she 사이에 명사절을 이끄는 접속사 that이 생략되었다. 따라서 동사 loved가 적절하다.

해석 **E.** 그녀가 사랑했던 그 남자는 Tom을 알았다.   **F.** 나는 그녀가 Tom을 사랑했다는 것을 알았다.

대표 내신 예제

다음 중 어법상 **틀린** 단어를 하나 찾아 바르게 고치세요.   명덕고 응용

(상략) He built a flat structure and laid on it to paint the ceiling. (하략)

풀이 laid는 '~을 놓다, 눕히다'라는 의미의 타동사 lay의 과거형이다. 타동사 뒤에는 목적어가 와야 하는데 전치사가 왔으므로 잘못된 표현이다. 의미상으로도 '그가 구조물(it) 위에 누웠다'라는 뜻이 되어야 자연스러우므로 laid는 '눕다'라는 의미의 자동사 lie의 과거형인 lay로 고쳐야 한다.

해석 그는 평평한 구조물을 만들고 천장을 색칠하기 위해 그 위에 누웠다.

● **출제 포인트** | 자·타동사를 구별하는 문제가 나온다!

풀이 전략 1   **타동사는 전치사와 함께 사용할 수 없다는 것을 기억하자.**

다음의 동사들을 한글로 해석하면 전치사와 함께 쓸 것 같지만, 실제로는 전치사 없이 쓰이는 타동사이다. **타동사는 바로 뒤에 목적어를 쓰므로 전치사와 함께 사용될 수 없다.**

• **discuss** about (~에 대해 토론하다)	• **marry** with (~와 결혼하다)
• **mention** about (~을 언급하다)	• **resemble** with (~을 닮다)
• **answer** to (~에 대답하다)	• **reach** to (~에 도달하다)
• **enter** into (~으로 들어가다)	• **attend** at (~에 참석하다)

A. The Youth Forum will provide the opportunity to [discuss / discuss about] environmental issues with local leaders.	**B.** Pushing through water, Mazi finally [reached / reached to] the front door.
타동사인 discuss는 전치사 없이 바로 목적어를 쓰므로 discuss가 적절하다.	타동사인 reach는 전치사 없이 바로 목적어를 쓰므로 reached가 적절하다.

해석 **A.** 청소년 포럼은 지역 지도자들과 환경 문제에 대해 토론할 기회를 제공할 것이다.   **B.** 물을 통과하여, Mazi는 마침내 현관에 도착했다.

UNIT 01

의미와 철자가 혼동되는 동사들을 구별하자. * 동사변형(현재-과거-과거분사)

㉘ ~에 있다, 눕다 lie - lay - lain	㉘ 증가하다, 오르다 rise - rose - risen	㉘ 앉다 sit - sat - sat	㉑ ~을 발견하다 find - found - found
㉑ ~을 놓다, 눕히다 lay - laid - laid	㉑ ~을 올리다, ~을 키우다 raise - raised - raised	㉑ ~을 앉히다 seat - seated - seated	㉑ ~을 설립하다 found - founded - founded

C. He wants to [rise / raise] his photographic knowledge and get the latest information on photography.

[ ] 뒤에 목적어 his photographic knowledge가 있으므로 타동사 raise가 적절하다.

D. The man [sitting / seating] on the chair must be your husband.

[ ] 뒤에 목적어가 없으므로 자동사 sit의 현재분사형인 sitting이 적절하다.

해석 **C.** 그는 사진 지식을 키우고 사진술에 관한 최신의 정보를 얻기를 원한다.　**D.** 의자에 앉아 있는 그 남자는 당신의 남편임에 틀림없다.

서술형 잡기 　**특정 전치사와 함께 쓰는 동사들을 기억하자.**

목적어 뒤에 **특정 전치사를 동반하는 타동사**의 경우 동사의 목적어(A) 자리와 전치사의 목적어(B) 자리에 오는 말과 의미를 구분하여 기억해 두어야 서술형 문제를 잘 해결할 수 있다.

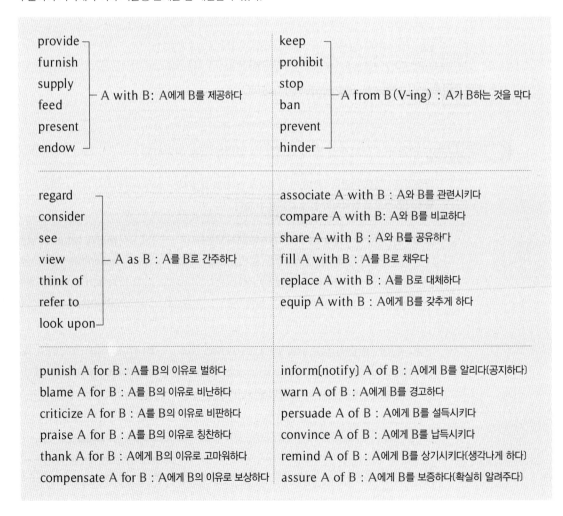

provide / furnish / supply / feed / present / endow ─ A with B : A에게 B를 제공하다

keep / prohibit / stop / ban / prevent / hinder ─ A from B (V-ing) : A가 B하는 것을 막다

regard / consider / see / view / think of / refer to / look upon ─ A as B : A를 B로 간주하다

associate A with B : A와 B를 관련시키다
compare A with B : A와 B를 비교하다
share A with B : A와 B를 공유하다
fill A with B : A를 B로 채우다
replace A with B : A를 B로 대체하다
equip A with B : A에게 B를 갖추게 하다

punish A for B : A를 B의 이유로 벌하다
blame A for B : A를 B의 이유로 비난하다
criticize A for B : A를 B의 이유로 비판하다
praise A for B : A를 B의 이유로 칭찬하다
thank A for B : A에게 B의 이유로 고마워하다
compensate A for B : A에게 B의 이유로 보상하다

inform(notify) A of B : A에게 B를 알리다(공지하다)
warn A of B : A에게 B를 경고하다
persuade A of B : A에게 B를 설득시키다
convince A of B : A에게 B를 납득시키다
remind A of B : A에게 B를 상기시키다(생각나게 하다)
assure A of B : A에게 B를 보증하다(확실히 알려주다)

PRACTICE TEST

A 다음 문장의 네모 안에서 어법상 적절한 표현을 고르세요.

01 Comics account for almost 40 percent of all Japanese books and magazines publish / published every year.

02 Here lies / lays the reason why natural control is chosen more than pesticide use.

03 The inbound ants, the ones carrying a load, having / have the right of way all the time.

04 Being a wise consumer is more than just buys / buying things on sale and using vouchers.

05 Recognize / Recognizing the strengths of your employees and give them appropriate roles.

B 다음 문장의 밑줄 친 부분이 어법상 맞으면 ○, 틀리면 ×를 쓰고 바르게 고쳐 쓰세요.

01 If you don't have much knowledge of other cultures, communication with people from other countries and ethnic groups being likely to result in misunderstandings. ( ) _____

02 He expected that global demand for meat would raise by 2% yearly over several decades.

( ) _____

03 Anna is considering attending at the Conflict Management Workshop.

( ) _____

04 When she reached to the top of the stairs inside, she looked down as if she could almost hear the crowd cheering for her. ( ) _____

05 We had a lot of fun, making beautiful colored soap with coconut and almond oil.

( ) _____

PRACTICE TEST

C 다음 문장에서 어법상 **틀린** 부분을 하나 찾아 밑줄을 긋고 바르게 고쳐 쓰세요.

01 The birds rely on moonlight to find the right way have trouble navigating the night skies because of light pollution.

02 What makes his paintings the masterpiece that we need to take the time to appreciate to be creativity and liveliness of the scenes.

03 The artificial color Red No. 5, used in some strawberry milk, adding nothing to the taste.

04 At that time, it was not the appropriate time for me to discuss about your request.

05 Dropping or losing your tablet PC wouldn't cause you much distress if the PC you purchased to cost you a little money.

D 우리말에 맞도록 다음 어구들을 바르게 배열하세요. (필요한 어구만 선택하여 배열할 것, 대·소문자 구별할 것)

01 인간이 느끼는 외로움과 유사한 어떤 것을 동물이 느낄 수 있는지 말하기는 어렵다.

(that / humans / anything / the loneliness / resembling / resembling with / feel)

Whether an animal can feel _____ is hard to say.

02 당신의 직원들에게 가끔씩 간식을 주는 것은 그들이 인정받고 있다고 느끼는 데 도움을 줄 수 있다.

(with / on / your employees / providing / an occasional snack)

_____ can help them feel appreciated.

03 우리는 막 이야기를 끝냈고 책들을 보낼 한 단체를 찾았다.

(an organization / founded / sent / send / to / found)

We just completed the story and _____ the books to.

04 점심시간 종이 울렸고, 학생들은 **동시에 그 방에서 뛰쳐나갔다.**

(out of the room / rushed / rushing / at the same time)

The lunch bell rang, and the students _____.

05 현대 서양 사고의 기원은 고대 그리스로 거슬러 올라가는데, **그때 그리스의 사상가들은** 현대 서양의 정치, 철학, 과학 및 법의 **토대를** 놓았다.

(the foundations / when / lain / Greek thinkers / laid / lied)

The origins of contemporary Western thought trace back to the ancient Greece, _____

_____ for modern Western politics, philosophy, science, and law.

E **우리말에 맞도록 다음 어구들을 바르게 배열하세요.** (주어진 어구로만 배열할 것, 대·소문자 구별할 것)

01 인도에서는 **공공장소에서 키스하다가 적발된 사람들은** 최대 10년까지 **투옥될 수 있다.**

(in public place / kissing / be imprisoned / caught / people / can)

In India, _____ for up to 10 years.

02 다른 나라에 사는 사람들이 그에게 연락해서 이 장치를 사용할 수 있는지 물었다. (필요시 어형 변화 가능)

(other / in / live / people / him / countries / contact)

_____ and asked whether they could use the device.

03 집에서 멀리 떨어진 사무실에서 일하는 많은 사람들이 고속 음식 배달 서비스에 **의존한다.** (필요시 어형 변화 가능)

(in offices / depend on / far from / work / home)

Many people _____ an express food delivery service.

04 Clark 선생님은 학생들에게 너무 어려운 **기술들을 가르친 것에 대해 자신을 책망하고 있다.** (필요시 어형 변화 가능)

(teach / for / herself / techniques / blame)

Ms. Clark _____ that were too difficult for students.

05 여러분의 손을 비누로 씻는 것은 **질병이 퍼지는 것을 막는** 효과적인 방법이다.

(from / spread / to keep / diseases / being)

Washing your hands with soap is an effective way _____.

A · **account for** (부분·비율을) 차지하다 · **natural control** 자연 방제(약품이 아닌 천적 따위를 이용하여 농작물을 병충해로부터 예방하거나 구제하는 방식) · **pesticide** 살충제 · **inbound** 들어오는 · **voucher** 할인권 · **strength** 장점 · **appropriate** 적절한

B · **ethnic** 민족의 · **be likely to V** ~할 것 같다 · **result in** (결과적으로) ~을 낳다 · **misunderstanding** 오해 · **demand** 수요 · **yearly** 해마다 · **decade** 10년간 · **conflict** 갈등 · **management** 관리 · **crowd** 군중

C · **have trouble (in) V-ing** ~하는데 어려움을 겪다 · **navigate** 비행하다 · **pollution** 공해 · **masterpiece** 걸작 · **appreciate** 감상하다 · **liveliness** 생동감 · **artificial** 인공적인 · **distress** 고통 · **cost** (비용이) 들다

D · **loneliness** 외로움 · **occasional** 가끔의 · **appreciate** 진가를 인정하다 · **rush out** 급히 뛰어나가다 · **at the same time** 동시에 · **contemporary** 현대의 · **trace back to** ~의 기원이 …까지 거슬러 올라가다 · **politics** 정치 · **philosophy** 철학

E · **public place** 공공장소 · **imprison** 투옥하다 · **contact** 연락하다 · **device** 장치 · **depend on** 의존하다 · **express** 급행(의) · **blame** 탓하다 · **effective** 효과적인 · **disease** 질병

VOCA NOTE

UNIT 02 수의 일치

대표 내신 예제

다음 문장에서 어법상 <u>틀린</u> 부분을 하나 찾아 바르게 고쳐 쓰세요.

_{상문고 응용}

^(상략) Technologies he developed at NeXT is at the heart of Apple's current renaissance. ^(하략)

풀이 목적격 관계대명사 that이 생략된 형용사절 he ~ NeXT가 주어인 Technologies를 수식하고 있으므로, 복수 주어에 맞게 is를 are로 고쳐야 한다.

해석 NeXT에서 그가 개발한 기술들은 애플의 현재 르네상스를 이끄는 중심에 있다.

● **출제 포인트** | 주어의 단·복수를 알아야 풀 수 있는 수의 일치 문제가 나온다!

풀이 전략 1 주어와 동사 사이에 있는 수식어구를 묶어라.

주어와 동사 사이에 있는 전치사(구), 형용사(구), 부사(구, 절), to부정사(구), 분사(구), 관계사절 등의 **수식어구를 묶고, 주어가 되는 명사와 동사의 수를 일치**시킨다.

A. Various products based on bananas, such as banana juice and banana bread, [is / are] offered while participants learn new recipes from famous chefs.

과거분사구+전치사구

based on bananas는 과거분사구, such ~ bread는 전치사구로 둘 다 Various products를 수식하는 형용사구이다. 문장의 주어는 Various products이므로 이에 수를 맞춰 복수 동사인 are를 선택하는 것이 적절하다.

B. Sometimes **termites** leaving their home for food [encounters / encounter] other termites coming back with food on their backs.

현재분사구

현재분사구 leaving ~ food가 termites를 수식하고 있으므로 복수 주어 termites에 맞추어 복수 동사인 encounter를 쓰는 것이 적절하다.

해석 **A.** 참가자들이 유명한 요리사들로부터 새로운 요리법을 배우는 동안 바나나 주스와 바나나 빵과 같이 바나나를 기반으로 한 다양한 제품들이 제공된다. **B.** 때때로 먹이를 찾아 자신의 집을 떠나는 흰개미들은 자신들의 등에 음식을 지고 돌아오는 다른 흰개미들을 마주친다.

풀이 전략 2 명사구나 명사절은 단수 취급한다.

주어로 쓰인 **동명사(구), to부정사(구), 명사절**은 **단수 취급**하므로 단수 동사를 쓴다.

C. Washing your face when you are in survival mode at below zero temperatures [is / are] not at the top of your priorities.

맨 앞에 있는 동명사구 Washing your face가 주어이므로 단수 동사 is를 선택해야 한다. when ~ temperatures는 주어와 동사 사이에 있는 부사절이므로 temperatures를 주어로 보고 are를 선택하지 않아야 한다.

D. What he really wanted to tell you today [are / is] that your knowledge can be used eventually.

what은 명사절을 이끄는 접속사로 What he really wanted to tell you today가 전체 문장의 주어이다. 명사절은 단수 취급하므로 단수 동사 is를 쓰는 것이 적절하다.

해석 **C.** 당신이 영하의 온도에서 생존 모드에 있을 때 얼굴을 씻는 것은 최우선순위가 아니다. **D.** 오늘 그가 정말로 당신에게 말하고 싶었던 것은 당신의 지식이 결국에는 사용될 수 있다는 것이다.

주격 관계대명사의 경우, **선행사의 수에 동사의 수를 일치시켜야 한다.** 그런데 선행사가 반드시 주격 관계대명사의 바로 앞에 있는 명사가 아닌 경우도 있으므로 유의해야 한다. 또한, **주어와 동사가 도치되어 있는 경우**에는 동사 뒤에 있는 **주어에 수를 일치**시킨다.

E. Many people confront **barriers** in their environment that [prevent / prevents] such choices.	**F.** As our world changes, so [do / does] **our occupations**. 동사 주어
주격 관계대명사 that의 동사를 선택해야 하는 경우, 선행사의 수에 동사의 수를 일치시켜야 한다. 선행사가 barriers이므로 복수 동사 prevent가 적절하다.	주절의 주어와 동사가 도치되어 있는 문장으로 복수 명사 주어인 our occupations에 수를 일치시켜 복수 동사 do를 선택하는 것이 적절하다. (Unit 20 참고)

해석 **E.** 많은 사람들은 자신들의 환경 속에서 그러한 선택을 막는 장벽을 마주하게 된다. **F.** 우리의 세계가 변화하듯이, 우리의 직업도 그렇다.

대표 내신 예제

다음 문장에서 어법상 틀린 부분을 하나 찾아 바르게 고쳐 쓰세요.   신목고 응용

(상략) One of the Nobel prize-winning biologists said that about four-fifths of his time in science were wasted. (하략)

풀이 분수 표현인 four-fifths of his time은 「분수 + of 명사」 구조이므로, of 뒤의 명사 his time에 동사의 수를 일치시켜야 한다. 따라서 were를 단수동사 was로 고치는 것이 적절하다.

해석 노벨상 수상 생물학자 중 한 명은 자신이 과학에 쓴 시간 중 4/5가 낭비되었다고 말했다.

● **출제 포인트** | 혼동되는 단·복수 표현을 알아야 하는 수의 일치 문제가 나온다!

풀이 전략 1   항상 단수로, 항상 복수로 취급하는 표현들을 암기하자.

• one of + 복수 명사
    each / every + 단수 명사   → 단수 취급
    every- (everybody, everything …)
	• (a) few/both/many + 복수 명사
	    the + 형용사(사람 표현일 때) → 복수 취급

예 (1) **One of the employees** was an AI engineer who created software applications.
       one of + 복수명사 → 단수 취급

(2) Many studies have shown that **both nature and nurture** play significant roles in human
                                        both A and B → 복수 취급
     development.

해석 (1) 그 직원들 중 한 명은 소프트웨어 애플리케이션들을 만든 AI(인공지능) 공학자였다.
(2) 많은 연구들은 천성과 교육 둘 다 인간의 발전에 중요한 역할을 한다는 것을 보여주었다.

UNIT 02

A. I didn't know that **each** of these ingredients [have / has] its own English expression with a story behind it.

each는 '각각'이란 뜻으로 항상 단수 취급하므로 단수 동사 has가 적절하다. of these ingredients는 수식어이므로 주어의 수를 판단하는 데 영향을 주지 않는다.

B. The aged [see / sees] themselves as being "at the end of the journey."

「the + 형용사」는 '~한 사람들'이란 뜻으로 복수 취급하므로 복수 동사 see가 적절하다.

해석 **A.** 나는 이런 요소들 각각 그것 뒤에 이야기가 있는 고유의 영어 표현을 가지고 있다는 것을 몰랐다.
B. 나이 든 사람들은 자신들을 '여행의 끝에 있는' 존재로 생각한다.

풀이 전략 2   뒤의 명사에 따라 동사의 단·복수가 정해지는 표현들을 암기하자.

• some / all / most / part the rest / the majority half / percent / 분수	+ of 명사 → **명사의 수에 일치**	• either A or B neither A nor B not only A but also B (=B as well as A)	→ B에 일치

예 (1) **99% of his company's shares** were donated for charity.
　　　　　　percent of 명사 → 명사의 수에 일치

(2) **Either my parents or I** was going to attend the family gathering, but we all didn't make it.
　　　　　　either A or B → B에 일치

해석 (1) 그의 회사 주식의 99%는 자선단체에 기부되었다.　　(2) 부모님 또는 내가 가족 모임에 참석하려고 했지만, 모두 다 못 갔다.

C. The majority of the students participating in the study [are / is] specialized for memorizing words quickly.

the majority of 뒤의 명사에 동사의 수를 일치시키는데 of 뒤의 명사가 students로 복수이므로, 복수 동사 are가 적절하다.

D. Not only pain, but also health problems [was / were] caused by this action.
　　　　　A　　　　　　　　B

「not only A but also B」가 문장의 주어로 쓰였을 때는 B에 수를 일치시켜야 하는데 B의 자리에 복수 명사 health problems가 왔으므로 복수 동사 were가 적절하다.

해석 **C.** 그 연구에 참여하고 있는 학생들의 대다수는 단어를 빨리 암기하는 데 전문이다.
D. 통증뿐만 아니라 건강상의 문제도 이 행동에 의해 유발되었다.

함정 피하기   All이 단수인 경우와 복수인 경우를 구별하자.

all이 관계사 등의 **수식을 받아 대명사로 쓰이면 단수 취급**하고, 뒤에 **명사를 동반**하는 한정사로 쓰일 경우 **명사의 수에 일치**시킨다.

E. All he needs [are / is] a little creativity to imagine them.

목적격 관계대명사 that이 생략된 관계사절 (that) he needs가 주어인 All을 후치 수식하는 구조로, 관계사절의 수식을 받은 all은 단수 취급하므로 단수 동사 is가 적절하다.

F. Not **all interesting discoveries** [has / have] a specific application.

주어는 all interesting discoveries인데, discoveries는 복수 주어이므로 복수 동사 have가 적절하다.

해석 **E.** 그가 필요한 모든 것은 그것들을 상상하기 위한 약간의 창의력이다.　　**F.** 모든 흥미로운 발견들이 명확한 응용성을 가지는 것은 아니다.

PRACTICE TEST

Ⓐ 다음 문장의 네모 안에서 어법상 적절한 표현을 고르세요.

01 What I realized after reflecting on myself [was / were] that I really loved taking photos.

02 Here are some of Peter's greatest works, all of which [is / are] found in the city of Madrid.

03 Most of bright colors and sweet flavors added to the products from the company [are / is] not natural, but artificial chemicals.

04 My mom suggested that I buy an inexpensive smartphone sold in nearby stores that [don't / doesn't] have any special features.

05 Working in groups made up of people from various countries [is / are] not easy, but it can produce results that exceed your imagination tremendously.

Ⓑ 다음 문장의 밑줄 친 부분이 어법상 맞으면 ○, 틀리면 ×를 쓰고 바르게 고쳐 쓰세요.

01 More than half of all animal species <u>inhabits</u> tropical rainforests.

(   ) _____

02 It takes practice to develop these mental skills, which <u>are</u> no different from the development of physical skills.

(   ) _____

03 Manufacturing paper bags not merely <u>destroys</u> forests, major absorbers of greenhouse gases, but uses other resources and causes pollution.

(   ) _____

04 Either washing your hands or using hand sanitizers <u>are</u> one of the most effective and cheap ways to stop the spread of diseases.

(   ) _____

05 The indifference to other cultures making biased views <u>were</u> a growing problem in Lisa's school.

(   ) _____

C 다음 문장에서 어법상 **틀린** 부분을 하나 찾아 밑줄을 긋고 바르게 고쳐 쓰세요.

01 Creating processed foods with 3D printers are one surprising way to make materials edible.

02 About 70 to 80 percent of the hunting in the rainforests seem to be illegal.

03 Only if accompanied by an adult is children under school age admitted to the museum.

04 Half of students look through the directions only to check their records and the rest of the information seem unimportant to them.

05 Seeing the Big Dipper, even though you know what it looks like, require clear skies and a little luck.

D 우리말에 맞도록 다음 어구들을 바르게 배열하세요. (필요한 어구만 선택하여 배열할 것. 대·소문자 구별할 것)

01 그 이미지들은 정확하지 않을지 모르지만, 그럼에도 불구하고 그것들은 우리의 마음속에 **일련의 독특한 장소들이 있는** 세계를 만들어 낸다.

(an array of / has / have / unique / that / places)

The images may not be accurate, but they nevertheless create a world in our minds _____

_____ .

02 네 그룹 모두 연구자를 얼마나 좋아했는지 **평가해 달라는 요청을 받는다.**

(are / four groups / is / asked / all / to rate)

_____ how much they liked the researcher.

03 건강한 마음을 가진 사람이라면 누구나 **건강한 신체를 가질 수 있다.**

(have / healthy / a / are / able to / is / body)

Whoever has a healthy mind _____ .

04 대다수의 농부들은 그들의 밭에 실험 품종을 기르는 것이 더 좋은 선택이라고 믿는다.

(in their field / believe / that / growing / are / a better option / believes / is / experimental varieties)

The majority of farmers _____ .

05 생필품으로 가득 찬 그 상자들은 **지진이나 홍수와 같은 비상사태에 처해 있는** 빈민들에게 배달된다.

(in emergencies / is / who / like / are / an earthquake or flood)

The boxes filled with basic supplies are delivered to the poor _____

_____ .

E 우리말에 맞도록 다음 어구들을 바르게 배열하세요. (주어진 어구로만 배열할 것. 대·소문자 구별할 것)

01 그녀가 가장 싫어하는 것들 중 하나는 모든 종류의 디지털 장비이다. (필요시 어형 변화 가능)

(her / favorite / one / be / of / least / thing)

_____ all kind of digital equipments.

02 경제 불황의 시대에 생존하기 위하여 그들이 할 수 있는 모든 것은 하루 종일 열심히 일하는 것처럼 보였다.

(could / do to survive / was / they / in times of economic depression)

It seemed that all _____ working hard all day long.

03 연휴의 시작에, 역들에 있는 모든 기차가 **고향으로 가고 싶은 승객들로 가득 찼다.** (필요시 어형 변화 가능)

(eager to / their hometowns / go to / full of passengers who / be / be)

At the start of holidays, every train in the stations _____

_____.

04 학생들의 눈에서 집중력이라고는 거의 **찾아볼 수** 없고 그의 강의를 듣는 학생은 거의 없다.

(a drop of concentration / seems / to be / in the students' eyes)

There hardly _____ and few listen to his lecture.

05 승객들뿐만 아니라 기내에서 울고 있는 아기의 부모도 좌절했는데, 아무도 그를 달랠 수 없었기 때문이었다. (필요시 어형 변화 가능)

(parents of a crying baby on board / not only / be / passengers / frustrated / but also)

_____ because no one could soothe him.

A · reflect on 되돌아보다 · flavor 맛 · artificial 인공적인 · chemical 화학 물질 · inexpensive 비싸지 않은
· nearby 가까운 · feature 특징 · exceed 넘다 · tremendously 엄청나게

B · inhabit 서식하다 · tropical 열대의 · mental 정신적인 · physical 신체적인 · merely 단지 · absorb 흡수하다
· sanitizer 소독제 · indifference 무관심 · biased 선입견이 있는

C · processed food 가공 식품 · material 재료 · edible 먹을 수 있는 · illegal 불법의 · accompany 동반하다
· adult 성인 · admit 입장을 허가하다 · look through ~을 (빠르게) 살펴 보다 · Big Dipper 북두칠성

D · accurate 정확한 · nevertheless 그럼에도 불구하고 · array 배열 · rate 평가하다 · researcher 연구원
· experimental 실험적인 · variety 품종 · emergency 비상(사태) · earthquake 지진

E · equipment 장비 · economic depression 경제 불황 · passenger 승객 · be eager to V ~을 하고 싶어 하다
· hardly 거의 ~ 아니다 · concentration 집중력 · lecture 강의 · on board 탑승한 · frustrated 좌절감을 느끼는
· soothe 달래다

VOCA NOTE

01

반포고 응용

다음 글의 밑줄 친 부분 중, 문맥상 어법이 틀린 것을 모두 고르면?

An interesting study about facial expressions ① were recently published by the American Psychological Association. Fifteen Chinese people and fifteen Scottish people took part in the study. They viewed emotion-neutral faces that were randomly changed on a computer screen and then ② categorized the facial expressions as happy, sad, surprised, fearful, or angry. The responses allowed researchers to identify the expressive facial features participants ③ associated with each emotion. The study found that the Chinese participants ④ depending more on the eyes to tell facial expressions, while the Scottish participants relied on the eyebrows and mouth. People from different cultures ⑤ perceive happy, sad, or angry facial expressions in different ways. That is, facial expressions are not the "universal language of emotions."

02

중대부고 응용

다음 글 (A), (B)의 밑줄 친 부분 중, 어법상 적절한 것끼리 짝지어진 것은?

(A) On college campuses in the U.S. and around the world, some animals are helping students in need. ⓐ With many students report depression and anxiety, school officials arrange pet therapy events to spread cheer and fight stress, especially during exams. These are not service animals trained to help people with disabilities; ⓑ most of them are the pets of volunteers. Their visits are obviously beneficial: Research shows that contact with pets can decrease blood pressure and stress-hormone levels and increase so-called happiness hormones. Mary Callahan, a director at Pet Partners, ⓒ considering pet visits on campus a great way to support students on their path to success.

(B) Perhaps the biggest mistake ⓓ that most investors make when they first begin investing to be getting into a panic over losses. This is a major obstacle to making a strong and long-lasting plan. We work hard for our money, and we want to see it grow and work hard for us. But ⓔ what most beginning investors don't understand is that investing in the stock market is a risk, and that with risk, you sometimes take losses. ⓕ Although an investment may be falling in price, it doesn't mean you have to abandon it in a rush.

① ⓐ ⓑ ⓒ   ② ⓑ ⓔ ⓕ   ③ ⓑ ⓒ ⓔ
④ ⓒ ⓓ ⓔ   ⑤ ⓓ ⓔ ⓕ

03

→ 경기여고 응용

다음 중, 어법상 틀린 문장의 개수는?

ⓐ You will find her to be a highly successful member of your student body and deserves to get a scholarship.

ⓑ I walked across to a cafe and sat down at a table, put my bag on the seat beside me.

ⓒ Trying to accept your anxiety helps you lower the level of your stress, increasing your confidence and making a work presentation much easier.

ⓓ According to a study, one third of Korean teenagers were reported to show symptoms of smart phone addiction in 2017.

ⓔ One of the reasons Monet's wife is often shown in many of his most famous paintings are that Monet loved to paint his family the most.

ⓕ A rock that is easily damaged but used as a building material for thousands of years is limestone.

① 2개   ② 3개   ③ 4개
④ 5개   ⑤ 6개

04

→ 배재고 응용

다음 글의 밑줄 친 부분 중, 어법상 옳은 것은?

① Richard Porson, one of Britain's most notable classical scholars, born on Christmas in 1759. His talents were recognized early, and he was sent to Eton College by wealthy sponsors at 15. ② Four years later, he entered into Cambridge University.

He significantly improved Greek texts and edited four plays written by Euripides. ③ In 1806, he was elected Principal Librarian at the newly found London Institution. During his lifetime, he collected a great many books on classical literature. ④ Although the number of books he owned in total is simply unknown, an episode about his passion for books is well-known: ⑤ he carried so many books that he able to pull book after book out of his pocket when a student tried to show off his knowledge of Greek writers. Despite his fame as a classical scholar, he actually published little. On September 25, 1808, three months before reaching age 49, Porson died.

05

→ 세화여고 응용

다음 중, 어법상 틀린 문장을 모두 고르면?

① Children have a fun activity with a soccer ball and also get the safe ball that inspire them with hope and dreams.

② My friend knew the answer, so she rose her hand right away and the math teacher called on her to answer.

③ Even though in a crisis, you can reach creative solutions if you regulate your emotions and use your reason.

④ If a dolphin is wounded so severely that it cannot swim to the surface by itself, other dolphins under it pushing it upward to the air.

⑤ Animals that pulled plows to turn the earth over for planting were far more efficient than humans.

06

명덕고 응용

다음 글의 밑줄 친 부분 중, 어법상 틀린 것을 3개 골라 번호와 틀린 부분을 쓰고 바르게 고치세요.

Some companies ① supply their employees with cafeteria incentive programs. The term cafeteria is used because choices ② resemble with those in a cafeteria, in which a diner proceeds down the line and chooses those foods ③ he or she would like and leave the others. Cafeteria incentives take a variety of forms. In many cases, the company will put aside a pool of money ④ each individual is able to spend on these options, such as $3,000 annually. Then, if ⑤ one person having a family with two small children and wants to use some of this money for a childcare program, the costs are automatically deducted from that employee's pool of money. Another individual might purchase either additional life insurance or medical coverage ⑥ that meets his or her specific needs. At Lincoln Electric, for example, all payments for worker medical insurance come from the bonus pool. The employees decide what type of coverage they want and the cost is deducted from their bonus.

* diner 식사하는 사람

( )_____ ➡ _____

( )_____ ➡ _____

( )_____ ➡ _____

07

진명여고 응용

다음 글의 밑줄 친 부분 중, 어법상 틀린 것을 모두 찾아 바르게 고치세요.

Storyteller Syd Lieberman suggests that it is the story in history that ① provide the nail to hang facts on. Students remember historical facts when they are tied to a story. According to a report, a high school in Boulder, Colorado, is currently experimenting with a study of presentation of historical material. Storytellers present material in dramatic context to the students, and they are required to ② discuss about it. Each student ③ is encouraged to read further. In contrast, half of students ④ is involved in traditional research/report techniques. The study indicates that the material ⑤ presented by the storytellers has much more interest and personal impact than that the students ⑥ gaining via the traditional method.

08

강서고 응용

다음 우리말에 맞도록 [보기]에 주어진 어구를 이용하여 문장을 완성하세요. (필요한 어구만 사용, 어형 변화 가능)

최저임금법은 많은 노동자들이 빈곤선 아래의 월급으로 노동하는 것을 막는 방법이다.

[보기]

from / with / many employees /
work / to prevent / the way

The minimum wage law is _____

_____ at wages

that are below the poverty line.

다음 글의 밑줄 친 부분 중, 어법상 틀린 것을 3개 골라 번호를 쓰고 바르게 고치세요.

Over time, I have become increasingly aware that the world is divided into people who ① wait for others to give them permission to do the things they ② want to do and people who don't try to ③ mention them to others and rather grant themselves permission. Some look inside themselves for motivation and others wait to be pushed forward by outside forces. From my experience, there is a lot to be said for seizing opportunities instead of waiting for someone to hand them to you. There ④ is always white spaces ready to be filled and golden nuggets of opportunities ⑤ laying on the ground waiting for someone to pick them up. Sometimes it means looking beyond your own desk, outside your building, across the street, or around the corner. All you have to do ⑥ are to gather up the nuggets there waiting to be taken.

( )_____

( )_____

( )_____

다음 글의 내용을 한 문장으로 요약하고자 한다. 빈칸에 들어갈 말을 [보기]에서 골라 문장을 완성하세요.

Study the lives of the great people who have made an impact on the world, and you will find that in virtually every case, they spent a considerable amount of time alone thinking. Every political leader who had an impact on history practiced the discipline of being alone to think and plan. Great artists spend countless hours in their studios or with their instruments not just doing, but exploring their ideas and experiences. Time alone allows people to sort through their experiences, put them into perspective, and plan for the future. I strongly encourage you to find a place to think and to discipline yourself to pause and use it because it has the potential to change your life. It can help you to figure out what's really important and what isn't.

↓

[보기]
to think / with / from / the time / praise / for / alone / ourselves / provide / prevent

We should _____

_____.

Action may not bring happiness,

but there is no happiness without action.

행동이 반드시 행복을 안겨주지 않을지는 몰라도 행동 없는 행복이란 없다.　　－ 윌리엄 제임스

노력해야 한다는 말은 너무 따분합니다.

무엇보다 그렇게 노력한다 해도 반드시 성공하리란 보장도 없습니다.

하지만 실패하든 성공하든, 결론을 내기 위해서는 반드시 시도를 해야만 합니다.

그 자리에서 머뭇거려서 얻어지는 것이라곤 글쎄요,

아마 아주 오랜 시간이 지나서 그런 말을 할지도 모르죠. "지금은 너무 늦었어!"라는 후회 말입니다.

더 많은 시간이 지나가고, 더 큰 후회가 찾아오기 전에 당신의 행복을 위해 움직이세요.

동사의 확장

UNIT 03 시제

다음 밑줄 친 부분 중, 어법상 틀린 것을 찾아 바르게 고치세요.

대진고 응용

(상략) Melisa promised to help me to prepare the math exam, but she <u>was avoiding</u> me for two weeks now. (하략)

풀이 for two weeks now라는 표현을 통해 과거부터 현재까지 이어지고 있는 일이라는 것을 알 수 있다. 따라서 현재완료(has avoided) 또는 현재완료진행시제(has been avoiding)를 사용해야 한다.

해석 Melisa는 내가 수학 시험을 준비하는 것을 도와주겠다고 약속했지만, 그녀는 지금 2주 동안 나를 피하고 있는 중이다.

● **출제 포인트** | 주로 완료시제와 관련된 문제가 등장한다!

풀이 전략 1 특정 과거 표현이 있으면 현재완료시제를 쓸 수 없다.

현재완료시제와 단순 과거시제를 구분하는 문제의 경우, 문장에 특정 과거 표현이 있으면 현재완료시제를 쓸 수 없으므로 아래 표에서 과거시제에서만 주로 쓰는 부사(구)를 중점적으로 알아두도록 하자.

특정 시제에만 주로 쓰는 부사(구)	
과거	**yesterday**, **just now**(조금 전), **last** night(week, month 등), **ago**, **in** + 과거 연도 등
현재완료	완료 : **already**, **yet**, **just**, **recently** 등 계속 : **for** + 기간, **since** + 시점, **how long** ~ 등 경험 : **ever**, **never**, **before**, **once** 등

A. The boycott lasted 90 days and [has ended / ended] **on July 24, 1956**.

on July 24, 1956이라는 특정 과거시점 표현이 있으므로 현재완료를 쓸 수 없고, 과거시제인 ended를 써야 한다.

B. Spotting the Northern Lights [is / has been] at the top of my bucket list **for a long time**.

for a long time이라는 '기간'을 의미하는 표현이 있으므로 현재완료시제인 has been이 적절하다.

해석 **A.** 그 보이콧은 90일간 지속되었고, 1956년 7월 24일에 끝났다.
B. 북극광을 관측하는 것은 오랜 시간 동안 나의 버킷 리스트 중 맨 위에 있었다.

풀이 전략 2 과거완료는 '과거보다 더 이전의 일'이란 것을 기억하자.

한 문장 안에 **과거에 발생한 두 가지 일**이 나올 때, 더 먼저 일어난 일은 **과거완료(대과거) had p.p.**를 써준다. 과거완료를 쓰는 것이 의무적이진 않지만 **사건의 발생 순서를 분명히 할 필요가 있는 경우**, 먼저 일어난 일은 **과거완료**로 써야 한다. 과거완료에 대한 문제가 빈번하게 출제되므로, '과거완료는 과거보다 더 이전의 일'이라는 것을 꼭 기억하자.

C. I thought he [has asked / had asked], "Are you Finnish?"

내가 생각한 것보다 그가 물은 것이 먼저이므로 과거완료 had p.p.가 적절하다.

D. As soon as his vacation to Paris was confirmed, he [packed / had packed] his bag excitedly.

짐을 싼 것은 휴가가 승인된 직후의 일이므로 과거시제인 packed가 적절하다.

해석 **C.** 나는 그가 "당신은 핀란드 사람인가요?"라고 물었다고 생각했다.
D. 파리로 가는 자신의 휴가가 확정되자마자, 그는 신나게 자신의 짐을 쌌다.

다음 예문을 통해 현재완료시제가 오지 않는 예외의 경우를 알아두자.

E. Since there was no direct route, they [have had / had] no choice but to move 12,000 km around East Asia.

접속사 since가 시간 표현인 '~ 이래로'가 아닌 '~ 때문에'라는 의미로 쓰인 경우이므로, 주절에 반드시 완료시제가 오지는 않는다. 이 문장에서는 문맥상 과거의 일을 나타내므로 과거시제인 had가 적절하다.

F. Any family who [hasn't argued / did not argue] with each other **for** a year and a day was awarded muffins.

「for + 기간」 표현이 있다 하더라도 과거에 끝난 일인 경우 현재완료가 아닌 과거시제를 써야 한다. 따라서 did not argue가 적절하다.

해석 **E.** 곧바로 가는 경로가 없었기 때문에, 그들은 동아시아를 돌아 12,000km를 이동할 수밖에 없었다.
F. 1년하고 하루 동안 서로 싸우지 않은 가족은 누구나 머핀을 상으로 받았다.

대표 내신 예제

다음 밑줄 친 부분 중, 어법상 **틀린** 것을 찾아 바르게 고치세요.

진명여고 응용

(상략) The teacher found that the quality and strength of the ideas in his essay <u>is</u> exceptional. (하략)

풀이 주절의 동사가 과거시제(found)이므로 종속절의 시제를 주절에 일치시켜야 한다. 따라서 종속절의 동사 is를 과거시제인 was로 바꿔야 한다. 참고로 셀 수 없는 명사인 the quality and strength는 단수 취급하므로 were이 아닌 was로 바꾸는 것이 적절하다.

해석 그 선생님은 그의 에세이 속 아이디어들의 우수함과 힘이 매우 뛰어나다는 것을 발견했다.

● **출제 포인트** ┃ 시제의 일치와 그 예외의 경우에 대해 출제된다!

풀이 전략 1 주절의 동사가 과거형일 때, 종속절의 동사도 과거형으로 쓰였는지 확인한다.

주절의 시제가 현재인 경우 **종속절에는 모든 시제**가 올 수 있지만, **주절의 시제가 과거**인 경우 **종속절에는 과거시제나 과거완료**시제가 온다.

A. Most people believe that buying an item
          주절(현재)   종속절
online [saved / saves / will save] them money.

주절의 시제가 현재인 believe이므로 종속절에는 모든 시제가 올 수 있지만, 각각 의미는 달라진다. 문맥상 또는 화자의 의도에 따라 선택 가능하다.

B. Mill realized that the goldsmiths'
          주절(과거)   종속절
situation [is not / was not / had not been] an isolated case.

주절의 시제가 과거인 realized이므로 종속절에는 과거시제나 과거완료시제가 올 수 있다. 따라서 was not 또는 had not been이 적절하다.

해석 **A.** 대부분의 사람들은 온라인으로 물건을 사는 것이 자신들로 하여금 돈을 [절약하게 했다고 / 절약하게 한다고 / 절약하게 할 것이라고] 믿는다. **B.** Mill은 그 금세공인의 상황이 유례없는 경우는 아니었음을 깨달았다.

UNIT 03

시제 일치의 예외를 꼭 기억하자.

(1) **과학적 사실, 불변의 진리** 등 시간의 구애를 받지 않는 일은 **현재시제를 사용**한다.

예 Water boils at 100℃. (물은 100도씨에서 끓는다.)

The sun rises in the east. (해는 동쪽에서 뜬다.)

The earth moves around the Sun. (지구는 태양 주위를 돈다.)

Gas expands when it is heated. (기체는 가열되면 팽창한다.)

(2) **시간 또는 조건의 의미를 지닌 접속사가 쓰인 부사절**에서는 미래의 의미를 나타낼 때 미래시제를 쓰지 않는다. **미래를 나타내고자 한다면 현재시제를, 미래완료의 의미를 나타내고자 한다면 현재완료시제를 써야** 한다.

• 시간 접속사: **when, as, as soon as, until, after** 등   • 조건 접속사: **if, unless, once** 등

예 (1) **When** Emily's baby is born, I will be a great uncle.

(2) **When** we are 40, **if** neither one of us are married, what do you say you and I get together?

해석 (1) Emily의 아기가 태어나면, 나는 좋은 삼촌이 될 거야. (2) 우리가 마흔 살이 됐을 때, 우리 둘 다 결혼하지 않았다면, 너랑 내가 결혼하는 게 어때?

C. Most people knew that the earth [moved / moves] around the sun, but 21 percent of American respondents thought the sun moved around the earth.
(과학적 사실)

주절의 동사는 knew로 과거시제이지만 '지구가 태양 주위를 돈다'라는 것은 과학적 사실이므로 현재시제 moves가 적절하다. 맨 뒤의 the sun moved around the earth는 과학적 사실이 아니므로 과거형 moved를 그대로 적어주었다.

D. If I [send / will send] the ring to the police lab for fingerprints, we will be able to find out what exactly happened.
(조건의 부사절)

if가 '~이라면'의 뜻으로 해석되므로 조건의 접속사로 볼 수 있다. if가 이끄는 조건의 부사절에서는 아직 일어나지 않은 미래의 일이라도 현재시제를 사용해야 하므로 send가 적절하다.

해석 **C.** 대부분의 사람들은 지구가 태양 주위를 돈다는 것을 알고 있었지만, 21%의 미국인 응답자들은 태양이 지구 주위를 돈다고 생각했다.
D. 내가 지문 감식을 위해 경찰서 실험실로 반지를 보낸다면, 우리는 정확히 무슨 일이 일어났었는지 알아낼 수 있을 것이다.

시간과 조건의 '부사절'이 핵심

시간과 조건의 절에 자주 사용되는 **접속사 if나 when 등**이 쓰였다고 늘 미래의 일을 현재시제로 나타내는 것이 아니라, 이들이 **부사절을 이끌 경우에만 그러하다.** 다시 말해, 명사절이나 형용사절에서는 미래의 일은 미래시제를 써서 나타낸다. **when, if 등의 접속사를 보고 무조건 시간이나 조건의 부사절이라고 판단하지 말자.**

E. Kuhn is looking forward to the day when science [advance / will advance] to prove his theory.
(관계부사절(형용사절))

when은 접속사가 아닌 관계부사로 선행사 the day를 수식하는 형용사절을 이끈다. 따라서 미래의 일은 미래시제로 나타내야 하므로 will advance가 적절하다.

F. I wonder if this rice [keeps / will keep] till tomorrow.
(명사절)

if절이 부사절이 아닌 wonder의 목적어 역할을 하는 명사절로 쓰였으므로 미래의 일은 미래시제로 나타낸다. 따라서 will keep이 적절하다.

해석 **E.** Kuhn은 과학이 자신의 이론을 증명하도록 진보할 날을 고대하고 있는 중이다.
F. 나는 이 밥이 내일까지 (상하지 않고) 그대로 있을 것인지 궁금하다.

PRACTICE TEST

A 다음 문장의 네모 안에서 어법상 적절한 표현을 고르세요.

01 Not only did it look ridiculous, it also meant that the performer have / had performed poorly.

02 Humans were / have been eating bread for more than 30,000 years, but it was not produced in large quantities until the Industrial Revolution.

03 By recording your progress, you can see if your effort pays / will pay off in the future and you won't get bored!

04 It all started in 2001, when Joe Black has visited / visited Cambodia as a volunteer.

05 Ever since I saw the movie, I want / have wanted to travel around the world.

B 다음 문장의 밑줄 친 부분이 어법상 맞으면 ○, 틀리면 ×를 쓰고 바르게 고쳐 쓰세요.

01 I remember how excited he has been when he received his first reply from Santa.

(   )_____

02 This process is repeated until the ball will reach the peak.

(   )_____

03 For decades, more and more Koreans demanded the return of the statue but they are still in the Japanese temple.

(   )_____

04 The experience of our ancestors got them to believe the sun moved around the earth.

(   )_____

05 Rachel realized that her sister have hidden her fear for so long.

(   )_____

PRACTICE TEST

C 다음 문장에서 어법상 **틀린** 부분을 하나 찾아 밑줄을 긋고 바르게 고쳐 쓰세요.

01 Last summer vacation, I have gone up to the top of the Eiffel Tower in Paris.

02 I was interested in volunteering abroad but was not sure if I can do it.

03 I got my brother's laptop computer three years ago, and he has used it for two years.

04 As soon as you will try putting the juice into the bottle, you will realize the convenience of the funnel.

05 If we will sleep on our back, we will feel less back pain since our neck and spine will be straight when we are sleeping.

D 우리말에 맞도록 다음 어구들을 바르게 배열하세요. (필요한 어구만 선택하여 배열할 것. 대·소문자 구별할 것)

01 그녀는 **자신이** 학생 회장으로 **뽑힐지** 확신할 수 없다.
(will get elected / if / gets elected / she)

She is not sure ＿＿＿＿＿＿＿＿＿＿＿＿＿＿＿＿＿＿＿＿ for student council president.

02 그는 **비밀을 누설했다는** 이유로 일을 그만두어야 했다.
(that / has revealed / he / the secret / had revealed)

He was forced to resign from his job for the reason ＿＿＿＿＿＿＿＿＿＿＿＿＿＿＿＿.

03 Gaudi는 **자연 세계가** 직선이 아닌 **곡선으로 가득 차 있다는 것을** 깨달았다.
(filled with / the natural world / curved lines / is / was)

Gaudi realized that ＿＿＿＿＿＿＿＿＿＿＿＿＿＿＿＿＿, rather than straight ones.

04 빛은 세상이 시작된 이래로 존재해 왔고, 우리이 일상생활에서 중요한 역할을 한다.
(began / the world / have existed / had existed / ever since)

Lights ＿＿＿＿＿＿＿＿＿＿＿＿＿＿＿＿, and they play a significant role in our daily life.

05 일단 당신이 '글로벌 학생증'을 발급받기만 하면, 그것은 3년간 유효하다.
(get / you / a / will get / once / 'Global Student Card')

＿＿＿＿＿＿＿＿＿＿＿＿＿＿＿＿＿＿＿＿＿＿＿＿, it's valid for three years.

E 우리말에 맞도록 다음 어구들을 바르게 배열하세요. (주어진 어구로만 배열할 것)

01 모기가 그 질병의 주된 전달자로 **아직 밝혀지지 않았기** 때문에, 의사들은 황열병을 멈추게 하는 방법에 대해 합의점을 찾을 수 없었다.

(been discovered / not yet / had / mosquitoes)

Doctors were unable to agree on how to stop yellow fever, as _____

as the main carriers of the disease.

02 만약 **그녀의 사장이 그녀가 뒤에서 그를 험담해 온 것을 알면** 그녀는 해고당할 것이다. (필요시 어형 변화 가능)

(she / that / talk / behind his back / find out / her boss / have)

If _____, she'll get fired.

03 2010년에 그 캠페인이 시작된 이래로 많은 학생들이 **100만 켤레가 넘는 운동화들을 기부해 오고 있다.** (필요시 어형 변화 가능)

(of sneakers / have / over / donate / one million pairs)

Many students _____ since the campaign started in 2010.

04 나는 **일찍이 내가 느꼈던 것보다** 더 큰 외로움을 경험했다. (필요시 어형 변화 가능)

(I / earlier / have / than / feel)

I experienced a greater sense of loneliness _____.

05 이후에, 한 미국인 수집가는 **그가 그 동전에 지불했던** 금액의 다섯 배를 제안했다.

(for / had / he / the coin / paid)

Later, an American collector offered five times the price _____.

A · ridiculous 우스운 · performer 연주자 · quantity 양 · Industrial Revolution 산업혁명 · progress 발전
· pay off 성공하다 · volunteer 자원봉사자

B · receive 받다 · reply 답장 · reach 도달하다 · peak 정상 · demand 요구하다 · return 반환 · statue 조각상
· temple 절 · ancestor 조상 · fear 두려움

C · volunteering 자원봉사 · abroad 해외로 · convenience 편리함 · funnel 깔때기 · back 등 · spine 척추

D · elect 선출하다 · student council president 학생회장 · force (어쩔 수 없이) ～하게 만들다 · resign 사임하다
· reveal 누설하다 · be filled with ～로 가득 차다 · curved line 곡선 · exist 존재하다 · significant 중요한 · valid 유효한

E · agree 동의하다 · yellow fever 황열병 · carrier 전달자 · talk behind one's back 남의 험담을 하다 · fire 해고하다
· donate 기부하다 · loneliness 외로움 · collector 수집가 · offer 제안하다

VOCA NOTE

UNIT 04 수동태의 이해

다음 밑줄 친 부분 중, 어법이 어색한 것은?

목동고 응용

(상략) The success of this application of color <u>noted</u> in the records set by Notre Dame football teams. (하략)

풀이 note는 '주목하다'란 뜻의 타동사이다. 주어인 The success가 '주목하는' 것이 아니고, '주목받는' 것이므로 수동태인 was noted 로 써야 한다.

해석 이런 색깔 적용의 성공은 Notre Dame 미식축구 팀이 수립한 기록에서 주목받았다.

• **출제 포인트** | 동사의 태를 구분하는 문제가 나온다!

풀이 전략 1 **능동태와 수동태를 구분하려면, 주어와의 관계를 따져야 한다.**

주어가 동사의 동작을 **'행하면' 능동태**, **'당하면' 수동태**(be p.p.)를 쓴다.

A. Modern structures [build / are built] differently from ones built a few decades ago.

주어인 Modern structures는 '지어지는' 것이므로 수동태 are built가 적절하다.

B. Our new space will [serve / be served] as a multi-purpose hall for our residents only.

serve as는 '～의 역할을 하다'라는 뜻이다. 주어인 Our new space가 '역할을 하는' 주체이므로 능동태 serve가 적절하다.

해석 **A.** 현대 건축물들은 수십 년 전에 지어진 것들과는 다르게 지어진다.
B. 우리의 새로운 공간은 우리 주민들만을 위한 다목적 홀로서 역할을 할 것이다.

풀이 전략 2 **능동태와 수동태를 구분하려면, 목적어의 유무를 확인해야 한다.**

해석만으로 능동과 수동을 구분하기 어려운 경우, 동사 뒤에 **목적어가 있는지** 확인한다. 일반적으로 **목적어가 있으면 능동태**로, **없으면 수동태**로 판단한다. 단, **4형식 문장의 경우 두 개의 목적어**를 취하는데, 이를 전환한 **수동태 문장에도 직접목적어가 남아있을 수** 있고, 5형식 문장의 경우, **목적격보어가 명사**라면 **수동태로 전환이 되어도 명사가 남아있어 목적어처럼 보일 수 있으므로** 유의해야 한다. 「by + 행위자」 등의 표현이 있는지도 살펴보자.

• 4형식(S V I·O D·O)의 수동태 문장 : I was sent a letter. (나는 편지를 받았다.)
　　　　　　　　　　　　　　　　　　　　직접목적어 남아 있음
• 5형식(S V O O.C)의 수동태 문장 : I was called a liar. (나는 거짓말쟁이라고 불렸다.)
　　　　　　　　　　　　　　　　　　　목적격보어 남아 있음

C. Dixieland jazz [played / was played] widely in the 1910s in New Orleans.

play 뒤에 악기, 음악, 운동 등의 목적어가 오면 '(악기/음악)을 연주하다, (운동)을 하다'라는 뜻이 된다. 위의 문장의 경우 동사 뒤에 목적어가 없고, '딕시랜드 재즈'라는 재즈 음악 장르가 주어로 나와 있으므로 수동태인 was played가 적절하다.

D. Martha [gave / was given] a new pair of shoes that she really wanted by her parents.

정답은 was given으로, 뒤에 a new pair of shoes라는 목적어가 있다고 gave를 고르면 안 된다. 동사 give는 4형식 수여동사로 「give + I·O + D·O」의 형태로 쓰이므로 수동태로 전환되어도 목적어가 남아있을 수 있다. (능동태 : Her parents gave Martha a new pair of shoes that she really wanted.)

해석 **C.** 딕시랜드 재즈는 1910년대에 뉴올리언스에서 널리 연주되었다.
D. Martha는 그녀의 부모님으로부터 그녀가 정말 원하던 새 신발을 받았다.

'수동태 불가 동사'들을 기억하자.

자동사와 더불어 일부 타동사들은 수동태 사용이 불가능하므로 암기해 두어야 한다.

· 자동사 : appear, turn out, consist of, happen, take place, occur, rise, arise, result 등 (목적어를 필요로 하지 않는 자동사는 기본적으로 수동태 불가)	**· 수동태 불가 타동사 : resemble, have, possess, cost, lack 등** (소유·상태 등을 나타내는 동사들은 수동태로 쓰이지 않음)

E. I didn't expect that things would [turn out / be turned out] this way.	**F.** Raising puppies not only brings a big responsibility but [costs / is cost] a lot.
turn out은 자동사이므로 수동태로 쓸 수 없다. 따라서 turn out이 적절하다.	동사 cost는 타동사지만 수동태로 쓸 수 없는 동사다. 따라서 costs가 적절하다.

해석 **E.** 나는 일이 이렇게 될 줄 몰랐다. **F.** 강아지를 기르는 것은 큰 책임이 따를 뿐만 아니라 비용도 많이 든다.

대표 내신 예제

다음 밑줄 친 부분 중, 어법상 옳은 것은?   광남고 응용

(상략) A "natural" aspect of human behavior can be seen to benefit each group because it helps in the long-run to identify with one's own ethnic group. (하략)

풀이 '인간 행동의 자연적인 면'은 스스로 '보는' 것이 아니고 '보여지는' 것이므로 수동태인 be seen이 되어야 한다. 지각동사의 목적격보어로 동사원형 또는 현재분사가 쓰일 수 있는데, 수동태로 전환될 때 동사원형은 to부정사로 바꾸어야 하고, 현재분사는 그대로 써주면 되므로 be seen 뒤에 to부정사인 to benefit을 썼으므로 어법상 적절하다.

해석 인간 행동의 '자연적인' 면이 각 집단에 이득이 되는 것으로 보여질 수 있는데, 그것이 결국에는 자신의 민족 집단과 동질감을 가지는 데 도움이 되기 때문이다.

· 출제 포인트 | 수동태 뒤에 적절한 형태가 쓰였는지 묻는 문제가 나온다!

풀이 전략 1 **5형식 동사의 수동태 전환 시, 뒤에 목적격보어가 적절한 형태인지 확인하자.**

「동사 + 목적어 + 목적격보어」 구조를 갖는 **5형식 동사가 수동태로 전환**된 경우, be p.p. 뒤에 **목적격보어가 형태 변화 없이 남게 된다.** 하지만 지각동사와 사역동사처럼 동사원형을 목적격보어로 갖는 문장이 **수동태로 전환될 때, 동사원형은 to부정사**로 바뀌어야 한다는 것을 기억하자.

능동태 동사 + 목적어 + 목적격보어(**형/명/V-ing/p.p./to V**)	능동태 동사 + 목적어 + 목적격보어(**동사원형**)
수동태 S + be p.p. + **형/명/V-ing/p.p./to V**	수동태 S + be p.p. + **to부정사**

UNIT 04

A. The sound **was heard** [get / to get / getting] closer, which meant the rescue team was around.

지각동사는 목적격보어로 동사원형과 현재분사를 취한다. (Unit 07 참고) 지각동사 hear가 수동태로 쓰일 경우, 동사원형의 목적격보어는 to부정사로 바뀌고, 그 외의 경우에는 형태 변화 없이 그대로 쓴다. 따라서 to get 또는 getting이 적절하다.

B. If you **were made** [sit / to sit / sitting] at the table until you had cleaned your plate, you are not alone.

사역동사는 목적격보어로 동사원형을 취한다. (Unit 07 참고) 사역동사 make를 수동태로 전환했을 때 동사원형은 to부정사로 바뀌어야 한다. 따라서 to sit이 적절하다.

> **해석** **A.** 소리가 점점 가깝게 들렸는데, 그것은 구조대가 주위에 있다는 것을 의미했다.
> **B.** 여러분이 접시를 깨끗이 비울 때까지 식탁에 앉아 있어야만 했다면, 여러분은 혼자가 아니다.

풀이 전략 2 구동사는 수동태 전환이 되어도 서로 붙어있어야 한다.

〈시험에 자주 출제되는 구동사의 수동태 전환〉

bring up : ~을 양육하다 (→ **be brought up**)	**look up to** : ~을 존경하다 (→ **be looked up to**)
look after : ~을 돌보다 (→ **be looked after**)	**turn on/off** : ~을 켜다/끄다 (→ **be turned on/off**)
laugh at : ~을 비웃다 (→ **be laughed at**)	**deal with** : ~을 처리하다(다루다) (→ **be dealt with**)
take care of : ~을 돌보다 (→ **be taken care of**)	**make fun of** : ~을 놀리다 (→ **be made fun of**)
refer to A as B : A를 B라고 부르다 (→ **A be referred to as B**)	**pay attention to** : ~에 집중하다 (→ **be paid attention to**)

C. This situation will be carefully [dealt / dealt with] to prevent any serious consequence.

deal with(~을 다루다, 처리하다)는 구동사로, 수동형은 be dealt with의 형태가 된다.

D. Your body and mind can [be taken care / be taken care of] with Sunrise yoga!

take care of(~을 돌보다)는 구동사로, 수동형은 be taken care of의 형태가 된다.

> **해석** **C.** 이 상황은 어떤 심각한 결과를 막기 위해 신중하게 다루어질 것이다. **D.** 당신의 몸과 마음은 Sunrise 요가로 돌볼 수 있다!

서술형 잡기 구동사의 수동태 전환 표현을 연습하자!

구동사가 사용된 능동태 문장을 수동태로 전환하거나 수동태 문장을 영작하라고 요구하는 문제가 자주 출제된다. 이런 경우 **전치사를 빠뜨리지 않고 차례로 잘 써주는 것이 중요하다.**

> 공격성을 포함한 행동을 통제할 수 있는 능력을 **자제력이라고 부른다.** (어형 변화 가능)
>
> (to / refer / self-control / as / is)
>
> The capacity to regulate one's behavior including aggression _____.

> **풀이** 「refer to A as B」는 'A를 B라고 부르다'라는 의미로, 수동태 전환 시 「A be referred to as B」의 형태로 쓴다. 따라서 is referred to as self-control이 가장 적절하다.

PRACTICE TEST

A 다음 문장의 네모 안에서 어법상 적절한 표현을 고르세요.

01 Several hundred years ago, tigers sometimes came down to towns and harmed people but still they valued / were valued .

02 When I told the truth, what happened / was happened seemed like a miracle.

03 There is the most famous market in the city, which consists / is consisted of various small shops selling traditional foods and souvenirs.

04 A year later, she was appeared / appeared in her first fashion show in New York, wearing a pair of shoes with large flowers.

05 In the research, over two hundred species were looked / looked at to figure out if they shared the same genetic code.

B 다음 문장의 밑줄 친 부분이 어법상 맞으면 ○, 틀리면 ×를 쓰고 바르게 고쳐 쓰세요.

01 Some of Whitman's works inspired by the transcendentalist movement in 1800s.

(　　　)_____

02 When Koreans and Americans were required to take a photo of a person in the same spot, the resulting pictures were fairly different.

(　　　)_____

03 Employment outside the home regarded as men's work while the performance of household tasks as women's work in the past.

(　　　)_____

04 The barrel is held almost 100 kilograms of water, and people can transport that amount of water easily by rolling it back home.

(　　　)_____

05 Many people think that every person should treat equally regardless of gender, religion or race.

(　　　)_____

C 다음 문장에서 어법상 틀린 부분을 하나 찾아 밑줄을 긋고 바르게 고쳐 쓰세요.

01 Yesterday the ambulance parked on the street outside the museum, with its red light flashing.

02 One requirement for one-way mirrors is that either room of the two is remained dark.

03 Instead of being frozen by panic, you should step back and try to find possible solutions. In this way, the situation may be dealt with you.

04 The same thing can be made seem very different, depending on the nature of the event that precedes it.

05 The majority of the students called to school during the vacation, and the majority of them had to stay until late at night.

D 우리말에 맞도록 다음 어구들을 바르게 배열하세요. (필요한 어구만 선택하여 배열할 것, 대·소문자 구별할 것)

01 실험 대상자들은 각각 몇 초 동안 **약 1,000장의 낱말 카드를 보았다.**
(were shown / about / subjects / 1,000 word cards / showed)

_____ for a couple of seconds each.

02 나는 작년에 **수백 명이 넘는 승객들이 탑승을 거부당했다는 것을** 알고 깜짝 놀랐다.
(passengers / were denied / hundreds of / denied / more than / boarding)

I was surprised to know that _____ last year.

03 맛에 대한 판단은 음식의 생김새에 의해 **종종 영향을 받는다.** 가령, 딸기 맛이 나는 음식은 **빨갛다고 기대된다.**
(influence / often / are / to be / be expected / red / expect / influenced)

Judgements about flavor _____ by the appearance of the food. For example,

strawberry-flavored foods would _____.

04 그 표지판들은 연기를 감지하면 **경고음을 울리도록 만들어졌다.**
(make / were / made / an alarm / sound / to)

The signs _____ when they detect the smoke.

05 우리의 삶에서 짐으로 보여지는 것 대신에, **이러한 신호들은 우리에 의해 집중되어져야 한다.**
(be / by us / paid / should / pay / to / these signals / attention)

Instead of being viewed as burdens in our life, _____.

E **우리말에 맞도록 다음 어구들을 바르게 배열하세요.** (주어진 어구로만 배열할 것, 대·소문자 구별할 것)

01 그는 점원으로부터 그가 찾던 노란색 셔츠가 품절됐다는 **말을 들었다.** (필요시 어형 변화 가능)

(a clerk / be / he / tell / by)

_____ that the yellow shirt he was looking for was out of stock.

02 지구와 대략 같은 크기인 금성은 **지구의 자매 행성이라고 불린다.** (필요시 어형 변화 가능)

(Earth's sister planet / to / refer / as / be)

Venus, about the same size as Earth, _____.

03 그 차들 중 절반은 새 브레이크 장치를 장착한 반면 **나머지 차들에는 장착되지 않았다.**

(were / the others / unequipped / left)

One half of the cars were equipped with the new brake system whereas _____ ____

_____.

04 그 나라에서는 나쁜 시력이 장애로 여겨지기 때문에 많은 아이들이 안경 쓰는 것을 거부한다. (필요시 어형 변화 가능)

(a disability / in the country / consider / poor / be / eyesight / because)

Many children refuse to wear glasses _____.

05 어떤 사람들은 **희생자들의 공식적인 장례식이 치러지지 않았기** 때문에 그들의 영혼은 어디에도 갈 수 없었다고 믿는다.

(the victims / official / were / funerals / given / no)

Some people believe that as _____, their spirits could not go anywhere.

Ⓐ · harm 해치다　· value 소중히 하다　· miracle 기적　· traditional 전통적인　· souvenir 기념품　· appear 나타나다
· species 종　· figure out 알아내다　· genetic 유전의

Ⓑ · inspire 영감을 주다　· transcendentalist 초월주의자(의)　· regard A as B A를 B로 간주하다　· performance 수행
· household task 집안일　· barrel 통　· transport 운반하다　· regardless of ~에 상관없이　· gender 성별
· religion 종교　· race 인종

Ⓒ · park 주차하다　· requirement 필요조건　· remain (~인 채로) 남다　· solution 해결책　· nature 성질
· precede 선행하다　· majority 대다수

Ⓓ · subject 피실험자(실험 대상)　· passenger 탑승객　· deny 거부하다　· boarding 탑승　· judgement 판단
· appearance 생김새　· alarm 경보　· detect 감지하다　· smoke 연기　· burden 짐

Ⓔ · look for ~을 찾다　· out of stock 품절된　· equip 장비를 갖추다　· whereas 반면에　· refuse 거부하다　· eyesight 시력
· disability 장애　· victim 희생자　· funeral 장례식　· spirit 영혼

VOCA NOTE

UNIT 05 수동태의 활용

대표 내신 예제

다음 글의 밑줄 친 부분 중, 어법상 틀린 것은?

서울고 응용

(상략) A huge bald eagle nest <u>has occupied</u> and built up over many generations of birds. (하략)

[풀이] 주어인 A huge bald eagle nest가 occupy(점유하다)라는 행동을 한 것이 아니라, '점유된' 것이므로 수동태로 써야 한다. 따라서 현재완료시제와 합쳐 has been occupied가 되어야 알맞다. 참고로 built up 앞에는 단어 반복을 줄이기 위해 has been이 생략된 것으로 보면 된다.

[해석] 거대한 대머리 독수리의 둥지가 새들의 여러 세대에 걸쳐 점유되고 만들어졌다.

● **출제 포인트** | 시제 및 조동사와 결합된 수동태를 물어보는 문제가 나온다!

풀이 전략 1 **다양한 수동태 형태에 익숙해지자.**

시제나 조동사와 결합된 다양한 형태의 수동태를 기억해야 한다.

· 완료 + 수동태＝**have been p.p.**　　· 진행 + 수동태＝**be being p.p.**　　· 조동사 + 수동태＝**조동사 + be p.p.**

A. After a year of hard work, **the new addition to the Lean building** has [completed / been completed].

주어인 the new addition to the Lean building이 '완료된' 것이므로 수동태로 써야 한다. 현재완료시제(have p.p.)와 합쳐진 has been completed가 되도록 been completed를 선택한다.

B. **A give and take relationship** could [encourage / be encouraged] in global politics.

주어인 A give and take relationship은 '장려되는' 것이므로 수동태로 써야 한다. 조동사 could 뒤에는 be encouraged가 적절하다.

[해석] **A.** 1년간의 고된 작업 끝에 Lean 빌딩에 새로운 증축이 완료되었다.　　**B.** 주고받는 관계는 국제 정치에서 장려될 수 있다.

풀이 전략 2 **수동태는 동사의 제일 마지막 부분에 붙인다는 것을 기억하자.**

시제와 조동사가 결합된 수동태의 경우, 〈조동사 → 완료형(have p.p.)/진행형(be -ing) → 수동태(be p.p.)〉 순으로 확장된다. 따라서 다음과 같은 복잡한 형태의 수동태를 기억해야 한다.

· 조동사 + 완료 + 수동태＝**조동사 + have been p.p.**　　· 조동사 + 진행 + 수동태＝**조동사 + be being p.p.**

C. **The theory** has not been discussed, and, therefore, cannot [have refuted / have been refuted].

주어인 The theory는 '반박되었을' 리가 없는 것이므로 조동사, 완료형, 수동태까지 합쳐 cannot have been refuted 형태가 되도록 have been refuted를 선택한다.

D. **Some roads** may [be being repaired / have repaired], so be sure to check in advance.

주어인 Some roads는 '수리되고 있을' 수 있는 것이므로 조동사, 진행형, 수동태까지 합쳐 may be being repaired 형태가 되도록 be being repaired를 선택한다.

[해석] **C.** 그 이론은 논의되지 않았고, 따라서 반박되었을 리도 없다.　　**D.** 일부 도로는 수리되고 있을 수 있으니 미리 확인해야 한다.

복잡한 형태의 수동태를 써보자.

앞에서 언급된 동사의 확장 순서에 맞춰 동사의 형태를 올바르게 쓰도록 하자. 시험에는 주로 「조동사 + be p.p.」와 「have been p.p.」 형태가 가장 많이 출제된다.

Harry는 Hagrid가 Voldemort의 명령에 따를 **수밖에 없었던 것이 틀림없다**고 생각했다. (어형 변화 가능)

(have / must / force / be)

Harry thought that Hagrid _____ to obey Voldemort's command.

풀이 '~할 수밖에 없었던 것이 틀림없다'라는 의미가 되려면 조동사 must에 완료형 have p.p.가 붙고 마지막으로 수동태 be p.p.를 붙여서 must have been forced라고 써야 한다.

대표
내신 예제

다음 문장에서 어법상 틀린 것을 찾아 바르게 고치세요.   현대고 응용

(상략) There are certainly many reasons for you to convince to hold a meeting there. (하략)

풀이 convince는 '설득시키다'라는 뜻의 타동사이다. to부정사의 의미상의 주어인 you가 '설득을 당하는' 것이므로 수동형 부정사 to be convinced가 되어야 적절하다. to convince를 쓴다면 바로 뒤에 목적어가 있어야 하는데 뒤에 있는 to부정사는 목적어 역할이 아니므로 to convince는 적절하지 않다.

해석 당신이 그곳에서 회의를 열도록 설득되어야 할 많은 이유가 분명히 있다.

• **출제 포인트** | to부정사와 동명사의 수동형이 제대로 쓰였는지 묻는 문제가 나온다!

풀이 전략 1   **'의미상의 주어와의 관계' 혹은 '목적어의 유무'를 확인하자.**

동사와 마찬가지로 'to부정사와 동명사의 능·수동'은 **주어 또는 의미상의 주어와의 관계**를 따지거나 **목적어의 유무**로 판단할 수 있다. **to부정사의 의미상의 주어**는 「for(of) + 목적격」이고, **동명사의 의미상의 주어**는 동명사 앞에 **소유격**이나 **목적격**을 써서 나타낸다.(Unit 08 참고) 단, 의미상의 주어가 따로 명시되지 않은 경우에는 문장 주어와의 관계나 목적어의 유무를 확인하면 된다.

A. **The new policy** will need [to monitor / to be monitored] closely.

monitor는 '감시하다'라는 타동사로, 주어인 The new policy는 '감시되어야' 하는 것이고 뒤에 목적어가 없으므로 수동형 부정사 to be monitored가 적절하다.

B. Some people are afraid of **restaurant cooks'** [replacing / being replaced] by robots.
의미상의 주어

replace는 '대체하다'라는 의미의 타동사로, 의미상의 주어인 restaurant cooks가 로봇에 의해 '대체되는' 것이고 뒤에 목적어가 없으므로 수동형의 동명사 being replaced가 적절하다.

해석 **A.** 새로운 정책은 면밀히 감시되어야 할 필요가 있을 것이다.
B. 몇몇 사람들은 음식점의 요리사들이 로봇에 의해 대체되는 것을 두려워한다.

UNIT 05

to부정사와 동명사의 완료수동형에 주의하자.

to부정사와 동명사의 완료수동형은 각각 **to have been p.p.**와 **having been p.p.**이며, **본동사보다 먼저 일어난 일**의 경우에 쓴다.

C. We are very pleased [to have presented / to have been presented] with this prestigious award.

present는 '제공하다'라는 타동사인데 주어인 We가 상을 '받은' 것이므로 to부정사의 완료수동형인 to have been presented가 적절하다.

D. The application has been criticized for [having developed / having been developed] on the basis of inappropriate intent.

develop는 '개발하다'라는 타동사인데 주어인 The application이 '개발된' 것이므로 동명사의 완료수동형인 having been developed가 적절하다.

해석 **C.** 우리는 이 명망 있는 상을 받게 되어 매우 기쁘다. **D.** 그 응용프로그램은 부적절한 의도에 근거하여 개발되었다는 비난을 받아 왔다.

서술형 잡기 '절이 목적어'인 경우의 수동태 전환을 이해하자.

People say / believe / report / think / consider that~ 형태를 가지며, that절을 목적어로 취하는 문장을 수동태로 전환하는 문제가 출제된다.

예 **People say that + S + V** ~ (「주어 + 동사 + 목적어(that절)」의 구조이자 「주절 + that + 종속절」의 기본 구조)

= **It is said** (by people) **that + S + V** ~	가주어 it를 사용해 수동태 문장으로 전환하고 that절은 그대로 연결시킨다. by people은 주로 생략한다. (that절이 목적어이므로 수동태로 전환하면 목적어가 주어의 자리로 가야 하는데 그 길이가 너무 길기 때문에 문장의 밸런스가 맞지 않다. 이 때 가주어 it을 사용하여 주어로 대체하고 목적어인 that절은 맨 뒤로 이동하게 된다.)
= **S is said to V** ~	that절 내의 주어를 주절의 주어 자리로 이동하고, that절 내의 동사는 to부정사로 전환한다. 단, that절 내의 동사가 주절의 동사보다 과거의 일이면 완료부정사 (to have p.p.)로 쓴다.

People believe that Leonardo was influenced by al-Jazari's automation devices and gadgets.

= 1) It _____ by al-Jazari's automation devices and gadgets.

= 2) Leonardo _____ by al-Jazari's automation devices and gadgets.

풀이 1) 가주어 It이 나와 있으므로 수동태 문장으로 전환된 It is believed that~구문을 적용한다. 따라서 is believed that Leonardo was influenced가 적절하다.

2) 먼저 that절 내의 주어 Leonardo를 주절의 주어로 이동시킨다. 그리고 동사였던 was influenced는 to부정사로 바꿔야 하는데, 주절의 본동사가 현재형이고 that절의 동사가 과거형이므로 완료부정사 to have p.p.를 쓴다. 따라서 is believed to have been influenced가 적절하다.

해석 사람들은 Leonardo가 al-Jazari의 자동화 장치와 기구의 영향을 받았다고 믿는다.

PRACTICE TEST

A 다음 문장의 네모에서 어법상 적절한 표현을 고르세요.

01 Journalism has always associated / been associated with dispute.

02 The airlines have started / been started providing a service to care for children travelling alone.

03 In the 1940s, it believed / was believed that comics would cause bad behavior especially among young children.

04 They could easily leave the room without noticing / being noticed by the hostess.

05 I wish the precious moments to capture / to be captured though they have passed so quickly.

B 다음 문장의 밑줄 친 부분이 어법상 맞으면 ○, 틀리면 ×를 쓰고 바르게 고쳐 쓰세요.

01 He <u>has credited</u> with helping realize democracy in Korea.

( )_____

02 I can't wait for Christmas since I <u>have been promised</u> a pony from dad.

( )_____

03 Plastic never disappears; it just becomes microscopic, and at some point it <u>can be eaten</u> by small marine creatures.

( )_____

04 Due to the extremely good quality, the English oak <u>must have used</u> for construction for a long time.

( )_____

05 For more delicious Bulgogi taco, she went to the truck again and asked for a second scoop of Bulgogi <u>to put</u> on top.

( )_____

PRACTICE TEST

C 다음 문장에서 어법상 **틀린** 부분을 하나 찾아 밑줄을 긋고 바르게 고쳐 쓰세요.

01 Infants need to teach that falling over is not a big deal.

02 Taylor should have reminded of possible consequences of his choices.

03 The chemicals a human body makes under stressful conditions can eliminate or cut down through regular exercise.

04 She found a very old book and later proved the book to have printed with movable metal type.

05 The situation could not have anticipated, where the massive number of people used the bridge all at once; yet it withstood that weight.

D 우리말에 맞도록 다음 어구들을 바르게 배열하세요. (필요한 어구만 선택하여 배열할 것, 대·소문자 구별할 것)

01 Samuel은 그녀에게 사과할 **기회가 주어졌음에 틀림없다.**
(have given / must / a chance / have been given)

Samuel _____ to apologize to her.

02 **이산화탄소가 방출되는 것을 막기 위해** 노력하는 것은 지구온난화가 심각해지는 것을 막는 첫 단계이다.
(releasing / to prevent / released / carbon dioxide / from / being)

Trying _____ is the first step to keeping global warming from getting serious.

03 **어떤 사람들이** 나쁜 주문을 걸어서 다른 사람들에게 신체적 상해, 또는 심지어 죽음까지 **유발할 수 있다는 사실이 믿어진다.**
(that / it / can / believes / cause / some people / is believed)

_____ bodily harm, or even death to others by casting evil spells.

04 우리의 지능의 대부분은 **우리의 삶의 경험에 의해 영향을 받는다고 생각된다.**
(is thought / our / to affect / life experience / affected / by / to be)

Most of our intelligence _____.

05 그 의사는 질병의 원인을 알아내기 위해서, **모기 문제가 먼저 다뤄져야 한다고** 주장했다.
(had to / first / take care of / the mosquito problem / be taken care of)

The doctor insisted that in order to figure out the cause of the disease, _____

_____.

E 우리말에 맞도록 다음 어구들을 바르게 배열하세요. (주어진 어구로만 배열할 것. 대·소문자 구별할 것)

01 한국에서는 현대화와 국제화의 결과로 인해 **많은 전통들이 계속해서 도전을 받아 왔다.** (필요시 어형 변화 가능)

(be / traditions / have / challenge / many)

In Korea, _____ as a result of modernization and globalization.

02 어깨 부상이 호전될 기미가 거의 보이지 않기 때문에 Michael은 **시즌 내내 제외될 수도 있다.**

(ruled / the entire season / could / for / be / out)

Michael _____ because his shoulder injury shows little sign of improving.

03 이 언덕 덕분에 **사람들이** 아마도 한국에서 최고의 일몰 광경을 즐긴다고 **이야기되어 왔다.** (필요시 어형 변화 가능)

(it / that / be / have / say / people)

_____ supposedly enjoy the best sunset views in Korea thanks to this hill.

04 Gaudi의 많은 작품들은 건축의 중요한 작품으로 인정받고 있으며, **그들 중 몇 개는** 유네스코 세계문화유산으로 **등록되었다.**

(have / listed / some of them / been)

Gaudi's many works are recognized as significant works of architecture, and _____

_____ as UNESCO World Heritage Sites.

05 유감스럽게도, 나는 **당신이 주문한** 신발이 **더 이상 만들어지고 있지 않다는 것**을 알려야 한다. (필요시 어형 변화 가능)

(no longer / make / ordered / be / are / you)

Unfortunately, I should inform you that the shoes _____.

A · journalism 저널리즘 · associate A with B A와 B를 연관시키다 · dispute 논쟁 · airline 항공 회사 · cause 일으키다
· behavior 행동 · notice 알아채다 · hostess 여주인 · precious 소중한 · capture 담아내다

B · credit A with B B를 A의 공으로 돌리다 · democracy 민주주의 · pony 조랑말 · disappear 사라지다
· microscopic 극히 작은 · marine 해양의 · due to ~때문에 · extremely 매우 · oak 참나무 · scoop 국자

C · infant 유아 · fall over 넘어지다 · remind A of B A에게 B를 상기시키다 · consequence 결과 · chemical 화학 물질
· eliminate 제거하다 · regular 규칙적인 · movable metal type 금속 활자 · anticipate 예상하다 · withstand 견디다

D · apologize 사과하다 · prevent 막다 · carbon dioxide 이산화탄소 · release 방출하다 · bodily 신체의 · cast (주문을) 걸다
· evil 사악한 · spell (마법) 주문 · intelligence 지능 · affect 영향을 주다 · figure out ~을 알아내다

E · challenge 도전하다 · modernization 현대화 · globalization 국제화 · rule out 제외시키다 · injury 부상
· sunset 일몰 · recognize 인정하다 · architecture 건축 · inform 알리다 · no longer 더 이상 ~아닌

VOCA NOTE

01

→ 서초고 응용

다음 글의 밑줄 친 부분 중, 어법상 옳은 것은?

The desire for fame has its roots in the experience of ① being neglected. No one would want to be famous who hadn't also, somewhere in the past, ② made to feel extremely insignificant. We sense the need for a great deal of admiring attention when we have ③ been painfully exposing to earlier deprivation. Perhaps one's parents were hard to impress. They never noticed one much, they were so busy with other things, focusing on other famous people, unable to have or express kind feelings, or just working too hard. One ④ was paid little attention by his or her family. There were no bedtime stories and one's school reports weren't the subject of praise and admiration. That's why one dreams that one day the world will pay attention. ⑤ When we will be famous, our parents will have to admire us too.

02

→ 상문고 응용

다음 글의 밑줄 친 부분 중, 어법상 바른 것의 개수는?

One day after the space shuttle Challenger exploded, Ulric Neisser ⓐ has asked a class of 106 students to write down exactly where they were when they heard the news. Two and a half years later, they ⓑ asked the same question. In that second interview, 25 percent of the students gave completely different accounts of where they were. Half had significant errors in their answers and less than 10 percent ⓒ were remembered with any real accuracy. Results such as these are part of the reason people make mistakes on the witness stand when they ⓓ are required months later to describe a crime they witnessed. Between 1989 and 2007, 201 prisoners in the United States ⓔ were proven innocent on the basis of DNA evidence. Seventy-five percent of those prisoners ⓕ have been declared guilty on the basis of mistaken eyewitness accounts.

① 1개   ② 2개   ③ 3개
④ 4개   ⑤ 5개

03

→ 중대부고 응용

다음 글의 밑줄 친 부분 중, 어법상 틀린 것끼리 짝지어진 것은?

Hydroelectric power is a clean and renewable power source. However, there are a few things about dams that are important to know. To build a hydroelectric dam, a large area ⓐ must be flooded behind the dam. Whole communities sometimes ⓑ have to be moved to another place. Entire forests can be drowned. The water which ⓒ is released from the dam can be colder than usual and this can affect the ecosystems in the rivers downstream. It can also wash away riverbanks and destroy life on the river bottoms. Until now the worst effect of dams ⓓ has observed on salmon that have to travel upstream to lay their eggs. That is because salmon ⓔ are usually seen move upstream against the currents. If a dam ⓕ blocks salmon, the salmon life cycle won't be completed.

① ⓐ ⓔ   ② ⓑ ⓓ   ③ ⓑ ⓔ
④ ⓒ ⓕ   ⑤ ⓓ ⓔ

04

→ 서울고 응용

다음 글의 밑줄 친 부분 중, 어법상 바른 것끼리 짝지어진 것은?

A classic psychological experiment asks a group of people ⓐ to be worn headphones. In this experiment, ⓑ spoken words are played through the headphones, but a different set of words is played to each ear. Participants ⓒ are told to listen to the words sending to one ear (say the left ear) and to repeat them aloud. When given these instructions, people are quite good at ⓓ repeating the words that were spoken to that ear. However, they are unable to remember any of the words that they heard in the other ear, even if the same small set of words ⓔ had repeated a dozen times. This example shows that much of the information that is available to your ears does not make it too far into your head. You are selecting only a small amount of that information ⓕ to be processed enough to know what words ⓖ were speaking.

① ⓐ ⓒ ⓔ   ② ⓑ ⓓ ⓕ   ③ ⓒ ⓕ ⓖ
④ ⓓ ⓔ ⓕ   ⑤ ⓔ ⓕ ⓖ

05

→ 마포고 응용

다음 글의 밑줄 친 부분 중, 어법상 틀린 문장을 모두 고르면?

① Every day in each of my classes I randomly select two students who give the title of "official questioners." These students are assigned the responsibility to ask at least one question during that class. After being the day's official questioner, one of my students, Carrie, visited me in my office. ② Just to break the ice, I asked in a lighthearted way, "Did you feel honored to name one of the first 'official questioners' of the semester?" In a serious tone, she answered that she'd been extremely nervous when I appointed her at the beginning of class. ③ But then, during that class, she felt differently from how she'd felt during other lectures. It was a lecture just like the others, but this time, she said, ④ she was forced to have a higher level of consciousness; she was more aware of the content of the lecture and discussion. ⑤ She also admitted that as a result she gets more out of that class.

06

→ 현대고 응용

다음 중, 어법에 맞지 <u>않는</u> 문장을 <u>모두</u> 찾아 번호와 틀린 부분을 쓰고 바르게 고치세요.

① The teacher wrote down the evidence on the blackboard that the universe is expanding.

② My supervisor believed that the event would be taken care very well.

③ He is so sensible a consultant that he can predict whether the project will be successful.

④ Using many techniques, the set designers tried to make the play shown to be resembled with a cartoon.

⑤ The pool in that area was closed since it was dirty and unsafe for swimming.

⑥ We have been running our business for 30 years and we're well-known for being honest and trustworthy.

⑦ In a classic study, people were asked to assess the value of coffee cups which had gifted to them.

[07~08] 다음 글을 읽고, 물음에 답하세요.

Although sports nutrition is a fairly new academic discipline, there ⓐ have always been recommendations made to athletes about foods that could enhance athletic performance. (A) <u>People report that one ancient Greek athlete ate dried figs to enhance training.</u> There are reports that marathon runners in the 1908 Olympics ⓑ drank cognac to improve performance. The teenage running phenomenon, Mary Decker, surprised the sports world in the 1970s when she reported that she ⓒ had eaten a plate of spaghetti noodles the night before a race. Such practices ⓓ are seemed to be suggested to athletes because of their real or perceived benefits by individuals who excelled in their sports. Obviously, some of these practices, such as drinking alcohol during a marathon, are no longer ⓔ recommending, but others, such as a high-carbohydrate meal the night before a competition, ⓕ have stood the test of time.

* fig 무화과

07

→ 신일고 응용

윗글의 밑줄 친 (A)를 같은 의미를 가진 다른 문장으로 고쳐 쓰세요.

= One ancient Greek athlete ＿＿＿＿＿＿＿＿＿＿

＿＿＿＿＿＿＿＿＿＿ to enhance training.

08

→ 용산고 응용

윗글의 밑줄 친 ⓐ~ⓕ 중에서 어법상 틀린 것을 2개 골라 번호를 쓰고 바르게 고치세요.

(　　)＿＿＿＿＿＿＿＿

(　　)＿＿＿＿＿＿＿＿

09

→ 한영고 응용

다음 우리말에 맞도록 [보기]에 주어진 어구를 이용하여 문장을 완성하세요. (어형 변화 가능)

오랜 시간 동안 미국은 용광로라고 불려 왔는데, 전 세계에서 온 다양한 사람들이 조화를 이루면서 살아가고 있는 것으로 보여질 수 있기 때문이다.

[보기]

be referred to / can / living /
be / have / as a melting pot / see

America _____

for a long time because various people from all over

the world _____ in harmony.

10

→ 선덕고 응용

다음 글의 내용을 한 문장으로 요약하고자 한다. [보기]에 주어진 어구를 활용하여 문장을 완성하세요. (어형 변화 가능)

These days, electric scooters have quickly become a campus staple. Their rapid rise to popularity is thanks to the convenience they bring, but it isn't without problems. Scooter companies provide safety regulations, but the regulations aren't always followed by the riders. Students can be reckless while they ride, some even having two people on one scooter at a time. Universities already have certain regulations, such as walk-only zones, to restrict motorized modes of transportation. However, they need to do more to target motorized scooters specifically. To ensure the safety of students who use electric scooters, as well as those around them, officials should look into reinforcing stricter regulations, such as having traffic guards flagging down students and giving them warning when they violate the regulations.

↓

[보기]

on electric scooters / give / should /
the regulations / be / reinforcing / to

Consideration _____

_____

when they are used on campus.

01

→ 서라벌고 응용

다음 중, 어법상 틀린 문장을 모두 고르면?

① Through frequent staff training, the company makes an effort to lie the foundation for continuous improvement and rise.

② When you buy the tomato at a supermarket, there are a number of costs that results in you paying much more than you would pay the farmer.

③ She began to tell him that she had been married to a traveling salesman who had recently passed away.

④ The principal sincerely hoped that this opportunity would be taken advantage of by many students who were interested in drones.

⑤ The writer finally finished a short story that the publishing house feeling suitable for publication.

02

→ 배재고 응용

다음 글의 밑줄 친 부분 중, 어법상 틀린 것끼리 짝지은 것은?

ⓐ Recent experimental evidence for the importance of reputation in facilitating cooperation has come from an analysis of the contributions to an 'honesty box' for drinks in a university departmental coffee room. Bateson and colleagues looked at contributions to the box when images (always posted above the recommended price list) of a pair of eyes ⓑ were alternated on a weekly basis with images of flowers. The amount of milk ⓒ consumed turning out to be the best indicator of total consumption, but remarkably almost three times more money ⓓ was paid per liter in weeks when there were eyes portrayed, compared to when there were flowers portrayed. Of course this experiment ⓔ was only conducted in one location, but the effect size is impressive and it seems to indicate that individuals do not want ⓕ to observe cheating the system.

① ⓐ ⓓ   ② ⓐ ⓔ   ③ ⓑ ⓕ
④ ⓒ ⓕ   ⑤ ⓓ ⓔ

03

세화고 응용

다음 글의 밑줄 친 부분 중, 어법에 맞지 <u>않는</u> 것을 모두 찾아 번호와 틀린 부분을 쓰고 바르게 고치세요.

There ① <u>are countless examples of scientific inventions that have generated</u> by accident. However, often this accident has required a person with above-average knowledge in the field to interpret it. One of the better-known examples of the cooperation between chance and a researcher ② <u>is the invention of penicillin</u>. In 1928, Scottish biologist Alexander Fleming went on a vacation. As a slightly careless man, Fleming left some bacterial cultures on his desk. When he returned, he ③ <u>had noticed mold in one of his cultures</u>, with a bacteria-free zone around it. The mold was from the penicillium notatum species, which ④ <u>had killed the bacteria</u> on the Petri dish. This was a lucky coincidence. For a person who ⑤ <u>does not have expert knowledge</u>, the bacteria-free zone would not have had much significance, but Fleming understood the magical effect of the mold. The result was penicillin — a medication that ⑥ <u>has saved</u> countless people on the planet so far.

* penicillium notatum 푸른 곰팡이속(屬)의 곰팡이

04

장훈고 응용

빈칸 (A)~(D)에 주어진 단어를 활용하여 문맥과 어법에 맞게 쓰세요. (단어 추가 및 어형 변화 가능)

In a 1996 research project led by Roy Baumeister at Case Western Reserve University, two groups of subjects were made (A) _____ (sit) _____ down in separate rooms. On the table in the rooms (B) ____ (be) ____ two bowls, one was of fresh chocolate chip cookies and the other contained radishes. The first group was told that they (C) ____ (can) ____ eat as many of the cookies that they wanted but that they were to avoid the radishes at all costs. The second group was told the opposite. After a while the scientists came back in and asked the participants to wait. Each group (D) ____ (give) ____ an "easy" puzzle to solve while they waited. The puzzle actually had no solution but the scientists wanted to see how long each group would attempt to find the solution. The results were that the people who had to resist the cookies only spent 8 minutes on the puzzle while the other group spent an average of 19 minutes on it. Why? It appears that willpower is finite. The people who were told to resist the cookies had their reserves for the day.

(A) _____

(B) _____

(C) _____

(D) _____

Never leave that 'till tomorrow

which you can do today.

오늘 할 수 있는 일을 내일로 미루지 말라.　　　　－ 벤자민 프랭클린

습관처럼 무서운 것이 없다는 말이 있습니다.

습관은 언제나 필연적으로 결과를 만들어 내기 때문이죠.

미루지 않는 습관만으로도 당신이 만들 수 있는

변화의 가능성은 커질 수 있습니다.

준동사의 이해

UNIT 06 비교로 익히는 준동사(1)

대표
내신 예제

다음 글의 밑줄 친 부분 중, 어법상 틀린 것은?

목동고 응용

(상략) Perhaps as a child you remember <u>to go</u> to your mother when you broke that garage window with a baseball. (하략)

풀이 '~했던 것을 기억한다'라는 의미가 되어야 자연스러우므로 과거의 일을 설명하는 remember V-ing를 사용하는 것이 적절하다. 따라서 to go를 going으로 고쳐야 한다.

해석 아마도, 어려서 당신이 야구공으로 차고의 창문을 깼을 때, 당신은 어머니에게 갔던 것을 기억할 것이다.

• **출제 포인트** | 목적어 자리에서 동명사와 to부정사를 구별하는 문제가 나온다!

풀이 전략 1 목적어 자리에 동명사와 to부정사를 쓰는 동사를 암기해라.

• 동명사만을 목적어로 취하는 동사 : avoid, consider, deny, enjoy, finish, give up, imagine, mind, suggest, practice, delay, postpone, put off ⋯	• to부정사만을 목적어로 취하는 동사 : afford, agree, aim, ask, choose, decide, expect, hope, plan, promise, refuse, struggle, want, wish ⋯
A. He **finished** [folding / to fold] 360 paper cranes to give her. finish는 목적어로 동명사를 사용하므로 folding이 적절하다.	**B.** They will **aim** [meeting / to meet] the needs of the group. aim은 목적어로 to부정사를 사용하므로 to meet이 적절하다.

해석 **A.** 그는 그녀에게 줄 360마리의 종이학을 접는 일을 마쳤다. **B.** 그들은 그 집단의 요구를 만족시키는 것을 목표로 할 것이다.

풀이 전략 2 목적어로 동명사와 to부정사를 사용할 때, 의미가 달라지는 동사를 주의해라.

〈**목적어가 동명사**일 때 : 대체로 현재나 과거를 의미〉	〈**목적어가 to부정사**일 때 : 대체로 미래를 의미〉
• remember + V-ing : ~했던 것을 기억하다 • forget + V-ing : ~했던 것을 잊다 • try + V-ing : 시험 삼아 ~해 보다 • regret + V-ing : ~했던 것을 후회하다 • stop + V-ing : ~하는(하던) 것을 멈추다(중단하다)	• remember + to V : ~할 것을 기억하다 • forget + to V : ~할 것을 잊다 • try + to V : ~하려고 애쓰다(노력하다) • regret + to V : ~하게 돼서 유감이다 • stop + to V : ~하기 위해 멈추다 (이때 to부정사는 '~하기 위하여'라는 목적의 의미를 지닌 부사적 용법으로 사용됨)
C. Don't **forget** [picking / to pick] up your laundry on the way home. '~할 것을 잊다'라는 의미이므로, forget to V가 사용되는 것이 적절하다.	**D.** She will never **forget** [shaking / to shake] hands with the popular singer a few days ago. '~했던 것을 잊다'라는 의미이므로 forget V-ing가 사용되는 것이 적절하다.

해석 **C.** 집에 오는 길에 네 세탁물을 찾아올 것을 잊지마. **D.** 그녀는 며칠 전에 그 유명한 가수와 악수했던 것을 결코 잊지 못할 것이다.

전치사 뒤에는 **명사나 동명사 형태를 사용**해야 한다. 특히 시험에 자주 등장하는 **to V-ing**(to는 전치사)가 쓰이는 다음 표현을 to부정사와 구별하여 꼭 익히도록 하자.

〈**to V-ing**가 사용된 표현〉

- **contribute to V-ing** : ~하는 것에 기여하다
- **in addition to V-ing** : ~하는 것 이외에도
- **look forward to V-ing** : ~하는 것을 고대하다
- **devote**(give/dedicate/commit) **oneself to V-ing** : ~하는 것에 헌신하다
- **attend**(pay attention) **to V-ing** : ~에 주목하다, ~에 주의를 기울이다
- **be**(get) **used**(accustomed) **to V-ing** : ~하는 것에 익숙하다
- **object to V-ing** : ~하는 것에 반대하다(= **be opposed to V-ing**)
- **admit to V-ing** : ~을 인정하다
- **when it comes to V-ing** : ~에 관한 한
- **What do you say to V-ing?** : ~하는 것은 어때?

대표 내신 예제

다음 글의 밑줄 친 부분 중, 어법상 **틀린** 것을 찾아 바르게 고치세요.   개포고 응용

(상략) The place used to be an important lumber and dairy location. Now, the village <u>surrounded</u> it is a major tourist destination in the area. (하략)

[풀이] it(the place)을 '둘러싼' 마을이라는 의미가 되도록, surrounded는 능동의 의미를 지닌 현재분사 surrounding으로 고치는 것이 적절하다. the village ~ it까지가 주어 부분이고, is가 동사이다.

[해석] 그 지역은 중요한 목재와 낙농업 지역이었다. 현재 그곳을 둘러싼 마을은 그 지역의 중요한 관광명소이다.

출제 포인트 | 현재분사와 과거분사를 구별하는 문제가 나온다!

풀이 전략 1   수식받는 명사를 기준으로 능동과 수동을 판단하라.

수식받는 명사와의 관계가 '능동'이면 현재분사, '수동'이면 과거분사를 사용해야 한다.

A. **The children** [received / receiving] Christmas presents were told to express their gratitude for them.

크리스마스 선물을 '받은' 아이들이라는 의미이므로 The children과 receive는 '능동'의 관계이다. 따라서 능동의 의미를 지닌 현재분사 receiving이 적절하다.

B. Teflon, **a synthetic substance** [employed / employing] as a coating on cooking utensils, was invented in 1938.

요리 기구에 코팅제로서 '사용되는' 합성물질이라는 의미이므로, a synthetic substance와 employ는 '수동'의 관계이다. 따라서 수동의 의미를 지닌 과거분사 employed가 적절하다.

[해석] **A.** 크리스마스 선물을 받은 아이들은 그것들(선물)에 대한 감사함을 표현하라고 들었다.
B. 요리 기구에 코팅제로 사용되는 합성물질인 테플론은 1938년에 발명되었다.

UNIT 06

감정을 나타내는 분사 표현을 주의하자.

감정을 나타내는 표현을 쓸 때, 수식을 받는 명사나 그 주체가 그 **감정을 '일으키면' 현재분사**(능동), 그러한 **감정을 '느끼면' 과거분사**(수동)를 사용한다.

C. One beetle has developed an [amazed / amazing] **system** of collecting water from fog.

놀라움을 '유발하는' 시스템이란 뜻이므로, 수식을 받는 명사인 system은 amazing이란 감정을 일으킨다고 할 수 있으므로 현재분사 amazing이 적절하다.

D. Your grandfather will be very [pleased / pleasing] to be able to help you.

please의 주체인 당신의 할아버지가 기쁨을 '느끼다'라는 의미이므로, 과거분사 pleased가 적절하다.

해석 **C.** 한 딱정벌레는 안개로부터 물을 수집하는 놀라운 시스템을 발전시켰다.
D. 당신의 할아버지는 당신을 도울 수 있어서 매우 기쁠 것이다.

분사구문에서 동사의 선택

• 분사구문이란?
「접속사 + 주어 + 동사」로 이루어진 부사절에서 접속사와 주어를 생략하고 분사형태(V-ing/p.p.)로 짧게 만든 구문이다.

예 As he watched her leave, he opened the pack of doughnuts.
　　부사절 (접속사 + 주어 + 동사)

⇒ **Watching her leave**, he opened the pack of doughnuts.
　　분사구문

해석 그녀가 떠나는 것을 보며, 그는 도넛 상자를 열었다.

분사구문의 주어가 주절의 주어와 동일한 경우 분사구문의 주어를 생략하지만, **분사구문의 주어와 주절의 주어가 다른 경우**에는 **분사구문의 주어를 명시**한다. 따라서 주어가 별도로 명시되지 않은 분사구문에서 분사의 형태를 선택해야 하는 경우 주절의 주어와의 관계가 '**능동**'이면 **현재분사**를, '**수동**'이면 **과거분사**를 사용하도록 한다.

예 **Lying** on the floor in the corner of the crowded shelter, **surrounded** by bad smells, he could not fall
　　주어 he와 '능동'의 관계: 현재분사　　　　　　　주어 he와 '수동'의 관계: 과거분사　　　주절의 주어
asleep.

해석 불쾌한 냄새에 둘러싸인 채, 붐비는 대피소의 구석 바닥에 누워 그는 잠들 수 없었다.

입국 심사를 하는 동안 **여러 질문을 받자**, 그는 당황하는 것처럼 보였다. (어형 변화 가능, 대·소문자 구별할 것)

(several questions / ask)

_____ during the immigration inspection, he looked embarrassed.

풀이 ask는 '질문을 하다'라는 의미의 타동사로, 생략된 주어 he가 질문을 '받은' 것이기 때문에 수동의 의미를 지닌 과거분사 Asked를 써서 Asked several questions가 적절하다. 위의 문장은 When he was asked ~를 Asked ~로 바꾼 분사구문으로 Asked 앞에는 Being이 생략되었다.

PRACTICE TEST

A 다음 문장의 네모 안에서 어법상 적절한 표현을 고르세요.

01 It's okay even if nobody can afford buying / to buy the item displayed.

02 The boys were disappointing / disappointed when they found the playground occupied by others playing football.

03 Compared / Comparing to normal speakers, the speakers made of papers don't produce the sound that is weaker and duller.

04 Your essay will become far more interesting / interested if you keep polishing it.

05 To see things from a new perspective, stop repeating / to repeat what you have done and try something unfamiliar.

B 다음 문장의 밑줄 친 부분이 어법상 맞으면 ○, 틀리면 ×를 쓰고 바르게 고쳐 쓰세요.

01 To keep your attention focused on the lecture, you need to avoid to talk with your classmate.

(   )_____

02 Gianfranco Ferre contributed to build the image of current Italian fashion.

(   )_____

03 He sent his finished novel to the publishing company, but the editor refused printing the book for no particular reason.

(   )_____

04 If you plan to be out in the summer, don't forget applying thick sunscreen.

(   )_____

05 The CEO finally found out that workers got more frustrated because they didn't know how to talk about their inconveniences.

(   )_____

PRACTICE TEST

C 다음 문장에서 어법상 **틀린** 부분을 하나 찾아 밑줄을 긋고 바르게 고쳐 쓰세요.

01 My friend, who loves to travel abroad, told me about an embarrassed experience he recently had.

02 He suggested visiting Bulguksa, the most famous temple locating on Mt. Toham, to see lots of cultural heritages.

03 Men cooperate in various ways, from lining up at a store to share their knowledge in a discussion.

04 In addition to be more durable than existing pens, ballpoint pens can be used at high altitudes with low pressure.

05 According to the survey, what a consumer wants to get when purchased luxurious goods is the image of a brand rather than the product itself.

D 우리말에 맞도록 다음 어구들을 바르게 배열하세요. (필요한 어구만 선택하여 배열할 것, 대·소문자 구별할 것)

01 단지 토론의 **기본 규칙을 정하는 데 동의할 것**을 기억하라.

(remember / ground rules / to establish / to agree / agreeing)

Just _____ for the discussion.

02 나는 **똑같은 쉬운 일을 하는 것에 익숙해지고** 발전하지 않을 것이다.

(used / the same / to do / easy job / to doing / get)

I will _____ and I won't develop.

03 당신은 졸업하는 졸업생들의 재미있는 순간들을 모은 **사진 슬라이드 쇼 만들기를 끝냈는가?**

(you / to make / making / the photo slide show / finish)

Did _____ of fun moments of graduating seniors?

04 **한쪽에서 보면** 그 이미지는 웃는 것처럼 보이지만 반대쪽에서는 우는 것처럼 보인다.

(seeing / one side / seen / when / from)

_____, the image looks like smiling but from the opposite side it seems like crying.

05 또 다른 편집자는 그것들을 **나눠주기 전에 마지막으로 원고들을 검토하자고 제안했다.**

(the copies / suggested / distributing / for the last time / to examine / examining / before)

Another editor _____ them.

E 우리말에 맞도록 다음 어구들을 바르게 배열하세요. (주어진 어구로만 배열할 것. 대·소문자 구별할 것)

01 선수들은 경기에 **집중하는 데 전념하지** 않았고, 그래서 졌다.

(commit / didn't / focusing / themselves / to)

The players _____ on the game, and thus they lost.

02 우리는 종종 사회적 약자들을 돕기 위해 **그들의 모든 재산을 내주는 사람들에 대한 감동적인 이야기를** 읽는다.

(about / moving / stories / people / all their fortune / giving)

We often read _____ to help the disadvantaged.

03 아기들을 돌보는 것에 관한 한, Olivia는 아버지들보다 어머니들이 더 많은 집안일을 한다고 생각한다. (필요시 어형 변화 가능)

(take care of / when / babies / come / it / to)

_____, Olivia thinks mothers do more household

chores than fathers do.

04 시간을 내어 선생님에게 **감사를 표현한 메모를** 쓰세요. (필요시 어형 변화 및 단어 추가 가능)

(write / express / take time / a note / gratitude)

Please _____ to your teacher.

05 그는 하고 싶어 했던 일을 시도하지 않은 것을 후회했다. (필요시 어형 변화 및 단어 추가 가능)

(not / wanted / what / do / he / try / regretted)

He _____.

A · **afford** ~할 여유가 있다 · **display** 전시하다 · **playground** 운동장 · **occupy** 차지하다 · **normal** 보통의 · **dull** 둔한
· **polish** 다듬다 · **perspective** 관점 · **unfamiliar** 낯선

B · **attention** 주의(집중) · **lecture** 강의 · **avoid** 피하다 · **current** 현재의 · **novel** 소설 · **editor** 편집자 · **refuse** 거부하다
· **particular** 특별한 · **sunscreen** 자외선 차단제 · **inconvenience** 불편(한 것)

C · **embarrass** 당황하게 하다 · **temple** 절 · **cultural heritage** 문화 유산 · **cooperate** 협력하다 · **durable** 내구성이 있는
· **altitude** 고도 · **pressure** 기압 · **survey** (설문) 조사 · **luxurious** 사치스러운

D · **ground rule** 기본 원칙(규칙) · **agree** 동의하다 · **discussion** 토론 · **develop** 발전하다 · **moment** 순간
· **graduating** 졸업하는 · **senior** 졸업생 · **opposite** 반대쪽의 · **distribute** 배포하다

E · **focus on** ~에 집중하다 · **moving** 감동시키는 · **fortune** 재산 · **the disadvantaged** (pl.) 사회적 약자들
· **take care of** ~을 돌보다 · **household** 집안 일 · **gratitude** 감사

VOCA NOTE

UNIT 07 비교로 익히는 준동사(2)

대표
내신 예제

다음 글의 밑줄 친 부분 중, 어법상 틀린 것은?

서라벌고 응용

(상략) Some people sharing a working area report feelings of having their personal space <u>violating</u>. (하략)

풀이 전치사 of 뒤의 구조는 「사역동사 have + O + O.C」이고, 문맥상 그들의 사적인 공간이 '침해당하는' 것이기 때문에 목적어 their personal space와 violate의 관계는 수동이다. 따라서 violating을 과거분사 violated로 고치는 것이 적절하다.

해석 작업 공간을 공유하는 일부 사람들은 그들의 개인적인 공간이 침해당한다는 느낌을 보고한다.

● **출제 포인트** | 목적격보어 자리에 쓰이는 다양한 준동사를 구별하는 문제가 나온다!

풀이 전략 1 **목적어와 목적격보어의 관계가 '수동'이면 '과거분사'를 사용한다.**

일반적으로 **목적어와 목적격보어**의 관계가 '**수동**'이면 목적격보어 자리에 **과거분사(p.p.)**를 사용한다.

예) When Amy heard her name **called**, she stood up from her seat and made her way to the stage.
　　　　　　　　　목적어　　목·보

해석 Amy가 자신의 이름이 불리는 것을 들었을 때, 그녀는 자리에서 일어나 무대로 나아갔다.

단, **동사 let**의 **목적어와 목적격보어**의 관계가 '**수동**'이면 목적격보어 자리에 be p.p.를 써서 「let + O + be p.p.」 형태가 된다는 것을 기억하자.

예) Let it **be done** according to these rules and by these cautions.
　　목적어　목·보

해석 이 규칙들에 따라 그리고 이 경고들에 의해 그것이 처리되도록 해라.

A. He found **his little brother** [to involve / involved] in a serious crime.

남동생이 범죄에 '연루되었다'는 것을 알게 되었다는 의미로, 목적어인 his little brother와 목적격보어인 involve는 수동의 관계이다. 따라서 목적격보어 자리에는 과거분사 involved가 적절하다.

B. She was popular in the class, so the classmates wanted **her** [to elect / elected] as their chairperson.

그녀가 회장으로 '선출되기를' 원한다는 의미로, 목적어인 her와 목적격보어인 elect는 수동의 관계이다. 따라서 목적격보어 자리에는 과거분사 elected가 적절하다.

해석 **A.** 그는 자신의 남동생이 심각한 범죄에 연루되었다는 것을 알게 되었다.
B. 그녀는 반에서 인기가 많아서 반 친구들이 그녀가 회장으로 선출되기를 원했다.

목적어와 목적격보어의 관계가 '능동'일 때, 동사에 따라 목적격보어로 사용하는 준동사의 종류가 다르므로 동사별로 구분해서 기억해야 한다.

동사	목적격보어
catch, find, keep, leave	현재분사
advise, allow, ask, cause, enable, encourage, expect, force, get, lead, motivate, order, want 등	to부정사
사역동사 : have, let, make	동사원형
지각동사 : see, hear, feel, notice, observe, watch 등	동사원형 / 현재분사
준사역동사 : help	동사원형 / to부정사

C. His parents **kept** him [standing / to stand] in front of a wall for having told a lie.

keep은 목적격보어로 현재분사를 사용하므로 standing이 적절하다.

D. Pope Julius **asked** Michelangelo [paint / to paint] the ceiling of the Sistine Chapel.

ask는 목적격보어로 to부정사를 사용하므로 to paint가 적절하다.

해석 C. 그의 부모는 거짓말을 했다는 이유로 그를 벽 앞에 계속 서 있게 했다.
D. Julius 교황은 Michelangelo에게 시스티나 성당의 천장에 그림을 그려 달라고 요청했다.

**대표
내신 예제**

다음 글을 읽고, 어법상 어색한 부분을 찾아 바르게 고치세요.
한가람고 응용

(상략) Human life has a special dignity and value that is worth to preserve even at the expense of self-interest. (하략)

풀이 be worth V-ing(~할 만한 가치가 있다)라는 표현이 사용된 문장이다. 따라서 to preserve을 preserving으로 고쳐야 한다. at the expense of는 '~을 희생하면서'라는 뜻이다.

해석 인간의 삶은 자기 이익을 희생하고서라도 보존할 가치가 있는 특별한 존엄이자 가치를 가지고 있다.

• **출제 포인트** | 동명사와 to부정사가 들어간 관용적인 표현들을 기억해야 하는 문제가 나온다!

- **be worth V-ing** : ~할 가치가 있다
- **feel like V-ing** : ~하고 싶다
- **It's no use(good) V-ing** : ~해도 소용없다
- **There is no V-ing** : ~할 수 없다
- **have trouble**(difficulty/a hard time) (in) **V-ing** : ~하는 데 어려움을 겪다
- **spend + 시간/돈/에너지 + (in) V-ing** : ~하느라 …을 사용하다
- **on**(upon) **V-ing** : ~하자마자
- **be busy** (in) **V-ing** : ~하느라 바쁘다
- **end up V-ing** : 결국 ~하게 되다
- **cannot help V-ing** : ~하지 않을 수 없다

A. Koalas **spend** no more than **four hours** each day [being / to be] physically active.

「spend + 시간 + (in) V-ing」의 형태로 사용되기 때문에 being이 적절하다.

B. My parents often **have difficulty** [seeing / to see] small letters on the cell phones.

「have difficulty (in) V-ing」로 사용되기 때문에 seeing이 적절하다.

해석 **A.** 코알라는 신체적인 활동을 하는 데 하루에 4시간 이상을 쓰지 않는다.
B. 나의 부모님은 휴대폰의 작은 글씨를 보는 데 자주 어려움을 겪으신다.

풀이 전략 2 　to부정사가 포함된 표현들을 암기하라.

- **never to V** : 결코 ~하지 않다　　• **so as to V**(= **in order to V**) : ~하기 위하여　　• **only to V** : 결국 ~하게 되다

C. We went to Internet café and booked tickets [as / so as] to get good seats at the singer's concert.

'~하기 위하여'라는 의미를 나타낼 때는 so as to V가 사용되기 때문에 so as가 적절하다.

D. The couple rushed out to the theater, only [finding / to find] that the show had been canceled.

'결국 ~하게 되다'라는 의미를 가진 only to V가 사용되어야 하므로 to find가 적절하다.

해석 **C.** 그 가수의 콘서트에서 좋은 자리를 얻기 위해 우리는 인터넷 카페에 가서 티켓을 예약했다.
D. 그 커플은 극장으로 서둘러 갔지만, 결국 그 쇼가 취소되었다는 것을 알게 되었다.

서술형 잡기 　어순 배열 문제에 많이 나오는 to부정사 표현을 기억해라.

서술형에 자주 출제되는 to부정사를 이용한 표현들을 암기해야 한다. 이런 to부정사가 포함된 표현 내에서 형용사와 부사의 위치도 함께 기억해야 한다.

- **so** + A(형/부) + **as to V** : ~할 만큼 충분히 A하다 (= A(형/부) + **enough to V**)

  예 The wound was not **so** deep **as to** cause immediate death.
  (= The wound was not deep **enough to** cause immediate death.)

  해석 그 상처가 즉사를 일으킬 만큼 충분히 깊지는 않았다.

- **too** + A(형/부) + **to V** : 너무 A해서 ~할 수 없다, ~하기에는 너무 A하다

  예 I feel **too** nervous **to** focus on anything.

  해석 나는 너무 긴장해서 어떤 것에 집중을 할 수가 없다. (나는 어떤 것에 집중하기에는 너무 긴장된다.)

  내 아들은 자신의 미래에 대한 **올바른 결정을** 스스로 **할 만큼 충분히 현명**하다.

  (to / enough / right decisions / make / wise)

  My son is _____ for his future on his own.

  풀이 「A(형용사/부사) + enough to V」이 사용된 문장이다. 따라서 wise enough to make right decisions가 적절하다.

PRACTICE TEST

A 다음 문장의 네모 안에서 어법상 적절한 표현을 고르세요.

01 You should keep track of expenses so as being / to be sure money is not slipping away.

02 Just like a shadow, I followed different professionals and watched them work / worked .

03 Despite the teacher's worries, the students call their new classmate 'dandy', build him a locker in the classroom, and are busy to take / taking care of him.

04 Such enthusiasm will become the driving force to enable you overcoming / to overcome the difficulties during the course of attaining your goals.

05 The typhoon left lots of people injuring / injured or dead, forcing others to escape from their homes.

B 다음 문장의 밑줄 친 부분이 어법상 맞으면 ○, 틀리면 ×를 쓰고 바르게 고쳐 쓰세요.

01 When George opened the door, he saw the snow <u>falling</u> faintly.

( )_____

02 I've been very busy these days <u>to work</u> a part time job and <u>to learn</u> Spanish.

( )_____

03 The love for ballet made him <u>to practice</u> the moves dozens, even hundreds of times, until he mastered each one.

( )_____

04 At night our body creates hormones, which help us sleep in order <u>to rest</u> and prepare for the next day.

( )_____

05 The god of death does not allow a person who is alive <u>knocking</u> the door to the land of the end.

( )_____

PRACTICE TEST

C 다음 문장에서 어법상 틀린 부분을 하나 찾아 밑줄을 긋고 바르게 고쳐 쓰세요.

01 I was astonished to find the shell filling with pearls.

02 In a fast-changing society, humor helps us feeling a sense of intimacy and vitality.

03 We will draw the outlines of the pictures and let the kids coloring them in.

04 Why don't you get your children to involve in housework to help them grow up as responsible people?

05 There is a propane tank inside the hot air balloon basket, so a fire could cause it explode.

D 우리말에 맞도록 다음 어구들을 바르게 배열하세요. (필요한 어구만 선택하여 배열할 것. 대·소문자 구별할 것)

01 노안이 있는 사람들은 **가까이 있는 물체들을** 뚜렷이 **보는 데 어려움이 있다.**
(trouble / to see / objects / have / close / seeing)

People with presbyopia _____ distinctly.

02 진정한 친구는 당신이 하고 싶은 것을 **하도록 당신을 격려하는** 사람이다.
(to do / doing / encourages / you)

A true friend is someone who _____ what you want to do.

03 두 명의 스페인 생물학자들은 **새들이 벌레를 잡는 것을 그들이 관찰할 수 있도록** 그 새들을 촬영했다.
(to catch / they / the worms / the birds / could / catching / so that / observe)

Two Spanish biologists filmed the birds _____.

04 그는 연습하고 싶지 않을 때 마다, 그 책을 읽음으로써 마음을 가다듬곤 했다.
(to practice / he / like / whenever / feel / practicing / didn't)

_____, he would calm himself by reading that book.

05 국민들의 과도한 압력에 직면한 그 정치인은 **결국 사임했다.**
(resigning / too much pressure / from / facing / to resign / the public / ended up)

The politician _____.

우리말에 맞도록 다음 어구들을 바르게 배열하세요. (주어진 어구로만 배열할 것)

01 그녀는 사랑이 없는 삶은 살 가치가 없는 것이라고 느꼈다.

(not / was / worth / a life / living / without love)

She felt that _____.

02 비유를 사용하는 것은 **여러분이** 청중들의 감정에 **호소하기 위해 논리적인 주장을 하는 것을** 돕는다. (필요시 어형 변화 및 단어 추가 가능)

(appeal / make / logical arguments / you / help)

Using analogies _____ to audience members' emotions.

03 그는 많은 수의 노래들을 **팔 만큼 충분히 유명해지고** 싶어 한다. (필요시 단어 추가 가능)

(enough / become / sell / famous)

He wants _____ a large number of songs.

04 임금은 생계를 위한 **노동자들의 기본적인 욕구를 충족하기에 너무 낮다.** (필요시 단어 추가 가능)

(the workers' / too low / meet / basic needs)

Wages are _____ for living.

05 그녀는 어느 판촉행사에 대한 광고를 보고 **그것이 이미 끝났다는 것을 알았을 때** 실망감을 느낀다.

(already finished / that / it / find / has / only to)

She feels disappointed when seeing an ad for a promotion _____.

A · **keep track of** ~에 대해 계속 파악하고 있다 · **expense** 지출 · **slip away** 사라지다 · **professional** 전문가 · **enthusiasm** 열정
· **driving force** 추진력 · **enable** 가능하게 하다 · **overcome** 극복하다 · **attain** 달성하다 · **typhoon** 태풍
· **injure** 다치게 하다

B · **faintly** 희미하게 · **part time job** 시간제 근무, 아르바이트 · **master** 숙달하다 · **hormone** 호르몬 · **rest** 쉬다
· **prepare** 준비하다 · **god** 신 · **alive** 살아 있는

C · **astonished** (깜짝) 놀란 · **shell** 조개 (껍데기) · **pearl** 진주 · **humor** 유머 · **intimacy** 친밀감 · **vitality** 활력
· **outline** ~의 윤곽을 그리다 · **involve** 참여시키다 · **responsible** 책임감 있는 · **explode** 폭발시키다

D · **presbyopia** 노안 · **distinctly** 뚜렷하게 · **biologist** 생물학자 · **film** 촬영하다 · **observe** 관찰하다 · **worm** 벌레
· **calm** 가라앉히다 · **resign** 사임하다

E · **analogy** 비유 · **logical** 논리적인 · **appeal** 호소하다 · **audience** 청중 · **wage** 임금, 급료 · **meet** 충족시키다
· **need** 욕구 · **living** 생계 · **ad (advertisement)** 광고 · **promotion** 판촉 행사

VOCA NOTE

01

잠신고 응용

다음 글의 밑줄 친 부분 중, 어법상 옳은 것은?

Most of us play it safe by putting our needs aside when ① faced with the possibility of feeling guilty or disappointing others. At work you may allow a complaining coworker to keep stealing your energy to avoid ② to conflict with him or her — ending up hating your job. At home you may say yes to family members who give you a hard time to avoid their emotional rejection, only ③ to feeling frustrated by the lack of quality time that you intend to have for yourself. We work hard to manage the perceptions of others and stop ④ to fulfill our own needs, and in the end we give up the very thing that will enable us ⑤ living meaningful lives.

02

선덕고 응용

다음 글의 밑줄 친 부분 중, 어법상 틀린 것의 개수는?

Years ago, the company ⓐ considered to remove Charles Steinmetz from the head of a department. Though having been a genius when it came to electricity, he was a failure as the head of the calculating department. Yet the company ⓑ didn't choose to offend the man. He was indispensable and highly sensitive. So they gave him a new title. They made him a consulting engineer — a new title for work he was already doing — and ⓒ let someone else heading up the department. He was ⓓ satisfied. So were the officers. How important it is to help someone to save face! And how few of us ever ⓔ stop to think of it! We do not think about the feelings of others, ⓕ criticizing an employee in front of others without ever considering the hurt to the other person's pride. However, even if we are right and the other person is definitely wrong, we only destroy ego by ⓖ causing someone lose face.

① 2개   ② 3개   ③ 4개
④ 5개   ⑤ 6개

03

→ 서울고 응용

다음 글의 밑줄 친 부분 중, 어법상 바른 문장끼리 짝지어진 것은?

Westwood High School is currently establishing a paper recycling program. ⓐ With the help of students and staff, we aim to significantly reduce the amount of paper that goes into the trash by recycling paper. ⓑ We currently have a dumpster holding the paper recycling, but we need containers for individual classrooms to meet our goal. ⓒ We would like to request 20 containers and we also need 2,000 clear trash bags in order to allow students and staff getting the paper to the recycle dumpster. So, we are asking your company if it will donate these items so that we may succeed in conserving our natural resources. Please contact me if you have any questions. ⓓ We look forward to establish a partnership with C&G Waste Services. ⓔ We know that these types of partnerships help us give back to the community and enhance actions our students can take towards helping the environment. ⓕ And we are sure that this program is worth to do.

① ⓐ ⓑ ⓒ   ② ⓐ ⓑ ⓔ   ③ ⓑ ⓓ ⓔ
④ ⓑ ⓓ ⓕ   ⑤ ⓒ ⓓ ⓔ

04

→ 한영고 응용

다음 글의 밑줄 친 부분 중, 어법상 틀린 것을 2개 고르면?

I'm happy to announce that ① we had our school fitness room renovated and it has reopened. Everybody's welcome to use the facilities to improve your health. But there are some things you should keep in mind in sharing a workout space with others. Always use a towel to wipe down your equipment after use. If you're ② finished using dumbbells, bands, exercise balls, or other equipment, put them back in place. Otherwise, people may ③ have trouble finding the equipment they need. Also, don't rush others. If someone is using a piece of equipment, ④ let him or her to use the equipment and wait until he or she takes a break. Lastly, ⑤ remember not occupying a place for too long. Everyone has a right to use the equipment, not just you. I hope you can all respect each other and have a great workout.

05

→ 진명여고 응용

빈칸 (A)~(C)에 주어진 단어를 활용하여 문맥과 어법에 맞게 쓰세요. (모두 어형 변화할 것)

Hello, everyone. Welcome to Hermosa Campground. I'm Mr. Brown, the camp coordinator. Before anything else, I need to briefly cover the campground rules. First of all, you should take a shower or wash your dishes only at the (A) ___(designate)___ area. Second, for your safety, campfires are not allowed after midnight. Third, do not set off fireworks. If you witness anyone (B) ___(use)___ them, please report it to the campground office. Finally, we have a strong policy on recycling, so don't forget to separate your trash from recycling items. Thank you and I hope that you will enjoy (C) ___(camp)___.

(A) _____

(B) _____

(C) _____

UNIT TEST

[06~07] 다음 글을 읽고, 물음에 답하세요.

In order to ① <u>be</u> persuaded by a message, you must pay attention to that message. This simple fact has led to the development of numerous procedures ② <u>designing</u> to attract attention, such as printing signs upside down or backwards, using vivid colors, and using unusual music and sounds. However, unless the sights and sounds are the message, the story does not end here. An advertiser will get the audience ③ <u>attend</u> to the message that accompanies these attention-getters. Therefore, the message itself must be (A) <u>주의를 끌 만큼 충분히 강력한</u>. If we continue to attend to the unusual sights and sounds and never hear the message, the advertiser will have difficulty ④ <u>persuading</u> us. If the music in the advertisement is too catchy, for example, we may forget ⑤ <u>to see</u> the advertisement and remember the music, only to ⑥ <u>fail</u> to recognize the product that was being advertised.

06
→ 대진고 응용

윗글의 밑줄 친 ①~⑥ 중, 어법상 틀린 것을 3개 골라 번호를 쓰고 바르게 고치세요.

( )_____

( )_____

( )_____

07
→ 중대부고 응용

윗글의 밑줄 친 (A)의 우리말과 같은 뜻이 되도록 [보기]의 단어를 골라 바르게 배열하세요. (필요한 단어만 선택해서 배열할 것)

[보기]

attention / power / powerful /
to command / commanding / enough / too

08
→ 명덕고 응용

다음 문장에서 어법상 틀린 문장을 2개 찾아 번호와 틀린 부분을 쓰고 바르게 고치세요.

① Many consumers are willing to pay premium prices for organic foods, convinced that they are helping the earth and eating healthier.
② First publishing in 1719, *Robinson Crusoe* was not meant for children, but became a classic of children's literature.
③ Marking the Nepal-Tibet border, Everest looms as a three-sided pyramid of gleaming ice and dark rock.
④ Looking through the camera lens made him detached from the scene.
⑤ Switched on the light, Evelyn found her baby daughter, Julie, tossing feverishly and giving out odd little cries.

( )_____ ➡ _____

( )_____ ➡ _____

빈칸 (A)~(D)에 알맞은 말을 [보기]에서 골라, 문맥과 어법에 맞게 변형하여 쓰세요. (보기의 단어들은 한 번씩만 사용 가능)

(A) _____ with farmers, hunter-gatherers led a more leisurely life. Modern anthropologists who have spent time with surviving hunter-gatherer groups report that gathering food only accounts for a small proportion of their time — far less than would be required to produce the same quantity of food via farming. The !Kung Bushmen of the Kalahari, for example, typically spend twelve to nineteen hours a week (B) _____ food, and the Hazda nomads of Tanzania spend less than fourteen hours. That leaves them (C) _____ many activities leisurely. (D) _____ why his people had not adopted farming in the course of the interview, one Bushman replied, "Why should we plant, when there are so many mongongo nuts in the world?" In effect, hunter-gatherers work two days a week and have five-day weekends.

[보기]

ask / collect / compare / do

(A) _____

(B) _____

(C) _____

(D) _____

다음 글의 내용을 한 문장으로 요약하고자 한다. 빈칸에 들어갈 말을 [보기]에서 골라 문장을 완성하세요.

Do you advise your kids to keep away from strangers? That's a tall order for adults. After all, you expand your network of friends and create potential business partners by meeting strangers. Throughout this process, however, analyzing people to understand their personalities is not all about potential economic or social benefit. There is your safety to think about, as well as the safety of your loved ones. For that reason, Mary Ellen O'Toole, who is a retired FBI profiler, emphasizes the need to go beyond a person's superficial qualities in order to understand them. It is not safe, for instance, to assume that a stranger is a good neighbor, just because they're polite. Seeing them follow a routine of going out every morning well-dressed doesn't mean that's the whole story. In fact, O'Toole says that when you are dealing with a criminal, even your feelings may fail you. That's because criminals have perfected the art of manipulation and deceit.

↓

[보기]

based on superficial qualities / a stranger /
to judge / judging / protect / protecting / so as to

You should stop _____

_____

your loved ones as well as you.

UNIT 01-07 REVIEW TEST

01

→ 중산고 응용

다음 중, 어법상 틀린 문장의 개수는?

A. My car has been recently making strange sounds since I had an accident.

B. The number of sources of information which we depend on to make the decisions is increasing.

C. Economist Thorstein Veblen argues that as variety in work decreases, the amount of thought and time needing to perform a job also decreases.

D. The writer is said to have been about seventy years of age when his first novel was published.

E. These systems enable fish to see in lowlight conditions, in dirty water, and sometimes even over long distances.

F. In this type of relationship, the doctor told what needed to be done, and the patient followed it without asking a lot of questions.

① 1개   ② 2개   ③ 3개
④ 4개   ⑤ 5개

02

→ 선덕고 응용

다음 글의 밑줄 친 부분 중, 어법상 틀린 것끼리 짝지은 것은?

There ⓐ was an experiment conducted in 1995 by Sheena Iyengar, a professor of business at Columbia University. In a California gourmet market, Professor Iyengar and her research assistants set up a booth of samples of jams. Every few hours, they switched from offering an assortment of 24 bottles of jam to an assortment of just six bottles of jam. On average, customers tasted two jams, regardless of the size of the assortment, and each one received a coupon good for $1 off one jar of jam. ⓑ Here's the interesting part. Sixty percent of customers ⓒ were drawn to the large assortment, while only 40 percent ⓓ were stopped by the small one. But 30 percent of the people who ⓔ had sampled from the small assortment decided to buy jam, while only three percent of those ⓕ confronted with the two dozen jams purchasing a jar. Effectively, a greater number of people bought jam when the assortment size was 6 than when it was 24. In short, even though customers who participated in the experiment ⓖ found more choices of jam appealing, giving them more choices ⓗ didn't rise the likelihood of their purchasing jam.

* assortment 모음

① ⓐ ⓒ ⓖ   ② ⓑ ⓓ ⓕ   ③ ⓒ ⓔ ⓗ
④ ⓓ ⓕ ⓗ   ⑤ ⓔ ⓖ ⓗ

03

→ 광남고 응용

각 문장의 빈칸에 주어진 동사의 형태를 어법에 맞게 적절히 고치세요. (단어 추가 가능)

- They were asked to calculate the cost of the grain that (A) _____ (lose) _____ until then.
- New weapons were developed, such as the bow and arrow, which allowed the early humans (B) _____ (hunt) _____ more fast animals.
- She found him (C) _____ (gain) _____ weight, with a dark complexion and a very bad attitude.
- (D) _____ (tell) _____ that she had cheated on the midterm exam, she suddenly turned red in the face.
- I forgot (E) _____ (buy) _____ *Harry Potter* the other day, so I purchased the same book.

(A) _____

(B) _____

(C) _____

(D) _____

(E) _____

04

→ 신목고 응용

다음 글의 밑줄 친 부분 중, 어법상 틀린 것을 2개 찾아 번호를 쓰고 바르게 고치세요.

What distinguishes recycling is not its importance, but rather the ease with which individuals can participate, and the visibility of actions ① taking to promote the common good. You may be worried that global warming is threatening and that the rain forests ② are being destroyed — but you can't have an immediate effect on these problems that ③ is perceptible to yourself or others. The rain forest salvation truck doesn't make weekly pickups, let alone the clean air truck. When a public opinion poll in 1990 asked people what they had done in connection with environmental problems, 80 to 85% answered that they or their households ④ have participated in various aspects of recycling; no other significant steps ⑤ had been taken by a majority of respondents. Like the drunk ⑥ looking for his wallet under the lamppost, we may focus on recycling because it is where the immediate tasks are best illuminated.

( ) _____

( ) _____

UNIT 08 준동사의 활용(1)

대표
내신 예제

다음 밑줄 친 부분 중, 어법상 틀린 것은?

배재고 응용

(상략) Near the surface, where the water is clear and there is enough light, it is quite possible <u>of</u> an amateur photographer to take great shots with an inexpensive underwater camera. (하략)

[풀이] 사람의 성격이나 성향을 나타내는 형용사 뒤에 to부정사가 오는 경우를 제외하면 to부정사의 의미상의 주어는 「for + 목적격」을 써서 나타낸다. possible은 amateur photographer를 묘사하는 형용사가 아니므로 of는 for로 고쳐야 한다.

[해석] 물이 맑고 충분한 빛이 있는 수면 근처에서는 아마추어 사진작가가 저렴한 수중 카메라로 멋진 사진을 찍는 것이 꽤 가능하다.

● **출제 포인트** | to부정사와 동명사의 '의미상의 주어'를 묻는 문제가 나온다!

풀이 전략 1 **to부정사의 의미상의 주어를 나타낼 때 쓰는 for와 of를 구별하자.**

to부정사의 의미상의 주어가 일반 사람이거나 문장의 주어와 일치할 때에는 별도로 표시하지 않는다.

예 (1) A lot of people want to see the movie he starred. (to see를 행하는 주체 = A lot of people)

(2) It is not polite to open the door without knocking. (일반적인 사람이 의미상의 주어)

[해석] (1) 많은 사람들이 그가 출연했던 영화를 보기를 원한다.　(2) 노크를 하지 않고 문을 여는 것은 예의가 아니다.

to부정사의 의미상의 주어를 따로 표시해야 할 경우에는 일반적으로 to부정사 앞에 「**for + 목적격**」을 쓴다. 단, **사람의 성격이나 특성을 나타내는 형용사(brave, careful, clever, foolish, honest, kind** 등)가 나오면 의미상의 주어는 「**of + 목적격**」으로 쓴다.

A. It usually takes five days [of / for] the application **to be processed**.
to부정사 to be processed의 의미상의 주어는 일반적으로 「for + 목적격」으로 나타내야 하므로 for가 적절하다.

B. It was **careless** [of / for] her **to leave** her wallet in the restroom.
사람의 성격을 나타내는 형용사(careless) 뒤에는 to부정사의 의미상의 주어로 「of + 목적격」을 사용하므로 of가 적절하다.

[해석] **A.** 지원서가 처리되는 데 보통 5일이 걸린다.　**B.** 지갑을 화장실에 두다니 그녀는 부주의했다.

풀이 전략 2 **동명사의 의미상의 주어는 '소유격'과 '목적격' 둘 다 사용 가능하다.**

동명사의 의미상의 주어가 일반 사람이거나 문장의 주어와 일치할 때에는 별도로 표시하지 않는다.

예 (1) She was afraid of speaking in front of people. (speaking을 행하는 주체 = She)

(2) It is no use crying over spilt water. (일반적인 사람이 의미상의 주어)

[해석] (1) 그녀는 사람들 앞에서 말하는 것을 두려워했다.　(2) 엎질러진 물을 보고 울어도 소용없다.

동명사의 의미상의 주어를 나타낼 때 일반적으로는 소유격을 사용하지만, 대화에서는 목적격을 사용하는 경우도 많으니 **소유격과 목적격 둘 다 사용 가능**한 것으로 기억하자.

C. The teacher was worried about [we / our] **arriving** late.

동명사(arriving)의 의미상의 주어는 소유격이나 목적격 둘 다 사용 가능하므로 our가 적절하다. 전치사 뒤에는 (동)명사를 써야 하므로 전치사 about 뒤에 arriving이 왔다.

D. She was sure of her son [to win / winning] the game.

sure는 사람의 성격을 나타내는 형용사가 아니므로 of her son은 to부정사의 의미상의 주어라고 볼 수 없고, 전치사 of 뒤에는 (동)명사가 나오므로 winning이 적절하다.

해석 **C.** 선생님은 우리가 늦게 도착할 것을 걱정하셨다.　　**D.** 그녀는 자신의 아들이 그 게임을 이길 거라고 확신했다.

서술형 잡기 ▶ **의미상의 주어가 들어간 문장의 어순을 주의해라.**

to부정사와 동명사의 의미상의 주어는 각각 to부정사의 앞, 그리고 동명사의 앞에 쓰므로 그 어순을 기억하자. 특히 가목적어 it과 진목적어로 to부정사를 사용하는 문장에서 to부정사 앞에 의미상의 주어가 사용되면 구조가 복잡해지므로 배열 문제에서 특히 주의해야 한다.

> (1) 사람들은 감시받는 것을 좋아하지 않는데, 그것이 **그들이 평가받도록 유도하기** 때문이다.
>
> (to / being / them / lead / judged)
>
> People don't like being watched as that might _____.
>
> (2) 그 정책은 그 국가들의 **가난한 사람들이** 깨끗한 물을 **얻는 것을 쉽게** 만드는 데 도움이 되었다.
>
> (for / to get / easy / the poor in the countries / it)
>
> The policy helped to make _____ clean water.

풀이 (1) '~을 이끌다(유도하다)'라는 의미로 lead to를 사용해야 하는데, to는 전치사로 뒤에 동명사가 쓰여야 하므로 lead to being judged로 먼저 써야 한다. 그런데 문맥상 being judged의 주체는 주절의 people을 가리키는 them이므로, them이 being judged의 의미상의 주어이다. 따라서 them을 동명사 앞에 적어, lead to them being judged라고 쓰는 것이 적절하다.

(2) 「make + 가목적어(it) + 목적격보어(easy) + 의미상의 주어(for the poor in the countries) + 진목적어(to get)」 구조로 나열한다. 따라서 주어진 make 뒤에는 it easy for the poor in the countries to get의 어순이 적절하다.

대표 내신 예제

다음 밑줄 친 부분 중, 어법상 틀린 것은?

개포고 응용

(상략) As children begin to grasp a sense of their identity, separate from their siblings and even from us, the rivalry will get easier. It also helps to not compare one child to the other one; that creates resentment. (하략)

풀이 to부정사의 부정은 to 바로 앞에 not을 붙인다. 따라서 to not을 not to로 고쳐야 한다.

해석 아이들이 자신들의 형제자매 그리고 심지어 우리와 구별되는 자신들의 정체성을 파악하기 시작하면, 경쟁 의식은 완화될 것이다. 한 아이와 다른 한 아이를 비교하지 않는 것 또한 도움이 된다. 그것은 분노를 만든다.

● 출제 포인트 | 준동사의 동사적 성질을 묻는 문제가 나온다!

UNIT 08

풀이 전략 1 **준동사의 부정은 앞에 not(never)을 붙인다.**

동사처럼 준동사도 부정을 표현할 수 있으며 **부정어를 준동사 바로 앞에 써서 나타낸다.**

A. Seeing the beautiful scene, she regretted [bringing not / not bringing] her camera with her.

준동사 중의 하나인 동명사의 부정은 동명사 앞에 not을 붙인다. 따라서 not bringing이 적절하다.

B. He gets up early every morning in order [to not / not to] miss the first bus.

준동사 중의 하나인 to부정사의 부정은 to 앞에 not을 붙인다. 따라서 not to가 적절하다.

해석 **A.** 아름다운 장면을 보면서, 그녀는 카메라를 가져오지 않은 것을 후회했다.
B. 그는 첫 버스를 놓치지 않기 위해서 매일 아침에 일찍 일어난다.

풀이 전략 2 **동명사 vs. 명사**

명사 자리에는 동명사와 명사를 모두 사용할 수 있는데, **동명사는 동사처럼 목적어나 보어를 취할 수 있고 부사의 수식을 받을 수 있다**는 점에서 명사와 구별된다.

C. There is also the possibility of [damage / damaging] your stuff.

damage는 동사이면서 명사이기도 하다. of 뒤에는 (동)명사가 나올 수 있으므로 문법적으로는 명사 damage와 동명사 damaging 둘 다 나올 수 있다. 그러나 목적어 your stuff가 사용되었기 때문에 목적어를 가질 수 있는 동명사 damaging이 적절하다.

D. You had better check up parts for dirt and [damage / damaging].

동명사 damaging을 쓸 경우 뒤에 목적어가 필요하므로 알맞지 않다. 또한 and를 중심으로 '명사 and 명사'의 병렬 구조를 이뤄야 하므로 명사 damage가 적절하다. (Unit 19 참고)

해석 **C.** 당신의 물건을 손상시킬 가능성도 있다. **D.** 당신은 먼지와 파손이 있는지 부품을 확인하는 것이 좋다.

서술형 잡기 **준동사도 동사의 성질을 갖기 때문에 길어질 수 있다!**

준동사는 동사처럼 목적어나 보어를 갖고 부사의 수식을 받을 수 있으므로, 배열 문제가 나오면 준동사의 목적어나 수식어 등으로 인해 길어질 수 있다. 따라서 준동사를 하나의 의미 단위로 생각하여 나열해야 한다.

미국으로 이사 간 후에, 그녀는 가족들과 **다양한 활동을 하면서 좋은 시간을 보낸 것을** 그리워했다. (어형 변화 가능)

(quality time / spending / do various activities)

After she moved to America, she missed _____
with her family members.

풀이 miss는 동명사를 목적어로 취한다. 따라서 뒤에 동명사 spending을 시작으로 문장을 구성하면 된다. '~하면서 (시간)을 보내다'라는 의미를 나타낼 때는 「spend + 시간 + V-ing」의 표현을 쓰므로 spending quality time을 먼저 쓰고, do를 doing으로 변형한 후 이에 맞춰 배열하면 spending quality time doing various activities가 된다.

PRACTICE TEST

A 다음 문장의 네모 안에서 어법상 적절한 표현을 고르세요.

01 It isn't easy for / of ants with heavy loads to change the direction.

02 Michael kept insisting on I / my paying the fines.

03 It was brave of / for my friend to save the drowning girl in the river.

04 Those who eat fast food every day have a high risk of development / developing heart diseases.

05 He made it a rule to write down important things so as to not / not to forget them.

B 다음 문장의 밑줄 친 부분이 어법상 맞으면 ○, 틀리면 ×를 쓰고 바르게 고쳐 쓰세요.

01 The surest way of you to develop as a human is to change how you think about yourself.

( )_____

02 I am sure of you to have gotten good grades in the math test.

( )_____

03 Have you ever sent an email saying there is a document attached with no attaching of the document?

( )_____

04 A planet's year is the time required for it completing one full circuit around the sun.

( )_____

05 He felt helpless for not being able to solve the problem smoothly.

( )_____

PRACTICE TEST

C 다음 문장에서 어법상 **틀린** 부분을 하나 찾아 밑줄을 긋고 바르게 고쳐 쓰세요.

01 Too much caffeine can result in your heart beats irregularly.

02 It's so sweet for you to show your new classmate around the neighborhood.

03 She probably doesn't like her daughter's go out with Jason who is known as a liar.

04 Your teacher will be disappointed about your being not on time.

05 It would be silly for you to waste much time playing the mobile games.

D 우리말에 맞도록 다음 어구들을 바르게 배열하세요. (필요한 어구만 선택하여 배열할 것)

01 호랑이는 덫에 걸리지 않을 만큼 똑똑하다고 알려져 있다.
(a trap / enough / into / not to fall / to not fall / smart)

A tiger is known to be _____.

02 내 여동생은 주말마다 아침 8시에 도서관에 갈 만큼 매우 부지런하다.
(my sister / to go / of / to the library / diligent / for)

It is very _____ at 8 a.m. every weekend.

03 친구들과 놀거리들이 당신이 당장 해야 할 진짜 일을 수행하는 데 어려움을 줄지도 모른다.
(at hand / performing / the real job / in / your / to perform)

Friends and pastimes may cause some difficulties _____.

04 우리에게 어떻게 살아야 되는지를 말해달라고 노인들에게 요청하는 것은 우리 사회에서 흔하지 않다.
(to tell / how to live / older people / us / telling)

Asking _____ is not very common in our society.

05 그녀는 만약 그녀가 공부하느라 늦게까지 깨어 있다면, 그것이 그녀의 룸메이트가 자는 것을 어렵게 할까 봐 걱정하고 있다.
(of / might make / difficult / it / for / to sleep / her roommate / sleeping)

She is worried that if she stays up late studying, it _____.

E **우리말에 맞도록 다음 어구들을 바르게 배열하세요.** (주어진 어구로만 배열할 것)

01 그녀의 남편은 **그녀가 TV에서 멜로드라마만 보는 것을** 불평한다.

(on TV / her / only the soap opera / watching)

Her husband complains of _____.

02 시력 문제는 **학생들이 책을 읽고 공부하는 것을** 어렵게 만든다. (필요시 단어 추가 가능)

(books / for students / and study / it / read / hard)

Eyesight problems make _____.

03 풍경을 빠르게 지나치는 것은 **그곳을 아예 여행하지 않은 것과** 거의 같다.

(at all / there / traveling / not)

Passing through a landscape swiftly is almost the same thing as _____.

04 우리들 중 많은 이들은 그것이 진실인지 확실히 **알지 못하면서 우리가 들은 정보를 다른 사람들에게 전해주는** 경향이 있다.

(without / others / know / give / information we hear)   (필요시 어형 변화 및 단어 추가 가능)

Many of us tend _____ for sure it is true.

05 석탄 광산의 채굴장은 **너무 낮아서 한 사람이 똑바로 서 있을 수도 없었다.** (필요시 단어 추가 가능)

(stand up / for / straight / low / too / a man)

The rooms in the coal mine were _____.

A · **load** 짐 · **direction** 방향 · **insist** 주장하다 · **fine** 벌금 · **brave** 용감한 · **drown** 물에 빠지다 · **risk** 위험 · **heart disease** 심장병 · **make it a rule to V** ~하기로 정하다

B · **grade** 성적 · **document** 문서 · **attach** 첨부하다 · **planet** 행성 · **require** 필요로 하다 · **complete** 끝마치다 · **circuit** 순환 · **helpless** 무력한 · **smoothly** 원활하게

C · **caffeine** 카페인 · **result in** (결과적으로) ~을 낳다(야기하다) · **heart** 심장 · **beat** (심장·맥박 등이) 뛰다 · **irregularly** 불규칙하게 · **neighborhood** 근처, 이웃 · **probably** 아마 · **on time** 정각에 · **silly** 어리석은 · **waste** 낭비하다

D · **trap** 덫 · **diligent** 부지런한 · **pastime** 놀이, 오락 · **at hand** 가까운, 눈앞에 닥친 · **common** 흔한 · **society** 사회 · **stay up** 깨어 있다

E · **complain** 불평하다 · **soap opera** (멜로) 드라마 · **eyesight** 시력 · **landscape** 풍경 · **swiftly** 빠르게 · **coal** 석탄 · **mine** 광산 · **straight** 똑바로

VOCA NOTE

UNIT 09 준동사의 활용(2)

대표 내신 예제

다음 글에서 글의 흐름상 표현 또는 어법이 <u>잘못된</u> 것을 찾아 바르게 고치세요. 장훈고 응용

(상략) Al-Jazari appears to be the first inventor to display an interest in creating human-like machines for human comfort or entertainment in the 12th century. (하략)

───────────────────

[풀이] Al-Jazari라는 사람은 12세기에 활동했던 발명가였으므로, 그가 발명가였다는 것은 과거의 사실이다. 본동사 appears보다 앞선 일을 설명해야 하므로 to be를 to have been으로 고쳐야 한다.

[해석] Al-Jazari는 12세기에 인간의 안락과 여흥을 위해 인간을 닮은 기계를 만드는 데 흥미를 보인 최초의 발명가였던 것으로 보인다.

● **출제 포인트** | 준동사와 본동사의 시제가 다를 때, 형태가 달라지는 준동사 문제가 출제된다!

풀이 전략 1 to부정사가 문장의 동사보다 앞선 일을 나타내면 to have p.p.를 사용한다.

- to부정사가 문장의 동사와 **같은 시점의 일이나 미래의 일을 나타낼 때** : to V 사용
- to부정사가 문장의 동사보다 **앞선 시점의 일을 나타낼 때** : to have p.p. 사용

───────────────────

A. The tower **is estimated** [to be / to have been] built in the 10th century.

추정하는 것은 현재이지만, 그 탑이 지어진 것은 과거이므로 to have been이 적절하다.

B. My house **is expected** [to be / to have been] built until this winter. I can't wait for it.

내 집이 지어질 것을 예상하는 것은 현재이며, 집이 건설되는 것은 미래의 일이기 때문에 to be가 적절하다.

[해석] **A.** 그 탑은 10세기에 건설되었던 것으로 추정된다.   **B.** 우리 집은 이번 겨울까지 지어질 것으로 예상된다. 나는 몹시 기다려진다.

풀이 전략 2 동명사가 문장의 동사보다 앞선 일을 나타내면 having p.p.를 사용한다.

- 동명사가 문장의 동사와 **같은 시점의 일이나 미래의 일을 나타낼 때** : V-ing 사용
- 동명사가 문장의 동사보다 **앞선 시점의 일을 나타낼 때** : having p.p. 사용

───────────────────

C. She **refuses** to acknowledge [making / having made] a mistake in that position last year.

인정을 거부하는 것은 현재의 일이지만, 실수를 한 것은 작년이므로 having made가 적절하다.

D. They **were looking** forward to [meeting / having met] you next month.

앞으로 만날 것을 기대하는 것이므로 meeting이 적절하다.

[해석] **C.** 그녀는 작년 그 직책에서 실수를 했다는 것을 인정하기를 거부한다.   **D.** 그들은 다음 달에 너를 만날 것을 기대하고 있었다.

주어와 동사가 있는 **절을** 의미상의 주어와 준동사를 이용한 **구로 전환할 때** 의미상의 주어의 형태와 **준동사의 시제**에 주의한다.

> She is proud that her son received a scholarship last year.
>
> = She is proud of _____ .

풀이 전치사 of 뒤에는 동명사를 써야 하는데, 동명사의 의미상의 주어는 소유격이나 목적격을 사용하므로 her son('s)을 쓴다. 그녀의 아들이 장학금을 받은 것은 그녀가 자랑스러워하는 현재 시점보다 앞서 일어난 일이므로 완료동명사 having received를 사용해야 한다. 이어서 received의 목적어 a scholar ship과 시간의 부사구 last year를 차례로 배열하여, her son('s) having received a scholarship last year로 쓰는 것이 적절하다.

해석 그녀는 자신의 아들이 지난 학기에 장학금을 받았던 것을 자랑스러워한다.

대표 내신 예제

다음 각 문장의 밑줄 친 부분이 어법상 옳은 것을 <u>모두</u> 고르면?   배재고 응용

① <u>David finishing</u> the book cover design, I will email his first draft to you.

② All individuals matter equally, with the strength of their preferences <u>measured</u> by their willingness-to-pay.

풀이 ① finishing이 포함된 분사구문에서 finishing의 의미상의 주어는 David로, 주절의 주어(I)와 다르기 때문에 의미상의 주어를 따로 표기한 문장으로 어법상 적절하다.
② 「with + 명사 + 분사」의 구조가 사용된 문장이다. 그들의 선호가 '측정되는' 것이므로 과거분사 measured를 쓴 것은 적절하다.

해석 ① David가 그 책 커버 디자인을 끝내면, 나는 당신에게 그의 첫 초안을 이메일로 보낼 것이다.
② 모든 개인은 동등하게 중요하며, 그들의 지불 의사에 의해 그들의 선호 강도가 측정된다.

● **출제 포인트** │ 다양한 형태의 분사구문이 등장한다!

풀이 전략 1 주절의 주어 또는 시제가 분사구문과 다른 경우를 주의하라.

• **주절의 주어와 분사구문의 의미상의 주어가 다를 때** : 분사구문의 **의미상의 주어 표시**

예 His work has been internationally recognized, **his book** *The Visible Hand* being awarded the
　　　　주절의 주어　　　　　　　　　　　　　　　　　　　분사구문의 주어 : 주어가 서로 다르므로, 분사구문의 주어는 생략되지 않음
Pulitzer Prize for History and the Bancroft Prize.

해석 그의 연구는 국제적으로 인정받아 왔고, 그의 저서인 '보이는 손'은 퓰리처 역사상과 뱅크로프트 상을 수상하게 되었다.

• **분사구문이 주절의 동사보다 앞선 시제의 일을 나타낼 때** : **having p.p.** 사용

예 **Having achieved** such a huge success, remembering WHY they started doing this business
　　주절의 동사(stopped)보다 이전에 일이 일어났으므로 having p.p.
stopped being important to them.
　　주절의 동사 : 과거
해석 그러한 엄청난 성공을 거두면서, '왜' 그들이 이 사업을 시작했었는지를 기억하는 것은 그들에게 더 이상 중요하지 않았다.

A. [Barking / The dog barking] at her violently, she couldn't enter the house.

barking을 행하는 의미상의 주어는 The dog로, 주절의 주어 (she)와 다르기 때문에 The dog를 생략하지 않고 The dog barking으로 써야 한다. The dog 없이 Barking만 쓰면, 주절의 주어인 she가 barking을 행하는 것이 되므로 유의하자.

B. [Losing / Having lost] a transportation card, he couldn't take the subway.

순서상 교통카드를 잃어버린 것이 지하철을 타지 못한 것보다 이전에 발생해야 교통카드를 잃어버려서 지하철을 탈 수 없었다는 인과관계가 성립하므로 주절의 동사보다 앞선 시제로 표현해야 한다. 따라서 Having lost가 적절하다.

[해석] **A.** 그 개가 그녀를 향해 격렬하게 짖어서, 그녀는 그 집에 들어갈 수 없었다.　**B.** 교통카드를 잃어버려서, 그는 지하철을 탈 수가 없었다.

풀이 전략 2　　with를 사용한 분사구문을 기억하라.

문장의 주어와 다른 주체가 행한 일이 동시에 일어나는 것을 설명하고자 할 때, 「with + 명사 + 분사/형용사/부사」의 형태를 사용한다. **명사와 분사의 관계**가 **능동**이면 **현재분사**를, **수동**이면 **과거분사**를 사용한다. 또한 **명사의 상태**를 나타낼 때는 명사 다음에 **형용사**나 **부사**가 사용될 수 있다. 동시에 일어나는 의미이므로 '~인 채로, ~하면서'로 해석한다.

· **with + 명사 + 현재분사**

㉾ **With** her mother **sitting** proudly in the audience, Victoria felt proud of herself.

[해석] 그녀의 엄마는 관객석에서 자랑스러워하며 앉아 있었고, Victoria는 스스로를 자랑스럽게 느꼈다.

· **with + 명사 + 과거분사**

㉾ Package your seeds in envelopes **with** the seeds' names **written** on the outside.

[해석] 여러분의 씨앗을 (편지봉투) 바깥에 씨앗의 이름이 써진 그 봉투에 담으세요.

· **with + 명사 + 형용사**

㉾ He talked **with** his mouth **full**, food flying this way and that.

[해석] 그는 입안을 가득 채운 채로 말했고, 여기저기로 음식물이 날아다녔다.

· **with + 명사 + 부사(구)**

㉾ She tapped out her instructions **with** her finger **on her little brother's arm**.

[해석] 그녀는 손가락으로 남동생의 팔을 툭툭 쳐서 지시사항을 전달했다.

C. She was so tired that she fell asleep with **TV** [turned / turning] on.

TV는 '켜지는' 것이므로 수동의 의미를 나타내는 과거분사 turned가 적절하다.

D. I sometimes see you running in the park with **your dog** [followed / following] you.

당신의 개가 스스로 당신을 '따라오는' 것이므로 능동의 의미를 나타내는 현재분사 following이 적절하다.

[해석] **C.** 그녀는 너무 피곤해서 TV를 켜 놓은 채로 잠들었다.　**D.** 나는 당신의 개가 당신 뒤를 따르면서 당신이 공원에서 뛰는 것을 가끔씩 본다.

PRACTICE TEST

A 다음 문장의 네모 안에서 어법상 적절한 표현을 고르세요.

01 The professor continued his lecture with his eyes fixed / fixing on the book.

02 At home, do some stretching exercises while watching / having watched TV in your living room.

03 Each rat provided help to an unrelated individual, based on its own previous experience of being helped / having been helped by an unfamiliar one.

04 In the middle of the 19th century, Queen Victoria is supposed to ask / to have asked physicist Michael Faraday what good his experiments with electricity and magnetism were.

05 Being / There being little wind, the trash didn't move and got stuck near the island.

B 다음 문장의 밑줄 친 부분이 어법상 맞으면 ○, 틀리면 ×를 쓰고 바르게 고쳐 쓰세요.

01 Having studied your case, your cancellation request seems to be sent to us after the authorized cancellation period.

( )_____

02 Being a rainy day, the company couldn't help canceling the outdoor event.

( )_____

03 The rule sounded sensible and quickly caught on, with over a hundred other local councils followed it within a few years.

( )_____

04 Less than one year later, I quit that job, having looked for a less stressful one.

( )_____

05 Although his fingerprints were found in the house, he denied having broken into the house.

( )_____

PRACTICE TEST

C 다음 문장에서 어법상 **틀린** 부분을 하나 찾아 밑줄을 긋고 바르게 고쳐 쓰세요.

01 The vocal trainer is proud of teaching her when she was a trainee.

02 Starting in 1983, the festival displays more than 10 varieties of apples and provides an opportunity to taste them all free of charge.

03 Remove all residual moisture by drawing it away, with a vacuum cleaner holding over the affected areas for up to twenty minutes.

04 The sprinter is expected to have broken the Olympic Record in this Olympic Games.

05 Gudin, who died on 22 August 1812, is believed to be one of the French emperor's favorite generals.

D 우리말에 맞도록 다음 어구들을 바르게 배열하세요. (필요한 어구만 선택하여 배열할 것, 대·소문자 구별할 것)

01 새로운 발견들과 중요한 진전들이 정기적으로 나타나면서, 토론은 이것을 흥미로운 연구 분야로 만든다.
(new discoveries / and / regularly / important advances / appeared / with / appearing)

The debate makes this an exciting field of study, _____

_____ .

02 우리는 우리가 오늘날 **직면하는 환경 문제를 일으켰다고** 기술을 탓하는 경향이 있다.
(having brought on / we face / the environmental / bringing on / problems)

We tend to blame technology for _____ today.

03 그 게는 일부 쓰레기를 가지고 **스스로 집을 만들었던 것으로** 보인다.
(have made / to / for itself / make / a home)

The crab appears _____ out of some garbage.

04 전날에 **창문을 열어둔 채로 잠이 들어서,** 그녀는 감기에 걸렸다.
(open / having fallen asleep / with / falling asleep / the window)

_____ the day before, she caught a cold.

05 그 섬은 약 2만 년 전에 화산 폭발들에 의해 **형성되었다고 믿어진다.**
(is / formed / to / the island / believed / have been / be)

_____ by volcanic eruptions about 20,000 years ago.

E **우리말에 맞도록 다음 어구들을 바르게 배열하세요.** (주어진 어구로만 배열할 것, 대·소문자 구별할 것)

01 구매하고 싶어했던 물품들을 수집해서, 그는 줄을 섰다.

(wanted / collected / to purchase / the items / that he / having)

_____, he stood in line.

02 Christopher Columbus는 죽을 때까지 미국을 인도라고 **생각했다고 말해진다.** (필요시 어형 변화 가능)

(think / say / is / have / to)

Christopher Columbus _____ America was India until he died.

03 어젯밤에 전기가 나가서, 주민들은 에어컨을 켜지 못하고 잠을 자야 했다. (필요시 어형 변화 가능)

(have / last night / go out / the electricity)

_____, the residents

had to sleep without turning on the air conditioners.

04 비빔밥의 특유의 맛은 혼합된 재료에서 비롯되는데, **각각은 고유의 독특한 맛을 가지고 있다.**

(distinctive / each / taste / its own / having)

The unique taste of bibimbap comes from mixed ingredients together, _____

_____.

05 지역사회에 의해 **반대를 겪었음에도 불구하고,** 그의 제안은 크게 성공했다. (필요시 어형 변화 가능)

(have / oppose / be / in spite of)

_____ by the local community, his proposal was a great success.

Ⓐ • professor 교수 • lecture 강의 • living room 거실 • unrelated 관계없는 • individual 개체 • previous 이전의
• physicist 물리학자 • What good is ~? ~가 무슨 쓸모가 있는가(도움이 되는가)? • electricity 전기 • magnetism 자기, 자성
• stick 꼼짝 못하게 하다

Ⓑ • cancellation 취소 • request 요구 • authorized 인정받은 • sensible 합리적인 • local council 지방의회 • quit 그만두다
• fingerprint 지문 • deny 부인하다 • break into 침입하다

Ⓒ • trainee 연습생 • free of charge 무료로 • residual 나머지의 • vacuum cleaner 진공청소기 • sprinter 단거리 주자
• emperor 황제 • general 장군

Ⓓ • debate 토론 • field 분야 • advance 진전 • regularly 정기적으로 • tend to V ~하는 경향이 있다 • blame 탓하다
• bring on ~을 야기하다(초래하다) • environmental 환경의 • for oneself 스스로 • catch a cold 감기가 들다
• compose 작곡하다

Ⓔ • go out (불·전깃불이) 꺼지다(나가다) • resident 거주자 • air conditioner 에어컨 • unique 고유의, 특유의
• come from ~에서 비롯되다 • ingredient 재료 • distinctive 독특한 • oppose 반대하다 • proposal 제안

VOCA NOTE

01

→ 중대부고 응용

다음 글의 밑줄 친 부분 중, 어법상 틀린 것은?

Ole Bull was born in Bergen, Norway, in 1810. He was a violinist and composer known for his unique performance method. His father wanted ① him to become a minister of the church, but he tried ② not to follow his father's opinion. Instead, he wanted a musical career. At the age of five, he could play all of the songs he had heard his mother play on the violin. At age nine, he played first violin in the orchestra of Bergen's theater. His debut as a soloist came in 1819, and by 1828 he was made conductor of the Musical Lyceum. He is believed ③ to compose more than 70 works, ④ only about 10 remaining today. ⑤ Having been caught up in a rising tide of Norwegian romantic nationalism before, Bull cofounded the first theater in which actors performed in Norwegian rather than Danish in 1850. Bull died from cancer in his home in 1880. He had held his last concert in Chicago the same year, despite his illness.

02

→ 현대고 응용

다음 글의 밑줄 친 부분 중, 어법상 올바른 것 2개는?

On his march through Asia Minor, Alexander the Great fell dangerously ill. His physicians were afraid to treat him because if they didn't succeed, the army would blame them. Only one, Philip, was willing to take the risk, as he had confidence in the king's friendship and his own drugs. ① It was very brave of him to prepare the medicine. ② The medicine to be prepared, Alexander received a letter accusing the physician of ③ being bribed to poison his master. Alexander read the letter without showing it to anyone. When Philip entered the tent with the medicine, Alexander took the cup from him, handing Philip the letter. ④ With the physician read it, Alexander calmly drank the contents of the cup. Horrified, Philip threw himself down at the king's bedside, but Alexander assured him that he had complete confidence in his honor. After three days, the king's condition improved ⑤ greatly enough for him to appear again before the army.

03

→ 숙명여고 응용

다음 중, 어법상 옳은 문장을 모두 고르면?

① By applying lemon juice to the area mosquito bit, you can help reduce the chance of development an infection.

② All the students in that class had to be quiet in order for the surprise to be a success.

③ Having rained earlier that week, the river was brown and swollen, so she couldn't cross the river.

④ Instead of lots of extra scrolls to be found, they were simply torn apart to increase the reward.

⑤ Writing seems to have evolved from the custom of using small clay pieces to account for transactions involving agricultural goods.

04

→ 중동고 응용

다음 글의 밑줄 친 부분 중, 어법상 틀린 것의 개수는?

Improved consumer water consciousness may be the cheapest way to save the most water, but it ⓐ is not the only way for consumers to contribute to water conservation. ⓑ With technology progressing faster than ever before, there are plenty of devices ⓒ leading to conservation water by helping us to use less water. More than 35 models of high-efficiency toilets are on the U.S. market today, ⓓ some of them using less than 1.3 gallons per flush. ⓔ Though having been expensive a few decades ago, these toilets are affordable and can help the average consumer save hundreds of gallons of water per year. Appliances officially approved as most efficient are tagged with the Energy Star logo to alert the shopper. Washing machines with that rating use 18 to 25 gallons of water per load, compared with older machines that use 40 gallons. High-efficiency dishwashers save even more water. These machines ⓕ help us not to spend as much water as we did with older models.

① 1개 ② 2개 ③ 3개
④ 4개 ⑤ 5개

05

→ 신일고 응용

다음 글 (A), (B)의 밑줄 친 부분 중, 어법상 틀린 것끼리 짝지은 것은?

(A) Some organizations may be reluctant to facilitate their employees' participation in volunteer activities. They may believe it's none of their business: if employees want to do volunteer activity, they can make their own arrangements and do so on their own time. Corporations also may be concerned about ⓐ allocating the resources needed to set up such programs, or perhaps they fear that facilitating employees' engagement elsewhere may weaken their commitment to the organization or their jobs. ⓑ Not to worry on that last point: A research shows that participating in corporate volunteer activity heightens rather than weakens employees' organizational commitment, in part because people feel a sense of self-worth when they do the good deeds that their organizations made ⓒ it easier of them to do.

(B) ⓓ Watching the older children opening their gifts before, I already knew that the big gifts were not necessarily the nicest ones. One girl my age got a large coloring book of historic characters, while a less greedy girl who selected a smaller box received a beautiful hairpin. ⓔ With my turn coming closer, my heart beat faster with anticipation. I looked into the sack. ⓕ My finger touching the remaining presents, I tested their weight and imagined what they contained. I chose a small but heavy one. It was a pack of batteries, which was not a gift I wished for. I had nothing to use them with! So I spent the rest of the party watching the other kids enjoying their gifts.

① ⓐ ⓔ ② ⓑ ⓔ ③ ⓒ ⓔ
④ ⓒ ⓓ ⑤ ⓓ ⓕ

UNIT TEST

06

→ 한가람고 응용

다음 중, 어법상 틀린 문장 3개를 찾아 번호와 틀린 부분을 쓰고 바르게 고치세요.

① He is not careless enough to have committed the bank robbery by himself.

② Stay motivated and accept no excuses for decrease your efficiency and effectiveness.

③ He apologized to his colleagues for having not been present at work in the previous week.

④ Having had no experience like this before, Cheryl didn't anticipate the reaction she might receive.

⑤ It must be very creative for the designer to combine usual things in an unexpected way.

(   )_____ ➡ _____

(   )_____ ➡ _____

(   )_____ ➡ _____

07

→ 진명여고 응용

빈칸 (A)~(D)에 주어진 단어를 활용하여 문맥과 어법에 맞게 쓰세요. (단어 추가 및 어형 변화 가능)

The match (A) ____(finish)____ , I am tired physically and emotionally, and I sit down to enjoy a cold drink, trying to make myself comfortable. There is no need for me (B) ____(finish)____ especially under pressure. But for some reason, I can't switch off. In my mind I go over every decision I made. I wonder what other referees will think of how I did. I am concerned about (C) ____(make)____ mistakes during the game, with the objections of the spectators (D) ____(ring)____ in my ears. I keep telling myself: "Forget the game," "My colleagues and I agreed on everything," "On the whole, I did a good job." And yet there are still concerns despite all my efforts to brush them aside.

(A) _____

(B) _____

(C) _____

(D) _____

08

→ 잠신고 응용

밑줄 친 (A)의 우리말에 맞도록 [보기]에 주어진 어구를 바르게 배열하세요. (어구 중복 사용 및 단어 추가 불가능. 어형 변화 가능)

I understand that on May 3, 2018 when you were a guest at our restaurant in the Four Hills Plaza, you experienced an unfortunate incident (A) 당신의 코트에 음료가 엎질러지는 결과를 초래한. Please accept my sincere apology. Unfortunately, the staff on duty at the time did not reflect our customer service policy. I have investigated the situation and scheduled additional customer service training for them. We'd like to have you back as a customer so I'm sending you a coupon for two free entrees that can be used at any of our five locations in New Parkland. Again, my apologies for the incident. I hope you give us the opportunity to make this right.

[보기]
> a beverage / on your coat /
> resulted in / that / be spilled

09

→ 양천고 응용

다음 두 문장이 같은 뜻이 되도록 빈칸에 알맞은 말을 쓰세요.

(to부정사를 사용할 것)

Within five minutes, it seemed that all the eggs had been found and the children were heading back to the starting line to show their mothers what they had found.

= Within five minutes, all _____

_____ and the children were heading back to the starting line to show their mothers what they had found.

10

→ 대진여고 응용

다음 글의 내용을 한 문장으로 요약하고자 한다. [보기]에 주어진 어구를 활용하여 문장을 완성하세요. (반드시 전치사 하나를 추가해야 함. 어형 변화 없음)

If everyone knows you bring donuts to the Friday morning meeting, it becomes an expectation and not a surprise. To create goodwill, the food must appear to be unexpected. It is also a good idea to praise employees who bring food in without being asked; this creates an atmosphere of sharing.

[보기]
> a planned event / to become / not / it

The key to using food effectively is _____

_____.

01

→ 숙명여고 응용

다음 중, 어법상 옳은 문장의 개수는?

ⓐ Each child has a right to a personal choice of beauty; aesthetic development is taken place in secure settings free of adult judgment.

ⓑ Just like *Romeo and Juliet* in the Shakespeare's tragedy, Sam and Lucy will become more attached to each other when their love will be prohibited.

ⓒ In 1950, Charles Richard Drew was seriously injured in a car accident in Alabama and died from having lost too much blood.

ⓓ Purchasing local produce not only improves the local economy, but it can also help you getting high-quality fruits and vegetables.

ⓔ Although the mom felt the smile on her face freeze, she tried hard to not reveal her disappointment at her son's mistake.

① 1개　　　② 2개　　　③ 3개
④ 4개　　　⑤ 5개

02

→ 잠신고 응용

다음 중, 어법상 틀린 것을 2개 고르면?

A lot of people find that physical movement can sometimes dispel negative feelings. ① If we are feeling negative, it can be very easy of us to stop wanting to stay active in our everyday life. ② This is why many people who suffer from depression is also found sleeping in and having no motivation to go outside or exercise. ③ Unfortunately, this lack of exercise can actually compound many negative emotions. ④ Exercise and movement is a great way for us to start getting rid of negative energies. Many people find that when they are angry, ⑤ they go into a state where they want to exercise or clean. This is actually a very healthy and positive thing for you to do and a great way for you to begin to deconstruct your negative emotions so that they no longer affect your life and harm your relationships.

03

용산고 응용

빈칸 (A)~(C)에 주어진 단어를 활용하여 문맥과 어법에 맞게 쓰세요. (어형 변화 가능)

To rise, a fish must reduce its overall density, and most fish do this with a swim bladder. A fish fills its bladder with oxygen (A) _____ (collect) _____ from the surrounding water. As it is filled, the bladder expands. Then, the fish has a greater volume, but its weight is not greatly increased. This means that its density has been decreasing, so the fish experiences a greater rising force. Finally, when the bladder is fully expanded, the fish is at its maximum volume and is pushed to the surface. Most fish rise (B) _____ (use) _____ this method, but not all do. Some species don't need a swim bladder because they spend all their lives (C) _____ (move) _____ along the ocean floor. Other fish float and sink by propelling themselves forward.

(A) _____

(B) _____

(C) _____

04

반포고 응용

밑줄 친 (A)의 우리말에 맞도록 [보기]에 주어진 어구를 이용하여 문장을 완성하세요. (단어 추가 및 어형 변화 금지)

The difference between selling and marketing is very simple. Selling focuses mainly on the firm's desire to sell products for revenue. Salespeople and other forms of promotion are used to create demand for a firm's current products. Clearly, the needs of the seller are very strong. Marketing, however, focuses on the needs of the consumer, ultimately benefiting the seller as well. When a product or service is truly marketed, the needs of the consumer are considered from the very beginning of the new product development process, and the product-service mix is designed to meet the unsatisfied needs of the consuming public. When a product or service is marketed in the proper manner, very little selling is necessary (A) 소비자의 요구가 이미 존재하고 그 요구를 충족시키기 위해 제품이나 서비스가 만들어지는 중이기 때문에.

[보기]

is / satisfy / the product or service /
produced / being / the need / to

because the consumer need already exists and _____

_____.

A pound of pluck is worth

a ton of luck.

1파운드의 용기는 행운 1톤의 가치를 지닌다.　　　　– 제임스 A. 가필드

용기가 행운과 비례한다면

용기를 내는 일이 얼마나 즐거워질까요.

"용기를 내는 것은 로또 복권에 당첨되는 것과 같다!"

어떤가요, 용기를 발휘해 보세요.

조동사의 활용

UNIT 10 조동사

대표
내신 예제

다음 글의 밑줄 친 부분 중, 어법상 틀린 것은?

보인고 응용

(상략) Some experts concluded that the more easily we retrieved an item from our memory, the more often we <u>must experience</u> it in the past. (하략)

[풀이] 부사구 in the past로 보아 과거의 일에 대해 이야기하고 있음을 알 수 있다. must experience는 '경험해야 한다'라는 뜻으로 문맥상 '경험했었음이 틀림없다'라는 의미가 되어야 하므로, 조동사 must 뒤에는 have experienced가 적절하다. 「must have p.p.」는 '~했음에 틀림없다'라는 의미이다.

[해석] 몇몇 전문가들은 우리가 기억에서 어떤 항목을 더 쉽게 생각해 낼수록, 우리가 과거에 그것을 더 자주 경험했었음이 틀림없다고 결론을 내렸다.

• **출제 포인트** | 조동사의 시제와 의미를 구분하는 문제가 나온다!

풀이 전략 「조동사 + have p.p.」의 의미에 주의하자.

현재의 일에 대한 추측이나 가능성 등을 나타낼 때는 조동사 뒤에 동사원형이 나오지만, **과거의 일**에 대해 나타낼 때는 「**조동사 + have p.p.**」를 쓴다.

시점	형태	예문
현재	조동사 + 동사원형	Wilson **may waste** time. Wilson은 시간을 낭비할지도 모른다. (현재 상황)
과거	조동사 + have p.p.	Wilson **might have wasted** time. Wilson은 시간을 낭비했을지도 모른다. (과거 상황)

「조동사 + have p.p.」는 조동사의 기본 의미에 과거의 의미가 단순히 추가 되는 것이 아니라 그 뜻이 달라진다. 「조동사 + have p.p.」의 의미를 묻는 문제가 내신에 자주 출제되므로 정확한 뜻을 암기해 두는 것이 중요하다.

- **might**(may) have p.p. : ~했을지도 모른다
- **should** have p.p. : ~했어야 하는데 (하지 못했다)
- **could** have p.p. : ~할 수도 있었는데 (하지 않았다)
- **would** have p.p. : ~했을 것이다
- **must** have p.p. : ~했음에 틀림없다
- **cannot** have p.p. : ~했을 리가 없다
- **need not** have p.p. : ~할 필요가 없었는데 (했다)

A. Now you may [have understood / understand] that you should stop drinking excessive amount of energy drink.

Now를 통해 현재의 일에 대해 말하고 있다는 것을 알 수 있으므로 「may + 동사원형」을 쓰는 것이 어법상 알맞다.

B. We [must / should] have bought snow tires **last year** when they were on sale. Unfortunately, they are too expensive now.

문맥상 작년에 스노우 타이어를 사지 않은 사실에 대한 후회를 나타내고 있으므로 '~했어야 했는데 하지 못했다'라는 의미의 「should have p.p.」가 적절하다.

[해석] A. 이제 당신은 과도한 양의 에너지 드링크를 마시는 것을 멈추어야 한다는 것을 이해할 수 있을 것이다.
B. 우리는 작년에 스노우 타이어가 할인 중이었을 때 그것들을 샀어야 했다. 유감스럽게도 그것들은 지금 너무 비싸다.

「조동사 + have p.p.」가 쓰이는 서술형 문제에 대비하자.

영작해야 하는 문장이 과거의 이야기를 서술하고 있고 기본 조동사의 의미를 적용했을 때 어색하다면, 「조동사 + have p.p.」를 사용하도록 한다.

> 그녀는 **많은 주목을 받는 것이 불편했을지도 모른다.** (단어 추가 및 어형 변화 가능)
>
> (might / receiving much attention / feel uncomfortable)
>
> She _____.

풀이 '~했을지도 모른다'라는 의미는 「might have p.p.」를 사용하여 나타낸다. 주어진 단어에는 have가 없으므로 have를 추가하고, p.p의 형태에 맞게 feel을 felt로 변형하여 might have felt uncomfortable을 먼저 쓰고, 뒤에 receiving much attention을 연결해 준다.

**대표
내신 예제**

다음 중, 어법상 **틀린** 문장을 찾아 번호를 쓰고 바르게 고치세요.   대진고 응용

① Whenever I visited my grandmother, she was used to tell me about her friend.
② It was mandatory that the emperor marry a Catholic princess.

풀이 ① 문맥상 '~하곤 했다'라는 의미의 과거의 습관을 나타내고 있으므로 「used to + 동사원형」 구조가 적절하다. 따라서 she used to tell ~이 되도록 was를 삭제해야 한다.
② mandatory는 '의무적인'이란 뜻으로 이처럼 당위성의 의미를 가진 형용사가 나올 경우, 뒤에 있는 that절의 should는 생략이 가능하다. 주어진 문장에서 that절의 동사는 should가 생략된 동사원형 marry가 나왔으므로 어법상 적절하다.

해석 ① 내가 할머니를 찾아뵐 때마다, 그녀는 내게 자신의 친구에 대해 이야기를 해주시곤 했다.
② 그 황제가 카톨릭교의 공주와 결혼해야 한다는 것은 의무였다.

• **출제 포인트** | 관용적으로 쓰이는 조동사 표현을 묻는 문제가 나온다! / 당위성의 should를 생략하는 문제가 나온다!

풀이 전략 1 조동사의 관용적인 표현을 각각 구별해서 암기하자.

• **used to V** : (과거에) ~하곤 했다/~이 있었다 *cf.*) be(get) used(accustomed) to V-ing : ~하는 데 익숙하다 　　be used to V : ~하기 위해 사용되다	• **cannot** (help) **but + 동사원형**┐ **cannot help V-ing**　　　　　: ~하지 않을 수 없다 **have no choice but to V**　┘

A. I [used to / was used to] have difficulty studying, but now I like to study and feel confident in taking exams.	**B.** When Norman heard that he failed to get promoted, he **couldn't help** [feel / feeling] frustrated.
공부하는 데 어려움을 느낀 것은 '과거의 상황'이므로, 「used to + 동사원형」이 어법상 적절하다.	'~하지 않을 수 없다'라는 뜻의 「cannot help V-ing」 표현을 적용하여 feeling을 쓰는 것이 어법상 적절하다. 만약 앞에 but이 있다면 동사원형인 feel이 적절하다.

해석 **A.** 나는 공부하는 데 어려움을 겪곤 했지만, 지금은 공부하는 것을 좋아하고 시험을 보는 데 자신감을 느낀다.
B. Norman은 자신이 승진에 실패했다는 것을 들었을 때, 절망하지 않을 수 없었다.

UNIT 10

당위성의 의미가 포함되면 should가 생략될 수 있다.

주장, 요구, 명령, 제안을 나타내는 동사의 목적어로 쓰인 that절에 당위성(~해야 한다)의 의미가 포함되면 that절의 동사는 「should + 동사원형」으로 쓰는데 should는 생략 가능하다. 또한 당위성의 의미를 갖는 형용사가 사용될 때도 진주어로 쓰인 that절의 should는 생략 가능하다. 따라서 주어에 맞게 수 일치 시키거나 시제 일치를 하지 않아야 한다는 것을 기억하자.

> • 주장 : insist, maintain
>   요구 : ask, require, demand
>   명령 : order, command
>   제안 : suggest, advise, propose, recommend   } + that + S + (should) 동사원형
> • 당위성 형용사 : important, crucial, necessary,
>   essential, vital, urgent, mandatory, obligatory

C. The volunteers refused to accept the gift, but the managers continuously **asked** that they [take / took] it.
<u>ask의 목적어(that절)</u>

요구를 나타내는 동사 asked의 목적어인 that절에 '~해야 한다'라는 당위성의 의미가 포함되어 있으므로, 조동사 should가 생략되어 있는 것으로 보면 동사원형 take가 적절하다.

D. For the last step of the robot development, it was **important** that the robot [be / was] capable of seeing its feet.
가주어   <u>진주어(that절)</u>

당위성을 나타내는 형용사 important가 있고, 진주어인 that절에 '~해야 한다'라는 당위성의 의미가 포함되어 있으므로 조동사 should가 생략되었다고 볼 수 있다. 따라서 be가 적절하다.

[해석] **C.** 자원봉사자들은 그 선물을 받기를 거절했지만, 관리자들은 그들이 그것을 받아야 한다고 계속해서 요청했다.
D. 로봇 개발의 마지막 단계로, 로봇이 자신의 발을 볼 수 있어야 한다는 것은 중요했다.

suggest, insist 뒤의 that절에 무조건 「(should) 동사원형」이 쓰이는 것은 아니다!

insist가 단순 사실을 주장하는 경우, suggest가 '시사(암시)하다'라는 의미로 사용되는 경우 등에서는 that절 안의 내용이 '~해야 한다'라는 당위성의 의미가 아닐 수 있으므로 이때 that절의 동사는 「(should) 동사원형」의 형태로 쓰지 않는다.

E. He **insisted** that Melissa's diet [was / be] surely lacking in certain vitamins and minerals.

주절의 동사로 insisted가 쓰였지만, that절 이하의 내용이 당위성의 의미가 아닌, 단순 사실을 주장하고 있으므로 주어의 수와 시제에 맞춰 was를 써야 한다.

F. A recent study **suggests** that instead of humor, laughter [have / has] more to do with social interaction.

문맥상 suggest의 의미가 '시사하다'라는 의미로 사용되었고, that절 이하의 내용이 당위성의 의미가 아닌 단순 사실에 대해 설명하고 있으므로 주어의 수와 시제에 맞춰 has를 써야 적절하다.

[해석] **E.** 그는 Melissa의 식단에서 어떤 비타민과 미네랄이 확실히 부족하다고 주장했다.
F. 최근의 한 연구에서 유머가 아니라 웃음이 사회적 상호작용과 더 관련이 있음을 시사한다.

PRACTICE TEST

A 다음 문장의 네모 안에서 어법상 적절한 표현을 고르세요.

01 Can you think of anyone who might do / have done any harm to you in the future?

02 I was used / used to have a hard time studying, but I happened to read a book about learning styles, which made me change and enjoy studying.

03 Learning sign language must / need not have been a challenge, but he tried his best for his deaf friend.

04 Most common people in the Joseon Dynasty can't see / have seen the doctor as often as we do today.

05 In the 1960s, when any seat for the whites wasn't left on the bus, the bus driver would demand that the blacks give / had given up their seats to white riders.

B 다음 문장의 밑줄 친 부분이 어법상 맞으면 ○, 틀리면 ×를 쓰고 바르게 고쳐 쓰세요.

01 It's important that the salesperson adequately <u>warns</u> customers not to microwave the bowl.

(　　　)_____

02 The wise man advised me that I <u>tried</u> my best to gain the respect of others.

(　　　)_____

03 More recent researches suggest that excessive consumption of such chemicals <u>can cause</u> problems like kidney disease and ADHD.

(　　　)_____

04 I'm sure you know the fact that if you want someone to have a good feeling toward you, you should <u>have done</u> favors for them.

(　　　)_____

05 The tomatoes in our salad <u>must have come</u> from a distant country. They were so fresh!

(　　　)_____

PRACTICE TEST

C 다음 문장에서 어법상 **틀린** 부분을 하나 찾아 밑줄을 긋고 바르게 고쳐 쓰세요.

01 Golden ratio may have helped designers when they seek to make an impressive advertisement.

02 Mr. Jacobs insisted that any helicopter took the wounded to the hospital.

03 There was no such thing as a unicorn, and thus what we found must be just a white horse.

04 Various words are used to describing the taste of the wine, so sommeliers can detect and express all the flavors in it.

05 Mary worried about her grandfather because it was necessary that someone stayed with him.

D 우리말에 맞도록 다음 어구들을 바르게 배열하세요. (필요한 어구만 선택하여 배열할 것)

01 그 프로젝트는 너무 까다로워서 나는 **그것을 생각하지 않을 수 없었다.**
(think of / could / help / not / it / thinking of)

The project was so demanding that I _____.

02 불이 켜지면 그 동물이 달아날 것이기 때문에, **실험실은 어두운 상태로 유지되는 것이 필수적**이다.
(that / remain / essential / dark / the laboratory / remains)

It is _____, because if the lights were turned on,
that animal would run away.

03 과거의 일부 예술가들은 우리가 언젠가 죽는다는 것을 **알리기 위해 해골을 그렸음에 틀림없다.**
(painted / us / to inform / have / the skull / must / paint)

Some artists in the past _____ that we will die someday.

04 티베트 사람들은 **야채는 거의 먹지 않고** 주로 고기를 먹었을지도 모른다.
(have / consume / few / consumed / vegetables / might)

Tibetan people _____ and eaten mainly meats.

05 그 회사의 사장은 **작년에 아무도 회사를 그만두지 않았다고 주장했지만**, 사실은 다섯 명이 그 일을 그만두었다.
(that / leaves / last year / insisted / nobody / the company / left)

The president of the company _____, but in truth,
five people did quit the job.

E 우리말에 맞도록 다음 어구들을 바르게 배열하세요. (주어진 어구로만 배열할 것)

01 당신이 나를 숨겨주지 않았다면 **나는 군인들에게 잡혔을 것이다.** (필요시 어형 변화 가능)

(be / would / I / have / by soldiers / catch)

If you hadn't hidden me, _____.

02 퍼레이드 후에, 구경꾼들은 **그 거리를** 함께 **청소할 수밖에 없었다.** (필요시 어형 변화 가능)

(can / clean up / but / not / the street)

After the parade, the spectators _____ together.

03 그들은 매일 일을 시작하기 전에 **할 일 목록을 작성하는 것에 익숙하다.** (필요시 어형 변화 가능)

(are / to / used / to-do lists / make)

They _____ before starting work every day.

04 여러 가지 다른 답이 있을 수 있었기 때문에 우리는 **아이들이 결정을 내리도록 했어야 했다.**

(should / let / children / have / make a decision)

We _____ because there could be many different answers.

05 법은 **모든 보모들이** 아동 심리학에 대한 **자격증을 받도록 요구했다.**

(required / a certification / all nannies / that / get)

The law _____ in child psychology.

A · **harm** 해 · **happen** 우연히 ~하다 · **sign language** 수화 · **challenge** 도전 · **deaf** 청각 장애가 있는 · **Joseon Dynasty** 조선 시대(왕조) · **demand** 요구하다

B · **adequately** 충분한 · **warn** 경고하다 · **microwave** 전자레인지 · **gain** 얻다 · **respect** 존경 · **consumption** 소비 · **chemical** 화학물질 · **kidney** 신장 · **ADHD** 주의력 결핍 및 과잉 행동 장애 · **favor** 호의 · **distant** (거리적으로) 먼

C · **golden ratio** 황금 비율 · **impressive** 인상적인 · **advertisement** 광고 · **the wounded** (pl.) 부상자들 · **describe** 묘사하다 · **sommelier** 소믈리에(와인 감별사) · **detect** 감지하다 · **necessary** 필요한

D · **demanding** 요구가 많은, 힘든 · **essential** 필수의 · **remain** ~한 채로 있다 · **skull** 해골 · **inform** 알리다 · **consume** 소비하다 · **mainly** 주로

E · **soldier** 군인 · **parade** 행렬 · **spectator** 구경꾼 · **certification** 증명서 · **nanny** 유모 · **psychology** 심리학

VOCA NOTE

UNIT 11 가정법

대표
내신 예제

다음 밑줄 친 부분 중, 어법상 틀린 것을 찾아 바르게 고치세요.

경문고 응용

(상략) We are social beings. If we didn't cooperate with others, we <u>would have been</u> in danger when facing big problems. (하략)

풀이 현재 사실의 반대를 가정하는 가정법 과거 문장이므로, 주절의 형태는 「주어 + 조동사의 과거형 + 동사원형」이 되어야 한다. 그러므로 would have been을 would be로 고쳐야 한다.

해석 우리는 사회적인 존재이다. 만약 우리가 다른 사람들과 협력하지 않는다면, 큰 문제에 직면할 때 위험에 빠질 것이다.

● **출제 포인트** | 가정법 과거와 가정법 과거완료를 구분하는 문제가 나온다!

풀이 전략 1　'가정법 과거'의 구조를 기억하자.

'**가정법 과거**'는 현재 사실과 반대되는 일, 또는 현재 일어날 것 같지 않은 일을 상상하여 말하는 것으로, 다음의 구조를 기억하도록 하자.

• If + S + **동사의 과거형**, S + 조동사의 과거형(**would/could/should/might**) + 동사원형 : ~하면 …할 텐데
　　　　if 조건절(~하면)　　　　　　　　　　　　　　주절(…할 텐데)

A. We might break the window if we [threw / throw] darts.

현재 사실의 반대를 가정하는 가정법 과거 문장이다. if절은 「if + 주어 + 동사의 과거형」의 형태가 되어야 하므로 과거 시제의 동사 threw가 적절하다. if절과 주절의 위치가 바뀌어도 알 수 있도록 각 절의 구조를 정확히 기억하는 것이 좋다.

B. If I were more diligent, my life [would have been / would be] better!

현재 사실의 반대를 가정하는 가정법 과거 문장이다. 주절은 「주어 + 조동사의 과거형 + 동사원형」의 형태가 되어야 하므로, would be가 적절하다.

해석 **A.** 만약 우리가 다트를 던진다면 그 창문은 깨질 텐데.　**B.** 내가 조금 더 부지런하다면, 내 삶은 더 나을 텐데!

풀이 전략 2　'가정법 과거완료'의 구조를 기억하자.

'**가정법 과거완료**'는 과거 사실과 반대되는 일, 또는 과거에 일어났을 것 같지 않은 일을 상상하여 말하는 것으로, 다음의 구조를 기억하도록 하자.

• If + S + **had p.p.**, S + 조동사의 과거형(**would/could/should/might**) + **have p.p.** : ~했다면 …했을 텐데
　　　　if 조건절(~했다면)　　　　　　　　　　　　　　주절(…했을 텐데)

C. Last weekend, Sumi and I had lunch together. If we [didn't use / hadn't used] our smartphones, we would have had more talk each other.

문맥상 과거 사실의 반대를 가정하고 있으므로 가정법 과거완료를 써야 한다. If절은 「If + 주어 + had p.p.」의 형태가 되어야 하므로 hadn't used가 적절하다.

D. If I had not been there, I would never [gain / have gained] insight of the way the Alaska natives live.

If절이 가정법 과거완료 형태이므로 주절은 「주어 + 조동사의 과거형 + have p.p.」가 되어야 한다. 따라서 have gained가 적절하다.

해석 **C.** 지난 주말에 수미와 나는 함께 점심을 먹었다. 만약 우리가 스마트폰을 사용하지 않았더라면, 우리는 서로 더 많은 이야기를 했을 것이다.
D. 만약 내가 그곳에 없었더라면, 나는 알래스카 원주민들의 삶의 방식에 관한 통찰력을 얻지 못했을 것이다.

가정법 과거와 가정법 과거완료가 혼합된 '**혼합가정법**'은 **과거 사실이 현재에 영향을 주는 상황일 때** 이용하는데 **if절에는 가정법 과거완료**를 쓰고, **주절**에는 **가정법 과거**를 쓴다. 내신에서 혼합가정법은 정확한 시점을 알려주는 부사(yesterday, now 등)와 함께 자주 출제된다.

· If + S + **had p.p.**, S + 조동사의 과거형(**would/could/should/might**) + 동사원형 : ~했다면 …할 텐데
　　 _{가정법 과거완료의 if 조건절(~했다면)} 　　　　　　　　 _{가정법 과거의 주절(…할 텐데)}

E. If I had stayed in my hometown, I would [inherit / have inherited] my parent's business now.

if절은 가정법 과거완료의 구조이지만, 주절은 부사 now로 보아 현재 사실의 반대를 가정하고 있음을 알 수 있다. 따라서 가정법 과거에 맞게 「주어 + 조동사의 과거형 + 동사원형」의 형태가 되어야 하므로 inherit가 적절하다.

F. Sometimes I think that my life would be totally different if I [did not get / had not got] on the plane to South Africa five years ago.

주절은 현재 사실의 반대를 가정하는 가정법 과거의 형식인데, if절은 부사구 five years ago로부터 과거 사실의 반대를 가정하고 있음을 알 수 있다. 따라서 if절은 가정법 과거완료의 형식인 「If + 주어 + had p.p.」를 써야 하므로 had not got이 적절하다.

해석 **E.** 만약 내가 내 고향에 머물러 있었더라면, 나는 지금 부모님의 사업을 물려받을 텐데.
F. 가끔 나는 5년 전 남아프리카로 가는 그 비행기에 오르지 않았더라면 내 삶이 완전히 다를 것이라고 생각한다.

대표 내신 예제

다음 밑줄 친 부분 중, 어법상 틀린 것을 찾아 바르게 고치세요.　　　　　　　_{장훈고 응용}

(상략) Mary is sitting still on the bench and staring ahead as if she <u>is</u> paralyzed by the fantastic view. (하략)

풀이 as if 이하가 가정을 하고 있으며 주절과 같은 시점의 내용을 나타내고 있으므로, 현재 사실의 반대를 가정하는 가정법 과거를 써야 한다. 그러므로 「as if + 주어 + 동사의 과거형」의 구조에 맞게 is를 were로 바꾸어야 한다. 참고로 가정법에서 be동사의 과거형을 쓸 때 문법적으로는 were를 쓰는 것이 원칙이나 현대 구어체에서는 was를 쓰는 경우도 있다.

해석 Mary는 마치 환상적인 경치에 마비된 것처럼 벤치에 가만히 앉아 앞을 응시하고 있다.

● **출제 포인트** | 다양한 형태의 가정법 문제가 나온다!

---

as if, as though, I wish 뒤에 **가정법 과거(S + 동사의 과거형)가 쓰이면** 주절의 동사와 **같은 시점의 일을 의미**하며, **가정법 과거완료(S + had p.p.)가 쓰이면** 주절의 동사보다 **앞선 시점의 일을 의미**한다.

· S + V ~, **as if/as though** + **가정법 과거**(S + 동사의 과거형) : 마치 ~인 것처럼 S가 V한다
· S + V ~, **as if/as though** + **가정법 과거완료**(S + had p.p.) : 마치 ~였던 것처럼 S가 V한다

· **I wish** + S + **가정법 과거**(S + 동사의 과거형) : S가 ~라면 좋을 텐데
· **I wish** + S + **가정법 과거완료**(S + had p.p.) : S가 ~였다면 좋을 텐데

A. The cave was above 40 meters high and 30 meters wide. I felt as if I [were / had been] in a huge underground cathedral!

동굴에 있었던 과거 시점에 '마치 거대한 지하 성당에 있는 것처럼' 느꼈다는 뜻이므로, 주절의 동사(felt)와 같은 시점의 일을 나타낸다. 따라서 「as if + 가정법 과거」가 되도록 were를 쓰는 것이 적절하다.

B. I wish I [learned / had learned] to play the piano when I was young.

'어렸을 때 피아노를 배웠더라면'하고 과거의 일을 현재 시점에서 바라고 있다. 주절의 동사(wish)보다 앞선 시점의 일을 말하고 있으므로 가정법 과거완료인 had learned를 쓰는 것이 적절하다.

해석 **A.** 그 동굴은 높이 40미터, 너비 30미터 이상이었다. 나는 마치 거대한 지하 성당에 있는 것처럼 느꼈다!
B. 내가 어렸을 때 피아노 치는 것을 배웠더라면 좋을 텐데.

풀이 전략 2 **if가 생략된 가정법에서는 주어와 동사가 '도치'된다는 것을 기억하자.**

· **Were + S ~** (← If S were ~)
· **Had + S + p.p. ~** (← If S had p.p. ~)
· **Should + S + 동사원형 ~** (← If S should + 동사원형 ~)

참고로 should는 일어날 가능성이 희박하지만 '혹시라도' 일어날 수 있는 일을 나타낼 때 쓴다. 이때, 주절의 동사는 「현재형 / 과거형 조동사 + 동사원형」을 쓰며, 주절이 명령문인 경우도 있다.

C. [The ice caps were / Were the ice caps] completely melted, the surface of Mars could be covered with water.

주절의 내용으로 보아 가정법의 문장인데, if가 없으므로 주어와 동사가 도치되어야 한다. 따라서 Were the ice caps가 적절하다.

D. [Should you / You should] have any inconvenience while staying in JK resort, feel free to contact us.

조건절의 if가 생략되었으므로 주어와 동사가 도치된 Should you가 적절하다. 참고로 should는 일어날 가능성이 희박한 일을 나타낼 때 쓴다.

해석 **C.** 만년설이 완전히 녹는다면, 화성의 표면은 물로 덮일 것이다.
D. 혹시라도 JK 리조트에 머무는 동안 불편한 점이 있으시면, 주저없이 연락 주세요.

서술형 잡기 **가정법에서 if절 대신에 쓸 수 있는 다양한 표현을 적용해보자.**

· [가정법 과거] 만약에 ~이 없다면 ~할 텐데	· [가정법 과거완료] 만약에 ~이 없었다면 ~했을 텐데
Without + 명사, =**But for** + 명사, =**If it were not for** + 명사, =**Were it not for** + 명사, ⎤ + S + 조동사 과거형 + 동사원형 ~	**Without** + 명사, =**But for** + 명사, =**If it had not been for** + 명사, =**Had it not been for** + 명사, ⎤ + S + 조동사 과거형 + have p.p. ~

예 **Without** the photos, the lawmakers might not have been encouraged to protect the natural beauty of
　　　　　　　　　　　　　　S　　　　조동사 과거형　　　have p.p.
the area.

= **But for** the photos, ~ (이하 동일)

= **If it had not been for** the photos, ~ (이하 동일)

= **Had it not been for** the photos, ~ (이하 동일)

해석 그 사진이 없었다면, 입법자들이 그 지역의 자연미를 보호하도록 격려받지 못했을 것이다.

PRACTICE TEST

A 다음 문장의 네모 안에서 어법상 적절한 표현을 고르세요.

01 If the tail light on my car had been out, I would not know / not have known it.

02 The mountain is understood to advance through evolutionary stages of development, as though it is / were aging.

03 If you worked / had worked on a well-organized schedule, you would have been astonished at how much more productive you could be.

04 Whenever I work, I wonder what human lives would be like if we didn't have / hadn't had any fences.

05 If you heard someone say your name, even if you were being pushed around in a big noisy crowd, you would pay / have paid attention and listen.

B 다음 문장의 밑줄 친 부분이 어법상 맞으면 ○, 틀리면 ×를 쓰고 바르게 고쳐 쓰세요.

01 If it had been a little later, she couldn't have survived.

(   )_____

02 Don't blame yourself for the result. If I am in your shoes, I would get the same result.

(   )_____

03 If the store had tried only to make more profits, it could not have settled customer complaints.

(   )_____

04 If it were not for a shelter built to keep you safe, you would not have survived the severe weather conditions.

(   )_____

05 People would not argue for the rights of animals were it not for the scientific investigation that has been done.

(   )_____

C 다음 문장에서 어법상 **틀린** 부분을 하나 찾아 밑줄을 긋고 바르게 고쳐 쓰세요.

01 If he had stopped drinking too much soda earlier, his teeth would have been in good condition today.

02 Can you imagine the feelings you would have had if you were surrounded by these marvelous paintings?

03 Consumers had bought more products from good companies, unethical companies would have been closed.

04 Because the dam protected the residents living near the river from the flood last week, they were safe as if it didn't come.

05 If the captain in the plane didn't land on the Hudson river, more people on board would have been injured or killed yesterday.

D 우리말에 맞도록 다음 어구들을 바르게 배열하세요. (필요한 어구만 선택하여 배열할 것, 대·소문자 구별할 것)

01 공포의 감정은 실제로 도움이 된다. **만약 그것이 없다면**, 우리는 이미 죽었을 것이다.
(were / it / if / be / not / for / it)

The feeling of fear actually helps; _____, we would already be dead.

02 **만약 그의 아이디어가 없었다면**, 바나나 케이크는 만들어질 수 없었을 것이다.
(it / not / been / for / his idea / if / be / had)

_____, banana cake could not have been made.

03 만약 잠수부들이 계속해서 그 고래를 괴롭혔더라면, 그때 **그것은 간단히 꼬리를 뒤집는 것으로 그들을 공격할 수 있었을 것이다.**
(with a simple flip / attacked / could / them / have / attack / it)

If divers had kept harassing the whale, _____
of its tail then.

04 거울 뉴런은 **마치 그 경험들이 우리의 것인 것처럼** 우리가 다른 이들의 경험을 겪는 것을 가능하게 한다.
(are / as if / ours / the experiences / were)

Mirror neurons allow us to go through the experiences of other people _____.

05 **만약 전기나 다른 현대 기술들이 없다면**, 우리는 원시인처럼 **살아야만 할지도 모른다.**
(or / electricity / for / other / but / would have to / modern technologies / we / if)

_____ live like primitive man.

E 우리말에 맞도록 다음 어구들을 바르게 배열하세요. (주어진 어구로만 배열할 것, 대·소문자 구별할 것)

01 당신이 혹시라도 관심이 있으시다면, 오늘 밤 저희와 함께 하시죠.
(interested / be / should / you)

_____, feel free to join us tonight.

02 아무런 방해가 없으면, 자연의 균형이 회복될 것이다. (필요시 어형 변화 가능)
(any disturbance / it / for / be / not)

_____, the balance of nature would be restored.

03 나는 **우리 모두가** 암 투병하는 사람들에게 5달러를 **기부했으면 좋겠다.** (필요시 어형 변화 가능)
(every one of us / a donation / make / wish)

I _____ of $5 to those fighting cancers.

04 그의 눈은 **마치 그가 최면에 걸린 듯** 흐릿했지만, 그의 입술은 잇몸을 드러내며 웃고 있었다.
(glazed / as if / were hypnotized / were / he)

His eyes _____ but his lips were laughing with his gums showing.

05 실험자가 돌아올 때까지 아이들이 기다렸다면, 그들은 또 하나의 마시멜로를 받을 수 있었을 것이다. (필요시 어형 변화 가능)
(the children / until / returned / have / the experimenter / wait)

_____, they could have been given

another marshmallow.

A · **tail light** 미등(자동차나 열차 뒤에 있는 등) · **evolutionary** 진화의 · **aging** 나이를 먹는 · **astonish** (깜짝) 놀란
· **productive** 생산적인 · **wonder** 놀라다 · **fence** 울타리 · **crowd** 관중 · **pay attention** 주의를 기울이다

B · **blame** 비난하다 · **in one's shoes** ~의 입장이 되어 · **profit** 수익 · **settle** (문제를) 해결하다 · **complaint** 불만
· **shelter** 피난 장소 · **severe** 혹독한 · **right** 권리 · **investigation** 조사

C · **soda** 탄산음료 · **surround** 둘러싸다 · **marvelous** 놀라운 · **unethical** 비윤리적인 · **resident** 주민 · **flood** 홍수
· **captain** 기장 · **injure** 부상 입히다

D · **harass** 괴롭히다 · **attack** 공격하다 · **flip** 톡 치다 · **tail** 꼬리 · **neuron** 뉴런(신경 세포) · **go through** ~을 겪다
· **electricity** 전기 · **primitive man** 원시인

E · **feel free to V** 마음대로 ~하다 · **join** ~와 함께 하다 · **disturbance** 방해 · **balance** 균형 · **restore** 회복시키다
· **donation** 기부 · **cancer** 암 · **glazed** (눈이) 게슴츠레한 · **hypnotize** 최면술을 걸다 · **gum** 잇몸
· **experimenter** 실험자

01

→ 한영고 응용

다음 중, 어법상 **틀린** 것을 <u>모두</u> 고르면?

① If your brain completely changes overnight, you would be unstable and confused.

② Then one night, you get a phone call at 3 a.m. and should run outside in your underwear to check on your neighbors.

③ I wish I had a chance to make films like you.

④ What if your brain latched on to this new routine and you continued to run outside at 3 a.m. every night in your underwear?

⑤ Without the formation and maintenance of social bonds, early human beings probably would not have been able to cope with or adapt to their physical environments.

⑥ Nobody would have wanted that, so it's a good thing our brains require more repetition than that!

02

→ 상문고 응용

다음 글의 밑줄 친 부분 중, 어법상 적절한 것의 개수는?

Andrew Carnegie, the great early-twentieth-century businessman, ⓐ <u>used to hear</u> his sister complain about her two sons. One day, she said that they were away at college and rarely responded to her letters. Carnegie told her, "If I ⓑ <u>write</u> them, I will get an immediate response." He sent off two warm letters to the boys, and told them that he could not but ⓒ <u>to feel</u> happy to send each of them a surprise gift: a check for a hundred dollars (a large sum in those days). Then he mailed the letters, but didn't enclose the checks. Within days he received warm grateful letters from both boys, who noted at the letters' end that he had unfortunately forgotten to include the check. If the check ⓓ <u>had been enclosed</u>, would they ⓔ <u>respond</u> so quickly?

① 1개   ② 2개   ③ 3개

④ 4개   ⑤ 5개

03

→ 배재고 응용

다음 글의 밑줄 친 부분 중, 어법상 **틀린** 것끼리 짝지은 것은?

How soon is too soon to start kids on a computer? ⓐ If your baby is less than a year old, the answer is clear. That is because a baby's vision has not developed enough to focus on the screen. Even if babies were exposed to a computer screen when less than six months old, ⓑ it must mean nothing to them at that time. But after their first birthday, people have different answers to the question. ⓒ Some people argue that early exposure to computers be helpful in adapting to our digital world. They believe ⓓ their children could have had more familiarity with using other digital devices if they had used computers earlier. Others disagree with the idea of exposing three-year-olds to computers. ⓔ They insist that their children be stimulated in the traditional ways through reading, sports, and play — instead of computers.

① ⓐ ⓑ　　② ⓐ ⓔ　　③ ⓑ ⓒ
④ ⓒ ⓓ　　⑤ ⓒ ⓔ

04

→ 서초고 응용

다음 중, 어법상 옳은 것을 <u>모두</u> 고르면?

① After hard labor and sleep, Lucas felt so relaxed and refreshed. He thought he might have slept half the day.

② Amy tried not to look, but Laurie was making another funny face. She couldn't help to turn back to see what her friend was doing.

③ Listening to the empty thunder that brought no rain, she lay there and whispered, "I wish the drought ended."

④ Were a mother awake every time any of her babies screamed for food, she might get no sleep at all.

⑤ Direct involvement of citizens was what had made the American Revolution possible. If it were not for that involvement, the republic would have died.

05

→ 동덕여고 응용

밑줄 친 (A)의 우리말에 맞게 [보기]에서 필요한 단어를 골라 문장을 완성하세요. (단어 추가 금지, 어형 변화 가능)

Eye-blocking is a nonverbal behavior that can occur when we feel threatened or don't like what we see. Closing or shielding our eyes is a common example. As an investigator, I used eye-blocking behaviors to assist in the arson investigation of a tragic hotel fire in Puerto Rico. A security guard came under immediate suspicion because the blaze broke out in an area where he was assigned. One of the ways we determined he had nothing to do with starting the fire was by asking him some specific questions as to where he was before the fire, at the time of the fire, and whether or not he set the fire. He blocked his eyes only when questioned about where he was when the fire started. Oddly, in contrast, he did not seem troubled by the question, "Did you set the fire?" He was questioned further by the investigators and eventually admitted to leaving his post to visit his girlfriend, who also worked at the hotel. (A)불행하게도, 그가 떠나있는 동안, 그 범죄자들이 그가 지켰어야 할 장소에 들어와 불을 질렀다.

[보기]

the criminals / should / the area / must / have / he / enter / guard / cannot

---

Unfortunately, while he was gone, _____

_____

and started the fire.

[06~07] 다음 글을 읽고, 물음에 답하세요.

People are innately inclined to look for causes of events, to form explanations and stories. Stories resonate with our experiences and provide examples of new instances. From our experiences and the stories of others, we (A) _____ (use, form) generalizations about the way people behave and things work. We attribute causes to events, and as long as these cause-and-effect pairings make sense, they (B) ___(use, understand)___ future events. Yet these causal attributions are often mistaken. Sometimes they implicate the wrong causes, and for some things that happen, there is no single cause. Rather, there is a complex chain of events that all contribute to the result; (C) 만일 사건들 중에 어느 하나라도 발생하지 않았었다면, 그 결과는 다를 것이다. But even when there is no single causal act, that doesn't stop people from assigning one.

06

→ 대일외고 응용

윗글의 빈칸 (A), (B)에 들어갈 말을 괄호 안에 주어진 단어를 활용하여 문맥과 어법에 맞게 고쳐 쓰세요.

(A) _____

(B) _____

07

→ 중앙고 응용

윗글의 밑줄 친 (C)의 우리말에 맞게 [보기]에 주어진 단어를 이용하여 문장을 완성하세요. (단어 추가 및 어형 변화 가능)

[보기]

different / would / the events / of / if / be / occur / any one / not / the result

---

[08~09] 다음 글을 읽고, 물음에 답하세요.

Impressionist paintings are probably most popular; it is an easily understood art which does not ask the viewer to work hard to understand the imagery. Impressionism is 'comfortable' to look at, with its summer scenes and bright colours appealing to the eye. It is important to remember, however, that this new way of painting was challenging to its public not only in the way that it was made but also in what was shown. (A) <u>그들은 이전에 그렇게 형식에 구애받지 않는 그림을 본 적이 결코 없었음에 틀림이 없다.</u> The edge of the canvas cut off the scene in an arbitrary way, (B) <u>마치 그것(그 장면)이 카메라로 사진 찍힌 것처럼.</u> The subject matter included modernization of the landscape; railways and factories. Never before had these subjects been considered appropriate for artists.

08

→ 이화여자외고 응용

윗글의 밑줄 친 (A)의 우리말에 맞게 [보기]에 주어진 단어를 바르게 배열하세요. (단어 추가 금지, 어형 변화 가능, 대·소문자 구별할 것)

┌─[보기]─────────────────────────┐
informal / they / paintings / have /
such / seen / must / before / never
└──────────────────────────────────┘

09

→ 재현고 응용

윗글의 밑줄 친 (B)의 우리말에 맞게 [보기]에서 필요한 단어만을 골라 문장을 완성하세요. (단어 추가 및 어형 변화 금지)

┌─[보기]─────────────────────────┐
if / it / a camera / had been /
as / is / snapped with / were
└──────────────────────────────────┘

10

→ 광남고 응용

다음 글을 읽고, [보기]에 주어진 단어를 알맞게 배열하여 질문에 대한 답을 완성하세요. (단어 추가 및 어형 변화 가능)

The hunters, armed only with primitive weapons, were no real match for an angry mammoth. Many were probably killed or severely injured in the close encounters that were necessary to slay one of these gigantic animals. But the rewards were great when one was brought down. A single mammoth could feed, clothe, and supply a band for a long time. The hunters had followed the mammoths and other large animals eastward from Asia across what is now the Bering Sea. Some of them may have traveled by small boat along the coast, but many walked. Twenty thousand years ago, at the height of the last glacial period, sea level was so low that dry land joined what are now separate continents. Slowly, imperceptibly, and probably unconsciously, hunters had moved across the land bridge and become the first immigrants to the new land, North America.

Q: According to the passage above, what would have happened without the ice age?

A: _____

_____ for thousands of years more.

┌─[보기]─────────────────────────┐
unpopulated / North America / remain / might
└──────────────────────────────────┘

01

→ 한영고 응용

다음 중, 어법상 옳은 문장 2개를 고르면?

① Every participants in this event are given a race day T-shirt, and all runners are timed.

② A lot of customers buy products only after they are made know that the products are available in the market.

③ Since our hotel was opened in 1976, we have been committed to protect our planet by reducing our energy consumption.

④ They danced in circles making joyful sounds and shaking their hands with arms raised over their heads.

⑤ A chill started at the top of my head when I hit the wrong note, but I couldn't stop playing as though my body were out of control.

02

→ 배재고 응용

다음 중, 어법상 틀린 것끼리 짝지은 것은?

Katherine Schreiber and Leslie Sim, experts on exercise addiction, recognized that smartwatches and fitness trackers ⓐ have been probably used to encourage sedentary people take up exercise, and inspire people who aren't very active to exercise more consistently. ⓑ But they were convinced the devices were also quite dangerous. Schreiber explained that ⓒ focusing on numbers separate people from being in tune with their body. Exercising becomes mindless, which is 'the goal' of addiction. This 'goal' that she mentioned is a sort of automatic mindlessness, the outsourcing of decision making to a device. She recently sustained a stress fracture in her foot ⓓ because she refused to listen to her overworked body, ⓔ instead continued to run toward an unreasonable workout target. ⓕ Schreiber has suffered from addictive exercise tendencies, and vows not to use wearable tech when she works out.

① ⓐ ⓑ ⓔ   ② ⓐ ⓒ ⓔ   ③ ⓑ ⓓ ⓔ
④ ⓑ ⓓ ⓕ   ⑤ ⓒ ⓔ ⓕ

03

신일고 응용

다음 중, 어법상 틀린 것을 3개 골라 번호와 틀린 부분을 쓰고 바르게 고치세요.

James Francis was born in England and emigrated to the United States at age 18. ① One of his first contributions to water engineering was the invention of the sprinkler system ② is now used in buildings for fire protection. Francis's design ③ involved a series of perforated pipes running throughout the building. It had two defects: it had to be turned on manually, and it had only "one" valve. Once the system was activated by opening the valve, water would flow out everywhere. So if there had been several valves, ④ the buildings of that time would not be flooded. Only some years later, when other engineers ⑤ had perfected the kind of sprinkler heads in use nowadays, could the concept become popular. They turned on automatically and were activated only where actually needed.

( )_____ ➡ _____

( )_____ ➡ _____

( )_____ ➡ _____

04

중대부고 응용

밑줄 친 (A)의 우리말에 맞도록 [보기]에 주어진 어구를 이용하여 문장을 완성하세요. (단어 추가 금지, 어형 변화 가능)

A primary school teacher is helping students to understand fractional parts by using what she thinks is a commonplace reference. "Today, we're going to talk about cutting up a Thanksgiving holiday favorite — pumpkin pie." She continues with an explanation of parts. Well into her discourse, a young African American boy, looking puzzled, asks, "What is pumpkin pie?" Most African Americans are likely to serve sweet potato pie for holiday dinners. In fact, one of the ways that African American parents explain pumpkin pie to their children is to say that it is something like sweet potato pie. For them, sweet potato pie is the common referent. Even the slight difference of being unfamiliar with pumpkin pie can serve as a source of interference for the student. (A) 그 수업에 적극적으로 참여하기보다, 그는 호박 파이를 상상하기 위해 노력하는 데 사로잡혀 있었을지도 모른다: What does it taste like? How does it smell? Is its texture chunky like apple or cherry pie? In the mind of a child, all of these questions can become more of the focus than the subject of fractions that the teacher is attempting to teach.

[보기]

have / pumpkin pie / may / try to /
he / be preoccupied with / imagine

Rather than be engaged actively in the lesson, _____

_____

_____.

If I have lost confidence in myself,

I have the universe against me.

내 자신에 대한 자신감을 잃으면, 온 세상이 나의 적이 된다.　　　- 랄프 왈도 에머슨

용기 있다는 말은

스스로를 신뢰한다는 말과 일맥상통합니다.

누군가 용기를 불어넣어 주는 친절한 세상을 기대하기보다는

자기 자신을 신뢰하며 지지하는 자존감으로

커다란 용기를 얻을 수 있습니다.

접속사의 이해

UNIT 12 전치사와 접속사

목동고 응용

대표 내신 예제

다음 밑줄 친 부분 중, 어법상 틀린 것은?

(상략) <u>Although</u> the fact that he abused some animals, the zookeeper was regarded as an excellent employee of the park. (하략)

풀이 although는 접속사로 뒤에 절이 와야 한다. 그런데 the fact라는 명사가 왔으므로 Although와 같은 의미의 전치사 Despite 또는 In spite of로 고쳐야 한다. that he abused some animals는 명사 the fact와 동격을 이루는 that절이므로 Although 뒤에 절이 왔다고 혼동하지 말아야 한다.

해석 그가 몇몇 동물들을 학대했다는 사실에도 불구하고, 그 동물원 사육사는 그 공원의 훌륭한 직원으로 여겨졌다.

● **출제 포인트** | 전치사와 접속사를 구분하는 문제가 나온다!

풀이 전략 1 의미가 비슷한 전치사와 접속사를 구별하자.

같은 의미일지라도 뒤에 **명사가 온다면 전치사**를 고르고, **완전한 절이 오면 접속사**를 골라야 한다.

의미	전치사		접속사	
~ 동안	during / for		while(*'~하지만, ~할지라도'의 의미도 있음)	
~에도 불구하고	despite / in spite of	+ 명사	although / though / even though	+ 절 (S + V)
~ 때문에	because of / on account of due to / thanks to / owing to		because / since / as / for	

A. [During / While] the first-aid contest, the participants had to solve a series of difficult problems.

During과 While은 둘 다 '~ 동안'이라는 뜻이지만, 뒤에 명사가 왔으므로 전치사 During이 적절하다.

B. I even learned software programming [because / because of] making a smart phone application of my own was my dream!

뒤에 주어와 동사를 갖춘 절이 왔으므로 접속사 because가 적절하다.

해석 A. 응급 처치 경연대회에서 참가자들은 일련의 어려운 문제들을 해결해야만 했다.
B. 나만의 스마트폰 애플리케이션을 만드는 것이 꿈이었기 때문에 나는 심지어 소프트웨어 프로그래밍도 배웠다!

풀이 전략 2 전치사와 접속사 that을 구별하자.

전치사는 뒤에 **명사(구)**가 나오고, **접속사 that**은 뒤에 **절**이 나오므로 뒤에 나오는 문장 구조를 보고 선택해야 한다.

C. Be aware [that / of] the limited edition marketing strategy.

뒤에 명사구 the limited edition marketing strategy가 나왔으므로 전치사 of를 고르는 것이 적절하다.

D. I'm afraid [that / of] this one small mistake could damage your company's reputation.

뒤에 주어와 동사를 갖춘 절이 나오므로 접속사 that을 고르는 것이 적절하다.

해석 C. 한정판 마케팅 전략에 대해 인지해라.   D. 나는 이 하나의 작은 실수가 당신 회사의 평판에 손상을 입힐까 염려가 된다.

종속접속사가 이끄는 부사절의 주어가 주절의 주어와 같으면, 부사절의 주어와 be동사가 생략될 수 있다. 따라서 전치사를 넣어야 할지, 접속사를 넣어야 할지 구별해야 할 때 뒤에 바로 분사구나 전치사구가 올 경우가 있는데, 주어와 동사가 보이지 않는다고 하여 무조건 전치사를 답으로 고르지 않도록 주의해야 한다.

E. One of the most beautiful attractions we have to see [while / during] in France is the Eiffel Tower.

뒤에 명사가 아니라 전치사구(in France)만 있으므로 주어와 be동사인 we are가 생략된 것이라고 보아 while을 고르는 것이 적절하다.

F. [Despite / Although] on the downward trend today, the company's milk products 〔주절의 주어〕 still account for about one third of the total dairy sales.

뒤에 전치사구 on the downward trend만 있으므로 앞에 주어 they(the company's milk products)와 be동사 are가 생략된 것으로 파악하고 Although를 고르는 것이 적절하다.

해석 **E.** 프랑스에 있는 동안 우리가 봐야 하는 가장 아름다운 명소 중 하나는 에펠탑이다.
F. 오늘날에는 하향세이지만, 그 회사의 우유 제품들은 여전히 전체 유제품 판매량의 약 3분의 1을 차지한다.

대표 내신 예제

다음 문장에서 잘못 사용된 것을 찾아 바르게 고치세요.

양천고 응용

(상략) When he came to Korea, Brian was not sure that he could adapt to the completely new environment. (하략)

풀이 내용상 Brian이 that 이하를 확신하지 못한다는 의미가 아니라 '~인지 아닌지' 확신하지 못한다는 의미여야 하므로, 접속사 that을 if 또는 whether로 바꾸어야 한다.

해석 Brian이 한국으로 왔을 때, 그는 완전히 새로운 환경에 적응할 수 있을지 확신하지 못했다.

● **출제 포인트** | 의미에 맞는 접속사를 썼는지 묻는 문제가 나온다!

두 선택지가 모두 접속사이고, 뒤에 절이 나와 있다면 문맥을 통해 알맞은 접속사를 골라야 한다. 특히 '~하다는 것(사실)'을 의미하는 **접속사 that**과 '~인지 아닌지'를 의미하는 **접속사 if/whether**를 구별하는 문제가 자주 출제된다. if/whether는 주로 불확실하거나 의문시되는 것에 대해 말할 때 쓰인다.

A. Accept [that / whether] you cannot do all the things at once.

'~하다는 것'을 받아들이는 것이므로 접속사 that이 적절하다. '~인지 아닌지'를 받아들인다는 것은 의미상 자연스럽지 않다.

B. Jane asked the guest [that / whether] she would want to have more dessert.

'~인지 아닌지' 묻는 것이므로 접속사 whether가 적절하다.

해석 **A.** 한꺼번에 모든 것을 할 수는 없다는 것을 받아들여라.　**B.** Jane은 손님에게 디저트를 더 먹고 싶은지 물었다.

UNIT 12

풀이 전략 2 **의미에 주의해야 할 접속사를 구별하자.**

다양한 접속사들의 의미를 구별하는 문제가 출제되므로 아래의 다양한 접속사를 암기해 두어야 한다.

> - **in case** : ~할 경우에 대비해서
> - **unless** : 만약 ~않으면
> - **every**(each) **time** : ~할 때마다
> - **now that** : ~이므로, ~이기 때문에
> - **the next time** : 다음에 ~할 때
> - **so that** : 그래서 (결과); ~하기 위해서(목적)
> - **so + 형용사/부사 + that S + V** : 매우 ~해서 …하다; ~할 정도로 …하다
>   (=**such a(n) + 형용사 + 명사 + that S + V**)

C. The problem of low birth rate is getting worse. [Now that / In case] the central government also knows about its seriousness, it wants to solve the problem by working with local governments.

문맥상 이유를 나타내는 부사절이므로 '~이기 때문에'를 의미하는 접속사 now that이 적절하다. in case는 '~할 경우에 대비해서'라는 의미이므로 문맥상 어색하다.

D. Write notes using charts, graphs, and mind maps [unless / so that] you can memorize the information systematically.

문맥상 '외울 수 있도록'이라는 의미로 해석되기 때문에 '~하기 위해서'라는 뜻을 가진 so that이 적절하다. so that은 결과를 나타내는 경우와 목적을 나타내는 경우가 있는데, 앞뒤 문맥을 살펴보며 적절한 뜻으로 해석해야 한다. unless는 '만약 ~않으면'이라는 의미이므로 문맥상 어색하다.

해석 **C.** 저출산 문제가 악화되고 있다. 중앙 정부도 그 심각성을 알고 있기 때문에, 지방 정부와 협력하여 그 문제를 해결하기를 원한다.
D. 그 정보를 체계적으로 외울 수 있도록 도표, 그래프 그리고 마인드 맵을 이용하여 메모해라.

서술형 잡기 **간접의문문의 어순은 「의문사 + 주어 + 동사」이다.**

의문사도 접속사나 관계사처럼 문장을 연결하는 접속사의 기능을 한다. 의문사가 문장의 주어, 목적어 또는 보어의 역할을 하는 명사절을 이끌 때 이 명사절을 **'간접의문문'**이라고 하며, 간접의문문은 「**의문사 + 주어 + 동사**」의 어순을 따른다.

> **나는** 좋은 습관을 들이는 데 그렇게 오래 걸리지 않는다는 말을 **어디에서 들었는지 기억나지 않는다.**
>
> (I / where / heard / not / I / do / remember)
>
> _____ that it doesn't take so long to cultivate a good habit.

풀이 주어 I와 동사 do not remember를 순서대로 쓴 다음, '어디에서 들었는지'의 뜻에 맞도록 간접의문문을 연결한다. 의문사가 있는 간접의문문은 「**의문사 + 주어 + 동사**」의 어순을 따르므로 remember 뒤에 where I heard를 이어서 쓴다. 따라서 빈칸에는 I do not remember where I heard의 어순으로 배열하는 것이 적절하다.

PRACTICE TEST

A 다음 문장의 네모 안에서 어법상 적절한 표현을 고르세요.

01 Helmets should be light because / because of riders are a lot more likely to wear them if they feel comfortable.

02 Although / Despite the huge amount of pressure, Jessy was able to win the top prize.

03 His advice changed my career plan. I am considering carefully that / whether I should study to become an architect!

04 That information has been stored in your short-term memory and will be forgotten soon, if / unless you try to transfer it into long-term memory.

05 Since / Due to the head is the highest part of the human body, many Southeast Asians believe it is the place the spirit exists.

B 다음 문장의 밑줄 친 부분이 어법상 맞으면 ○, 틀리면 ×를 쓰고 바르게 고쳐 쓰세요.

01 Surprisingly, <u>while</u> the early 20th century, it was broadly accepted that pink color was for men and blue color for women. (　　)＿＿＿＿＿＿＿＿＿＿

02 Max is <u>a such fierce</u> dog that it is almost impossible to think anyone passing him safely. (　　)＿＿＿＿＿＿＿＿＿＿

03 <u>Though</u> written in English script, and thus readable by all, the notices are entirely ignored. (　　)＿＿＿＿＿＿＿＿＿＿

04 Most people already understand <u>whether</u> instant foods are bad for their health because of the ingredients such as preservatives. (　　)＿＿＿＿＿＿＿＿＿＿

05 The easiest way for Jane to deal with her feelings was to change <u>how did she think</u> about the job. (　　)＿＿＿＿＿＿＿＿＿＿

PRACTICE TEST

C 다음 문장에서 어법상 **틀린** 부분을 하나 찾아 밑줄을 긋고 바르게 고쳐 쓰세요.

01 The Black Death was so fatal what it wiped out 30% to 50% of the population of Europe.

02 Ask that person to watch your belongings during you go to the restroom.

03 You will feel happy when you see how much you have developed and what have you achieved so far.

04 My school's musical club is preparing 'Mamma Mia!' so what we can perform it at the national musical competition in October.

05 Despite of her handicap, the artist was determined to complete the picture that she had been painting.

D 우리말에 맞도록 다음 어구들을 바르게 배열하세요. (필요한 어구만 선택하여 배열할 것. 대·소문자 구별할 것)

01 베니스를 본 적이 있기 때문에 나는 셰익스피어의 희곡들을 읽는 것에 훨씬 더 흥분된다.
(Venice / so that / I / have seen / now that)

_____, I'm even more excited to read Shakespeare's plays.

02 다음에 Alice가 Danny를 만났을 때, 그들은 결국 다시 친구가 되었다.
(each time / Alice / the next time / Danny / met)

_____, they finally became friends again.

03 사람들은 다른 사람들에게 **자신을 소개해야 할 때마다**, 엄청난 당혹감을 느낄 것이다.
(themselves / have to / every / introduce / time / people / when)

_____ to other people, they must feel huge embarrassment.

04 당신은 **가득 찬 상자와 빈 상자가 번갈아 오도록** 상자들을 배열할 수 있다.
(boxes / which / so / alternate / the full and empty / that)

You can arrange the boxes _____.

05 할아버지의 위치를 감지하는 장치를 처음 발견했을 때 **내가 얼마나 깊이 안도했는지** 나는 **잊지 않을 것이다.**
(how / won't forget / I / deeply / relieved / was / that)

I _____ when I first found the device detecting my grandfather's location.

E 우리말에 맞도록 다음 어구들을 바르게 배열하세요. (주어진 어구로만 배열할 것. 대·소문자 구별할 것)

01 나는 장애가 있다는 것이 무엇을 의미하는지 깊이 생각해 보게 되었다. (필요시 어형 변화 가능)

(a disability / mean / have / to / what / it)

I came to think deeply about _____.

02 그 연설은 너무 강력해서 사람들이 소수자들에 대한 편견을 없애도록 격려했다. (필요시 어형 변화 가능)

(powerful / so / the speech / that / be)

_____ it inspired people to eliminate prejudices against minorities.

03 식사시간 사이에 당신이 배가 고플 때를 대비해서 당신은 약간의 견과류를 가지고 다닐 수 있다.

(you / case / hungry / in / get)

_____ between meals, you can carry some nuts.

04 태국 요리의 향신료 향이 그에게는 낯설었다는 사실에도 불구하고, 그는 음식을 맛있게 먹었다.

(that / the fact / despite / the spices / the smell / of)

_____ of the Thai dishes was unusual to him, he enjoyed them.

05 나는 도서관에서 공부하는 동안 자주 휴식을 취한다. (필요시 어형 변화 가능)

(take / in the library / study / I / while)

_____, _____ breaks frequently.

A · light 가벼운 · be likely to V ~할 것 같다 · comfortable 편안한 · pressure 압박 · top prize 1등상 · architect 건축가 · short-term 단기적인 · transfer 옮기다 · long-term 장기적인 · spirit 정신

B · fierce 사나운 · script 문자 · readable 읽기 쉬운 · notice 공고 · ignore 무시하다 · instant 즉시의 · ingredient 재료 · preservative 방부제 · deal with 다루다

C · The Black Death 흑사병 · fatal 치명적인 · wipe out 없애 버리다 · population 인구 · belonging 소지품 · achieve 달성하다 · perform 공연하다 · national 전국적인 · handicap 신체장애 · determined (단단히) 결심한

D · play 희곡 · embarrassment 당혹(감) · arrange 배열하다 · empty 빈 · alternate 번갈아 일어나다 · relieved 안도하는

E · disability (신체적·정신적) 장애 · inspire 고무시켜 ~하게 하다 · eliminate 없애다 · prejudice 편견 · minority 소수자 · spice 향신료 · Thai 태국의 · unusual 생소한 · frequently 자주

VOCA NOTE

UNIT 13 관계대명사

대표
내신 예제

다음 글에서 어법상 잘못 사용된 것을 찾아 바르게 고치세요.

경문고 응용

(상략) A lot of marine litter comes from large cargo ships, they throw away about 10,000 steel shipping containers into the sea each year. (하략)

풀이 앞의 절과 뒤의 절을 연결하는 접속사가 없으므로 they를 앞의 large cargo ships를 받는 대명사의 역할을 하면서 두 문장을 연결하는 접속사의 역할을 동시에 하는 주격 관계대명사 which로 바꾸어야 한다.

해석 많은 바다 쓰레기들이 대형 화물선들로부터 오는데, 이들은 매년 약 10,000개의 강철 선적 컨테이너들을 바다에 버린다.

● **출제 포인트** | 관계대명사의 역할을 묻는 문제가 나온다!

풀이 전략 1 **관계대명사는 '접속사'의 역할을 한다는 것을 기억하자.**

관계대명사는 두 문장을 이어주는 **접속사의 역할**을 하면서 '**선행사**'라고 하는 특정 명사를 대신하는 대명사 역할도 한다. 관계대명사가 이끄는 절은 선행사를 수식하거나 부연설명하기 때문에 형용사절이다. 단, 선행사를 포함하는 관계대명사 what은 명사절로 이용된다.

A. They built a building with a central stone pillar, [it / which] became an important component of architecture.
_{선행사}

앞뒤의 절을 연결하는 접속사가 없으므로 대명사 it이 아닌 주격관계대명사 which가 적절하다. which는 and it(a central stone pillar)과 같은 의미이다. 그리고 「,(콤마) + 관계대명사」 구조를 관계대명사의 '계속적 용법'이라고 칭한다.

B. There are occupations [they / that] didn't exist in the early 2000s, and some of [them / which] are so unusual and may even seem unfamiliar to you.
_{선행사}

첫 번째 [   ]에는 앞뒤의 절을 연결하는 접속사와 주어 역할을 동시에 할 수 있는 주격 관계대명사 that이 적절하다. 두 번째 [   ]에는 앞에 접속사 and가 있으므로 대명사 them이 적절하다.

해석 **A.** 그들은 중앙의 돌기둥이 있는 건물을 지었는데, 그 기둥이 건축의 중요한 구성요소가 되었다.

B. 2000년대 초반에 존재하지 않았던 직업들이 있는데, 그것들 중 몇몇은 꽤 특이하고 여러분에게 심지어 낯설게 보일 수도 있다.

풀이 전략 2 **다양한 관계대명사를 중심으로 앞뒤 형태를 파악하자.**

관계대명사는 관계대명사가 이끄는 절 안에서 그 역할에 따라 주격, 소유격, 목적격으로 구분된다. 관계대명사가 그 역할을 이어받아 **문장의 성분**(주어, 목적어 등)**이 생략되기 때문에** 관계대명사 **뒤에 나오는 절은 불완전**하다.

관계대명사 what은 선행사를 포함하고 있으므로 **선행사가 앞에 없고**, 역시 문장의 성분 중 하나를 생략하고 what을 쓰기 때문에 **뒤에 나오는 절은 불완전**하다.

선행사 \ 격	주격	소유격	목적격
사람	who	whose	who(m)
사물/동물	which	of which / whose	which
사람/사물/동물	that	—	that

선행사 \ 격	주격	소유격	목적격
없음	what	—	what

· 선행사 ○ + 관계대명사 + 불완전한 문장
_{who(m), whose, which, that}

· 선행사 × + 관계대명사 what + 불완전한 문장

C. A designer launched a new line of glasses [which / whose] parts are made from over 80 percent natural and renewable resources.

해석상 '안경의 부품들'이므로 소유격 관계대명사가 필요하다. 따라서 whose가 적절하다.

D. [That / What] I learned from this program is that there is something we ordinary youngsters can do to make the world better.

learned의 목적어가 빠진 불완전한 구조로 [ ] 앞에 선행사가 없으므로 선행사를 포함한 관계대명사 what이 적절하다.

해석 **C.** 한 디자이너는 새로운 안경 라인을 출시했는데, 안경의 부품은 80퍼센트 이상이 자연적이고 재생 가능한 재료들로 만들어진다.
D. 내가 이 프로그램을 통해서 배운 것은 우리 보통 젊은이들이 더 나은 세상을 만들기 위해 할 수 있는 무언가가 있다는 것이다.

함정 피하기　선행사가 관계대명사와 멀리 떨어져 있는 경우도 있으니 주의해야 한다.

일반적으로 관계대명사 앞에 선행사가 위치하다 보니 선행사와 관계대명사 사이에 **긴 전명구(전치사 + 명사)가 들어가는 경우**, 전명구 안에 있는 **명사를 선행사로 오해**하기도 한다. 따라서 관계사절이 수식하는 선행사가 무엇인지 문맥상 파악하여 선행사를 정확히 찾는 연습을 하자.

E. David was taking a rest with his son in the area near the stadium [which / who] had played the soccer for two hours.

축구를 했던 것은 his son(그의 아들)이므로 his son을 연결하는 주격 관계대명사 who가 어법상 적절하다.

F. The winner was a Korean student from one of the well-known laboratories in Korea [which / who] majored in robotics.

a Korean student(한국 학생)가 로봇 공학을 전공하는 것이므로 a Korean student를 연결하는 주격관계대명사 who가 적절하다.

해석 **E.** David는 2시간 동안 축구를 했던 자신의 아들과 함께 경기장 인근 지역에서 휴식을 취하고 있었다.
F. 우승자는 로봇 공학을 전공한, 한국의 잘 알려진 연구소 중 한 곳 소속의 한국인 학생이었다.

대표 내신 예제

다음 글의 밑줄 친 부분 중, 어법상 옳은 것은?

대진고 응용

(상략) It was a great achievement for me! I was able to finish my essay that the English homework required. (하략)

풀이 뒷부분이 동사 required의 목적어가 빠진 불완전한 구조이고, 앞에 선행사 my essay가 있으므로 관계대명사 that은 적절하다.
해석 그것은 나에게 엄청난 성취였다! 나는 영어 과제가 요구했던 에세이를 끝낼 수 있었다.

출제 포인트 | 관계대명사 that을 중심으로 그 쓰임을 구별해야 하는 문제가 나온다!

풀이 전략 1　관계대명사 that, 동격의 that, 접속사 that을 구별하자.

관계대명사 that, 동격의 that, 그리고 **명사절의 접속사 that**은 헷갈리는 경우가 많으니, 각각의 that이 사용되는 문장 구조를 정확히 파악해 두어야 한다.

UNIT 13

- 선행사 ○ + 관계대명사 that + 불완전한 문장
- 선행사 × + 접속사 that + 완전한 문장

- 선행사 ○ + 동격의 that + 완전한 문장
  └▶ 선행사는 주로 the fact, the idea, the news, the belief 등

A. To solve the problem, a European engineer has invented **a simple application** [that / what] detects illegal intrusion by hackers.

[ ] 뒤의 절은 주어가 없는 불완전한 구조이고, 앞에 선행사 a simple application이 있으므로 주격 관계대명사 that이 적절하다.

B. Young athletes may run with **the belief** [which / that] they will run faster and faster until they reach the finishing line.

the belief 뒤에는 동격의 that이 쓰이므로 that이 적절하다. [ ] 뒤에 완전한 절이 왔으므로 관계대명사 which는 적절하지 않다.

해석 **A.** 그 문제를 해결하기 위해서, 유럽의 한 엔지니어는 해커들에 의한 불법 침입을 감지하는 간단한 애플리케이션을 발명했다.
B. 어린 선수들은 아마도 자신들이 결승선에 도달할 때까지 점점 더 빨리 달릴 수 있을 거라는 믿음을 가지고 달릴지도 모른다.

풀이 전략 2 관계대명사 that을 쓸 수 없는 경우를 알아두자.

관계대명사 that은 콤마 뒤에 사용할 수 없지만, 관계대명사 that이 아닌 접속사, 지시대명사, 지시형용사 that은 콤마 뒤에 쓰일 수 있기 때문에 주의해야 한다. 또한 **전치사 뒤에 관계대명사 that을 쓸 수 없지만, 접속사인 in that**(~라는 점에서)**은 가능**하므로 주의하도록 한다.

C. The whole country nervously waited for the trial, [that / which] would decide whether the young woman had been wrong to love the prince.

콤마 뒤에는 관계대명사가 이어지는 것이 적절하므로 which만 가능하다. 「,(콤마) + 관계대명사」로 이루어진 계속적 용법에서는 관계대명사 that을 쓸 수 없다.

D. I have a special self-defense technique, and it's different from that of most Koreans [in which / in that] I don't have to waste energy by yelling.

which가 지칭하는 선행사가 없으므로 in which는 적절하지 않고 '~라는 점에서'라는 뜻의 접속사 in that이 문맥상 적절하다.

해석 **C.** 나라 전체가 그 재판을 초조하게 기다렸고, (이 재판은) 그 젊은 여성이 그 왕자를 사랑하는 것이 잘못된 일인지를 결정할 것이다.
D. 나는 특별한 자기방어 기술을 가지고 있고, 그것은 내가 소리를 질러 에너지를 낭비할 필요가 없다는 점에서 대부분의 한국인들의 방어 기술과는 다르다.

서술형 잡기 관계사절 안에 절이 삽입될 수 있다.

관계사절 안에 절이 또 삽입될 수 있는데, 이를 '삽입절'이라고 한다. 삽입절에 쓰이는 동사는 주로 **think, believe, hope, feel, say, know, be sure, be certain** 등이며, 대체로 관계대명사 다음에 위치한다. 관계절 안에 절이 또 들어가 있어 복잡할 수 있으므로 문장 구조를 파악할 때 주의해야 한다.

그는 **모든 일을 성사시킨다고 그가 믿는** 반지를 항상 가지고 다닌다.

(done / makes / every / that / he / work / believes)

He always brings the ring _____.

풀이 관계대명사 that과 동사 makes사이에 he believes를 삽입절로 사용한 that he believes makes every work done의 순서로 배열하는 것이 적절하다.

PRACTICE TEST

A 다음 문장의 네모 안에서 어법상 적절한 표현을 고르세요.

01 Today we are going to watch the videos about two young boys who / which have taken actions for helping others.

02 Actually, many of her famous works were painted from that / what she saw in her school at Dublin.

03 I hope you like this novel which / whose I wrote when I started high school.

04 Now the country has several science genius schools which / whose students take the AI technology course.

05 Despite the fact that / which they were so close to the police office, it had been difficult to find them.

B 다음 문장의 밑줄 친 부분이 어법상 맞으면 ○, 틀리면 ×를 쓰고 바르게 고쳐 쓰세요.

01 The king had an elegant daughter <u>whose</u> attitude was active and optimistic as his own.

( )_____

02 At that moment, I was excited <u>in which</u> I could do something for the sick children, using my inventions.

( )_____

03 Pied flycatchers are tiny birds <u>that</u> help one another in dangerous situations.

( )_____

04 A classmate of mine used red, <u>that</u> traditionally stands for good fortune and pleasure in China.

( )_____

05 On the first day, I walked on the streets of sweet smells <u>what</u> I felt were familiar to all Koreans.

( )_____

PRACTICE TEST

C 다음 문장에서 어법상 **틀린** 부분을 하나 찾아 밑줄을 긋고 바르게 고쳐 쓰세요.

01 You are surrounded by trees in a deep forest, many of them are more than 50 meters tall.

02 Some scientific studies provide reliable data to support the evidence which donating is a powerful way to last happiness.

03 Henry's parents taught him the joy of music itself. It is that makes him play the piano at home.

04 They had sickness caused from the lack of Vitamin A, that can be found in spinach and carrots.

05 Why don't you try to find something what you can do for your hobby, and start to do it right now?

D 우리말에 맞도록 다음 어구들을 바르게 배열하세요. (필요한 어구만 선택하여 배열할 것)

01 산은 박테리아의 성장을 늦추는데, **그것이 식품의 유통 기한을 늘린다.**
(that / of / the expiration date / extends / which / food products)

Acid slows down the growth of bacteria, _____.

02 그 숲은 희귀 식물들의 서식지인데, **그들의 대다수는 다른 어디에서도 발견되지 않는다.**
(the majority / nowhere else / them / which / are / found / of)

The forest is the habitat of rare plants, _____.

03 학생들은 충분한 수면의 필요성에 대해 **우리에게 말해줄 두 명의 전문가**에게 강의를 들을 것이다.
(tell / two experts / will / which / who / us)

Students will hear a lecture by _____ about the necessity of enough sleep.

04 거미의 언어보다 **더 복잡한 기능을 수행하는 언어를 가진** 다른 동물들이 있다.
(that / more complex / perform / functions / languages / whose)

There are other animals _____ than those of spiders.

05 나는 우등생이 아니었다고 생각한다. 나는 **수업 중에 선생님들께서 내게 가르쳐주신 것을** 종종 잊어버리곤 했다.
(that / my teachers / what / in class / me / taught)

I think I was not a good student. I would often forget _____.

E **우리말에 맞도록 다음 어구들을 바르게 배열하세요.** (주어진 어구로만 배열할 것. 대·소문자 구별할 것)

01 **과거에 사회가 장애인으로 여겼던** 사람들이 이제는 새로운 기술들을 사용함으로써 자신들만의 정체성을 만들 수 있다.
(the handicapped / regard / whom / in the past / society / as)　　　　　　　　(필요시 어형 변화 가능)

People _____ can now create their own identities
by using new technologies.

02 이 나라의 많은 도시 이름들은 **이 지역의 초기 이주민들이 프랑스 사람이었다는 사실**을 반영한다.
(the early / immigrants in this region / the fact / were / that / French)

Many city names in this country reflect _____.

03 현자의 돌은 **젊음을 붙잡아 두는 힘을 가진다고 그들이 생각하는** 전설의 물체이다. (필요시 어형 변화 가능)
(to recapture youth / have / the power / that / they think)

The Philosopher's Stone is a legendary item _____.

04 **소나무 한 그루를 병들게 하는 것은** 다른 모든 소나무도 병들게 만들 것이다.
(suffer / what / one pine tree / makes)

_____ will make every other pine tree ill.

05 **파란색은 신뢰감을 느끼게 한다는 점에서 초록색과 같기** 때문에, 은행과 보험 회사들은 신뢰를 얻기 위해 파란색을 사용한다.
(do the same / the color blue / as green / inspire / it / trust / in that)　　　　　　(필요시 어형 변화 가능)

Because _____, banks and insurance companies
use blue to gain trust.

Ⓐ · take action 행동에 옮기다 　· novel 소설 　· AI(artificial intelligence) 인공 지능 　· technology 기술 　· close 가까운

Ⓑ · elegant 우아한 　· attitude 태도 　· optimistic 낙천적인 　· invention 발명품 　· traditionally 전통적으로
· stand for ~을 상징하다 　· fortune 운 　· pleasure 즐거움 　· familiar 친숙한

Ⓒ · surround 둘러싸다 　· study 연구 　· reliable 신뢰성 있는 　· evidence 증거 　· donate 기부하다 　· last 지속하다
· lack 결핍 　· spinach 시금치

Ⓓ · acid 산 　· extend 늘이다 　· expiration date 유효 기간 　· habitat 서식지 　· rare 희귀한 　· majority 대다수
· expert 전문가 　· necessity 필요성 　· complex 복잡한

Ⓔ · regard ~을 …로 여기다 　· the handicapped (pl.) 장애인들 　· identity 정체성 　· immigrant 이주자 　· region 지역
· philosopher 철학자, 현자 　· legendary 전설(상)의 　· recapture 되찾다 　· youth 젊음 　· pine tree 소나무
· suffer 병들다 　· ill 병든 　· insurance 보험

UNIT 14 관계부사와 복합관계사

대표 내신 예제

다음 문장에서 어법상 잘못 사용된 것을 찾아 바르게 고치세요.

경문고 응용

(상략) Hawaii, located in the middle of the Pacific Ocean, is the island which trees are green all the year round. (하략)

[풀이] the island를 수식하는 관계대명사로 which가 쓰였는데, which 뒤의 절이 완전하므로 관계대명사 which는 쓸 수 없다. 따라서 which를 관계부사 where 또는 in which로 바꾸어야 한다.

[해석] 태평양 한가운데 위치한 하와이는 나무들이 일 년 내내 푸른 섬이다.

• **출제 포인트** | 관계부사와 관계대명사를 구분하는 문제가 나온다!

풀이 전략 1 **각각의 관계사가 이끄는 절이 완전한지를 확인하자.**

관계부사는 접속사이자 **부사의 역할**을 하는 관계사로, **where, when, why, how**가 있다.

> • 선행사가 the place 등 **장소** 관련 → **where**
> • 선행사가 the day, the time 등 **시간** 관련 → **when**
> • 선행사가 the reason 등 **이유**와 관련 → **why**
> • 선행사가 the way, the method 등 **방법**과 관련 → **how**

관계대명사와 관계부사는 둘 다 앞의 **선행사를 수식하는 형용사절**을 이끈다. 하지만 **관계대명사가 이끄는 절은 불완전**하고, **관계부사가 이끄는 절은 완전**하다는 차이점이 있으므로, 반드시 관계사 뒤의 문장 구조를 확인한다.

• 선행사 ○ + **관계대명사** + 불완전한 문장   • 선행사 ○ + **관계부사** + 완전한 문장
　　　　　　who(m), whose, which, that

A. His business was on the rise in the market until the time [which / when] he suddenly became paralyzed due to the car accident.

[ ]는 the time을 수식하는 관계사 자리로, 뒤에 완전한 문장이 왔으므로 시간의 선행사와 어울리는 관계부사 when이 적절하다.

[해석] **A.** 교통사고 때문에 그가 갑자기 마비된 그때까지는 그의 사업은 시장에서 상승세를 타고 있었다.

풀이 전략 2 관계부사는 「전치사 + 관계대명사」로 바꿀 수 있다.

• 관계부사 = **전치사**(in/at/on/for/by) + **관계대명사**(which)

cf.) 「전치사 + 관계대명사」 구조일 때, 전치사는 문장 맨 끝으로 이동 가능 : **관계대명사** + S + V ~ **전치사**

B. A food truck is like the huge pot of flavors and cultures [which / in which] something strange is cooked up to become familiar.

관계대명사 뒤의 문장 구조가 완전하므로 in which가 적절하다. 이때 in which는 관계부사 where로 바꿔 쓸 수 있다.

C. There are many team sports [which / in which] require teamwork among the players in order to win the game.

관계대명사 뒤에 동사 require이 나온 것으로 보아 주어가 없는 불완전한 문장이다. 따라서 주격 관계대명사 which가 적절하다.

[해석] **B.** 푸드 트럭은 이상한 무언가를 친숙하게 되도록 요리해 주는 맛과 문화의 거대한 단지와 같다.
C. 경기에서 승리하기 위해서 선수들 간의 팀워크가 필요한 팀 스포츠가 많이 있다.

선행사 the way와 관계부사 how는 같이 쓸 수 없고 둘 중 하나만 써야 한다. that이 how를 대신하여 사용되기도 하는데, 이때 that을 **관계부사 that**이라고 한다. 이 that은 「전치사 + 관계대명사」로도 풀어 쓸 수 있으므로 아래의 표현을 기억하자.

> • 관계부사 **how** + S + V = **the way** + S + V
> = **the way that** + S + V
> = **the way** + **in/by which** + S + V

D. After losing the game, the turtle realized that he could not beat the rabbit in a race the way [how / that / which] it was originally designed.

the way와 how는 같이 쓰지 않으므로, how를 대체할 수 있는 관계부사 that이 적절하다.

E. Their different points of view are reflected in the way [that / which] mothers interact with their children.

the way를 수식하는 관계사 뒤 문장의 구조가 완전하므로 관계부사 that이 적절하다. 만약 또 다른 선택지가 which가 아니라 in which라면 이것도 어법상 적절하다.

[해석] **D.** 경기에서 진 후, 거북이는 원래 계획된 방법으로는 경주에서 토끼를 이길 수 없다는 것을 깨달았다.
E. 그들의 서로 다른 관점은 엄마들이 아이와 상호작용하는 방식에 나타난다.

대표 내신 예제

다음 밑줄 친 부분 중, 어법상 틀린 것은?

대진여고 응용

(상략) When we are young, we learn global etiquette; no matter <u>which</u> we meet other people, it helps for us to get along with them. (하략)

[풀이] which 뒤의 문장 구조가 완전하므로 관계대명사 which를 관계부사 where로 고쳐야 한다. no matter where는 '어디에서 ~하든지 간에'라는 의미로, 복합관계부사 wherever로 바꾸어 쓸 수 있다.

[해석] 어릴 때, 우리는 글로벌 에티켓을 배운다. 우리가 어디에서 타인을 만나든지 간에 그것은 우리가 그들과 잘 어울리도록 도와준다.

• **출제 포인트** | 다양한 관계사를 구분하는 문제가 나온다!

풀이 전략 1 ▷ '복합관계대명사'와 '복합관계부사'를 구분하자.

복합관계대명사와 복합관계부사는 관계대명사와 관계부사에 -ever가 붙은 표현으로 각각 '~든지, ~라도'의 의미를 나타낸다. 이들 복합관계사가 이끄는 절의 구조는 관계대명사와 관계부사에서 나타난 형태와 같다. 참고로 복합관계대명사는 명사절과 부사절을 이끄는 반면, 복합관계부사는 부사절을 이끈다.

종류	뒷 문장 구조	이끄는 절	의미	동일한 표현
복합관계대명사: **whoever, whomever, whatever, whichever**	불완전	명사절	~든지	= anyone that(who(m)), anything that
		부사절	~라도	= no matter who(whom / what / which)
복합관계부사: **whenever, wherever, however**	완전	부사절	~든지, ~라도	= no matter when(where / how)

UNIT 14

A. Because there were no menus at the restaurant, we had to eat [whatever / however] the owner was cooking that day.

뒤에 목적어가 없는 불완전한 절이 왔으므로 복합관계대명사 whatever이 적절하다. whatever가 이끄는 명사절은 동사 eat의 목적어 역할을 하고 있다.

B. [Whatever / However] simple the thing is, it can bring a meaningful change to our family, friends, and the whole community.

뒤에 완전한 절을 이끌면서 형용사 simple과 함께 쓸 수 있는 복합관계부사 however가 적절하다.

해석 **A.** 식당에는 메뉴가 없었기 때문에 우리는 그날 주인이 요리하는 것은 무엇이든 먹어야 했다.
B. 그 일이 아무리 간단할지라도, 그것은 우리 가족, 친구, 공동체 전체에 의미 있는 변화를 가져올 수 있다.

풀이 전략 2 복합관계사와 관계사, 그리고 의문사를 구분하자.

부사절을 이끄는 복합관계사(복합관계대명사, 복합관계부사)와 형용사절을 이끄는 관계사(관계대명사, 관계부사), 그리고 명사절을 이끄는 의문사를 구별해야 한다.

C. I felt sorry for a victim of the plane crash [what / whatever] her nationality was.

의문사 what이 이끄는 명사절 what her nationality was 자체는 어법상 틀리지 않으나, 앞의 절이 완전하므로 이 명사절이 들어갈 자리가 없다. 따라서 부사절을 이끄는 복합관계대명사 whatever가 적절하다.

D. The first thing that surprised me about the building was [how / however] colorful it was.

be동사인 was 뒤는 주격 보어 자리이므로 복합관계부사 however로 시작하는 부사절이 오는 것은 적절하지 않다. (주격 보어 자리에는 명사 역할을 하는 명사(구), 동명사(구), to부정사(구), 명사절이나, 형용사 역할을 하는 형용사, 분사가 올 수 있다.) 따라서 형용사 colorful을 꾸미면서 명사절을 이끌 수 있는 의문사 how가 적절하다.

해석 **C.** 나는 그 사람의 국적이 어떻든 간에 비행기 추락 사고의 희생자가 불쌍했다.
D. 그 건물에 대해 나를 놀라게 한 첫 번째는 그것이 얼마나 화려한가 하는 것이었다.

서술형 잡기 however (no matter how) ~의 어순에 주의하라!

복합관계부사인 however(no matter how)가 형용사나 부사를 수식하는 경우, 다음과 같은 어순을 취한다.

• **however (no matter how) + 형용사/부사 + S + V** : ~가 아무리 …해도

> **우리가 아무리 많이 성과를 이뤘을지라도**, 스스로를 다른 사람들과 계속해서 비교한다면 우리는 만족을 느낄 수 없다. (대·소문자 구별할 것)
>
> (no / we / how / have / much / matter / accomplished)
>
> _____, we can't feel satisfied if we continue to compare ourselves with others.

풀이 부사절을 이끄는 No matter how 바로 뒤에 부사 much가 오고, 뒤에 주어(we) + 동사(have accomplished) 순서대로 배열하면 된다. 따라서 No matter how much we have accomplished로 쓰는 것이 적절하다.

PRACTICE TEST

A 다음 문장의 네모 안에서 어법상 적절한 표현을 고르세요.

01 We know that we can cross the line which / where normal use of smart phones becomes too much.

02 Developing a sense of humor leads to changing the way that / which you deal with things in life, and making yourself more open to laughter.

03 Whatever / Whenever he is succeeding in one area of his life, he is failing in another area.

04 It's believed that who / whoever finds the almond will receive 12 months of good fortune in the new year.

05 Magritte lived for about three years in Paris, a period of the best productivity which / when he grew into a fine artist.

B 다음 문장의 밑줄 친 부분이 어법상 맞으면 ○, 틀리면 ×를 쓰고 바르게 고쳐 쓰세요.

01 To make her idea a reality, Kate, a conductor, posted a video on <u>where</u> an orchestra appears.

( )＿＿＿＿＿＿＿＿＿

02 What you need is an attitude of looking at things positively <u>whenever</u> you find yourself in harsh situations.

( )＿＿＿＿＿＿＿＿＿

03 We have to take the bus <u>for which</u> passes by our village only one time a day, and continues on for another ten kilometers to downtown.

( )＿＿＿＿＿＿＿＿＿

04 In today's lecture, Dr. Kim will explain <u>however</u> memories are formed and stored in human brains.

( )＿＿＿＿＿＿＿＿＿

05 It's very important to protect sensitive or rare plants in the wild <u>wherever</u> you set up camp.

( )＿＿＿＿＿＿＿＿＿

PRACTICE TEST

C 다음 문장에서 어법상 **틀린** 부분을 하나 찾아 밑줄을 긋고 바르게 고쳐 쓰세요.

01 If you see ants marching on the road, you can find that they never make a traffic jam, no matter what fast they move.

02 She realized her new home was a comfortable place which she would live with her family.

03 A lot of milk, cream, and sugar are needed when making vanilla ice cream, where is the reason why the ice cream is white.

04 On the third task, for what he had to use a drill to cut through a wall, Jake failed on his first attempt.

05 There is a natural reason which women can't see what is so obvious to men while driving.

D 우리말에 맞도록 다음 어구들을 바르게 배열하세요. (필요한 어구만 선택하여 배열할 것, 대·소문자 구별할 것)

01 당신이 아무리 간단하게 그것을 설명해도 당신이 하는 말을 이해하기는 어렵다.

(you / simple / what / explain / simply / how / it / no matter)

_____, it is hard to understand what you are saying.

02 우리는 우리 자신의 견해를 **우리가 자유로이 말할 수 있는** 나라에 살기를 바란다.

(which / to speak / what / in / are / free / we)

We hope to live in the country _____ our own opinions.

03 장애물이 무엇이든지, 어려워 보이는 꿈들은 실현될 수 있다.

(whichever / are / the obstacles / whatever)

Dreams that appear difficult can be realized _____.

04 떡볶이는 내가 **한국에서 길거리 음식이 문화적인 역할을 수행하고 있는** 방식을 느끼게 해주었다.

(street food / how / which / plays / in Korea / a cultural role).

Tteokbokki allowed me to understand the way _____.

05 온라인 강좌들 덕분에, 나는 **내가 기회를 가진 언제든지, 그리고 내가 어디에 있든지** 강의를 할 수 있다.

(get / wherever / however / am / I / whenever / a chance / I / and / when)

Thanks to the online classes, I can do the lessons _____

_____.

E 우리말에 맞도록 다음 어구들을 바르게 배열하세요. (주어진 어구로만 배열할 것. 대·소문자 구별할 것)

01 그의 장례식이 거행되었던 그 날에, Lesley는 그를 돌보았던 의사에게 말했다. (필요시 어형 변화 가능)
(when / on the day / take place / his funeral)

_____, Lesley talked to the doctor who took care of him.

02 한 비평가가 '인상주의자들의 전시회'라는 기사를 썼고, **그것에서 인상주의라는 용어가 생겨났다.** (필요시 어형 변화 가능)
(be / from / coin / the term 'Impressionism' / which)

A critic wrote an article, "The Exhibition of the Impressionists," _____

_____.

03 완전한 몰입 상태는 **무엇이든 당신의 흥미를 끄는 일을** 당신이 **하고 있을** 때 경험될 수 있다. (필요시 어형 변화 가능)
(whatever / are / interest / doing / you)

The state of total absorption can be experienced when you _____.

04 Teens for Tomorrow는 **미국의 십대들이 노숙하는 청년들에게 그들의 옷을 나누어 주는 캠페인이다.**
(give / where / their clothes / homeless youth / American teenagers)

Teens for Tomorrow is a campaign _____.

05 서양인들의 유사성에 대한 인식은 규칙에 따라 **사물들이 분류될 수 있는 정도에** 영향을 받는다.
(the extent / things / classified / to which / can be)

Westerners' recognition of similarity is affected by _____
by rules.

A · normal 평범한 · lead to ~로 이어지다 · deal with 대하다 · laughter 웃음 · succeed 성공하다 · area 분야
· receive 받다 · fortune 운 · period 시기 · fine 순수한

B · reality 현실 · conductor 지휘자 · post 게시하다 · attitude 태도 · positively 긍정적으로 · harsh 가혹한
· downtown 도심, 시내 · form 형성하다 · store 저장하다 · sensitive 예민한 · rare 희귀한

C · march 행진하다 · traffic jam 교통 체증 · comfortable 편안한 · task 작업 · attempt 시도 · obvious 명확한

D · realize 실현하다 · obstacle 장애물 · allow (~하도록) 허락하다 · cultural 문화적인 · role 역할

E · funeral 장례식 · take place 일어나다 · critic 비평가 · exhibition 전시회 · impressionist 인상주의자(인상파 화가)
· term 용어 · coin (새로운 표현을) 만들어 내다 · state 상태 · absorption 몰입 · recognition 인식 · similarity 유사성
· extent 정도 · classify 분류하다

VOCA NOTE

01

→ 용산고 응용

다음 글의 밑줄 친 부분 중, 어법상 틀린 것을 3개 고르면?

A good many scientists and artists have noticed the universality of creativity. At the Sixteenth Nobel Conference, held in 1980, scientists, musicians, and philosophers all agreed, to quote Freeman Dyson, ① <u>who</u> the analogies between science and art are very good as long as we are talking about the creation and the performance. In addition, they admitted that the creation is so similar in those two fields ② <u>which</u> the aesthetic pleasure of the craftsmanship of performance is also very strong in science. A few years later, at another multidisciplinary conference, physicist Murray Gell-Mann found ③ <u>that</u> "everybody agrees on where ideas come from. We had a seminar here, about ten years ago, including several painters, a poet, a couple of writers, and the physicists. Everybody agrees on the way ④ <u>how</u> it works. All of these people, ⑤ <u>whether</u> they are doing artistic work or scientific work, are trying to solve a problem."

02

→ 개포고 응용

다음 글의 밑줄 친 부분 중, 어법상 틀린 것끼리 짝지어진 것은?

When you face a severe source of stress, you may fight back, reacting immediately. ⓐ <u>While</u> this served your ancestors well when they were attacked by a wild animal, it is less helpful today ⓑ <u>unless</u> you are attacked physically. Technology makes it much easier to worsen a situation with a quick response. I know ⓒ <u>what</u> I have been guilty of responding too quickly to people, on email in particular, in a harsh tone ⓓ <u>that</u> only made things worse. ⓔ <u>Whatever</u> something causes your heart to race, it is important to step back before speaking or typing a single word. This will give you time to think things through and find a way to deal with the other person in a healthier manner.

① ⓐ ⓒ   ② ⓐ ⓔ   ③ ⓑ ⓓ
④ ⓑ ⓔ   ⑤ ⓒ ⓔ

03

→ 중동고 응용

다음 글의 밑줄 친 부분 중, 어법상 옳은 것의 개수는?

The practice of medicine has meant the average age ⓐ <u>to which people in all nations may expect to live</u> is higher than it has been in recorded history, and now there is a good chance ⓑ <u>which an individual can survive serious disorders</u> such as cancers, brain tumors and heart diseases. However, longer life spans lead to an increase in population, ⓒ <u>that worsens food and housing supply difficulties</u>. Moreover, medical services are still not well distributed, and accessibility remains a problem in many parts of the world. ⓓ <u>On account of improvements in medical technology</u>, in addition, the balance of population is shifted to the young at first, and then to the old. They also tie up money and resources in facilities and trained people, costing more money, and affecting ⓔ <u>what can be spent on other things</u>.

① 1개   ② 2개   ③ 3개
④ 4개   ⑤ 5개

04

→ 반포고 응용

다음 중, 어법상 틀린 것을 모두 고르면?

① Words like 'near' and 'far' can mean different things depending on where are you and what are you doing.

② Post the photo wherever you need it most, and every time you see it, you will smile and feel your spirit lifted.

③ While there, he saw German and Flemish artworks that influenced him greatly, especially the work of Jan van Eyck.

④ To the natives in the island, the main food crop was the sweet potatoes, millions of them were harvested every year.

⑤ In Finland, a hierarchical division that people believe serves as one of convenience only can be a barrier to fluidity within the social structure.

⑥ The boy decided to learn judo in spite of the fact which he had lost his left arm in a devastating car accident.

05

→ 현대고 응용

밑줄 친 (A)의 우리말에 맞도록 [보기]에 주어진 어구를 이용하여 문장을 완성하세요. (단어 추가 및 어형 변화 금지, 대·소문자 구별할 것)

A father took his son to the circus. Before the show started, he took his son to see the animals in their respective cages — all except for the elephant that was tied with a rope. Holding his father's hand, the little boy turned to him and said, "Dad, this elephant is so big and strong. He can kick the rope and run away. Why doesn't he?" (A) <u>그가 아무리 열심히 현명한 대답을 생각해 내려고 노력했음에도</u>, the father didn't have a good one to give his son. So, he suggested to his son that he go ask the question to the elephant trainer. When the boy saw the trainer passing by, he asked why the beast didn't try to escape. The trainer said, "When this elephant was a baby, we tied the same rope to his foot and the tree. The elephant couldn't break free, and over time, he simply accepted the rope as a way of life."

[보기]

how / no / hard / tried to / matter /
he / an intelligent answer / think of

[06~07] 다음 글을 읽고, 물음에 답하세요.

In some sense, tea played a life-changing role for herdsmen and hunters ⓐ <u>after</u> it spread to China's grasslands and pasture lands. It is often said ⓑ <u>that</u> people make a living according to given circumstances ⓒ <u>because</u> the considerable impact of the environment on human. On high mountains and grasslands in the northwest part of China, a large quantity of cattle, sheep, camels, and horses are raised. By having the milk and meat, people can easily get much fat and protein but few vitamins. Tea, therefore, is consumed a lot ⓓ <u>so that</u> it can supplement the basic needs of the nomadic tribes, ⓔ <u>who</u> diet lacks vegetables. (A) 그 결과, 그 지역의 유목민들은 우유를 차와 함께 마시는 차 문화를 따른다. And they make milky tea the most precious thing for the people in the northwest part of China.

06

→ 서라벌고 응용

윗글의 밑줄 친 ⓐ~ⓔ 중, 어법상 틀린 것을 2개 찾아 바르게 고치세요.

(   )_____

(   )_____

07

→ 세화여고 응용

윗글의 밑줄 친 (A)의 우리말에 맞게 문장을 완성하세요.

〈조건〉 1. [보기]의 단어를 모두 한 번씩 사용할 것

     2. 적절한 관계사 1개를 추가할 것

     3. 형태를 변형시키지 말 것

[보기]

drink / they / the tea culture / with milk / in / tea

As a result, the herdsmen in the regions follow ____

_____.

[08~09] 다음 글을 읽고, 물음에 답하세요.

Brain research provides a framework for understanding the way ⓐ <u>that</u> the brain processes and internalizes athletic skills. In practicing a complex movement such as a golf swing, we experiment with different grips, positions and swing movements, analyzing each in terms of the results ⓑ <u>that</u> it yields. This is a conscious, left-brain process. Once we identify those elements of the swing ⓒ <u>that</u> produce the desired results, we rehearse them over and over again in an attempt to record them permanently in "muscle memory." In this way, we internalize the swing as a kinesthetic feeling ⓓ <u>that</u> we trust to recreate the desired swing on demand. This internalization transfers the swing from a consciously controlled left-brain function to a more intuitive or automatic right-brain function. (A) 관련된 실제 과정을 과도하게 단순화함에도 불구하고, this description serves as a model for the interaction between conscious and unconscious actions in the brain, as it learns to perfect an athletic skill.

08

신일고 응용

윗글의 밑줄 친 ⓐ~ⓓ 중, 쓰임이 같은 것끼리 바르게 짝지어진 것은?

① ⓐ ⓑ   ② ⓐ ⓒ   ③ ⓑ ⓒ
④ ⓑ ⓓ   ⑤ ⓒ ⓓ

09

재현고 응용

윗글의 밑줄 친 (A)의 우리말에 맞게 [보기]에서 필요한 어구만 골라 배열하세요. (단어 추가 금지, 어형 변화 가능, 대·소문자 구별할 것)

[보기]
the actual processes / although / despite / oversimplifies / it / involve / oversimplification

---

10

대진여고 응용

다음 글의 내용을 한 문장으로 요약하고자 한다. [보기]에 주어진 어구를 활용하여 문장을 완성하세요. (단어 추가 및 어형 변화 금지)

Guiding students' progress through the math curriculum in a way that promotes successful, long-term learning and positive math attitudes requires paying attention to their different levels of achievable challenge and different learning strengths. Through this construct, students become engaged and open to acquiring the skills they need to progress to the next level. Individualized achievable challenge connects students to knowledge by communicating high expectations, confirming that they have the capacity to reach these goals, and showing them how to access the tools and support they need to reach goals they consider desirable. By engaging students and ensuring that they succeed frequently, we empower those who have math negativity by providing a sense of their growing knowledge of and appreciation for math.

↓

[보기]
achievable / must / what / them / with / teachers / is / provide

In order to help students learn math, _____

_____ .

01

→ 이화여자외고 응용

다음 중, 어법상 <u>틀린</u> 문장 2개를 고르면?

① What most beginning investors don't understand is that investing in the stock market is a risk, and that with risk, you sometimes take losses.

② Referred to in the media the "King of Bollywood" or "King Khan," he has appeared in more than 80 Bollywood films.

③ A gene that made old bodies develop cancer could be passed on to numerous offspring because the individuals would reproduce before they got cancer.

④ A football game comprised of exactly sixty minutes of play, but baseball has no fixed length of time within which the game must be completed.

⑤ One reason that people can play a card game over and over is that no matter how many times they have played the game, it will be different in some way.

02

→ 마포고 응용

다음 글의 밑줄 친 부분 중, 어법상 옳은 것의 개수는?

ⓐ Although people most commonly think of persuasion as deep processing, it is actually shallow processing ⓑ that is the more common way to influence behavior. For example, Facebook started inserting advertisements in the middle of users' webpages. Many users didn't like this change and, on principle, refused ⓒ to click on the ads. However, this approach displays a fundamental misunderstanding of the psychology behind the ads. The truth is ⓓ what Facebook never expected anyone ⓔ to click on the ads. All the company wants ⓕ are to expose you to those product brands and images. The more times you're exposed to something, in general, the more you like it. Everyone is ⓖ influenced by the familiarity of an image. So, even though you can ignore the ads, by simply being in front of your eyes, they're doing their work.

① 2개　　　② 3개　　　③ 4개
④ 5개　　　⑤ 6개

03

→ 광남고 응용

다음 글의 밑줄 친 부분 중, 어법에 맞지 않는 것 3개를 찾아 번호와 틀린 부분을 쓰고 바르게 고치세요.

School assignments have typically required that students work alone. This emphasis on individual productivity ① reflected an opinion which independence is a necessary factor for success. Having the ability to take care of oneself without depending on others ② was considered a requirement for everyone. Consequently, teachers in the past less often arranged group work or encouraged students to acquire teamwork skills. However, since the new millennium, businesses ③ have been experienced more global competition that requires improved productivity. This situation has led employers to insist that ④ a newcomer to the labor market provides evidence of traditional independence but also interdependence shown through teamwork skills. The challenge for educators is to ensure individual competence in basic skills ⑤ while adding learning opportunities that can enable students to also perform well in teams.

( )＿＿＿＿＿＿ ➞ ＿＿＿＿＿＿

( )＿＿＿＿＿＿ ➞ ＿＿＿＿＿＿

( )＿＿＿＿＿＿ ➞ ＿＿＿＿＿＿

04

→ 용산고 응용

밑줄 친 (A)의 우리말에 맞도록 [보기]에 주어진 단어를 이용하여 문장을 완성하세요. (단어 추가 및 어형 변화 금지)

Studies from cities all over the world show the importance of life and activity as an urban attraction. People gather where things are happening and seek the presence of other people. Faced with the choice of walking down an empty or a lively street, most people would choose the street with life and activity. The walk will be more interesting and feel safer. (A) 사람들이 공연을 하는 것을 우리가 볼 수 있는 행사들은 많은 사람들을 끌어들여 머무르면서 구경하게 한다. Studies of benches and chairs in city space show that the seats with the best view of city life are used far more frequently than those that do not offer a view of other people.

┌─[보기]─────────────────────┐
│ many people / can / watch / │
│ people / we / where / attract / perform │
└──────────────────────────┘

Events ＿＿＿＿＿＿＿＿＿＿＿＿＿＿

＿＿＿＿＿＿＿＿＿＿＿＿ to stay and watch.

Never underestimate your own ignorance.

네 자신의 무지를 절대 과소평가하지 마라.　　－ 알버트 아인슈타인

천재적인 두뇌와 앎을 게을리 하지 않았던 성실함으로

물리학계의 별이 된 아인슈타인.

그의 해박한 지식에 감탄한 제자가 그에게

어째서 선생님은 배움을 게을리 하지 않느냐고 묻자,

아인슈타인은 이미 알고 있는 것이 원이라면 그 밖은 여전히 모르는 부분이며

때문에 앎이 늘어나야 미지를 더 많이 알 수 있다고 대답했다고 합니다.

무언가 실패하고 좌절하고 있다면 아직 성공에 미칠 수 있는 원이 커지지 못한 것입니다.

더 많이 배우고 실패하더라도 겁 먹지 마세요. 아직 알아야 할 게 많잖아요.

주의해야 할 품사

UNIT 15 대명사

다음 글의 밑줄 친 부분 중, 어법상 옳은 것은?

대진고 응용

(상략) Since the imperial vision tends to be universal and inclusive, it was relatively easy for imperial elites to adopt ideas, norms, and traditions from wherever they found <u>them</u>, rather than to stick to a single rigid tradition. (하략)

[풀이] 문맥상 밑줄 친 them이 가리키는 것이 복수 명사인 ideas, norms, and traditions이므로 them은 적절하다.

[해석] 제국의 시각은 보편적이고 포괄적인 경향이 있기 때문에, 제국의 지배층이 사상, 규범, 그리고 전통을 그들이 그것들을 발견한 어떤 곳으로부터든지 채택하는 것이 오히려 단 하나의 완고한 전통을 고수하는 것보다 상대적으로 쉬웠다.

• **출제 포인트** | 대명사의 수와 격을 파악하는 문제가 나온다!

풀이 전략 1 대명사가 가리키는 명사의 단·복수를 파악하자.

대명사는 명사를 대신해서 사용하기 때문에 **대명사가 가리키는 명사**가 **단수**인지 **복수**인지를 구별해야 한다.

A. Many tourists walk around **Paris** and enjoy [its / their] lovely back streets.

가리키는 대상이 단수인 Paris이므로 이를 받는 대명사로는 its가 적절하다.

B. You just look through the online catalog, select **your books**, and wait for [it / them] to arrive.

가리키는 대상이 복수 명사인 your books이므로 이를 받는 대명사로는 them이 적절하다.

[해석] **A.** 많은 여행객들은 파리를 걷고 그것(파리)의 사랑스러운 뒷골목 산책을 즐긴다.
B. 당신은 그저 온라인 카탈로그를 보고, 당신의 책들을 고르며, 그것들(당신의 책들)이 도착하기를 기다린다.

풀이 전략 2 대명사의 격을 파악하자.

대명사는 문장에서 주격, 소유격, 목적격, 소유대명사로 사용되며 문장 내의 역할에 맞게 대명사의 격을 구별해야 한다.

C. Squirrels use **their tails** to keep balance and monkeys can hold on to trees with [them / theirs].

their tails를 지칭할 수 있는 소유대명사 theirs가 적절하다.

D. At the zoo, visitors may witness **a great beast** pacing behind the bars of [it's / its] cage.

'그 큰 짐승의 우리'이므로 소유격이 필요한 자리이다. 따라서 its가 적절하다.

[해석] **C.** 다람쥐들은 균형을 잡기 위해 꼬리를 사용하고, 원숭이들은 그들의 것들(그들의 꼬리들)로 나무에 매달린다.
D. 그 동물원에서, 방문객들은 그것의(큰 짐승의) 우리에 있는 창살 뒤에서 걸어다니는 큰 짐승을 목격할지도 모른다.

소유격은 **관사**(a, the), **지시형용사**(this, that), 그리고 **some, any, every** 등과 함께 쓸 수 없기 때문에 「**of + 소유대명사**」의 형식을 명사 뒤에 써야 하는데 이를 '**이중소유격**'이라고 하며, 다음 구조를 꼭 기억하자.

- **관사/지시형용사/some/any/every 등 + 명사 + of + 소유대명사**

다음 중 옳은 것은?

① Do you have any her books? 　② Do you have her any books?

③ Do you have any books of her? 　④ Do you have any books of hers?

---

any와 소유격 her는 동시에 쓰지 못하므로 ①번과 ②번은 틀린 문장이다. 이중소유격은 「any + 명사 + of + 소유대명사」의 구조를 써야 하는데, ③은 소유대명사인 hers가 아닌 소유격 her를 썼기 때문에 틀린 문장이다. 따라서 순서와 구조를 잘 배열한 ④가 옳은 문장이다.

[해석] 너는 그녀의 책들 중에서 어떤 책이라도 가지고 있니?

대표 내신 예제

다음 글의 밑줄 친 부분 중, 어법상 틀린 것은?

서라벌고 응용

(상략) It is interesting to see the ways in which people knowingly or unknowingly adjust the space between them and those next to them. (하략)

[풀이] 내용상 자기 자신과 옆 사람 사이의 공간을 조정하는 것이므로 between 뒤의 them이 가리키는 것은 주어인 people이다. 따라서 them을 재귀대명사 themselves로 고치는 것이 적절하다.

[해석] 사람들이 의식적으로나 무의식적으로 자기 자신과 그들 옆의 사람 사이의 공간을 조정하는 방법에 대해 아는 것은 흥미롭다.

• **출제 포인트** | 대명사와 재귀대명사를 구별하는 문제가 출제된다!

풀이 전략 1 주어의 행위가 주어 자신에게 돌아올 때, 목적어 자리에 '재귀대명사'를 사용한다.

재귀대명사의 쓰임이 올바른지를 알고 싶다면 **주어와 목적어가 같은 대상**인지 확인하면 된다. 참고로 강조 용법으로 재귀대명사를 사용할 수도 있으며, 이때 재귀대명사는 생략할 수 있다.

📝 He lived in a house he had built (himself). (himself는 그가 '직접' 만들었다는 것을 강조하는 역할로 생략 가능)

[해석] 그는 그가 직접 만든 집에서 살았다.

A. Insects have developed various ways of defending [them / themselves] to avoid being caught by their predators.

동명사 defending의 목적어가 지칭하는 대상이 주어인 insects와 일치하므로 재귀대명사 themselves를 쓰는 것이 적절하다.

B. The small bodies of some ants enable [them / themselves] to quickly disappear by running into small holes.

주어는 The small bodies이지만, 목적어는 ants를 가리키고 있으므로 주어와 목적어가 지칭하는 대상이 다르다. 따라서 대명사 them이 적절하다.

[해석] **A.** 곤충들은 그들의 포식자들에게 잡히는 것을 피하기 위해 그들 스스로를 보호할 다양한 방법들을 발전시켜 왔다.

B. 일부 개미들의 작은 몸은 작은 구멍 속으로 도망침으로써 그들(개미들)이 빠르게 사라지는 것을 가능하게 한다.

UNIT 15

• **avail oneself of** : ~을 이용하다	• **beside oneself** : 제정신이 아닌
• **by oneself** : 혼자서	• **despite(in spite of) oneself** : 자신도 모르게
• **for oneself** : 홀로, 스스로의 힘으로	• **help oneself to** : 음식을 마음껏 먹다
• **in itself** : 그 자체로서, 본래	• **make oneself at home** : 편히 쉬다
• **make oneself understood** : 자신의 말을 이해시키다	• **of itself** : 저절로

C. You'll learn the essential skills of photography. Then, you'll get a chance to practice by [you / yourself] outdoors.

'혼자서' 연습해 본다는 의미이므로 by yourself가 적절하다.

D. As soon as I was against his proposal, he tried to make himself [understood / understand].

그가 '자신의 말을 이해시키다'라는 내용이므로 understood 가 적절하다.

해석 **C.** 당신은 꼭 필요한 사진 기술을 배울 것이다. 그러고 나서, 야외에서 혼자 연습해 볼 기회를 갖게 될 것이다.
D. 내가 그의 제안에 반대하자마자, 그는 자신의 말을 이해시키려고 애썼다.

서술형 잡기 이어동사에서 대명사의 위치는 가운데이다!

「동사 + 부사」로 이루어진 **이어동사의 목적어로 명사**가 사용되면 **동사와 부사의 사이**에 위치해도 되고 **부사 뒤에 위치**해도 된다. 그러나 **목적어가 대명사**이면, 동사와 부사의 사이에 위치해야 한다.

예 put the clothes on (○) / put on the clothes (○) / put them on (○) / put on them (×)

〈다양한 이어동사 표현〉

• **carry on** : ~을 계속하다	• **carry out** : ~을 수행하다	• **figure out** : ~을 이해하다
• **fill out** : ~을 작성하다	• **give out** : ~을 나눠주다	• **give up** : ~을 포기하다
• **look over** : ~을 검토하다	• **put on** : ~을 입다	• **see off** : ~을 배웅(전송)하다
• **take off** : ~을 벗다	• **throw away** : ~을 버리다	• **try on** : ~을 입어보다
• **turn down** : ~을 거절하다	• **turn in** : ~을 제출하다	• **turn on/off** : ~을 켜다/끄다
• **use up** : ~을 다 써버리다	• **wake up** : ~을 깨우다	• **write down** : ~을 쓰다(적다)

• **give away** : ~을 (선물로) 주다	• **look up** : ~을 찾아보다, ~을 방문하다
• **pick up** : ~을 줍다, ~을 데리러 가다	• **put aside** : ~을 제쳐 놓다, ~을 저축하다
• **put down** : ~을 기록하다, ~을 내려 놓다	• **put off** : ~을 미루다(연기하다)

그녀의 친구들 중 한 명이 그녀를 점심 식사에 초대하기 위해 전화를 했고, 34번가와 5번가의 **모퉁이로 그녀를 태우러** 가겠다고 제안했다.

(her / up / on the corner / to pick)

One of her friends called to invite her to lunch and offered _____ of 34th Street and Fifth Avenue.

풀이 「동사(pick) + 대명사(her) + 부사(up)」의 어순으로 써야 하므로 to pick her up on the corner가 적절하다.

PRACTICE TEST

A 다음 문장의 네모 안에서 어법상 적절한 표현을 고르세요.

01 He is looking for someone whose lifestyle is similar to his / it .

02 People's memories of the food kept them / themselves looking for it.

03 One way to deal with your old-fashioned electronic appliances is giving them away / away them to others.

04 In the library, you may put your books on the chair next to you, intending to claim that space is yours despite not using it / them .

05 You play different roles in various situations, but a role of you / yours may require you to act differently.

B 다음 문장의 밑줄 친 부분이 어법상 맞으면 ○, 틀리면 ×를 쓰고 바르게 고쳐 쓰세요.

01 He read a book about advantages of exercising every day, so he tried to make them a habit.

         (   ) _____

02 When advertisers relate engaging images with certain products, consumers may purchase the products to connect themselves with those images.

         (   ) _____

03 Do not expect your kids to know beside themselves what is good for them.

         (   ) _____

04 The habit of reading books several times encourages people to engage with it emotionally.

         (   ) _____

05 At that time, unknown artists started to paint and sell them works to the public.

         (   ) _____

C 다음 문장에서 어법상 틀린 부분을 하나 찾아 밑줄을 긋고 바르게 고쳐 쓰세요.

01 A close friend of her bought a house that needed to be renovated.

02 Only when bees return home with a load of honey do them make a straight line.

03 To rise, a fish must reduce it's overall density, and most fish do this with a swim bladder.

04 The worker is exposed to highly toxic substances, breaking an electronic device to get very small pieces of metals inside them.

05 Having considered the opportunity carefully for a long time, he chose to turn down it.

D 우리말에 맞도록 다음 어구들을 바르게 배열하세요. (필요한 어구만 선택하여 배열할 것, 대·소문자 구별할 것)

01 그의 그림들 중 몇 점이 있기 때문에 나는 Orsay 미술관을 방문하고 싶다.
(his / paintings / are / of / him / some / there)

I would like to visit the The Orsay Museum because _____ .

02 공감 능력이 뛰어난 사람들은 상대를 가장 잘 도울 수 있을지 알아내기 위해 **상대의 경험에 자신을 대입해** 상상한다.
(experience / them / themselves / into / the other person's)

Highly empathic people visualize _____
to find out how to best help him or her.

03 그 코치는 선수들에게 **그의 의견을 충분히 잘 전달하려고** 애쓰지 않았다.
(him / himself / make / well enough / understand / understood)

The coach didn't try to _____ to the players.

04 만화를 비판하는 사람들은 아이들이 단지 그림들만 볼 뿐, **그것들을 글과 함께 조합시키지** 않는다고 생각한다.
(them / themselves / putting / with the words / together)

The critics of comics think that kids are simply looking at pictures and are not _____

_____ .

05 나는 당신이 편히 쉬면서 당신이 원하는 만큼 오래 휴식하기를 **바란다.**
(help / yourself / at home / to make / I / you / want / by)

_____ and take a rest as long as you want.

E **우리말에 맞도록 다음 어구들을 바르게 배열하세요.** (주어진 어구로만 배열할 것, 대·소문자 구별할 것)

01 그의 오래된 친구 중 한 명이 선거에서 시장 후보로 출마하였다. (필요시 어형 변화 가능)
(he / an / of / old friend)

_____ ran for mayor in the election.

02 그들의 거대한 크기와 밀도에도 불구하고, 인공위성으로 이 지역들을 관찰하는 것은 가능하지 않다. (필요시 어형 변화 가능)
(huge size / they / in spite of / and density)

It is not possible to observe the areas by satellite _____.

03 당신은 당신이 좋아하는 어떤 것도 마음껏 먹을 수 있다. (필요시 어형 변화 가능)
(you like / anything / you / to / help)

You can _____.

04 그녀는 그 장치를 개선하여 그 환자들에게 그것을 나누어 줄 계획을 세웠다.
(it / to the patients / out / give)

She planned to upgrade the device and _____.

05 상황들은 종종 그것들이 개선되기 직전에 최악으로 보인다.
(just before / their worst / they get / better)

Things often seem at _____.

A · look for ~을 찾다 · lifestyle 사는 방식 · old-fashioned 낡은, 구식의 · electronic appliance 가전제품
· intend ~할 작정이다 · claim 주장하다 · space 공간 · require 요구하다

B · habit 습관 · advertiser 광고업자 · relate 연관시키다 · engaging 매력적인 · certain 특정한 · consumer 소비자
· purchase 구매하다 · engage with ~와 맞물리게 하다 · emotionally 감정적으로 · unknown 무명의

C · close (관계가) 친밀한 · renovate 수선하다 · load 짐 · reduce 줄이다 · overall 총체적인 · density 밀도
· bladder (물고기의) 부레 · toxic 유독한 · substance 물질 · electronic device 전자 제품 · metal 금속

D · highly 대단히 · empathic (남에게) 공감할 수 있는 · visualize 상상하다 · critic 비판하는 사람 · comic 만화(책) · rest 휴식

E · run for ~에 입후보하다 · mayor 시장 · election 선거 · observe 관찰하다 · satellite 인공위성 · density 밀도
· patient 환자

VOCA NOTE

대표 내신 예제

다음 글의 밑줄 친 부분 중, 어법상 틀린 것은?

보인고 응용

(상략) Frequently checked out books, that is, popular books, will be made available in special spaces near the entrance of the library to make <u>them</u> easy for members to find them. (하략)

[풀이] make 뒤에는 진목적어 to find them 대신에 사용될 가목적어가 필요하다. 따라서 them을 가목적어인 it으로 고쳐야 한다.

[해석] 자주 대출되는 책, 즉 인기 있는 책들은 회원들이 그것들을 찾기 쉽게 하기 위해 도서관 입구 근처의 특별 구역에서 이용할 수 있게 할 것이다.

• **출제 포인트** | 특정 역할을 하는 대명사에 관한 문제가 나온다!

풀이 전략 1 다양한 자리에 쓰이는 it을 기억하자.

대명사 it은 진주어를 대신하는 **가주어**, 진목적어를 대신하는 **가목적어**, 그리고 날씨와 시간, 상황 등을 나타내는 **비인칭주어**로 사용된다. 이때 it은 자체적으로 뜻을 가지고 있지 않으므로, '그것'이라고 해석하지 않도록 한다.

A. Although [it / this] was raining and the room was leaking, 75 people were waiting for her.

비가 내리고 있었다는 내용이므로, 날씨를 나타내는 비인칭주어 it이 적절하다.

B. The student will find [it / that] more difficult to fit a three-hour block of study time into his schedule than several 15-minute blocks.

동사 find의 진목적어인 to fit ~ blocks를 대신할 가목적어가 필요하므로, it이 적절하다.

[해석] **A.** 비록 비가 내리고 있었고 그 방은 비가 새고 있었지만, 75명의 사람들이 그녀를 기다리고 있었다.
B. 그 학생은 본인의 스케줄에 여러 개의 15분 단위 시간보다 3시간 단위의 공부 시간 하나를 끼워 넣기가 더 어렵다는 것을 발견할 것이다.

풀이 전략 2 that과 one의 용법을 기억하자.

어떤 특정 대상을 비교하는 경우, 앞에 나온 명사의 반복을 피하기 위해 **that을 사용**한다. 이때 **단수 명사**를 가리키면 **that**, **복수 명사**를 가리키면 **those**를 사용한다. one은 같은 종류 안에서 **불특정한 '하나'**를 가리키는 데 사용되며, 형용사의 수식을 받을 수 있고, **복수 명사**를 가리키는 경우에는 **ones**로 사용한다.

C. Team sports offer a compelling form of drama. The outcome of a game, unlike [that / those] of a scripted drama, is unknown.

'게임의 결과'와 '대본이 있는 드라마의 그것(결과)'을 비교하고 있다. [ ]는 앞에 나온 단수 명사 the outcome을 가리켜야 하므로 that이 적절하다.

D. He has some books on farming, and I want to borrow [it / one].

it은 앞에 나온 특정한 명사를 가리키고, one은 같은 종류의 명사를 가리킨다. 문맥상 농업에 관한 책 중에 불특정한 '하나'를 빌리고 싶은 것이므로 one이 적절하다.

[해석] **C.** 팀 스포츠는 흥미진진한 형태의 드라마를 제공한다. 대본이 있는 드라마의 결과와 달리, 경기의 결과는 알 수 없다.
D. 그는 농업에 관한 몇 권의 책을 가지고 있고, 나는 하나를 빌리고 싶다.

another, other, the other의 쓰임을 구분하자.

- **another** : '또 다른 하나'라는 의미로, 여전히 다른 것들이 존재한다는 의미를 내포 / 'another + 단수 명사'로 사용
- **other** : '다른, 다른 것(사람)'이란 의미로, 특정한 것을 나타낼 때는 the를 붙여 the other(s)로 표현 / 'other + 복수 명사'로 사용
- **the other(s)** : '나머지 것(들)'이라는 의미로, 맨 마지막 것을 가리키므로 이외에 다른 것들이 존재하지 않는다는 의미를 내포

종류	뜻	종류	뜻
one ~, **another** ⋯	하나는 ~, 다른 하나는 ⋯	**some** ~, **others** ⋯	어떤 것(사람)들은 ~, 다른 것(사람)들은 ⋯
one ~, **the other**	하나는 ~, 나머지 하나는 ⋯	**some** ~, **the others**	어떤 것(사람)들은 ~, 나머지(전부)는 ⋯

E. The volunteers were told to walk to [other / another] room in the building.

뒤에 단수 명사 room이 있으므로 another가 적절하다.

F. Planning involves only the half of your brain that controls your logical thinking. [Another / The other] intuitive half of your brain is left out of this planning process.

앞에 뇌의 절반에 대한 내용이 나왔고, 그 외 '나머지' 절반의 뇌에 대한 설명이 나오는 것이 자연스러우므로 The other가 적절하다.

해석 **E.** 지원자들은 건물의 다른 방으로 건너가도록 지시받았다.　　**F.** 계획 수립은 논리적인 생각을 통제하는 당신의 뇌의 절반만을 사용한다. 당신 뇌의 나머지 직관적인 절반은 이런 계획 수립 과정에서는 빠져있다.

가목적어 it이 사용되는 빈출 표현들을 기억해라!

- **make/believe/consider/find/think** + it(가목적어) + **목적격보어** + **to V/that절**(진목적어): ~하는 것이 ⋯하도록 만들다/(⋯한 상태임을) 믿다/고려하다/알다/생각하다
- **take it**(가목적어) **for granted** + **that절**(진목적어): ~인 것을 당연하게 여기다

(1) 나는 **당신의 연설을 조금 더 부드럽게 하는 것이** 더 **낫다고** 생각한다.

(your speech / better / to soften / it)

I think _____ a little bit.

(2) 우리는 **이 세상이** 우리가 존재하기 전에 **존재했고**, 우리의 죽음 후까지도 계속 존재할 것이라는 것을 **당연하게 여긴다.**

(for granted / existed / take it / this world / that)

We _____ before we did and will continue to exist until after our death.

풀이 (1) 「think + 가목적어 it + 목적격보어(better) + to V」의 어순으로 배열해야 한다. 따라서 it better to soften your speech가 적절하다. (2) 「take it for granted + 진목적어(that절)」의 어순으로 배열해야 한다. take it for granted까지 쓴 후, that절인 that this world existed를 써준다. 따라서 take it for granted that this world existed가 적절하다.

UNIT 16

다음 글의 밑줄 친 부분 중, 어법상 틀린 것은?

상문고 응용

(상략) If you want to influence people to act a certain way, there are <u>little</u> more powerful methods than to give the impression that others are doing the action you desire them to do. (하략)

[풀이] 뒤에 셀 수 있는 명사인 methods가 나왔으므로 little을 few로 고쳐야 한다.

[해석] 만약 당신이 어떤 특정한 방식으로 행동하도록 사람들에게 영향을 미치고 싶다면, 그 사람들이 했으면 하고 당신이 바라는 그 행동을 다른 사람들도 하고 있다는 인상을 주는 것보다 더 강력한 방법은 거의 없다.

• **출제 포인트** | 형용사 few와 little에 대한 문제가 나온다!

[풀이 전략] few와 little의 쓰임을 구분하자.

few는 **셀 수 있는 명사**를 수식하거나 대신하며, **little**은 **셀 수 없는 명사**를 수식하거나 대신한다.

・few (거의 없는) a few (약간 있는)] + 셀 수 있는 명사(복수형)	・little (거의 없는) a little (약간 있는)] + 셀 수 없는 명사(단수형)

특히 **(a) little**은 형용사나 동사를 수식하는 부사의 역할을 하기도 한다.

[예] ① I feel **a little** nervous since it's my first time going abroad.

('조금, 약간'이란 의미를 가진 a little이 형용사를 수식)

② **Little** did I know that this moment would change my life forever!

('전혀 ~않다'라는 의미를 가진 부정 부사 little이 동사를 수식, 도치 구문이 됨. Unit 20 참고)

[해석] ① 해외를 나가는 게 처음이라서 나는 조금 긴장된다. ② 이 순간이 나의 인생을 영원히 바꿀 것이라고 전혀 생각하지 못했다.

A. Very [few / little] residents here feel comfortable walking all the way to (and especially from) the bus stop.

뒤에 셀 수 있는 복수 명사 residents가 나왔으므로 few가 적절하다.

B. More than half of Americans aged 18 and older derive benefits from various transfer programs, while paying [few / little] or no personal income tax.

뒤에 셀 수 없는 명사 tax가 나왔으므로 little이 적절하다.

[해석] **A.** 여기 주민들 중 정류장까지 걸어가는 데 (그리고 특히 걸어오는 데) 편안하게 느끼는 사람은 거의 없다.
B. 18세 이상의 미국인들 중 절반이 넘는 사람들이 개인 소득세를 거의 혹은 전혀 내지 않으면서, 다양한 (소득) 이전 지원 프로그램으로부터 보조금을 얻어낸다.

PRACTICE TEST

A 다음 문장의 네모 안에서 어법상 적절한 표현을 고르세요.

01 The internet usage rate of males in the Arab States was the same as that / those of males in Asia Pacific.

02 Joshua trees are hard to eat by today's standards, and have few / little possibility of ever becoming a commercial food crop because they are protected by law.

03 As for cucumbers, choose firm, dark green one / ones with no wrinkles or spots.

04 How is it / How are you going with your essay on the cultures of other countries?

05 As you grow older, you will discover that you have two hands, one for helping yourself, another / the other for helping others.

B 다음 문장의 밑줄 친 부분이 어법상 맞으면 ○, 틀리면 ×를 쓰고 바르게 고쳐 쓰세요.

01 Some researches suggest that students who are confident about their ability tend to perform better on academic tests than <u>that</u> with less confidence.　(　)_____

02 Could you tell me about what <u>this</u> is like to work as a butler in white households?
(　)_____

03 Dr. Jack's free clinic confronted a problem — the flood of refugees made <u>it</u> difficult for his clinic to treat them all.　(　)_____

04 In a study, subjects were given three different boxes of detergent. One box was yellow, <u>the other</u> was blue, and the third was blue with splashes of yellow.
(　)_____

05 <u>Little</u> kids in the other team recognized Jason, but most students in his school knew him.
(　)_____

PRACTICE TEST

C 다음 문장에서 어법상 **틀린** 부분을 하나 찾아 밑줄을 긋고 바르게 고쳐 쓰세요.

01 This is necessary to get sufficient sleep if you want to improve your ability to learn.

02 We made them easy for teachers to participate in CPR training at a time to suit their school's schedule.

03 Try our farm's fruit-picking program or cheese-making program. These are just a little of the programs we offer for your family.

04 That means 95 percent of Americans have jobs, an employment rate much higher than those of other industrial nations.

05 You need to understand how your guitar will go with another instruments and voices.

D 우리말에 맞도록 다음 어구들을 바르게 배열하세요. (필요한 어구만 선택하여 배열할 것, 대·소문자 구별할 것)

01 외로움은 물리적으로 우리 주변에 **얼마나 많은 사람들이 있는지와는** 거의 관련이 없다.
(many people / to do with / little / few / how / has / are)

Loneliness _____ physically around us.

02 그 사진들은 1950년대의 일반적인 사람들의 삶이 **오늘날의 사람들의 삶과 비슷하지** 않다는 것을 보여준다.
(to / of / similar / that / those / people now)

The pictures show that the lives of ordinary people in 1950s aren't _____ .

03 그는 그의 자녀들이 감사 편지를 쓸 때마다 1달러를 주곤 했다. 그러나 이러한 방식은 **그들이 감사의 미덕을 배우는 것을 더 어렵게** 만들 것이다.
(learn / to learn / harder / the virtue of gratitude / for them / it / them)

He used to pay his children $1 each time they wrote a thank-you note. But this method may make

_____ .

04 그 당시에 **어떤 사람들은** 가장 중요한 것이 과학이라고 **주장했지만**, 그에 반해 **다른 사람들은** 종교적인 예배라고 **답했다**.
(the other / answered / insisted / some / one / others)

At that time, _____ that the most important thing was science, whereas

_____ that it was religious worship.

05 그 새들은 고층 건축물들의 꼭대기에 **그들의 둥지를 짓는 것이 안전하다고 생각하지** 않았다.
(their / safe / consider / building / to build / it / nests)

The birds did not _____ on the top of tall buildings.

우리말에 맞도록 다음 어구들을 바르게 배열하세요. (주어진 어구로만 배열할 것)

01 그 나라의 농부들은 **팔 음식을 생산하는 것이 어렵다는 것을** 발견할 것이다. (필요시 단어 추가 가능)
(difficult / food / produce / it / to sell)

The farmers in the country will find _____.

02 그는 **내가 그의 생각에 반대하지 않는다는 것을** 가끔 **당연하게 여긴다.** (필요시 어형 변화 가능)
(I / be / for / that / it / granted / take)

He sometimes _____ not opposed to his opinion.

03 그 연구자는 혼자서 노는 아기들의 놀이가 **상호작용할 어른이 있었던 아기들의 놀이**보다 덜 지속되었다는 것을 발견했다.
(to interact with / of babies / who / that / had an adult)

The researcher found that the play of babies playing alone was less sustained than _____

_____.

04 300년 전에, 거의 모든 산에서 **호랑이를 보는 것은 어렵지 않았다.** (필요시 어형 변화 및 단어 추가 가능)
(see / be / it / not difficult / tigers)

Three hundred years ago, _____ on almost all mountains.

05 도시 공간의 벤치와 의자에 관한 연구들은 도시의 생활이 잘 보이는 자리들이 **다른 사람들의 모습을 보여주지 못하는 자리들**보다 훨씬 더 빈번하게 이용된다는 것을 보여준다.
(which / do not offer / those / people / a view of / other)

Studies of benches and chairs in city space show that the seats with the better view of city life are

used far more frequently than _____.

Ⓐ · usage 사용(량) · rate 비율 · male 남성(의) · standard 기준 · possibility 가능성 · commercial 상업적인
· cucumber 오이 · firm 단단한 · wrinkle 주름 · spot 반점

Ⓑ · confident 자신이 있는 · tend to V ~하는 경향이 있다 · perform 수행하다 · academic 학업의 · confidence 자신
· butler 집사 · confront 직면하다 · refugee 난민 · subject 피실험자(실험 대상) · detergent 세제
· splash 얼룩무늬, 반점

Ⓒ · necessary 필수적인 · sufficient 충분한 · improve 향상시키다 · participate in ~에 참가(참여)하다 · suit 적합하게 하다
· offer 제공하다 · employment rate 취업률 · industrial 산업의 · nation 국가 · instrument 악기

Ⓓ · loneliness 외로움 · physically 물리적으로 · ordinary 보통의 · used to V ~하곤 했다 · virtue 미덕 · gratitude 감사
· insist 주장하다 · religious 종교적인 · worship 예배 · recognize 알아 보다

Ⓔ · opposed (~에) 반대하는 · alone 혼자 · sustain 유지하다 · adult 어른 · interact 상호 작용하다 · frequently 빈번하게

01

→ 중앙고 응용

다음 글의 밑줄 친 부분 중, 어법상 **틀린** 것은?

Both mammals and birds are noisy creatures. They commonly make their presence felt, and make ① themselves understood, by sound, but birds are far better at ② them. Many mammals produce different sounds for different objects, but ③ few can match the range of meaningful sounds that birds may give voice to. Apart from human beings, mammals on the whole are not melodious and there is ④ little evidence that they intend to be. Some mammals bellow, but few sing, apart from human beings and perhaps whales. Yet many birds are famed for their songs and some of the most glorious songsters are the ⑤ ones we encounter most often.

* bellow 큰 소리로 울부짖다

02

→ 중산고 응용

다음 글의 밑줄 친 부분 중, 어법상 올바른 것의 개수는?

Mary is an interior designer. A friend of ⓐ her bought a house that needed to be renovated, and had asked her to do the interior decoration. Mary thought ⓑ that better for the interior of the house to look attractive. However, she would ignore safety standards and would not listen to ⓒ another contractors, if she did not think ⓓ their proposals fit her ideals. For all the home products she picked ⓔ herself for the house, her main concern was whether they looked attractive, not whether they were effective or reliable. She chose a fancy-looking door lock, against the advice of the locksmith who did not think it was dependable. As a consequence, a year later, ⓕ this was necessary to change the door lock, as there was difficulty opening the lock with the key.

① 1개   ② 2개   ③ 3개
④ 4개   ⑤ 5개

03

반포고 응용

다음 글의 밑줄 친 부분 중, 어법상 틀린 것끼리 짝지은 것은?

We all have a tendency to look at our own flaws with a magnifying glass. ⓐ If you continually tell yourself that this or that part of you is not up to standard, ⓑ how can you expect it to get any better? Focus on the things you like about yourself. You will see ⓒ how much better this feels to praise yourself rather than ⓓ put yourself down. With this good feeling, you can do more for yourself and others than you could ever do with the negative energy of self-criticism. ⓔ There are few things that you can do well with the negative energy. ⓕ Make them a rule to choose to see the good. ⓖ The choice is yours alone.

① ⓐ ⓒ   ② ⓑ ⓔ   ③ ⓒ ⓕ
④ ⓓ ⓔ   ⑤ ⓔ ⓖ

04

상문고 응용

다음 글의 밑줄 친 부분 중, 어법상 올바른 것끼리 짝지은 것은?

When the Olympics returned to Greece in 2004, every medal winner was given an olive wreath along with their medal. The wreaths for the marathon winners, however, were going to be special. ⓐ They were going to come from the oldest tree in Greece. Unfortunately there were two competitors from different villages. Both claimed ⓑ its tree dated back to the time of the ancient Olympics. But ⓒ neither of them was willing to cut down it and count ⓓ the growth rings to prove it! In the end the wreath for the winner of the women's marathon was made from the tree in one village and ⓔ those for the men's gold medalist from ⓕ the tree of another.

* olive wreath 월계관

① ⓐ ⓑ   ② ⓐ ⓒ   ③ ⓐ ⓓ
④ ⓓ ⓔ   ⑤ ⓓ ⓕ

05

숙명여고 응용

다음 중, 어법에 맞게 쓰인 문장을 2개 고르면?

① Preys, unlike predators, usually have eyes facing outward, which allow themselves to detect danger that may be approaching from any angle.
② We went to a lakeside cabin last weekend. That was so sunny that my father was under a parasol.
③ Among the most fascinating natural temperature-regulating behaviors are that of social insects such as bees and ants.
④ I'd like to make a few simple recommendations for you to keep your skin in good condition during the winter.
⑤ Of the five people, Scott was the only person that didn't sleep. So he dressed himself silently so as not to wake the others.

06

진명여고 응용

다음 글의 밑줄 친 부분 중, 어법상 틀린 것을 모두 찾아 바르게 고치세요.

Opera singers and dry air don't get along. In fact, the best professional singers require humid settings to help ① themselves achieve the right pitch. If the amount of moisture in the air influences musical pitch, linguist Caleb Everett wondered, has that translated into the development of ② fewer tonal languages in locations lacking moisture? In tonal languages, such as Mandarin Chinese, the same syllable spoken at a higher pitch can specify a different word if spoken at a lower pitch. In a survey of more than 3,700 languages, he found ③ that with complex tones do occur less frequently in dry areas than in humid ④ one. Overall, only one in 30 complex tonal languages flourished in dry areas; one in three non-tonal languages appeared in those same regions. Those conclusions go against a linguistic view that the structure of language is independent of ⑤ its environment.

07

중동고 응용

다음 문장에서 어법상 틀린 부분을 3개 찾아 번호와 틀린 부분을 쓰고 바르게 고치세요.

① She said that she couldn't wait to read Haruki's recently published novel. She must have been a big fan of his.

② Looking at nature is other activity that gives our attention a chance to recover.

③ My daughter wanted to buy a bike, but as new bikes cost too much, she decided to purchase a used one.

④ According to a research, the number of Korean visitors with business interests in 2014 dropped, compared with those in the previous year.

⑤ Asking general questions gets you little valuable information, and may even yield misleading responses.

⑥ Instead of giving my contact information to the client, Joe decided to offer him to make sure that he was responsible for the task.

( )_____ ➞ _____

( )_____ ➞ _____

( )_____ ➞ _____

08

개포고 응용

다음 글의 밑줄 친 부분 중, 어법상 틀린 것을 모두 찾아 번호와 틀린 부분을 쓰고 바르게 고치세요.

Three psychology professors at Newcastle University conducted an experiment in their department's coffee area. Colleagues and students were able ① to help themselves to coffee and were asked in return to leave fifty cents for coffee. For ten weeks, the professors alternated two posters — ② one of flowers and others of staring eyes — over the area. ③ On the weeks the eyes were watching them, the money people contributed was 2.76 times ④ as much as it they returned when the flower poster was up. In a similar study set on Halloween, mirrors were placed outside a house. Children were told to take only one piece of candy so that there would be plenty for everyone. When the mirrors reflected ⑤ their images back at themselves, most children took only one piece of candy ⑥ despite themselves.

09

강서고 응용

다음 우리말에 맞도록 [보기]에서 필요한 단어만 골라 (A)와 (B)를 완성하세요.

그의 여동생이 그녀의 어떤 음식이라도 쏟을 때마다, 그는 그녀가 그것을 치우는 것을 도와주었다.

[보기]

it / them / to clean / her /
hers / any / of / up / food / cleaning

Every time his younger sister spilled (A)_____

_____, he helped (B)_____.

10

선덕고 응용

다음 글의 주제를 한 문장으로 정리하고자 한다. [보기]에 주어진 어구를 활용하여 문장을 완성하세요. (대·소문자 구별할 것)

The overabundance of options in today's marketplace gives you more freedom of choice. However, there may be a price to pay in terms of happiness. According to research by psychologists David Myers and Robert Lane, all this choice often makes people depressed. Researchers gave some shoppers 24 choices of jams to taste and others only 6 choices. Those who had fewer choices were happier with the tasting. Even more surprisingly, the ones with a smaller selection purchased jam 31% of the time, while those with a wider range of choices only purchased jam 3% of the time. The ironic thing about this is that people nearly always say they want more choices. Yet, the more options they have, the more paralyzed they become. Savvy restaurant owners provide fewer choices. This allows customers to feel more relaxed, prompting them to choose easily and leave more satisfied with their choices.

* savvy 영리한, 사리에 밝은

[보기]

easy / fewer options / it /
to choose something / make

01

→ 중동고 응용

다음 중, 어법상 옳은 문장끼리 짝지어진 것은?

ⓐ The evidence that positive self-talk works is weak, and there are psychologists who suggest that they can actually hurt more than they can help.

ⓑ If they are not sure they can do well enough to earn merit badges, or if gifts are not guaranteed, children may avoid doing certain activities.

ⓒ Artificial light, which typically contains only a few wavelengths of light, does not seem to have the same effect on mood that sunlight has.

ⓓ Long before Darwin published his work, Adam Smith had already considered what in business life, competition is the driving force behind economic efficiency.

ⓔ In Greece, if a stranger appeared at your door, it was your duty to be a good host, to give him a shelter and share your food with him.

① ⓐ ⓒ   ② ⓒ ⓓ   ③ ⓐ ⓑ ⓓ
④ ⓐ ⓓ ⓔ   ⑤ ⓑ ⓒ ⓔ

02

→ 배재고 응용

다음 글의 밑줄 친 부분 중, 어법상 틀린 것을 모두 고르면?

How do you encourage other people when they are changing their behavior? Suppose you see a friend who is on a diet and ① has been losing a lot of weight. It's tempting to tell her that she looks great and she must feel wonderful. ② That feels good for someone to hear positive comments, and this feedback will often be encouraging. However, if you end the discussion there, then ③ the only feedback your friend is getting is about her progress toward an outcome. Instead, continue the discussion. Ask about what she is doing that has ④ allowed her to be successful. What is she eating? Where is she working out? What are ⑤ the lifestyle changes she has been made? When the conversation focuses on the process of change rather than the outcome, it reinforces the value of creating a sustainable process.

03

→ 현대고 응용

다음 글의 밑줄 친 부분 중, 어법에 맞지 않는 것을 모두 찾아 바르게 고치세요.

Consumers are generally uncomfortable with taking high risks. As a result, they are usually motivated ① to use a lot of strategies to reduce risk. Consumers can collect additional information by conducting online research, reading news articles, talking to friends or ② consult an expert. Consumers also reduce uncertainty by buying the same brand that they did the last time, ③ believing that the product should be at least as satisfactory as their last purchase. In addition, some consumers may employ a simple decision rule ④ that results in a safer choice. For example, someone might buy the most expensive offering or choose a heavily ⑤ advertising brand in the belief that this brand has higher quality than other brands.

04

→ 중대부고 응용

밑줄 친 (A)의 우리말에 맞도록 [보기]에 주어진 어구를 이용하여 문장을 완성하세요. (단어 추가 및 어형 변화 금지)

No one likes to think they're average, least of all below average. When asked by psychologists, most people rate themselves above average on all manner of measures including intelligence, looks, health, and so on. Self-control is no different: people consistently overestimate their ability to control themselves. (A) 자기 통제에 대한 이러한 과신은 그들이 그렇게 할 수 없는 상황에서 스스로를 통제할 수 있다고 가정하도록 이끈다. This is why trying to stop an unwanted habit can be an extremely frustrating task. Over the days and weeks from our resolution to change, we start to notice it popping up again and again. The old habit's well-practiced performance is beating our conscious desire for change into submission.

[보기]

can / in situations / control / can't / they / do so / in which / they / themselves

This over-confidence in self-control can lead people

to assume that _____

_____ .

UNIT 17 형용사 vs. 부사

대표
내신 예제

다음 글의 밑줄 친 부분 중, 어법상 틀린 것을 고르세요.

중대부고 응용

(상략) We need to take absolute care of the back of our body as it supports us to stay <u>actively</u> in our everyday life. (하략)

[풀이] stay는 불완전 자동사로 뒤에 보어를 취하는데 부사는 보어로 쓸 수 없으므로 부사 actively를 형용사 active로 고쳐야 한다.

[해석] 우리 몸의 등을 절대적으로 관리할 필요가 있는데, 그것은 우리의 일상생활에서 활동적으로 지낼 수 있도록 우리를 지지해 주기 때문이다.

• **출제 포인트** | 형용사 자리와 부사 자리를 구분하는 문제가 나온다!

풀이 전략 1 **주격보어와 목적격보어 자리에는 부사가 아닌 '형용사'를 쓴다.**

'**불완전 자동사**'는 주격보어(주어의 상태를 서술하는 역할)가 필요한 동사를 말하는데, **주격보어로 형용사를 쓰고**, 부사는 쓸 수 없다. 따라서 아래의 다양한 '불완전 자동사'들을 기억해 두자.

> • 상태 유지 동사(~한 상태이다) : **be, remain, keep, stay, hold, lie, stand, rest** 등
> • 상태 변화 동사(~하게 되다) : **become, get, grow, go, come, run, turn, fall** 등
> • 감각·인식 동사 : **seem, appear, look, feel, sound, smell, taste, prove**(turn out) 등
>   ~처럼 보이다 ~인 것 같다 보이다 느끼다 들리다 냄새가 나다 맛이 나다 ~으로 판명되다

+ **형용사**

(예) It's easy to **stay calm** in a place that you're used to.
[해석] 당신이 익숙한 곳에서 차분하게 있는 것은 쉽다.

또한, 목적격보어는 목적어의 상태를 서술하는 역할을 하는데, 이때도 **목적격보어로 형용사를 사용**한다는 것을 기억하자. 대표적인 동사로는 make, call, keep, find, consider 등이 있다.

(예) I had to **keep** myself **busy** because my pain was haunting me when I was alone and not busy.
[해석] 나는 스스로를 바쁜 상태로 둬야했는데, 내가 외롭거나 바쁘지 않을 때 내 고통이 나를 괴롭히고 있었기 때문이다.

A. Warsaw, the capital city of Poland, looked quite [attractive / attractively] against my expectation.
주격보어

look이 '~을 보다'라는 타동사로 쓰인 것이 아니고, '보이다'라는 뜻의 불완전 자동사로 쓰이고 있다. 이때 look의 보어 자리에는 형용사를 써야 하므로 attractive가 적절하다.

B. If I write my conclusion first, it'll help make my main idea [clear / clearly].
목적격보어

make의 목적어인 my main idea의 상태를 나타내는 목적격보어 자리이므로 형용사인 clear가 적절하다.

[해석] **A.** 폴란드의 수도인 바르샤바는 나의 예상과는 달리 상당히 매력적으로 보였다.
B. 만약 내가 나의 결론을 먼저 적는다면, 나의 요지를 분명히 하는 데 도움이 될 것이다.

풀이 전략 2 **형용사와 부사가 무엇을 수식하는지 알아 두자.**

형용사는 명사를 수식한다. 반면 **부사는 동사, 형용사, 부사, 절 전체를 수식**한다. 따라서 형용사와 부사를 구분하는 문제의 경우 부사의 역할이 더 다양하기 때문에 **형용사 자리인지 아닌지로 판단**하는 것이 빠르다. 이런 판단을 할 때, **형용사가 명사를 뒤에서 수식하는 경우도 있으니 주의**해야 한다.

C. Upcycling is a good way to transform waste into something [useful / usefully].

명사인 something을 수식하므로 형용사 useful이 적절하다. 참고로 -thing, -body, -one, -where로 끝나는 부정대명사는 형용사가 뒤에서 수식한다.

D. In debates, how can we persuade others [effective / effectively]?

동사 persuade를 수식하는 부사 effectively가 적절하다.

[해석] C. 업사이클링은 쓰레기를 유용한 것으로 바꾸는 좋은 방법이다.
D. 토론에서, 우리는 어떻게 효과적으로 다른 사람들을 설득할 수 있을까?

[함정 피하기] **동사의 용법에 따라 형용사를 쓸지, 부사를 쓸지가 달라진다!**

동사가 어떻게 쓰였는지에 따라 보어가 필요한 경우가 있으므로, 해석을 해보면서 형용사와 부사를 구별하자.

E. He liked me because he found **me** [humorous / humorously].

「find + O + O.C」는 '(O가 O.C한 상태임을) 알다(알아채다)'라는 뜻이다. 따라서 목적어인 me를 설명해주는 목적격보어로 형용사 humorous가 적절하다.

F. I hid myself but he **found** me [easy / easily].

문맥상 나를 '쉽게' 찾은 것이므로, 동사 found를 수식해주는 부사 easily가 적절하다.

[해석] E. 그는 나를 좋아하는데, 그가 나를 재밌다고 생각하기 때문이다. F. 나는 나 자신을 숨겼지만, 그는 나를 쉽게 찾아냈다.

[서술형 잡기] **「such a 형 명」과 「so 형 a 명」의 어순을 외워 두자!**

such는 **명사를 강조**하고 **so**는 **형용사를 강조**하는 역할을 하는데, such와 so를 사용할 때 어순에 주의해야 한다. 따라서 아래의 표를 통해 다양한 표현을 암기해 두면 독해나 서술형 문제 해결에 도움이 될 것이다. 특히 「such a(n) + 형용사 + 명사」의 어순을 묻는 문제는 서술형 출제 빈도가 높으므로 반드시 암기해 두자.

such/what/quite/rather + a(n) + 형용사 + 명사 아주, 매우 / 정말 / 꽤 / 다소	so/how/too/as + 형용사 + a(n) + 명사 아주, 매우 / 얼마나 / 너무 / 그렇게
• He was so tired of **such a long flight** that he was desperate to get off the plane. 그는 너무 긴 비행에 지쳐서 비행기에서 내리기를 간절히 바랐다.	• He was **so charming a guy** that I couldn't help gazing at him. 그는 아주 매력적인 남자여서 나는 그를 쳐다보지 않을 수가 없었다.
• **What a lovely little boy**! 정말 사랑스러운 꼬마구나!	• I don't know **how long a story** it is going to be. 그것이 얼마나 긴 이야기가 될지 나는 모르겠다.
• We're on **quite a tight budget** this month. 우리는 이번 달 예산이 꽤 빠듯하다.	• She is **too smart a girl** to enter that school. 그녀는 그 학교에 들어가기에 너무 똑똑한 소녀이다.
• It's **rather a difficult problem** to solve. 그것은 해결하기에 다소 어려운 문제이다.	• It wasn't **as sunny a day** as I thought it would be. 내가 생각한 만큼 그렇게 화창한 날은 아니었다.

UNIT 17

다음 글의 밑줄 친 부분 중, 어법상 **틀린** 것을 고르세요.

(상략) Who knows, maybe your story is a lot more <u>interestingly</u> than you think, and if people at a film festival agree with this notion, then your story could take off. (하략)

[풀이] 앞에 be동사 is가 있으므로 주격보어 자리임을 알 수 있다. 따라서 부사 interestingly를 형용사 interesting으로 바꿔야 한다.

[해석] 누가 알겠는가, 어쩌면 당신의 이야기가 당신이 생각하는 것보다 훨씬 더 흥미로울지도 모르고, 만약 영화제의 사람들이 이 생각에 동의한다면, 당신의 이야기는 큰 인기를 얻을 수 있을 것이다.

● **출제 포인트** | 비교구문 안에서 형용사와 부사를 구분하는 문제가 나온다!

풀이 전략 ▶ 비교구문에서 형용사와 부사 선택 문제가 나오면 비교구문의 특정 요소를 지워서 확인해 보자.

비교구문에 형용사나 부사가 적절하게 쓰였는지 묻는 문제가 자주 출제되는데, 이때 앞의 as나 more를 지우고 어떤 품사가 들어갈 자리인지 확인해 보면 된다.

A. After a good night's sleep, my situation doesn't look as [hopeless / hopelessly] as yesterday.	**B.** People believed the Sillok to be more [objective / objectively] than any other historical record.
as를 지우면 앞에 불완전 자동사 look이 남으므로 보어 자리임을 알 수 있다. 따라서 형용사 hopeless가 적절하다.	more를 지워 보면 앞에 be동사가 남으므로 보어 자리임을 알 수 있다. 따라서 형용사 objective가 적절하다.

[해석] **A.** 하룻밤 푹 자고 나니 내 처지가 어제만큼 절망적으로 보이지는 않는다.
B. 사람들은 실록이 다른 역사적 기록보다 더 객관적이라고 믿었다.

서술형 잡기 ▶ 「The 비교급+S+V, the 비교급+S+V」 구문을 알아 두자!

'~할수록 더 …하다'라는 의미의 「The 비교급 + S + V, the 비교급 + S + V」 구문을 활용하여 영작하는 서술형 문제가 자주 출제된다. 이때 비교급 자리에 형용사를 쓸지 부사를 쓸지는 비교급 표현 뒤의 절에 필요한 것이 무엇인지로 판단하면 된다.

[예] **The more** we get together, **the happier** we'll be.
[해석] 우리가 더 함께 할수록, 우리는 더 행복해질 것이다.

> **그녀가 정원 주위에서 더 활발히 운동을 할수록**, 그녀는 세상에 대한 애정을 더 갖게 되었다. (어형 변화 가능. 대·소문자 구별할 것)
>
> (vigorous / around the garden / the / she / more / took exercise)
>
> _____, the more she had affection for the world.

[풀이] 「The 비교급 + S + V, the 비교급 + S + V」 구문을 활용해야 한다. 먼저 'the 비교급'에 맞게 The more을 써주고, 동사 took을 수식하는 부사가 필요하므로 vigorous를 vigorously로 바꿔야 한다. 따라서 The more vigorously she took exercise around the garden이 적절하다.

PRACTICE TEST

*with **Textbooks***

Ⓐ 다음 문장의 네모 안에서 어법상 적절한 표현을 고르세요.

01 Although they still had a long way to go, they tried to stay positive / positively because they had some fuel in tanks.

02 As she didn't say a word, I couldn't guess what made my grandmother so sad / sadly .

03 South-East Asia has a similar ethnic background with China but is cultural / culturally closer to India.

04 The exchange of food crops led to so / such a far-reaching consequence in both the New and Old world.

05 You are seen as not only helpful someone / someone helpful , but also a valuable resource.

Ⓑ 다음 문장의 밑줄 친 부분이 어법상 맞으면 ○, 틀리면 ×를 쓰고 바르게 고쳐 쓰세요.

01 Because development is not an automatic process, you need to grow <u>intentional</u>.

( )_____

02 Your plan sounds <u>perfectly</u> sensible, but it is uncertain

( )_____

03 Some artists who fell under the influence of Impressionists began to paint more <u>free</u> than ever before.

( )_____

04 After seeing the performance of Kim Young-chul, the *jultagi* master, I became <u>interested</u> in walking the tightrope.

( )_____

05 Andre performed <u>such</u> accurate an analysis that the judge found him innocent.

( )_____

PRACTICE TEST

C 다음 문장에서 어법상 **틀린** 부분을 하나 찾아 밑줄을 긋고 바르게 고쳐 쓰세요.

01 Why don't we let a child do it to show how easily it will be.

02 He used to paint on jute, a substance common used to make cloth and rope.

03 If anyone finds this note, it means terrible something has happened, so please report it to the police immediately.

04 Trees in the cities not only keep people safely from natural disasters, but also create a comfortable environment.

05 The Columbian Exchange may be more significantly than any other event in human history.

D 우리말에 맞도록 다음 어구들을 바르게 배열하세요. (필요한 어구만 선택하여 배열할 것, 대·소문자 구별할 것)

01 사람들은 숲에서 시간을 보내는 것이 그들이 차분함을 느끼도록 도울 수 있다는 것을 안다.
(in the woods / help / calm / them / calmly / feel / spending time / can)

People know that _____.

02 모든 동작을 동시에 조정하는 것은 **나에게 꽤 어려운** 일이었다.
(me / quite / difficult / for / job / a / difficultly)

Coordinating all the motion simultaneously was _____.

03 오래된 오솔길이 덜 이용될수록 그 길은 더 빠르게 말라갔다.
(the old trail / fast / the / the less / was used / faster)

_____, _____ it dried up.

04 현금 50달러의 손실은 푯값 50달러와 **별개로 간주된다.**
(is considered / in cash / separate / the $50 loss / considered / separately)

_____ from the $50 cost of the ticket.

05 당신은 **은하계가 얼마나 큰지 깨닫게 된다면** 깜짝 놀랄지도 모른다.
(such / is / to realize / big / galaxy / a / how)

You may be surprised _____.

E 우리말에 맞도록 다음 어구들을 바르게 배열하세요. (주어진 어구로만 배열할 것, 대·소문자 구별할 것)

01 발판에 가해지는 힘이 강해질수록 **운동선수를 들어 올리는 힘도 강해진다.** (필요시 어형 변화 가능)
(the force / the athlete / the / strong / become / to lift)

The stronger the force applied to the scaffolding becomes, _____

_____ .

02 사치품 없이 사는 것은 원래 생각보다 **더 어렵다고 밝혀졌다.** (필요시 어형 변화 가능)
(live / more / turned out / difficult / without luxuries)

_____ than original thought.

03 완곡한 표현을 사용하여 당신은 **다른 사람들의 감정을 상하게 하지 않고 다소 민감한 주제에 대해** 이야기할 수 있다. (필요시 어형 변화 가능)
(feelings / without / hurt / rather / others' / a sensitive topic)

Using euphemism, you can talk about _____ .

04 나의 어머니는 **마치 나무의 마른 가지만큼 야위어 보였다.**
(a withered branch / as / looked / as / thin / of a tree)

My mother _____ .

05 당신이 시도하기도 전에 포기하지 마라, 왜냐하면 당신은 **당신이 생각한 것보다 그것이 더 매력적이라는 것을 발견할지도 모르기 때문이다.**
(attractive / than / more / it / you think / find / might)

Don't give up before you even try, because you _____ .

A · fuel 연료 · ethnic 민족의 · background 배경 · exchange 교환 · crop 작물 · far-reaching 지대한 영향을 가져올
· consequence 결과 · valuable 귀중한 · resource 자원

B · automatic 자동적인 · process 과정 · intentional 의도적인 · sensible 합리적인 · uncertain 불확실한
· influence 영향 · impressionist 인상주의자(인상파 화가) · performance 공연 · accurate 정확한 · analysis 분석
· judge 판사 · innocent 죄 없는

C · jute 황마 · substance 물질 · cloth 천 · immediately 즉시 · disaster 재해

D · coordinate 조정하다 · motion 동작 · simultaneously 동시에 · trail 오솔길 · loss 손실 · cash 현금
· separate 별개의 · cost 가격 · galaxy 은하(계)

E · force 힘 · apply (힘·열 등을) 가하다 · scaffolding 발판 · lift 들어올리다 · athlete 운동선수 · luxury 사치품
· turn out ~인 것으로 밝혀지다 · euphemism 완곡어법 · sensitive 민감한 · withered 시든 · branch 가지
· attractive 매력적인

UNIT 18 암기해야 할 부사와 동사

대표
내신 예제

다음 문장의 밑줄 친 부분 중, 어법에 맞게 쓰인 것을 고르면?

서초고 응용

① News about educational policy is almost always <u>highly</u> interesting to parents.

② Invariably, however, cherries on trees growing in public parks are picked when they are <u>bare</u> sweet enough to be edible.

[풀이] ① 형용사 interesting을 수식하는 부사가 필요한 자리다. highly는 부사로 '매우, 아주'의 의미이며 interesting을 수식할 수 있으므로 적절하다.

② 형용사 sweet를 수식하기 위해서는 부사가 필요한데, bare는 '드러난, 꾸밈없는'이란 형용사이므로 적절하지 않다. barely는 '좀처럼 ~하지 않는'이란 뜻의 부사이므로 형용사를 수식할 수 있다. 따라서 bare를 barely로 고쳐야 한다.

[해석] ① 교육 정책에 대한 뉴스는 거의 항상 부모들에게는 아주 흥미롭다.

② 그러나 언제나 공원에서 자라는 나무의 체리는 그것들이 좀처럼 먹기에 충분히 달지 않을 때 수확된다.

• **출제 포인트** | 형용사나 부사와 관련된 혼동 어휘 문제가 출제된다!

풀이 전략 1 ┃ -ly로 끝나는 단어의 의미와 쓰임을 정확히 암기해 두자.

하나의 형용사에서 두 개의 부사가 파생되기도 한다. 이때, **형용사에 -ly가 붙어 부사가 되는 경우 형용사와는 다른 의미가 되는 경우가 많으니** 주의하자. 또한, 형용사에 -ly가 붙으면 부사가 되고, **명사에 -ly가 붙으면 형용사가 되므로** -ly로 끝나는 단어를 무조건 부사라고 생각하지 않도록 유의하자.

형용사	부사	명사	형용사
late(늦은, 고인의)	late(늦게), lately(최근에)	friend(친구)	friendly(친절한, 친한, 상냥한)
near(가까운)	near(가까이), nearly(거의)	love(사랑)	lovely(사랑스러운, 아주 좋은)
hard(단단한, 어려운)	hard(열심히, 세게), hardly(거의 ~않다, ~하자마자)	coward(겁쟁이)	cowardly(겁이 많은)
high(높은)	high(높이), highly(매우, 아주)	cost(값, 비용)	costly(비싼)
short(짧은)	short(짧게), shortly(곧, 간단히)	leisure(여가)	leisurely(한가한, 여유로운)

A. I can infer the obvious fact that you've written a lot [late / lately].

written을 수식할 수 있는 부사 자리인데, 문맥상 '최근에' 많은 글을 썼다고 해야 자연스러우므로 lately가 적절하다.

B. We managed to find a more environmentally [friend / friendly] and effective way than recycling.

명사 way를 수식하면서 형용사 effective와 병렬을 이루는 형용사가 필요하므로 friendly가 적절하다. 부사 environmentally가 형용사 friendly를 수식하여 '환경 친화적인'이란 의미가 되었다.

[해석] **A.** 나는 네가 최근에 많은 글을 썼다는 명백한 사실을 추론할 수 있다.

B. 우리는 재활용보다 더 환경 친화적이고 효과적인 방법을 찾을 수 있었다.

준부정어(부정 부사) 표현을 알아 두자.

준부정어(부정 부사)란 no, not, never처럼 **부정어로 취급되는 부사**인데, 빈도 부사처럼 **일반동사 앞, 조동사/be동사 뒤**에 위치한다. 또한, 원칙적으로 **준부정어와 부정어는 함께 쓰이지 않는다**는 점도 같이 알아 두자.

· **hardly, scarcely, rarely, barely, seldom, little** 등 : 거의(좀처럼) ~아니다, 간신히 ~하다

C. With all these clothes on the bed, there was [hard / hardly] any space to lie down.	**D.** Teenagers these days [rare / rarely] talk about social problems.
누울 자리가 '거의 없었다'라는 의미가 되도록 준부정어 hardly가 적절하다.	동사 talk을 수식하는 부사가 필요하므로 '거의 ~ 않다'라는 의미의 부정 부사이자 준부정어인 rarely가 적절하다.

해석 **C.** 침대에 놓인 이 모든 옷가지들 때문에 누울 자리가 마땅치 않았다. **D.** 요즘 청소년들은 사회 문제에 대해서도 거의 이야기하지 않는다.

함정 피하기 **'~하자마자'라는 의미를 가진 hardly와 scarcely**

hardly와 scarcely가 '~하자마자'라는 의미로 쓰일 때, 다음과 같은 구조로 사용된다.

> **S + had hardly**(scarcely) **p.p.** ~ , **when**(before) **+ S + 과거형 동사** … : ~하자마자 …했다
> 　　　　　과거완료(~하자마자)　　　　　　　　　　　　　　　　과거(…했다)
> = **Hardly**(Scarcely) **had + S + p.p.** ~ , **when**(before) **+ S + 과거형 동사** …
> 　　　　　　　　의문문 어순으로 도치

시간 순서상 '~하자마자'에 해당하는 절이 더 이전에 일어났고, '…했다'에 해당하는 절이 바로 그 이후에 일어난 일이므로, hardly가 있는 절에는 과거완료를 사용하고, when절에는 동사의 과거형을 사용해야 한다. 특히, hardly나 scarcely가 문장 맨 앞에 나오면, 의문문 어순으로 도치가 일어나니 주의해야 한다. (Unit 20 참고)

E. He [had hardly entered / hardly entered] the house when the light was turned on.	**F.** Scarcely [heard we / had we heard] the noise before we rushed to the spot.
hardly가 '~하자마자'의 의미를 갖고 쓰인 문장에서, hardly가 있는 절에는 과거완료를 사용해야하므로 had hardly entered가 적절하다.	scarcely나 hardly가 문장의 맨 앞으로 나오면 도치가 일어난다. 이때 어순은 「Scarcely(Hardly) + had + S + p.p.」로 바뀌게 되므로 had we heard가 적절하다.

해석 **E.** 그가 집에 들어가자마자 불이 켜졌다. **F.** 우리는 그 소음을 듣자마자 그 장소로 달려갔다.

대표 내신 예제

다음 글의 밑줄 친 부분 중, 어법상 틀린 것을 고르세요.　　　　　강서고 응용

(상략) Five-year-old children can test the limits of your patience by trying to get explanations for why everything works as it is. (하략)

풀이 문맥상 as it is에는 앞의 동사 works의 반복을 피하기 위해 대동사가 필요한데 일반동사의 대동사는 do동사를 써야 하므로 주어의 수에 맞춰 is를 does로 바꿔야 적절하다.

해석 5살짜리 아이들은 왜 모든 게 그렇게 작동되는 건지 설명을 구하려 애쓰면서 당신의 인내심의 한계를 시험할 수 있다.

● **출제 포인트** | 대동사 do와 강조의 do가 출제된다!

UNIT 18

풀이 전략 1 **일반동사의 대동사는 do(does, did)로 쓴다는 것을 기억하자.**

대동사(代動詞)란 동사의 반복을 피하기 위하여 대신 쓰는 동사이다. 앞에 나온 동사가 **be동사이면 be동사**를 쓰고, **조동사이면 조동사**로 쓰며, **일반동사이면 do동사**로 나타낸다. 이때, **수와 시제의 일치에 주의**해야 한다는 것을 명심하자.

A. Many people don't know that Van Gogh and Paul Gauguin once **worked together** for weeks, but they actually [were / did].	**B.** Ngil masks from Gabon **have a special meaning**, as [has / does] any kind of mask used in Africa.
앞에 있는 worked together를 받는 대동사 자리이므로, 일반동사 work의 대동사인 do에 시제 일치를 시켜 did를 써야 한다.	앞에 있는 have a special meaning을 받는 대동사 자리이므로, 일반동사 have의 대동사인 do에 시제 일치를 시키고, 주어인 any kind of mask에 수 일치를 시켜 does로 써야 한다.

해석 **A.** 많은 사람들은 Van Gogh와 Paul Gauguin이 한때 몇 주 동안 함께 일했다는 것을 알지 못하지만, 그들은 실제로 그렇게 했다.
B. 가봉의 Ngil 가면은 아프리카에서 사용되는 모든 종류의 가면이 그렇듯이 특별한 의미를 지니고 있다.

풀이 전략 2 **일반동사 앞에 do동사가 쓰이면 '강조' 표현이라는 것을 기억하자.**

일반동사를 강조하기 위해 앞에 **do동사를 쓰면 '진짜로, 정말로'라는 의미의 강조** 표현이 된다. 이때, 강조의 do동사에 수 일치와 시제 일치를 시켜야 하므로 **뒤에는 동사원형을 쓴다**는 것을 기억하자.

C. Giraffes keep standing all day long but they [are / do] sleep, of course.	**D.** We [do / does] apologize for the bad smell from the train brakes; we'll take immediate action.
일반동사 sleep이 쓰였으므로 be동사가 올 자리는 아니다. 따라서 동사 앞에 쓰여 의미를 강조하는 do가 적절하다.	일반동사 apologize가 이미 쓰였고, 주어가 We로 복수이므로 동사 앞에 쓰여 의미를 강조하는 do가 적절하다.

해석 **C.** 기린은 하루 종일 서 있지만 물론 진짜로 잠을 잔다.
D. 우리는 기차 브레이크에서 악취가 나는 것에 대해 진심으로 사과드립니다. 우리는 즉시 조치를 취할 것입니다.

함정 피하기 대부정사

명사의 반복을 피하기 위해 대명사를 쓰고, 동사의 반복을 피하기 위해 대동사를 쓰듯이, **to부정사의 반복을 피하기 위해 대부정사를 사용**한다. 대부정사는 **to만 남기고 나머지는 생략**하는 형태로 쓴다.

(1) You may stay here, if you want to (stay here).
(2) He has to see and hear the birds the way the father wants him to (see and hear them).

해석 (1) 당신이 원한다면, 여기에 머물러도 좋습니다. (2) 그는 아버지가 그에게 원하는 방식으로 새들을 보고 들어야 한다.

PRACTICE TEST

A 다음 문장의 네모 안에서 어법상 적절한 표현을 고르세요.

01 Music is routinely recognized as beautiful, as do / are sounds, like the whispering of wind through pines or the gentle purring of a cat.

02 This burger is made of healthy ingredient and surprisingly it is / does taste wonderful.

03 Imagine that your boss suddenly asks you for a key fact or number during a big, high / highly crucial meeting.

04 We wonder about what we observe both near / nearly and far and we want to understand it all.

05 It took so long a time to build the pyramid that it was no wonder that the tomb was seldom finished / finished seldom within the pharaoh's lifetime.

B 다음 문장의 밑줄 친 부분이 어법상 맞으면 ○, 틀리면 ×를 쓰고 바르게 고쳐 쓰세요.

01 Many people don't know that the river or the lake has its current, as <u>does</u> the sea.

(   ) _____

02 The next time you go out walking or jogging, remember that your heart and lungs are working <u>hardly</u> for you.

(   ) _____

03 Studies <u>doing</u> show that motorists are more likely to yield to pedestrians in marked crosswalks than at unmarked ones.

(   ) _____

04 When the aquaculture industry was rapidly expanding, mistakes made by the industry were <u>costly</u> in terms of the industry's image.

(   ) _____

05 Some seagulls are found to have plastic in their stomachs because <u>near</u> 9 million tons of plastic ends up in the ocean each year.

(   ) _____

PRACTICE TEST

C 다음 문장에서 어법상 틀린 부분을 하나 찾아 밑줄을 긋고 바르게 고쳐 쓰세요.

01 Anger motivated our ancestors to seek food and compete for resources which were scarcely.

02 He regrets wasting a lot of time in his youth, so he doesn't want his son.

03 Sodas having caffeine in them actually take water from your body and coffee and tea are, too.

04 Until their discovery by a man in 1974, the tribe had had hardly any contact with the outside world.

05 Many animals does indeed communicate with one another through patterned systems.

D 우리말에 맞도록 다음 단어들을 바르게 배열하세요. (필요한 단어만 선택하여 배열할 것, 대·소문자 구별할 것)

01 A.I. 시스템의 매우 정확한 의료 영상 분석은 가능성이 있는 질병들을 감지하고 치료 계획을 설계하는데 사용된다.
(high / A.I. systems' / accurate / highly / of medical image / analysis)

_____ is used to detect possible diseases, and to design treatment plans.

02 당신이 진지한 달리기 선수든 여유로운 산책객이든지 간에, 온 가족을 데리고 Monument Valley 공원으로 와서 함께 즐거운 시간을 보내세요.
(a / walker / whether / are / runner / you / leisure / leisurely / a / seriously / serious / or)

_____, bring the whole family out to Monument Valley Park and join the fun together.

03 대부분의 아마추어 연설자들은 그들이 일대일로 말할 때보다 무대에서 더 강력하게 말해야 한다고 생각한다.
(a one-to-one basis / do / they / are / than / on / does)

Most amateur speakers think that they should speak with more power on stage _____

_____.

04 환경을 거의 해치지 않는 깨끗한 차는 앞으로 더 많은 소비자들에게 선택받을 것이다.
(will / harm / rare / rarely / be chosen / the environment)

Cleaner cars that _____ in the future by more consumers.

05 나는 다음 달에 있을 서울 마라톤에 참가하기로 계획했었지만, 최근에 나는 그러지 않기로 결정했다.
(I / not to / have decided / but recently / to not)

I was planning to participate in the Seoul Marathon next month, _____

_____.

E **우리말에 맞도록 다음 단어들을 바르게 배열하세요.** (주어진 단어로만 배열할 것)

01 그녀는 왼쪽 발을 들어 올려 앞으로 내밀고 **땅에 거의 닿지 않을 만큼 충분히 높게** 들었다.

(hardly / high / enough / touched / so / it)

She picked up the left foot, swing it forward, and held it _____
the ground.

02 그 지역의 토양 상태는 **20년 전보다** 훨씬 더 **심각하다.** (필요시 어형 변화 가능)

(be / serious / than / twenty years ago / they)

The soil conditions in the area are much more _____.

03 나는 그 커플에게 아기를 가질지 물었고, **그들은 그러기를 희망한다고 대답했다.**

(to / they / they / hoped / answered / that)

I asked the couple whether they would have a baby and _____.

04 그는 너무 **커피 애호가여서** 정말로 매일 **커피를 마신다.** (필요시 어형 변화 가능)

(that / drink / coffee lover / coffee / a / do / he)

He's such _____ every day.

05 기교의 미세한 부분을 가르치기 위해, 그 바이올리니스트는 **각 연주자에게 친절한 조언을 주려고** 애썼다. (필요시 단어 추가 가능)

(friendly / to each performer / offer / advice)

To teach fine points of technique, the violinist tried _____.

A • routinely 일상적으로 • whisper 속삭이다 • pine 소나무 • purring 고양이의 가르랑거림 • ingredient 재료
• suddenly 갑자기 • crucial 중대한 • observe 관찰하다 • tomb 무덤 • lifetime 생애

B • current 흐름 • lung 폐 • motorist 자동차 운전자 • be likely to V ~할 것 같다 • yield 양보하다 • pedestrian 보행자
• marked 표시가 있는 • crosswalk 횡단보도 • aquaculture 수산 양식 • in terms of ~의 면에서 • seagull 갈매기

C • motivate 자극하다 • ancestor 선조 • regret 후회하다 • caffeine 카페인 • tribe 부족 • contact 접촉
• indeed 정말로

D • accurate 정확한 • analysis 분석 • detect 감지하다 • treatment 치료 • amateur 아마추어 • harm 해치다
• participate in ~에 참가하다 • recently 최근

E • pick up ~을 들어 올리다 • swing 흔들며 나아가다 • forward 앞으로 • ground 땅 • soil 토양 • condition 상태
• fine 미세한 • performer 연주자

VOCA NOTE

01

→ 목동고 응용

다음 글의 밑줄 친 부분 중, 어법상 어색한 것 2개는?

One day, Jane was walking from class across campus to catch her bus home, with her head down, fighting tears of total despair, when a woman came down the sidewalk toward her. Jane had never seen her before. Embarrassed at being seen in ① so emotional a mess, she turned her head away and hoped to hurry past. But the woman moved ② direct in front of Jane, waited until she looked up, and then smiled. Looking into her eyes, the woman spoke in a quiet voice, "Whatever is wrong will pass. You're going to be OK. Just hang on." She then smiled again and walked away. Jane can't explain the impact of that moment, of the woman's unexpected kindness and ③ unconditional caring! The woman gave her the one thing she'd lost ④ completely: hope. Thanks to her words, Jane didn't become completely ⑤ miserably. Jane looked for her on campus to thank her but never saw her again.

02

→ 중산고 응용

다음 중, 어법상 틀린 부분이 있는 문장을 모두 고르면?

① The extension of networks produces network effects: the more people gain access, the more valuably a connection becomes.

② Though it was not as an old building as the pyramid, it was absolutely a work of art.

③ You can do two things at once, but you can't focus effectively on two things at once.

④ Today we consume 26 times more stuff than we did 60 years ago. But ask yourself: are we 26 times happier?

⑤ The window above the sink was broken, and my legs were trembling so bad that I could hard stand still.

03

→ 양천고 응용

다음 글의 밑줄 친 부분 중, 어법상 틀린 것끼리 짝지은 것은?

Acoustic concerns in school libraries are much more important and complex today ⓐ than they did in the past. Years ago, before electronic resources were ⓑ such a vital part of the library environment, we had only to deal with noise produced by people. Today, the widespread use of computers, printers, and other equipment has added machine noise. People noise ⓒ has also increased gradually, because group work and instruction are essential parts of the learning process. So, the modern school library ⓓ is hardly the quiet zone. Yet libraries must still provide quietness for study and reading, because many of our students want ⓔ an environment quietly enough for them to focus on their study. Considering this need for library surroundings, it is important to design spaces where unwanted noise can be eliminated or at least kept to a minimum.

① ⓐ ⓑ   ② ⓐ ⓔ   ③ ⓑ ⓔ
④ ⓒ ⓓ   ⑤ ⓓ ⓔ

04

→ 중대부고 응용

다음 글의 밑줄 친 부분 중, 어법상 올바른 것끼리 짝지은 것은?

People have higher expectations as their lives get better. However, ⓐ the higher the expectations, more difficult it is to be satisfied. We can increase the satisfaction we feel in our lives by controlling our expectations. Adequate expectations leave room for many experiences to be pleasant surprises. The challenge is to find a way to have proper expectations. One way to do this is by ⓑ keeping wonderful experiences rarely. Save great wine for special occasions ⓒ no matter how affordably it is. Make an ⓓ elegantly styled silk blouse a special treat. This may seem like an act of denying your desires, but I don't think it is. On the contrary, it's a way to make sure that you can continue to experience pleasure. What's the point of great wines and great blouses if they don't ⓔ make you feel great?

① ⓐ ⓓ   ② ⓑ ⓒ   ③ ⓑ ⓔ
④ ⓒ ⓓ   ⑤ ⓓ ⓔ

05

→ 중동고 응용

다음 글의 밑줄 친 부분 중, 어법상 틀린 것의 개수는?

If you ask someone to name three sports, ⓐ most likely he or she will be able to answer with ease. After all, ⓑ near everyone has an idea about what types of activities are regarded as sports and ⓒ which are not. Most of us think we know what sports are. However, the line drawn between examples of sports, leisure, and play is ⓓ not always clearly. In fact, devising a definition that establishes clear and clean parameters around what types of activities should be included and excluded ⓔ is relative difficult to do. Activities that are regarded as play today may gain the status of sport in the future. For example, many people once played badminton in their backyards but this activity ⓕ wasn't seldom considered a sport. Since 1992, however, badminton has been an Olympic sport!

* parameter 규정 요소

① 0개   ② 1개   ③ 2개
④ 3개   ⑤ 4개

06

→ 잠신고 응용

빈칸 (A)~(C)에 들어갈 적절한 말을 [보기]에서 골라 넣으세요.

Emotion plays an essential role in all our pursuits — including our pursuit of happiness. It is nearly impossible for us to imagine a life without emotion. Think of an emotionless robot that, other than the capacity for emotions, has (A) _____ the same physical and cognitive characteristics as humans. The robot thinks and behaves in the same way that humans (B) _____ . It can discuss deep philosophical issues and follow complex logic; it can dig tunnels and build skyscrapers. Yet, although we consider the robot (C) _____, it lacks all motivation to act. This is because even the most basic desires are dependent on emotions — the one thing this robot lacks.

[보기]

are / do / exact / exactly /
sophisticated / sophisticatedly

(A) _____

(B) _____

(C) _____

07

→ 현대고 응용

다음 중, 어법에 맞지 <u>않는</u> 것 2개를 찾아 번호와 틀린 부분을 쓰고 바르게 고치세요.

① By examining what went wrongly in your experiment, you can do it right.

② The three best entries will be selected by us and will be made available online for voting to decide the winner.

③ We'll be conducting a test of the building's fire alarm system shortly.

④ When I was a child, I used to live in the countryside and there was quite big a tree in the backyard.

⑤ A herdsman does have to worry. He's under constant threat of ruin through the loss of his animals.

(　　)_____ ➡ _____

(　　)_____ ➡ _____

08

→ 중앙고 응용

다음 우리말에 맞도록 [보기]에 주어진 어구를 이용하여 문장을 완성하세요.

좋은 스테이플러는 평생을 가지만, 우리가 아주 조심하는 태도로 그것을 사용하지 않기 때문에 좀처럼 그러지 않는다.

[보기]

don't use it / a / rarely / does / in /
such / careful manner / because / we

A good stapler lasts a lifetime, but it _____

_____.

다음 글을 읽고, [보기]의 어구들을 문맥과 어법에 맞게 적절히 배열하세요.

New research conducted recently suggests that social isolation leads people to make risky financial decisions. When people don't feel connected to their social network, they often try to buy satisfaction. And the more rejected people feel, _____ _____to solve their problems. An experiment, which involved randomly approaching people in public places in Hong Kong, found that those who said they felt more rejected in general tended to report more betting on lotteries, more gambling at the horse track or casino, and riskier investment strategies than those who reported feeling more socially connected. Rejection increased their beliefs linking money to a better life and these beliefs entirely accounted for the riskier choices with their money.

[보기]

the more / to see money /
they are / as a way / likely

다음 (A), (B)의 밑줄 친 부분 중, 어법상 맞지 않는 것을 모두 찾아 틀린 부분을 쓰고 바르게 고치세요.

(A) It's important to remember that good decisions can still lead to bad outcomes. Here is an example. ⓐ Shortly after I got out of school, I was offered a job. I wasn't sure that was a great fit for me. After carefully considering the opportunity, I decided to turn it down. I thought that I would be able to find another job which was a better match. Unfortunately, the economy soon ⓑ grew worse quickly and I spent months looking for another job. I kicked myself for not taking that position, which started to ⓒ look more and more appealingly. I had made a good decision, based upon all the information I had at the time, but in the short run it didn't lead to a great outcome.

(B) Something comes over most people when they start writing. They ⓓ write in a language differently from the one they would use if they were talking to a friend. If, however, you want people to read and understand what you write, write it in spoken language. Written language is more complex, which makes it more work to read. It's also ⓔ more formal and distant, which makes the readers lose attention. You don't need complex sentences to express ideas. Even when specialists in some complicated field express their ideas, they don't use sentences any more complex than ⓕ they do when talking about what to have for lunch. If you simply manage to write in spoken language, you have a good start as a writer.

01

→ 신목고 응용

다음 글의 밑줄 친 부분 중, 어법상 틀린 것의 개수는?

We live in an age of constant interaction, and yet more of us are claiming we are "lonely" than ever before. Loneliness has nothing to do with ⓐ how many people are physically around us, but has everything to do with our failure ⓑ to get what we need from our relationships. Virtual personalities online and characters on television ⓒ fulfill our natural emotional-needs artificial, and hence occupy the blurry margins ⓓ in which our brains have difficulty distinguishing real from unreal. The more we rely on these personalities and characters to get a sense of "connectedness," ⓔ the more our brains encode them as "relevant." This means our brains ⓕ can trick, and the irony is that we are complicit in the deception. As need-driven animals, we seek out the paths of least resistance to get what we need, and electronic immersion provides the most accessible, nonchemical path yet invented.

① 0개 　　② 1개 　　③ 2개
④ 3개 　　⑤ 4개

02

→ 이화여자외고 응용

다음 글의 밑줄 친 부분 중, 어법상 틀린 것은?

Hundreds of thousands of people journeyed far to take part in the Canadian fur trade. Many saw ① how inhabitants of the northern regions stored their food in the winter — by burying the meats and vegetables in the snow. But ② probably few of them had thoughts about how this custom might relate to other fields. ③ One who did was a young man named Clarence Birdseye. He was ④ amazed to find that freshly caught fish and duck, ⑤ frozen quickly in such a fashion, kept their taste and texture. He started wondering: Why can't we sell food in America that operates on the same basic principle? With this thought, the frozen foods industry was born. He made something extraordinary from ⑥ which, for the northern folk, was the ordinary practice of preserving food. So, what went on in his mind when he observed this means of storage? Something mysterious happened in his curious, fully engaged mind. Curiosity is a way of adding value to what you see. In the case of Birdseye, it was strong enough to lift him out of the routine way of seeing things. It set the stage for innovation and discovery, ⑦ for coming up with something new.

03

잠신고 응용

다음 글의 밑줄 친 부분 중, 어법상 틀린 것을 3개 고르면?

The belief ① that humans have morality and animals aren't is ② such a longstanding assumption that it could well be called a habit of mind, and bad habits, as we all know, are extremely hard to break. ③ A number of people have caved in to this assumption because ④ it is easier to deny morality to animals than to deal with the complex effects of the possibility that animals have moral behavior. The historical tendency, framed in the outdated dualism of us versus them, is strong enough ⑤ to make a lot of people cling to the status quo. Denial of who animals are ⑥ conveniently allows for maintaining false stereotypes about the cognitive and emotional capacities of animals. ⑦ Clearly a major paradigm shift needs, because the lazy acceptance of habits of mind ⑧ has quite strong an influence on how animals are understood and treated.

* status quo 현상 유지

04

중대부고 응용

다음 글의 밑줄 친 부분 중, 어법상 틀린 것을 모두 찾아 틀린 부분을 쓰고 바르게 고치세요.

① Although trust may require a meaningful relationship to satisfy its more demanding analysts, it need not require goodwill. When A is a person and B is a bank, A may trust B to ② keep her money safely although she does not imagine for a moment that the bank ③ feels warmly disposed to her, and she may well suspect that it will assert its interests at her expense when it gets a chance to impose charges or manipulate interest rates. If A ④ enters into hospital and is examined by Doctor B, she may trust B's professional expertise and integrity even though B ⑤ appears indifferent to her as a person. Until relatively recently indifference on the part of medical professionals, or plain rudeness, was if anything regarded as a sign of trustworthiness: it implied the objectivity ⑥ needed for expertise, and asserted the superior status that medical expertise granted.

In this life he laughs longest

who laughs last.

이 인생에서는 마지막에 웃는 자가 가장 오래 웃는 자다.　　　－ 존 메이스필드

인생을 흔히 마라톤에 비유합니다.

80년이라는 장거리 중 1/4 혹은 1/3도 살아보지 않고선

너무 쉽게 실패를 말하진 않았나요?

승리자를 위한 피니시라인은 아직도 저 멀리에 있습니다.

복잡한 문장의 이해

UNIT **19** 병렬 구조

다음 글의 밑줄 친 부분 중, 어법상 <u>틀린</u> 것은?

반포고 응용

(상략) Sports involve your brain as much as your body: you have to understand plays, see the field and know your next move, <u>blocking out</u> the crowd, and concentrate on your performance. (하략)

[풀이] have to 뒤에 동사원형 understand, see, know, concentrate가 등위접속사 and로 연결되어 병렬 구조를 이루고 있으므로 밑줄 친 부분은 block out으로 고쳐야 한다.

[해석] 스포츠는 당신의 신체만큼 당신의 두뇌를 필요로 한다. 당신은 경기를 이해해야 하고, 경기장을 보고 당신의 다음 움직임을 알아야 하고, 관중(의 소란)을 차단해야 하고, 당신의 경기 수행에 집중해야 한다.

• **출제 포인트** | 등위접속사가 쓰인 병렬 구조를 파악하는 문제가 나온다!

풀이 전략 1 등위접속사를 중심으로 병렬을 이룰 수 있는 단어나 구를 접속사의 앞과 뒤에서 찾자.

등위접속사 and, but, or 등은 병렬 구조 문제로 자주 출제된다. 병렬 구조를 이룬다는 것은 문장 내에서 '같은 성분'끼리 대등하게 연결이 된다는 것을 뜻하는데, 보통 등위접속사 앞이나 뒤에 적절한 형태의 단어나 구가 쓰였는지 물어보는 문제가 많은 편이다. 따라서 평소에 지문을 읽을 때도 등위접속사가 나오면 무엇과 무엇이 병렬 구조를 이루고 있는지 파악하는 연습을 하자.

A. Fortunately, a clerk **walked** up to me and [asking / asked] if I needed some help.

등위접속사 and를 중심으로 병렬을 이룰 수 있는 앞쪽의 단어가 동사 walked 밖에 없으므로 and 뒤에는 동사 asked가 적절하다.

B. Is it best **to come** into a real store or [shopping / to shop] online?

등위접속사 or를 중심으로 병렬을 이룰 수 있는 앞쪽의 단어가 진주어로 쓰인 to come밖에 없으므로 뒤에도 이와 같은 형태인 to shop이 적절하다.

[해석] **A.** 다행히도, 한 점원이 나에게 다가와서 도움이 필요하냐고 물었다.
B. 진짜 가게에 들어가는 것이 가장 좋은가 아니면 온라인 쇼핑을 하는 것이 가장 좋은가?

풀이 전략 2 병렬 구조가 잘 드러나지 않을 때는 해석을 하자.

문장이 길어서 병렬을 이루는 단어가 명확히 보이지 않는다면 **해석을 통해 파악**해야 한다. 구조를 파악하기 어려운 문장 안에서의 어법을 묻는 문제도 출제되니 구조를 정확히 이해하고 해석하는 연습을 하자.

C. I **was** astonished to see thousands of books arranged in library and [wonder / wondered] how all of them were categorized.

문맥상 '내가 놀랐고, 내가 궁금했다'라는 의미이므로 앞에 있는 was와 대등한 wondered가 적절하다.

D. You should **consider** how much time you will devote to collecting or [set / setting] a limit to your budget not to overspend on collecting.

문맥상 '당신이 생각해 보거나, 제한을 정해야 한다'라는 의미이므로 앞에 있는 consider와 대등한 set이 적절하다.

[해석] **C.** 나는 수천 권의 책들이 도서관에 배열되어 있는 것을 보고 놀랐고, 그 모든 책들이 어떻게 분류되어 있는지 궁금했다.
D. 수집에 얼마나 많은 시간을 할애할 것인가에 대해 생각해 보거나, 수집에 과용하지 않도록 예산에 제한을 두어야 한다.

품사만 일치하면 형태가 달라도 **병렬 구조를 이룰 수 있다.** 단, 명사적 용법으로 쓰인 to부정사는 to부정사끼리, 동명사는 동명사끼리 병렬시켜야 한다. 그리고 병렬 구조로 인한 **반복을 피하기 위해 두 번째 이후의 공통어구는 생략** 가능한데, to부정사의 **to,** '전치사 + 동명사'에서 **전치사,** 그리고 수동태의 **be동사** 등은 생략할 수 있다.

예) to watch TV and (to) listen to music

by suggesting a solution and (by) describing plans

whether her offer was accepted or (was) rejected

E. Oats are a lot **cheaper** and [obtain / obtained] easily compared to flour.	**F.** **To protect** the environment and [to improve / improving] the tax system at the same time is not easy.
and를 중심으로 형용사 cheaper와 병렬을 이루는 것은 과거분사 obtained이다. 과거분사는 형용사처럼 쓸 수 있으므로 cheaper와 대등하게 연결 가능하다.	and로 연결되어 병렬 구조를 이뤄야 하므로, To protect에 맞춰 to improve를 쓰는 것이 적절하다. 참고로 to improve에서 to는 생략 가능하다.

해석 **E.** 귀리는 밀가루에 비해 훨씬 싸고 쉽게 얻을 수 있다.   **F.** 환경보호와 세제 개선을 동시에 추진하는 것은 쉽지 않다.

대표 내신 예제

다음 글의 밑줄 친 부분 중, 어법상 옳지 않은 것은?   배재고 응용

(상략) Whoever loves the Gimchi of Jeolla Province will not only be able to give it a taste but also has an opportunity to make it oneself. (하략)

풀이 'A뿐만 아니라 B도'라는 뜻의 「not only A but also B」 구문에서 A와 B는 병렬 구조를 이룬다. A에 해당하는 be~taste와 B에 해당하는 has~oneself는 앞에 나온 조동사 will에 걸쳐 있는데, 조동사 뒤에는 동사원형이 나와야 하므로 has를 have로 고쳐야 한다.

해석 전라도의 김치를 사랑하는 사람은 누구나 그것을 맛볼 수 있을 뿐만 아니라 직접 만들 기회도 갖게 될 것이다.

• 출제 포인트 | 다양한 병렬 구조를 파악하는 문제가 나온다!

풀이 전략 1   다양한 상관접속사와 그 구조를 알아 두자.

상관접속사의 A와 B에 해당하는 표현들은 문법적으로 같은 성격을 띠며 **병렬 구조 형태로 연결**되어야 한다. 상관접속사 표현은 **수 일치 문제**(Unit 02 참고)에서도 **자주 출제**되므로 아래 표현들을 꼭 기억하자.

> • **both A and B** : A, B 둘 다 (복수 취급)
> • **either A or B** : A 또는 B (B에 일치)
> • **not only**(just/merely/simply) **A but** (also) **B** : A뿐만 아니라 B도(= **B as well as A**) (B에 일치)
> • **not A but B** : A가 아니라 B(= **B, not A**) (B에 일치)
> • **neither A nor B** : A, B 둘 다 아닌 (B에 일치)

예 (1) You can **either** pick them up at our store **or** place an order for delivery.
　　　　　　　　　　　　　　A　　　　　　　　　　　　　　　B

(2) The $10 admission fee includes **not only** the fruit buffet **but also** sports activities.
　　　　　　　　　　　　　　　　　　　　A　　　　　　　　　　　　　　　B

= The $10 admission fee includes sports activities **as well as** the fruit buffet.
　　　　　　　　　　　　　　　　　　B　　　　　　　　　　　　　A

해석 (1) 당신은 우리 매장에서 그것들을 가져가거나 배달 주문을 할 수 있다. (2) 입장료 10달러는 과일 부페 뿐 아니라 스포츠 활동도 포함된다.

A. Education for girls was **not** encouraged
　　　　　　　　　　　　　　　　　　A
but actually [forbade / forbidden] in India.
　　　　　　　　　　B

상관접속사 「not A but B」가 쓰인 문장이다. A에 해당하는 encouraged는 앞에 있는 was와 연결되어 수동태인 was encouraged로 썼으므로, 이와 병렬을 이루도록 forbidden 을 쓰는 것이 적절하다.

B. We can **neither** lift a bus **nor** [fly / to
　　　　　　　　　　　　　A　　　　　　　B
fly] as free as a bird.

상관접속사 「neither A nor B」가 쓰인 문장이다. A에 해당하는 lift는 앞에 있는 can과 연결되어 있으므로 동사원형을 썼고, 이와 병렬을 이루도록 fly를 쓰는 것이 적절하다. 'as free as a bird'는 '새처럼 자유로운'이란 뜻의 관용적 표현이다.

해석 **A.** 소녀들을 위한 교육은 인도에서는 장려되지 않았고, 실제로 금지되었다. 　**B.** 우리는 버스를 들 수도, 새처럼 자유롭게 날 수도 없다.

풀이 전략 2 　비교급 문장에서도 비교하는 두 대상은 병렬 구조를 이뤄야 한다.

예 (1) **My time** is as precious as **yours**. (yours는 your time을 대신 받고 있음)

(2) **Their performances** are as fantastic as **those of professional actors**. (those는 performances를 대신 받고 있음)

(3) She prefers **walking on a tree-lined path** to **driving a car**. (walking~ 과 driving~ 이 병렬 구조를 이룸)

해석 (1) 나의 시간은 너의 시간만큼 소중하다. 　(2) 그들의 공연들은 전문 연기자들의 공연들만큼 멋지다. 　(3) 그녀는 차를 운전하는 것보다 나무가 늘어선 길을 걷는 것을 더 좋아한다.

C. Information can be conveyed more easily **using a picture** than [to use / using] texts or talks.

비교급이 사용된 문장으로, 분사구문 using a picture와 병렬 구조를 이루어야 하므로 using을 쓰는 것이 적절하다.

D. In the Sahara, it may be much cheaper and easier **to burn coal** than [makes / to make] wind power.

비교급이 사용된 문장으로, 진주어 to burn coal과 병렬 구조를 이루어야 하므로 to make를 쓰는 것이 적절하다.

해석 **C.** 정보는 텍스트나 대화를 사용하는 것보다 사진을 사용하여 더 쉽게 전달될 수 있다.
D. 사하라 사막에서는 풍력 발전보다 석탄을 태우는 것이 훨씬 저렴하고 쉬울지도 모른다.

서술형 잡기 　상관접속사가 쓰인 다양한 표현을 연습하자.

그 프로그램을 통해, 학생들은 **노인들을 도울 수 있을 뿐만 아니라** 그들의 지역사회 자체를 **개선하는 데 도움을 줄 수 있다.** (단어 중복 사용 가능)

(help / but / elderly people / to improve / not only)

Through the program, students can _____
their community itself.

풀이 'A뿐만 아니라 B도'라는 의미의 「not only A but (also) B」 구문을 사용해야 한다. 따라서 그에 맞게 not only help elderly people but help to improve가 적절하다.

PRACTICE TEST

A 다음 문장의 네모 안에서 어법상 적절한 표현을 고르세요.

01 He makes me set more challenging goals and keep / keeps pushing myself beyond my comfort zone.

02 One of the most serious problems is that plastic bags are discarded and leave / left intact.

03 The newly developed technology is expected to not only restore the damaged cultural heritage but also solve / solving its hidden mystery.

04 To talk with her is as much fun as to watch / watching an exciting and curious movie.

05 These days, ordering meals at fast food restaurants is faster and cheaper than to cook / cooking directly.

B 다음 문장의 밑줄 친 부분이 어법상 맞으면 ○, 틀리면 ×를 쓰고 바르게 고쳐 쓰세요.

01 Plastics remain in landfills for at least hundreds of years and thus <u>leading</u> to soil pollution.

( )＿＿＿＿＿＿＿＿＿＿＿＿＿＿＿

02 We should keep in mind that every animal has an equal right to live and <u>protection</u>.

( )＿＿＿＿＿＿＿＿＿＿＿＿＿＿＿

03 The whole scene where they practiced skateboarding was really fun and <u>touching</u>.

( )＿＿＿＿＿＿＿＿＿＿＿＿＿＿＿

04 Did you go to Paris either for pleasure or <u>on business</u>?

( )＿＿＿＿＿＿＿＿＿＿＿＿＿＿＿

05 It is surprising that some animals prefer to strive for their food rather than <u>gaining</u> it without effort.

( )＿＿＿＿＿＿＿＿＿＿＿＿＿＿＿

C 다음 문장에서 어법상 틀린 부분을 하나 찾아 밑줄을 긋고 바르게 고쳐 쓰세요.

01 He continued writing short stories and to submit them to publishers.

02 Humans are inherently social, and thus has an innate desire to communicate with others.

03 Millions of tons of trash are dumped into the ocean each year and threatened the marine ecosystem.

04 The camera on the smartphone can be used not merely to take pictures but helping others.

05 Some scientists never accept that the power of scientific facts is neither convincing nor directly.

D 우리말에 맞도록 다음 단어들을 바르게 배열하세요. (필요한 단어만 선택하여 배열할 것)

01 당신은 비생산적인 일을 하면서 시간을 낭비하는 것을 멈추고 **당신의 시간을 위한 계획을 세우고 그것을 고수해야 한다.**
(to it / stick / for your time / and / sticking / plan / planning)

You should stop wasting your time doing unproductive work and _____.

02 과학자들은 날아다니는 나비들을 관찰하고 **그들이 어떤 색의 꽃을 선호하는지 기록했다.**
(they / what / color / and / recording / preferred / recorded)

Scientists observed butterflies flying _____.

03 기술의 발전으로, 음식들은 **요리될 수 있을 뿐만 아니라 3D 프린터로 출력될 수도 있다.**
(cook / be printed / not only / but also / be cooked / on a 3D printer / print)

With advances in technology, food can _____.

04 그를 둘러싼 주위의 우려에도 불구하고, 그는 자신만의 독특한 스타일을 **그리는 것과 발전시키는 것을 둘 다 멈추지 않았다.**
(both / did not / developing / painting / stop / to paint / and / to develop)

Despite the concerns around him, he _____
his own unique style.

05 병을 예방하는 것은 **병을 치료하는 것만큼 중요하다**는 사실을 기억해라.
(as / treating / the disease / to treat / as / important)

Remember that to prevent the disease is _____.

E **우리말에 맞도록 다음 단어들을 바르게 배열하세요.** (주어진 단어로만 배열할 것, 대·소문자 구별할 것)

01 물로 작동하는 자동차를 개발하려는 전 세계적인 노력은 지금까지 **수많은 시간과 돈을 소비해 왔지만, 이루어 낸 것은 거의 없었다.**
(hours and money, / but / little / yield / spend / countless) (필요시 어형 변화 가능)

Global efforts to develop water-powered cars have so far _____.

02 우리의 후손들과 그들의 자식들까지도 **행복하게 그리고** 이 행성과 **함께 조화를 이루며** 살아갈 것이다.
(happily / harmony / and / live / in / with / will)

Our descendants and even their children _____ the planet.

03 죽음에 대한 그의 두려움이 **그녀를 살려야 한다는 간절함보다 훨씬 더 강했던** 것처럼 보였다. (필요시 단어 추가 가능)
(the desperation / stronger / much / save / than / her)

It seemed that his fear of death was _____.

04 **상상만 하는 것이 아니라 오히려 지식을 쌓는 것이** 창의력을 발달시키는 데 도움이 된다.
(not / knowledge / but rather / building / imagining)

_____ helps develop creativity.

05 집중적인 체력 훈련 프로그램은 **더 나이가 든 힘이 약한 사람들조차도 더 쉽게 계단을 오를 수 있게 해줄 뿐만 아니라,** 그들의 체력을 두 배로 늘리는 데 도움을 줄 수 있다. (필요시 단어 추가 가능)
(climb / as well as / them / more easily / enable / stairs)

Intense programs of strength training can help even weak older people double their strength, _____

_____.

A · challenging 도전적인 · beyond ~을 넘어서 · comfort 편함 · zone 구역, 구간 · plastic bag 비닐봉지 · discard 버리다 · intact 그대로 있는 · restore 복원하다 · cultural heritage 문화유산 · curious 호기심을 끄는

B · landfill 매립지 · at least 적어도 · lead to ~로 이어지다 · pollution 오염 · keep in mind ~을 명심하다 · equal 동등한 · right 권리 · touching 감동시키는 · for pleasure 재미로 · strive 노력하다 · gain 얻다

C · submit 제출하다 · inherently 본래 · innate 선천적인 · desire 욕구 · dump 버리다 · threaten 위협하다 · marine 해양의 · ecosystem 생태계 · merely 단지 · convincing 설득력 있는

D · unproductive 비생산적인 · stick to ~을 고수하다 · observe 관찰하다 · advance 발전 · concern 우려 · unique 독특한 · prevent 예방하다 · treat 치료하다

E · global 전세계의 · countless 무수한 · yield 산출하다 · descendant 후손 · harmony 조화 · desperation 간절함 · creativity 창의력 · intense 집중적인 · double 두 배로 하다 · strength 체력

VOCA NOTE

VII. 복잡한 문장의 이해 **185**

UNIT 20 강조와 도치

**대표
내신 예제**

다음 글의 밑줄 친 부분 중, 어법상 옳은 것은? 상문고 응용

(상략) It is the availability of the scarcest nutrient, not the most abundant, that <u>determines</u> success or failure for plants. (하략)

[풀이] 「It is(was) ~ that」 강조구문을 이용하여 주어인 the availability ~ abundant를 강조하고 있는 문장이다. 주어가 the availability이므로 that 뒤에 단수동사 determines를 쓴 것은 적절하다.

[해석] 식물의 성패를 좌우하는 것은 바로 가장 풍부한 영양소가 아니라 가장 희박한 영양소의 이용 가능성이다.

● **출제 포인트** | 「It is(was) ~ that」 강조구문에 대한 문제가 나온다!

풀이 전략 1 수 일치 문제라면, It is(was)와 that을 지워서 완전한 절이 되는지 확인하자.

주어, 목적어, 부사(구/절)와 같은 **특정 문장 요소를 강하게 전달**하고자 할 때, 「It is(was) ~ that」 강조구문을 사용하는데, 이때 강조하고자 하는 부분을 It is(was)와 that 사이에 넣고, 이를 제외한 문장의 나머지 부분은 that 이하에 그대로 쓴다.

[예] (1) It is **she** that melts your heart. (주어 강조)
   (2) It was **the same lion** that the slave had helped in the forest. (목적어 강조)
   (3) It was **shortly after my graduation 10 years ago** that I went backpacking by myself. (부사구 강조)

[해석] (1) 너의 심장을 녹인 것은 그녀이다. (2) 그것은 그 노예가 숲에서 도와줬던 바로 그 사자였다. (3) 내가 혼자 배낭여행을 간 것은 바로 10년 전 졸업 직후였다.

주어를 강조하는 강조구문이 쓰이고 수 일치를 묻는 문제가 나오는 경우, **It is(was)와 that을 지워서 완전한 문장**이 되는지 확인하고 **주어의 수에 동사의 수를 일치**시키면 된다.

A. It is the numbers in statistical information that [helps / help] us make more reasonable decisions when it comes to everyday problems. 강조

주어인 the numbers in statistical information을 강조하는 구문이다. 주어는 복수인 the numbers이므로 help가 적절하다. It is와 that을 지워 보면 정확히 알 수 있다.

[해석] **A.** 일상적인 문제에 있어 우리가 보다 합리적인 결정을 할 수 있도록 도와주는 것은 바로 통계 정보의 수치들이다.

풀이 전략 2 「It is(was) ~ that」 강조구문에서 that은 who 또는 which로 대체될 수 있다.

「It is(was) ~ that」 강조구문에서 **주어나 목적어를 강조**하는 경우, 그 대상이 **사람**이면 that 대신 **who(m)**를, **사물**이면 **which**를 쓸 수 있다. (강조하는 부사(구)가 장소이면 that은 where로, 시간이면 when으로 바꿔 쓸 수 있지만 일반적이지는 않다.)

B. It was **Rosa Park** [what / who] had the very courage to say no to the driver who forced her to give up her seat.

주어인 Rosa Park를 강조하는 구문이다. 위와 같이 강조하는 대상이 사람인 경우 that 대신 who를 쓸 수 있다.

C. It is **a SIM card** [what / which] he buys as a unique souvenir whenever he gets to a foreign country.

동사 buy의 목적어인 a SIM card를 강조하는 구문이다. 위와 같이 강조하는 대상이 사물인 경우 that 대신 which를 쓸 수 있다.

[해석] **B.** 자리를 양보하도록 강요한 운전사에게 거절할 바로 그 용기를 가진 사람은 바로 Rosa Park였다.
C. 그가 외국에 갈 때마다 독특한 기념품으로 구입하는 것은 바로 SIM 카드이다.

가주어 it 뒤에는 주로 「be동사 + 형용사 보어 + that절(진주어)」이 오는데, 이때 **that절은 완전한 절**이다.
반면 「**It is(was) ~ that**」 **강조구문**에서 주어나 목적어가 강조되는 경우 **that절은 불완전한 절**이며, 부사(구/절)가 강조되는 경우 **that절은 완전한 절**이다.

D. It is not possible **that** we travel physically into the future, but our minds can easily travel to the future.

be동사 뒤에 형용사 possible이 보어로 쓰였으며, that 이하는 완전한 절로 문장의 진주어 역할을 하고 있다. 따라서 It은 가주어이다.

E. It was the documentary **that** helped raise awareness about the fact that, at the time, 80% of rural Africa was living without electricity.

주어인 the documentary가 강조되고 있으므로, 「It is(was) ~ that」 강조구문의 It이다. It was와 that을 지웠을 때 완전한 절이 된다는 것을 통해 다시 한 번 확인할 수 있다.

해석 **D.** 우리가 물리적으로 미래로 여행하는 것은 가능하지 않지만, 우리의 마음은 쉽게 미래로 여행을 갈 수 있다.
E. 그 당시, 아프리카 시골의 80%가 전기 없이 살고 있었다는 사실에 대한 인식을 높이는 데 도움을 준 것은 바로 그 다큐멘터리였다.

대표 내신 예제

다음 글의 밑줄 친 부분 중, 어법상 틀린 것은?

중대부고 응용

(상략) Among the French artists who studied there <u>was</u> Bonnard, Denis, Matisse, and Vuillard. (하략)

풀이 부사구 Among ~ there가 문장 앞으로 도치된 구문으로, 주어는 Bonnard ~ Vuillard이다. 따라서 동사인 was를 복수 동사 were로 고쳐야 한다.

해석 그곳에서 공부한 프랑스 화가 중에는 Bonnard, Denis, Matisse 그리고 Vuillard가 있었다.

출제 포인트 | 도치구문을 파악하는 문제가 나온다!

풀이 전략 1 자주 출제되는 부사 도치구문과 그 어순을 기억하자.

기본적으로 **도치는 주어와 동사의 위치가 바뀐다.** 따라서 **동사는 뒤에 있는 주어에 수 일치**를 시켜야 한다.

① 장소/방향의 부사(구) ⎤ 주격보어 ⎦ +V+S	**Happy** are those who find joy and pleasure in helping others. _{주격보어 V S} 남을 돕는 데서 기쁨과 즐거움을 찾는 사람들은 행복하다.
② 유도부사 There + V + S : S가 있다	**There** are more than 10,000 female soldiers in Korea. _{There V S} 한국에 만명이 넘는 여군이 있다.
③ (긍정문) so ⎤ (부정문) nor/neither ⎦ +V+S : S도 마찬가지다	A bad workman blames his tools and **so do I.** _{so + V + S} 서투른 목수가 연장을 탓하는 것처럼 나도 마찬가지이다. She didn't have lunch, **nor did he.** _{nor + V + S} 그녀도 점심을 먹지 않았고, 그도 먹지 않았다. She can't play any musical instruments and **neither can I.** _{neither + V + S} 그녀는 어떠한 악기를 연주할 수 없고, 나도 그럴 수 없다.

UNIT 20

A. In the middle of the team members [was / were] Evan, who offered motivational words to them.

부사구 In ~ members가 문장의 앞으로 이동한 도치구문으로 주어 Evan이 동사 뒤로 이동하였으므로 was가 적절하다.

B. The populations of Seoul and Gyeonggi are rapidly increasing, and so [is / are] the number of those who commute between them.

「so + V + S」 구문으로 the number ~ between them이 주어이므로 is가 적절하다.

[해석] **A.** 팀원들 가운데에는 동기부여의 말을 건네는 Evan이 있었다.
B. 서울과 경기도의 인구가 급격히 증가하고 있고, 그곳들 사이를 통근하는 사람들의 수도 증가하고 있다.

풀이 전략 2 | (준)부정어나 only를 강조하기 위해 문장 앞으로 보내면, 의문문 어순처럼 도치가 일어난다.

(준)부정어와 only가 이끄는 부사구(절)이 문장 앞으로 나가면 도치가 일어나는데 단순히 '동사 + 주어'로 바뀌는 것이 아니라, 그 형태가 *의문문의 어순과 같으므로 꼭 기억하자.

* 의문문 어순이란? 의문문을 만들 때처럼, 「be동사/조동사/do동사 + 주어 + 동사」로 이어지는 어순을 말한다.

C. Not only [she proved / did she prove] the theory wrong, but she also inspired us to turn an impossibility into a possibility.

부정어 Not only가 문장의 앞으로 이동하였으므로 뒤에는 의문문의 어순으로 써야 한다. 따라서 did she prove가 적절하다.

D. Only then [did / was] we have time to think about David.

only가 이끄는 부사구인 only then이 문장의 앞으로 이동한 도치구문으로, 본동사 have는 일반동사이므로 do동사인 did를 쓰는 것이 적절하다.

[해석] **C.** 그녀는 그 이론이 틀렸다는 것을 증명했을 뿐만 아니라, 불가능한 것을 가능한 것으로 바꾸도록 우리에게 영감을 주었다.
D. 그제서야 우리는 David를 생각할 시간이 생겼다.

서술형 잡기 | not until 도치구문

'B하고 나서야 A하다(B할 때까지 A하지 않다)'라는 뜻의 **not A until B** 구문이 시험에 자주 출제 된다. 이 구문은 「It is (was) ~ that」 강조구문과 부정어 도치구문의 형태로 전환되기도 하니 쓰는 법을 모두 알아 두어야 한다.

- **'Not until 부사구' 도치**
  - 예) His plane was **not** found **until** after the war. (전쟁이 끝나고 나서야 그의 비행기가 발견되었다.)
      A   B
    - = **It was** not until after the war **that** his plane was found.
                         강조
    - = **Not until** after the war was his plane found.
         부사구   도치 (be동사 + 주어 + 동사)

- **'Not until 부사절' 도치**
  - 예) I did**n't** talk about my father **until** I married. (내가 결혼을 하고 나서야 나의 아버지에 대해 얘기했다.)
                  A   B
    - = **It was** not until I married **that** I talked about my father.
                         강조
    - = **Not until** I married did I talk about my father. (*not until이 이끄는 부사절이 아닌, 주절에서 도치가 일어남에 유의)
         부사절   도치(did + 주어 + 동사)

PRACTICE TEST

A 다음 문장의 네모 안에서 어법상 적절한 표현을 고르세요.

01 It was the volunteering time | that / when | taught me so much about the world and about myself.

02 The people locked in below did not surrender to despair and | so / neither | did their families above ground give up.

03 Only for defensive purposes | do / are | golden poison frogs use their powerful poison.

04 Not until he released five albums | he did / did he | get outstanding success as a singer.

05 Never before and never since | has / have | the quality of monumentality been achieved as fully as it was in Egypt.

B 다음 문장의 밑줄 친 부분이 어법상 맞으면 ○, 틀리면 ×를 쓰고 바르게 고쳐 쓰세요.

01 It was with great pleasure <u>that</u> I attended your lecture at the National Museum about the ancient remains.

(　　　)＿＿＿＿＿＿＿＿＿＿＿

02 Little <u>he knew</u> that the next two weeks would change his life forever.

(　　　)＿＿＿＿＿＿＿＿＿＿＿

03 On a hill within the park <u>was</u> multicolored tile seats where visitors could enjoy wonderful views.

(　　　)＿＿＿＿＿＿＿＿＿＿＿

04 The great demand for spices led Europeans to search for new routes to India and it was during this time <u>which</u> Europeans visited America for the first time. (　　　)＿＿＿＿＿＿＿＿＿＿＿

05 As distance tests a horse's strength, so <u>is</u> time reveal a person's character.

(　　　)＿＿＿＿＿＿＿＿＿＿＿

PRACTICE TEST

C 다음 문장에서 어법상 **틀린** 부분을 하나 찾아 밑줄을 긋고 바르게 고쳐 쓰세요.

01 There seem to be no limit to the number of ideas for new machines.

02 In the house was her two children, one of whom later became a prominent doctor.

03 Not only does different societies seem to have different moral codes, but even within a single society, rational people often disagree about what morally ought to be done.

04 Only after the game was finished did the winner able to physically relax and enjoy the victory.

05 People told him that it was his thinking that were depressing him, but he felt a lot worse.

D 우리말에 맞도록 다음 단어들을 바르게 배열하세요. (필요한 단어만 선택하여 배열할 것, 대·소문자 구별할 것)

01 두 개의 렌즈가 가까운 물건을 더 크게 보이도록 한다는 것을 발견한 사람은 **그 과학자가 아니라 그의 아이들이었다.**
(which / who / was / not / but / it / his children / the scientist)

_____ discovered that the double lenses made a nearby object look bigger.

02 어떤 경우에도 **모든 것을 셀 필요는 없었다.**
(to count / necessary / was / did / were / everything / it)

In neither case _____.

03 나는 우리가 그와 악수하기 위해 멈추지 않은 것은 바로 비 때문이었다고 설명했다.
(we / the rain / did not stop / because of / to shake / that / his hand / which)

I explained that it was _____.

04 우리는 아직 당신의 대금을 받지도 못했고, 왜 대금이 지불되지 않았는지에 대해서 **당신에게서 듣지도 못했다.**
(we / so / nor / have / from you / heard)

We have not as yet received your payment, _____
as to why payment has not been made.

05 제빵사가 되고자 하는 사람은 자신을 '단지 혼합 가루'로 생일 케이크를 만드는 사람이라고 **생각하지 않을 것이다.**
(a would-be baker / himself or herself / consider / would / someone / doesn't)

Hardly _____ who makes birthday cakes from "just a mix."

E **우리말에 맞도록 다음 어구들을 바르게 배열하세요.** (주어진 어구로만 배열할 것. 대·소문자 구별할 것)

01 기둥들 사이에는 **자연 채광이 들어오도록 하는 큰 창문들이 있어서,** 우리는 그 예술품들을 관찰할 수 있다. (필요시 어형 변화 가능)
(natural light in / be / big / to allow / windows)

Between the columns _____, so we can observe the works of art.

02 **과학자들이** 당뇨병의 원인에 대한 **첫 단서를 얻은 것은 불과 1919년이었다.**
(the scientists / only in 1919 / the first clue / when / got / was)

It _____ to the cause of diabetes.

03 20세기 초가 되어서야 비로소 사람들은 땅을 하나의 자연 체계로 **생각하기 시작했다.** (필요시 어형 변화 가능)
(people / not / until / do / the beginning of the twentieth century / begin / to think)

_____ of land as a natural system.

04 그녀는 가게에 들어오자마자 가게가 약간 흔들리는 것을 느꼈다.
(the store / she / had / entered)

No sooner _____ than she felt the store sway a little.

05 그 다음 세기에, 커피는 프랑스에서 인기 있는 음료가 되었고, **차는 네덜란드와 영국에서 그러했다.** (필요시 어형 변화 가능)
(tea / do / in / so / Holland and England)

In the following century, coffee became a popular beverage in France, and _____

_____.

A · volunteer 자원 봉사하다 · surrender 굴복하다 · despair 절망 · defensive 방어적인 · purpose 목적
· release (음반·신간 등을) 발표(발매)하다 · outstanding 현저한, 뛰어난 · monumentality 기념비성 · achieve 달성하다

B · pleasure 즐거움 · ancient 고대의 · remain 유물, 유적 · multicolored 다색의, 다채로운 · demand 수요 · spice 향신료
· route 길, 노선 · india 인도 · reveal 드러내다

C · limit 한계 · prominent 저명한 · moral 도덕적인 · rational 이성적인 · disagree 일치하지 않다 · ought to V ~해야 한다
· physically 육체적으로 · victory 승리 · depress 우울하게 하다

D · nearby 가까운 · count 세다 · receive 받다 · payment 지불, 대금 · would-be ~가 되려고 하는

E · column 기둥 · observe 관찰하다 · clue 단서 · diabetes 당뇨병 · sway 흔들리다 · beverage 음료
· Holland 네덜란드

VOCA NOTE

01

→ 중대부고 응용

다음 글 (A), (B)의 밑줄 친 부분 중, 어법상 바른 것끼리 짝지은 것은?

(A) Consider your typical day. You wake up in the morning and ⓐ pour yourself juice from oranges grown in Florida and coffee from beans grown in Brazil. You get dressed in clothes made of cotton grown in Georgia and ⓑ sew in factories in Thailand. Every day, you rely on many people, most of whom you do not know, to provide you with the goods and services that you enjoy. Such interdependence is possible because people trade with one another. Those people providing you goods and services are not acting out of generosity. ⓒ Nor some government agency is directing them to satisfy your desires. Instead, people provide you and other consumers with the goods and services they produce because they get something in return.

(B) It turns out that the secret behind our recently extended life span is not due to genetics or natural selection, ⓓ but rather for the relentless improvements made to our overall standard of living. From a medical and public health perspective, these developments were nothing less than game changing. For example, major diseases such as smallpox, polio, and measles have been eradicated by mass vaccination. Furthermore, technologies designed to improve health have become available to the masses, whether via refrigeration to prevent spoilage ⓔ or systemized garbage collection, which in and of itself eliminated many common sources of disease. These impressive shifts have not only dramatically affected the ways in which civilizations eat, ⓕ but also determine how civilizations will live and die.

* smallpox 천연두 ** polio 소아마비 *** measles 홍역

① ⓐ ⓓ   ② ⓐ ⓔ   ③ ⓑ ⓓ
④ ⓑ ⓔ   ⑤ ⓒ ⓕ

02

→ 양천고 응용

다음 글의 밑줄 친 부분 중, 어법상 틀린 것은?

We live in an age of opportunity: If you've got ambition, drive, and ① smarts, you can rise to the top of your chosen profession — regardless of where you started out. But ② with this opportunity comes responsibility. Companies today aren't managing their knowledge workers' careers. Rather, we must each be our own chief executive officer. Simply put, it's up to you to keep yourself engaged and ③ productive during a work life. ④ This is a deep understanding of yourself that you'll need to cultivate in order to do all of these things well. What are your most valuable strengths and most dangerous weakness? Equally important, how do you learn and work with others? What are your most deeply held values? The implication is clear: Only when you operate from a combination of your strengths and self-knowledge ⑤ can you achieve true — and lasting — excellence.

03

목동고 응용

다음 글의 밑줄 친 부분 중, 어법상 틀린 것을 모두 고르면?

① Seldom the cultural ideas spread by empire were exclusively created by the ruling elite. Since the imperial vision tends to be universal and inclusive, it was relatively easy for imperial elites to adopt ideas, norms, and traditions from wherever they found them, ② rather than sticking to a single rigid tradition. While some emperors sought to purify their cultures and ③ return to what they viewed as their roots, for the most part empires have produced hybrid civilizations that absorbed much from their subject peoples. The imperial culture of Rome was ④ Greek as well as Roman. Imperial Mongol culture was a Chinese copycat. In the imperial United States, an American president of Kenyan blood can ⑤ not only eat Italian pizza but also watch his favorite film, *Lawrence of Arabia*, a British epic about the Arab rebellion against the Turks.

04

선덕고 응용

다음 글의 밑줄 친 부분 중, 어법상 틀린 것끼리 짝지은 것은?

ⓐ Among the most common fears people have is nervousness about public speaking. It can serve as a real and significant barrier to effective communication and ⓑ ultimately to academic and professional success. Debate is an ideal setting to develop coping strategies that allow people to manage their speech anxiety. Because debate both ⓒ requires and allows for a lot of preparation, individuals develop confidence in their materials and ⓓ passionate for the ideas they support. Debate provides a focus on the content over style, so the attention is on the arguments, not on the person. Participants may forget to be nervous as they have so much else to think about. And repetition of experience helps them build confidence and ⓔ learns to cope with their inevitable nervousness in such a way as to prevent it from interfering with their objectives.

① ⓐ ⓑ　　　② ⓑ ⓓ　　　③ ⓒ ⓔ
④ ⓒ ⓓ　　　⑤ ⓓ ⓔ

05

신목고 응용

다음 중, 어법상 틀린 부분이 있는 문장은?

① Never did she dream that the day she was awarded the prize would come.
② I believe the biggest source of joy to Jordan and other athletes as well as to people in the workplace is the opportunity to use their abilities.
③ One swallow does not make a summer, neither does one fine day.
④ The laws made factory workers' lives more pleasant and the working conditions more safely.
⑤ Next to the dolls was a small box, made of ivory, containing tiny combs and a silver mirror.

06

→ 중산고 응용

다음 글의 밑줄 친 부분 중, 어법상 옳은 것을 모두 고르면?

Scientific discoveries are being brought to fruition at a faster rate than ever before. For example, in 1836, a machine was invented that mowed, threshed, and tied straw into bundles and ① <u>poured grain into sacks</u>. The machine was based on technology that even then was twenty years old, but ② <u>it was not until 1930 that such a machine actually was marketed</u>. The first English patent for a typewriter was issued in 1714, but another 150 years passed before typewriters were commercially available. ③ <u>Rarely we can think of such delays between ideas and application today</u>. It is not that we are ④ <u>smarter or more ambitious</u> than our ancestors ⑤ <u>but we have, over time, invented all sorts of</u> social devices to hasten the process. Thus, we find that the time between the first and second stages of the innovative cycle — between idea and application — has been cut radically.

* thresh 타작하다

07

→ 중동고 응용

다음 중, 어법상 틀린 문장을 4개 찾아 번호와 틀린 부분을 쓰고 바르게 고치세요.

① Why was it that the part of the world that had the least to do with cotton — Europe — created and came to dominate the empire of cotton?

② Only under this condition individuals would be able to survive and produce offspring and populations to maintain their size.

③ Our goal is to respect the artist's intent, but at the same time making it a visually coherent work of art.

④ Not only do these toys feel good to play with and connect children to the outside world, but they are also often strong enough to last a lifetime and even more.

⑤ As the size of a retail store decreases, so is the number of products a retailer can carry.

⑥ Not until a monkey is six years old it begins to show signs of independence from its mother.

(   ) _____ ➡ _____

(   ) _____ ➡ _____

(   ) _____ ➡ _____

(   ) _____ ➡ _____

08 → 강서고 응용

다음 글의 밑줄 친 (A)의 우리말과 같은 의미가 되도록 [보기]의 어구 중 필요한 것만을 골라 빈칸을 완성하세요.

As the only species that can actually talk, Homo sapiens is the only one that can lie out loud. This capacity gave early human beings a major evolutionary edge. They'd already demonstrated their mastery of the deceptive arts by hunting prey with artfully hidden traps or by tricking them into running off cliffs. As the human capacity to speak developed, (A) 우리의 먹잇감을 속이고 포식자를 속이는 능력뿐만 아니라 다른 인간들을 속이는 우리의 능력 역시 발달했다. This too could be advantageous. Those who could persuade members of a rival tribe that a westward-moving herd of caribou had migrated east won a battle in the war for survival. Verbal deceitfulness gave early humans such a survival advantage that some evolutionary biologists believe the capacity to speak and the ability to lie developed hand in hand.

┌ [보기] ─────────────────────
│   and deceive predators / did / was /
│   not only / so / our ability / to trick prey
└───────────────────────────

_____ but to lie to other humans.

[09~10] 다음 글을 읽고, 물음에 답하세요.

Food is ① neither good nor bad in the absolute, though we have been taught to recognize it as such. The organ of taste is not the tongue, but the brain, ② a culturally and therefore historical determined organ through which the criteria for evaluations are ③ transmitted and learned. Therefore, these criteria vary in space and in time. What in one era is judged positively, in another can change meaning; what in one locale is considered tasty, in another can not only be regarded untasty ④ but also be rejected as disgusting. Definitions of taste belong to the cultural heritage of human society. As there are differing tastes and preferences among different peoples and regions of the world, ⑤ so does tastes and preferences evolve over the course of centuries.

09 → 명덕고 응용

윗글의 밑줄 친 부분 중, 어법에 맞지 않은 것 2개를 찾아 번호와 틀린 부분을 쓰고 바르게 고치세요.

(　　) _____ ➡ _____

(　　) _____ ➡ _____

10 → 숙명여고 응용

다음에 제시된 윗글의 주제에 맞도록 [보기]에 주어진 어구 중 필요한 것만 골라 문장을 완성하세요. (대·소문자 구별할 것)

무엇이 맛이 있는지를 결정하는 것은 문화적 요소이다.

┌ [보기] ─────────────────────
│   that / what / a cultural factor /
│   is / determines / tasty / is / it
└───────────────────────────

01

→ 중앙고 응용

다음 글의 밑줄 친 부분 중, 어법상 틀린 것의 개수는?

ⓐ During the late 1800s, printing became cheaper and faster, leading to an explosion in the number of newspapers and magazines ⓑ and the increased use of images in these publications. Photographs, ⓒ as well as woodcuts and engravings of them, appeared in newspapers and magazines. The increased number of newspapers and magazines created greater competition — ⓓ driving some papers to print more salacious articles to attract readers. This "yellow journalism" sometimes took the form of gossip about public figures, ⓔ as well as with socialites who considered themselves private figures, and even about those who were not part of high society but had found themselves involved in a scandal, crime, or tragedy ⓕ in which journalists thought would sell papers. Gossip was of course nothing new, but the rise of mass media in the form of widely distributed newspapers and magazines ⓖ meaning that gossip moved from limited (often oral only) distribution to wide, printed dissemination.

* engraving 판화 ** salacious 외설스러운 *** dissemination 보급

① 1개 ② 2개 ③ 3개
④ 4개 ⑤ 5개

02

→ 중동고 응용

다음 글의 밑줄 친 부분 중, 어법상 틀린 것끼리 짝지은 것은?

The tank was a British invention. Early in the war inventors came to the army leaders with the idea but ⓐ the army rejected it as impractical. However, Winston Churchill, head of the navy, thought the idea had potential and his department funded its development. Two years later ⓑ the tanks were used for the first time at the Battle of the Somme. They advanced ahead of the infantry, crushing defences and ⓒ spraying the enemy with machine-gun fire. They caused alarm among the Germans and ⓓ rose the morale of the British troops. Surely this was the weapon that could achieve a breakthrough! However, these first machines only moved at walking pace. More than half of them broke down before they got to the German trenches. They were not very reliable. ⓔ It was not until a year later what tanks actually achieved great success. They blasted through ⓕ enemy lines so quickly that the infantry could not keep up.

* infantry 보병(대) ** trench 참호

① ⓐ ⓒ ② ⓑ ⓓ ③ ⓒ ⓔ
④ ⓓ ⓔ ⑤ ⓔ ⓕ

03

세화고 응용

다음 글의 밑줄 친 부분 중, 어법상 틀린 것을 모두 고르면?

Some study guides advocate filling out elaborate calendars so you will know what you ① are supposed to be doing during every minute, hour, and day throughout the entire semester. They would have you allocate the time periods to study each subject, to eat meals, to engage in athletic events, ② socializing with friends, and so forth. I feel that this approach is a serious mistake. ③ Not only will students be unwilling to follow such schedules, it is undesirable ④ for humans to attempt such strict arrangements. Following such a schedule would lead you to feel that your whole life is predetermined and ⑤ you would quickly become bored with your studies. As Frederick Nietzsche, the German philosopher, inquired, "Is not life a hundred times ⑥ too shortly for us to bore ourselves?" Use calendars for their intended purpose to record significant dates. Write down the dates of important events, such as exams and deadlines for term papers, so you will know ⑦ how much time you have to prepare for them. Don't let calendars regulate your life.

04

세화여고 응용

다음 글의 밑줄 친 부분 중, 어법에 맞지 않는 것을 2개 찾아 번호와 틀린 부분을 쓰고 바르게 고치세요.

School physical education programs should offer a balanced variety of activities that ① allow young people to develop ability in lifetime activities that ② are enjoyable and personal meaningful. A balance should exist in any physical education program among team, dual, and individual (lifetime) sports. Team sports such as basketball and soccer provide an opportunity for students ③ to develop skills and to enjoy working and competing together as a team. However, in many school physical education programs, team sports dominate the curriculum at the expense of various individual and dual sports, like tennis, swimming, badminton, and golf. In such cases, the students lose the opportunity to develop skills in activities ④ that they can participate in throughout their adult lives. ⑤ Only through a balanced program of team, dual, and individual sports it is possible to develop well-rounded individuals.

( )＿＿＿＿＿＿＿＿＿ ➜ ＿＿＿＿＿＿＿＿＿

( )＿＿＿＿＿＿＿＿＿ ➜ ＿＿＿＿＿＿＿＿＿

One of the keys to happiness is a bad memory.

행복의 열쇠 중 하나는 어두운 과거를 잊어버리는 나쁜 기억력이다.　　－ 리타 메이 브라운

망각은 축복이라는 말이 있습니다.

나를 해치는 나쁜 기억들에 사로잡혀 남은 나날들을 갉아 먹고 있지는 않나요?

앞으로 나아가기 위해서는 과거를 털어버려야 할 때도 있습니다.

이미 지나간 과거들을 후회하고 연민하느라 미래를 낭비하지 마세요.

미니
모의고사

5
회

1

5
회

01

대진여고 응용

다음 글의 밑줄 친 부분 중, 어법상 틀린 것은?

When you're eager to get your slice of the pie, why would you be ① interested in giving a hand to other people so that they can get their piece? If Ernest Hamwi ② took that attitude when he was selling zalabia, a very thin Persian waffle, at the 1904 World's Fair, he might have ended his days as a street vendor. Hamwi noticed ③ that a nearby ice-cream vendor ran out of bowls to serve to his customers. Most people would have sniffed, "Not my problem," perhaps even hoping the ice-cream vendor's misfortune would mean more customers for ④ them. Instead, Hamwi rolled up a waffle and put a scoop of ice-cream on top, ⑤ creating one of the world's first ice-cream cones. He helped his neighbor and, in the process, made a fortune.

* vendor 상인 ** sniff 콧방귀를 뀌며 말하다

02

마포고 응용

다음 글의 밑줄 친 부분 중, 어법상 틀린 것의 개수는?

English speakers have one of the simplest systems for describing familial relationships. Many African language speakers would consider ⓐ this absurd to use a single word like "cousin" to describe both male and female relatives, or not to distinguish whether ⓑ the person describing is related by blood to the speaker's father or to his mother. To be unable to distinguish a brother-in-law as the brother of one's wife or the husband of one's sister would ⓒ seem confusingly within the structure of personal relationships existing in many cultures. Similarly, how is it possible to make sense of a situation ⓓ in which a single word "uncle" applies to the brother of one's father and to the brother of one's mother? The Hawaiian language uses the same term to refer to one's father ⓔ and to the father's brother. People of Northern Burma, who think in the Jinghpaw language, have eighteen basic terms for describing their kin. Not one of them ⓕ can be directly translated into English.

① 2개   ② 3개   ③ 4개
④ 5개   ⑤ 6개

03

→ 중앙고 응용

주어진 우리말에 대한 영작으로 옳은 것은?

① 갈등 없이 아이들이 자신들의 한계를 알게 하는 한 가지 방법은 경험을 통해서이다.

→ One way to let your children know their limitations without conflict is through experience.

② 예를 들어, 우리 친구의 5살 난 아들이 그의 아버지와 함께 산행을 갔다.

→ For example, the five-year-old son of a friend of us went on a hike with his father.

③ 어느 시점에 그 소년은 그의 아버지에게 '어른들'이 하는 방식으로 그가 무거운 배낭을 메게 해 달라고 요청했다.

→ At one point the boy asked his father letting him carry a heavy backpack how the "big people" do.

④ 말 한 마디도 하지 않고, 아버지는 그의 배낭을 벗어 그것을 그의 아들에게 건네주었고, 아들은 곧 그것이 자기가 메기에는 너무 무겁다는 것을 발견했다.

→ Without saying a word, the father took his backpack off and handed it to his son, who immediately discovered that it was so heavily that he could not carry.

⑤ 안전한 방법으로 아버지는 그의 아들이 정말로 너무 작다는 것을 아들 스스로 경험을 통해 발견할 수 있도록 했다.

→ In a safe way the father had allowed his son to discover experientially what he was, indeed, too small.

04

→ 신일고 응용

다음 글의 밑줄 친 that 중, 문법적 기능이 나머지 넷과 <u>다른</u> 것은?

For centuries, people looked to the oceans as an unlimited food source ① that can be supplied for them. Though, 76 percent of the world's fisheries have recently suffered from thoughtless exploitation and overfishing. It is from these inefficient, illegal, and destructive fishing practices ② that each year billions of unwanted fish and other animals die. How can we save such precious resources? We can do it by consuming seafood in moderation and choosing only seafood ③ that comes from sustainable fisheries. Now several guides are available ④ that let you know what types of seafood you can eat or should avoid due to the declining populations in the wild. Your choice as a consumer could possibly encourage more fisheries to change their practices ⑤ that have exhausted our resources.

05

다음 글의 밑줄 친 부분 중, 어법상 옳은 것을 모두 고르면?

Most habits are probably good when they are first formed. That is, for many of the habits that you do not create intentionally, there ① must have been some value to performing that particular behavior. That value is ② what causes you to repeat the behavior ③ enough often to create the habit. Some habits become bad, because a behavior that ④ has rewarding elements to it at one time also has negative consequences that may not have been obvious when the habit began. Overeating is one such habit. You may know conceptually that eating too much is a problem. But when you actually overeat, there are ⑤ little really negative consequences in the moment. So you do it again and again. Eventually, though, you'll start to gain weight. By the time you really notice this, your habit of eating too much is deeply rooted.

06

다음 우리말에 맞도록 [보기]의 어구를 이용하여 문장을 완성하세요.

사람들이 상표나 상품을 사용하기 시작하는 때가 어리면 어릴수록, 그들은 미래에 그것을 계속 사용할 가능성이 더 높다.

[보기]
> likely / younger / to keep using / using /
> people are / a brand or product / it /
> the more / when they start / they are

The _____

_____ , _____

_____ for years to come.

07

다음 글의 밑줄 친 부분 중, 어법에 맞지 않는 것을 모두 찾아 번호를 쓰고 바르게 고치세요.

Why does garbage exist in the human system but not more ① broadly nature? Nature is a beautiful harmony of systems whereby every system's output is a useful input for ② other systems. An acorn that falls from a tree is an important input for a squirrel ③ that eats it. The by-product of that delicious meal — the squirrel's poop — is an important input for the microbes that consume it. The output of the microbes — rich humus and soil — is in turn the very material ④ from which a new oak tree may grow. Even the carbon dioxide that the squirrel breathes out is ⑤ what that tree may breathe in. This cycle is the fundamental reason why life ⑥ thrives on our planet for millions of years. It's like the Ouroboros — the ancient symbol depicting a snake or dragon eating its own tail; in a way, nature truly is a constant cycle of ⑦ consuming itself.

08

→ 진명여고 응용

빈칸 (A)~(C)에 주어진 단어를 활용하여 문맥과 어법에 맞게 쓰세요. (단어 추가 및 어형 변화 가능)

A human system of regulating flow is almost always more responsive than a mechanical one. Have you ever had to wait in a car at a red light when there was a lot of traffic on your street and none on the cross street? A policeman would immediately see the situation and adjust the directional flow to meet the momentary need. The same applies to rigid rules in a meeting. It is hard to get a constructive dialogue going when the participants (A) _____ (allow) to speak only in a fixed order. A human system — a sensitive moderator — could adjust to the moment-by-moment needs of the individuals in the group without letting anyone (B) ____ (dominate) the meeting for long. Clearly, every meeting of more than four or five people (C) _____ (need) a leader who will keep a balanced conversational flow.

(A) _____

(B) _____

(C) _____

[09~10] 다음 글을 읽고, 물음에 답하세요.

I once watched Grandfather ① looking at a bush. He stood for half an hour, silent and still. As I got closer, I could see he was looking at a sort of bird, but I could not tell ② what kind of bird was it. Just as I was about to ask him, a common robin flew from the bush. I asked Grandfather what he was looking at. ③ Smiling, he replied, "A robin."

I said, "But Grandfather, it's just a common robin. What's so interesting about a robin?" He said, "Just a robin?" Then, he drew a picture of a bird on the ground with a stick and, handed me the stick, he said, "Show me where all the black marks on a robin ④ are located." I said, "I don't know." "Then," he continued, "⑤ each bird are as different as you and I. No single bird is the same as another. We can always learn ⑥ something new every time we observe a robin. That is also true of everything else in life, every experience, every situation, every bird, tree, rock, water, and leaf. We can never know enough about anything." Finally, he continued, "you do not even begin to know an animal until you touch it, and feel its spirit. (A) 오직 그때서야 알기 시작할 수 있단다."

* robin 울새

09

→ 명덕고 응용

윗글의 밑줄 친 부분 중, 어법에 맞지 <u>않는</u> 것을 <u>모두</u> 찾아 번호와 틀린 부분을 쓰고 바르게 고치세요.

10

→ 개포고 응용

윗글의 밑줄 친 (A)의 우리말에 맞도록 [보기]에 주어진 단어를 이용하여 문장을 완성하세요.

[보기]

begin / know / can / to / ever / you

Only then _____.

01

개포고 응용

다음 글의 밑줄 친 부분 중, 어법상 **틀린** 것을 2개 고르면?

You are far more likely to eat ① what you can see in plain view. ② Organize the foods in your kitchen so the best choices are most visible and easily accessible. It also helps to hide poor choices in inconvenient places. An even better idea is to simply get rid of anything with low nutritional value ③ that you may be tempted to eat. Put fruits, vegetables, and other healthy options at eye level in your refrigerator, or ④ leaving them out on the table. Even when you aren't hungry, simply seeing these items will plant a seed in your mind for your next snack. Also consider ⑤ to take small bags of nuts, fruits, or vegetables with you when you are away from home. That way, you can satisfy a midafternoon craving even if no good options are available.

02

서울고 응용

다음 글 (A), (B)의 밑줄 친 부분 중, 어법상 적절한 것끼리 짝지어진 것은?

(A) Playing any game that involves more than one person teaches kids teamwork, the consequences of cheating, and how to be a good team player whether they win or lose. It's not hard ⓐ to see how those skills make it into the daily lives of kids. But like all things ⓑ we hope teaching our children, learning to cooperate or to compete fairly takes practice. Humans aren't naturally good at losing, so there will be tears, yelling, and cheating, but that's okay. The point is, playing games together helps kids with their socialization. It allows them a safe place ⓒ to practice getting along, following rules, and learning how to be graceful in defeat.

(B) The public growth of the Internet began in the 1990s, ⓓ as increasing numbers of computers came into homes and workplaces. The first online newspaper ⓔ published in the US and the Chicago-based Tribune was among the first titles to put its content online, in 1991. As the decade progressed, software developments made the task of creating online content quicker and cheaper — between 1995 and 1998, ⓕ a number of US dailies on the web grew from 175 to 750. Newspapers in the UK followed the same pattern: in 1994, the Sunday Times became the UK's first newspaper to have an online edition and a few months later the Daily Telegraph launched the Electronic Telegraph, Europe's first online daily.

① ⓐ ⓑ ⓒ   ② ⓐ ⓒ ⓓ   ③ ⓑ ⓒ ⓕ

④ ⓒ ⓔ ⓕ   ⑤ ⓓ ⓔ ⓕ

03

숙명/경기여고 응용

다음 중, 어법상 옳은 문장의 개수는?

A. Because we have not received the payment, we have suspended your membership privileges.

B. I was directed to the waiting area, which I remained until my name was called.

C. He had been only ten when his father died, and his mother moved the family to Cedar Rapids, Iowa, where Wood went to school.

D. The number of participants in angling in 2015 more than doubled comparing to the previous year.

E. All of a sudden, we must face the possibility that our ability to be creative is not unrivaled.

F. Although instances occur in which partners start their relationship by telling everything about them to each other, such instances are rare.

G. Jack was contributing to Mark's attitude by always letting him win at chess because he didn't like to see Mark get upset and cry.

* angling (보통 민물) 낚시

① 2개   ② 3개   ③ 4개
④ 5개   ⑤ 6개

04

세화여고 응용

다음 중, 어법상 옳은 문장을 모두 고르면?

① Precious metals have been desirable as money across the millennia not only because they have intrinsic beauty but also because existing in fixed quantities.

② Gold and silver enter society at the rate which they are discovered and mined; additional precious metals cannot be produced, at least not cheaply.

③ Commodities like rice and tobacco can be grown, but that still takes time and resources.

④ A dictator like Zimbabwe's Robert Mugabe could not order the government to produce 100 trillion tons of rice.

⑤ He was able to produce and distribute trillions of new Zimbabwe dollars, that is why they eventually became more valuable as toilet paper than currency.

05

재현고 응용

다음 글의 밑줄 친 부분 중, 어법상 틀린 것을 모두 찾아 바르게 고치세요.

In one experiment, children were told they could have one marshmallow treat if they chose to eat it ① <u>immediately</u>, but two treats if they waited. Most of the children, who ranged in age from 4 to 8, chose to wait, but the strategies they used ② <u>differed</u> significantly. The 4-year-olds often chose to look at the marshmallows while waiting, a strategy that was not terribly effective. In contrast, 6- and 8-year-olds used language to help overcome temptation, ③ <u>despite</u> in different ways. The 6-year-olds spoke and sang to themselves, ④ <u>reminded</u> themselves they would get more treats if they waited. The 8-year-olds focused on aspects of the marshmallows unrelated to taste, such as appearance, ⑤ <u>which</u> helped them to wait. In short, children used "self-talk" to regulate their behavior.

[06~07] 다음 글을 읽고, 물음에 답하세요.

In an experiment, when people were asked (A) _____(count)_____ three minutes in their heads, 25-year-olds were quite accurate, but 65-year-olds went over on average by 40 seconds. Time seemed to pass faster for the older group. This may seem meaningless, but there (B) _____(be)_____ a lot of benefits to perceiving time like 65-year-olds. For example, if you have been working on a project for eight hours, but it only feels like six, you will have more energy to keep (C) _____(go)_____ . If you have been running for 20 minutes, and you perceive it to be only 13 minutes, you're more likely to have seven more minutes of energy. So, if you want to use your energy to work longer, (D) 단지 얼마나 오래 일했는지에 대한 인식을 바꾸어 보라.

06
→ 진명여고 응용

윗글의 빈칸 (A)~(C)에 주어진 단어를 활용하여 문맥과 어법에 맞게 쓰세요. (단어 추가 및 어형 변화 가능)

(A) _____

(B) _____

(C) _____

07
→ 경문고 응용

윗글의 밑줄 친 (D)의 우리말에 맞도록 [보기]에 주어진 어구를 이용하여 문장을 완성하세요. (단어 추가 및 어형 변화 금지)

[보기]
been / your perception / change / you / how long / working / of / have

just _____

_____

08
→ 중산고 응용

다음 밑줄 친 (A)의 우리말과 같은 의미가 되도록 [보기]에 주어진 어구를 이용하여 배열하세요. (대·소문자 구별할 것)

In addition to controlling temperatures when handling fresh produce, control of the atmosphere is important. Some moisture is needed in the air to prevent dehydration during storage, but too much moisture can encourage growth of molds. Some commercial storage units have controlled atmospheres, with the levels of both carbon dioxide and moisture being regulated carefully. Sometimes other gases, such as ethylene gas, may be introduced at controlled levels to help achieve optimal quality of bananas and other fresh produce. (A) 저장된 식품들 사이에 약간의 공기 순환의 필요성이 기체와 습기의 관리와 관련되어 있다.

* dehydration 탈수

** controlled atmosphere 저온 저장과 함께 공기의 농도를 조절하는 장치

[보기]
the control / of / gases / related to / and moisture

_____

is the need for some circulation of air among the stored foods.

09

→ 대일외고 응용

다음 빈칸 (A), (B)에 주어진 단어를 활용하여 문맥과 어법에 맞게 쓰세요. (어형 변화 가능)

Studies show that no one is "born" to be an entrepreneur and that everyone has the potential to become one. Whether someone becomes an entrepreneur or not (A) _____(be)_____ a function of environment, life experiences, and personal choices. However, there are personality traits and characteristics commonly (B) __(associate)__ with entrepreneurs.

(A) _____

(B) _____

10

→ 서초고 응용

다음 글의 내용을 한 문장으로 요약하고자 한다. [보기]에 주어진 어구를 활용하여 문장을 완성하세요. (어형 변화 가능)

Despite all the talk of how weak intentions are in the face of habits, it's worth emphasizing that much of the time even our strong habits do follow our intentions. We are mostly doing what we intend to do, even though it's happening automatically. This probably goes for many habits: although we perform them without bringing the intention to consciousness, the habits still line up with our original intentions. Even better, our automatic, unconscious habits can keep us safe even when our conscious mind is distracted. We look both ways before crossing the road despite thinking about a rather depressing holiday we took in Brazil, and we put oven gloves on before reaching into the oven despite being preoccupied about whether the cabbage is overcooked. In both cases, our goal of keeping ourselves alive and unburnt is served by our automatic, unconscious habits.

↓

[보기]

us / in / from / danger /
keep / helpful / in our lives

The habitual acts we automatically do are related to our intention and these acts can be _____

_____.

01

→ 개포고 응용

다음 글 (A), (B)의 밑줄 친 부분 중, 어법상 적절한 것끼리 짝지어진 것은?

(A) A Princeton study by Nobel Prize winner Daniel Kahneman found ⓐ that once a person earned $75,000 per year, the emotional benefits of income wear off. He analyzed more than 450,000 responses to the Gallup-Healthways Well-Being Index, a daily survey of 1,000 U.S. residents conducted by the Gallup Organization, and discovered that emotional well-being rises with income — but not beyond an annual income of $75,000. What is the significance of $75,000? It's not a magic number. It appears ⓑ to be the income considered "adequate" to meet people's basic needs. And the researchers found that ⓒ lower income did not in itself cause sadness, but made people felt more burdened by the problems they already had. In other words, that old saying "money can't buy happiness" turns out to be true.

(B) Noise in the classroom has negative effects on communication patterns and the ability to pay attention. Thus, it is not surprising ⓓ that constant exposure to noise is related to children's academic achievement, particularly in its negative effects on reading and learning to read. Some researchers found that, ⓔ when preschool classrooms were changed to reduce noise levels, the children spoke to each other more often and in more complete sentences, and their performance on prereading tests improved. Research with older children suggests similar findings. On reading and math tests, ⓕ elementary and high school students in noisy schools or classrooms consistently perform below that in quieter settings.

① ⓐ ⓒ ⓔ   ② ⓐ ⓓ ⓕ   ③ ⓑ ⓒ ⓕ
④ ⓑ ⓓ ⓔ   ⑤ ⓒ ⓓ ⓔ

02

→ 이화여자외고 응용

다음 글의 밑줄 친 부분 중, 어법상 틀린 것을 2개 고르면?

Breaks are necessary to revive your energy levels and recharge your mental stamina, but they shouldn't ① be taken carelessly. If you've planned your schedule ② effectively, you should already have scheduled breaks at appropriate times throughout the day, so any other breaks in the midst of ongoing work hours are unwarranted. While scheduled breaks keep you on track by being strategic, re-energizing methods of self-reinforcement, unscheduled breaks derail you from your goal, as they offer you opportunities to ③ procrastinating by making you feel as if you've got "free time." Taking unscheduled breaks ④ are a sure-fire way to fall into the procrastination trap. You may rationalize that you're only getting a cup of coffee to keep yourself alert, but in reality, you're just trying ⑤ to avoid having to work on a task at your desk. So to prevent procrastination, commit to having no random breaks instead.

* derail 벗어나게 하다　** procrastinate (일을) 미루다

03

숙명/경기여고 응용

다음 중, 어법상 틀린 문장의 개수는?

A. Unfortunately, many people tend to focus on which they don't have, when in reality they are sitting on a pile of blessings!

B. We think our situation should be this way or that way, or at least different from the way they are.

C. In 1928 he met an American deep-sea diver named Otis Barton, who had been working on a design for a deep diving sphere.

D. He initially took on the difficult task of treating chronic-pain patients, many of them had not responded well to traditional pain-management therapy.

E. However, the key is to help people let go of the constant tension that is accompanied their fighting of pain, a struggle that actually prolongs their awareness of pain.

F. She reached out to her friends and family and asked them that they could pay $100.

G. The kindness and generosity shown by both friends and strangers made a huge difference for Monica and her family.

① 1개   ② 2개   ③ 4개
④ 5개   ⑤ 7개

04

세화여고 응용

다음 중, 어법상 바른 문장을 모두 고르면?

① I am sure you have heard something like, "You can do anything you want, if you just persist long and hard enough."

② She told Troy the subway temporarily stopped and advised him not taking the subway.

③ Little of us can become the professional athlete, entertainer, or movie star we would like to be.

④ Environmental, physical, and psychological factors limit our potential and narrowing the range of things we can do with our lives.

⑤ The first candidate for the student president promises to make the school festival the best.

⑥ If I don't look for a new challenge, I will get used to doing the same easy job and I won't develop.

05

영동고 응용

다음 글의 밑줄 친 부분 중, 어법에 맞지 않는 것을 모두 고르면?

Everyone knows a young person who is impressively "street smart" but ① do poorly in school. We think it is a waste that one who is so intelligent about so many things in life seems unable to apply that intelligence to academic work. ② What we don't realize is that schools and colleges might be at fault for missing the opportunity to draw such street smarts ③ and guide them toward good academic work. ④ Nor we consider one of the major reasons why schools and colleges overlook the intellectual potential of street smarts: the fact that we associate those street smarts with anti-intellectual concerns. We associate the educated life, the life of the mind, ⑤ too narrowly with subjects and texts that ⑥ we consider weightily and academically.

06

→ 상문고 응용

다음 글의 밑줄 친 ①~⑤ 중, 어법에 맞지 <u>않는</u> 것을 2개 찾아 번호와 틀린 부분을 쓰고 바르게 고치세요.

Frank Barrett, an organizational behavior expert, explains that disrupting routines and looking at a situation from ① <u>another's perspective</u> can lead to new solutions. In a lecture, Barrett shares the story of an airline that dealt with many complaints about their customer service. The airline's leaders held a workshop to focus on how to create a better experience for their customers. While ② <u>everyone else was in meetings</u> on the first day of the workshop, the airline's vice president of marketing ③ <u>had the beds in each leader's hotel room replace</u> with airline seats. ④ <u>After having spent</u> that night in airline seats, the company's leaders came up with some "radical innovations." If he had not disrupted their sleeping routines and allowed them to experience their customers' discomfort, the workshop ⑤ <u>might end</u> without any noteworthy changes.

( )＿＿＿＿＿＿ → ＿＿＿＿＿＿＿

( )＿＿＿＿＿＿ → ＿＿＿＿＿＿＿

07

→ 강서고 응용

다음 우리말에 맞도록 [보기]의 어구를 이용하여 문장을 완성하세요.

우리는 고고학자들이 생각하기에 농업 혁명에 직접적으로 영향을 주었던 몇몇 곡물들이 있다고 배웠다.

┌─[보기]─────────────────────┐
there are / archaeologists think / several crops / taught / that / directly affected / were / that
└─────────────────────────────┘

We ＿＿＿＿＿＿＿＿＿＿＿＿＿＿＿

＿＿＿＿＿＿＿＿＿＿＿＿＿＿＿＿＿

the Agricultural Revolution.

[08~09] 다음 글을 읽고, 물음에 답하세요.

We like to make a show of ① <u>how much our decisions are</u> based on rational considerations, but the truth is that we are largely governed by our emotions, ② <u>which continually influence</u> our perceptions. What this means is that the people around you, constantly under the pull of their emotions, ③ <u>changing their ideas</u> by the day or by the hour, depending on their mood. You must never assume that what people say or do in a particular moment is a statement of their permanent desires.

Yesterday they were in love with your idea; today ④ they seem cold. This will confuse you and ⑤ if you are not careful, you will waste valuable mental space ⑥ trying to figure out their real feelings, their mood of the moment, and their fleeting motivations. (A) 여러분이 그 과정에 휩쓸리지 않기 위해서는 그들의 변화하는 감정들로부터 거리감과 어느 정도의 분리감 모두를 기르는 것이 최선이다.

08

→ 선덕고 응용

윗글의 밑줄 친 ①~⑥ 중, 어법에 맞지 않는 것을 1개 찾아 번호와 틀린 부분을 쓰고 바르게 고치세요.

(   ) _____ ➡ _____

09

→ 서라벌고 응용

윗글의 밑줄 친 (A)의 우리말에 맞게 [보기]에 주어진 어구 중 필요한 것을 골라 문장을 완성하세요.

[보기]
from their shifting emotions / caught up /
catching up / cultivate / to cultivate /
and a degree of detachment / so that /
such that / both distance / you are not

It is best _____

_____

_____ in the process.

10

→ 반포고 응용

다음 글의 밑줄 친 부분 중, 어법에 맞지 않는 것을 모두 찾아 번호와 틀린 부분을 쓰고 바르게 고치세요.

Imagine for a moment that your boss remembers all of your children's names and ages, ① routinely is stopped by your desk and asks about them, and then listens as you talk about them. Imagine that same boss tells you about a skill you need to develop and opens up an opportunity ② for you to be trained on that particular skill. Imagine there is a death in the family, and the boss has your company cater meals for your family after the funeral as a gesture of support. All of these are real scenarios, and guess what? All the bosses who ③ engaged in these acts of care and concerned have fiercely loyal employees. They have employees who absolutely do not mind ④ going the extra mile for their boss. They enjoy going to work and voluntarily suggest creative ideas ⑤ that save the company money and increase sales. These bosses influence the behavior of their team not by telling them what to do differently, ⑥ but by caring.

01

→ 양천고 응용

다음 글의 밑줄 친 부분 중, 어법상 옳은 것은?

We ① become more successfully when we are happier and more positive. For example, doctors ② put in a positive mood before making a diagnosis show almost three times more intelligence and creativity than doctors in a neutral state, and they make accurate diagnoses 19 percent faster. Salespeople who are optimistic sell more than those who are pessimistic by 56 percent. Students who ③ are made feel happy before taking math achievement tests perform much better than their neutral peers. It turns out that our brains ④ are literal programmed to perform at their best not when they are negative or even neutral, ⑤ but they are positive.

02

→ 중동고 응용

다음 글의 밑줄 친 부분 중, 어법상 틀린 것의 개수는?

Sometimes, we ⓐ are fascinated when our assumptions are turned inside out and around. The artist Pablo Picasso, for example, used Cubism as a way ⓑ to help us see the world differently. In his famous work *Three Musicians*, he used abstract forms to shape the players in ⓒ such an unexpected way that when you first see this artwork, you assume that nothing makes sense. Yet when you look at the painting a second time, the figures come together. Picasso's work challenges your assumptions about ⓓ how space and objects are used. His artwork helps you see the world differently and ⓔ remind you there are alternative ways of using shape, objects, and colors. The reward for this ⓕ is the intrinsic pleasure you getting by looking at this work.

① 1개　　② 2개　　③ 3개
④ 4개　　⑤ 5개

03

→ 서울고 응용

다음 글의 밑줄 친 부분 중, 어법에 맞게 쓰인 문장을 2개 고르면?

For its time, ancient Greek civilization was remarkably advanced. The Greeks figured out mathematics, geometry, and calculus long before calculators were available. ① Centuries before telescopes were invented, they proposed that the earth might rotate on an axis or revolve around the sun. Along with these mathematical, scientific advances, the Greeks produced some of the early dramatic plays and poetry. ② In a world was ruled by powerful kings and bloodthirsty warriors, the Greeks even developed the idea of democracy. But they were still a primitive people. ③ There were many aspects of the world around them where they didn't understand very well. They had big questions, like 'Why are we here?' and 'Why is smoke coming out of that nearby volcano?' Myths provided answers to those questions. ④ They were educational tools passing knowledge from one generation to the next. ⑤ They also taught morality and were conveyed truth about the complexity of life. In this way, the Greeks were able to understand right and wrong in their lives.

* geometry 기하학

04

반포고 응용

다음 글의 밑줄 친 부분 중, 어법상 틀린 것끼리 짝지어진 것은?

In primitive agricultural systems, the difference in productivity between male and female agricultural labor ⓐ is roughly proportional to the difference in physical strength. As agriculture ⓑ becomes less dependent upon human muscular power, the difference in labor productivity between the two genders ⓒ might expect to narrow. However, this is far from being so. ⓓ It is usually the men who learn to operate new types of equipment while women continue to work with old hand tools. ⓔ Improved agricultural equipment having been introduced, there is less need for male muscular strength. Nevertheless, the productivity gap tends to widen ⓕ because of men dominate the use of the new equipment and modern agricultural methods. Thus, in the course of agricultural development, women's labor productivity remains ⓖ unchanged compared to men's.

① ⓐ ⓓ　　　② ⓑ ⓓ　　　③ ⓒ ⓕ
④ ⓔ ⓕ　　　⑤ ⓔ ⓖ

[05~06] 다음 글을 읽고, 물음에 답하세요.

① Engaged in procrastination, how do you move from being stuck to doing the day's most difficult tasks? I say, "Eat the frogs!" The idea comes from a Mark Twain quote: "Eat a live frog first thing in the morning, and ② nothing worse will happen to you the rest of the day." Every morning, ③ committing to dealing with the item on your to-do list ④ in which you're dreading the most, and do it before anything else. Mornings are especially ideal for when you need to be productive on creative tasks, such as writing, because you ⑤ have fewer distractions and your mind is free of the stresses ⑥ that accumulates over the course of a workday. While diving into undesirable tasks first thing, (A) 그 장애물을 극복해 버렸고 여러분 앞에 온전한 하루가 남았을 때 얼마나 기분이 좋을지를 상상해 보라.

* procrastination 미루는 버릇

05

세화고 응용

윗글의 밑줄 친 ①~⑥ 중, 어법에 맞지 않는 것을 3개 찾아 번호와 틀린 부분을 쓰고 바르게 고치세요.

(　　)＿＿＿＿＿＿　➡　＿＿＿＿＿＿

(　　)＿＿＿＿＿＿　➡　＿＿＿＿＿＿

(　　)＿＿＿＿＿＿　➡　＿＿＿＿＿＿

06

동덕여고 응용

윗글의 밑줄 친 (A)의 우리말에 맞도록 [보기]에서 필요한 어구만을 골라 문장을 완성하세요. (대·소문자 구별할 것)

[보기]
will feel / imagine / imagining / how good /
to get over / to have gotten over / it

＿＿＿＿＿＿＿＿＿＿＿＿

＿＿＿＿＿＿＿＿＿＿＿ that hurdle and still have a whole day ahead of you.

07

→ 숙명여고 응용

다음 글의 밑줄 친 부분 중, 어법에 맞지 <u>않는</u> 것을 <u>모두</u> 골라 번호와 틀린 부분을 쓰고 바르게 고치세요.

Don't let ① <u>distractions interrupt</u> your attentive listening to the speaker. You want to send the message ② <u>that what the speaker is saying important</u> to you. That message will ring hollow if you answer your cell phone and put the speaker on hold. If your cell phone rings while you are in a conversation, fight the urge to answer. For reasons unknown, most people ③ <u>feel compelled to answer</u> a ringing phone. The fact that your cell phone is ringing ④ <u>doesn't mean you have to answer it.</u> ⑤ <u>Rarely are phone calls urgent.</u> If no message is left, that is clearly the case. And if a message is left, you can listen to it, usually in a matter of minutes, once your conversation has finished. Even in today's tech-savvy world, answering phone calls ⑥ <u>while a conversation</u> is disrespectful.

* tech-savvy 기술 사용이 능숙한

08

→ 진명여고 응용

다음 (A)~(E)에 주어진 단어를 활용하여 문맥과 어법에 맞게 쓰세요. (단어 추가 및 어형 변화 가능)

As is true of some fish, fathead minnows that have been attacked release chemicals from specialized cells in the skin. For a long time, these chemicals (A) ___(consider)___ alarm signals designed to alert other members of the species to the presence of a predator. In some cases, fish exposed to these chemicals (B) ___(do)___ indeed appear to hide. However, observations of this sort raise a question about this conventional view: How can an injured fish benefit from helping others of its species to (C) ___(escape)___ from a predator? Perhaps injured fish do not release these special chemicals to benefit others, but rather (D) ___(help)___ themselves. They might be attracting additional predators that may interfere with the initial attacker, occasionally (E) ___(result)___ in the release of the captured prey.

(A) _____

(B) _____

(C) _____

(D) _____

(E) _____

[09~10] 다음 글을 읽고, 물음에 답하세요.

Elsie Inglis, the second daughter of John Inglis, was born in India on 16th August, 1864. She had the good fortune to have enlightened parents who (A) 딸의 교육도 아들의 그것만큼 중요하다고 여겼다. With the support of her father, she began to train as a doctor. (B) _____ (terrify) by the poor medical treatment for female patients, she founded a hospital for women in Edinburgh in which the staff consisted only of women. She was also (C) _____ (active) engaged in politics and worked for women's voting rights. The outbreak of the First World War turned her attention to (D) _____ (help) the troops, and she organized fourteen medical units to send to battlefields throughout Europe. (E) _____ (care) for both soldiers and civilians suffering from sickness, Inglis became ill in Russia and was forced (F) _____ (return) to Britain, where she died in 1917. She is still remembered as a wonderful woman of enthusiasm, strength, and kindliness.

09

→ 현대고 응용

윗글의 밑줄 친 (A)의 우리말에 맞도록 [보기]에 주어진 어구를 배열하여 문장을 완성하세요.

[보기]
that / the education / as / considered /
of a daughter / important / of a son / as

_____

_____

10

→ 장훈고 응용

윗글의 (B)~(F)의 빈칸에 들어갈 말을 괄호 안에 주어진 단어를 활용하여 어법에 맞게 쓰세요. (단어 추가 및 어형 변화 가능. 대·소문자 구별할 것)

(B) _____

(C) _____

(D) _____

(E) _____

(F) _____

01

→ 용산고 응용

다음 글의 밑줄 친 부분 중, 어법상 틀린 것을 2개 고르면?

Work was once seen as human penance for evil beginnings in the Garden of Eden. Over the years, as socioeconomic classes ① arose in society in the Middle Ages, work began to be seen as the curse of the poor. The wealthy in society did all they could to avoid labor, perhaps except for war, ② it was seen as noble. Eventually enlightened philosophers such as St. Thomas Aquinas and his contemporaries taught ③ that work was important, especially if we used our surplus to help others. Their teachings influenced reformers such as Martin Luther, who explained that work was virtuous if we had integrity and were honest in our dealings with our fellow men. Later, as America and Canada ④ expanding into new territories, work in contemporary society ⑤ was described as a privilege of the free. Then, as we entered the 1900s, Henry Ford and other industrialists convinced us that work led to progress for our society and our families.

* penance (종교적인) 속죄

02

→ 개포고 응용

다음 글 (A), (B)의 밑줄 친 부분 중, 어법상 옳은 것끼리 짝지은 것은?

(A) Becoming indispensable can be as much about how you work as ⓐ what you produce. Many employees believe they will receive the recognition they desire by attacking their work with a singular vision. They are driven with laser-beam focus, ⓑ believe this will help them create optimal results that will showcase their

talents and impress those at the top. But when you do this, something important is missing. A narrow focus tends to produce narrow results only valuable to your little corner of the company. The most successful employees are not ⓒ those who focus solely on their own work. They are those who maintain a broader focus, ⓓ keeping its tasks in line with what's most important to the company and its future. Producing through the lens of the bigger picture will make your work seem larger than life, while work produced with a narrow focus is usually dismissed as "typical."

(B) We all want to believe that our brains sort through information in the most rational way possible. On the contrary, countless studies show that there are many weaknesses of human reasoning. ⓔ Common weaknesses in reasoning exists across people of all ages and educational backgrounds. For example, confirmation bias is ubiquitous. People pay attention to information ⓕ that supports their viewpoints, while ignoring evidence to the contrary. Confirmation bias is not the same as being stubborn, and is not constrained to issues about which people have strong opinions. Instead, it acts at a subconscious level to control the way we gather and filter information. Most of us are not aware of these types of flaws in our reasoning processes, but ⓖ professionals who work to convince us of certain viewpoints studying the research on human decision making to determine how to exploit our weaknesses to make us more susceptible to their messages.

* ubiquitous 아주 흔한

① ⓐ ⓒ ⓕ   ② ⓐ ⓓ ⓕ   ③ ⓑ ⓒ ⓔ
④ ⓒ ⓔ ⓖ   ⑤ ⓓ ⓔ ⓖ

03

→ 숙명/경기여고 응용

다음 중, 어법상 옳은 문장의 개수는?

A. Although it makes a beautiful centerpiece for my table, I noticed on the enclosed information leaflet that the bowl gives off harmful chemicals when microwaved.

B. He reduced altitude and kept an eye on the oil gauge, hoped to fly as far as a planned fuel stop in Louisiana, where he could service the plane.

C. Exist on a few dietary staples like bagels, bananas, and energy bars may leave you short on the fiber, vitamins, and minerals that are crucial for health.

D. The percentage of immigrant population born in South/East Asia increased to 26% in 2013, that was more than seven times that of 1960.

E. There is one of the longest stretches of continuous downhill road in the world.

F. The effect is that any power gap that is existed is magnified through the lens of this dimension.

G. Several years later as a successful business person, the once unhappy college student remembered the remarkable lesson about life when the child taught her that day.

* leaflet (광고나 선전용) 전단지 ** staple 주식(주요 식품)
*** stretch 길게 뻗은 구간

① 2개   ② 3개   ③ 4개
④ 5개   ⑤ 6개

04

→ 세화여고 응용

다음 중, 어법상 옳은 문장을 모두 고르면?

① If we can't have everything we want today, what do we do? We are forced to make choices. We must have chosen some goods and services and not others.

② Have you ever watched children in a toy store to hold a gift certificate in hand?

③ Instead of bubbling with excitement over the toy they bought, they usually appear frustrated over not being able to walk away with everything!

④ Because we cannot have everything all at once, we are forever made to make choices.

⑤ We can use our resources to satisfy only some of our wants, leaving many others unsatisfying.

05

→ 대일외고 응용

빈칸 (A), (B)에 주어진 단어를 활용하여 문맥과 어법에 맞게 쓰세요. (어형 변화 가능)

In other words, traditional housing approaches were specific to the culture, climate, and environment. Consider the igloo, a building (A) _____ (use) the thermal mass of ice to enclose heat and resist snow, or the ancient Egyptians' ventilation domes that produced interior cooling amid (B) _____ (burn) _____ desert heat.

* thermal 열의 ** amid 가운데에

(A) _____

(B) _____

[06~07] 다음 글을 읽고, 물음에 답하세요.

Our kitchens owe much to the brilliance of science, and a cook ① experimenting with mixtures at the stove is often not very different from a chemist in the lab: we add vinegar to red cabbage to fix the color and use baking soda so as to ② counteracting the acidity of lemon in the cake. It is wrong to suppose, however, ③ that technology is just the appliance of scientific thought. It is something more basic and older than this. Not every culture ④ had had formal science — a form of organized knowledge about the universe that starts with Aristotle in the fourth century BC. The modern scientific method, in which experiments form part of a structured system of hypothesis, experimentation, and analysis is as ⑤ recently as the seventeenth century; the problem-solving technology of cooking goes back thousands of years. Since the earliest Stone Age humans cut raw food with sharpened flints, we (A) 항상 더 나은 방법들을 고안하기 위해 발명을 사용해 왔다 to feed ourselves.

* counteract 중화하다 ** flint 부싯돌

06

→ 영동고 응용

윗글의 밑줄 친 ①~⑤ 중, 어법상 틀린 것을 3개 골라 번호를 쓰고 바르게 고치세요.

(　　) ＿＿＿＿＿＿＿＿＿＿

(　　) ＿＿＿＿＿＿＿＿＿＿

(　　) ＿＿＿＿＿＿＿＿＿＿

07

→ 재현고 응용

윗글의 밑줄 친 (A)의 우리말과 같은 뜻이 되도록 [보기]에 주어진 어구를 바르게 배열하세요.

[보기]

always / invention / use / have / devise / in order to / better ways

08

→ 현대고 응용

다음 글의 밑줄 친 부분 중, 어법상 틀린 것을 모두 찾아 바르게 고치세요.

Establishing protected areas with intact ecosystems ① is essential for species conservation. It is, however, shortsighted to rely solely on protected areas to preserve biodiversity. Such reliance can create a paradoxical situation ② which species and ecosystems inside the protected areas are preserved while the same species and ecosystems outside are allowed to be damaged, which in turn ③ result in the decline of biodiversity within the protected areas. This is due in part to the fact that many species must migrate across protected area boundaries to access resources that the protected area ④ itself cannot provide. In India, for example, tigers leave their protected areas to hunt in the surrounding human-dominated landscape. In general, the smaller the protected area, ⑤ the more it depends on unprotected neighboring lands for the long-term maintenance of biodiversity. Unprotected areas, including those immediately outside protected areas, are thus crucial to an overall conservation strategy.

09

→ 중산고 응용

다음 글의 밑줄 친 (A)의 우리말에 맞도록 [보기]에 주어진 어구를 이용하여 문장을 완성하세요. (어형 변화 가능)

For any product, the last step of the recycling process is selling the new product. Unfortunately, it can be hard to find markets for some types of recyclables. Plastic companies generally prefer new plastic, for instance, because it is of more consistent quality than recycled plastic. The new plastic is guaranteed to be free of incompatible polymers — the chemical from which plastics are made — that sometimes are mixed in when the plastic is not sorted well before recycling. Manufacturers say it is also easier to control the color of plastics that have no recycled content. Similarly, paper manufacturers complain that recycled paper often gets dirty during collection and sorting. (A) 그 종이를 깨끗하게 하는 추가 비용이 어떤 목적을 위해 사용하기에는 그것(재활용 종이)을 지나치게 비싸게 만든다.

* incompatible 배합할 수 없는

[보기]

make / of cleaning the paper /
use / too / to / it / expensive

The added expense _____

_____ for some purpose.

10

→ 서초고 응용

다음 글의 내용을 한 문장으로 요약하고자 한다. [보기]에 주어진 어구를 활용하여 문장을 완성하세요.

Mitterer and de Ruiter used a color categorization paradigm to study the relationship between "world knowledge" and color categories. First, half of the observers saw typically orange objects (e.g., carrot) in a good orange and typically yellow objects (e.g., banana) in a hue midway between orange and yellow. The other half saw typically orange objects in the intermediate hue and typically yellow objects in a good yellow. Later, observers were asked to categorize a color-neutral object (e.g., sock) colored somewhere between yellow and orange as either yellow or orange. The researchers found that if the observers had seen typically yellow objects in the intermediate hue, this hue was subsequently categorized as yellow. The reverse was true for the observers who had seen typically orange objects in the intermediate hue.

* hue 색조, 빛깔 ** midway 중간쯤의

↓

[보기]

the category / object's typical color /
of the previous / matched

After observers were exposed to a typically yellow or orange object in an intermediate hue, they thought the intermediate hue of a color-neutral object

_____

_____ .

Tomorrow
better than today

Tomorrow
better than today

memo

Tomorrow
better than today

memo

Tomorrow
better than today

memo

수행족보 바로가기

JINHAK >

선배들의 **수행평가**

생기부
때문에
힘든사람
주 목

합격자의 실제 수행 족보, **무료** 로 이용해보세요!

원하는 주제를 찾는 가지 방법

희망 진로 로 찾아보기

진로심화주제	교과목 연계 주제
의학 ▼	
의학 · 치의학 ▼	

과목별 로 찾아보기

진로심화주제	**교과목 연계 주제**
수학 ▼	
미적분 ▼	
공학 ▼	

키워드 로 검색하기

DNA   ✕ 🔍

선배들의 수행평가 레퍼런스

#X선 회절 연구
서울대 약학계열
헬륨-네온 레이저를 이용한 DNA 분자 X선 회절 연구 재현
#연구 #레이저 #DNA분자 #회절 #헬륨-네온

선배들의 **수행평가**로 시간과 노력은  내용과 대학은

실력으로 여백을 채우다!

서술형 문항의
원리를 푸는 열쇠
화 이 트 라 벨

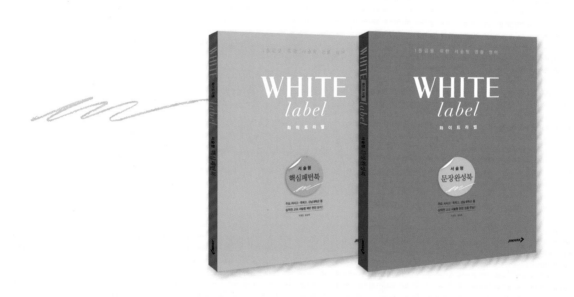

전국 자사고 · 특목고, 강남 8학군 등

주요 상위권 고교 영어 서술형 완전 분석!

블랙라벨은 최고의 제품에만 허락되는 이름입니다

blacklabel

1등급을 위한 명품 영어 **블랙라벨**

영어 내신 어법

정답과 해설

개념의 이해와 적용
단계별 학습을 위한
플러스 기본서

더 THE 개념
블랙라벨

수학

| 15개정
교육과정 | 고등 수학(상)
고등 수학(하) | 수학 I
수학 II | 확률과 통계
미적분 | 22개정
교육과정 | 공통수학1
공통수학2 (출시 예정) |

더 확장된 개념! 더 최신 트렌드!
더 어려운 문제! 더 친절한 해설!

B L A C K L A B E L

사고력을 키워 주고 문제해결에 필요한	예시와 증명으로 스스로 학습 가능한	트렌드를 분석하여 엄선한 필수 문제로
확 장 된 개 념	자 세 한 설 명	최 신 기출 문제

정답과
해설

BLACK LABEL

UNIT 01 동사의 기초

PRACTICE TEST _with Textbooks_

A
01 published   02 lies   03 have
04 buying   05 Recognize

B
01 ×, is   02 ×, rise   03 ×, attending
04 ×, reached   05 ○

C
01 rely → relying   02 to be → is
03 adding → adds   04 discuss about → discuss
05 to cost → cost

D
01 anything resembling the loneliness that humans feel
02 Providing your employees with an occasional snack
03 found an organization to send
04 rushed out of the room at the same time
05 when Greek thinkers laid the foundations

E
01 people caught kissing in public place can be imprisoned
02 People living in other countries contacted him
03 working in offices far from home depend on
04 blames herself for teaching techniques
05 to keep diseases from being spread

A

01 정답 published
해석 만화책은 매년 출간되는 모든 일본 책들과 잡지들의 거의 40퍼센트를 차지한다.
풀이 문장의 동사는 account for이고 접속사가 없으므로 동사 publish는 사용될 수 없다. 모든 책들과 잡지들은 '발행되는' 것이므로, 앞에 나온 명사구 all ~ magazines를 수식하며 수동의 의미를 나타내는 준동사인 과거분사 published가 적절하다.

02 정답 lies
해석 자연 통제가 살충제 사용보다 더 많이 선택되는 이유가 여기에 있다.
풀이 '여기에 ~가 있다'라는 뜻의 「Here＋동사＋주어」 구문이 사용된 문장으로 주어와 동사가 도치되어 있다. 따라서 the reason이 문장의 주어이며 '이유가 여기에 있다'라는 의미를 나타내야 하므로 '(놓여) 있다.'라는 뜻의 자동사 lies가 적절하다. '~을 놓다(두다)'라는 뜻의 타동사 lay는 뒤에 목적어가 필요하므로 적절하지 않다.

03 정답 have
해석 들어오는 개미들, 즉 짐을 지고 있는 개미들이 항상 길에 대한 권리를 가진다.

풀이 문장의 주어는 The inbound ants이고 뒤에 동사가 없으므로 have가 오는 것이 적절하다. the ones ~ a load는 앞에 나온 The inbound ants를 부연 설명하는 동격의 명사구이다.

04 정답 buying
해석 현명한 소비자가 된다는 것은 단지 할인 판매 중인 물건을 사고 할인권을 사용하는 것 이상을 뜻한다.
풀이 Being a wise consumer가 문장의 주어이고 동사 is가 있으므로 준동사인 동명사 buying이 적절하다. 전치사 than의 목적어로 buying things on sale과 using vouchers가 and를 중심으로 병렬 연결된 구조이다.

05 정답 Recognize
해석 직원들의 장점을 인식하고 그들에게 적절한 역할을 부여해라.
풀이 명령문으로 주어가 생략되고 바로 동사가 나와야 하므로 recognize가 적절하다. 두 개의 명령문 Recognize ~ employees와 give ~ roles가 and를 중심으로 병렬 연결된 구조이다.

B

01 정답 ×, is
해석 만약 당신이 다른 문화에 대해 많이 알지 못한다면, 다른 나라와 다른 민족 집단 출신의 사람들과의 의사소통은 오해를 낳을 수 있다.
풀이 문장에 접속사 if가 있으므로, 동사가 2개 나와야 함을 알 수 있다. communication ~ groups가 주절의 주어이고, 주절에 동사가 없으므로 being을 is로 고쳐야 한다.

02 정답 ×, rise
해석 그는 고기에 대한 세계적 수요가 수십 년에 걸쳐 해마다 2%씩 오를 것이라고 전망했다.
풀이 '~을 올리다'라는 뜻의 타동사 raise는 뒤에 목적어가 있어야 하는데, raise 뒤에 목적어가 나오지 않으므로 자동사 rise로 고쳐야 한다.

03 정답 ×, attending
해석 Anna는 갈등 관리 워크숍에 참석하는 것을 고려 중이다.
풀이 '~에 참석하다'라는 뜻의 attend는 타동사로 전치사 없이 뒤에 바로 목적어가 이어져야 하므로 attending at을 attending으로 고쳐야 한다.

04 정답 ×, reached
해석 그녀가 내부 계단 꼭대기에 이르렀을 때, 그녀는 마치 군중이 그녀를 환호하는 것을 들을 수 있는 것처럼 아래를 쳐다봤다.
풀이 '~에 이르다, 도착하다'라는 뜻의 reach는 타동사로 전치사 없이 뒤에 바로 목적어가 이어져야 하므로 reached to를 reached로 고쳐야 한다.

05 정답 ○
해석 우리는 코코넛 오일과 아몬드 오일로 아름다운 색 비누를 만들면서 정말 재미있는 시간을 보냈다.
풀이 문장의 동사는 had이며 접속사가 없으므로 밑줄 친 부분은 동사가 올 수 없는 자리이다. 따라서 분사구문을 이끌 수 있는 현재분사 making이 쓰인 것은 적절하다.

01 **정답** rely → relying

해석 올바른 길을 찾기 위해 달빛에 의존하는 새들은 빛 공해 때문에 밤하늘을 비행하는 데 어려움을 겪는다.

풀이 문장의 주어는 The birds, 동사는 have이므로 rely는 준동사로 표현해야 한다. 문맥상 '달빛에 의존하는 새들'이라는 의미가 되어야 자연스러우므로 rely를 현재분사 relying으로 고쳐야 한다.

02 **정답** to be → is

해석 그의 그림을 우리가 시간을 내서 감상할 필요가 있는 걸작으로 만드는 것은 장면들의 독창성과 생동감이다.

풀이 that ~ appreciate는 앞에 나온 명사 the masterpiece를 수식하는 관계사절이고 주절의 주어는 명사절 What ~ masterpiece이다. 문장의 동사가 없고 명사절은 단수 취급하므로, to be를 단수 동사 is로 고쳐야 한다.

03 **정답** adding → adds

해석 인공색소 적색 5호는 몇몇 딸기 우유에 사용되고 있는데, 맛에 어떠한 것도 더하지 않는다.

풀이 used ~ milk는 과거분사 used가 이끄는 분사구문으로 주어를 부연 설명한다. 따라서 문장의 주어는 The artificial color Red No. 5이고 동사가 없으므로 adding을 adds로 고쳐야 한다.

04 **정답** discuss about → discuss

해석 그때는 내가 당신의 요청을 논의하기에 적절한 시기가 아니었다.

풀이 '~에 관해 논의하다'라는 뜻의 타동사 discuss는 전치사 없이 뒤에 바로 목적어가 이어져야 하므로 discuss about을 discuss로 고쳐야 한다.

05 **정답** to cost → cost

해석 당신이 샀던 PC가 당신에게 적은 돈이 들게 했다면, 그것을 떨어뜨리거나 잃어버리는 것이 당신에게 큰 괴로움을 주지는 않을 것이다.

풀이 if절에 있는 you purchased는 앞에 목적격 관계대명사 which(that)가 생략된 관계사절로 the PC를 수식한다. if절에 동사가 없기 때문에 to cost를 동사로 고쳐야 하는데 문장 전체를 보면 가정법 과거가 쓰인 문장으로 if 조건절에는 동사의 과거형을 써야 한다. 따라서 to cost를 과거동사인 cost로 고쳐야 한다.(cost - cost - cost)

01 **정답** anything resembling the loneliness that humans feel

풀이 feel의 목적어로 '어떤 것'을 뜻하는 anything이 먼저 나와야 한다. '외로움과 유사한 어떤 것'이라는 의미를 나타내기 위해 명사 anything을 뒤에서 수식하는 현재분사구를 사용해야 하는데, '유사하다'라는 뜻의 타동사 resemble은 전치사 없이 뒤에 목적어가 바로 이어져야 하므로 현재분사 resembling과 목적어인 the loneliness를 차례로 배열한다. 마지막으로 '인간이 느끼는 외로움'이라는 의미를 나타내기 위해 the loneliness를 뒤에서 수식하는 관계사절인 that humans feel을 이어서 쓴다.

02 **정답** Providing your employees with an occasional snack

풀이 '당신의 직원들에게 가끔씩 간식을 주는 것'이 문장의 주어이므로, 동명사 Providing이 제일 먼저 나와야 한다. 'A에게 B를 공급하다'라는 뜻의 「provide A with B」를 사용하여, Providing 다음으로 A에 해당하는 your employees와 전치사 with, 그리고 B에 해당하는 an occasional snack을 차례로 배열해야 한다.

03 **정답** found an organization to send

풀이 '찾았다'라는 뜻을 나타내기 위해 find의 과거형인 found를 먼저 쓰고 목적어인 an organization을 연결해야 한다. '책들을 보낼 단체'라는 의미에 맞게, 형용사적 용법의 to부정사구를 사용하여 an organization 뒤에 to send를 연결한다.

04 **정답** rushed out of the room at the same time

풀이 and 뒤 절의 주어 the students 다음에 동사 rushed를 쓰고 '방 밖으로'라는 의미를 나타내기 위해 out of the room을 연결한 뒤 '동시에'라는 의미의 부사구 at the same time을 차례로 배열한다.

05 **정답** when Greek thinkers laid the foundations

풀이 시간을 나타내는 선행사인 the ancient Greece를 부연 설명하는 관계부사절을 써야 하므로 관계부사 when을 먼저 쓴다. 다음으로 관계부사절의 주어인 Greek thinkers를 쓴 뒤, '놓았다'라는 뜻을 나타내기 위해 타동사 lay의 과거형인 laid를 써야 한다. 마지막으로 목적어인 the foundations를 laid 뒤에 위치시킨다.

01 **정답** people caught kissing in public place can be imprisoned

풀이 문장의 주어인 people이 먼저 나오고 '적발된' 사람들이라는 뜻이므로 people 뒤에 수동의 의미를 나타내는 과거분사 caught을 써야 한다. '공공장소에서 키스하다가' 적발된 사람들이라는 의미를 나타내기 위해 people caught 뒤에 이를 수식하는 현재분사구 kissing in public place가 이어지고, 마지막으로 사람들이 '투옥될 수 있다'라는 수동의 의미를 나타내기 위해 can be imprisoned를 배열해야 한다.

02 **정답** People living in other countries contacted him

풀이 '다른 나라에 사는 사람들'이 문장의 주어이므로 People을 먼저 쓰고 뒤에 People을 수식하는 현재분사구를 써야 한다. 따라서 live를 현재분사 living으로 고쳐 People 뒤에 living in other countries가 이어져야 한다. 그 뒤에 '그에게 연락했다'라는 의미를 나타내기 위해 과거시제 동사를 써야 하므로, contact를 과거시제인 contacted로 바꿔 쓰고 이어서 목적어인 him을 차례로 쓰는 것이 자연스럽다.

03 **정답** working in offices far from home depend on

풀이 '집에서 멀리 떨어진 사무실에서 일하는 많은 사람들'이라는 의미를 나타내기 위해 주어인 Many people 뒤에 능동의 의미를 나타내는 현재분사구를 써야 한다. 따라서 work를 현재분사인 working으로 고쳐 working in offices를 먼저 써야 한다. 다음으로 '집에서 멀리 떨어진'이란 의미에 맞게 부사구인 far from home이 차례로 이어지고, 그 뒤에 동사 depend on을 배열해야 한다.

04 **정답** blames herself for teaching techniques

풀이 'A를 B의 이유로 비난하다'라는 뜻의 「blame A for B」를 사용하되, 주어인 Ms. Clark이 3인칭 단수 명사이므로 blame을 단수 동사인 blames로 고쳐 쓰고, A에 해당하는 herself를 써야 한다. 다음으로 전치사 for와 for의 목적어 B를 써야 하는데 전치사의 목적어는 명사로 써야 하므로, teach를 동명사인 teaching으로 바꿔 teaching techniques를 차례로 배열해야 한다. 참고로 주어인 Ms. Clark와 목적어인 her가 동일인이기 때문에 목적어로 재귀대명사 herself가 쓰였다.

05 정답 to keep diseases from being spread

풀이 'A가 B하는 것을 막다'라는 뜻의 「keep A from B(V-ing)」를 쓰되, '질병이 퍼지는 것을 막는 효과적인 방법'이라는 의미에 맞게 an effective way를 수식하는 형용사적 용법의 to부정사구 to keep을 먼저 쓰고 A에 해당하는 diseases, 그리고 from being spread를 차례로 배열해야 한다.

UNIT 02 수의 일치

PRACTICE TEST with *Textbooks*

A

01 was **02** are **03** are

04 doesn't **05** is

B

01 ×, inhabit **02** ×, is **03** ○

04 ×, is **05** ×, was

C

01 are → is **02** seem → seems

03 is → are **04** seem → seems

05 require → requires

D

01 that has an array of unique places

02 All four groups are asked to rate

03 is able to have a healthy body

04 believe that growing experimental varieties in their field is a better option

05 who are in emergencies like an earthquake or flood

E

01 One of her least favorite things is

02 they could do to survive in times of economic depression was

03 was full of passengers who were eager to go to their hometowns

04 seems to be a drop of concentration in the students' eyes

05 Not only passengers but also parents of a crying baby on board were frustrated

---

············· A ·············

01 정답 was

해석 나 자신을 돌아보고 나서 깨달았던 것은 내가 사진 찍는 것을 정말 좋아했다는 것이었다.

풀이 관계대명사 what이 이끄는 명사절 what ~ myself가 문장의 주어인데, 명사절이 주어로 쓰일 때는 단수 취급하므로 단수 동사 was가 적절하다.

02 정답 are

해석 여기 Peter의 가장 위대한 작품들 중 몇 점이 있는데, 모두 마드리드에서 볼 수 있다.

풀이 「all of + 명사」는 뒤에 나오는 명사의 수에 동사의 수를 일치시킨다. which가 가리키는 선행사 some of Peter's greatest works가 복수이므로 복수 동사 are가 적절하다.

03 정답 are

해석 그 회사 제품에 첨가된 밝은 색상들과 달콤한 맛들 대부분은 자연적인 것이 아니라 인공 화학물질들이다.

풀이 명사구 Most of ~ flavors가 문장의 주어이고 added to ~ company는 주어를 수식하는 과거분사구이다. 「most of + 명사」는 of 뒤의 명사의 수에 동사의 수를 일치시키는데 bright colors and sweet flavors가 복수이므로 복수 동사 are가 적절하다.

04 **정답** doesn't
해석 엄마는 내게 어떤 특별한 기능들도 갖추지 않은, 근처 가게들에서 파는 저렴한 스마트폰을 사라고 제안하셨다.
풀이 that ~ features는 an inexpensive smartphone을 수식하는 관계사절이다. 주격 관계대명사 뒤의 동사는 선행사의 수에 일치시키는데, 선행사가 단수 명사 an inexpensive smartphone이므로 단수 동사 doesn't가 적절하다.

05 **정답** is
해석 다양한 나라에서 온 사람들로 구성된 단체에서 활동하는 것은 쉽지 않지만, 그것은 여러분의 상상을 엄청나게 초월하는 결과를 만들어 낼 수 있다.
풀이 동명사구 Working in groups가 주어이고 made up of ~ countries는 groups를 수식하는 과거분사구이다. 동명사구는 단수 취급하므로 단수 동사 is가 적절하다.

B

01 **정답** ×, inhabit
해석 전체 동물 종의 절반 이상이 열대우림에 서식한다.
풀이 「half of + 명사」는 of 뒤의 명사의 수에 동사의 수를 일치시키므로 복수 명사 all animal species에 동사의 수를 일치시켜 inhabits를 복수 동사 inhabit으로 고쳐야 한다.

02 **정답** ×, is
해석 이러한 정신적인 능력을 개발하는 것은 연습이 필요한데, 이는 신체적인 능력의 개발과 다를 바 없다.
풀이 계속적 용법의 관계대명사의 선행사는 단어, 구, 절이 모두 가능하다. 이 문장에서 which의 선행사는 to develop these mental skills이고, to부정사구는 단수 취급하므로 are를 단수 동사 is로 고쳐야 한다.

03 **정답** ○
해석 종이봉투를 제조하는 것은 온실 가스의 주요 흡수자인 숲을 파괴할 뿐만 아니라, 다른 자원을 소모하고 환경 오염도 유발한다.
풀이 문장의 주어가 동명사구 Manufacturing paper bags이므로 단수 취급하여 단수 동사 destroys를 쓴 것은 적절하다.

04 **정답** ×, is
해석 손을 씻거나 손 세정제를 사용하는 것은 질병의 확산을 막는 가장 효과적이고 저렴한 방법들 중 하나이다.
풀이 「either A or B」에서 동사의 수는 B에 일치시켜야 한다. 동명사구 using hand sanitizers는 단수 취급하므로 are를 단수 동사 is로 고쳐야 한다.

05 **정답** ×, was
해석 편견을 만드는 다른 문화들에 대한 무관심은 Lisa의 학교에서 커지는 문제였다.
풀이 making ~ views는 앞에 나온 명사구 The indifference to other cultures를 수식하는 현재분사구이다. 주어인 The indifference가 단수 명사이므로 were를 단수 동사 was로 고쳐야 한다.

C

01 **정답** are → is
해석 3D 프린터들로 가공 식품들을 만드는 것은 재료를 먹을 수 있게 만드는 놀라운 방법이다.
풀이 문장의 주어인 동명사구 Creating processed foods는 단수 취급해야 하므로 are를 단수 동사 is로 고쳐야 한다.

02 **정답** seem → seems
해석 열대우림에서 사냥하는 것의 약 70～80퍼센트는 불법인 것으로 보인다.
풀이 「percent of + 명사」는 뒤에 나오는 명사의 수에 동사의 수를 일치시키므로, 단수 명사인 the hunting에 동사의 수를 일치시켜 seem을 seems로 고쳐야 한다.

03 **정답** is → are
해석 미취학 어린이들은 오직 어른이 동반할 경우에만 그 박물관에 입장할 수 있다.
풀이 Only if가 문장 앞에 쓰여 주어와 동사가 도치된 문장이다. 주어는 복수 명사 children under school age이므로 is를 are로 고쳐야 한다. 도치되기 전 문장은 Children under school age are admitted to the museum only if accompanied by an adult.이다.

04 **정답** seem → seems
해석 절반의 학생들은 그들의 기록들을 확인하기 위해서만 지시사항을 살펴보고 나머지 정보는 그들에게 중요하지 않아 보인다.
풀이 the rest of ~ to them에서 절의 주어는 the rest of the information이다. 「the rest of + 명사」는 of 뒤의 명사의 수에 동사의 수를 일치시켜야 하는데, the information은 단수이므로 seem을 단수 동사 seems로 고쳐야 한다.

05 **정답** require → requires
해석 그것이 어떻게 생겼는지 당신이 알고 있더라도, 북두칠성을 보는 것은 맑은 하늘과 약간의 행운을 필요로 한다.
풀이 even ~ like는 삽입절이고, 주어는 동명사구 Seeing the Big Dipper이다. 동명사구 주어는 단수 취급하므로 require를 단수 동사 requires로 고쳐야 한다.

D

01 **정답** that has an array of unique places
풀이 '일련의 독특한 장소들이 있는 세계'라는 의미를 나타내기 위해 a world in our minds 뒤에 관계사절이 이어져야 하는데 선행사 a world in our minds가 단수이므로 관계대명사 that 뒤에 단수 동사 has를 쓴다. has의 목적어로 '일련의'라는 뜻의 an array of와 unique places를 이어서 배열한다.

02 **정답** All four groups are asked to rate
풀이 「all + 복수 명사」는 복수 취급하여 복수 동사가 와야 하므로 먼저 '네 그룹 모두'를 뜻하는 All four groups가 나오고 복수 동사 are가 이어져야 한다. 네 그룹 모두가 평가해 달라는 요청을 '받는다'라는 수동의 의미를 나타내야 하므로 are 뒤에 asked to rate를 배열한다. 본래 'A에게 ~을 요청하다'라는 뜻의 「ask A to V」구조였던 문장이 수동태로 전환된 것으로 보면 된다.

03 **정답** is able to have a healthy body
풀이 전체 문장의 주어는 '건강한 마음을 가진 사람은 누구나'라는 뜻의 Whoever has a healthy mind이고, 명사절은 단수 취급하므로 뒤에 단수 동사 is가 와야 한다. 그 뒤로 '가질 수 있다'라는 뜻을 나타내기 위해 able to have를 배열하고 have 뒤에는 목적어로 a healthy body가 와야 한다.

04 정답 believe that growing experimental varieties in their field is a better option

풀이 「The majority of + 명사」는 뒤에 나오는 명사의 수에 동사의 수를 일치시키므로 farmers 뒤에 복수 동사 believe가 먼저 나와야 한다. believe 뒤에는 목적어 역할을 하는 that절이 이어져야 하며, 절의 주어로는 '그들의 밭에 실험 품종을 기르는 것'이라는 의미를 나타내도록 동명사구 growing experimental varieties in their field를 쓴다. 동명사구는 단수 취급하므로 단수 동사 is와 보어 a better option을 차례로 이어서 쓴다.

05 정답 who are in emergencies like an earthquake or flood

풀이 '~한 빈민들'이라는 의미를 나타내기 위해 선행사인 the poor를 수식하는 관계사절을 사용해야 하므로, 주격 관계대명사인 who를 먼저 쓴다. 주격 관계대명사절은 선행사의 수에 동사의 수를 일치시켜야 하는데, 선행사는 the poor이고 「the + 형용사」는 복수 취급하므로 복수 동사 are를 who 뒤에 위치시킨다. 이어서 '지진이나 홍수와 같은 비상사태에 처한'이라는 의미에 맞게 in emergencies like an earthquake or flood를 차례대로 배열해야 한다.

하기를 갈망하다'라는 의미이다.

04 정답 seems to be a drop of concentration in the students' eyes

풀이 「there seem/seems to be + 주어」의 도치 문장이다. 주어 a drop of concentration이 단수이므로 there 뒤에 단수동사 seems와 to be를 차례로 써 준 다음 주어를 쓴다. '학생들의 눈에서'라는 의미를 나타내기 위해 마지막으로 in the students' eyes가 이어져야 한다.

05 정답 Not only passengers but also parents of a crying baby on board were frustrated

풀이 'A뿐만 아니라 B도'라는 의미를 가진 「Not only A but also B」 표현은 B에 동사의 수를 일치시킨다. Not only와 A에 해당하는 passengers, 그리고 but also와 B에 해당하는 parents of a crying baby on board를 순서대로 먼저 배열한다. 다음으로 복수 명사 parents에 수를 일치시켜 복수 동사를 쓰되, 문맥상 과거의 일을 말하고 있으므로 be를 과거 시제의 복수 동사 were로 고쳐, were frustrated가 이어지도록 배열한다.

꼬꼬꼬꼬꼬꼬꼬꼬꼬꼬꼬꼬꼬꼬꼬꼬꼬꼬꼬꼬꼬꼬꼬꼬 **E** 꼬꼬꼬꼬꼬꼬꼬꼬꼬꼬꼬꼬꼬꼬꼬꼬꼬꼬꼬꼬꼬꼬꼬꼬

01 정답 One of her least favorite things is

풀이 '~들 중 하나'라는 의미를 나타내기 위해 「one of + 복수 명사」 표현을 사용해야 하므로 thing을 복수 명사 things로 고쳐, 주어인 One of her least favorite things를 먼저 쓴다. 「one of + 복수 명사」는 단수 취급하므로 be를 단수 동사 is로 바꿔 One of her least favorite things 뒤에 is가 이어지도록 배열한다.

02 정답 they could do to survive in times of economic depression was

풀이 that절의 주어 all 뒤에 all을 수식하는 관계사절 they could do to survive와 전치사구 in times ~ depression을 배열한다. 관계사의 수식을 받는 all은 단수 취급하므로 동사 자리에 was가 이어지는 구조이다. 이때 to survive ~ depression은 '~하기 위하여'라는 의미의 to부정사의 부사적 용법으로 쓰였다.

03 정답 was full of passengers who were eager to go to their hometowns

풀이 「every + 명사」는 단수 취급하며 문맥상 과거의 일을 나타내고 있으므로, be를 과거 시제의 단수 동사 was로 고쳐 주어 every train in the stations 뒤에 was가 이어져야 한다. '~로 가득 차다'라는 뜻의 「be full of ~」 표현을 사용하여 was 뒤에 full of passengers를 쓴다. 다음으로 '고향으로 가고 싶어 하는' 승객들이라는 의미가 되어야 하므로 passengers를 수식할 수 있도록 주격 관계대명사 who가 이끄는 관계사절을 써야 한다. 관계사절의 선행사는 복수 명사 passengers이므로 이에 수를 일치시키고 주절의 시제와 시제 일치를 시켜 과거 시제의 복수 동사인 were로 바꿔 써야 한다. 따라서 passengers 뒤에 who were eager to go to their hometowns를 차례대로 배열한다. 「be eager to V」는 '~

01 ①, ④   **02** ②

03 ②   **04** ④

05 ①, ②, ④

06 ② resemble with → resemble
     ③ leave → leaves
     ⑤ having → has

07 ① provides ② discuss ④ are ⑥ gain

08 the way to prevent many employees from working

09 ④ are ⑤ lying ⑥ is

10 provide ourselves with the time to think alone

01 정답 ①, ④

해석

얼굴 표정에 관한 흥미로운 연구가 최근에 미국 심리학회에서 발표되었다. 15명의 중국인과 15명의 스코틀랜드인이 이 연구에 참여했다. 이들은 컴퓨터 화면에서 무작위로 바뀌는 감정 중립적인 얼굴들을 보고 그 얼굴 표정들을 행복한, 슬픈, 놀란, 두려운 또는 화난 표정으로 분류했다. 그 반응들은 참가자들이 각각의 감정과 연결 지은 감정을 드러내는 얼굴 부위를 연구자들이 알게 해 주었다. 이 연구는 중국인 참가자들은 표정을 구별하기 위해 눈에 더 의존하는 반면, 스코틀랜드인 참가자들은 눈썹과 입에 의존한다는 것을 발견했다. 다른 문화에서 온 사람들은 행복한, 슬픈, 화난 표정을 다른 방식으로 인식한다. 즉, 얼굴 표정은 '감정의 보편적인 언어'가 아니다.

풀이

① 주어는 단수 명사인 An interesting study이다. 따라서 동사의 수를 일치시켜 were를 단수 동사 was로 고쳐야 한다. about facial expressions는 An interesting study를 수식하는 전치사구이다.

④ that 이하는 동사 found의 목적어 역할을 하는 명사절이다. 이 명사절의 주어는 the Chinese participants이고 동사가 없으므로 depending을 동사로 고치되 시제에 맞게 depended로 고쳐야 한다.

---

② 주어는 They이고 동사 viewed와 categorized가 and로 연결되어 병렬 구조를 이루고 있다. 따라서 과거시제 categorized를 사용한 것은 어법상 적절하다. that ~ screen은 emotion-neutral faces를 수식하는 관계사절이다.

③ participants ~ emotion은 목적격 관계대명사 which 또는 that이 생략된 관계사절로, the expressive facial features를 수식하고 있다. 이 관계사절은 본래 'A와 B를 연관 짓다'라는 뜻의 「associate A with B」를 사용한 문장에서 A에 해당하는 the expressive facial features가 선행사로 나가면서 목적어가 생략된 구조이다. 따라서 이 관계사절의 동사로 쓰인 associated는 적절하다.

⑤ 주어는 복수 명사인 People이므로 이에 동사의 수를 일치시켜 복수 동사 perceive가 사용된 것은 적절하다. from different cultures는 People을 수식하는 전치사구이다.

구문 분석

8행 The responses **allowed** researchers **to** identify the expressive facial features participants associated with each emotion.

▸ allow + O + to V: ~가 …하도록 허락(허용)하다

어휘 및 어구

- psychological 심리학의
- take part in ~에 참여하다
- randomly 무작위로
- identify 확인하다
- associate A with B A와 B를 관련시키다
- rely on ~에 의지하다
- universal 보편적인
- association 협회
- neutral 중립의, 중립적인
- categorize 분류하다
- participant 참가자
- perceive 인식하다

02 정답 ②

해석

(A) 미국 및 전 세계 대학 캠퍼스에서 몇몇 동물들이 도움이 필요한 학생들을 도와주고 있다. 많은 학생들이 우울과 불안을 호소하면서 학교 관계자들은 특히 시험 기간 동안에 사기를 북돋우고 스트레스에 대처할 수 있도록 애완동물 치료 행사를 마련한다. 이 동물들은 장애를 가진 사람들을 돕도록 훈련된 장애인 보조 동물이 아니고, 대부분이 자원 봉사자들의 애완동물이다. 이 동물들의 방문은 분명히 도움이 된다. 연구는 애완동물과의 접촉이 혈압과 스트레스 호르몬 수치는 낮추고 소위 행복 호르몬을 증가시킬 수 있음을 보여 준다. Pet Partners의 책임자인 Mary Callahan은 애완동물의 캠퍼스 방문이 학생들을 성공의 길로 지원하는 훌륭한 방법이라고 생각한다.

(B) 아마도 대부분의 투자자들이 투자를 처음 시작할 때 저지르는 가장 큰 실수는 손실을 보고 공황상태에 빠지는 것이다. 이것은 확고하고 장기적인 계획을 세우는 데 주된 장애물이다. 우리는 돈을 벌기 위해 열심히 일하고, 그 돈이 불어나서 우리를 위해 열심히 일하기를(수익을 가져다 주기를) 원한다. 그러나 대부분의 초보 투자자들이 이해하지 못하는 것은 주식 시장에 투자하는 것에는 위험성이 있다는 것과 위험성으로 인해 때때로 당신이 손실을 본다는 것이다. 비록 투자한 주식 가격이 떨어지고 있다고 해도, 이것은 당신이 그 투자를 성급하게 포기해야 한다는 것을 의미하지는 않는다.

풀이

ⓑ 「most of + 명사」는 뒤에 나오는 명사의 수에 동사의 수를 일치시키므로, 복수 명사 them에 동사의 수를 일치시킨 복수 동사 are는 어법상 적절하다.

ⓔ what ~ understand는 문장의 주어 역할을 하는 명사절이다. 명사절은 단수 취급하므로 단수 동사 is가 사용된 것은 어법상 적절하다.

ⓕ Although는 '~에도 불구하고'라는 뜻의 접속사로 절을 이끌기 때문에 뒤에 주어 an investment와 동사 may be falling이 이어지는 것은 어법상 적절하다.

ⓐ 문장의 주어는 school officials이고 동사는 arrange이므로, with가 이끄는 전치사구에 또 다른 동사가 나올 수 없어 report는 준동사로 표현해야 한다. 문맥상 학생들이 '알리는' 것이므로 report를 능동의 의미를 나타내는 현재분사 reporting으로 고쳐야 한다.

ⓒ 주어는 Mary Callahan이고 뒤에 동사가 없으므로 considering을 동사 considers로 고쳐야 한다. 뒤에 나오는 visits는 동사가 아니라 '방문'을 뜻하는 명사의 복수형으로 쓰였다.

ⓓ that ~ investing은 목적격 관계대명사 that이 이끄는 관계사절로, 선행사이자 문장의 주어인 the biggest mistake를 수식하고 있다. the biggest mistake 뒤에 이어져야 하는 동사가 없으므로 to be를 단수 동사 is로 고쳐야 한다.

구문 분석

(A) 3행 **With** many students **reporting** depression and anxiety, school officials arrange pet therapy events to spread cheer and fight stress, especially during exams.

▶ 「with + O + O.C」는 '~가 …하면서[한 채로]'라는 의미로, 목적어의 상태나 상황을 설명하는 표현이다. 목적어와 목적격보어의 관계가 능동일 때는 목적격보어로 현재분사를 사용하는데, 문맥상 많은 학생들이 우울감과 불안을 '알린다'는 뜻이므로 능동의 의미를 나타내는 현재분사 reporting이 쓰였다.

(A) 6행 These are not **service animals** [trained to help people with disabilities]; most of them are the pets of volunteers.

▶ [ ]는 앞에 나온 명사 service animals를 수식하는 과거분사구로, '훈련받은' 동물들이라는 수동의 의미를 나타내기 위해 과거분사 trained가 사용되었다.

(B) 5행 We work hard for our money, and we want to **see** it **grow** and **work** hard for us.

▶ 「지각동사(see) + 목적어(it) + 목적격보어(grow, work)」의 구조로, 지각동사의 목적어와 목적격보어가 능동의 관계이면 목적격보어 자리에 동사원형 또는 현재분사를 쓴다. grow와 work는 and로 연결되어 병렬 구조를 이루고 있다.

어휘 및 어구

- depression 우울함
- cheer 원기
- disability 장애
- beneficial 유익한
- obstacle 장애물
- stock market 주식시장
- abandon 포기하다
- arrange 준비하다
- service animal 장애인 보조 동물
- obviously 명백히
- path 길
- long-lasting 오래 지속되는
- investment 투자

03 정답 ②

해석

ⓐ 당신은 그녀가 전체 학생들 사이에서 매우 성공적인 구성원이어서 장학금을 받을 자격이 있다는 것을 알게 될 것입니다.

ⓑ 나는 한 카페로 건너갔고, 내 옆에 있는 의자 위에 나의 가방을 놓으면서 테이블에 앉았다.

ⓒ 당신의 불안을 받아들이려고 노력하는 것은 당신의 스트레스 수준을 낮추도록 도와주어, 당신의 자신감을 높이고 업무 프레젠테이션을 훨씬 더 수월하게 해 줄 것이다.

ⓓ 한 연구에 따르면, 2017년에 한국의 십대 중 3분의 1이 스마트폰 중독 증상을 보인 것으로 보고되었다.

ⓔ Monet의 아내가 그의 가장 유명한 작품들 중 다수에서 자주 보이는 한 가지 이유는 Monet이 자신의 가족을 그리는 것을 가장 즐겼기 때문이다.

ⓕ 쉽게 손상되지만 수천 년 동안 건축 자재로 이용된 암석은 석회암이다.

풀이

ⓐ 문맥상 '그녀가 장학금을 받을 자격이 있다는 것을 알게 될 것'이라는 의미이므로 deserves는 find의 목적격보어이자 to be와 병렬 구조를 이루

어야 한다는 것을 알 수 있다. 따라서 deserves를 (to) deserve로 고쳐야 한다.

ⓑ 동사 walked와 sat 사이에 접속사 and가 이미 쓰였기 때문에 put은 walked, sat과 병렬 구조를 이루는 과거 동사일 수 없다. 내가 가방을 '놓은' 것이므로 능동의 의미를 나타내는 현재분사를 사용하여 동시 동작의 분사구문이 되도록 put을 putting으로 고쳐야 한다.

ⓔ 주어는 One ~ paintings이고 동사는 are이며, 주어부의 「One of + 복수 명사」에서 주어는 One이므로 항상 단수 취급한다. 따라서 are를 단수 동사 is로 고쳐야 한다.

ⓒ 주어는 Trying ~ anxiety이고 동명사(구)는 단수 취급하므로 단수 동사 helps는 어법상 적절하다. 능동의 의미를 나타내는 현재분사 increasing과 making이 쓰인 분사구문도 어법상 적절하다.

ⓓ 「분수 + of + 명사」는 명사의 수에 동사의 수를 일치시키므로 복수 명사 Korean teenagers에 동사의 수를 일치시켜 복수 동사 were가 사용된 것은 어법상 적절하다.

ⓕ A rock이 관계사절 that ~ years의 수식을 받고 있고, 동사는 is로 단수 동사가 적절하게 사용되었다. 관계사절 안에서 damaged와 used는 접속사 but으로 연결되어 병렬 구조를 이루고 있다.

구문 분석

ⓒ Trying to accept your anxiety ¹⁾**helps** you **lower** the level of your stress, ²⁾[**increasing** your confidence] and [**making** a work presentation ³⁾**much** easier].

1) help + O + O.C(V/to V) : ~가 …하는 것을 돕다
2) 두 개의 현재분사구 [ ]가 and로 연결되어 병렬 구조를 이루고 있다.
3) much는 비교급의 의미를 강조하는 부사로, even, still, far, a lot 등으로 바꾸어 쓸 수 있다.

ⓔ One of the reasons ¹⁾[Monet's wife is often shown in many of his most famous paintings] is ²⁾[that Monet loved to paint his family the most].

1) [ ]는 관계부사 why가 생략된 관계사절로, 선행사 the reasons를 수식한다.
2) [ ]는 접속사 that이 이끄는 명사절로, is의 주격보어 역할을 한다.

어휘 및 어구

- highly 매우
- deserve ~을 받을 만하다
- anxiety 불안
- confidence 자신감
- building material 건물 재료
- student body 학생 전체
- scholarship 장학금
- lower 낮추다, 내리다
- symptom 증세
- limestone 석회암

04 정답 ④

해석

영국의 가장 유명한 고전학자 중 한 명인 Richard Porson은 1759년 크리스마스에 태어났다. 그의 재능은 일찍 인정받았고, 그는 부유한 후원자들에 의해 15세에 Eton College로 보내졌다. 4년 후, 그는 Cambridge 대학교에 들어갔다. 그는 그리스어로 된 원문을 상당히 개선했고, Euripides가 쓴 희곡 4편을 편집했다. 1806년에 그는 새로 설립된 London Institution에서 수석 사서로 선출되었다. 평생 동안 그는 고전 문학에 관한 수많은 책을 수집했다. 그가 통틀어 소유한 책의 수는 전혀 알려져 있지 않지만, 책에 대한 그의 열정에 관련된 일화는 잘 알려져 있다. 그는 아주 많은 책을 가지고 다녀

서 어떤 학생이 그리스 작가들에 대해 자기가 아는 것을 자랑하려고 할 때 그가 자기 주머니에서 계속해서 책을 꺼낼 수 있었다고 한다. 고전학자로서 그의 명성에도 불구하고, 그는 실제로 책을 거의 출판하지 않았다. 1808년 9월 25일, 49세가 되기 3개월 전에 Porson은 사망했다.

풀이

④ 종속절 Although ~ unknown의 주어는 the number이므로 이에 수를 일치시킨 단수 동사 is는 적절하고, 주절 an ~ well-known의 주어는 an episode이므로 이에 수를 일치시킨 단수 동사 is도 적절하다. he owned는 앞에 나온 books를 수식하는 관계사절로, 동사로 쓰인 owned는 적절하다.

---

① 문장의 주어는 Richard Porson이고 born은 '낳다'라는 뜻을 가진 동사 bear의 과거분사이므로 문장에 동사가 없다. 따라서 born을 동사로 고치되 '태어나다'라는 의미가 되도록 수동태인 was born으로 고쳐야 한다. one ~ scholars는 Richard Porson을 부연 설명하는 동격의 삽입구이다.

② 타동사 enter는 '~에 들어가다'라는 뜻으로 전치사 없이 목적어가 바로 뒤에 나와야 한다. 따라서 entered into를 entered로 고쳐야 한다.

③ 문장의 동사는 was elected이고 접속사가 없으므로, found는 London Institution을 수식하는 준동사여야 한다. 문맥상 새로 '설립된' London Institution이라는 의미가 되어야 하므로, find의 과거분사형인 found는 적절하지 않다. 따라서 found를 '설립하다'라는 뜻을 가진 동사 found의 과거분사형인 founded로 고쳐야 한다.

⑤ '너무 ~해서 …하다'라는 뜻의 「so + 형용사/부사 + that + S + V」 구문이 사용된 문장으로 접속사 that이 이끄는 절에 동사가 없으므로, able to를 동사로 고치되 시제와 주어의 수에 일치시켜 was able to로 고쳐야 한다.

구문 분석

6행 He significantly [1]**improved** Greek texts and **edited** four plays [2]**written** by Euripides.

1) improved와 edited는 주어인 He에 연결된 과거형 동사로 and를 중심으로 병렬 구조를 이루고 있다.

2) Euripides에 의해 '쓰여진' 희곡들이라는 뜻이 되도록 수동의 의미를 가진 과거분사 written이 앞에 나온 plays를 수식하고 있다.

11행 Although the number of **books** [1][he owned] in total is simply unknown, an episode about his passion for books is well-known: he carried [2]**so many books that he was** able to pull [3]**book after book** out of his pocket when a student tried to show off his knowledge of Greek writers.

1) [ ]는 목적격 관계대명사 which나 that이 생략된 관계사절로 선행사 books를 수식하고 있다.

2) so ~ that + S + V : 너무 ~해서 …하다 (결과)

3) 「명사 + after + 명사」는 after 앞뒤에 같은 명사를 써서 '계속' 또는 '반복'의 의미를 나타낸다.

어휘 및 어구

• notable 유명한
• scholar 학자
• wealthy 부유한
• significantly 상당히
• passion 열정

• classical 고전적인
• talent 재능
• recognize 인정하다
• play 희곡
• show off ~을 자랑하다

---

05 정답 ①, ②, ④

해석

① 아이들은 그 축구공을 가지고 재미있는 활동을 하고 또한 그들에게 희망과 꿈을 주는 안전한 공을 갖게 된다.

② 내 친구는 답을 알고 있어서 즉시 자신의 손을 들었고 수학 선생님은 그녀에게 답을 하라고 시켰다.

③ 비록 위기 상황에 있어도, 당신이 감정을 통제하고 이성을 사용한다면 당신은 창의적인 해결책에 도달할 수 있다.

④ 만약 돌고래 한 마리가 부상을 심하게 입어서 스스로 수영을 하여 수면으로 올라갈 수 없다면, 그 아래에 있는 다른 돌고래들이 그 돌고래를 위쪽 공중으로 밀어낼 것이다.

⑤ 파종을 위해 땅을 뒤집는 쟁기를 끌었던 동물들은 인간들보다 훨씬 효율이 높았다.

풀이

① 관계대명사 that이 이끄는 관계사절의 동사인 inspire의 주어는 선행사인 단수 명사 the safe ball이다. 따라서 inspire를 주어에 수일치시켜 inspires로 고치는 것이 적절하다.

② rise는 '오르다'라는 뜻의 자동사이고, raise는 '~을 들어올리다'라는 뜻의 타동사이다. 그녀가 손을 '들었다'라고 해야 하므로 rise의 과거형인 rose를 raise의 과거형인 raised로 고쳐야 한다.

④ 문장에 두 개의 접속사 if와 that이 사용되어 동사는 세 개가 있어야 한다. If가 이끄는 절에는 동사 is wounded가, that절에는 동사 cannot swim이 있지만, other dolphins가 이끄는 주절에는 동사가 없으므로 pushing을 push로 고쳐야 한다.

---

③ reach가 '~에 닿다, ~에 도달하다'라는 뜻으로 사용될 때는 의미상 뒤에 to가 같이 쓰일 것 같지만, 이때 reach는 타동사이므로 뒤에 바로 목적어가 온다. 따라서 어법상 올바른 문장이다.

⑤ 주어는 복수 명사 Animals로 이에 맞게 복수형 동사 were가 사용되었기 때문에 올바른 문장이다.

구문 분석

③ **Even though** in a crisis, you can reach creative solutions if you regulate your emotions and use your reason.

▶ Even though는 접속사로 뒤에 주어와 동사를 갖춘 절이 나와야 하지만, 부사절의 주어와 be동사는 생략 가능하여 you are가 생략된 형태이다. 원래 문장은 Even though you are in a crisis ~ 이다.

어휘 및 어구

• inspire 영감을 주다, 격려하다
• crisis 위기
• reason 이성
• severely 심하게
• plow 쟁기

• call on 요구하다, 시키다
• regulate 통제하다, 규제하다
• wounded 부상을 입은
• by oneself 스스로

---

06 정답 ② resemble with → resemble
③ leave → leaves
⑤ having → has

해석

몇몇 회사들은 직원들에게 카페테리아 장려금 프로그램을 제공한다. 카페테리아라는 용어는 선택이 카페테리아에서의 선택과 유사하기 때문에 사용되는데, 그곳에서는 식사하는 사람이 줄을 따라가면서 자신이 원하는 음식을 고르고 나머지는 남겨 둔다. 카페테리아 장려금은 다양한 형태를 취한다. 많은 경우에, 회사는 각 개인이 이러한 선택 사항들에 쓸 수 있는, 예를 들어 연간 3,000달러와 같은 이용 가능 자금을 따로 떼어 놓을 것이다. 그러면, 만약 어떤 사람이 두 명의 어린 자녀가 있는 가족을 두고 있고 이 돈의 일부를 보육 프로그램에 쓰기를 원한다면, 그 비용은 자동적으로 그 직원의 이용 가능 자금에서 공제된다. 또 다른 개인은 자신의 특정한 필요를 충족하는 추가적인 생명 보험이나 의료 보장을 구매할 수도 있다. 예를 들어, Lincoln Electric에서는 직원 의료 보험을 위한 모든 비용이 장려금에서 나온다. 직원들은 그들이 어떤 유형의 보장을 원하는지를 결정하고, 그 비용은 그들의 장려금에서 공제된다.

풀이

② '닮다, 유사하다'라는 뜻의 타동사 resemble은 전치사 없이 바로 목적어를 가지므로, resemble with를 resemble로 고쳐야 한다.

③ 주어는 a diner이고 동사는 proceeds down ~, chooses ~, leave ~ 로 병렬 구조를 이루고 있다. 따라서 단수 명사인 a diner에 수를 일치시켜 leave를 단수 동사 leaves로 고쳐야 한다.

⑤ 밑줄 친 부분의 뒤를 보면 접속사 and 뒤에 동사로 이어지고 있다. 따라서 having ~ children이 앞에 나온 명사 one person을 수식하는 분사가 아닌 동사와 목적어의 형태의 구조가 되어야 한다. 따라서 having을 동사로 고치되, 주어가 단수 명사인 one person이므로 수와 시제에 맞게 has로 고쳐야 한다.

---

① 'A에게 B를 제공하다'라는 의미의 「supply A with B」 표현이 올바르게 쓰였다.

④ each가 포함된 명사는 단수 취급하므로 동사 is는 적절하다.

⑥ that은 주어 역할을 하는 주격 관계대명사로, 선행사는 either additional life insurance or medical coverage이다. 'A이거나 B'라는 뜻의 「either A or B」는 B에 수를 일치시키므로, 단수 명사인 medical coverage에 수를 일치시킨 단수 동사 meets는 적절하다.

구문 분석

2행 The term cafeteria is used because choices resemble [1]) **those** in a cafeteria, [2])[in which a diner proceeds down the line and chooses **those foods** [3]){he or she would like} and leaves the others].

1) those는 앞에 나온 복수 명사 choices를 가리키는 대명사이다.
2) [ ]는 「전치사 + 관계대명사」 구조의 in which가 이끄는 계속적 용법의 관계사절로, 앞에 나온 a cafeteria에 대한 부연 설명을 한다.
3) { }는 목적격 관계대명사가 생략된 관계사절로, 앞에 나온 those foods를 수식한다.

어휘 및 어구
- incentive 장려금
- annually 매년, 해마다
- insurance 보험
- meet one's need ~의 필요(요구)를 충족시키다
- put aside ~을 따로 떼어 두다
- deduct 공제하다
- coverage (보험의) 보장

---

07 정답 ① provides ② discuss ④ are ⑥ gain

해석

스토리텔러 Syd Lieberman은 사실을 걸기 위한 못을 제공하는 것(사실을 잘 기억나게 하는 것)은 바로 역사 속의 이야기라고 말한다. 학생들은 역사적 사실들이 이야기에 결부되어 있을 때 그것들을 기억한다. 한 보고서에 따르면, Colorado 주 Boulder의 한 고등학교에서 현재 역사 자료를 제시하는 것에 대한 연구를 실험하고 있다. 스토리텔러들은 학생들에게 극적인 맥락 속에서 자료를 제시하고, 그들[학생들]은 그것에 대해 토론하도록 요구받는다. 각각의 학생들은 (자료를) 더 많이 읽도록 장려된다. 대조적으로, 절반의 학생들은 전통적인 조사/보고 기법에 참여한다. 이 연구는 스토리텔러들에 의해서 제시된 자료가 학생들이 전통적인 방법을 통해서 얻은 자료보다 훨씬 더 많은 흥미와 개인적인 영향을 지닌다는 것을 보여 준다.

풀이

① 밑줄 친 provide의 주어가 선행사인 단수 명사 the story이므로 provide를 provides로 고치는 것이 적절하다.

② 타동사 discuss는 전치사와 함께 사용될 수 없으므로 about을 삭제하는 것이 적절하다.

④ 「half of + 명사」는 명사의 수에 동사의 수를 일치시키므로 students에 맞게 is를 are로 고치는 것이 적절하다.

⑥ than 뒤의 that이 가리키는 것은 앞에 나온 the material이고, 목적격 관계대명사가 생략된 관계사절인 the students gaining이 that을 후치 수식하는 구조여야 한다. 관계사절이 되려면 동사가 있어야 하므로 gaining을 동사 gain으로 고치는 것이 적절하다.

---

③ 「each + 단수 명사」는 단수 취급하므로 단수 동사 is는 적절하다.

⑤ 접속사 that이 이끄는 절의 주어는 the material이고 동사는 has이다. '스토리텔러들에 의해 제시된'이라는 의미로 presented ~ storytellers는 주어인 the material을 수식하고 있으므로 과거분사 presented는 적절하다.

구문 분석

1행 Storyteller Syd Lieberman suggests that **it is** the story in history **that** provides the nail to hang facts on.

▶ 「it is(was) ~ that」 강조구문으로, the story in history를 강조하고 있다.

어휘 및 어구
- nail 못
- tie 묶다, 잇다, 결부시키다
- presentation 제시
- context 맥락, 문맥, 환경
- indicate 보여 주다
- hang 걸다
- currently 현재
- present 제시하다
- be involved in ~에 참여하다
- via ~을 통해

---

08 정답 the way to prevent many employees from working

풀이

먼저 '방법'에 해당하는 the way를 써야 한다. 다음으로 '노동하는 것을 막는 방법'이라는 의미를 나타내기 위해 'A가 B하는 것을 막다'라는 뜻의 「prevent A from B(V-ing)」 표현을 써야 한다. A에 해당하는 것이 many employees이고, B는 V-ing가 되어야 하므로 work를 working으로 변형한다. 명사 the way를 수식하는 준동사를 써야 하므로 to부정사를 이용하여 to prevent many employees from working을 the way 뒤에 이어서 쓴다.

어휘 및 어구

• minimum 최소(의), 최저(의) • wage 임금
• poverty 빈곤

09 정답 ④ are ⑤ lying ⑥ is

해석

시간이 흐르면서 나는 세상이 다른 사람들이 자신이 하고 싶은 일들을 하도록 허락해 주기를 기다리는 사람들과 그것들에 관해서 다른 사람에게 언급하지 않고 자기 자신에게 허락을 부여하는 사람들로 나뉜다는 것을 점점 깨닫고 있다. 몇몇 사람들은 동기부여를 위해 자신의 내부를 살펴보고, 다른 사람들은 외부의 힘에 의해 앞으로 떠밀려지기를 기다린다. 내 경험상, 누군가가 당신에게 기회를 건네주기를 기다리기보다는 기회를 잡으라고 하는 데에는 그럴 만한 충분한 이유가 있다. 채워질 준비가 된 여백과 누군가가 들어 올려주기를 기다리며 땅에 놓인 기회의 금괴들이 항상 존재한다. 이것은 때때로 당신의 책상 너머, 당신의 건물 밖, 도로 건너편, 혹은 모퉁이 주변을 살펴보는 것을 의미한다. 당신이 해야 할 전부는 거기에서 획득되어지기를 기다리는 금괴를 모으는 것이다.

풀이

④ 주어가 복수 명사 whites spaces이므로 is를 are로 고쳐야 한다.
⑤ laying은 '놓다'라는 뜻의 타동사 lay의 현재분사형으로 뒤에 목적어가 나와야 한다. 하지만 문맥상 '땅에 놓여 있다'라는 의미가 되어야 하므로 '있다'라는 의미의 자동사 lie의 현재분사인 lying이 들어가야 한다. 따라서 laying을 lying으로 고쳐야 한다.
⑥ you have to do는 앞에 목적격 관계대명사 that이 생략된 관계사절로, All을 후치 수식하고 있다. 관계사절의 수식을 받은 all은 단수 취급하므로 are를 is로 고쳐야 한다.

----

① wait의 주어가 선행사인 복수 명사 people이므로 복수 동사 wait는 바르게 사용되었다.
② they want to do는 목적격 관계대명사가 생략된 관계사절로 주어가 they이므로 want가 온 것은 적절하다.
③ mention은 타동사로 뒤에 전치사 없이 목적어를 쓰므로 적절한 표현이다.

구문 분석

1행 Over time, I have become increasingly aware that the world is divided into 1)[**people** 2){who wait for others to give them permission to do **the things** 3)<they want to do>] and [**people** {who don't try to mention them to others and rather grant themselves permission}].

　　1) 두 개의 [　]가 and로 연결되어 병렬 구조를 이루고 있다.
　　2) 두 개의 {　}는 주격 관계대명사 이끄는 관계사절로 각각 선행사 people을 수식하고 있다.
　　3) 〈　〉는 목적격 관계대명사 that이 생략된 관계사절로 선행사 the things를 수식하고 있다.

어휘 및 어구

• permission 허락, 허가 • mention 언급하다
• grant 주다, 부여하다 • motivation 동기부여
• there is a lot to be said for ~에는 그럴만한 충분한 이유(이점)가 있다
• seize 붙잡다 • opportunity 기회
• white space 여백 • golden nugget 금괴

10 정답 provide ourselves with the time to think alone

해석

세상에 영향을 끼친 위대한 사람들의 삶을 연구하라. 그러면 여러분은 사실상 모든 경우에 있어서 그들이 상당한 양의 시간을 혼자 생각하며 보냈다는 것을 알게 될 것이다. 역사에 영향을 끼친 모든 정치적 지도자는 생각하고 계획하기 위해 혼자 있는 훈련을 실천했다. 위대한 예술가들은 셀 수 없이 많은 시간을 그들의 스튜디오에서 혹은 도구를 가지고 무언가를 하는 것이 아니라, 그들의 아이디어와 경험을 탐구하는 데 쓴다. 혼자 있는 시간은 사람들로 하여금 그들의 경험을 정리하고, 통찰하고, 미래를 계획하게 한다. 혼자 있는 시간은 여러분의 삶을 변화시킬 잠재력을 가지고 있기 때문에 나는 여러분이 생각할 수 있는 장소를 찾고 여러분 자신을 잠시 멈추고 그것을 사용할 수 있도록 훈련시킬 것을 강력하게 권장한다. 그것은 여러분이 무엇이 정말 중요하고 중요하지 않은지를 파악하는 데 도움을 줄 수 있다.

→ 우리는 우리 스스로에게 혼자서 생각할 시간을 주어야 한다.

풀이

세상에 영향을 끼친 위대한 사람들 대부분이 혼자 생각하는 시간을 많이 가졌으므로 혼자서 생각할 수 있는 시간을 가지는 것이 좋다는 내용의 글로, '우리는 우리 자신에게 혼자서 생각할 시간을 주어야 한다'는 것이 이 글의 핵심이라 할 수 있다. 따라서 먼저 'A에게 B를 제공하다'라는 뜻의 「provide A with B」 표현을 사용하여 빈칸에 provide ourselves with the time으로 나열해야 한다. 그리고 '혼자 생각할 시간'이라는 의미에 맞게 형용사적 용법의 to부정사를 사용하여 the time을 수식하는 to think alone을 연결하여 요약문을 완성시킨다.

구문 분석

11행 I strongly 1)**encourage** you [**to find a place** 2){to think}] and [**to discipline** yourself 3){to pause and use it}] because it has **the potential** 4)[to change your life].

　　1) '~가 …하도록 권하다'라는 뜻의 「encourage + O + O.C」 구조가 사용된 문장으로, encourage는 목적격보어로 to부정사를 취하기 때문에 두 개의 [　]는 and로 연결되어 병렬 구조를 이루고 있다.
　　2) {　}는 앞에 나온 명사 a place를 수식하기 위해 형용사적 용법으로 쓰인 to부정사이다.
　　3) {　}는 '~하기 위해서'라는 뜻을 나타내기 위해 부사적 용법으로 쓰인 to부정사구이다.
　　4) [　]는 앞에 나온 명사 the potential를 수식하기 위해 형용사적 용법으로 쓰인 to부정사구이다.

어휘 및 어구

• virtually 사실상, 거의 • considerable 상당한
• political 정치적인 • impact 영향
• discipline 단련, 훈련 • countless 무수한
• instrument 도구 • sort through 정리하다
• put ~ into perspective ~을 통찰하다
• pause 잠시 멈추다 • potential 잠재력, 잠재적인
• figure out 파악하다, 알아내다

UNIT 03 시제

A

01 had 02 have been 03 will pay
04 visited 05 have wanted

B

01 ×, was 02 ×, reaches 03 ×, have demanded
04 ○ 05 ×. had hidden

C

01 have gone → went 02 can → could
03 has → had 04 will try → try
05 will sleep → sleep

D

01 if she will get elected
02 that he had revealed the secret
03 the natural world is filled with curved lines
04 have existed ever since the world began
05 Once you get a 'Global Student Card'

E

01 mosquitoes had not yet been discovered
02 her boss finds out that she has talked behind his back
03 have donated over one million pairs of sneakers
04 than I had felt earlier
05 he had paid for the coin

A

01 정답 had
해석 그것은 우스꽝스러워 보였을 뿐만 아니라, 공연자가 형편없게 공연했다는 것을 의미했다.
풀이 주설의 동사가 과거시제인 meant이며, 공연자가 형편없게 공연했다는 것은 이보다 먼저 일어난 일이므로 과거완료시제 had performed가 적절하다.

02 정답 have been
해석 인류는 30,000년 이상 빵을 먹고 있지만, 빵은 산업혁명 때까지는 대량 생산되지 않았다.
풀이 for more than 30,000 years가 쓰여 과거부터 지금까지 빵을 먹고 있다는 의미를 나타내므로 현재완료진행시제 have been eating이 적절하다.

03 정답 will pay
해석 당신의 발전을 기록함으로써 미래에 당신의 노력이 성과가 있을지를 알게 될 것이며, 그러면 당신은 지루해지지 않을 것이다!
풀이 if ~ future는 조건의 부사절이 아니라 see의 목적어 역할을 하는 명사절로 쓰였으며, in the future라는 표현이 있으므로 미래시제 will pay가 적절하다.

04 정답 visited
해석 그 모든 것은 2001년, Joe Black이 자원봉사자로 캄보디아를 방문했을 때 시작되었다.
풀이 과거동사 started와 함께 과거를 나타내는 부사구 in 2001이 쓰였으므로 동일한 시점을 설명하고 있는 관계사절 안의 동사도 과거형인 visited를 쓰는 것이 적절하다.

05 정답 have wanted
해석 그 영화를 본 이후로 나는 세계 일주를 하고 싶어 했다.
풀이 since가 쓰여 과거에서 현재까지 계속해서 세계 일주를 '원해 왔다'라는 의미를 나타내므로 현재완료시제 have wanted가 적절하다.

B

01 정답 ×. was
해석 나는 그가 산타로부터 처음 답장을 받았을 때 얼마나 신나했는지 기억한다.
풀이 when he received ~ Santa는 과거 시점을 나타내는 표현이므로, 이때 그가 기뻐했던 것 역시 과거에 일어난 일임을 알 수 있다. 따라서 has been을 과거시제 동사 was로 고쳐야 한다.

02 정답 ×. reaches
해석 이 과정은 공이 정상에 닿을 때까지 반복된다.
풀이 until ~ peak는 시간의 부사절이므로 아직 일어나지 않은 미래의 일이라도 미래시제 대신 현재시제를 쓴다. 주어가 단수 명사 the ball이므로 will reach를 현재형 단수 동사 reaches로 고쳐야 한다.

03 정답 ×. have demanded
해석 수십 년 동안, 더욱 더 많은 한국인들이 그 조각상의 반환을 요구했지만 그것들은 여전히 일본의 절에 있다.
풀이 과거부터 현재까지 수십 년 동안 조각상의 반환을 '요구해 오고 있다'라는 의미가 되어야 하므로 demanded를 현재완료시제인 have demanded로 고쳐야 한다.

04 정답 ○
해석 우리 조상들의 경험은 태양이 지구 주위를 돈다고 그들이 믿도록 만들었다.
풀이 태양이 지구 주위를 도는 것은 과학적 사실이 아니므로 현재시제를 사용하는 것은 적절하지 않으며, 주절의 동사가 과거시제 got이므로 이에 맞게 과거시제 moved를 사용한 것은 적절하다.

05 정답 ×. had hidden
해석 Rachel은 그녀의 여동생이 오랫동안 그녀가 두려움을 숨겨왔었다는 것을 깨달았다.
풀이 주절의 동사가 과거형인 realized이므로 종속절의 동사는 과거 또는 과거완료가 되어야 한다. 여동생이 '오랫동안 두려움을 숨겨온 것'이 Rachel이 '깨달은 것'보다 먼저 발생하여 과거 시점(realized)까지 계속된 것이므로 have hidden을 과거완료시제 had hidden으로 고쳐야 한다.

C

01 정답 have gone → went
해석 지난 여름방학에, 나는 파리의 에펠탑 정상에 올라갔다.

풀이 Last summer vacation이 쓰여 특정 과거 시점을 나타내므로 had gone을 과거동사 went로 고쳐야 한다.

02 **정답** can → could

해석 나는 해외 자원봉사에 관심이 있었지만 내가 그것을 할 수 있을지에 대해서는 확신이 들지 않았다.

풀이 등위접속사 but 뒤의 was ~ sure는 주절, if ~ it은 종속절로 주절의 시제가 과거동사 was이므로, 종속절의 시제는 과거 또는 과거완료가 되어야 한다. '내가 그것을 할 수 있는 것'과 '확신이 들지 않았던 것'은 같은 시점에 일어난 일이라고 볼 수 있으므로 can을 과거동사 could로 고쳐야 한다.

03 **정답** has → had

해석 난 3년 전에 형의 노트북 컴퓨터를 얻었고, 그것은 그가 2년 동안 썼던 것이다.

풀이 내가 형의 노트북 컴퓨터를 얻은 것보다 형이 그 컴퓨터를 사용한 것이 먼저 일어난 일이며, 형이 2년 동안 그것을 사용했다고 했으므로 has used를 과거완료형 had used로 고치는 것이 적절하다.

04 **정답** will try → try

해석 당신이 병에 주스를 넣어 보려고 하자마자, 당신은 깔때기의 편리함을 깨달을 것이다.

풀이 As soon as ~ bottle은 시간의 부사절이므로 미래시제 대신 현재시제를 사용하여 미래의 일을 나타낸다. 따라서 will try를 현재시제인 try로 고치는 것이 적절하다.

05 **정답** will sleep → sleep

해석 등을 대고 자면 우리가 자는 동안 목과 척추가 곧게 펴지기 때문에 등의 통증을 덜 느낄 것이다.

풀이 If ~ back은 조건을 나타내는 부사절로 미래시제 대신 현재시제로 미래의 일을 나타낸다. 따라서 will sleep을 sleep으로 고쳐야 한다.

D

01 **정답** if she will get elected

풀이 if는 '만약 ~라면'이라는 뜻의 조건의 부사절을 이끄는 접속사가 아니라 '~인지 아닌지'라는 뜻의 명사절의 접속사로 쓰였다. 명사절에서 미래의 일은 미래시제로 나타내므로 if와 주어인 she를 먼저 쓰고 will get elected를 연결해야 한다.

02 **정답** that he had revealed the secret

풀이 빈칸에 들어갈 문장은 the reason의 내용을 설명하는 절이 되어야 하므로 접속사 that이 먼저 나와야 한다. that 뒤에 주어 he를 쓰고, '그가 비밀을 누설한 것'이 그가 일을 그만둔 과거 시점보다 더 이전의 일이므로 과거완료시제 동사 had revealed를 쓴 다음 목적어 the secret을 차례로 배열한다.

03 **정답** the natural world is filled with curved lines

풀이 realized의 목적어 역할을 하는 명사절 that의 주어 the natural world가 먼저 나와야 한다. 불변의 진리나 사실은 현재시제를 사용하고, '~로 가득 차 있다'라는 의미를 나타내는 is filled with를 쓴 뒤, 전치사 with의 목적어인 curved lines를 이어서 배열해야 한다.

04 **정답** have existed ever since the world began

풀이 세상이 시작된 이래로 과거부터 지금까지 빛이 '존재해 왔다'는 의미를 나타내기 위해 현재완료시제를 써야 하므로 Lights 뒤에 have existed를 배열한다. 그 뒤로 '세상이 시작된 이래로'라는 의미를 나타내는 ever since the world began이 이어지는 것이 적절하다.

05 **정답** Once you get a 'Global Student Card'

풀이 '일단 ~하면'이라는 의미를 나타내기 위해 접속사 Once를 먼저 써야 한다. 조건을 나타내는 접속사가 이끄는 부사절에서는 미래시제 대신 현재시제를 사용하므로, 주어인 you와 현재 동사 get을 이어서 연결해야 한다. 다음으로 목적어인 a 'Global Student Card'를 get 뒤에 위치시킨다.

E

01 **정답** mosquitoes had not yet been discovered

풀이 '의사들이 합의점을 찾지 못한' 것은 과거의 일이고, '모기가 그 질병의 주된 전달자로 밝혀지지 않은' 것은 그 이전에 일어난 일이므로 대과거를 나타내는 과거완료시제가 쓰여야 한다. 또한, 모기가 그 질병의 주된 전달자로 '밝혀지지' 않았다는 수동의 의미를 나타내야 하므로, 동사는 과거완료 수동의 형태여야 한다. 과거완료시제의 부정은 had 뒤에 not을 쓰므로, 주어인 mosquitoes와 had not yet been discovered를 차례로 배열해야 한다.

02 **정답** her boss finds out that she has talked behind his back

풀이 '그녀의 사장'이라는 의미에 맞게 If절의 주어인 her boss를 먼저 쓴다. 다음으로 시간과 조건의 부사절에서는 현재시제가 미래시제를 대신하므로 현재 시제를 쓰되, 주어가 3인칭 단수이므로 find out을 현재 시제 단수 동사인 finds out으로 고쳐 써야 한다. finds out 뒤에는 '그녀가 뒤에서 그를 험담해 온 것'이라는 의미의 목적어절이 와야 하므로 접속사 that과 주어인 she를 차례로 배열한다. 그녀가 과거부터 지금까지 '험담해 온' 것이므로 현재완료시제를 쓰되, 주어가 단수 명사이므로 have를 has로 고치고, talk를 과거분사 talked로 고쳐 she 뒤에 has talked를 써야 한다. 마지막으로 '뒤에서 그를 험담하다'라는 뜻을 나타내기 위해 behind his back을 연결한다.

03 **정답** have donated over one million pairs of sneakers

풀이 since가 쓰여 '운동화를 기부하는 것'이 캠페인이 시작된 과거부터 지금까지 계속되어 왔음을 나타내므로 Many students 뒤에 현재완료시제 동사를 써야 한다. 따라서 donate를 과거분사 donated로 고쳐 현재완료시제인 have donated와 목적어 over three million pairs of sneakers가 이어져야 한다.

04 **정답** than I had felt earlier

풀이 '~보다'라는 의미를 나타내기 위해 than을 먼저 쓴 후 주어인 I를 써야 한다. 다음으로 '더 큰 외로움'을 경험한 것은 과거의 일이고, 이보다 이전에 느꼈던 외로움과 비교하고 있으므로 과거완료시제를 써야 해서 have를 had로 고치고 feel을 과거분사 felt로 고쳐 had felt를 쓴다. 마지막으로 '일찍이'라는 의미에 맞게 부사 earlier를 배열하면 된다.

05 **정답** he had paid for the coin

풀이 '그가 지불했던 금액'이라는 의미를 나타내기 위해 the price 뒤에서 이를 수식하는 관계사절을 써야 한다. 이때, 그가 그 동전에 '지불했던 것'이 '금액의 다섯 배를 제안한' 과거 시점보다 더 이전에 일어난 일이므로 과거완료시제를 사용하여 he had paid for the coin의 어순으로 배열해야 한다. he 앞에 목적격 관계대명사 which나 that이 생략된 것으로 볼 수 있다.

UNIT 04 수동태의 이해

PRACTICE TEST *with Textbooks*

A

01 were valued 02 happened 03 consists

04 appeared 05 looked at

B

01 ×, were inspired 02 ○ 03 ×, was regarded

04 ×, holds 05 ×, be treated

C

01 parked → was parked 02 is remained → remains

03 dealt with → dealt with by 04 seem → to seem

05 called → were called

D

01 Subjects were shown about 1,000 word cards

02 more than hundreds of passengers were denied boarding

03 are often influenced, be expected to be red

04 were made to sound an alarm

05 these signals should be paid attention to by us

E

01 He was told by a clerk

02 is referred to as Earth's sister planet

03 the others were left unequipped

04 because poor eyesight is considered a disability in the country

05 the victims were given no official funerals

A

01 **정답** were valued

해석 수백 년 전에, 호랑이들은 종종 마을에 와서 사람들을 해쳤지만 여전히 그들은 귀중하게 여겨졌다.

풀이 주어 they가 가리키는 것이 '호랑이들'이고, 이 호랑이들이 '귀중하게 여겨진' 것이기 때문에 수동태가 쓰여야 한다. 따라서 were valued가 적절하다.

02 **정답** happened

해석 내가 진실을 말했을 때, 일어난 일은 기적처럼 보였다.

풀이 자동사 happen은 수동태로 쓸 수 없으므로 happened가 적절하다.

03 **정답** consists

해석 그 도시에 가장 유명한 시장이 있는데, 이 시장은 전통 음식들과 기념품들을 파는 다양한 작은 상점들로 구성되어 있다.

풀이 자동사 consist of는 수동태로 쓸 수 없으므로 consists가 적절하다.

04 **정답** appeared

해석 1년 후, 그녀는 뉴욕에서 열린 자신의 첫 패션쇼에 커다란 꽃이 달린 신발을 신고 등장했다.

풀이 자동사 appear는 수동태로 쓸 수 없으므로 appeared가 적절하다.

05 **정답** looked at

해석 이 연구에서 그것들이 같은 유전자 코드를 가지고 있는지를 알아내기 위해 200개 이상의 종들이 조사되었다.

풀이 look은 수동태로 쓸 수 없는 자동사이지만, 구동사 look at은 '~을 (자세히) 살피다(조사하다)'라는 의미로 타동사처럼 쓰이기 때문에 수동태로 쓸 수 있다. 200개가 넘는 종들이 '조사된' 것이므로 수동태로 나타내며, at을 함께 써 주어야 하므로 looked at이 적절하다.

B

01 **정답** ×, were inspired

해석 Whitman의 작품들 중 일부는 1800년대의 초월주의 운동에서 영감을 얻었다.

풀이 Whitman의 작품들이 영감을 '받은' 것이므로 수동태가 되어야 하고, 주어 Some of Whitman's works가 복수이므로 inspired를 were inspired로 고쳐야 한다.

02 **정답** ○

해석 한국인들과 미국인들이 똑같은 장소에서 어떤 한 사람의 사진을 찍도록 요청받았을 때, 그 사진들의 결과는 매우 달랐다.

풀이 한국인들과 미국인들이 사진을 찍도록 '요청받은' 것이므로 수동태 were required가 쓰였고, 능동태 문장의 목적격보어였던 to take는 그대로 와야 하므로 were required to take는 적절하다.

03 **정답** ×, was regarded

해석 과거에 집안일을 하는 것은 여성의 일로, 가정 밖의 취업은 남성의 일로 여겨졌다.

풀이 가정 밖의 취업이 '~라고 여겨지는' 것이므로 수동태가 되어야 하며, 주어 Employment outside the home은 단수이므로 regarded를 was regarded로 고쳐야 한다.

04 **정답** ×, holds

해석 그 통은 거의 100킬로그램의 물을 담고 있고, 사람들은 그 정도 양의 물을 굴려서 집으로 쉽게 운반할 수 있다.

풀이 100킬로그램의 물을 그 통이 직접 '담는' 것이므로, 능동태가 되어야 한다. 따라서 수동태인 is held를 holds로 고쳐야 한다.

05 **정답** ×, be treated

해석 많은 사람들은 누구나 성별, 종교 또는 인종에 상관없이 평등하게 대우받아야 한다고 생각한다.

풀이 누구나 평등하게 '대우받아야' 한다는 의미가 되어야 하므로 수동태를 쓰되, 앞에 조동사 should가 있기 때문에 「조동사+be p.p.」의 형태가 되어야 한다. 따라서 treat를 be treated로 고쳐야 한다.

C

01 **정답** parked → was parked

해석 어제 구급차는 빨간 불이 번쩍이는 채로 박물관 밖 거리에 주차되어 있었다.

풀이 구급차가 '주차되어' 있던 것이므로 과거시제의 수동태로 써야 하며, 주어인 the ambulance가 단수이므로 이에 수를 일치시켜 parked를 was parked로 고쳐야 한다.

02 **정답** is remained → remains
해석 단방향 거울의 한 가지 요건은 둘 중 어느 한쪽 방이 어둡게 남는 것이다.
풀이 자동사 remain은 수동태로 쓸 수 없고, 접속사 that이 이끄는 명사절의 주어는 단수 명사인 either room이므로 is remained를 remains로 고쳐야 한다.

03 **정답** dealt with → dealt with by
해석 공황상태로 꼼짝 못하고 있는 대신에, 당신은 한발 물러서서 가능한 해결책을 찾으려 노력해야 한다. 이렇게 하면 그 상황은 당신에 의해 처리될 수 있다.
풀이 이러한 상황이 '처리되는' 것이므로 수동태 may be dealt with가 쓰였고, 이러한 상황이 당신에 '의해' 처리될 수 있다는 것이므로 행위의 주체를 나타내기 위해 you 앞에 by를 추가해야 한다. In this way, you may deal with the situation. 이 수동태로 전환된 문장이다.

04 **정답** seem → to seem
해석 동일한 것이 이를 선행하는 사건의 속성에 따라 매우 달라 보일 수 있다.
풀이 사역동사 make가 쓰인 문장을 수동태로 바꾸면 원래 문장에서 목적격보어로 쓰인 동사원형을 to부정사로 바꿔야 한다. 따라서 seem을 to seem으로 고쳐야 한다.

05 **정답** called → were called
해석 대다수의 학생들은 방학 동안 학교로 불려왔고, 그들 중 대다수는 늦은 밤까지 남아있어야 했다.
풀이 대다수의 학생들이 학교에 '불려온' 것이므로 수동태를 써야 한다. 주어 The majority of the students는 「the majority of + 명사」의 구조로, 뒤에 나오는 명사의 수에 동사의 수를 일치시켜야 하므로 the students에 맞춰 called를 were called로 고쳐야 한다. 'A를 B에 불러내다'라는 의미의 「call A to B」가 수동태로 전환된 것으로 보면 된다.

D

01 **정답** Subjects were shown about 1,000 word cards
풀이 실험 대상자들에게 낱말 카드가 '보여진' 것이므로 주어 Subjects가 가장 먼저 나오고 뒤에 수동태인 were shown이 와야 한다. 그 뒤로 수여동사 show의 직접목적어였던 about 1,000 word cards가 이어져야 한다. 「show + I.O + D.O」 구조의 문장이 수동태로 전환된 것으로 보면 된다.

02 **정답** more than hundreds of passengers were denied boarding
풀이 승객들이 탑승을 '거부당한' 것이므로 접속사 that이 이끄는 절의 주어 more than hundreds of passengers가 먼저 나오고 뒤에 수동태인 were denied가 와야 한다. 그 뒤로 본래 직접목적어였던 boarding이 이어진다. 여기서 deny는 「deny + I.O + D.O」의 형태로 'A에게 B를 허락하지 않다(거부하다)'를 뜻하는 4형식 동사로 쓰였다.

03 **정답** are often influenced, be expected to be red
풀이 판단이 '영향을 받는' 것이기 때문에 수동태를 써야 하고 빈도부사 often은 be동사 뒤에 와야 하므로 첫 번째 빈칸에는 are often influenced가 와야 한다. 두 번째 빈칸에는 딸기 맛이 나는 음식은 빨갛다고 '기대되는' 것이므로 수동태를 써야 한다. expect가 5형식으로 쓰일 때 「expect + O + to V」의 구조를

가지는데 이를 수동태로 바꾸면 「be expected + to V」가 된다. 따라서 would 뒤에는 be expected to be red를 써야 한다.

04 **정답** were made to sound an alarm
풀이 그 표지판들이 '만들어진' 것이므로 수동태를 써야 하고 사역동사 make가 수동태로 쓰일 때 목적격보어였던 동사원형은 to부정사로 바뀐다. 따라서 주어 The signs 뒤에 수동태 were made to sound an alarm이 이어져야 한다.

05 **정답** these signals should be paid attention to by us
풀이 '이러한 신호들'이라는 의미에 맞게 주어인 these signals를 먼저 쓴 뒤, '~해야 한다'라는 뜻의 조동사 should를 써야 한다. 이러한 신호들이 '집중되어져야' 하는 것이므로 수동태를 쓰되, 조동사 뒤에는 동사원형이 와야 하므로 be paid attention to를 차례로 배열해야 한다. 마지막으로 '우리에 의해'라는 의미를 나타내기 위해 by us를 써야 한다.

E

01 **정답** He was told by a clerk
풀이 그가 점원으로부터 어떤 말을 '들은' 것이므로 수동태가 되어야 한다. 따라서 주어인 He 뒤에 수동태를 쓰되, 문맥상 과거의 일을 말하고 있으므로, be를 was로 고치고 tell을 과거분사 told로 고쳐 써서 was told를 써야 한다. 마지막으로 행위의 주체인 점원을 나타내기 위해 by a clerk이 뒤에 이어져야 자연스럽다.

02 **정답** is referred to as Earth's sister planet
풀이 주어인 Venus가 '~라고 불리는' 것이므로 수동태를 써야 한다. 따라서 refer to A as B(A를 B라고 부르다)의 수동태를 쓰되, 주어가 단수 명사인 Venus이므로, be를 is로 고치고 refer를 과거분사인 referred로 고쳐 is referred to as를 차례대로 배열한다. 그 뒤에 '~라고 불리는' 대상인 Earth's sister planet이 이어져야 한다.

03 **정답** the others were left unequipped
풀이 나머지 차들은 장착되지 않은 채로 '남겨진' 것이므로 접속사 whereas가 이끄는 문장에서 주어 the others 뒤에 수동태인 were left가 오고 마지막으로 원래 문장에서 목적격보어였던 unequipped가 그대로 와야 한다. 「leave + O + O.C」 구조의 문장이 수동태로 전환된 것이다.

04 **정답** because poor eyesight is considered a disability in the country
풀이 '~ 때문에'를 뜻하는 접속사 because가 제일 먼저 나오고 나쁜 시력이 장애로 '여겨지는' 것이므로 주어인 poor eyesight 다음에 수동태를 써야 한다. 따라서 주어인 단수 명사 poor eyesight에 수를 일치시키고 현재의 일을 말하고 있으므로 현재시제를 써서 be를 is로 고치고 consider를 과거분사 considered로 고쳐 is considered가 이어져야 한다. 마지막으로 나쁜 시력이 어떻게 여겨지는지를 나타내는 목적격보어 a disability와 전치사구 in the country가 차례로 와야 한다.

05 **정답** the victims were given no official funerals
풀이 희생자들의 장례식이 '치러지지' 않은 것이므로 접속사 as가 이끄는 문장의 주어인 the victims를 먼저 쓰고 뒤에 수동태인 were given을 쓴다. 다음으로 수여동사 give의 직접목적어였던 no official funerals가 와야 한다. 「give + I.O + D.O」 구조의 문장이 수동태로 전환된 것으로 보면 된다.

UNIT 05 수동태의 활용

A

01 been associated   02 started   03 was believed

04 being noticed   05 to be captured

B

01 ×, has been credited   02 ○

03 ○   04 ×, must have been used

05 ×, to be put

C

01 to teach → to be taught

02 should have reminded → should have been reminded

03 can eliminate → can be eliminated

04 to have printed → to have been printed

05 could not have anticipated → could not have been anticipated

D

01 must have been given a chance

02 to prevent carbon dioxide from being released

03 It is believed that some people can cause

04 is thought to be affected by our life experience

05 the mosquito problem had to be taken care of first

E

01 many traditions have been challenged

02 could be ruled out for the entire season

03 It has been said that people

04 some of them have been listed

05 you ordered are no longer being made

A

01 정답 been associated
해석 저널리즘은 항상 논쟁과 연관되어 왔다.
풀이 associate는 '~을 연관(관련)시키다'라는 뜻의 타동사이다. 저널리즘이 논쟁과 '연관되어' 온 것이므로 수동태가 되어야 하는데 앞에 has가 있으므로 현재완료시제의 수동태(has/have been p.p.)를 써야 한다. 따라서 been associated가 적절하다.

02 정답 started
해석 항공사들은 혼자 여행하는 어린이들을 돌보는 서비스를 제공하기 시작했다.
풀이 항공사들이 서비스를 직접 '제공하는' 것이므로 능동태를 써야 한다. 따라서 현재완료시제의 능동태인 have started가 적절하다.

03 정답 was believed
해석 1940년대에는, 만화책이 특히 어린 아이들에게 나쁜 행동을 일

으킬 것이라고 믿어졌다.
풀이 it은 가주어이고 that절이 진주어인 구문으로 that절의 내용은 '믿어지는' 대상이므로 수동태 was believed가 적절하다.

04 정답 being noticed
해석 그들은 여주인의 눈에 띄지 않고 쉽게 방을 나갈 수 있었다.
풀이 notice는 '~을 알아차리다, 인지하다'라는 타동사로, 그들이 인지한 것이 아니라 여주인에 의해 '인지된' 것이다. 즉 그들이 '눈에 띄지' 않은 것이므로 수동태가 되어야 하는데 전치사 without 뒤에는 동명사가 와야 하므로 being noticed가 적절하다.

05 정답 to be captured
해석 소중한 순간들이 매우 빨리 지나가긴 했지만 나는 그것들이 기록되기를 바란다.
풀이 「wish + O + to V」 구조로, 그 순간들이 '기록되기를' 바라는 것이므로 to부정사의 수동형을 써야 한다. 따라서 to be captured가 적절하다.

B

01 정답 ×, has been credited
해석 그는 한국의 민주주의 실현을 도운 공로를 인정받아 왔다.
풀이 'A에게 B의 공을 돌리다'라는 의미의 「credit A with B」 구조가 수동태로 전환된 문장이다. 그가 공로를 '인정받은' 것이므로 수동태가 되어야 하며 과거부터 지금까지 이어진 행위를 나타내기 위해 현재완료시제로 써야 한다. 따라서 has credited를 has been credited로 고쳐야 한다.

02 정답 ○
해석 나는 아빠한테 조랑말 한 마리를 약속받았기 때문에 크리스마스가 기다려진다.
풀이 내가 아빠에게 조랑말 한 마리를 '약속받은' 것이며 이는 크리스마스를 기다리는 것보다 이전에 일어난 일이므로, 현재완료시제의 수동태를 써야 한다. 따라서 have been promised는 적절하다. 「promise + I.O + D.O」 구조가 수동태로 전환되었고, 원래 직접목적어인 a pony는 그대로 남아 있는 형태이다.

03 정답 ○
해석 플라스틱은 결코 사라지지 않는다. 그것은 단지 아주 미세하게 되고, 어느 순간 작은 해양 생물들에 의해 먹힐 수 있다.
풀이 주어인 it이 가리키는 것은 plastic이고 플라스틱이 '먹힐' 수 있다는 의미이므로 수동태가 되어야 한다. 따라서 「can be p.p.」 형태의 can be eaten은 적절하다.

04 정답 ×, must have been used
해석 매우 훌륭한 품질 때문에, 영국산 참나무는 오랫동안 건축에 사용되었음에 틀림없다.
풀이 「must have p.p.」는 '~했음에 틀림없다'라는 뜻으로 과거에 대한 강한 추측을 나타낸다. 영국산 참나무가 '사용되어 온' 것이므로 must have used를 수동태인 must have been used로 고쳐야 한다.

05 정답 ×, to be put
해석 더 맛있는 불고기 타코를 위해, 그녀는 다시 트럭으로 가서 불고기를 한 국자 더 위에 올려달라고 요청했다.
풀이 '~을 요청(요구)하다'라는 뜻을 가진 ask for의 목적어로 a second scoop of Bulgogi가 왔고, '위에 올려진' 불고기라는 의미를 나타내기 위해 to부정사가 뒤에서 a second scoop of Bulgogi를 수식하고 있다. 이때 불고기는 '올려진'

대상이므로 수동의 의미를 나타내기 위해 to put을 수동형인 to be put으로 고쳐야 한다.

C

01 **정답** to teach → to be taught
해석 유아들은 넘어지는 것이 큰 문제가 아니라는 것을 배울 필요가 있다.
풀이 유아들이 '가르쳐지는(배우는)' 대상이므로 to teach를 수동형의 to부정사 to be taught로 고쳐야 한다. 「teach + O + that절」이 수동태로 전환된 것으로 보면 된다.

02 **정답** should have reminded → should have been reminded
해석 Taylor는 자신의 선택에 대한 가능한 결과를 알았어야 했다.
풀이 「remind A of B」는 'A에게 B를 상기시키다'라는 뜻인데, 수동태로 전환되어 remind의 목적어인 Taylor가 주어로 쓰인 것이다. 「should have p.p.」는 '~했어야 했다'라는 과거에 대한 후회를 나타내는데 Taylor가 '상기시켜졌어야' 했던 대상이기 때문에 수동태를 써야 한다. 따라서 should have reminded를 should have been reminded로 고쳐야 한다.

03 **정답** can eliminate → can be eliminated
해석 스트레스가 많은 상태에서 인간의 신체가 만들어 내는 화학 물질은 규칙적인 운동을 통하여 제거되거나 감소될 수 있다.
풀이 화학물질이 '제거되는' 것이므로 수동태가 되어야 하고 조동사가 있는 문장의 수동태는 「조동사 + be p.p.」의 형태로 쓴다. 따라서 can eliminate를 can be eliminated로 고쳐야 한다.

04 **정답** to have printed → to have been printed
해석 그녀는 매우 오래된 책을 발견했고 이후에 그 책이 금속활자로 인쇄되었던 것을 입증했다.
풀이 책이 '인쇄된' 것이므로 수동태가 되어야 하고 책이 '인쇄된 것'은 입증했던(proved) 것보다 이전에 일어난 일이므로 완료부정사(to have p.p.)를 써야 한다. 따라서 to have printed를 수동형의 완료부정사인 to have been printed로 고쳐야 한다.

05 **정답** could not have anticipated → could not have been anticipated
해석 엄청난 수의 사람들이 한꺼번에 그 다리를 사용했을 때의 상황은 예상되었을 리 없다. 그러나 그것은 그 무게를 견뎌냈다.
풀이 「could not have p.p.」는 '~했었을 리 없다'라는 뜻으로 과거 사실에 대한 부정적인 추측을 나타낸다. 상황이 '예상되었을' 리 없다는 의미를 나타내기 위해 수동태를 써야 하므로 could not have anticipated를 could not have been anticipated로 고쳐야 한다.

D

01 **정답** must have been given a chance
풀이 「must have p.p.」는 '~했음에 틀림없다'라는 뜻으로 과거 사실에 대한 강한 추측을 나타내고 Samuel에게 사과할 기회가 '주어졌던' 것이므로 수동태로 써야 한다. 따라서 must have been given이 나오고 그 뒤에 give의 직접목적어인 a chance가 이어져야 한다. 「give + I.O + D.O」 구조가 수동태로 전환된 것으로 보면 된다.

---

02 **정답** to prevent carbon dioxide from being released
풀이 「try to V」는 '~하려고 노력하다'라는 뜻이므로 Trying 뒤에 to prevent가 먼저 나와야 한다. 그 뒤에 'A가 ~하는 것을 막다'라는 뜻인 「prevent A from V-ing」를 이용하여 연결하는데, A에 해당하는 것은 carbon dioxide이다. 이산화탄소가 '방출되는' 것을 막는 것이므로 수동태를 써야 하는데 전치사 from뒤에는 동명사를 써야 하기 때문에 동명사의 수동태인 from being released가 이어져야 한다.

03 **정답** It is believed that some people can cause
풀이 It이 가주어, that절이 진주어인 구문으로 that절의 내용이 '믿어지는' 것이므로 수동태를 써야 한다. 따라서 It is believed가 먼저 나오고 진주어인 that some people can cause가 이어져야 한다.
〈문장 전환 이해하기〉
• People believe that some people can cause ~
= It is believed that some people can cause ~
= Some people are believed to be able to cause ~

04 **정답** is thought to be affected by our life experience
풀이 「People think (that) + 주어 + 동사」 구조의 문장이 「주어 + is/are thought to V」의 형태로 바뀐 문장이다. 따라서 주어 다음에 is thought가 먼저 나오고 대부분의 우리의 지능이 우리의 삶의 경험에 의해 영향을 '받는' 것이므로 수동형의 to부정사를 써서 to be affected by our life experience가 이어져야 한다.
〈문장 전환 이해하기〉
• People think that most of our intelligence is affected by ~
= It is thought that most of our intelligence is affected by ~
= Most of our intelligence is thought to be affected by ~

05 **정답** the mosquito problem had to be taken care of first
풀이 명사절의 주어인 the mosquito problem을 먼저 쓴 뒤, '~해야 한다'라는 의미에 맞게 동사 have to의 과거형인 had to를 써야 한다. 모기 문제가 '다뤄져야' 하는 것이므로 수동태를 쓰되, 조동사의 수동태는 「조동사(have to) + be p.p.」의 형태가 되어야 하므로 be taken care of를 차례대로 배열해야 한다. 마지막으로 '먼저'를 뜻하는 first를 연결시킨다.

E

01 **정답** many traditions have been challenged
풀이 '많은 전통들'이라는 의미에 맞게 주어인 many traditions를 먼저 써야 한다. 다음으로 전통들이 과거부터 현재까지 도전을 '받아 왔다'라고 했으므로 현재완료시제의 수동태(have been p.p)를 써야 한다. 따라서 be를 been으로 고치고 challenge를 과거분사인 challenged로 고쳐 빈칸에 have been challenged 순서로 배열한다.

02 **정답** could be ruled out for the entire season
풀이 Michael이 시즌 내내 '제외될' 수 있는 것이므로 수동태를 써야 하는데, 조동사가 있는 문장의 수동태는 「조동사 + be p.p.」의 형태로 쓴다. 따라서 could be ruled out이 먼저 나오고 '시즌 내내'를 뜻하는 for the entire season을 이어서 배열한다.

03 **정답** It has been said that people

풀이 It은 가주어이고 that절이 진주어로, that절 뒤의 내용이 과거부터 현재까지 '이야기되어 왔다'라고 했으므로 현재완료시제의 수동태로 써야 한다. 따라서 가주어 It을 먼저 쓰고, 이에 수를 일치시켜 have를 has로 고치고 be를 been으로, say를 과거분사 said로 고쳐 has been said를 차례대로 쓴다. 마지막으로 접속사인 that을 쓰고 that절의 주어 people을 이어서 배열한다.

04 **정답** some of them have been listed

풀이 Gaudi의 많은 작품들 중 몇 개가 문화유산으로 '등록되어 온' 것이므로 현재완료시제의 수동태(have been p.p.)를 써야 한다. 따라서 주어인 some of them이 먼저 나오고 그 뒤로 현재완료시제의 수동태인 have been listed를 이어서 배열한다.

05 **정답** you ordered are no longer being made

풀이 '당신이 주문한 신발'이라는 뜻을 나타내기 위해 the shoes 뒤에 목적격 관계대명사가 생략된 you ordered가 먼저 나와야 한다. 그 신발이 '만들어지고 있지' 않는 것이므로 현재진행시제의 수동태(be being p.p.)로 써야 하고, 부정부사인 no longer는 be동사 뒤에 위치시켜야 한다. 따라서 you ordered 뒤에 are no longer를 쓰고, be와 make를 각각 being과 made로 바꿔 being made가 이어지도록 배열한다.

01 ① **02** ②

03 ⑤ **04** ②

05 ①, ②, ⑤

06 ② taken care → taken care of
④ be resembled with → resemble
⑦ had gifted → had been gifted

07 is reported to have eaten dried figs

08 ⓓ seem ⓔ recommended

09 has been referred to as a melting pot, can be seen living

10 should be given to reinforcing the regulations on electric scooters

---

01 정답 ①

해석

명성에 대한 욕망은 무시당한 경험에 그 뿌리를 두고 있다. 과거 어느 시점에 자신이 대단히 하찮은 사람이라는 느낌을 또한 겪어 보지 못했던 사람은 어느 누구도 유명해지고 싶지 않을 것이다. 우리가 인생 초기의 박탈감에 고통스럽게 노출되었을 때 우리를 대단하다고 보는 많은 관심의 필요를 느낀다. 어쩌면 어떤 이의 부모는 감명시키기가 어려웠을 것이다. 그들(부모)은 결코 그에게 많은 주의를 기울이지 못했고, 다른 유명한 사람들에게 집중하거나, 다정한 감정을 갖거나 이를 표현할 수 없었거나, 그저 너무 열심히 일하며 다른 일로 너무 바빴다. 어떤 이는 가족들에게 관심을 거의 받지 못했다. 잠들기 전에 읽어 주는 이야기가 없었고, 그의 성적표는 칭찬과 감탄의 주제가 아니었다. 그러한 이유 때문에 그는 언젠가 세상이 관심을 가져 주기를 꿈꾼다. 우리가 유명하면, 우리의 부모 역시 우리를 대단하게 볼 수밖에 없을 것이다.

풀이

① 전치사 of 뒤에는 명사나 동명사가 와야 하고, '무시당한' 경험이라고 했으므로 수동형의 동명사 being neglected는 적절하다.

---

② 자신이 중요하지 않다고 '느껴지게 되었던' 것이므로 수동태를 써야 한다. 따라서 made를 been made로 고쳐야 한다. 참고로 사역동사 make가 수동태로 쓰일 때 목적격보어였던 동사원형은 to부정사로 바뀌어야 하므로 made 뒤에 to feel이 쓰인다.

③ 일찍이 박탈된 경험에 '노출되어' 왔다는 것이므로 수동태를 써야 한다. 따라서 exposing을 exposed로 고쳐야 한다.

④ '주의를 기울이다'라는 뜻의 구동사 pay attention to를 수동태로 쓸 때는 동사와 전치사를 묶어서 하나의 동사처럼 취급해야 하므로, was paid little attention을 was paid little attention to로 고쳐야 한다.

⑤ 시간의 부사절에서는 현재시제가 미래시제를 대신하므로 will be를 are로 고쳐야 한다.

구문 분석

2행 **No one** would want to be famous [who hadn't also, somewhere in the past, been made to feel extremely insignificant].

▶ [ ]는 관계대명사 who가 이끄는 관계사절로, 선행사인 No one을 수식한다. 주어를 수식하는 구나 절이 길어지면 문장의 뒤로 보낼 수 있음에 유의해야 한다.

- fame 명성
- extremely 극도로
- a great deal of 다량의, 많은
- attention 주목
- deprivation 결핍
- school report 성적 통지표
- neglect 무시하다
- insignificant 하찮은, 중요하지 않은
- admire 감탄하다, 높이 평가하다
- expose 노출시키다
- impress 감명(감동)을 주다

02 정답 ②

해석

우주왕복선 Challenger호가 폭발한 후 어느 날, Ulric Neisser는 한 학급의 106명의 학생들에게 그들이 그 소식을 들었을 때 정확히 어디에 있었는지를 써 달라고 요청했다. 2년 반 후, 그들은 똑같은 질문을 받았다. 그 두 번째 면담에서 그 학생들 중 25퍼센트는 그들이 어디에 있었는지에 대해 완전히 다르게 설명했다. 절반은 그들의 답변에 있어서 중대한 오류를 범했고, 10퍼센트 미만이 어느 정도라도 실질적인 정확성을 가지고 기억했다. 이와 같은 결과들은 사람들이 몇 달 후에 자신이 목격한 범죄를 묘사하도록 요구받게 되었을 때 증인석에서 실수를 저지르는 이유의 일부이다. 1989년과 2007년 사이, 미국에서는 201명의 수감자들이 DNA 증거에 근거하여 무죄로 밝혀졌다. 그런 수감자들 중 75퍼센트가 잘못된 목격자 진술에 근거하여 유죄로 판결을 받았었다.

풀이

ⓓ 그들이 목격한 범죄를 묘사하도록 '요청받았을' 때라는 의미이므로 수동태를 써야 하고, 원래 문장의 목적격보어 to describe는 그대로 와야 하므로 are required months later to describe는 적절하다.
ⓔ 감옥에 있던 201명의 수감자들이 무죄로 '증명된' 것이므로 수동태인 were proven은 적절하다.

ⓐ '우주왕복선이 폭발한 후 어느 날'이라고 했으므로 Ulric Neisser가 학생들에게 질문한 것은 과거에 일어난 일임을 알 수 있다. 따라서 현재완료 has asked를 과거시제 동사 asked로 고쳐야 한다.
ⓑ 그들이 똑같은 질문을 '받은' 것이므로 수동태를 쓰되, 주어인 they가 복수 대명사이므로 이에 수를 일치시켜 asked를 were asked로 고쳐야 한다. 참고로 ask가 능동으로 쓰였을 때 직접목적어인 the same question이 수동태 전환 후에도 뒤에 남아 있는 것이므로 이것만 보고 ask를 능동태로 보지 않도록 해야 한다.
ⓒ 10퍼센트 미만의 학생들이 정확히 '기억한다'고 했으므로, 능동태로 표현해야 한다. 따라서 were remembered를 remembered로 고쳐야 한다. 문장의 목적어가 없다고 수동태로 착각하지 않도록 유의한다. 여기서 remember는 '기억하다'라는 뜻의 자동사로 쓰였다.
ⓕ '수감자들의 75퍼센트가 유죄로 판결받은 것'은 앞 문장에 나온 '201명의 수감자들이 무죄로 밝혀졌던 것'보다 이전에 일어난 일이므로 대과거를 나타내는 과거완료시제가 쓰여야 한다. 따라서 have been declared를 had been declared로 고쳐야 한다. 참고로 죄수들이 유죄로 '판결받은' 것이므로 수동태가 쓰인 것은 적절하다.

구문 분석

10행 Results such as these are part of **the reason** [1][people make mistakes on the witness stand] when they are required months later to describe **a crime** [2][they witnessed].

1) [ ]는 관계부사 why가 생략된 관계사절로 앞에 나온 선행사 the

reason을 수식한다. 참고로 선행사가 일반적인 장소(the place), 시간(the time), 이유(the reason), 방법(the way)을 의미할 때 관계부사는 생략할 수 있다.
2) [ ]는 목적격 관계대명사 which 또는 that이 생략된 관계사절로, 앞에 나온 선행사 a crime을 수식한다.

어휘 및 어구
- space shuttle 우주왕복선
- significant 중요한
- witness stand 증언대
- describe 묘사하다
- declare 선언하다
- eyewitness 목격자
- account (사건 등에 대한) 이야기, 증언
- accuracy 정확성
- witness 목격하다
- innocent 무죄의
- guilty 유죄의

03 정답 ⑤

해석

수력 발전은 깨끗하고 재생 가능한 에너지원이다. 하지만 알아두는 것이 중요한 댐에 관한 몇 가지 일들이 있다. 수력 발전 댐을 건설하기 위해서, 댐 뒤의 넓은 지역이 반드시 물에 잠기게 된다. 때때로 지역 사회 전체가 다른 곳으로 이주되어야 한다. 숲 전체가 물에 잠길 수도 있다. 댐에서 방류된 물은 평소보다 더 차가워서 이것이 강 하류의 생태계에 영향을 미칠 수 있다. 그것은 또한 강둑을 유실되게 하고 강바닥의 생물을 파괴할 수도 있다. 지금까지 댐의 가장 나쁜 영향은 알을 낳기 위해 상류로 가야 하는 연어들에게서 관찰되어져 왔다. 이것은 연어들이 보통 물살을 거슬러 상류로 이동하는 것으로 보여지기 때문이다. 댐이 연어를 막는다면, 연어의 생활 주기는 완결될 수 없을 것이다.

풀이

ⓓ 댐의 최악의 영향이 '관찰되어' 온 것이므로 수동태를 쓰되, '지금까지'라는 뜻의 Until now를 통해 과거부터 현재까지 계속 관찰되어 온 것임을 알 수 있으므로 현재완료를 사용해야 한다. 따라서 has observed를 현재완료의 수동태인 has been observed로 고쳐야 한다.
ⓔ 연어들이 '관찰되는' 것이므로 수동태를 써야 한다. 지각동사 see는 목적격보어로 동사원형 또는 분사를 쓰는데, 수동태 문장으로 전환되면 목적격보어였던 동사원형은 to부정사로 바뀌고 목적격보어였던 분사는 그대로 쓴다. 따라서 move를 to move 또는 moving으로 고쳐야 한다.

ⓐ 넓은 지역이 '침수되어야' 하는 것이므로 수동태를 써야 한다. 조동사가 있는 수동태는 「조동사＋be p.p.」로 나타내므로 must be flooded는 적절하다.
ⓑ 공동체 전체가 다른 지역으로 '옮겨져야' 하는 것이므로 수동태를 써야 한다. 「have to＋동사원형」은 수동태로 쓰일 때 「have to be p.p.」의 형태가 되므로 have to be moved는 적절하다.
ⓒ 생략된 관계사절의 주어는 선행사인 The water이고, 물이 댐에서 '방류되는' 것이므로 수동태인 is released는 적절하다.
ⓕ 조건의 부사절에서는 현재시제가 미래시제를 대신하므로, 현재 동사인 blocks는 적절하다.

구문 분석

11행 Until now the worst effect of dams has been observed on **salmon** [1][that [2]**have** to travel upstream to lay their eggs].

1) [ ]는 주격 관계대명사 that이 이끄는 관계사절로, 앞에 나온 선행사 salmon을 수식한다.

2) 명사 salmon은 단수형과 복수형이 동일한데 여기서는 복수로 쓰였으므로 복수 동사인 have가 사용되었다.

어휘 및 어구
- hydroelectric power 수력 발전의
- flood 물에 잠기다(잠기게 하다)
- ecosystem 생태계
- salmon 연어
- lay (알을) 낳다
- renewable 재생 가능한
- release 방출하다
- riverbank 강둑, 강기슭
- upstream 상류로
- current 물의 흐름

04 정답 ②

해석
한 전형적인 심리학 실험은 한 그룹의 사람들에게 헤드폰을 착용하도록 요청한다. 이 실험에서, 음성으로 된 단어들은 헤드폰을 통해서 재생되지만 서로 다른 일련의 단어들이 각각의 귀에 재생된다. 참가자들은 한쪽 귀(예를 들면 왼쪽 귀)에 보내진 단어들을 듣고 그것들을 큰 소리로 따라하라고 지시받는다. 이런 지시를 받을 때, 사람들은 그 귀에서 들려진 단어들을 상당히 잘 반복한다. 하지만, 비록 이 동일한 작은 모음의 단어들이 수십 번 반복되었다 할지라도, 그들은 다른 한쪽 귀로 들은 어떤 단어들도 기억하지 못한다. 이 예는 당신의 귀로 얻을 수 있는 정보의 많은 부분이 당신의 머릿속까지 멀리 도달하지 못한다는 것을 보여준다. 당신은 어떤 단어들이 들리고 있었는지 알 수 있을 만큼 충분히 처리될 그 정보의 적은 양만을 선택하고 있다.

풀이
ⓑ '음성으로 된' 단어들이므로 words를 수식하는 과거분사 spoken은 올바른 표현이며, 또한 그 단어들이 '재생되는' 것이므로 수동태 are played는 올바른 표현이다.
ⓓ '~을 잘하다'라는 의미의 be good at뒤에도 동명사 repeating은 올바른 표현이다. '그 귀에 들린 말들' 이란 의미가 되도록 speak를 수동태로 쓴 were spoken은 올바른 표현이다.
ⓕ to be processed는 that information을 수식하는 형용사적 용법으로 쓰인 to부정사이다. 문맥상 '처리될 정보'라는 의미가 되어야 하므로 information과 process는 수동의 관계이다. 따라서 수동형의 to부정사 to be processed는 올바른 표현이다.

ⓐ 사람들이 헤드폰을 '착용하는' 것이므로 people과 wear의 관계는 능동이다. 따라서 to be worn을 to wear로 고쳐야 한다.
ⓒ 한쪽 귀에 '보내진' 단어들이므로 수동의 의미를 나타나는 과거분사가 사용되어야 한다. 따라서 sending을 sent로 고쳐야 한다. 참고로 참가자들이 말하는 것이 아니라 '지시받는' 것이므로 수동태 are told가 사용된 것은 올바른 표현이다.
ⓔ 단어들이 수십 번 '반복되었던' 것이므로 과거완료 수동태로 표현되어야 한다. 따라서 had repeated를 had been repeated로 고쳐야 한다.
ⓖ 단어들이 '말해지는(들리는)' 것이므로 words와 speak의 관계는 수동이다. 따라서 were speaking을 수동태 were spoken으로 고쳐야 한다.

구문 분석
12행 This example shows ¹⁾[that **much of the information** ²⁾{that is available to your ears} does not make it too far into your head].
　1) [ ]는 접속사 that이 이끄는 명사절로 shows의 목적어로 사용되었다.
　2) { }는 주격 관계대명사 that이 이끄는 관계사절로, 선행사인 much

of the information을 수식한다. information은 셀 수 없으므로 much로 수식하였고, 동사도 단수 동사 is가 사용되었다.

어휘 및 어구
- psychological 심리학의
- repeat 반복하다
- available 이용 가능한
- process 처리하다
- experiment 실험
- instruction 지시사항
- small amount of ~의 적은 양

05 정답 ①, ②, ⑤

해석
매일, 수업 시간마다 나는 무작위로 '공식 질문자'라는 칭호를 부여받는 두 명의 학생을 고른다. 이 학생들에게는 그 수업 시간 동안 최소한 하나의 질문을 해야 하는 책임이 부여된다. 나의 학생 중 한 명인 Carrie는 그날의 공식 질문자가 된 후 사무실로 나를 찾아왔다. 나는 그냥 서먹서먹한 분위기를 깨려고 쾌활하게 "학기의 첫 번째 '공식 질문자' 중 한 명으로 지명되어 영광이었니?"라고 물었다. 그녀는 진지한 어조로, 수업이 시작될 때 내가 자기를 지명했을 때 매우 긴장했다고 말했다. 하지만 그 후, 그 수업 시간 동안에 그녀는 다른 강의 시간 동안에 느꼈던 것과는 다른 느낌이 들었다. 그것은 다른 강의들과 똑같은 하나의 강의였지만, 그녀는 이번에 더욱 높은 의식 수준을 가져야 했고, 강의와 토론의 내용을 더 잘 알게 되었다고 말했다. 또한 결과적으로 자기가 그 수업으로부터 더 많은 것을 얻게 되었다고 인정했다.

풀이
① 학생들에게 공식 질문자라는 직함이 '주어지는' 것이므로 수동태를 써야 한다. 따라서 give를 are given으로 고쳐야 한다. 4형식 동사로 쓰인 give는 수동태로 바뀌어도 뒤에 직접목적어였던 명사가 그대로 남게 된다는 점을 유의해야 한다.
② 학기의 첫 공식 질문자로 '지명된' 것을 영광으로 느끼는지 묻는 것이므로 수동태를 써야 한다. to부정사의 수동태는 to be p.p.의 형태로 나타내므로 to name을 to be named로 고쳐야 한다. 5형식 동사로 쓰인 name은 수동태로 바뀌어도 뒤에 목적격보어였던 명사가 남는다는 점을 유의해야 한다.
⑤ 주절의 동사 admitted의 시제가 과거이므로, 종속절에는 과거시제나 과거완료시제가 사용되어야 한다. 따라서 gets를 got 또는 had gotten으로 고쳐야 한다.

③ '그녀가 다른 강의 시간 동안 느꼈던 것'이 '그 수업 시간 동안 그녀가 느꼈던 것'보다 이전에 일어난 일이므로 과거완료가 쓰인 she'd felt는 어법상 적절하다.
④ 그녀가 더 높은 수준의 집중을 하도록 하게 '된' 것이므로 수동태를 써야 한다. 따라서 was forced는 적절하다. 'A가 ~하도록 하다'라는 뜻의 「force A to V」가 수동태로 전환되어 「be forced to V」의 형태가 된 것으로 보면 된다.

구문 분석
7행 Just ¹⁾[**to break** the ice], I asked in a lighthearted way, "Did you feel honored ²⁾[**to be named** ³⁾**one of** the first '**official questioners**' of the semester]?"
　1) [ ]는 '~하기 위해서'라는 의미로 목적을 나타내는 부사적 용법의 to부정사구이다.
　2) [ ]는 feel honored라는 감정의 원인을 나타내기 위해 부사적 용법으로 쓰인 to부정사구이다.

3) '～중에 하나'라는 뜻의 「one of + 복수 명사」 표현이 쓰였다.

어휘 및 어구
- randomly 무작위로, 임의로
- break the ice 어색한 분위기를 깨다
- honored 영광인, 명예로운
- appoint 지명하다
- consciousness 의식
- content 내용
- assign (임무를) 부여하다
- lighthearted 쾌활한, 명랑한
- name 지명하다, 임명하다
- lecture 강의
- be aware of ～을 알다
- admit 인정하다

06 정답 ② taken care → taken care of
　　　　④ be resembled with → resemble
　　　　⑦ had gifted → had been gifted

해석
① 선생님은 칠판에 우주가 팽창하고 있다는 증거를 적으셨다.
② 내 상사는 그 일이 매우 잘 처리될 것이라고 믿었다.
③ 그는 매우 현명한 컨설턴트여서 그 프로젝트가 성공할지 예측할 수 있다.
④ 많은 기술을 사용하여, 세트 디자이너들은 이 연극이 만화와 유사하게 보이도록 노력하였다.
⑤ 그 지역의 연못은 수영하기에 더럽고 안전하지 않아서 폐쇄되었다.
⑥ 우리는 30년 동안 사업을 해 왔고 정직하고 신뢰할 수 있는 것으로 잘 알려져 있다.
⑦ 전형적인 연구에서 사람들은 그들에게 주어졌던 커피 잔의 가치를 평가하도록 요청받았다.

풀이
② 구동사 take care of를 수동태로 표현해도 전치사 of가 그대로 사용되어야 한다. 따라서 taken care를 taken care of로 고쳐야 한다.
④ resemble은 수동태로 사용되지 않고, 뒤에 전치사 없이 단독으로 쓰이므로 be resembled with를 resemble로 고쳐야 한다.
⑦ 커피잔이 선물로 '주어진' 것이므로 수동태로 표현되어야 한다. 따라서 had gifted를 had been gifted로 고쳐야 한다. 평가해 달라고 요청받은 것보다 선물로 주어진 것이 먼저 일어난 일이므로, 과거완료로 표현하는 것은 올바르다.

- -

① 과학적 사실은 항상 현재시제를 사용하므로, 주절에 과거 동사 wrote가 나왔어도 종속절에는 현재시제를 사용해야 한다. 따라서 문장은 어법상 적절하다.
③ 문장에 사용된 whether는 시간과 조건의 부사절이 아니라, '～인지 아닌지'라는 의미를 가진 명사절의 접속사로 사용되었다. 따라서 미래시제를 표현하는 will은 어법상 적절하다.
⑤ 문장에 사용된 since는 '～이기 때문에'라는 의미로 이유를 나타내는 부사절의 접속사이다. 주절에 과거시제가 사용되었고, 종속절 since 뒤에도 과거시제가 사용되었기 때문에 어법에 맞는 문장이다.
⑥ 과거부터 현재까지 계속 사업을 해 온 것이므로 현재완료진행형 have been running이 사용된 것은 어법상 적절하다.

구문 분석
③ He is **so** sensible a consultant **that** he can predict whether the project will be successful.
　▶ so + 형용사 + a(n) + 명 + that절 : 매우 (형용사)인 (명사)라서 …하다
④ Using many techniques, the set designers tried to **make**

the play **shown** to resemble a cartoon.
▶ 「make + O + O.C」는 '～가 …하게 만들다'라는 의미이다. 목적어에 해당하는 the play와 목적격보어인 show의 관계가 수동이기 때문에 목적격보어 자리에 과거분사 shown을 썼다.

어휘 및 어구
- expand 확장하다
- sensible 현명한
- play 연극
- assess 평가하다
- supervisor 상사, 감독관
- consultant 상담가, 자문 위원
- trustworthy 믿을 수 있는

[07~08]

07 정답 is reported to have eaten dried figs

08 정답 ⓓ seem ⓔ recommended

해석
운동 영양학이 매우 새로운 학문 분야이긴 하지만, 선수들의 운동 기량을 향상할 수 있게 하는 음식에 관한 충고는 늘 존재해 왔다. 고대 그리스의 한 운동선수는 컨디션을 향상하기 위해 말린 무화과를 먹었다고 전해진다. 1908년 올림픽에서 마라톤 선수들은 기량을 향상하기 위하여 코냑을 마셨다는 보고가 있다. 십 대 달리기 천재인 Mary Decker는 1970년대에 경주 전날 밤 스파게티 한 접시를 먹었다고 이야기해서 스포츠계를 놀라게 했다. 그러한 관행은 그것의 실제적인 이득 혹은 자신의 운동 분야에서 탁월한 능력을 보인 개인들이 인식한 이득 때문에 운동선수들에게 권고된 것처럼 보인다. 분명, 마라톤 중에 술을 마시는 것과 같은 이러한 관행 중 일부는 더 이상 추천되지 않지만, 경기 전날 밤의 고(高)탄수화물 식사와 같은 다른 관행들은 세월의 검증을 견뎌냈다.

풀이
07 「People report that + S + V」는 「S + be reported to V」로 바꿀 수 있다. that절의 주어가 One ancient Greek athlete이고 본동사의 시제가 현재이므로 is reported to를 먼저 써 준다. that절의 시제가 주절의 report보다 과거의 일을 나타내고 있으므로 완료부정사 「to have p.p.」를 사용하여 to 뒤에 have eaten dried figs를 이어서 쓴다.

08 ⓓ seem은 자동사로 수동태가 불가능하므로 are seemed를 seem으로 고쳐 써야 한다.
　　ⓔ 이러한 관행들이 더 이상 '추천되지' 않는다는 의미이므로, 수동태로 표현되어야 한다. 따라서 recommending은 recommended로 고쳐 써야 한다.

- -

ⓐ always라는 표현으로 보아, 과거부터 현재까지 운동선수에게 제안된 추천이 늘 존재했다는 내용이므로 현재완료 have been은 올바른 표현이다.
ⓑ 주절에 현재시제가 쓰이면 종속절에는 모든 시제가 사용 가능한데, 1908년이라는 특정 시점이 언급되어 있으므로 과거시제를 쓴 것은 어법상 적절하다.
ⓒ 그녀가 보고한 것보다 먹은 것이 더 과거의 일이므로, 사용된 과거완료는 올바른 표현이다.
ⓕ 다른 관행들은 지금까지도 이어지고 있다는 의미이므로 과거부터 현재까지의 일을 설명해 주는 현재완료 have stood는 올바른 표현이다.

구문 분석

15행 Obviously, [**some of these practices**, {such as drinking alcohol during a marathon}], are no longer recommended, but [**others**, {such as a high-carbohydrate meal the night before a competition}], have stood the test of time.

▶ 두 개의 [ ]가 some ~, others …의 표현으로 but으로 연결된 병렬 구조를 이루고 있다. 두 개의 { }가 앞에 있는 명사 some of these practices와 others를 각각 부연 설명하고 있다.

어휘 및 어구

- nutrition 영양학, 영양
- recommendation 추천, 충고
- athletic 운동의
- excel 뛰어나다, 탁월하다
- stand the test 검증을 견뎌내다
- discipline (학문의) 분야
- enhance 향상시키다
- phenomenon 천재, 비범한 사람
- carbohydrate 탄수화물

09 정답 has been referred to as a melting pot, can be seen living

풀이

앞의 빈칸에서는 먼저 「refer to A as B」를 수동태로 바꾸면 「A be referred to as B」라고 바뀐다는 것을 알아야 한다. for a long time으로 보아 과거부터 현재까지 용광로라고 불려 온 것이므로 현재완료가 사용되어야 한다. 따라서 단수 취급하는 America에 수를 일치시켜 동사 부분은 has been referred to로 쓰고, '용광로라고'란 의미로 as a melting pot을 쓴다. 뒤의 빈칸에서는 사람들이 조화를 이루면서 살아가고 있는 것으로 '보여질 수 있는' 것이기 때문에 조동사 can과 수동태 be seen을 연결하여 can be seen을 먼저 쓴다. 그리고 지각동사를 수동태로 만들면 목적격보어는 동사의 원형이 아닌 to부정사나 분사가 사용되어야 하기 때문에 [보기]에 주어진 단어인 living을 마지막으로 연결해 준다.

어휘 및 어구

- various 다양한
- harmony 조화

10 정답 should be given to reinforcing the regulations on electric scooters

해석

요즘 들어 전동 스쿠터가 빠르게 캠퍼스의 주요한 것이 되고 있다. 그들의 빠른 인기 상승은 스쿠터가 가져다 주는 편리함 덕분이지만, 문제가 없는 것은 아니다. 스쿠터 회사는 안전 규정을 제공하고 있지만, 탑승자들에 의해 이 규정들이 항상 지켜지는 것은 아니다. 학생들은 탑승하는 동안 무모할 수 있고, 일부는 한 대의 스쿠터에 두 명이 한꺼번에 탑승하기도 한다. 대학들은 이미 전동 방식의 교통수단을 제한하기 위해 보행자 전용 구역과 같은 특정한 규정들을 두고 있다. 그러나 그들은 특정하여 전동 스쿠터를 대상으로 더 많은 규정을 두어야 한다. 전동 스쿠터를 이용하는 학생들과 그들 주변의 사람들의 안전을 지키기 위하여 관계자들은 학생들이 규정을 위반했을 때 신호로 멈춰 세우고 그들에게 경고를 주는 교통정리원을 두는 것과 같은 더 엄격한 규정을 강화할 것을 검토해야 한다.

→ 전동 스쿠터가 캠퍼스에서 사용될 때, 그것에 대한 규제를 강화하는 것을 고려해야 한다.

풀이

전동 스쿠터를 이용하는 학생들과 그들 주변의 사람들의 안전을 지키기 위하여 학교 관계자들이 전동 스쿠터 사용 규정은 더 엄격하게 강화할 것을 검토해야 한다는 내용의 글이다. 따라서 '전동 스쿠터가 캠퍼스에서 사용될 때, 전동 스쿠터에 대한 규제를 강화하는 것을 검토해야 한다'로 이 글을 요약할 수 있다. 주어진 요약문은 '~을 고려하다'라는 의미의 give consideration to + N/V-ing(to는 전치사)를 수동태로 표현한 것으로, 먼저 조동사 should를 사용하여 should be given to로 나열해야 한다. 그리고 '규제를 강화하다'라는 의미에 맞게 reinforcing the regulations를 연결시킨 후, '전동 스쿠터에 대한'이란 의미에 맞게 on electric scooters를 써서 마무리한다.

구문 분석

12행 To ensure the safety of **students** [1][who use electric scooters], as well as those around them, officials should look into reinforcing stricter regulations, such as [2][having traffic guards flagging down students] and [giving them warning] when they violate the regulations.

1) [ ]는 주격 관계대명사 who가 이끄는 관계사절로 선행사 students를 수식하고 있다.
2) such as 뒤에 두 개의 [ ]는 and로 연결되어 병렬 구조를 이루고 있다.

어휘 및 어구

- electric scooter 전동 스쿠터
- rapid 빠른
- regulation 규제
- restrict 제한하다
- specifically 명확하게, 특별히
- reinforce 강화시키다
- violate 폭력적인
- staple 주요한 것
- convenience 편리함
- reckless 무모한
- transportation 교통 수단
- ensure 지키다, 보장하다
- flag down ~에게 정지 신호를 하다

01 ①, ②, ⑤

02 ④

03 ① have generated → have been generated
③ had noticed → noticed

04 (A) to sit (B) were (C) could (D) was given

---

01 정답 ①, ②, ⑤

해석

① 빈번한 직원 훈련을 통하여, 그 회사는 지속적인 개선과 성장의 토대를 마련하기 위해 노력한다.
② 당신이 슈퍼마켓에서 토마토를 살 때, 당신이 농부에게 지불하는 것보다 더 많이 지불하게 만드는 수많은 비용들이 있다.
③ 그녀는 최근에 세상을 떠난 출장 판매원과 결혼했었다고 그에게 말하기 시작했다.
④ 교장선생님은 이 기회가 드론에 관심이 많은 학생들에게 이용되기를 진심으로 바랐다.
⑤ 그 작가는 마침내 출판사가 출판하기에 적합하다고 느낀 단편 소설을 끝냈다.

풀이

① '거짓말하다, ~에 있다, 눕다'라는 뜻의 자동사 lie는 뒤에 목적어를 가질 수 없으므로 적절하지 않다. 따라서 문맥상 the foundation을 목적어로 가질 수 있는 타동사인 '~을 놓다'라는 뜻의 lay로 고쳐야 한다.
② 주격 관계대명사 that이 이끄는 관계사절 안의 동사는 results in이다. 이 동사의 선행사는 복수인 costs이므로, 이 선행사에 수를 일치시켜 results를 복수 동사 result로 고쳐야 한다.
⑤ that은 목적격 관계대명사로 관계사절을 이끄는데, 절에 동사가 없으므로 feeling을 동사로 바꾸되 시제에 맞게 felt로 고쳐야 한다.

---

③ 그녀가 그에게 '말한' 것보다 '결혼한' 것과 남편이 '죽은' 것이 더 이전의 일이므로, 주절의 시제인 과거보다 앞선 과거완료시제 had been과 had passed가 쓰인 것은 적절하다.
④ '~을 이용하다'라는 뜻의 구동사 take advantage of를 수동태로 쓸 때는 하나의 동사처럼 취급한다. 따라서 be taken advantage of로 쓴 것은 적절하다.

구문 분석

② When you buy the tomato at a supermarket, there are [1)]**a number of costs** [2)][that result in [3)]you paying much more than you would pay the farmer].

  1) a number of는 '많은'이란 뜻으로 뒤에 복수 명사가 온다. '~의 수'란 의미의 the number of와 구별하도록 하자.
  2) [ ]는 주격 관계대명사 that이 이끄는 관계사절로, 앞에 나온 a number of costs를 수식하고 있다.
  3) you는 paying의 의미상 주어로, 동명사의 의미상 주어는 소유격이나 목적격으로 나타낸다.

어휘 및 어구

- frequent 빈번한
- lay the foundation 토대를 마련하다, 기초를 쌓다
- continuous 지속적인
- pass away 사망하다
- sincerely 진심으로
- publishing house 출판사
- publication 출판
- result in ~을 일으키다(야기하다)
- principal 교장
- take advantage of ~을 이용하다
- suitable 적합한

---

02 정답 ④

해석

협조를 용이하게 하는 데 있어 평판의 중요성에 대한 최근의 실험 증거는 한 대학 학부의 차 마시는 공간에 있는 음료를 위한 '정직 상자'에 지불된 돈에 대한 분석에서 나왔다. Bateson과 동료들은 (항상 권장 가격 목록 위에 붙어 있는) 한 쌍의 눈 이미지가 꽃 이미지와 일주일 단위로 번갈아 나타날 때 그 상자에 지불된 돈을 살펴봤다. 소비된 우유량이 전체 소비량을 가장 잘 보여주는 지표임이 밝혀졌지만, 꽃이 보인 때와 비교해서 눈이 보인 몇 주간 눈에 띌 정도로 리터 당 거의 세 배가 넘는 돈이 지불되었다. 물론 이 실험은 한 장소에서만 실시되었지만, 효과 크기가 인상적이고 사람들은 시스템을 속이는 모습이 관찰되기를 원치 않는다는 것을 나타내는 것 같다.

풀이

ⓒ consumed를 동사로 본다면 주어인 The amount of milk가 consumed를 행한다고 봐야 하는데, 우유량이 직접 소비하는 행위를 할 수 없으므로 둘의 관계는 능동이 아니라 수동이 되어야 한다. 따라서 consumed는 앞에 있는 milk를 꾸며주는 과거분사로 보아야 하고, 문장의 동사가 필요하므로 turning을 turned로 고쳐야 한다.
ⓕ 문맥상 that절의 주어인 individuals가 '관찰되는' 것을 원치 않는 것이므로 수동형이 되도록 to observe를 to be observed로 고쳐야 한다.

ⓐ 주어가 단수 명사 evidence이므로 동사 has는 올바른 표현이다.
ⓑ 이미지가 번갈아 '나타나게 되는' 것이므로 수동태 were alternated는 올바른 표현이다.
ⓓ 문장의 주어는 money이고, 돈은 '지불되는' 것이므로 수동태 was paid는 올바른 표현이다.
ⓔ 문장의 주어는 experiment이고, 이러한 실험이 '행해지는' 것이므로 수동태 was conducted는 올바른 표현이다.

구문 분석

9행 The amount of milk consumed turned out to be the best indicator of total consumption, but remarkably almost three times more money was paid per liter in weeks [when there were eyes portrayed], **compared to** [when there were flowers portrayed].

  ▶ compared to는 '~와 비교하면'이란 뜻으로, 두 개의 [ ]가 비교되어야 하므로 compared to로 연결되어 병렬 구조를 이루고 있다.

어휘 및 어구

- experimental 실험의
- reputation 평판
- cooperation 협조
- colleague 동료
- indicator 지표
- conduct 실시하다
- cheat 속이다
- evidence 증거
- facilitate 용이하게 하다, 촉진하다
- analysis 분석
- alternate 번갈아 나타나다
- remarkably 눈에 띄게
- portray 보여주다, 나타내다

03 정답 ① have generated → have been generated
③ had noticed → noticed

해석
우연히 만들어진 과학적 발명의 예는 셀 수 없이 많다. 그러나 자주 이러한 우연은 그것을 해석할 수 있는 그 분야의 평균 이상의 지식을 가진 사람을 필요로 해 왔다. 우연과 연구자 간의 협업에 대해 잘 알려진 예 중 하나는 페니실린의 발명이다. 1928년, 스코틀랜드 생물학자 Alexander Fleming이 휴가를 떠났다. 다소 부주의한 사람으로, Fleming은 일부 박테리아 배양균을 책상 위에 두고 갔다. 그가 돌아왔을 때, 그는 배양균들 중 하나에서 곰팡이를 발견했는데, 그 주변에는 박테리아가 없었다. 그 곰팡이는 penicillium notatum 종에서 나온 것으로, 그것이 페트리 접시 위의 박테리아를 죽였던 것이다. 이것은 운 좋은 우연의 일치였다. 전문적 지식이 없는 사람에게는 박테리아가 없는 부분이 그리 중요하지 않았겠지만, Fleming은 그 곰팡이의 마법 같은 작용을 이해했다. 그 결과는 페니실린으로, 그 약은 지금까지 지구상의 수많은 사람들을 구했다.

풀이
① 문맥상 우연히 과학적 발명이 '만들어진' 것이므로 have generated를 have been generated로 고쳐야 한다.
③ 과거완료는 과거보다 먼저 일어난 일을 설명할 때 사용되는데, 순서상 그가 휴가에서 돌아오고 나서 곰팡이를 발견했으므로 곰팡이를 발견한 시점을 과거보다 더 이전의 일을 설명하는 과거완료로 나타내는 것은 적절하지 않다. 따라서 had noticed를 noticed로 고쳐야 한다.

---

② 「one of + 복수 명사」는 단수로 취급하므로 단수 동사 is는 올바른 표현이다.
④ 그 곰팡이가 penicillium notatum 종에서 나온 것이라는 사실이 밝혀지기 이전에 페트리 접시 위에 있던 박테리아를 죽였으므로 과거보다 먼저 일어난 일을 설명하는 과거완료 had killed는 올바른 표현이다.
⑤ 선행사가 a person이므로 동사 does는 올바른 표현이다.
⑥ '지금까지'라는 뜻의 표현인 so far로 보아 과거부터 현재까지를 설명하는 내용임을 알 수 있으므로, 현재완료 has saved는 올바른 표현이다.

구문 분석
12행 The mold **was** from the penicillium notatum species, **which** had killed the bacteria on the Petri dish.
▶ 계속적 용법으로 쓰인 관계대명사 which는 앞에 있는 문장의 주어인 The mold를 지칭하고 있으며 '그리고 그것은'이라고 해석하면 된다.

어휘 및 어구
• generate 만들다, 생산하다   • above-average 평균 이상의, 보통이 아닌
• interpret 해석하다   • cooperation 협력, 협업
• biologist 생물학자   • culture 배양물
• mold 곰팡이
• Petri dish 페트리 접시(세균 배양 따위에 쓰는 둥글넓적한 작은 접시)
• coincidence 우연의 일치   • significance 중요성

04 정답 (A) to sit (B) were (C) could (D) was given

해석
Case Western Reserve 대학의 Roy Baumeister가 이끈 1996년의 연구 프로젝트에서, 피실험자 두 그룹은 각각 분리된 방에 앉게 되었다. 방 안테이블 위에는 그릇이 두 개 있었는데, 하나에는 갓 구운 초콜릿칩 쿠키가 있었고 나머지 하나에는 무가 담겨져 있었다. 첫 번째 집단은 그들이 원하는 만큼 많은 양의 쿠키를 먹을 수 있지만 절대 무는 피해야 한다고 들었다. 두 번째 집단은 그 반대로 해야 한다고 들었다. 잠시 후 과학자들은 방으로 돌아와서 참가자들에게 기다리라고 요청했다. 각 집단은 기다리는 동안에 풀어야 할 '쉬운' 퍼즐을 받았다. 그 퍼즐은 사실 답이 없었으며 단지 과학자들은 각 집단이 해답을 찾으려고 얼마나 오랫동안 시도하는지를 보고 싶었을 뿐이다. 그 결과, 나머지 집단(무를 먹는 것을 참아야 했던 집단)이 퍼즐에 평균 19분을 소비한 반면, 쿠키를 먹는 것을 참아야만 했던 집단은 퍼즐에 고작 8분을 소비했다. 왜 그럴까? 의지력은 유한한 것처럼 보인다. 쿠키를 먹는 것을 참으라고 들었던 사람들은 그날의 (의지력의) 비축분을 다 소비한 것이다.

풀이
(A) 사역동사 make는 「make + 목적어 + 동사원형」 구조를 갖는데, 이를 수동태로 만들면 「be made to V」로 바뀌게 된다. 즉, 목적격보어로 사용되는 동사원형이 to부정사로 바뀌어야 하기 때문에 to sit으로 쓴다.
(B) 부사구 On the table in the rooms가 문장 앞에 나와서 주어와 동사가 도치된 문장이다. 주어가 뒤에 있는 복수 명사 two bowls이므로 복수형 동사를 쓰되, 과거 시점이 되어야 하므로 were로 쓰는 것이 알맞다.
(C) 주절의 시제가 was로 과거이므로 시제를 일치시켜서 can의 과거형 could를 쓰는 것이 적절하다.
(D) 문맥상 각각의 그룹들이 쉬운 퍼즐을 준 것이 아니라 '받은' 것이므로 수동태가 사용되어야 하고, each는 단수 취급하므로 단수형 동사를 써야 하는데 시제가 과거이므로 was given으로 쓴다.

구문 분석
6행 The first group was told 1)[that they could eat as many of **the cookies** 2){that they wanted}] but [that they 3)**were to avoid** the radishes at all costs].
1) 두 개의 [ ]는 but으로 연결되어 병렬 구조를 이루고 있다.
2) { }는 목적격 관계대명사 that이 이끄는 관계사절로, 선행사 the cookies를 수식한다.
3) '~해야 한다'라는 의미의 be to 용법이 사용되었다.

13행 The puzzle actually had no solution but the scientists wanted to see [how long each group would attempt to find the solution].
▶ [ ]는 see의 목적어로, 「의문사(how long) + 주어(each group) + 동사(would attempt)」의 어순으로 쓴 간접의문문이다.

어휘 및 어구
• subject 피실험자   • radish 무
• at all costs 무조건   • willpower 의지력
• finite 유한한, 한계가 있는   • resist 참다(견디다)
• reserve 비축(물)

PRACTICE TEST with *Textbooks*

A

01 to buy　**02** disappointed　**03** Compared
04 interesting　**05** repeating

B

01 ×, talking　**02** ×, to building　**03** ×, to print
04 ×, to apply　**05** ○

C

01 embarrassed → embarrassing
02 locating → located　**03** to share → to sharing
04 to be → to being　**05** purchased → purchasing

D

01 remember to agree to establish ground rules
02 get used to doing the same easy job
03 you finish making the photo slide show
04 When seen from one side
05 suggested examining the copies for the last time before distributing

E

01 didn't commit themselves to focusing
02 moving stories about people giving all their fortune
03 When it comes to taking care of babies
04 take time to write a note expressing gratitude
05 regretted not trying what he wanted to do

A

01　**정답** to buy
　해석 아무도 진열된 물건을 살 여유가 없더라도 괜찮다.
　풀이 '~할 여유가 있다'라는 뜻의 afford는 to부정사만을 목적어로 가지는 타동사이므로 to buy가 적절하다.

02　**정답** disappointed
　해석 그 소년들은 축구를 하는 다른 사람들에 의해 운동장이 사용되는 것을 발견했을 때 실망했다.
　풀이 disappoint는 '~을 실망시키다'라는 뜻의 타동사이며, 소년들이 '실망감을 느낀' 것이므로 과거분사 disappointed가 적절하다.

03　**정답** Compared
　해석 일반적인 스피커와 비교했을 때, 종이로 만든 스피커는 더 약하고 더 둔탁한 소리를 내지 않는다.
　풀이 종이로 만든 스피커(the speakers made of papers)가 일반적인 스피커와 '비교되었을 때'라는 의미이므로, 수동의 의미를 지닌 과거분사 Compared가 적절하다. 이 분사구문의 주어는 주절의 주어 the speakers made of papers와 같으므로 생략되었다. 'A를 B에 비유하다'라는 뜻의 「compare

A to B」에서 compare는 목적어를 필요로 하는 타동사인데, comparing 뒤에 목적어가 없으므로 comparing to는 적절하지 않다.

04　**정답** interesting
　해석 당신이 계속해서 그것을 다듬는다면 당신의 에세이는 훨씬 더 흥미로워질 것이다.
　풀이 에세이가 흥미로운 감정을 유발하는 것이므로 현재분사 interesting이 적절하다.

05　**정답** repeating
　해석 새로운 관점에서 사물들을 보기 위해서, 당신이 해왔던 것을 반복하기를 멈추고 무언가 익숙하지 않은 것을 시도하라.
　풀이 stop은 동명사가 목적어로 올 때 '~하는 것을 멈추다'라는 뜻으로 쓰인다. 문맥상 '반복하는 것'을 멈추라는 의미이므로 repeating이 적절하다. 참고로 stop 뒤에 to repeat을 쓰면 '반복하기 위해 멈추다'라는 뜻이 된다.

B

01　**정답** ×, talking
　해석 당신이 강의에 집중하기 위해서, 당신은 반 친구와 이야기하는 것을 피할 필요가 있다.
　풀이 '~을 피하다'라는 뜻의 avoid는 동명사만을 목적어로 가지는 타동사이므로 to talk를 talking으로 고쳐야 한다.

02　**정답** ×, to building
　해석 Gianfranco Ferre는 현재의 이탈리아 패션의 이미지를 구축하는 데 기여했다.
　풀이 contribute to는 '~에 기여하다'라는 뜻으로 이때 to는 전치사이므로 뒤에 명사나 동명사를 써야 한다. 따라서 to build를 to building으로 고쳐야 한다.

03　**정답** ×, to print
　해석 그는 자신의 완성된 소설을 출판사에 보냈지만, 편집자는 특별한 이유 없이 그 책을 출간하기를 거부했다.
　풀이 '~을 거절하다'라는 뜻의 refuse는 to부정사만을 목적어로 가지는 타동사이므로 printing을 to print로 고쳐야 한다.

04　**정답** ×, to apply
　해석 당신이 여름에 야외에 있을 계획이라면, 자외선 차단제를 두껍게 바를 것을 잊지 마라.
　풀이 forget은 동명사가 목적어로 오면 '~했던 것을 잊다'라는 의미가 되고 to부정사가 목적어로 오면 '~할 것을 잊다'라는 뜻이 된다. 문맥상 자외선 차단제를 '바를 것을 잊지 마라'라는 의미이므로 applying을 to apply로 고쳐야 한다.

05　**정답** ○
　해석 그 CEO는 직원들이 어떻게 그들의 불편사항들을 말해야 할지 몰라서 더욱 좌절하게 되었다는 것을 마침내 알아차렸다.
　풀이 frustrate는 '~을 좌절시키다'라는 뜻의 타동사이며, 직원들이 '좌절을 느낀' 주체이므로 과거분사 frustrated는 적절하다.

C

01　**정답** embarrassed → embarrassing
　해석 나의 친구는 해외 여행하는 것을 좋아하는데, 그가 나에게 최근에 겪었던 당황스러운 경험에 관해서 이야기했다.

풀이 embarrass는 '~을 당황하게 하다'라는 뜻의 타동사이다. 문맥상 그를 '당황하게 하는' 경험이므로, embarrassed를 현재분사 embarrassing으로 고쳐야 한다.

02 **정답** locating → located
해석 그는 많은 문화 유산들을 보기 위해서 토함산에 위치한 가장 유명한 절인 불국사를 방문할 것을 제안했다.
풀이 locating on Mt. Toham은 앞에 나온 명사구 the most famous temple을 수식하는 분사구이다. locate는 '~을 (특정 위치에) 두다'라는 뜻의 타동사로, 수식을 받는 temple과의 관계가 수동이기 때문에 현재분사 locating을 과거분사 located로 고쳐야 한다.

03 **정답** to share → to sharing
해석 사람들은 상점에서 줄을 서는 것부터 토론에서 그들의 지식을 나누는 것까지 다양한 방식으로 협력한다.
풀이 'A부터 B까지'라는 뜻의 「from A to B」에서 from과 to는 전치사이므로 A와 B는 명사나 동명사의 형태가 되어야 한다. 따라서 B에 해당하는 share를 sharing으로 고쳐야 한다.

04 **정답** to be → to being
해석 기존의 펜들보다 더 내구성이 있는 것 외에도, 볼펜은 기압이 낮은 높은 고도에서도 사용될 수 있다.
풀이 '~ 외에도'라는 뜻의 in addition to에서 to는 전치사이므로 뒤에 명사나 동명사가 와야 한다. 따라서 to be를 to being으로 고쳐야 한다.

05 **정답** purchased → purchasing
해석 설문조사에 따르면, 명품을 구매할 때 소비자가 얻기를 원하는 것은 제품 그 자체라기보다는 브랜드의 이미지이다.
풀이 전체 문장의 주어는 명사절 what a consumer wants to get이고 동사는 is이다. 주어와 동사 사이의 when ~ goods는 분사구문으로 생략된 의미상의 주어는 a consumer이다. 문맥상 소비자가 명품을 '구매한다'라는 능동의 의미이기 때문에, 과거분사 purchased를 현재분사 purchasing으로 고쳐야 한다.

D

01 **정답** remember to agree to establish ground rules
풀이 '~할 것을 기억하라'라는 의미의 「remember to V」를 사용하여 remember to agree를 먼저 배열한다. 타동사 agree는 to부정사만을 목적어로 가지므로, agree 뒤에는 to establish를 쓰고, establish의 목적어 ground rules를 차례로 배열한다.

02 **정답** get used to doing the same easy job
풀이 '~하는 것에 익숙해지다'라는 뜻의 「get used to V-ing」 구문을 사용하여 get used to doing을 먼저 쓴다. 이때 to는 전치사이기 때문에 뒤에 명사나 동명사가 와야 하므로 doing을 쓴다. doing 뒤에 '똑같은 쉬운 일'이라는 의미의 목적어 the same easy job을 이어서 배열한다.

03 **정답** you finish making the photo slide show
풀이 Did로 시작하는 의문문이므로 주어 you와 동사 finish를 차례로 쓴다. finish는 동명사만을 목적어로 가지는 타동사이므로 finish의 목적어 making the photo slide show를 이어서 배열한다.

04 **정답** When seen from one side
풀이 접속사 when이 생략되지 않은 분사구문으로, When이 가장 먼저 나오고 그 이미지가 '보이는' 것이므로 수동의 의미를 지닌 과거분사 seen이 이어져야 한다. seen 뒤에는 '한쪽에서'라는 의미를 나타내기 위해 from one side를 배열해야 한다. 분사구문의 주어는 주절의 주어 the image와 같기 때문에 생략된 것으로 보면 된다.

05 **정답** suggested examining the copies for the last time before distributing
풀이 '제안했다'라는 뜻의 동사 suggested를 먼저 쓴다. suggest는 동명사만을 목적어로 취하는 동사이므로 목적어인 examining the copies를 이어서 쓴 뒤, '마지막으로'라는 의미에 맞게 for the last time을 써야 한다. 다음으로 '나눠주기 전'이라는 의미에 맞게 전치사 before와 목적어인 distributing을 차례대로 배열해야 한다.

E

01 **정답** didn't commit themselves to focusing
풀이 「commit oneself to V-ing」는 '~하는 것에 전념(몰두)하다'라는 뜻으로, 이때 to는 전치사이므로 뒤에 명사나 동명사가 와야 한다. 따라서 '전념하지 않았다'라는 의미가 되도록 didn't commit themselves to를 쓴 다음 동명사 focusing을 배열한다.

02 **정답** moving stories about people giving all their fortune
풀이 '감동을 주는 사람들에 대한 이야기'이므로 능동의 의미를 지닌 현재분사 moving이 stories를 앞에서 수식하도록 배열한 다음 전치사 about과 people을 차례로 쓴다. 그리고 '그들의 모든 재산을 내주는 사람들'이라는 뜻에 맞게 능동의 의미를 지닌 현재분사 giving이 people을 뒤에서 꾸미도록 배열한다. 준동사인 giving은 동사적 성질이 있으므로 뒤에 목적어 all their fortune이 온다. 따라서 moving stories about people giving all their fortune의 어순으로 써야 한다.

03 **정답** When it comes to taking care of babies
풀이 '~에 관한 한'이라는 뜻의 「when it comes to V-ing」 표현을 사용해야 하므로 come을 comes로 고쳐 써서 When it comes to를 쓰고, take를 동명사인 taking으로 바꿔 동명사구 taking care of를 배열해야 한다. 마지막으로 taking care of의 목적어인 babies를 써야 한다.

04 **정답** take time to write a note expressing gratitude
풀이 '~할 시간을 내다'라는 뜻의 「take time to V」 구문을 사용해야 하므로 write를 to write로 고쳐 take time to write a note의 어순으로 배열해야 한다. 감사를 '표현하는' 메모라는 의미에 맞게 능동의 의미를 지닌 현재분사가 note를 뒤에서 수식할 수 있도록 express를 현재분사 expressing으로 바꾸어 note 뒤에 expressing gratitude의 어순으로 써야 한다.

05 **정답** regretted not trying what he wanted to do
풀이 「regret V-ing」는 '~했던 것을 후회하다'라는 뜻인데, '시도하지 않았던 것을 후회했다'라는 뜻을 나타내기 위해 동명사 앞에 not을 써야 한다. 따라서 try를 동명사인 trying으로 고쳐 regretted not trying을 먼저 배열해야 한다. 다음으로 trying의 목적어인 '그가 하고 싶어 했던 일'을 나타내기 위해 '~하는 것'이라는 뜻의 관계사절 「what + S + V」를 이용하여 what he wanted를 쓰고, wanted는 목적어로 to부정사만을 취하므로 do를 to do로 고쳐 wanted 뒤에 to do를 차례로 배열한다.

UNIT 07 비교로 익히는 준동사(2)

A

01 to be	02 work	03 taking
04 to overcome	05 injured	

B

01 ○	02 ×, working / learning	
03 ×, practice	04 ○	05 ×, to knock

C

01 filling → filled	02 feeling → (to) feel
03 coloring → color	04 to involve → involved
05 explode → to explode	

D

01 have trouble seeing close objects

02 encourages you to do

03 so that they could observe the birds catching the worms

04 Whenever he didn't feel like practicing

05 facing too much pressure from the public ended up resigning

E

01 a life without love was not worth living

02 helps you (to) make logical arguments to appeal

03 to become famous enough to sell

04 too low to meet the workers' basic needs

05 only to find that it has already finished

A

01 정답 to be
해석 당신은 돈이 빠져나가지 않는 것을 확실히 하기 위해 지출을 잘 살펴야 한다.
풀이 '~하기 위해서'라는 뜻의 「so as to V」 구문이 쓰였으므로 to be가 적절하다.

02 정답 work
해석 꼭 그림자처럼, 나는 다양한 전문가들을 따라가서 그들이 일하는 것을 보았다.
풀이 지각동사 watch는 목적어와 목적격보어의 관계가 능동일 때, 목적격보어로 동사원형 또는 현재분사가 쓰인다. '그들이 일하는 것을' 지켜보았다는 능동의 의미이므로 목적격보어로 동사원형 work가 적절하다.

03 정답 taking
해석 선생님의 걱정에도 불구하고, 학생들은 그들의 새로운 반 친구에게 '멋쟁이'라는 이름을 붙여 주고, 교실에 사물함을 만들어 주고, 그를 돌보느라 바쁘다.
풀이 '~하느라 바쁘다'라는 뜻의 「be busy (in) V-ing」 구문을 써야 하므로 taking이 적절하다. taking 앞에 전치사 in이 생략

된 것으로 보면 된다.

04 정답 to overcome
해석 그러한 열정은 당신의 목표들을 달성하는 과정 동안에 당신이 어려움을 극복하는 것을 가능하게 할 추진력이 될 것이다.
풀이 enable은 목적격보어로 to부정사를 취하는 동사이므로 to overcome이 적절하다.

05 정답 injured
해석 그 태풍은 수많은 사람들이 부상을 입거나 죽게 했으며, 다른 사람들을 그들의 집에서 탈출하게 만들었다.
풀이 목적어와 목적격보어의 관계가 수동이면 목적격보어 자리에 과거분사를 쓴다. 태풍으로 사람들이 '부상을 입게 된' 것이므로 수동의 의미를 지닌 과거분사 injured가 적절하다.

B

01 정답 ○
해석 George가 문을 열었을 때, 그는 눈이 희미하게 내리고 있는 것을 보았다.
풀이 see는 지각동사로 목적어와 목적격보어의 관계가 능동일 때 목적격보어 자리에 동사원형이나 현재분사가 온다. 눈이 '내리고 있는' 것이므로 현재분사 falling은 적절하다.

02 정답 ×, working / learning
해석 나는 요즘 아르바이트를 하고 스페인어를 공부하느라 바쁘다.
풀이 be busy (in) V-ing(~하느라 바쁘다)라는 표현이 사용된 문장이다. 따라서 to work와 to learn을 각각 working과 learning으로 고쳐야 한다.

03 정답 ×, practice
해석 발레에 대한 사랑은 그가 각각의 동작을 숙달할 때까지 동작들을 수십 번, 심지어 수백 번 연습하게 했다.
풀이 make는 목적어와 목적격보어의 관계가 능동일 때 목적격보어로 동사원형을 쓴다. 따라서 to practice를 practice로 고쳐야 한다.

04 정답 ○
해석 밤에 우리의 몸은 호르몬을 생산하는데, 그것은 쉬고 다음날을 준비하기 위하여 우리가 잠을 자는 것을 돕는다.
풀이 '~하기 위해서'라는 뜻의 「in order to V」를 사용하여 in order to rest를 쓴 것은 적절하다.

05 정답 ×, to knock
해석 죽음의 신은 살아있는 인간이 종말의 땅으로 향하는 문을 두드리는 것을 허락하지 않는다.
풀이 allow는 목적격보어로 to부정사를 취하는 동사이므로 knocking을 to knock으로 고쳐야 한다. who is alive는 a person을 꾸며 주는 관계사절이다.

C

01 정답 filling → filled
해석 나는 진주로 가득 찬 조개껍데기를 발견해서 깜짝 놀랐다.
풀이 조개껍데기가 진주로 가득 '채워진' 것이므로, find의 목적어 (the shell)와 목적격보어(fill)는 '수동'의 관계이다. 따라서 filling을 수동의 의미를 지닌 과거분사 filled로 고쳐야 한다.

02 **정답** feeling → (to) feel

해석 빠르게 변화하는 사회에서 유머는 우리가 친밀감과 활력감을 느끼도록 돕는다.

풀이 help는 목적어와 목적격보어의 관계가 능동일 때, 목적격보어로 동사원형 또는 to부정사를 쓴다. 따라서 feeling을 feel 또는 to feel로 고쳐야 한다.

03 **정답** coloring → color

해석 우리는 그 그림들의 윤곽을 그릴 것이고 아이들에게 그것들을 색칠하게 할 것이다.

풀이 사역동사 let은 목적어와 목적격보어의 관계가 능동일 때 목적격보어로 동사원형을 쓴다. 따라서 coloring을 color로 고쳐야 한다.

04 **정답** to involve → involved

해석 아이들이 책임감 있는 사람으로 자라는 것을 돕도록 당신의 아이들이 집안일에 참여하도록 하는 것이 어떨까요?

풀이 involve는 '~을 참여(개입)시키다'라는 뜻의 타동사이다. '아이들이 집안일에 참여되게 한다'라는 내용으로, get의 목적어인 children과 목적격보어 involve는 수동의 관계이다. 따라서 to involve를 수동의 의미를 지닌 과거분사 involved로 고쳐야 한다.

05 **정답** explode → to explode

해석 열기구의 상자 안에는 프로판 탱크가 들어 있어서, 화재는 그것을 폭파시킬 수 있다.

풀이 cause는 목적격보어로 to부정사를 쓰는 동사이다. 따라서 explode를 to explode로 고쳐야 한다.

D

01 **정답** have trouble seeing close objects

풀이 '~하는 데 어려움을 겪다'라는 뜻의 「have trouble (in) V-ing」 구문을 사용하여 have trouble seeing을 먼저 배열한다. 다음으로 '가까운 물체들'이란 의미에 맞게 seeing의 목적어인 close objects를 차례로 이어서 쓴다.

02 **정답** encourages you to do

풀이 encourage는 목적어와 목적격보어의 관계가 능동일 때, 목적격보어로 to부정사를 취하는 동사이다. 따라서 '당신이 ~하도록 격려하다'라는 뜻을 나타내기 위해 동사 encourages 뒤에 목적어 you와 목적격보어 to do를 차례로 배열한다.

03 **정답** so that they could observe the birds catching the worms

풀이 '~가 …하게 하기 위해서'라는 뜻을 나타내는 「so that S V」를 이용하여 so that they could observe를 먼저 배열한다. 지각동사 observe는 목적격보어로 동사원형 또는 현재분사를 써야 하므로 observe the birds catching을 쓴 후, catching의 목적어인 the worms를 이어서 쓴다.

04 **정답** Whenever he didn't feel like practicing

풀이 '~할 때마다'를 뜻하는 whenever와 '~하고 싶다'를 뜻하는 「feel like V-ing」 구문을 사용하여 배열한다. Whenever를 먼저 쓰고, 주어 he와 동사 didn't feel like를 이어서 쓴 다음 동명사 practicing을 차례로 배열한다.

05 **정답** facing too much pressure from the public ended up resigning

풀이 그 정치인이 압력에 '직면하고' 있는 것이므로, 명사 The politician을 수식하며 능동의 의미를 지닌 현재분사 facing을 쓴 뒤, facing의 목적어인 too much pressure from the public을 써야 한다. 다음으로 '결국 ~하다'라는 뜻의 「end up V-ing」 표현을 사용하여 동사 ended up resigning을 차례대로 배열한다.

E

01 **정답** a life without love was not worth living

풀이 '사랑이 없는 삶'이 that절의 주어이므로, a life without love를 먼저 배열한 뒤, '~할 가치가 없다'라는 뜻을 나타내기 위해 「be worth V-ing」 구문에 부정어 not을 추가하여 was not worth living을 이어서 배열한다.

02 **정답** helps you (to) make logical arguments to appeal

풀이 '돕는다'는 의미에 맞게 동사 help를 먼저 써야 하는데, 동명사가 주어일 때는 단수 취급하므로 help를 helps로 고쳐쓴다. help는 목적어와 목적격보어의 관계가 능동일 때 목적격보어로 동사원형이나 to부정사를 쓴다. '당신이 논리적인 주장을 하는 것'을 돕는다는 의미이므로, help 뒤에는 목적어 you와 목적격보어 (to) make를 쓰고, make의 목적어인 logical arguments를 이어서 배열해야 한다. arguments 뒤에는 '호소하기 위해'라는 의미를 나타내기 위해 to부정사의 부사적 용법을 사용하여 appeal을 to appeal로 바꿔 써야 한다.

03 **정답** to become famous enough to sell

풀이 먼저 wants의 목적어를 써야 하는데, want는 to부정사만을 목적어로 취하는 동사이므로 become을 to become으로 고쳐 쓴 뒤, 보어 famous를 이어서 쓴다. '~을 팔 정도로 충분히 유명한'이라는 뜻을 나타내기 위해 「A(형용사/부사) + enough to V」 구문을 사용해야 하므로 sell을 to sell로 바꿔 써서 A에 해당하는 famous 뒤에 enough to sell을 배열하는 것이 자연스럽다.

04 **정답** too low to meet the workers' basic needs

풀이 '~하기에 너무 A하다'라는 뜻의 「too A(형용사/부사) to V」 구문을 사용해야 하므로 meet을 to meet으로 고쳐 too low to meet을 먼저 배열해야 한다. 그 뒤에는 '노동자들의 기본적인 욕구'라는 의미를 나타내도록 meet의 목적어로 the workers' basic needs를 써야 한다.

05 **정답** only to find that it has already finished

풀이 '결국 ~하다는 것을 알았다'라는 뜻을 나타내기 위해, 「only to V」 구문을 사용하여 only to find를 먼저 배열 한다. 그 뒤에 find의 목적어로 '그것이 이미 끝났다는 것'이 이어져야 하므로 접속사 that이 이끄는 명사절 that it has already finished를 차례로 쓴다.

01 ①　　　　　　　02 ②

03 ②　　　　　　　04 ④, ⑤

05 (A) designated (B) using (C) camping

06 ② designed ③ to attend ⑤ seeing

07 powerful enough to command attention

08 ② publishing → published
　　⑤ Switched → Switching

09 (A) Compared (B) collecting (C) doing (D) Asked

10 judging a stranger based on superficial qualities so as to
　　protect

---

01 정답 ①

해석

우리 대부분은 죄책감을 느끼거나 다른 사람들을 실망시킬 수 있는 가능성에
직면했을 때 우리의 욕구를 제쳐둠으로써 안전을 기한다. 직장에서 사람과 충
돌하는 것을 피하려고 여러분은 불평하는 직장 동료가 계속 여러분의 에너지
를 빼앗아 가는 것을 허용하여 결국 자신의 직장을 싫어하게 될지도 모른다.
집에서는 여러분을 힘들게 하는 가족 구성원들이 정서적으로 거절당한다는
느낌을 갖지 않도록 하기 위하여 그들에게 '그래'라고 말할지도 모르고 결국
여러분이 자신을 위해 가지려고 의도한 양질의 시간의 부족으로 좌절감을 느
끼게 된다. 우리는 다른 사람들의 (우리에 대한) 인식을 관리하기 위해 열심히
노력하며 우리 자신의 욕구를 충족시키는 것을 멈추고, 결국 우리가 의미 있
는 삶을 살도록 해 줄 바로 그것을 포기한다.

풀이

① when 이하는 접속사가 생략되지 않은 분사구문이다. face는 '~에 직면
하다'라는 뜻의 타동사로, 뒤에 목적어가 나와야 하는데 with로 시작되는
전치사구가 이어지고 있다. 따라서 타동사로 쓰이지 않았음을 유추할 수
있으며, 문맥상 가능성에 '직면하게 되다'라는 수동의 의미를 나타내야 하
므로 과거분사 faced는 적절하다. 부사절을 분사구문으로 전환할 때 주절
의 주어와 부사절의 주어가 같다면 부사절의 주어와 be동사는 생략 가능
하므로 faced 앞에는 we are가 생략된 것으로 보면 된다.

---

② avoid는 동명사를 목적어로 사용하므로 to conflict를 conflicting으로
고쳐야 한다.

③ 「only to V」는 '결국 ~하게 되다'라는 의미로, only 다음에는 to부정사
가 쓰여야 하므로 to feeling을 to feel로 고쳐야 한다.

④ 우리의 욕구를 '충족시키는 것을 멈추다'라는 의미가 되어야 하므로
「stop V-ing(~하는 것을 멈추다)」를 사용해야 한다. 따라서 to fulfill을
fulfilling으로 고쳐야 한다. 「stop to V」는 '~하기 위해 멈추다'라는 뜻
이다.

⑤ enable은 목적격보어로 to부정사를 사용하므로, living을 to live로 고
쳐야 한다.

구문 분석

3행 At work you may [1)]**allow** a complaining coworker **to keep**
stealing your energy [2)]**to avoid** conflicting with him or her
— [3)]**ending up hating** your job.

---

1) allow + O + to V : ~이 …하는 것을 허용하다
2) to avoid는 부사적 용법의 to부정사로 '~하기 위해서'라는 목적의
의미를 갖는다.
3) end up V-ing: 결국 ~하게 되다

10행 We [1)][work hard to manage the perceptions of others]
and [stop fulfilling our own needs], and in the end we give
up **the very thing** [2)][that will enable us to live meaningful
lives].

1) 두 개의 [ ]는 and로 연결되어 병렬 구조를 이루고 있다.
2) [ ]는 주격 관계대명사 that이 이끄는 절로 선행사 the very thing
을 수식하고 있다.

어휘 및 어구

• play it safe 안전을 기하다, 안전책을 강구하다
• put aside ~을 제쳐두다　　　• face ~에 직면하다
• guilty 죄책감이 드는　　　　• coworker 직장 동료
• conflict 충돌하다, 대립하다　• emotional 정서적인, 감정적인
• rejection 거부, 거절　　　　• frustrated 좌절감을 느끼는
• quality 고급의, 양질의　　　• intend 의도하다
• perception 인식　　　　　　• fulfill 충족시키다, 성취하다
• in the end 결국　　　　　　• enable 가능하게 하다

---

02 정답 ②

해석

수년 전에 그 회사는 Charles Steinmetz를 부서장에서 직위 해제하는 것
을 고려했다. 비록 전기 분야에 있어서 천재였지만, 그는 회계부서의 부장으
로서는 실패자였다. 그러나 회사는 그를 불쾌하게 하는 것을 선택하지 않았
다. 그는 없어서는 안 되는 사람이었고 상당히 예민했다. 그래서 그들은 그에
게 새로운 직함을 주었다. 그들은 그를 고문 엔지니어로 임명했는데, 그가 이
미 하고 있던 일에 대한 새로운 직함이었고, 다른 사람에게 그 부서를 이끌게
했다. 그는 만족했다. 임원들 또한 그러했다. 다른 사람이 체면을 세우도록 도
와주는 일은 얼마나 중요한가! 우리 중 그런 일을 생각하기 위해 멈추는 사람
이 얼마나 있겠는가! 우리는 다른 사람의 감정에 대해 생각하지 않고 다른 사
람의 자존심에 상처가 되는 것은 전혀 고려하지 않으면서 직원을 다른 사람들
앞에서 비판한다. 그러나 비록 우리가 옳고 다른 사람이 명백히 틀렸다 하더
라도 우리는 다른 사람들의 체면을 구김으로써 자아를 파괴할 뿐이다.

풀이

ⓐ consider는 목적어로 동명사를 사용하므로 to remove를 removing
으로 고쳐야 한다.

ⓒ let은 목적격보어로 동사원형을 사용하므로 heading을 head로 고쳐야
한다.

ⓖ cause는 목적격보어로 to부정사를 사용하므로 lose를 to lose로 고쳐
야 한다.

ⓑ choose는 목적어로 to부정사를 사용하므로 적절하다.

ⓓ satisfy는 '만족시키다'라는 타동사로, 그가 만족을 '느끼는' 것이므로 과
거분사 satisfied는 적절하다.

ⓔ 그런 일을 '생각하기 위해 멈추다'라는 의미이므로 stop 뒤에 목적을 나타
내는 부사적 용법의 to부정사가 사용된 것은 적절하다.

ⓕ criticize는 '~을 비판하다'라는 의미의 타동사이다. 문맥상 우리가 직원을
비판하는 것이므로 능동의 의미를 지닌 현재분사 criticizing은 적절하다.

② 1719년에 처음 출간되었을 때, 'Robinson Crusoe'는 어린이들을 위한 것은 아니었지만, 아동문학의 고전이 되었다.

③ 네팔과 티베트 사이의 경계를 표시하면서, 에베레스트는 빛나는 얼음과 짙은 색의 바위로 구성된 삼면의 피라미드 형태로 솟아 있다.

④ 카메라 렌즈를 통해서 들여다보는 것이 그를 그 장면으로부터 분리되게 만들었다.

⑤ 불을 켜면서, Evelyn은 그녀의 어린 딸인 Julie가 열병에 걸린 듯 뒤척이고 이상한 작은 울음소리를 내고 있는 것을 발견했다.

풀이

② 생략되어 있는 분사구문의 주어는 Robinson Crusoe라는 책이다. 책은 '출판되는' 것이므로 이 생략된 주어와 publish는 수동의 관계이어야 한다. 따라서 publishing을 published로 고쳐야 한다.

⑤ 생략되어 있는 분사구문의 주어는 Evelyn이다. Evelyn이 불을 직접 '켜는' 것이므로 이 생략된 주어와 switch는 능동의 관계이어야 한다. 따라서 Switched를 Switching으로 고쳐야 한다.

---

① 생략되어 있는 분사구문의 주어는 many consumers이고, convince는 '~을 확신시키다'라는 의미의 타동사이다. 문맥상 주어인 many consumers가 '확신하게 되는' 것이므로 주어와 convince는 수동의 관계가 되어야 한다. 따라서 과거분사 convinced는 적절하다. 참고로 convinced that ~은 '~을 확신하며'라는 뜻을 가지며 관용적으로 쓰인다.

③ 생략되어 있는 분사구문의 주어는 Everest이다. 에베레스트 산이 경계를 '표시하는' 것이므로, 이 생략된 주어와 mark의 관계는 능동이고, 따라서 현재분사 Marking은 적절하다.

④ detach는 '~을 분리하다'라는 타동사로, 그가 장면에서 '분리되어 초연하게 되는' 것이므로 목적어 him과 목적격보어 detach의 관계는 수동이다. 따라서 수동의 의미를 가진 과거분사 detached는 적절하다.

구문 분석

⑤ Switching on the light, Evelyn [1]**found** [2][her baby daughter, Julie], [3][**tossing** feverishly and **giving** out odd little cries].

1) found의 목적어는 첫 번째 [　]이고, 목적격보어는 두 번째 [　]이다. 목적어와 목적격보어의 관계가 능동이므로 목적격보어 자리에 현재분사구가 쓰였다.

2) her baby daughter와 Julie가 동격의 콤마로 연결되어 있다.

3) tossing과 giving이 and로 연결되어 병렬 구조를 이루고 있다.

어휘 및 어구
- be willing to 기꺼이 ~하려 하다
- publish 출판하다
- border 경계
- gleaming 빛나는
- feverishly 열병에 걸린 것 같이
- premium 아주 높은
- literature 문학
- loom 불쑥 나타나다
- detach 떼어놓다, 분리시키다

09 정답 (A) Compared (B) collecting (C) doing (D) Asked

해석

농부들과 비교하여, 수렵 채집인들은 더 여유로운 삶을 영위했다. 생존해 있는 수렵 채집인 집단과 함께 시간을 보낸 현대의 인류학자들은, 식량 채집은 수렵 채집인의 시간 중 작은 부분만을 차지하는데, 그것은 농사를 통하여 동일한 양의 식량을 생산하는 데 요구되는 것보다 훨씬 더 적을 것이라고 말한다. 예를 들어, 칼라하리 사막의 !Kung 부시먼 족은 식량을 채집하느라 보통

한 주에 열두 시간에서 열아홉 시간을 소비하고, 탄자니아의 Hazda 유목민은 열네 시간 미만을 소비한다. 그것은 그들이 여유롭게 여러 활동을 하게 한다. 인터뷰 중에 왜 자신의 부족이 농업을 채택하지 않았는지 질문을 받자, 한 부시먼은 "세상에 그렇게 많은 mongongo 열매가 있는데, 왜 우리가 심어야 하죠?"라고 대답했다. 사실상 수렵 채집인은 일주일에 이틀을 일하고 5일의 주말을 가진다.

풀이

(A) 분사구문의 생략된 주어는 hunter-gatherers인데 수렵 채집인들이 농부들과 '비교되는' 것이므로 수동의 의미를 지닌 과거분사가 사용된 분사구문이 필요하다. 따라서 과거분사 Compared가 들어가야 한다.

(B) '식량을 채집하느라 한 주에 열두 시간에서 열아홉 시간을 소비한다'는 의미를 나타내기 위해 '~하느라 …을 사용하다'라는 뜻의 「spend + 시간 / 돈 / 에너지 + (in) V-ing」 구조를 사용해야 한다. 따라서 동명사 collecting이 들어가야 한다.

(C) 수렵 채집인들이 음식을 채집하는 데 많은 시간을 사용하지 않기 때문에 여러 활동을 여유롭게 한다는 내용이다. leave 뒤에 나오는 목적어와 목적격보어의 관계가 능동이면 현재분사를 사용해야 하므로 현재분사 doing이 들어가야 한다.

(D) 분사구문의 생략된 주어는 one Bushman인데 문맥상 한 명의 부시먼이 이 질문을 '받는' 것이므로, 수동의 의미를 지닌 과거분사 Asked가 적절하다.

구문 분석

2행 Modern anthropologists [1][who have spent time with surviving hunter-gatherer groups] report [2][that gathering food only accounts for a small proportion of their time] — far less than would be required to produce the same quantity of food via farming.

1) [　]는 주격관계대명사 who가 이끄는 관계사절로 선행사이자 문장의 주어인 Modern anthropologists를 수식한다.

2) [　]는 report의 목적어로 사용된 명사절이다.

어휘 및 어구
- hunter-gatherer 수렵 채집인
- report 보고하다
- account for 차지하다
- quantity 양, 분량
- typically 보통, 대개
- adopt 채택하다
- in effect 사실상
- modern 현대의
- gather 모으다, 채집하다
- proportion 부분, 비율
- via ~을 통하여
- nomad 유목민, 방랑자
- plant 심다

10 정답 judging a stranger based on superficial qualities so as to protect

해석

당신은 당신의 아이들에게 낯선 사람들을 멀리 하라고 조언하는가? 그것은 어른들에게는 무리한 요구이다. 결국, 당신은 낯선 사람들을 만남으로써 당신의 교우 관계를 확장하고 잠재적인 사업 파트너를 만든다. 그러나 이 과정에서, 사람들의 성격을 이해하기 위해 그들을 분석하는 것은 잠재적인 경제적 또는 사회적 이익에 대한 것만은 아니다. 당신이 사랑하는 사람들의 안전뿐 아니라, 당신의 안전도 생각해 봐야 한다. 그런 이유로, 은퇴한 FBI 프로파일러인 Mary Ellen O'Toole은 그들을 이해하기 위해 사람의 피상적인 특

성을 넘어설 필요성을 강조한다. 예를 들어, 단지 낯선 이들이 공손하다는 이유로 그들이 좋은 이웃이라고 가정하는 것은 안전하지 않다. 그들이 매일 아침 잘 차려입고 외출하는 일상을 따르는 것을 보는 것이 전부는 아니다. 사실, O'Toole은 당신이 범죄자를 다룰 때, 심지어 당신의 느낌도 쓸모없을 수 있다고 말한다. 그것은 범죄자들이 조작과 사기의 기술에 통달했기 때문이다.

풀이

자신뿐 아니라 사랑하는 사람들을 지키기 위해서 낯선 사람들을 피상적인 특성만을 기반으로 판단해서는 안 된다는 내용의 글이다. '판단하는 것'을 멈춰야 하므로 stop 뒤에 동명사 judging과 judging의 목적어 a stranger를 연결한다. '피상적인 특성을 기준으로'라는 의미에 맞게 a stranger 뒤에 based on superficial qualities를 연결하여 뒤에서 수식하게 한다. 그리고 '~하기 위해서'라는 의미의 「so as to V」를 사용하여 so as to protect를 차례로 나열한다.

구문 분석

14행 [**Seeing** them follow a routine of going out every morning well-dressed] doesn't mean that's the whole story.

▶ [ ]는 동명사구로 문장에서 주어로 사용되었다.

어휘 및 어구

- stranger 낯선 사람
- expand 확장시키다
- analyze 분석하다
- benefit 혜택, 이득
- profiler 범죄 심리 분석관
- superficial 피상적인
- criminal 범죄자
- art 기술
- deceit 사기, 속임수
- tall order 무리한 요구
- potential 잠재적인
- personality 성격, 인격
- retired 은퇴한, 퇴직한
- emphasize 강조하다
- deal with 다루다
- perfect 완전하게 하다
- manipulation 조작

01 ①   **02** ④

03 (A) had been lost   (B) to hunt   (C) gaining
    (D) (Being) Told   (E) buying

04 ① taken to promote   ④ had participated

01 정답 ①

해석

A. 사고가 있은 이후 내 차는 최근에 이상한 소리를 내고 있다.

B. 결정을 내리기 위해 우리가 의존하는 정보의 출처들의 수가 증가하고 있다.

C. 경제학자 Thorstein Veblen은 업무의 다양성이 감소할수록 일을 수행하는 데 필요한 생각과 시간의 양 또한 감소한다고 주장한다.

D. 그 작가는 그의 첫 소설이 출판되었을 때 약 70세였다고 한다.

E. 이러한 시스템들은 물고기가 빛이 적은 상태와 더러운 물, 그리고 때로는 먼 거리에서도 볼 수 있게 해준다.

F. 이런 유형의 관계에서, 의사는 행해질 필요가 있는 것을 말해 주었고, 환자는 많은 질문을 하지 않고 그 말을 따랐다.

풀이

C. '일을 수행하기 위해 필요한 생각과 시간'이라는 의미로 생각과 시간이 '필요해지는' 것이기 때문에 the amount of thought and time과 need는 수동의 관계라 할 수 있다. 따라서 현재분사 needing을 수동의 의미를 지닌 과거분사 needed로 고쳐야 한다.

A. since가 이끄는 절이 과거의 한 시점을 나타내고 있으므로 그 시점부터 현재까지 계속된다는 의미로 사용된 현재완료진행형 has been making은 올바른 표현이다.

B. the number of는 '~의 수'란 뜻으로 뒤에 복수 명사가 오더라도 단수 취급하므로 동사 is는 올바른 표현이다.

D. 작가에 대해 언급되고 있는 시점은 현재이나 소설이 출판된 것은 과거의 일이므로 본동사보다 과거의 일을 설명하기 위해서 쓴 완료부정사 to have been은 올바른 표현이다.

E. enable은 목적격보어로 to부정사를 사용하므로 to see는 올바른 표현이다.

F. need는 to부정사만을 목적어로 취하는 동사인데, 문맥상 '행해질' 필요가 있는 것이므로 수동형의 to부정사 to be done은 올바른 표현이다.

구문 분석

B. [1][The number of sources of **information** [2]{which we depend on to make the decisions}] is increasing.

1) [ ]는 문장의 주어로 the number가 주어의 핵이므로 동사 is가 쓰였다.

2) { }는 목적격 관계대명사 which가 이끄는 관계사절로, 선행사 information을 수식한다.

어휘 및 어구

- recently 최근
- economist 경제학자
- decrease 감소하다
- accident 사고
- argue 주장하다
- perform 행하다

- publish 출판하다
- distance 거리
- enable 가능하게 하다
- patient 환자

어휘 및 어구
- experiment 실험
- professor 교수
- research 연구
- set up ~을 세우다(놓다)
- offer 제공하다
- receive 받다
- confront 직면하다, 맞서다
- purchase 구매하다
- in short 간단히 말하면, 요컨대
- appealing 매력적인
- conduct 실시하다
- gourmet 고급 식료품, 맛있는 음식
- assistant 조수, 조교
- switch 전환하다, 바꾸다
- on average 평균적으로
- draw 끌어당기다
- dozen 12개(의)
- effectively 실질적으로, 사실상
- participate in ~에 참가하다
- likelihood 가능성

02 정답 ④

해석

Columbia 대학의 경영학과 교수인 Sheena Iyengar에 의해 1995년에 실시된 실험이 있었다. California의 고급 식료품 상점에서 Iyengar 교수와 그녀의 연구 조교들은 잼 샘플 부스를 설치했다. 몇 시간마다 그들은 24병의 잼 모음에서 단지 6병의 잼 모음을 제공하는 것으로 바꾸었다. 평균적으로, 모음의 크기에 상관없이 고객들은 두 가지 잼을 시식했고, 각자 잼 한 병당 1달러 할인 쿠폰을 받았다. 여기에 흥미로운 부분이 있다. 60퍼센트의 고객이 많은 모음에 이끌린 반면, 단지 40퍼센트의 고객이 적은 모음에 들렀다. 하지만 적은 모음을 시식했던 사람들 중 30퍼센트가 잼을 사기로 결정한 반면, 24개의 잼 모음을 마주했던 사람들 중 단지 3퍼센트가 한 병을 구입했다. 실질적으로 모음의 크기가 24개일 때보다 6개일 때 더 많은 수의 사람들이 잼을 구매했다. 요컨대, 비록 실험에 참가했던 고객들이 더 많은 선택권의 잼을 매력적이라고 생각했지만, 그들에게 더 많은 선택권을 부여하는 것은 그들이 잼을 구매할 가능성을 높이지 않았다.

풀이

ⓓ 문맥상 40퍼센트의 고객들이 적은 모음에 '들렀다'라는 의미가 되어야 하므로 were stopped by를 stopped by로 고쳐야 한다.

ⓕ confront는 '~에 직면하다(마주치다)'라는 뜻의 타동사로, 뒤에 바로 목적어가 나와야 하는데 전치사 with가 나왔으므로 be confronted with의 형태로 쓰였다는 것을 알 수 있고, 따라서 those 뒤에 who were가 생략된 것으로 이해할 수 있다. 따라서 only ~ jar까지에 해당하는 문장에 동사가 없으므로 문맥상 3퍼센트의 사람들이 한 병을 '구입했다'라는 뜻이 되도록 purchasing을 purchased로 고쳐야 한다.

ⓗ rise는 자동사로 뒤에 목적어를 가질 수 없으므로, 잼을 구매할 가능성을 '높이다'라는 의미가 되도록 타동사 raise로 고쳐야 한다.

ⓐ 문장에 주어가 단수 an experiment이고, 'in 1995'라는 과거 시점을 나타낸 표현이 있으므로 동사 was는 바르게 사용되었으며, conducted는 앞에 명사를 꾸며주는 수동의 의미를 지닌 과거분사이므로 올바른 표현이다.

ⓑ '흥미를 주다'라는 뜻의 interest와 part의 관계는 능동이므로, interesting이라는 현재분사는 올바른 표현이다.

ⓒ draw는 '끌다'라는 뜻의 타동사로, 60퍼센트의 고객이 많은 모음에 '끌리게 되는' 것이므로 수동태 were drawn은 올바른 표현이다.

ⓔ 작은 모음에서 시식을 한 사람이 잼을 샀다는 내용이다. 잼을 산 것보다 시식을 한 것이 이전의 일이므로 과거완료 had sampled는 올바른 표현이다.

ⓖ 「find + 목적어 + 목적격보어」의 구조에서 목적어와 목적격보어의 관계가 목적격보어의 형태를 결정한다. 문맥상 더 많은 잼을 모아 놓은 것이 '더 매력을 준다'는 것을 발견했다는 내용이므로 목적어와 목적격보어는 능동의 관계이다. 따라서 현재분사 appealing은 올바른 표현이다.

구문 분석

7행 On average, customers tasted two jams, 1)**regardless of** the size of the assortment, and each one received **a coupon** 2)[good for $1 off one jar of jam].

    1) regardless of : ~에 상관없이

    2) [　]는 주격 관계대명사와 be동사가 생략된 상태의 관계사절로, 앞에 있는 명사 coupon을 수식한다.

03 정답 (A) had been lost (B) to hunt (C) gaining (D) (Being) Told (E) buying

해석

- 그들은 그때까지 분실되었던 곡식의 금액을 계산하도록 요청받았다.
- 초기의 인류에게 빠른 동물들을 더 많이 사냥할 수 있게 해 준 활과 화살과 같은 새로운 무기가 개발되었다.
- 그녀는 그가 안색도 어둡고 태도도 매우 나쁘며 체중이 불어나고 있는 것을 알았다.
- 중간고사에서 부정행위를 했다는 말을 듣자, 그녀는 얼굴이 갑자기 빨개졌다.
- 나는 며칠 전에 'Harry Potter'를 샀던 것을 잊어버리고, 똑같은 책을 구매했다.

풀이

(A) 곡식이 '분실된' 것이므로 grain과 lose의 관계는 수동이고, 곡식이 분실된 것이 곡식의 금액을 계산하도록 요청받은 것보다 과거의 일이므로 과거완료 수동태를 써야 한다. 따라서 had been lost가 적절하다.

(B) allow는 목적어와 목적격보어의 관계가 능동일 때 목적격보어 자리에 to부정사를 사용하므로 to hunt가 적절하다.

(C) find는 목적어와 목적격보어의 관계가 능동일 때 목적격보어 자리에 현재분사를 사용하므로 gaining이 적절하다.

(D) 본래 As she was told that ~ 이었던 부사절이 분사구문으로 바뀐 문장이다. 접속사와 주어가 생략되고 동사원형에 -ing가 붙어 Being told가 되는데 Being은 주로 생략되므로 과거분사 Told를 쓰는 것이 적절하다.

(E) Harry Potter 책을 과거에 샀던 것을 잊어버리고, 또 샀다는 내용이므로 '~한 것을 잊어버리다'라는 「forget V-ing」가 적절하다. 따라서 buying이 적절하다.

구문 분석

8행 **Told** that she had cheated on the midterm exam, she suddenly turned red in the face.

    ▶ Told ~ 의 본래 문장은 When(또는 As soon as 등) she was told that ~ 이다. 분사구문으로 만들기 위해 접속사와 주어를 생략하면 Being told that ~ 이 되는데 Being 또한 생략 가능하므로 최종적으로 Told ~ 만 남게 되었다.

어휘 및 어구
- calculate 계산하다
- weapon 무기
- arrow 화살
- grain 곡식 낟알, 곡물
- bow 활
- complexion 안색, 용모

- attitude 태도
- midterm exam 중간고사
- the other day 며칠 전에
- cheat 부정행위를 하다, 속이다
- suddenly 갑자기
- purchase 구매하다

individuals can participate with라고 써도 무방하다.

어휘 및 어구
- distinguish ~을 특징지우다
- ease 용이함
- visibility 가시성
- common good 공익
- threatening 위험한
- perceptible 인식할 수 있는
- public opinion poll 여론조사
- aspect 측면, 양상
- respondent 응답자
- illuminate 비추다
- recycling 재활용
- individual 개인
- promote 증진하다
- global warming 지구 온난화
- immediate 즉시의, 즉석의
- salvation 구조, 구제
- household 가정, 가족
- significant 중대한
- lamppost 가로등

04 정답 ① taken to promote ④ had participated

해석
재활용을 특징짓는 것은 그것의 중요성이 아니라, 오히려 개개인들이 참여할 수 있는 용이성과 공익을 증진시키기 위해 행해질 수 있는 행동의 가시성이다. 여러분은 지구 온난화가 위협적이라는 것과 열대우림이 파괴되고 있다는 것을 걱정할지도 모른다. 그러나 여러분은 이런 문제들에 대해 여러분 자신이나 다른 이들이 인지할 수 있는 즉각적인 영향을 미치지 못한다. 공기 정화 트럭은 고사하고, 열대우림 보호 트럭은 매주 수거하러 오지는 않는다. 1990년의 여론 조사가 사람들에게 그들이 환경 문제와 관련하여 무엇을 했는지를 물었을 때, 80～85%가 자신 혹은 자신의 가정이 다양한 측면의 재활용에 참여했다고 답했으며, 응답자의 대부분에 의해서 그 외의 어떤 중대한 조치도 취해지지 않았다. 술에 취한 사람이 가로등 밑에서 자신의 지갑을 찾는 것과 같이, 우리는 재활용이 당면한 과업이 가장 잘 드러나는 경우이기 때문에 그것에 집중하는 것일지도 모른다.

풀이
① taking은 앞에 있는 명사구 the visibility of actions를 수식하는 역할을 해야 한다. 그런데 공익을 위해 '취해진' 조치라고 해석되어야 자연스러우므로 이 둘의 관계는 능동이 아니라 수동의 관계이다. 따라서 taking을 수동의 의미를 나타내는 과거분사 taken으로 고쳐야 한다.

④ 80～85%의 사람들이 다양한 재활용에 참여했던 것이 그들이 대답한 과거 시점보다 이전에 일어난 일이므로 현재완료시제 have participated는 과거완료시제 had participated로 고쳐야 한다.

---

② 열대우림이 현재 '파괴되고' 있다는 표현에 맞게 be being p.p. 구조의 진행형 수동태 are being destroyed는 적절한 표현이다.

③ 관계대명사 that의 선행사는 바로 앞에 있는 복수 명사 these problems가 아닌 단수 명사 an immediate effect이므로 동사 is는 올바른 표현이다.

⑤ 다른 중요한 조치가 '취해진' 것이므로 수동태가 사용되어야 한다. 또한, 응답자들이 직접 말하고 있는 과거 시점보다 이전에 일어난 일에 대한 내용이므로 과거완료가 사용되어야 한다. 따라서 과거완료 수동태인 had been taken은 적절한 표현이다.

⑥ 「the + 형용사」는 복수 보통명사를 나타내는 표현으로, the drunk는 drunk people이란 뜻이다. the drunk와 look은 능동의 관계이고, Like는 전치사이므로 Like가 이끄는 부분은 절이 아니라 명사구 형태가 되어야 한다. 따라서 준동사로 앞에 있는 the drunk를 수식하는 현재분사 looking은 적절한 표현이다. 참고로 looking for는 '~을 찾다'라는 뜻이다.

구문 분석
1행 ¹⁾**What** distinguishes recycling is ²⁾**not** its importance, but rather **the ease** ³⁾[with which individuals can participate], and the visibility of actions taken to promote the common good.

1) What은 선행사를 포함한 관계대명사로 '~ 것'이라고 해석한다.

2) not A but B: A가 아니라 B

3) [ ]는 「전치사 + 관계대명사」인 with which가 이끄는 관계사절로, 선행사 the ease를 수식하며, with는 절의 맨 뒤로 보내어 which

PRACTICE TEST *with Textbooks*

A

01 for   02 my   03 of

04 developing   05 not to

B

01 ×, for   02 ×, having   03 ×, attachment

04 ×, to complete   05 ○

C

01 beats → beating   02 for → of

03 go out → going out   04 being not → not being

05 for → of

D

01 smart enough not to fall into a trap

02 diligent of my sister to go to the library

03 in your performing the real job at hand

04 older people to tell us how to live

05 might make it difficult for her roommate to sleep

E

01 her watching only the soap opera on TV

02 it hard for students to read books and study

03 not traveling there at all

04 to give others information we hear without knowing

05 too low for a man to stand up straight

A

01 **정답** for
해석 무거운 짐을 진 개미들이 방향을 바꾸는 것은 쉽지 않다.
풀이 '개미들'이 방향을 바꾸는 것이므로 ants는 to change의 의미상의 주어이다. to부정사의 의미상의 주어는 일반적으로 「for + 목적격」을 사용하므로 for이 적절하다.

02 **정답** my
해석 Michael은 그 벌금을 내가 내야 한다고 계속 주장했다.
풀이 동명사의 의미상의 주어는 동명사 앞에 소유격이나 목적격을 써서 나타내므로 my가 적절하다.

03 **정답** of
해석 강에서 물에 빠진 소녀를 구하다니 내 친구는 용감했다.
풀이 '내 친구'가 구한 것이므로 my friend는 to save의 의미상의 주어이다. brave는 '용감한'이라는 뜻으로 사람의 특성을 설명하는 형용사이고 뒤에 to부정사가 올 때는 의미상의 주어로 「of + 목적격」을 사용하기 때문에 of가 적절하다.

04 **정답** developing
해석 매일 패스트푸드를 먹는 사람들은 심장병에 걸릴 위험이 높다.
풀이 development는 명사이므로 뒤에 목적어를 가질 수 있는 동

사의 성질이 없다. 따라서 명사와 동사의 성질을 모두 갖고 있는 동명사 developing이 적절하다.

05 **정답** not to
해석 그는 잊지 않기 위하여 중요한 것들을 적는 것을 원칙으로 했다.
풀이 to부정사의 부정은 「not to V」의 형태로 써야 한다. 따라서 '~하기 위하여'라는 뜻의 「so as to V」 구문이 '~하지 않기 위하여'라는 뜻으로 쓰일 때는 「so as not to V」의 구조가 되므로 not to가 적절하다.

B

01 **정답** ×, for
해석 당신이 인간으로서 성장하는 가장 확실한 방법은 당신 자신에 대해 생각하는 방식을 바꾸는 것이다.
풀이 '당신'이 성장하는 것이므로 you는 to develop의 의미상의 주어이다. to부정사의 의미상의 주어는 일반적으로 「for + 목적격」을 사용하므로 of를 for로 고쳐야 한다.

02 **정답** ×, having
해석 나는 당신이 수학 시험에서 좋은 성적을 얻었을 것이라고 확신한다.
풀이 '~을 확신하다'라는 뜻을 가진 be sure of 뒤에는 to부정사는 올 수 없고 동명사가 와야 하기 때문에 to have를 having으로 고쳐야 한다. '당신'이 좋은 성적을 얻는 것이므로 you는 having의 의미상 주어이다. 동명사의 의미상 주어는 소유격이나 목적격을 써야 하므로 you가 쓰였다. sure는 사람의 성격이나 특성을 나타내는 형용사가 아니므로 of you를 to부정사의 의미상의 주어로 보지 않아야 한다.

03 **정답** ×, attachment
해석 당신은 문서를 첨부하지 않고 첨부된 문서가 있다고 알리는 이메일을 보낸 적이 있는가?
풀이 attach는 '~을 첨부하다'라는 뜻의 타동사로, 동명사가 되어도 동사의 성질을 가지고 있으므로 전치사 없이 목적어를 취해야 한다. attaching 뒤에 전치사구 of the document가 이어지고 있으므로 attaching은 올 수 없고, 이를 attach의 명사형인 attachment로 고쳐야 한다.

04 **정답** ×, to complete
해석 행성의 일 년은 그것이 태양 주위를 완전히 순환하는 것을 마치는 데 필요한 시간이다.
풀이 required ~ sun은 앞에 나온 명사 the time을 수식하는 과거분사구이므로 complete는 준동사가 되어야 한다. it은 planet을 가리키고, '그것(행성)'이 마치는(complete) 것이므로 for it이 to부정사의 의미상의 주어가 되도록 completing을 to complete로 고쳐야 한다.

05 **정답** ○
해석 그는 그 문제를 원활하게 해결할 수 없어서 무력감을 느꼈다.
풀이 for는 전치사이므로 준동사가 올 경우 동명사가 와야 하고, 준동사의 부정은 바로 앞에 not을 써서 나타내므로 not being은 적절하다.

C

01 **정답** beats → beating
해석 너무 많은 카페인은 당신의 심장을 불규칙적으로 뛰게 할 수

있다.

풀이 전치사 in 뒤에는 명사나 동명사가 와야 하는데, 부사 irregularly의 수식을 받아야 하므로 명사 beats를 동명사 beating으로 고쳐야 한다. '당신의 심장'이 뛰는 것이고, 동명사의 의미상 주어는 소유격이나 목적격으로 나타내므로 your heart가 beating의 의미상 주어이다.

02 **정답** for → of

해석 당신이 당신의 새 학급 친구에게 동네 주변을 보여주는 것은 정말 상냥하다.

풀이 '당신'이 보여주는 것이므로 you는 to show의 의미상의 주어이다. sweet는 '친절한, 상냥한'이라는 뜻으로, 사람의 특성을 설명하는 형용사이고 뒤에 to부정사가 올 때는 의미상의 주어로 「of + 목적격」을 사용하기 때문에 for를 of로 고쳐야 한다.

03 **정답** go out → going out

해석 그녀는 자신의 딸이 거짓말쟁이라고 알려진 Jason과 나가는 것을 아마도 좋아하지 않을 것이다.

풀이 go out은 동사이므로 소유격인 her daughter's 뒤에 나올 수 없다. 문맥상 go out을 행하는 주체는 her daughter's로 go out의 의미상 주어가 된다. 이 의미상의 주어를 생략해보면 like의 목적어가 되는 것은 go out이므로 go out이 like의 목적어가 될 수 있도록 명사형, 즉 동명사로 바꿔야 한다. 따라서 go out을 going out으로 고쳐야 한다.

04 **정답** being not → not being

해석 당신의 선생님은 당신이 제시간에 오지 않는 것에 대해서 실망할 것이다.

풀이 동명사의 부정은 동명사 앞에 not을 붙이면 되므로 being not을 not being으로 고쳐야 한다. 동명사의 의미상의 주어는 소유격이나 목적격을 사용하므로 your는 being의 의미상 주어로 적절하다.

05 **정답** for → of

해석 당신이 많은 시간을 휴대폰 게임을 하느라 낭비하는 것은 어리석을 것이다.

풀이 '당신'이 시간을 낭비하는 것이므로 you는 to waste의 의미상의 주어이다. '어리석은'이라는 뜻의 silly는 사람의 특성을 설명하는 형용사로 뒤에 to부정사가 올 때 「of + 목적격」으로 의미상의 주어를 나타내므로 for를 of로 고쳐야 한다.

D

01 **정답** smart enough not to fall into a trap

풀이 「A(형용사/부사) + enough to V」 구문은 '~할 만큼 충분히 A하다'라는 뜻이다. 여기서는 '덫에 걸리지 않을 만큼'이라는 부정의 의미를 나타내야 하고, to부정사의 부정은 앞에 not을 써주면 되므로 「A(형용사/부사) + enough not to V」의 구조가 되어야 한다. 따라서 A에 해당하는 smart 뒤에 enough not to fall into a trap이 이어져야 한다.

02 **정답** diligent of my sister to go to the library

풀이 '내 여동생'이 도서관에 가는 것이므로 my sister는 to go의 의미상의 주어이다. diligent는 '부지런한'이라는 뜻의 사람의 특성을 설명하는 형용사인데, 뒤에 to부정사가 올 때는 의미상의 주어로 「of + 목적격」을 사용해야 하므로 diligent of my sister를 쓴 뒤 to go to the library를 배열한다.

03 **정답** in your performing the real job at hand

풀이 '수행하는 데'라는 뜻을 나타내기 위해 전치사 in과 동명사

performing을 쓴다. 동명사의 의미상의 주어는 동명사 앞에 소유격이나 목적격을 써야 하므로 제시된 your를 사용하여 in your performing의 어순으로 배열한다. performing 뒤에는 performing의 목적어인 the real job at hand가 이어져야 한다. at hand는 '가까운, 직면한'이라는 뜻이다.

04 **정답** older people to tell us how to live

풀이 '~에게 …해 달라고 요청하다'라는 뜻의 「ask + O + to V」 구문이 동명사구의 형태로 문장의 주어로 쓰였다. Asking 뒤에 목적어에 해당하는 older people과 to tell을 차례로 써야 한다. to tell은 「tell + I.O + D.O」 구조로 쓰는 4형식 동사이므로, 뒤에 간접목적어에 해당하는 us와 직접목적어에 해당하는 how to live가 이어져야 한다. 「how to V」는 '~하는 방법' 또는 '어떻게 ~하는지'라는 뜻이다.

05 **정답** might make it difficult for her roommate to sleep

풀이 '만들지도 모른다'라는 의미에 맞게 '~할지도 모른다'라는 뜻의 조동사 might와 동사 make를 먼저 쓴 뒤, 「make + 가목적어(it) + 목적격보어 + 진목적어(to V)」의 구조를 사용하여 가목적어 it과 목적격보어인 difficult를 써야 한다. 다음으로 '그녀의 룸메이트'가 자는 것이므로 진목적어인 to sleep의 의미상 주어는 her roommate인데, to 부정사의 의미상의 주어는 to부정사 앞에 「for + 목적격」을 사용하여 나타내므로 for her roommate to sleep을 차례대로 배열해야 한다.

E

01 **정답** her watching only the soap opera on TV

풀이 '그녀'가 멜로드라마만 보는 것에 대해 불평하는 것이므로 동명사의 의미상 주어인 her 뒤에 동명사 watching을 써야 한다. 이어서 watching의 목적어인 only the soap opera on TV를 배열한다.

02 **정답** it hard for students to read books and study

풀이 「make + 가목적어(it) + 목적격보어 + 진목적어(to V)」의 구조를 사용하여 make 뒤에 가목적어 it과 목적격보어인 hard를 먼저 쓴다. 진목적어는 to부정사 형태이므로 read를 to read로 고쳐 to read books and study로 써야 하는데, '학생들'이 읽고 공부하는 것이므로 students가 to read books and study의 의미상의 주어이다. to부정사의 의미상의 주어는 to부정사 앞에 「for + 목적격」을 사용하여 나타내므로 hard 뒤에 for students를 먼저 쓰고 이어서 to read books and study를 배열한다.

03 **정답** not traveling there at all

풀이 '아예 그곳을 여행하지 않은 것'이라는 의미가 되어야 하는데 동명사의 부정은 앞에 not을 붙이면 되므로 not travelling there at all의 어순으로 써야 한다. not ~ at all은 '전혀 ~가 아니다'라는 뜻이다.

04 **정답** to give others information we hear without knowing

풀이 '전해주는 경향이 있다'라는 의미를 나타내기 위해 '~하는 경향이 있다'라는 뜻의 「tend to V」 표현을 사용하여 give를 to give로 고쳐 쓰고, to give 뒤에 간접목적어 others와 직접목적어 information we hear를 차례로 배열해야 한다. we hear는 목적격 관계대명사가 생략된 관계사절로 information을 수식하고 있다. we hear 뒤에는 '알지 못하면서'라는 뜻을 나타내기 위해 전치사 without을 쓰고, 전치사의 목적어는 동명사로 써야 하므로 know를 동명사 knowing으로 고쳐

without 뒤에 knowing을 배열한다.

05 **정답** too low for a man to stand up straight

풀이 '너무 A해서 ~하다'라는 뜻의 「too + A(형용사/부사) + to V」 구문을 사용해야 한다. too 다음에 형용사 low를 먼저 쓰고, 뒤에 to부정사의 의미상의 주어와 to부정사를 배열한다. '한 사람'이 서 있는 것이기 때문에 to부정사의 의미상의 주어는 a man이고, to부정사의 의미상의 주어는 일반적으로 「for + 목적격」을 사용하므로 too low 뒤에 for a man을 써야 한다. 다음으로 stand up을 to stand up으로 고쳐 쓴 후 '똑바로'라는 의미에 맞게 부사 straight를 연결한다.

UNIT 09 준동사의 활용 (2)

PRACTICE TEST *with Textbooks*

A

01 fixed **02** watching **03** having been helped

04 to have asked **05** There being

B

01 ×, to have been **02** ×, It being **03** ×, following

04 ×, looking **05** ○

C

01 teaching → having taught **02** Starting → Having started

03 holding → held **04** to have broken → to break

05 to be → to have been

D

01 with new discoveries and important advances appearing regularly

02 having brought on the environmental problems we face

03 to have made a home for itself

04 Having fallen asleep with the window open

05 The island is believed to have been formed

E

01 Having collected the items that he wanted to purchase

02 is said to have thought

03 The electricity having gone out last night

04 each having its own distinctive taste

05 In spite of having been opposed

A

01 **정답** fixed

해석 그 교수는 책에 눈을 고정시킨 채로 자신의 강의를 이어나갔다.

풀이 '~하면서, ~한 채로'라는 뜻의 「with + 명사 + 분사/형용사/부사」 구문이 쓰였다. fix는 '~을 고정시키다'라는 뜻의 타동사로 그의 눈이 책에 '고정된' 것이기 때문에 수동의 의미를 지닌 과거분사 fixed가 적절하다.

02 **정답** watching

해석 집에서, 당신의 거실에서 텔레비전을 보는 동안 몇 가지 스트레칭 운동을 해라.

풀이 거실에서 텔레비전을 보는 동안 몇 가지 스트레칭 운동을 하라고 했으므로, '스트레칭 운동을 하는 것'과 '텔레비전을 보는 것'은 같은 시점의 일임을 알 수 있다. 따라서 단순형 현재 분사 watching이 적절하다.

03 **정답** having been helped

해석 각각의 쥐가 낯선 쥐에 의해 도움을 받았던 자신의 이전 경험에 근거하여 무관한 개체에게 도움을 제공했다.

풀이 '낯선 쥐에게 도움을 받았었던 경험'은 각각의 쥐들이 무관한 개체에게 도움을 제공했던 것보다 먼저 일어난 일임을 알 수 있다.

따라서 동사의 시제보다 이전에 일어난 일을 나타내는 완료동명사에 수동형이 결합된 having been helped가 적절하다.

04 정답 to have asked

해석 19세기 중반, Victoria 여왕이 물리학자 Michael Faraday 에게 전기와 자성에 관한 그의 실험이 무슨 도움이 되느냐고 물었다고 한다.

풀이 Victoria 여왕이 물었을 것으로 '추정되는 것'은 현재이고 여왕이 '물어본 것'은 과거의 일이므로, 동사의 시제보다 이전의 동작이나 상태를 나타내는 완료부정사 to have asked가 적절하다.

05 정답 There being

해석 바람이 거의 불지 않아서, 그 쓰레기들은 움직이지 않고 그 섬 근처에 그대로 있었다.

풀이 분사구문의 의미상의 주어가 문장의 주어와 다르면 이를 생략하지 않고 써야 한다. 문장의 주어(the trash)와 분사구문의 주어(there)가 같지 않으므로 There being이 적절하다. 「There + be동사」 구문에서 There는 주어가 아닌 부사이지만 주어 자리에 사용되기 때문에 주어처럼 취급한다.

B

01 정답 ×, to have been

해석 귀하의 경우를 살펴본 결과, 귀하의 취소 요구는 인가된 취소 기간 이후에 저희에게 보내진 것으로 보입니다.

풀이 취소 요구가 '보내진' 것이 취소 기간 이후에 보내진 것으로 '보여지는' 것보다 이전에 일어난 일이므로, 동사의 시제보다 이전의 동작이나 상태를 나타내는 완료부정사를 써야 한다. 따라서 to be를 to have been으로 고쳐야 한다.

02 정답 ×, It being

해석 비가 오는 날이어서, 그 회사는 야외 행사를 취소할 수밖에 없었다.

풀이 분사구문의 의미상의 주어가 문장의 주어와 다르면 이를 생략하지 않고 써야 한다. '비가 오는 날이다'라는 의미를 나타내기 위해 날씨를 나타내는 비인칭 주어 it이 분사구문의 의미상 주어가 되어야 하므로 Being을 It being으로 고쳐야 한다.

03 정답 ×, following

해석 그 규칙은 타당한 것으로 여겨졌고 빠르게 인기를 얻어 몇 년 안에 백 개가 넘는 다른 지역 의회가 그것을 따랐다.

풀이 '~하면서, ~한 채로'라는 뜻의 「with + 명사 + 분사/형용사/부사」가 사용된 문장이다. 의회들이 그 규칙을 '따르는' 것이므로 followed를 능동의 의미를 지닌 현재분사 following으로 고쳐야 한다.

04 정답 ×, looking

해석 1년도 지나지 않아, 나는 그 일을 그만두고 스트레스가 더 적은 일을 찾았다.

풀이 일을 그만둔 뒤에 스트레스가 더 적은 일을 찾은 것이므로, 분사구문의 분사는 주절의 동사와 같은 시점의 일이나 그보다 미래의 일을 나타낼 때 쓰는 V-ing 형태가 알맞다. 따라서 having looked를 looking으로 고쳐야 한다.

05 정답 ○

해석 비록 그의 지문이 그 집에서 발견되었지만, 그는 그 집에 침입했던 것을 부인했다.

풀이 그 집에 '침입한' 것이 그가 그 사실을 '부인한' 것보다 이전에 일어난 일이므로 완료동명사를 써야 한다. 따라서 having broken은 적절하다.

C

01 정답 teaching → having taught

해석 그 발성 트레이너는 그녀가 연습생이었을 때 그녀를 가르쳤던 것을 자랑스러워한다.

풀이 발성 트레이너가 '자랑스러워하는' 것은 현재 시점의 일이고 그녀가 연습생이었을 때 그녀를 '가르친' 것은 과거 시점의 일이다. 동명사가 동사의 시제보다 앞선 시점의 일을 나타낼 때는 완료동명사 having p.p.의 형태가 되어야 하므로, teaching을 having taught로 고쳐야 한다.

02 정답 Starting → Having started

해석 1983년에 시작되어, 그 축제는 10종 이상의 사과를 전시하고 그것들 모두를 무료로 맛보는 기회를 제공한다.

풀이 분사구문의 시제가 동사의 시제보다 한 시제 앞설 때는 완료동명사 having p.p.의 형태로 써야 한다. '사과를 전시하고 그 사과들을 맛볼 기회를 제공하는' 것은 현재의 일이고 축제가 1983년에 '시작한' 것은 과거의 일이므로 Starting을 Having started로 고쳐야 한다.

03 정답 holding → held

해석 20분 정도 영향 받은 부분(물에 젖은 부분) 위로 진공청소기를 들어서, 모든 남아있는 습기를 끌어내어 제거하라.

풀이 '~하면서, ~한 채로'라는 뜻의 「with + 명사 + 분사/형용사/부사」 구문이 사용된 문장이다. 진공청소기가 '들려진' 것이기 때문에 holding을 수동의 의미를 지닌 과거분사 held로 고쳐야 한다.

04 정답 to have broken → to break

해석 그 단거리 선수는 이번 올림픽에서 올림픽 기록을 깰 거라고 기대된다.

풀이 to부정사가 문장의 동사와 동일 시점의 일이나 미래의 일을 나타낼 때는 to V의 형태로 쓰인다. 단거리 선수가 이번 올림픽에서 올림픽 기록을 깰 거라고 '기대되는 것'이 현재의 일이고, 올림픽 기록을 '깨는 것'은 미래의 일이므로 to have broken을 to break로 고쳐야 한다.

05 정답 to be → to have been

해석 1812년 8월 22일에 사망한 Gudin은 프랑스 황제의 가장 아끼는 장군들 중의 한 명이었다고 알려져 있다.

풀이 문장의 본동사는 is로, Gudin이 프랑스 황제의 가장 아끼는 장군들 중의 한명이라는 사실이 is보다 이전의 일이다. to부정사가 문장의 동사보다 앞선 시제의 일을 나타낼 때는 완료부정사 to have p.p.의 형태가 되어야 하므로, to be를 to have been 으로 고쳐야 한다.

D

01 정답 with new discoveries and important advances appearing regularly

풀이 '~하면서, ~한 채로'라는 뜻으로 동시 동작을 표현하는 「with + 명사 + 분사/형용사/부사」 구문을 사용해야 한다. 여기에서는 명사 자리에 new discoveries and important advances가 오고, 이것들이 '나타나는' 것이므로 현재분사 appearing이 쓰여야 한다. 따라서 with new discoveries and important advances appearing regularly의 어순으로 써야 한다. regularly는 '정기적으로'라는 뜻을 나타내기 위해 쓰인 부사이다.

02 **정답** having brought on the environmental problems we face

풀이 'B의 이유로 A를 비난하다'라는 뜻의 「blame A for B」 구문이 사용된 문장이다. 전치사 for 뒤에 동명사를 써야 하는데, 환경 문제를 '일으켰던' 것이 탓하는 '경향이 있는' 것보다 이전의 일이므로 완료동명사 having p.p.의 형태가 알맞다. 따라서 having brought on을 먼저 쓰고 이어서 having brought on의 목적어인 the environmental problems we face를 써야 한다. we face는 앞에 목적격 관계대명사가 생략된 관계사절로 the environmental problems를 수식한다.

03 **정답** to have made a home for itself

풀이 게가 집을 '만들었던' 것이 그런 것으로 '보이는' 것보다 이전에 일어난 일이므로, 완료부정사 to have p.p.를 사용해야 한다. 따라서 to have made를 쓰고 이어서 made의 목적어인 a home을 연결해야 한다. 마지막으로 '스스로'라는 뜻의 「for+oneself」 표현을 사용하여 for itself를 써 주면 된다.

04 **정답** Having fallen asleep with the window open

풀이 '잠이 든' 것이 '감기에 걸린' 것보다 앞선 시점의 일이므로, 완료분사구문을 사용하여 Having fallen asleep을 먼저 배열해야 한다. 이어서 '창문을 열어둔 채로'라는 의미를 나타내기 위해 '~가 …한 채로'라는 뜻의 「with+명사+분사/형용사/부사」 구문을 사용하여 with the window open을 쓴다.

05 **정답** The island is believed to have been formed

풀이 그 섬이 화산 폭발들에 의해 형성되었다는 사실이 현재 '믿어지는' 것이므로 수동태를 사용하여, 주어인 The island와 동사 is believed를 먼저 쓴다. 그 섬이 화산 폭발들에 의해 형성된 것은 본동사보다 앞선 과거 시점의 일이고, to부정사가 본동사보다 앞선 시제의 일을 나타낼 때는 to have p.p.의 형태가 되어야 하는데 그 섬이 '형성되었다고' 믿어지는 것이므로 수동태를 사용하여 to have been p.p.의 형태가 되어야 한다. 따라서 is believed 뒤에 to have been formed를 차례대로 배열해야 한다.

03 **정답** The electricity having gone out last night

풀이 주어진 단어 중 동사가 없으므로, 분사구문을 써야 한다. 분사구문의 의미상의 주어 the electricity가 문장의 주어 the residents와 다르므로 그대로 쓰고, '전기가 나간' 것이 '주민들이 잠을 자야 했던' 것보다 먼저 일어난 일이므로 분사는 having p.p. 형태로 써야 한다. 따라서 have를 having으로 고치고 go out을 과거분사 gone out으로 고쳐서 having gone out을 쓴다. 마지막으로 '어젯밤에'라는 의미에 맞게 last night을 이어서 배열하는 것이 자연스럽다.

04 **정답** each having its own distinctive taste

풀이 주어진 단어 중 문장을 연결할 수 있는 접속사가 없으므로, 접속사가 생략된 분사구문을 써야 한다. '각각의 재료'를 뜻하는 each ingredient에서 중복 명사인 ingredient가 빠진 each가 분사구문의 의미상의 주어가 된다. 각각의 재료가 독특한 맛을 '가지는' 것과 비빔밥 특유의 맛이 혼합된 재료에서 '비롯되는' 것은 같은 시점에 일어난 일이므로, 분사구문의 분사는 V-ing의 형태여야 한다. 따라서 each 다음에 having을 쓰고 이어서 having의 목적어인 its own distinctive taste가 이어져야 한다.

05 **정답** In spite of having been opposed

풀이 '~에도 불구하고'라는 뜻을 나타내기 위해 「in spite of+(동)명사」 구문을 사용해야 한다. 그의 제안이 '반대를 겪은' 것이므로 수동의 의미인 be p.p.를 쓰되, '반대를 겪은' 것이 '성공한' 것보다 이전에 일어난 일이므로 완료동명사의 수동태 having been p.p. 형태를 써야 한다. 따라서 In spite of를 먼저 쓴 뒤, have는 having, be는 been, oppose는 과거분사 opposed로 각각 고쳐 쓴 having been opposed를 배열한다.

E

---

01 **정답** Having collected the items that he wanted to purchase

풀이 '구매하고 싶어했던 물품들을 수집한' 것이 '줄을 선 것'보다 먼저 일어난 일이고, 분사구문의 시제가 동사의 시제보다 앞설 때는 having p.p.의 형태가 되어야 한다. 따라서 Having collected가 먼저 나오고, collected의 목적어인 the items that he wanted to purchase가 이어져야 한다. that he wanted to purchase는 '그가 구매하고 싶어 한'이라는 의미의 관계사절로 the items를 수식한다.

02 **정답** is said to have thought

풀이 Christopher Columbus가 미국을 인도라고 생각했다는 사실이 현재 '말해지고' 있는 것이므로 수동태를 써야 한다. 따라서 say를 과거분사 said로 고쳐 문장의 동사인 is said를 먼저 써야 한다. Christopher Columbus가 미국을 인도라고 생각했던 것은 동사의 시제보다 앞선 과거 시점의 일이고, to부정사가 문장의 동사보다 앞선 시제의 일을 나타낼 때는 to have p.p.의 형태가 되어야 한다. 따라서 think를 과거분사 thought로 고쳐 is said 뒤에는 to have thought가 이어져야 한다.

01 ③　　　　02 ①, ⑤

03 ②, ⑤　　　04 ①

05 ④

06 ② decrease → decreasing
　③ having not → not having
　⑤ for → of

07 (A) having finished　(B) to finish
　(C) having made　(D) ringing

08 that resulted in a beverage being spilled on your coat

09 the eggs seemed to have been found

10 for it not to become a planned event

01　정답 ③

해석

Ole Bull은 1810년에 노르웨이 Bergen에서 태어났다. 그는 독특한 연주법으로 유명한 바이올린 연주자이자 작곡가였다. 그의 아버지는 그가 교회의 목사가 되기를 바랐으나, 그는 아버지의 의견을 따르지 않으려 했다. 대신, 그는 음악 관련 직업을 원했다. 다섯 살 때, 그는 어머니가 바이올린으로 연주하는 것을 들었던 모든 곡을 연주할 수 있었다. 아홉 살 때, 그는 Bergen 극장의 관현악단에서 제1바이올린을 연주했다. 독주자로서의 그의 데뷔는 1819년이었고, 1828년 무렵에 그는 Musical Lyceum의 지휘자가 되었다. 그는 70곡 이상을 작곡했던 것으로 여겨지고, 오늘날 대략 10개만이 남아있다. 이전에 점차 고조되는 노르웨이의 낭만적 민족주의의 경향에 사로잡혀서, 1850년에 Bull은 배우들이 덴마크어가 아닌 노르웨이어로 공연하는 최초의 극장을 공동 설립했다. 1880년에 Bull은 암으로 집에서 사망했다. 그는 병이 있었음에도 불구하고 같은 해에 시카고에서 마지막 콘서트를 열었다.

풀이

③ 그가 70곡 이상을 작곡했던 것은, 본동사 is believed보다 더 과거의 일을 나타내므로 완료부정사를 사용해야 한다. 따라서 to compose는 to have composed로 고쳐야 한다.

---

① want는 뒤에 '목적어 + 목적격보어(to부정사)'의 구조를 갖기 때문에 him to become은 적절하다.
② to부정사의 부정은 to부정사 앞에 not을 붙이므로 적절하다.
④ 분사구문의 의미상의 주어 only about 10이 문장의 주어 He와 다르면 그대로 적어 줘야 하므로 적절하다.
⑤ 분사구문이 주절의 동사보다 앞선 시제의 일을 나타낼 때 having p.p.를 사용하는데, 문맥상 그는 극장을 공동 설립하기 전에 민족주의 경향에 사로잡혔었다고 볼 수 있으므로 Having been은 적절하다.

구문 분석

6행 At the age of five, he could play all of the **songs** [1][he had [2]**heard** his mother **play** on the violin].

1) [ ]는 목적격 관계대명사가 생략된 관계사절로 선행사인 songs를 수식한다.
2) 지각동사 heard 뒤에 동사원형 play가 목적격보어로 사용되었다.

어휘 및 어구

- composer 작곡가
- orchestra 오케스트라, 관현악단
- soloist 독주자
- compose 작곡하다
- be caught up in ~에 사로잡히다
- nationalism 민족주의
- cancer 암
- minister 목사, 장관
- debut 데뷔
- conductor 지휘자
- remain 남아 있다
- tide (시대의) 흐름, 분위기
- confound 공동 창립하다
- illness 병, 아픔

02　정답 ①, ⑤

해석

소아시아를 통과하는 진군 중에 Alexander 대왕은 위독해졌다. 그의 의사들은 만약 성공하지 못한다면 군대가 그들을 비난할 것이기에 그를 치료하기를 두려워했다. 단 한 명, Philip만이 위험을 감수하려 했는데, 그가 왕과의 우정과 자신의 약에 확신을 갖고 있었기 때문이다. 약을 준비할 만큼 그는 매우 용감했다. 약이 준비되는 동안, Alexander는 그 의사가 그의 주군을 독살하도록 뇌물을 받았다고 고발하는 편지를 받았다. Alexander는 누구에게도 보여주지 않고 그 편지를 읽었다. Philip이 약을 가지고 막사로 들어왔을 때, Alexander는 Philip에게 그 편지를 건네며 그로부터 컵을 받아들였다. 그 의사는 편지를 읽고 Alexander는 차분하게 컵에 든 것을 마셨다. Philip은 공포에 질려서 왕의 침대 옆에 엎드렸지만, Alexander는 자신이 그의 신의를 완전히 믿고 있다고 그를 안심시켰다. 3일 후, 왕이 군대 앞에 다시 설 만큼 그의 병세는 매우 좋아졌다.

풀이

① 사람의 성격을 나타내는 형용사 brave 뒤에 to부정사의 의미상의 주어로 「of + 목적격」인 of him이 사용되었으므로 적절하다.
⑤ to부정사인 to appear의 의미상의 주어로 「for + 목적격」인 for him이 사용되었으므로 적절하다.

---

② 문장의 주어 Alexander와 부사구의 의미상의 주어 The medicine이 다르므로 The medicine을 그대로 적어준 것은 적절하나, 문맥상 '약이 준비되면서'라는 의미가 필요하므로 분사구문이 사용되어야 한다. 따라서 The medicine being prepared로 고쳐야 한다.
③ Alexander가 편지를 받았던 것보다 의사가 뇌물을 받은 것이 더 이전의 일이므로 완료동명사로 사용해야 한다. 따라서 having been bribed로 고쳐야 한다.
④ '~한 채로'라는 의미를 나타낼 때 「with + 목적어 + 분사」 구조의 with 분사구문을 사용한다. 문맥상 '의사가 그것을 읽고 있는 것'이므로 read를 능동의 의미를 지닌 현재분사 reading으로 고쳐야 한다.

구문 분석

8행 Alexander received a letter **accusing** the physician **of** having been bribed to poison his master.

▶ accuse A of B: A를 B의 이유로 고발하다

어휘 및 어구

- confidence 신뢰, 자신감
- bribe 뇌물을 주다
- horrified 겁먹은
- honor 지조, 명예
- accuse 고발하다
- content (pl.) 내용물
- assure 안심시키다

03 정답 ②, ⑤

해석
① 모기가 물었던 곳에 레몬주스를 바름으로써, 당신은 감염 발생의 가능성을 줄일 수 있다.
② 그 놀라운 일이 성공하기 위해서 그 반의 모든 학생들은 조용히 해야 했다.
③ 그 주 초에 비가 내렸기 때문에, 하천은 갈색이고 물이 불어나서, 그녀는 그 강을 건널 수가 없었다.
④ 다량의 두루마리가 추가로 발견되는 대신, 포상금을 늘리기 위해 그것들은 그저 찢겨 나뉘었다.
⑤ 농산품들을 포함하는 거래(내역)를 설명하기 위해 작은 점토 조각을 사용하는 관습으로부터 쓰기가 발달해 온 것처럼 보인다.

풀이
② '~하기 위하여'라는 의미인 in order to V가 사용된 문장으로, to부정사인 to be의 의미상의 주어로 「for + 목적격」인 for the surprise가 바르게 사용되어 어법상 적절하다.
⑤ 쓰기가 진화한 것은 본동사 seems보다 이전의 일이므로 완료부정사 to have evolved는 어법상 적절하다.

---

① 전치사 of 뒤에 명사나 동명사가 사용되어야 하는데, 뒤에 an infection이라는 목적어가 있으므로 동사의 성질을 가진 동명사가 사용되어야 한다. 따라서 명사 development를 동명사 developing으로 고쳐야 한다.
③ Having으로 시작되는 분사구문은 문맥상 날씨를 나타내므로 비인칭주어 it이 의미상의 주어라고 할 수 있다. 분사구문의 의미상의 주어가 주절의 주어와 다르면 명시해야 하므로 Having rained는 It having rained로 고쳐야 한다. 비가 온 것이 주절의 시제보다 먼저 일어난 일에 해당하므로 완료분사구문이 사용된 것은 적절하다.
④ lots of extra scrolls의 전치사 of 다음에는 명사나 동명사가 사용되어야 하므로 to be를 being으로 고쳐야 한다. lots of extra scrolls는 동명사 being found의 의미상의 주어로 사용되었다.

구문 분석
⑤ Writing seems to have evolved from the custom of using small clay pieces to account for **transactions** [involving agricultural goods].
  ▸ [ ]는 앞에 있는 transactions를 수식하는 현재분사구이다.

어휘 및 어구
- apply 바르다
- swell 넘치게 하다, **부풀다**
- tear apart ~을 갈가리 찢어버리다
- evolve 서서히 발달하다
- clay 점토
- transaction 거래
- infection 감염
- scroll 두루마리
- reward 보상(금)
- custom 관습
- account for 설명하다
- agricultural 농업의

04 정답 ①

해석
물에 대한 향상된 소비자 의식이 가장 많은 물을 절약하는 가장 저렴한 방법일지 모르지만, 그것이 소비자들이 물 보존에 기여할 수 있는 유일한 방법은 아니다. 기술이 이전 어느 때보다 더 빠르게 진보하면서, 우리가 물을 적게 사용하도록 도움으로써 물을 보존하게 하는 많은 장치들이 있다. 35개가 넘는

고효율 변기 모델이 오늘날 미국 시장에 나와 있으며, 그것들 중 일부는 물을 내릴 때마다 1.3갤런 미만을 사용한다. 비록 수십 년 전에는 비쌌지만, 이 변기들은 가격이 적당하고 일반 소비자가 일 년에 수백 갤런의 물을 절약하는 데 도움이 될 수 있다. 가장 효율이 높다고 공식적으로 승인된 기기들에는 소비자가 알 수 있게 Energy Star 로고가 붙어 있다. 그런 등급의 세탁기들은 40갤런을 사용하는 구형 제품에 비해, 1회 세탁 시 18에서 25갤런의 물을 사용한다. 고효율 식기세척기는 훨씬 더 많은 물을 절약한다. 이런 기계들은 우리가 구형 모델로 물을 사용했던 것만큼 많은 물을 소비하지 않도록 도와준다.

풀이
ⓒ 전치사 to 다음에는 명사나 동명사를 사용해야 하는데, 뒤에 목적어 water가 나오므로 동사의 성질을 가진 동명사가 필요하다. 따라서 conservation을 conserving으로 고쳐야 한다.

ⓐ to contribute의 의미상의 주어로 「for + 목적격」인 for consumers를 썼으므로 적절하다.
ⓑ '~한 채로'라는 의미로 동시에 일어나는 일을 설명할 때는 「with + 목적어 + 분사」 구조를 갖는 with 분사구문을 사용한다. with의 목적어는 technology, 분사는 progressing으로 둘의 관계가 능동이므로 progressing은 적절하다.
ⓓ 문장의 주어 More than 35 models of high-efficiency toilets와 분사구문의 의미상의 주어 some of them이 서로 다르므로 분사구문에 의미상의 주어를 그대로 적어 주었으므로 적절하다.
ⓔ 분사구문의 내용이 주절의 동사보다 이전에 발생한 일을 나타내므로 완료분사구문 having been이 사용된 것은 적절하다. 참고로 의미를 명확하게 하기 위해 분사구문의 접속사를 생략하지 않는 경우도 있으므로 접속사 though가 남아 있게 되었다.
ⓕ help의 목적격보어로 to부정사 형태인 to spend가 사용되었고 to부정사의 부정은 to부정사 앞에 not을 붙이므로 적절하다.

구문 분석
15행 Washing machines with that rating use 18 to 25 gallons of water per load, ¹⁾**compared** with **older machines** ²⁾[that use 40 gallons].
  1) Washing machines가 '비교 당하는' 것이므로, 분사구문에서 수동의 의미를 지닌 과거분사 compared가 사용되었다.
  2) [ ]는 주격 관계대명사 that이 이끄는 관계사절로, older machines를 수식한다.

어휘 및 어구
- consciousness 의식
- conservation 보존
- device 장치, 기구
- affordable (값이) 알맞은, 적당한
- officially 공식적으로
- alert 알리다
- contribute to ~에 기여하다
- progress 발달하다
- flush (변기의) 물을 내림
- appliance (가정용) 기기
- approve 승인하다
- rating 평점, 평가

05 정답 ④

해석
(A) 일부 기업들은 직원들의 자원봉사 활동 참여를 촉진하는 것을 꺼리기도 한다. 그들은 그것이 기업의 일과는 무관하다고 믿는 것 같다. 만약 직원들이 자원봉사 활동을 하기 원한다면, 직원들이 스스로 계획하고 본인만

의 시간에 그렇게 할 수 있다고 믿는 것이다. 기업들은 또한 그런 프로그램을 마련하는 데 필요한 자원을 할당하는 것에 대해 걱정거나, 혹은 어쩌면 그들의 직원이 다른 곳에 관여하는 것을 돕는 것이 그들의 조직이나 업무에 대한 그들의 헌신을 약화시킬 수 있음을 두려워할지도 모른다. 마지막 사항에 대해서는 걱정할 필요가 없다. 연구는 사람들이 그들의 회사가 하기 쉽게 만들어 준 선행을 행할 때 자긍심을 느낀다는 부분적인 이유 때문에 회사 차원의 자원봉사 활동에 참여하는 것이 직원들의 조직에 대한 헌신도를 약화시키기보다는 오히려 향상시킨다는 것을 보여준다.

(B) 나이가 더 든 아이들이 자신의 선물을 개봉하는 것을 이전에 지켜보며 나는 이미 그 큰 선물들이 반드시 가장 좋은 것들은 아님을 알았다. 내 나이의 한 소녀는 역사적 인물들이 있는 커다란 색칠하기책을 받은 반면 더 작은 상자를 고른 욕심이 덜한 소녀는 예쁜 머리핀을 받았다. 내 차례가 가까워지면서 내 심장은 기대감으로 빠르게 뛰었다. 나는 자루 속을 들여다보았다. 남아 있는 선물들에 내 손가락이 닿을 때, 나는 선물들의 무게를 재어보고 그것들이 무엇을 담고 있을지 상상했다. 나는 작지만 무거운 것을 골랐다. 그것은 건전지 꾸러미였고, 내가 바라던 선물이 아니었다. 나는 그것을 사용할 일이 전혀 없었다! 그래서 나는 파티의 남은 시간을 다른 아이들이 자신의 선물을 즐기는 것을 보면서 보냈다.

풀이

ⓒ to부정사의 의미상의 주어는 일반적으로 「for + 목적격」을 사용하고 사람의 성격이나 특성을 나타내는 형용사 뒤에서만 「of + 목적격」을 쓴다. easier은 사람의 성격이나 특성을 나타내는 형용사가 아니므로 of를 for로 고쳐야 한다.

ⓓ 나이가 더 든 아이들이 선물을 개봉하는 것을 주절의 시제인 과거보다 이전에 봤다는 내용이므로 완료분사를 사용해야 한다. 따라서 Watching을 Having watched로 고쳐야 한다.

ⓐ 전치사 about 뒤에는 명사나 동명사가 사용될 수 있는데 뒤에 목적어 the resources가 있으므로 동사적 성질을 갖는 동명사 allocating을 쓴 것은 적절하다. 또한 the resources와 needed의 관계가 수동이므로 needed가 쓰인 것도 적절하다.

ⓑ to부정사의 부정은 to부정사 앞에 not을 붙이므로 어법상 적절하다.

ⓔ 동시에 발생한 일을 나타낼 때는 「with + 목적어 + 분사」 구조의 with 분사구문을 사용하는데, with의 목적어와 분사의 관계가 능동이므로 현재분사 coming은 적절하다.

ⓕ 분사구문의 의미상의 주어 My finger가 문장의 주어 I와 다르기 때문에, 그대로 적어준 것은 적절하다. 또한 My finger와 touching의 관계가 능동이므로 현재분사인 touching을 쓴 것도 적절하다.

구문 분석

(A) 12행 A research shows [1][that participating in corporate volunteer activity heightens rather than weakens employees' organizational commitment, in part because people feel a sense of self-worth when they do **the good deeds** [2]{that their organizations made it easier for them to do}].

1) [ ]는 shows의 목적어이다.

2) { }는 목적격 관계대명사 that이 이끄는 관계사절로 앞에 있는 the good deeds를 수식한다.

(B) 11행 It was **a pack of batteries**, [1]which was not **a gift** [2][I wished for].

1) which의 선행사는 앞에 있는 a pack of batteries이다. 관계대명사 which는 계속적 용법으로 쓰였으며, '그리고 그것은'이라고 해석하는 것이 자연스럽다.

2) [ ]는 목적격 관계대명사 that이나 which가 생략된 관계사절로 선행사 a gift를 수식한다.

어휘 및 어구

- **reluctant** 꺼리는, 마지못해서 하는
- **arrangement** 계획
- **corporation** 회사
- **engagement** 참여
- **heighten** 높이다, 강화하다
- **deed** 행위
- **be not necessarily** 반드시 ~는 아니다
- **greedy** 탐욕스런, 욕심 있는
- **facilitate** 돕다, 촉진하다
- **on one's own time** 한가한 시간에
- **allocate** 할당하다
- **commitment** 헌신
- **self-worth** 자아 존중감, 자긍심
- **anticipation** 기대

06 정답 ② decrease → decreasing
　　　　　 ③ having not → not having
　　　　　 ⑤ for → of

해석

① 그는 그 은행털이를 홀로 저질렀을 만큼 부주의하지 않다.

② 동기부여된 상태를 유지하고, 당신의 효율성과 효과성을 떨어뜨리는 것에 대한 어떠한 변명도 수용하지 마라.

③ 그는 그의 동료들에게 전 주에 출근하지 않은 것에 대해서 사과했다.

④ 이런 것을 이전에는 해 본 경험이 없었기 때문에, Cheryl은 그녀가 받을 반응을 예측하지 못했다.

⑤ 흔한 것을 예상치 못한 방식으로 결합하다니 그 디자이너는 매우 창의적임에 틀림없다.

풀이

② 전치사 for 뒤에는 명사나 동명사가 사용되어야 하는데, 뒤에 목적어가 있으므로 동사의 성질을 가진 동명사를 써야 한다. 따라서 decrease를 decreasing으로 고쳐야 한다.

③ 동명사의 부정은 동명사 앞에 not을 붙이므로 having not을 not having으로 고쳐야 한다. 결근을 한 것은 사과한 것보다 과거의 일이므로 완료동명사 having been은 올바른 표현이다.

⑤ 사람의 특성을 나타내는 형용사 creative 뒤에는 to부정사의 의미상의 주어로 「of + 목적격」을 써야 하므로 for를 of로 고쳐야 한다.

---

① 내용상 그가 그 은행을 털었던 것이 과거이기 때문에 완료부정사 to have committed는 올바른 표현이다.

④ 문맥상 이와 같은 일을 경험해 보지 않았다는 것이 주절의 동사인 과거보다 이전의 일이므로 완료분사구문 Having had는 올바른 표현이다.

구문 분석

④ Having had no experience like this before, Cheryl didn't anticipated **the reaction** [she might receive].

▶ [ ]는 목적격 관계대명사 which나 that이 생략되어 있는 관계사절로 the reaction을 수식한다.

어휘 및 어구

- **commit** 저지르다
- **efficiency** 효율성
- **previous** 이전의, 바로 앞의
- **combine** 결합하다
- **by oneself** 홀로
- **effectiveness** 효과성
- **anticipate** 기대하다

07 정답 (A) having finished (B) to finish
(C) having made (D) ringing

해석
시합이 끝났고, 나는 심신이 피곤해서 편안하게 쉬면서 차가운 음료를 즐기기 위해 앉아 있다. 나는 특별히 중압감을 느끼며 끝낼 필요가 없다. 그러나 어떤 이유에서인지, 나는 신경을 끌 수가 없다. 마음속으로 나는 내가 내렸던 모든 결정을 검토해 본다. 나는 다른 심판들이 내가 했던 것에 대해 어떻게 생각할지 궁금하다. 나는 경기 중에 했던 실수에 대해 걱정을 하고, 관중들의 항의가 나의 귓속에서 맴돌고 있다. 나는 계속 나 자신에게 말을 한다. "경기는 잊어.", "동료들과 나는 모든 사안에 합의했어.", "전반적으로, 나는 잘 해냈어." 그러나 아무리 걱정을 털어내려고 노력해도 여전히 걱정이 된다.

풀이
(A) 문맥상 피곤함을 느끼는 것은 현재 시점이고 경기가 끝난 것은 그보다 먼저 일어난 일이다. 분사구문이 문장의 동사보다 과거의 일을 설명할 때 having p.p.를 사용하므로 having finished로 고쳐야 한다. 문장의 주어 I와 분사구문의 의미상의 주어 The match가 다르므로 The match를 그대로 적어 주었다.
(B) 앞에 to부정사의 의미상의 주어 for me가 있으므로 to finish로 고쳐야 한다.
(C) 전치사 about 다음에는 동명사를 사용해야 하며, 경기에서 실수를 한 것이 걱정하는 것보다 과거의 일이므로 완료동명사를 사용해야 한다. 따라서 having made로 고쳐야 한다.
(D) 동시에 일어난 일을 설명할 때는 「with + 목적어 + 분사」 구조를 갖는 with 분사구문을 사용해야 한다. 문맥상 관객들의 이의 제기가 계속 귓가에 울리고 있다는 의미이므로 능동과 진행의 의미를 지닌 현재분사 ringing으로 고쳐야 한다.

구문 분석
7행 I wonder what other referees will think of **how I did**.
▶ think of 뒤에 「의문사 + S + V」의 간접의문문 how I did가 왔는데, 간접의문문은 문장에서 명사절의 역할을 할 수 있으므로 전치사 뒤에 사용될 수 있다.

어휘 및 어구
• match 경기
• emotionally 감정적으로
• go over ~을 점검(검토)하다
• be concerned about 걱정하다
• spectator 관중
• brush aside 털어내다, 무시하다
• physically 육체적으로
• switch off (생각을) 멈추다
• referee 심판
• objection 반대, 항의, 불복
• colleague 동료

08 정답 that resulted in a beverage being spilled on your coat

해석
2018년 5월 3일, 당신이 Four Hills Plaza에 있는 저희 레스토랑에 고객으로 오셨을 때, 당신의 코트에 음료가 엎질러지는 결과를 초래한 안타까운 사고를 경험하셨던 것을 알게 되었습니다. 저의 진심어린 사과를 받아 주십시오. 안타깝게도, 그때 근무 중이었던 직원들이 저희의 고객 서비스 정책을 반영하지 못했습니다. 저는 그 상황에 대해 자세히 알아보고 직원들을 대상으로 한 추가적인 고객 서비스 훈련을 계획하였습니다. 저희는 당신을 다시 고객으로 맞이하기를 바라며 New Parkland의 다섯 지점 중 어느 곳에서든 사용할 수 있는 무료 요리 두 개 쿠폰을 보내 드립니다. 다시 한 번, 그 일에 대해 사과드립니다. 저희가 이 일을 바로잡을 수 있는 기회를 주시기를 바랍니다.

풀이
result in은 '~을 일으키다, ~을 초래하다'라는 의미로, '(어떤 결과)를 초래한' 안타까운 사고라고 했으므로, 그 의미에 맞게 an unfortunate incident를 후치 수식할 수 있는 관계사절 that resulted in을 먼저 쓴다. resulted in의 in은 전치사이므로, 뒤에 동명사가 나와야 하는데, 동명사의 의미상의 주어로 a beverage를 먼저 연결하고 그 뒤에 be spilled를 동명사(구)로 바꿔 being spilled로 고친다. 그리고 뒤에 on your coat를 연결하여 쓴다.

구문 분석
8행 We'd like to have you back as a customer so I'm sending you **a coupon** for two free entrees [that can be used at any of our five locations in New Parkland].
▶ [ ]는 주격 관계대명사 that이 이끄는 관계사절로 a coupon을 수식한다.

어휘 및 어구
• unfortunate 불행한, 안타까운
• sincere 진실한, 성실한
• reflect 반영하다
• additional 추가적인
• incident 사고, 사건
• on duty 근무 중인
• investigate 조사하다
• entree 주요 요리; 입장

09 정답 the eggs seemed to have been found

해석
5분 안에, 모든 달걀이 발견되었던 것 같았고, 아이들은 자신들이 찾은 것을 어머니들에게 보여주기 위해 출발선으로 돌아오고 있었다.

풀이
「it seems(seemed) that + S + V」는 「S + seem(s)/seemed to V」로 바꿀 수 있다. 이때 to부정사가 문장의 본동사보다 이전 시제의 일을 나타내면 완료 부정사인 to have p.p.를 쓰는데 that절에 사용된 과거완료 had been이 seemed보다 이전 시점의 일을 설명하고 있으므로, 주어를 완성하기 위해 the eggs를 쓴 다음 seemed to have been found를 써서 빈칸을 완성한다.

10 정답 for it not to become a planned event

해석
만약 모두가 당신이 금요일 오전 회의에 도넛을 가지고 오는 것을 안다면, 그것은 예상한 일이 되고 뜻밖의 일이 되지 않는다. 호의를 보이려면 음식은 예기치 않게 나타나야 한다. 요청받지 않고 음식을 가지고 오는 직원을 칭찬하는 것 또한 좋은 생각이다. 이것은 나눔의 분위기를 만든다.
→ 음식을 효과적으로 사용하는 비결은 그것이 계획된 행사가 되지 않는 것이다.

풀이
이 글은 당신이 회의 때 음식을 가져가는 것을 모두가 알면 그것은 예상한 일이 되므로 사람들이 놀라지 않지만, 예기치 않게 음식을 가져가면 호의로 보

이고, 이런 일에 대해 칭찬이 오가면 나눔의 분위기를 만들어 낸다는 내용이
다. 즉 '음식을 효과적으로 사용하는 비결은 그것이 계획된 행사가 되지 않는
것이다.'라고 요약할 수 있다. 따라서 to부정사의 의미상의 주어로 「for + 목
적격」을 사용하여 for it을 먼저 써 주고 뒤에 to부정사구를 연결하되, to부
정사의 부정은 not을 to부정사 앞에 사용해야 하므로 not to become a
planned event를 차례로 쓰면 된다.

어휘 및 어구
- expectation 예상, 예상되는 일
- praise 칭찬하다
- effectively 효과적으로
- goodwill 호의
- atmosphere 분위기

01-09 REVIEW TEST

01 ①   02 ①, ②

03 (A) collected (B) using (C) moving

04 the product or service is being produced to satisfy the
   need

---

01 정답 ①

해석
ⓐ 각각의 아이는 미에 대한 개인적인 선택권을 가지고 있다. 미적 발달은 어
   른의 판단에서 벗어난 안전한 환경에서 생겨난다.
ⓑ Shakespeare 비극에 나오는 Romeo와 Juliet처럼, Sam과 Lucy는
   그들의 사랑이 금지될 때 서로에게 더 애착감이 생길 것이다.
ⓒ 1950년에 Charles Richard Drew는 알라바마에서 자동차 사고로 심
   각하게 부상을 입었고, 과다출혈로 사망했다.
ⓓ 지역 농산물을 구입하는 것은 지역 경제를 개선할 뿐만 아니라, 여러분이
   양질의 과일과 채소를 사도록 도와줄 수도 있다.
ⓔ 어머니는 그녀의 얼굴에서 미소가 굳어지는 것을 느꼈지만, 그녀는 아들의
   실수에 대한 그녀의 실망을 드러내지 않으려 몹시 노력했다.

풀이
ⓒ 시간상 그가 사망했던 것보다 과다출혈을 한 것이 더 먼저 일어난 일이므
   로 '~로 죽다'라는 뜻의 died from의 목적어로 완료동명사 having
   lost를 쓴 것은 적절하다.

ⓐ take place는 '일어나다, 발생하다'라는 뜻의 자동사이므로 수동태로 쓸
   수 없다. 따라서 is taken place를 takes place로 고쳐야 어법상 적절
   하다.
ⓑ 시간의 부사절에는 현재시제가 미래시제를 대신하므로 when이 이끄는
   시간의 부사절의 will be prohibited는 is prohibited로 고쳐야 한다.
ⓓ 준사역동사 help의 목적격보어 자리에는 동사원형이나 to부정사가 와야
   하므로 getting을 (to) get으로 고쳐야 한다.
ⓔ to부정사에서 부정어 not은 to 앞에 위치하므로 to not reveal을 not
   to reveal로 고쳐야 한다.

구문 분석
ⓔ Although the mom ¹⁾**felt** the smile on her face **freeze**, she
   ²⁾**tried** hard not **to** reveal her disappointment at her son's
   mistake.
   1) 지각동사 feel의 목적어와 목적격보어가 능동의 관계일 때 목적격보
      어 자리에는 동사원형이나 현재분사가 와야 하므로 freeze가 왔다.
   2) 「try to V」는 '~을 하려고 노력하다'라는 뜻이고, tried 뒤에 나온
      hard는 '몹시, 열심히'라는 뜻의 부사로 tried를 수식하고 있다.

어휘 및 어구
- aesthetic 미적인
- setting 환경
- prohibit 금지하다
- freeze 굳어지다
- secure 안전한
- tragedy 비극
- high-quality 양질의
- reveal 드러내다

02 정답 ①, ②

해석

많은 사람들이 신체적인 움직임이 때때로 부정적인 감정들을 떨쳐버릴 수 있음을 발견한다. 만약 우리가 부정적으로 느끼고 있다면, 우리가 일상생활에서 활동적인 상태이고 싶어 하는 것을 멈추기가 매우 쉬울 수 있다. 이것이 또한 우울증을 겪는 많은 사람들이 계속 늦잠을 자고, 외출을 하거나 운동을 하려는 동기가 없는 것으로 발견되는 이유이다. 불행히도, 이런 운동 부족이 실제로 많은 부정적인 감정을 악화시킬 수 있다. 운동과 움직임은 우리가 부정적인 에너지를 제거하기 시작하는 훌륭한 방법이다. 많은 사람들은 자신들이 화날 때 운동을 하거나 청소를 하고 싶은 상태가 된다는 것을 깨닫는다. 이것은 사실상 여러분이 하는 매우 건강하고 긍정적인 일이며, 그것들(부정적인 감정들)이 더 이상 여러분의 삶에 영향을 미치지 않고 여러분의 관계를 해치지 않도록 여러분이 자신의 부정적인 감정들을 해체하기 시작하는 훌륭한 방법이다.

풀이

① 가주어 it과 to stop 이하의 진주어로 구성된 문장으로, 형용사 easy가 사람의 성질이나 성격을 나타내는 말이 아니므로 to부정사의 의미상 주어로는 「of + 목적격」이 아닌 「for + 목적격」을 써야 적절하다. 따라서 of us를 for us로 고쳐야 한다.

② 관계부사 why가 이끄는 관계사절의 주어는 many people이고, who ~ depression은 many people을 수식하는 관계사절이다. 따라서 복수 명사 many people에 맞추어 동사 is를 are로 고쳐야 적절하다.

③ '이런 운동 부족'이 부정적인 감정을 '악화시키는' 것이므로 능동형의 동사 compound가 적절히 사용되었다.

④ '운동과 움직임'은 서로 관련되어 있어 한 묶음으로 보아 단수 개념으로 취급할 수 있으므로 단수 동사 is는 어법상 적절하다. for us는 to start의 의미상의 주어로 쓰였고 동명사 getting은 start의 목적어로 쓰였다. start는 to부정사와 동명사 모두를 목적어로 취하므로 어법상 적절하다.

⑤ 「자동사 + 전치사」로 이루어진 go into는 타동사의 역할을 하여 '~하기 시작하다, ~로 들어가다'라는 뜻으로 적절히 쓰였다.

구문 분석

13행 This is actually ¹⁾[a very healthy and positive thing {for you} **to do**] and ²⁾[a great way {for you} **to begin** to deconstruct your negative emotions ³⁾**so that** they no longer ⁴⁾{affect your life} and {harm your relationships}].

▸ 1), 2) 두 개의 [ ]는 and로 연결되어 병렬 구조를 이루고 있다. 각각의 [ ] 안에 있는 두 개의 { }는 to부정사의 의미상의 주어이다.
3) so that은 '~하기 위해'라는 뜻의 목적을 나타내는 접속사로 쓰였다.
4) 두 개의 { }는 and로 연결되어 병렬 구조를 이루고 있으며, 앞에 있는 no longer에 걸쳐 있으므로 모두 부정으로 해석해야 한다.

어휘 및 어구

- physical 신체적인
- depression 우울증
- motivation 동기
- compound 악화시키다
- state 상태
- dispel 떨쳐버리다
- sleep in 늦잠을 자다
- lack 부족
- get rid of 제거하다
- deconstruct 해체하다

03 정답 (A) collected (B) using (C) moving

해석

부상(浮上)하기 위해서, 물고기는 자신의 총 밀도를 낮춰야 하는데, 대부분의 물고기는 부레를 통해 이렇게 한다. 물고기는 주위의 물에서 모여진 산소로 자신의 부레를 채운다. 부레가 채워지면 그것은 팽창한다. 그러면 물고기의 부피는 더 커지지만 무게는 크게 증가하지 않는다. 이것은 물고기의 밀도가 낮아지고 있음을 의미하고, 따라서 물고기는 더 큰 부력을 경험하게 된다. 마침내 부레가 완전히 팽창되었을 때, 물고기는 부피가 최대치가 되고 수면으로 떠오른다. 대부분의 물고기는 이런 방법을 이용해서 부상(浮上)하지만 전부 그런 것은 아니다. 일부 물고기 종은 평생을 바다 밑바닥을 따라 움직이며 살아가기 때문에 부레가 필요 없다. 다른 물고기들은 앞으로 나아가면서 뜨고 가라앉는다.

풀이

(A) 문맥상 산소는 주위의 물로부터 '모여진' 것이므로 수동의 의미를 나타내는 과거분사가 oxygen을 수식하도록 collected로 고쳐야 적절하다.

(B) 대부분의 물고기가 이러한 방법을 '이용하면서' 부상하는 것이므로 능동의 의미를 나타내는 현재분사를 이용한 분사구문이 되도록 using으로 고쳐야 적절하다.

(C) '~하는 데 …을 쓰다'라는 뜻의 구문은 「spend + 시간/돈/에너지 + (in) V-ing」이므로 moving으로 고쳐야 적절하다.

구문 분석

1행 To rise, a fish must reduce its overall density, and **most fish** do this with a swim bladder.

▸ 「most (of) + 명사」는 명사에 동사의 수를 일치시킨다. fish는 단수와 복수가 동일한 단어인데 fish 앞에 a가 없으므로 복수임을 알 수 있고 따라서 뒤에 복수 동사 do가 왔다.

어휘 및 어구

- density 밀도
- oxygen 산소
- rising force 부력
- propel 나아가게 하다, 헤엄치다
- swim bladder 부레
- expand 팽창하다
- float 물에 뜨다

04 정답 the product or service is being produced to satisfy the need

해석

판매와 마케팅 사이의 차이는 아주 간단하다. 판매는 주로 수익을 위해 제품을 판매하고자 하는 회사의 요구에 초점을 맞춘다. 회사의 현재 제품에 대한 수요를 창출하기 위해 판매원과 다른 형태의 판촉이 사용된다. 분명, 판매자의 요구가 아주 강하다. 그러나 마케팅은 소비자의 요구에 초점을 맞추고, 궁극적으로 판매자 또한 이롭게 한다. 제품이나 서비스를 진정으로 마케팅할 때는 신제품 개발 과정의 아주 초기에서부터 소비자의 요구가 고려되며, 소비하는 대중들의 충족되지 않은 요구에 부응하기 위해 제품과 서비스의 결합이 기획된다. 적절한 방식으로 제품이나 서비스를 마케팅할 때, 소비자의 요구가 이미 존재하고 그 요구를 충족시키기 위해 제품이나 서비스가 만들어지는 중이기 때문에 아주 적은 판매 활동이 필요하다.

풀이

and 뒤에 주어 the product or service를 먼저 쓰고, '만들어지는 중이다'라는 의미를 표현하기 위해서 현재진행형과 수동태가 결합된 be being p.p.를 사용하여 is being produced를 이어서 쓴다. 뒤이어 '요구를 충족시키기 위해'라는 뜻에 맞게 목적을 나타내는 부사적 용법의 to부정사인 to satisfy를 써주고, satisfy의 목적어인 the need를 차례로 배열하여 문장을 완성한다.

구문 분석

8행 When a product or service is truly marketed, the needs of the consumer [1]**are** considered from [2]**the very** beginning of the new product development process, and the product-service mix is designed to meet the unsatisfied needs of the consuming public.

1) of the customer는 주어 the needs를 수식하는 말이다. 따라서 복수 명사 needs에 맞추어 복수 동사 are가 사용되었다.
2) the very는 '아주, 바로 그'라는 뜻으로 뒤에 있는 명사를 수식하는 형용사 역할을 하는데, 여기서는 beginning을 수식하고 있다.

어휘 및 어구

- firm 회사
- demand 수요
- ultimately 궁극적으로
- unsatisfied 충족되지 않은
- proper 적절한
- promotion 판촉, 홍보
- current 현재의
- benefit 이롭게 하다
- consuming public 소비자
- manner 방식

UNIT 10 조동사

PRACTICE TEST *with Textbooks*

A

01 do 02 used 03 must
04 have seen 05 give

B

01 ×, (should) warn 02 ×, (should) try 03 ○
04 ×, do 05 ×, can't have come

C

01 may have helped → may help
02 took → (should) take 03 must be → must have been
04 to describing → to describe 05 stayed → (should) stay

D

01 could not help thinking of it
02 essential that the laboratory remain dark
03 must have painted the skull to inform us
04 might have consumed few vegetables
05 insisted that nobody left the company last year

E

01 I would have been caught by soldiers
02 could not but clean up the street
03 are used to making to-do lists
04 should have let children make a decision
05 required that all nannies get a certification

············ A ············

01 정답 do
해석 미래에 당신에게 어떠한 해라도 끼칠 수도 있는 사람을 생각할 수 있는가?
풀이 in the future라는 표현을 통해 미래의 일에 대한 추측임을 알 수 있으므로 might 뒤에 동사원형이 와야 한다. 따라서 do가 적절하다.

02 정답 used
해석 나는 공부하는 데 어려움을 겪곤 했지만 우연히 학습 형태에 관한 책을 읽게 되었고, 그것은 나를 변화시키고 공부를 즐기게 만들었다.
풀이 '내가 공부하는 데 어려움을 겪곤 했었다'라는 의미이므로 '(과거에) ~하곤 했다'라는 뜻의 「used to V」를 써야 한다. 따라서 used가 어법상 적절하다. 「be used to V」는 '~하기 위해 사용되다'라는 뜻이다.

03 정답 must
해석 수화를 배우는 것은 힘든 도전이었음에 틀림없지만 그는 자신의 청각장애인 친구를 위해 최선을 다했다.
풀이 문맥상 '~했음에 틀림없다'라는 의미를 가진 「must have p.p.」를 써야 하므로 must가 적절하다. 「need not have p.p.」는

'~할 필요가 없었는데(했다)'라는 뜻으로 문맥상 적절하지 않다.

04 정답 have seen
해석 조선시대에 대부분의 평민들은 오늘날 우리들처럼 자주 의사를 만났을 리가 없다.
풀이 과거 사실에 대한 내용이므로 can't see는 적절하지 않다. 문맥상 과거 사실에 대한 부정적 추측을 나타내므로 '~했을 리 없다'라는 뜻의 「can't have p.p.」를 사용하여 can't 다음에는 have seen이 적절하다.

05 정답 give
해석 1960년대에, 버스에 백인들을 위한 자리가 남아있지 않을 때, 버스 기사는 흑인들에게 그들의 자리를 백인 탑승객들에게 양보하라고 요구하곤 했다.
풀이 요구의 의미를 가지고 있는 동사 demand가 '~해야 한다'라는 당위성이 담긴 내용의 that절을 목적어로 취할 때 that절의 동사는 「(should) + 동사원형」의 형태가 되어야 한다. 따라서 give가 적절하다

B

01 정답 ×, (should) warn
해석 판매원이 소비자들에게 그 그릇을 전자레인지에서 사용하지 말 것을 적절히 경고하는 것이 중요하다.
풀이 당위성의 의미를 갖는 형용사 important가 '~하는 것이 중요하다'라는 뜻을 나타내기 위해 that절과 함께 쓰일 때, that절의 동사는 「(should) + 동사원형」의 형태가 되어야 한다. 따라서 warns를 (should) warn으로 고쳐야 한다.

02 정답 ×, (should) try
해석 그 현명한 사람은 나에게 다른 사람의 존경을 얻기 위해 최선을 다해야 한다고 충고했다.
풀이 제안의 의미를 가지고 있는 동사 advise가 '~해야 한다'는 당위성이 담긴 내용의 that절을 목적어로 취할 때 that절의 동사는 「(should) + 동사원형」의 형태가 되어야 한다. 따라서 tried를 (should) try로 고쳐야 한다.

03 정답 ○
해석 더 많은 최근의 연구들은 그러한 화학물질의 과도한 소비가 신장질환과 ADHD와 같은 문제를 야기할 수 있음을 시사한다.
풀이 suggest는 '~을 제안하다'라는 의미가 아닌 '~을 시사하다'라는 의미로 사용되었기 때문에, 시제와 주어의 수에 동사를 일치시키면 된다. 따라서 can cause는 적절하다. suggest의 목적어로 that절이 올 때 동사로 무조건 「(should) + 동사원형」을 쓰지 않도록 유의한다.

04 정답 ×, do
해석 만약 누군가가 당신에 대해 호감을 가지기를 바란다면, 당신이 그들에게 호의를 베풀어야 한다는 사실을 당신이 알고 있을 거라고 나는 확신한다.
풀이 문맥상 '당신이 그들에게 호의를 베풀어야 한다'라는 의미로 현재의 일을 나타내야 하므로 should 뒤에는 동사원형을 써야 한다. 따라서 have done을 do로 고쳐야 한다.

05 정답 ×, can't have come
해석 우리의 샐러드에 들어 있던 토마토는 먼 나라에서 왔을 리가 없다. 그것들은 너무 신선했다!
풀이 문맥상 토마토가 너무 신선했기 때문에 그것들이 먼 나라에서 왔을 리가 없다는 의미가 되어야 한다. 따라서 '~일 리가 없다'라는 강한 부정의 추측을 나타내는 「can't have p.p.」를 사용

하여 must have come을 can't have come으로 고쳐야 한다. 「must have p.p.」는 '~했음에 틀림없다'라는 뜻이다.

C

01 정답 may have helped → may help
해석 황금 비율은 디자이너들이 인상적인 광고를 만들고자 할 때 도움이 될지도 모른다.
풀이 문맥상 특정 시점에만 관련된 내용이 아니라 현재에도 통용되는 일반적인 사실에 대한 추측이 되어야 하므로 '(과거에) ~했을지도 모른다'라는 뜻의 「may have p.p.」가 아니라 '~일지도 모른다'라는 뜻의 「may + 동사원형」이 적절하다. 따라서 may have helped를 may help로 고쳐야 한다.

02 정답 took → (should) take
해석 Jacobs 씨는 어떤 헬리콥터라도 부상자들을 병원으로 데려가야 한다고 주장했다.
풀이 주장의 의미를 가지고 있는 동사 insist가 '~해야 한다'는 당위성이 담긴 내용의 that절을 목적어로 취할 때, that절의 동사는 「(should) + 동사원형」의 형태가 되어야 한다. 따라서 took를 (should) take로 고쳐야 한다.

03 정답 must be → must have been
해석 유니콘 같은 것은 없었고, 따라서 우리가 발견한 것은 그저 백마였음에 틀림없다.
풀이 문맥상 과거 사실에 대한 확실한 추측을 나타내야 하므로 '~했음에 틀림없다'라는 뜻의 「must have p.p.」를 써야 한다. 따라서 must be를 must have been으로 고쳐야 한다.

04 정답 to describing → to describe
해석 와인의 맛을 묘사하기 위해 다양한 단어들이 사용되어, 소믈리에는 그 안의 모든 맛들을 감지하고 표현할 수 있다.
풀이 「be used to V-ing」는 '~하는 데 익숙하다'라는 뜻이고 「be used to V」는 '~하기 위해서 사용되다'라는 뜻이다. '다양한 단어들이 맛을 묘사하기 위해서 사용되다'라는 의미가 되어야 자연스러우므로 to describing을 to describe로 고쳐야 한다.

05 정답 stayed → (should) stay
해석 Mary는 그녀의 할아버지에 대해 걱정했는데, 누군가가 그와 함께 있는 것이 필요했기 때문이다.
풀이 당위성의 의미를 갖는 형용사인 necessary가 that절과 함께 '~할 필요가 있다'라는 뜻을 나타낼 때, that절의 동사는 「(should) + 동사원형」이 형태가 되어야 한다. 따라서 stayed를 (should) stay로 고쳐야 한다.

D

01 정답 could not help thinking of it
풀이 '~하지 않을 수 없었다'라는 의미가 되도록 can의 과거형인 could를 사용하여 「could not help V-ing」의 표현이 되어야 한다. 따라서 could not help 뒤에 thinking of와 it을 차례로 배열한다.

02 정답 essential that the laboratory remain dark
풀이 당위성의 의미를 갖는 형용사인 essential이 that절과 함께 '~하는 것이 필수적이다'라는 뜻을 나타낼 때, that절의 동사는 「(should) + 동사원형」의 형태가 되어야 한다. 따라서 essential과 that the laboratory remain을 먼저 쓰고

remain의 주격보어인 dark를 이어서 써야 한다.

03 **정답** must have painted the skull to inform us
풀이 '~했음에 틀림없다'라는 의미의 「must have p.p.」를 사용하여 must have painted를 먼저 쓰고, painted의 목적어인 the skull을 차례로 써야 한다. 그리고 '우리에게 알리기 위해'라는 의미를 나타내기 위해 부사적 용법의 to부정사구 to inform us를 이어서 배열한다.

04 **정답** might have consumed few vegetables
풀이 과거 사실에 대한 추측을 나타내기 위해 「might have p.p.」를 사용하여 might have consumed를 먼저 쓰고, consumed의 목적어인 few vegetables를 차례대로 배열한다.

05 **정답** insisted that nobody left the company last year
풀이 '주장했다'라는 뜻의 동사 insisted를 쓴 뒤, insisted의 목적어인 명사절을 이끄는 접속사 that을 써야 한다. 명사절의 내용이 '~해야 한다'라는 당위성을 포함하는 것이 아니라 단순 사실을 주장하는 것이므로, 시제와 주어의 수에 동사를 일치시켜야 한다. '작년에' 일어난 일을 말하고 있기 때문에 과거 시제를 써야 하므로 주어인 nobody와 과거 동사 left, 목적어인 the company를 차례대로 배열한다. 마지막으로 '작년에'라는 의미에 맞게 last year를 연결한다.

E

01 **정답** I would have been caught by soldiers
풀이 '~했을 것이다'라는 과거 사실에 대한 추측을 나타내되, '잡히다'라는 수동의 의미도 나타내야 하므로 「would have been p.p.」의 형태로 써야 한다. 따라서 be와 catch를 각각 과거분사인 been과 caught로 고쳐 I would have been caught를 먼저 쓰고 '군인들에 의해'라는 뜻을 나타내기 위해 by soldiers를 이어서 배열한다.

02 **정답** could not but clean up the street
풀이 '~하지 않을 수 없었다'라는 의미를 나타내기 위해 「cannot but + 동사원형」의 표현을 사용하되, 과거의 일을 설명하고 있으므로 can을 could로 고쳐 써서 could not but clean up의 어순으로 배열한다. 마지막으로 목적어인 the street을 이어서 쓴다.

03 **정답** are used to making to-do lists
풀이 '~하는 데 익숙하다'라는 의미를 나타내기 위해 「be used to V-ing」를 사용해야 한다. 따라서 make를 동명사 making으로 바꿔 are used to making을 먼저 쓰고 '할 일 목록을 작성하다'라는 뜻이 되도록 making 뒤에 목적어 to-do lists를 이어서 쓴다.

04 **정답** should have let children make a decision
풀이 '~했어야 했는데'라는 뜻의 과거 사실에 대한 후회를 나타내는 「should have p.p.」를 사용하여 should have let을 먼저 쓴다. 사역동사 let은 목적어와 목적격보어의 관계가 능동일 때 목적격보어로 동사원형을 쓰므로 let 뒤에 목적어인 children과 목적격보어인 make a decision을 차례대로 배열한다.

05 **정답** required that all nannies get a certification
풀이 동사 required 뒤에 동사의 목적어로 that절이 나온다. that절의 주어는 all nannies이며, 문맥상 '~해야 한다'는 당위성을 포함하고 있으므로 should가 생략된 것으로 보아 뒤에 동사원형 get을 쓴다. 마지막으로 get의 목적어인 a certification을 get 뒤에 연결한다.

PRACTICE TEST *with Textbooks*

A

01 not have known **02** were **03** had worked
04 didn't have **05** pay

B

01 ○ **02** ×, were **03** ○
04 ×. would not survive **05** ○

C

01 have been → be **02** have had → have
03 Consumers had bought → If consumers had bought 또는 Had consumers bought
04 didn't come → hadn't come **05** didn't land → hadn't landed

D

01 if it were not for it
02 If it had not been for his idea
03 it could have attacked them with a simple flip
04 as if the experiences were ours
05 But for electricity or other modern technologies, we would have to

E

01 Should you be interested
02 Were it not for any disturbance
03 wish every one of us made a donation
04 were glazed as if he were hypnotized
05 Had the children waited until the experimenter returned

A

01 **정답** not have known
해석 내 차에 후미등이 꺼졌었다면, 나는 그것을 알지 못했을 것이다.
풀이 조건절에 과거완료 시제가 쓰여, 과거 사실의 반대를 가정하는 가정법 과거완료 문장이다. 따라서 주절의 동사는 「조동사의 과거형 + have p.p.」의 형태가 되어야 하므로 not have known이 적절하다.

02 **정답** were
해석 그 산은 마치 노화하고 있는 것처럼 진화의 발달 단계를 거쳐 나아가고 있는 것으로 이해된다.
풀이 as though가 이끄는 절이 주절과 같은 시제인 현재의 일을 나타내야 하므로 가정법 과거가 되도록 과거형 동사를 써야 한다. 가정법 과거 문장의 조건절의 동사가 be동사이면 주어의 수와 인칭에 관계없이 were를 쓴다.

03 **정답** had worked
해석 만약 당신이 잘 짜인 스케줄을 소화했다면, 당신은 당신이 얼마나 더 생산적일 수 있었는지에 놀랐을 것이다.
풀이 주절의 동사가 would have been이고, if 조건절이 있으므로 과거 사실의 반대를 가정하는 가정법 과거완료 문장이다. 가정법 과거완료의 조건절은 「If + 주어 + had p.p.」의 구조가 되어야 하므로 had worked가 적절하다.

04 정답 didn't have
해석 나는 일을 할 때마다 울타리가 없다면 인간의 삶이 어떠할지 궁금해진다.
풀이 wonder의 목적절인 what ~ fences를 보면 주절의 동사가 would be이고, if 조건절이 있으므로 가정법 과거 문장이다. 가정법 과거의 조건절에는 과거 동사를 쓰므로 didn't have가 적절하다.

05 정답 pay
해석 만약 누군가가 당신의 이름을 부르는 것을 당신이 듣는다면, 비록 당신이 많은 시끄러운 군중 속에서 이리저리 떠밀려 다니고 있다 해도, 당신은 집중하고 듣게 된다.
풀이 if 조건절의 동사가 과거 동사 heard인 것으로 보아 가정법 과거 문장이다. 가정법 과거 문장의 주절의 동사는 「조동사의 과거형 + 동사원형」이 되어야 하므로 pay가 적절하다.

B

01 정답 ○
해석 조금만 더 늦었더라면 그녀는 살아남을 수 없었을 것이다.
풀이 if 조건절의 시제가 과거완료이므로 과거 사실의 반대를 가정하는 가정법 과거완료 문장이다. 가정법 과거완료의 주절의 동사는 「조동사의 과거형 + have p.p.」가 되어야 하므로 couldn't have survived는 적절하다.

02 정답 ×, were
해석 그 결과에 대해서 자책하지 마라. 내가 너의 입장이라면, 나도 똑같은 결과를 얻을 것이다.
풀이 주절의 시제가 「would + 동사원형」이고, if 조건절이 있으므로 현재 사실의 반대를 가정하는 가정법 과거 문장이다. 가정법 과거 문장의 조건절의 동사가 be동사이면 주어의 수와 인칭에 관계없이 were를 쓰므로 am을 were로 고쳐야 한다.

03 정답 ○
해석 만약 그 가게가 더 많은 수익을 얻으려고만 했다면, 고객들의 불만을 해결할 수 없었을 것이다.
풀이 주절의 시제가 「조동사의 과거형 + have p.p.」이고, if 조건절이 있으므로 과거 사실의 반대를 가정하는 가정법 과거완료 문장이다. 가정법 과거완료의 조건절의 동사는 had p.p.를 쓰므로 had tried는 적절하다.

04 정답 ×, would not survive
해석 당신을 안전하게 하도록 지어진 집이 없다면, 당신은 혹독한 기상 상황으로부터 살아남을 수 없을 것이다.
풀이 「If it were not for + 명사」는 '~이 없다면'이라는 뜻의 가정법 과거 표현이다. 이때 주절의 동사는 「조동사의 과거형 + 동사원형」이 되어야 하므로 would not have survived를 would not survive로 고쳐야 한다.

05 정답 ○
해석 만약 지금까지 행해진 과학적 조사가 없다면 사람들은 동물의 권리를 옹호하는 주장을 하지 않을 것이다.
풀이 '~이 없다면'이라는 가정법 과거의 의미를 나타내기 위해 사용하는 「If it were not for + 명사」 구문에서 if가 생략되고 주어와 동사가 도치되면 were it not for가 되므로 were는 적절하다.

C

01 정답 have been → be
해석 만약 그가 더 일찍 너무 많은 청량음료를 마시는 것을 그만두었다면, 오늘날 그의 치아 상태는 좋았을 것이다.
풀이 if 조건절의 시제가 과거완료(had stopped)이므로 과거 사실의 반대를 가정하는 가정법 과거완료라고 생각할 수 있지만, 주절의 맨 끝에 부사 today가 있으므로 주절의 내용은 현재 사실의 반대를 가정하고 있음을 알 수 있다. 따라서 이 문장은 과거의 사실이 현재의 상황에 영향을 줄 때 쓰는 혼합가정법 문장이 되어야 한다. 혼합가정법 문장의 주절의 동사는 「조동사의 과거형 + 동사원형」을 쓰므로 would have been을 would be로 고쳐야 한다.

02 정답 have had → have
해석 만약 당신이 이 놀라운 그림들에 둘러싸인다면 느끼게 될 감정들을 상상할 수 있는가?
풀이 the feelings를 수식하는 관계사절인 you would ~ marvelous paintings는 현재 사실의 반대를 가정하는 가정법 과거 문장이다. 가정법 과거 문장에서 주절의 동사는 「조동사의 과거형 + 동사원형」이 되어야 하므로 would have had는 would have로 고쳐야 한다.

03 정답 Consumers had bought → If consumers had bought 또는 Had consumers bought
해석 만약 소비자들이 좋은 회사로부터 더 많은 상품을 샀다면, 비윤리적인 회사들은 문을 닫았을 것이다.
풀이 주절의 동사가 would have p.p.이고 문맥상 '~했다면 …했을 텐데'라는 의미로 과거 사실에 대한 반대 상황을 가정하고 있으므로 가정법 과거완료 문장이 되어야 한다. 따라서 consumers 앞에 접속사 if를 써 주거나 if를 생략하고 주어와 동사를 도치시킨 형태인 Had consumers로 고쳐야 적절하다.

04 정답 didn't come → hadn't come
해석 지난주 댐이 강 근처에 사는 주민들을 홍수로부터 보호했기 때문에 그들은 마치 그것(홍수)이 닥치지 않았던 것처럼 무사했다.
풀이 마치 홍수가 '닥치지 않았던 것처럼' 무사했다는 것은 주절의 동사인 were보다 이전 시점에서 가정하고 있으므로 가정법 과거완료를 사용해야 한다. 따라서 didn't come을 hadn't come으로 고쳐야 한다.

05 정답 didn't land → hadn't landed
해석 만약 그 비행기의 기장이 허드슨 강에 착륙하지 않았더라면, 탑승한 더 많은 사람들이 어제 부상을 입거나 죽었을 것이다.
풀이 문맥상 어제 일어난 과거 사실의 반대를 가정하고 있고 주절의 시제가 「조동사의 과거형 + have p.p.」이므로 가정법 과거완료를 사용해야 한다. 따라서 didn't land를 hadn't landed로 고쳐야 한다.

D

01 정답 if it were not for it
풀이 '만약 그것이 없다면'이라는 의미를 나타내기 위해 가정법 과거형태 중 하나인 「if it were not for + 명사」 구문을 이용하여 단어들을 배열한다. 따라서 if it were not for를 먼저 쓰고 fear를 받는 대명사 it을 명사 자리에 써 준다.

02 정답 If it had not been for his idea
풀이 문맥상 과거 사실의 반대를 가정하는 내용이고, 주절의 동사가

「조동사의 과거형＋have p.p.」인 것으로 보아 가정법 과거완료 문장임을 알 수 있다. 따라서 '~가 없었다면'이라는 의미를 나타내는 「If it had not been for＋명사」 구문을 사용하여 If it had not been for 다음에 his idea를 쓴다.

03 정답 it could have attacked them with a simple flip
풀이 문맥상 과거 사실의 반대를 가정하는 내용이고 if 조건절의 동사가 과거완료 시제이므로 가정법 과거완료 문장임을 알 수 있다. 따라서 주절은 「조동사의 과거형＋have p.p.」의 구조가 되어야 하므로 주어인 the whale을 대신하는 대명사 it과 could have attacked를 먼저 써 준다. 그리고 attacked의 목적어인 them을 연결하고 '간단히 꼬리를 뒤집는 것으로'라는 의미에 맞게 with a simple flip을 이어서 쓴다.

04 정답 as if the experiences were ours
풀이 '마치 ~인 것처럼'이라는 현재 사실의 반대를 가정하는 내용이므로 「as if＋가정법 과거」를 사용해야 한다. 따라서 as if를 가장 먼저 쓰고 주어 the experiences를 이어서 쓴 다음 동사를 연결해야 하는데, 이때 동사가 be동사이면 주어의 수와 인칭에 관계없이 were를 쓰므로 were와 보어 ours를 차례로 배열해야 한다.

05 정답 But for electricity or other modern technologies, we would have to
풀이 '만약 ~이 없다면'이라는 뜻의 「But for＋명사」 표현을 사용하되, '~이 없다면 원시인처럼 살아야만 할지도 모른다'는 것은 현재 사실의 반대이므로 가정법 과거를 나타내는 「주어 ＋ 조동사 과거형 ＋ 동사원형」의 어순으로 써야 한다. 따라서 But for electricity or other modern technologies를 먼저 쓰고, 주어인 we와 조동사 과거형인 would, 그리고 동사원형 have to를 차례대로 배열해야 한다.

E

01 정답 Should you be interested
풀이 원래 문장은 If you should be interested로 이 때 should는 '혹시라도'의 의미를 내포하고 있다. 주어진 어구 중에 if가 없으므로 If는 생략된 것으로 보고 주어와 동사를 도치시켜 Should you be interested의 어순으로 써야 한다.

02 정답 Were it not for any disturbance
풀이 문맥상 '~가 없다면'이라는 의미를 나타내야 하는데 주어진 단어 중에 if가 없으므로 if가 생략되고 주어와 동사가 도치된 「Were it not for＋명사」 구문이 되어야 한다. 따라서 be를 Were로 고쳐 Were it not for을 쓴 뒤에 any disturbance를 배열한다.

03 정답 wish every one of us made a donation
풀이 문맥상 앞으로의 소망을 나타내기 위해 「I wish＋S＋가정법 과거」 구문을 사용해야 한다. wish 뒤에 이어진 절의 주어는 every one of us이고 과거형 동사를 써야 하므로 make를 made로 고쳐 쓴 다음 목적어 a donation을 차례로 배열한다.

04 정답 were glazed as if he were hypnotized
풀이 문맥상 '마치 ~인 것처럼'이라는 의미를 나타내기 위해 as if 가정법을 써야 하고, 주절의 시제와 동일한 시제인 과거의 상황을 표현하므로 as if 뒤에 동사의 과거형이 와야 한다. 따라서 '흐릿해지다'라는 뜻의 동사구 were glazed가 나오고 뒤에 as if he were hypnotized가 이어져야 한다. as if 가정법에서

be동사의 과거형을 쓸 때는 주어의 수와 상관없이 were을 쓰므로 he뒤에 were이 쓰였다.

05 정답 Had the children waited until the experimenter returned
풀이 문맥상 과거 사실의 반대를 가정하고 있고, 주절의 동사가 「조동사의 과거형＋have p.p.」이므로 가정법 과거완료 문장이다. 주어진 단어 중에 if가 없으므로 if를 생략하고 주어와 동사가 도치된 「Had＋S＋p.p.」의 형태가 되어야 한다. 따라서 have를 Had로 고쳐 쓰고 주어인 the children을 쓴 다음 wait을 과거분사 waited로 고쳐 the children뒤에 쓴다. 마지막으로 '실험자가 돌아올 때까지'라는 의미를 나타내기 위해 until the experimenter returned를 이어서 배열한다.

01 ①, ⑥   **02** ③

03 ③   **04** ①, ③, ④

05 the criminals entered the area he should have guarded

06 (A) are used to forming (B) are used to understand

07 if any one of the events had not occurred, the result would be different

08 They must have never seen such informal paintings before.

09 as if it were snapped with a camera

10 North America might have remained unpopulated

---

01 정답 ①, ⑥

해석

① 만약 여러분의 뇌가 하룻밤 사이에 완전히 변한다면 여러분은 불안정해지고 혼란스러워질 것이다.

② 그런데 어느 날 밤, 여러분이 새벽 3시에 전화를 받고 속옷 차림으로 여러분의 이웃을 확인해 보기 위해 뛰쳐나가야만 한다.

③ 나도 너처럼 영화를 만들 기회가 있다면 좋을 텐데.

④ 만약 여러분의 뇌가 이 새로운 일상을 자기 것으로 하여 여러분이 매일 밤 새벽 3시에 속옷 차림으로 계속하여 밖으로 뛰쳐나가야 한다면 어떻겠는가?

⑤ 사회적인 유대 관계의 형성과 유지가 없었다면, 초기 인류는 아마도 물리적인 환경에 대해 대처하거나 적응하지 못했을 것이다.

⑥ 누구도 그러길 원치 않을 것이며, 따라서 우리의 뇌가 그것보다 더 많은 반복이 필요하다는 것은 좋은 것이다!

풀이

① 현재의 사실과 반대되는 내용을 가정하고 있으므로 가정법 과거로 쓰는 것이 적절하다. 따라서 가정법 과거의 if 조건절은 「If + 주어 + 동사의 과거형 ~」이 되어야 하므로 changes를 changed로 고쳐야 한다.

⑥ 가정법 과거가 응용된 형태로 앞에 있는 의문문이 조건절, nobody로 시작하는 문장이 주절이라고 볼 수 있다. 조건절에서 가정법 과거를 썼으므로, 이에 맞추어 주절의 동사를 「조동사의 과거형 + 동사원형」으로 쓰는 것이 적절하다. 따라서 would have wanted는 would want로 고쳐야 한다.

---

② 문맥상 '~해야 한다'라는 뜻이 되어야 하고, 어떤 상황을 가정하고 있긴 하나 앞에서 동사 get을 통해 현재시제를 쓰고 있으므로 이와 시제를 맞추어 should를 쓴 것은 적절하다.

③ 「I wish + S + 가정법 과거」는 '~가 …라면 좋을 텐데'라는 뜻으로, 현재의 소망을 말하고자 할 때 사용한다. 가정법 과거는 동사의 과거형을 쓰면 되므로 had를 쓴 것은 적절하다.

④ 의문문의 형태나 의문문 전체가 현재 사실의 반대를 가정하는 가정법 과거의 조건절이므로 latched와 continued처럼 동사의 과거형을 쓴 것은 적절하다.

⑤ 「Without + 명사, S + 조동사 과거형 + have p.p.」는 '만약에 ~이 없었다면, ~했을 것이다'라는 뜻으로, early human beings(초기 인류)라는 단어를 통해 과거에 대한 일을 상상하여 말하고 있으므로 가정법 과거완료 형태인 would not have been을 쓴 것은 적절하다.

구문 분석

⑥ Nobody would want that, so **it**'s a good thing [our brains require more repetition than that]!

▶ it은 가주어이며, [ ] 부분이 진주어이다. 드문 경우이지만 진주어를 이끄는 접속사 that이 생략되었다.

어휘 및 어구

- unstable 불안정한
- latch on to 알아듣다, 이해하다
- maintenance 유지
- cope with ~에 대처하다
- repetition 반복
- confused 혼란스러운
- formation 형성
- bond 유대 관계
- adapt to ~에 적응하다

---

02 정답 ③

해석

20세기 초 대단한 경영인인 Andrew Carnegie는 자신의 누이가 그녀의 두 아들에 대해 불평하는 것을 듣곤 했다. 어느 날, 그녀는 그들이 집을 떠나 대학을 다니면서 좀처럼 그녀의 편지에 답장을 하지 않는다고 말했다. Carnegie는 그녀에게 "만약 내가 그들에게 편지를 쓴다면, 즉각 답장을 받을 거야."라고 말했다. 그는 두 통의 훈훈한 편지를 그 아이들에게 보냈고, 그들 각각에게 깜짝 선물로 (그 당시에는 큰 액수의 돈이었던) 100달러짜리 수표를 보내게 되어 기쁨을 느끼지 않을 수 없다고 그들에게 말했다. 그리고 나서 그는 편지들을 부쳤지만 수표들을 동봉하지는 않았다. 며칠 이내에 그는 두 아이들로부터 훈훈한 감사의 편지를 받았고, 그들은 편지의 말미에 그가 유감스럽게도 수표를 넣는 것을 잊었다고 말했다. 그 수표가 동봉되었다면, 그들은 그렇게 빨리 답장을 보냈을까?

풀이

ⓐ '~하곤 했다'라는 의미로 과거의 습관을 나타내는 「used to 동사원형」이 적절하게 쓰였다.

ⓑ If 이하 절은 조건의 부사절로, 조건의 부사절에서는 현재시제가 미래를 대신하므로 현재시제인 write가 쓰인 것은 적절하다.

ⓓ 그가 두 소년으로부터 답장을 받았을 때를 기준으로 과거 사실의 반대를 가정하는 가정법 과거완료의 조건절이므로 동사 자리에 had p.p.를 쓴 것은 적절하다. 또한 the check(수표)와 enclose(동봉하다)의 관계는 수동이므로 be enclosed라는 수동태가 쓰인 것도 적절하다.

ⓒ '~하지 않을 수 없다'를 의미하는 표현은 「cannot (help) but V」이므로 to feel을 feel로 고쳐야 적절하다. 같은 뜻의 표현으로 「cannot help V-ing」와 「have no choice but to V」가 있다.

ⓔ 과거 사실의 반대를 가정하는 가정법 과거완료이므로, 주절의 동사는 「조동사의 과거형 + have p.p.」가 되어야 한다. 조동사의 과거형인 would는 앞에 나와 있으므로 respond를 have responded로 바꾸어야 한다.

구문 분석

11행 Within days he received warm grateful letters from both boys, [1) **[who** noted at the letters' end that he had unfortunately 2)**forgotten to include** the check].

1) [ ]는 주격 관계대명사 who가 이끄는 절이 선행사 both boys를 부가적으로 설명해 주는 계속적 용법으로 쓰였다.

2) 「forget to V」는 '(미래에) ~할 것을 잊다'를 의미한다. 참고로 「forget V-ing」는 '(과거에) ~한 것을 잊다'를 의미한다.

어휘 및 어구
- immediate 즉각적인
- enclose 동봉하다
- receive 받다
- note 언급하다
- sum 액수
- check 수표
- grateful 감사하는

03 정답 ③

해석
얼마나 일찍 아이들이 컴퓨터를 시작해야 너무 이른 것일까? 만약 당신의 아기가 한 살 미만이라면 대답은 분명하다. 왜냐하면 아이의 시력은 화면에 집중할 수 있을 정도로 충분히 발달되지 않았기 때문이다. 아이들이 생후 채 6개월도 되기 전에 컴퓨터 화면에 노출되었다 하더라도, 그 시점에 그것은 그들에게 아무런 의미가 없었음에 틀림없다. 그러나 한 살 생일이 지나면 사람들은 그 질문에 대해 다양한 답을 한다. 몇몇 사람들은 컴퓨터에 일찍 노출되는 것이 우리의 디지털 세계에 적응하는 것에 도움이 된다고 주장한다. 그들은 그들의 자녀들이 컴퓨터를 더 일찍 사용했더라면 다른 디지털 기기 사용에 더 많은 친숙함을 가질 수 있었을 것이라고 믿는다. 다른 사람들은 세 살 아이를 컴퓨터에 노출시키는 생각에 동의하지 않는다. 그들은 그들의 자녀들이 컴퓨터 대신 독서, 스포츠, 놀이와 같은 전통적인 방식으로 자극을 받아야 한다고 주장한다.

풀이
ⓑ 문맥상 과거 사실에 대한 강한 추측을 나타내므로 「must have p.p.」의 형태가 되도록 must mean을 must have meant로 바꾸어야 한다.

ⓒ '주장하다'라는 뜻의 동사 argue의 목적어인 that절에 의미상 당위성이 있다면, that절의 동사는 「(should) + 동사원형」 형태로 쓴다. 그러나 '컴퓨터에 일찍 노출되는 것이 디지털 세계에 적응하는 것에 도움이 된다'라는 것은 단순한 사실에 대한 주장이므로 시제에 맞는 동사를 써야 한다. that절의 주어인 early exposure는 셀 수 없는 명사로 단수 취급하므로 동사는 be가 아닌 is로 고쳐야 한다.

ⓐ 어떤 사실의 반대를 가정하는 것이 아닌, 단순 조건절과 주절이 합쳐진 문장으로 어법상 적절하다.

ⓓ 뒤에 있는 조건절의 형태를 보면 가정법 과거완료임을 알 수 있으므로 주절에 「조동사의 과거형 + have p.p.」를 쓴 것은 적절하다.

ⓔ '주장하다'라는 뜻의 동사 insist의 목적어인 that절에 '자극을 받아야 한다'라는 당위성의 의미가 내포되어 있으므로 조동사 should가 생략된 채로 be stimulated가 쓰인 것은 적절하다.

구문 분석
3행 That is because a baby's vision has not developed **enough to focus** on the screen.
▶ enough to V : ~할 정도로 충분히

어휘 및 어구
- vision 시력
- adapt 적응하다
- stimulate 자극을 주다
- expose 노출시키다 (exposure 노출)
- familiarity 친숙함
- traditional 전통적인

04 정답 ①, ③, ④

해석
① 고된 노동을 마치고 잔 뒤에, Lucas는 너무 편안하고 상쾌했다. 그는 자신이 반나절이나 잤을지도 모른다고 생각했다.
② Amy는 보지 않으려고 애를 썼지만, Laurie는 또 다른 우스운 얼굴 표정을 짓고 있었다. 그녀는 자기 친구가 무엇을 하고 있는지 보려고 뒤로 돌지 않을 수 없었다.
③ 비를 내리게 하지 않는 공허한 천둥소리를 들으면서, 그녀는 거기에 누워 "나는 이 가뭄이 끝났으면 좋겠어."라고 속삭였다.
④ 만약 엄마가 자신의 아기들 중 누구라도 배고파서 크게 울 때마다 깨어 있는다면, 그녀는 한숨도 자지 못할 것이다.
⑤ 시민의 직접적인 참여가 미국 혁명을 가능하게 했던 것이었다. 그러한 참여가 없었다면, 그 공화국은 멸망했을 것이다.

풀이
① 문맥상 과거 사실에 대한 약한 추측을 나타내므로 「might have p.p.」를 사용한 것은 적절하다.
③ 주절의 시제와 같은 시제(현재)의 사실을 반대로 가정하여 소망을 나타내기 위해 「I wish + 주어 + 동사의 과거형」이 적절하게 쓰였다.
④ 현재 사실의 반대를 가정하는 가정법 과거의 주절에서 if가 생략되고 주어와 동사가 도치되어 「Were + 주어」의 어순으로 나온 것으로 어법상 적절하다. 가정법 과거 문장의 조건절의 be동사는 인칭과 수에 관계없이 were를 쓴다.

② '~하지 않을 수 없다'를 의미하는 표현은 「cannot help V-ing」이므로 to turn을 turning으로 바꾸어야 한다.
⑤ 과거 사실의 반대를 가정하는 가정법 과거완료가 쓰인 문장으로, '~가 없었다면'이라는 의미를 나타낼 때는 If it had not been for ~ (=Without ~ =But for ~)를 쓴다. 따라서 if it were not for를 if it had not been for로 고쳐야 한다.

구문 분석
⑤ Direct involvement of citizens was [1]**what** had made the American Revolution [2]**possible**.
  1) what은 선행사를 포함한 주격 관계대명사로, the thing which (that)로 바꾸어 쓸 수 있다.
  2) possible은 5형식 동사 made의 목적격보어로 사용된 형용사이다.

어휘 및 어구
- labor 노동
- empty 빈, 공허한
- whisper 속삭이다
- awake 깨어 있는
- revolution 혁명
- refreshed 상쾌한
- lie(-lay-lain) 눕다
- drought 가뭄
- involvement 참여
- republic 공화국

05 정답 the criminals entered the area he should have guarded

해석
눈 가리기 행동은 우리가 위협을 느끼거나 (눈에) 보이는 것을 좋아하지 않을 때, 발생할 수 있는 비언어적 행동이다. 눈을 감거나 가리는 것이 한 가지 흔한 예이다. 조사관으로서, 나는 Puerto Rico의 비극적인 호텔 방화 사건의 조사를 돕기 위해 눈 가리기 행동 양식을 활용했다. 한 보안 요원이 그가 배정받은 지역에서 화재가 발생했기 때문에 즉각적인 용의 선상에 올랐다. 그가 화재의 발생과 관련이 없다는 것을 결정한 방법 중 하나는 불이 나기 전과 화재 당시에 그가 어디에 있었는지, 그리고 그가 불을 질렀는지에 대한 몇 가지 구체적인 질문을 하는 것이었다. 그는 화재 당시에 어디에 있었는지에 대한 질문을 받았을 때만 눈 가리기 행동을 사용했다. 이상하게, 대조적으로, "당신이 불을 질렀습니까?"라는 질문에는 불안해하는 것처럼 보이지 않았다. 그는 조사관으로부터 추가적인 질문을 받았고, 결국 같은 호텔에서 일하는 여자 친구를 만나기 위해 그의 자리를 떠났음을 인정했다. 불행하게도, 그가 떠나있는 동안 그 범죄자들이 그가 지켰어야 할 장소에 들어와 불을 질렀다.

풀이

문맥상 과거에 일어난 일이므로 주어 the criminals 뒤에 enter의 과거형인 entered를 적고 목적어 the area를 쓴다. 그리고 the area를 후치 수식하는 관계사절을 만들어야 하는데, 주어진 보기에 관계사가 없으므로 관계사 없이 관계사절을 만들도록 한다. (목적격 관계대명사 which(that)는 생략 가능하므로 목적격 관계대명사가 생략된 채 관계사절을 만들 수 있음을 기억하자.) '그가 지켰어야 했던'이란 의미에 맞게 '~했어야 했는데'라는 의미로 과거에 하지 않은 일에 대한 후회를 나타내는 표현인 「should have p.p.」를 사용하여 he should have guarded를 연결해 준다.

구문 분석

8행 **One of the ways** 1)[we determined 2)**he** had nothing to do with starting the fire] 3)**was** by asking him some specific questions ~.

1) [ ]는 선행사 One of the ways를 수식하는 관계사절로 the way 와 관계부사 how는 함께 쓰지 않으므로 how를 생략한 형태이다.
2) he 앞에는 동사 determined의 목적어인 명사절을 이끄는 접속사 that이 생략되어 있다.
3) 「One of + 복수명사」가 주어로 쓰이면 동사의 수를 one에 일치시키므로 단수동사 was가 쓰였다.

어휘 및 어구

• eye-blocking 눈 가리기 행동
• threatened 위협을 느끼는
• investigator 조사관
• suspicion 혐의
• oddly 이상하게도
• nonverbal 비언어적인
• shield 가리다
• arson 방화
• blaze 화재
• troubled 불안해하는, 문제가 많은

[06~07]

06 정답 (A) are used to forming
(B) are used to understand

07 정답 if any one of the events had not occurred, the result would be different

해석

사람들은 선천적으로 사건의 원인을 찾으려는 즉, 설명과 이야기를 구성하려는 경향이 있다. 이야기는 우리의 경험을 떠올리게 하고 새로운 경우의 사례를 제공한다. 우리의 경험과 다른 이들의 이야기로부터 우리는 사람들이 행동하고 상황이 작동하는 방식에 관해 일반화하는 데 익숙하다. 우리는 사건에 원인을 귀착시키는데, 이러한 원인과 결과 쌍이 이치에 맞는 한, 그것들은 미래의 사건을 이해하는 데 사용된다. 하지만 이러한 인과의 귀인은 종종 잘못 판단되기도 한다. 때때로 그것은 잘못된 원인들을 연관시키기도 하고, 발생하는 어떤 일에 대해서는 단 하나의 원인만 있지 않기도 한다. 오히려 모두가 그 결과에 원인이 되는 복잡한 일련의 사건들이 있다. 만일 사건들 중에 어느 하나라도 발생하지 않았었다면, 결과는 다를 것이다. 하지만 원인이 되는 행동이 단 하나만 있지 않을 때조차도, 그것이 사람들로 하여금 하나의 원인이 되는 행동의 탓으로 돌리는 것을 막지는 못한다.

풀이

06 (A) 문맥상 우리는 일반화하는 데 '익숙하다'라는 의미이므로 이에 맞게 「be used to V-ing」 형태가 되어야 한다. 따라서 are used to forming이 어법상 적절하다.
(B) 해석상 그것들(원인과 결과 쌍)이 미래의 사건을 이해하는 데 '이용되는' 것이므로 「be used to V」 형태가 되어야 한다. 따라서 are used to understand가 어법상 적절하다.

07 문맥상 '(과거에) ~했었다면, (현재) …할 텐데'를 나타내므로 조건절과 주절의 시제가 다른 혼합가정법을 이용하는 것이 가장 적절하다. 따라서 조건절에는 가정법 과거완료가, 주절에는 가정법 과거가 쓰여야 하므로 「If + S + had p.p., S + 조동사의 과거형 + 동사원형」의 구조에 맞게 배열하면 된다. 중간에 ,(콤마)가 있으므로 앞에 조건절 if any one of the events had not occurred를 쓰고, 뒤에 주절 the result would be different를 쓰는 것이 자연스럽다.

구문 분석

15행 But even when there is no single causal act, that doesn't **stop** people **from assigning** one.

▶ stop(keep, prevent) + O + from + V-ing : (목적어)가 ~하는 것을 막다

어휘 및 어구

• innately 선천적으로
• resonate 떠올리게 하다
• attribute A to B A를 B의 탓으로 돌리다
• cause-and-effect 원인과 결과
• implicate 연관시키다
• causal 원인이 되는
• be inclined to ~하는 경향이 있다
• instance 사례
• contribute 원인이 되다
• assign 탓으로 돌리다

[08~09]

08 정답 They must have never seen such informal paintings before.

09 정답 as if it were snapped with a camera

해석

인상주의 화가의 그림은 아마도 가장 인기가 있다. 그것은 보는 사람에게 그 형상을 이해하기 위해 열심히 노력할 것을 요구하지 않는 쉽게 이해되는 예술이다. 인상주의는 보기에 '편하고', 여름의 장면과 밝은 색깔은 눈길을 끈다. 그러나 이 새로운 그림 방식은 그것이 만들어지는 방법뿐 아니라, 보이는 것에 있어서도 대중들에게 도전적이었다는 것을 기억하는 것이 중요하다. 그들은 이전에 그렇게 형식에 구애받지 않는 그림을 본 적이 결코 없었음에 틀림없다. 캔버스의 가장자리는 마치 그것이 카메라로 사진 찍힌 것처럼, 임의적인

방식으로 장면을 잘라냈다. 소재는 기찻길과 공장과 같은 풍경의 현대화를 포함했다. 이전에는 이러한 소재들이 결코 화가들에게 적절하다고 여겨지지 않았다.

풀이

08 주어는 They이고 '~이었음에 틀림없다'라는 뜻의 과거 사실에 대한 강한 추측을 나타내기 위해 must have seen을 쓰되, 의미상 부정이 들어가야 하므로 must have never seen으로 쓴다. seen의 목적어로 '그렇게 형식에 구애받지 않는 그림'이란 의미에 맞게 「such a(n) + 형용사 + 명사」 구조를 사용하여, such informal paintings를 써주고, 뒤에 before를 연결해 준다.

09 '마치 ~인 것처럼'을 의미하는 as if 가정법을 사용한 문장으로, 문맥상 주절과 같은 과거 시점에서 반대 사실을 가정하고 있으므로 「as if + S + 동사의 과거형」의 구조를 갖는다. 가정법 과거 문장에서 be동사를 써야 할 때에는 주어의 인칭과 수에 관계없이 were를 쓴다는 점을 기억하자.

구문 분석

14행 Never before **had** these subjects **been considered** appropriate for artists.

▸ 부정어구 Never before가 강조되면서 문장 앞으로 이동하여 뒤에 있던 주어와 동사가 도치되었다.

어휘 및 어구

- impressionist 인상주의 화가
- scene 장면
- challenging 도전적인
- modernization 현대화
- subject 소재
- imagery 형상
- appeal 흥미를 일으키다
- arbitrary 임의적인
- landscape 풍경
- appropriate 적절한

의 보어가 되도록 형용사 역할을 하는 unpopulated를 연결해 준다.

구문 분석

12행 Twenty thousand years ago, at the height of the last glacial period, sea level was ¹⁾**so** low **that** dry land joined ²⁾**what** are now separate continents.

1) so + 형용사/부사 + that절 : 너무 ~해서 …하다
2) what은 선행사를 포함한 관계대명사로 the thing which(that)로 바꾸어 쓸 수 있다.

어휘 및 어구

- arm 무장시키다
- encounter 마주침
- gigantic 거대한
- glacial period 빙하기
- imperceptibly 인식할 수 없게
- immigrant 이주민
- primitive 원시적인
- slay 죽이다
- eastward 동쪽으로
- continent 대륙
- unconsciously 자기도 모르게

---

10 정답 North America might have remained unpopulated

해석

원시적인 무기로만 무장한 사냥꾼들은 화난 매머드의 실제 적수가 되지 못했다. 이 거대한 동물 중 한 마리를 잡기 위해 필연적으로 (그것과) 가까이 맞닥뜨렸을 때 아마도 많은 사람들이 죽거나 심각한 부상을 당했을 것이다. 하지만 한 마리가 쓰러졌을 때 보상은 엄청났다. 한 마리의 매머드만으로도 긴 시간 동안 무리를 먹이고, 입히고, 지탱할 수 있었다. 그 사냥꾼들은 아시아에서부터 지금의 베링 해를 가로질러 동쪽으로 매머드와 다른 큰 동물들을 쫓아 이동했다. 그들 중 일부는 해안을 따라 작은 배로 이동했을지도 모르지만, 많은 이들은 걸어서 이동했다. 2만 년 전에, 마지막 빙하기가 한창일 때, 해수면은 아주 낮아서 지금은 별개인 대륙들이 육지로 연결되어 있었다. 천천히, 인식할 수 없을 정도로, 그리고 아마도 자기도 모르게, 사냥꾼들은 랜드브리지(대륙을 연결하는 육지)를 가로질러 이동하여 새로운 땅, 북아메리카 최초의 이주민이 되었다.

Q. 위 지문을 통해 빙하 시대가 없었다면 무슨 일이 일어났을까?

A : 수천 년 더 북아메리카는 사람이 살지 않는 곳으로 남아 있었을 것이다.

풀이

과거 사실의 반대를 가정하고 있기 때문에 가정법 과거완료의 주절 구조에 맞추어 「S + 조동사의 과거형 + have p.p.」로 구성한다. 주어는 North America이고, 동사는 might have remained로 써야 한다. 그리고 '사람이 살지 않는 상태로 남아 있다'라는 의미에 맞게, 그리고 2형식 동사 remain

01 ④, ⑤   02 ②

03 ② is now used → now used
   ④ be → have been
   ⑤ had perfected → perfected

04 he might(may) have been preoccupied with trying to imagine pumpkin pie

---

01   정답 ④, ⑤

해석
① 이 행사의 모든 참가자는 달리기의 날 티셔츠를 받게 되고, 모든 선수들은 시간이 측정된다.
② 많은 소비자들은 상품이 시장에서 구입 가능하다는 것을 알게 된 후에야 상품을 구매한다.
③ 1976년에 우리 호텔을 개업한 이래로, 우리는 에너지 소비를 줄임으로써 우리의 지구를 보호하는 데 헌신해 왔다.
④ 그들은 흥겨운 소리를 지르고 머리 위로 팔을 올린 채로 손을 흔들며 원을 이뤄 춤을 추었다.
⑤ 내가 잘못된 음을 눌렀을 때 오싹함이 나의 머리 꼭대기에서 시작되었지만, 나는 마치 내 몸을 통제할 수 없는 것처럼 연주를 멈출 수 없었다.

풀이
④ making과 shaking은 모두 동시상황을 나타내는 분사구문을 이끄는 현재분사로 쓰였다. 뒤의 with arms raised 또한 「with + O + 분사」 구조를 갖는 동시상황의 분사구문인데, 목적어인 arms와 수동의 관계이므로 분사 자리에 과거분사 raised를 쓴 것은 적절하다.
⑤ '~하는 것을 멈추다'라는 의미로 「stop V-ing」가 알맞게 사용되었다. as though는 '마치 ~처럼'이라는 의미로 가정법 문장에 사용되는데, 주절에 과거 시제를 쓰고 as though 뒤에도 과거 시제를 써서 같은 시점에 일어난 일을 말하고 있으므로 가정법 과거 형태인 「as though + 주어 + 과거동사/were」을 쓴 것은 어법상 적절하다.

---

① every는 뒤에 단수 명사와 단수 동사가 와야 하므로 participants는 participant로 고쳐야 하고, 이에 맞게 동사 are를 is로 바꿔야 한다.
② 사역동사 make가 수동태로 전환되면 목적격보어로 쓰인 동사원형은 to부정사로 바뀌어야 하므로 know를 to know로 고쳐야 한다.
③ 「commit oneself to V-ing」가 수동태가 되면 「be committed to V-ing」가 된다. 이때 to는 전치사이므로 뒤에 (동)명사가 와야 하고, 따라서 protect를 동명사 protecting으로 바꾸어야 한다.

어휘 및 어구
• participant 참가자   • time ~의 시간을 재다
• available 이용 가능한   • consumption 소비
• joyful 흥겨운   • chill 오싹함
• note 음, 음표

---

02   정답 ②

해석
운동 중독에 관한 전문가인 Katherine Schreiber와 Leslie Sim은 아마도 스마트 시계와 건강 추적기가 주로 앉아서 지내는 사람들이 운동을 시작하도록 장려하고 별로 활동적이지 않은 사람들이 더 지속적으로 운동을 하도록 격려하는 데 이용되어 왔음을 인정했다. 하지만 그들은 그 장치들이 또한 상당히 위험하다고 확신했다. Schreiber는 숫자에 집중하는 것이 사람들을 자신의 몸과 조화를 이루는 것으로부터 분리한다고 설명했다. 운동하는 것은 아무 생각이 없게 되는데, 그것이 중독의 '목표'이다. 그녀가 언급했던 이 '목표'는 일종의 무의식적 분별없음, 즉 의사결정을 장치에 위임하는 것이다. 그녀는 혹사당하는 몸에 귀 기울이는 것을 거부하고, 대신에 터무니없는 운동 목표를 향하여 계속해서 달렸기 때문에 최근 자신의 발에 피로 골절을 입었다. Schreiber는 중독적인 운동 성향으로 고통을 겪어 왔고, 그녀는 운동할 때 착용할 수 있는 기기를 사용하지 않기로 맹세한다.

풀이
ⓐ 5형식 동사 encourage는 목적격보어로 to부정사를 취하므로 take를 to take로 고쳐야 적절하다.
ⓒ explained의 목적어인 that절의 주어는 동명사 focusing이다. 동명사 주어는 단수 취급하므로 separate를 단수 동사 separates로 고쳐야 적절하다.
ⓔ 앞에 접속사가 없기 때문에 또 다른 동사가 접속사 없이 올 수 없으므로 instead 이하는 앞 절의 내용에 대한 연속 동작을 나타내는 분사구문으로 보아야 한다. 주절의 주어인 She와 능동 관계이므로 과거분사 continued를 현재분사 continuing으로 바꾸어야 한다.

ⓑ were convinced 뒤에 접속사 that이 생략된 것으로 보면 된다. 따라서 뒤에 또 다른 주어와 동사가 올 수 있어 어법상 적절하다.
ⓓ refuse는 to부정사만을 목적어로 취하는 동사이므로 to listen이 적절히 사용되었고, '혹사당한'이라는 의미의 과거분사 overworked가 body를 수식하는 것은 어법상 적절하다.
ⓕ suffer는 뒤에 직접적인 원인이 나오면 타동사이고, 간접적인 원인이 나오면 자동사이므로 그 뒤에 전치사가 올 수 있다. suffer from은 '~으로 고통받다'라는 뜻이다.

구문 분석
11행 This 'goal' [1)[that she mentioned] is a sort of automatic mindlessness, 2)[the outsourcing of decision making to a device].
   1) [ ]는 목적격 관계대명사 that이 이끄는 관계사절로 이 문장의 주어이자 선행사인 This 'goal'을 수식하고 있다.
   2) [ ]는 a sort of automatic mindlessness와 동격을 이루며 내용을 부연 설명하고 있다.

어휘 및 어구
• addiction 중독   • sedentary 앉아 있는, 앉아서 지내는
• inspire 격려하다, 고무하다   • consistently 지속적으로
• convinced 확신하는   • be in tune with ~와 조화를 이루다
• mindless 아무 생각이 없는   • outsourcing 위임
• sustain (피해를) 입다   • overworked 혹사당하는
• unreasonable 터무니없는   • wearable 착용할 수 있는

03

정답 ② is now used → now used
　④ be → have been
　⑤ had perfected → perfected

해석

James Francis는 영국에서 태어나 열여덟 살에 미국으로 이주했다. 물공학에 대한 그의 첫 번째 공헌 중 하나는 현재 화재 방지를 위해 건물들에서 사용되는 스프링클러 시스템의 발명이었다. Francis의 디자인은 건물 전체에 뻗어 있는, 일련의 구멍을 낸 파이프를 포함했다. 그것은 두 가지 결점이 있었는데, 손으로 켜야 했으며, 단지 '하나'의 밸브만 있다는 것이었다. 밸브의 개방으로 일단 시스템이 작동되면, 물이 사방에서 쏟아져 나오곤 했다. 그래서 만약 밸브가 여러 개였다면 그 당시의 건물들이 물에 잠기는 일은 일어나지 않았을 것이다. 단지 몇 년 후에, 다른 엔지니어들이 요즘에 사용되는 종류의 스프링클러 헤드를 완성했을 때에야 비로소 그 개념은 대중화될 수 있었다. 그것은 자동으로 켜지고, 실제로 필요한 곳에서만 작동되었다.

풀이

② 문장에 접속사가 없고 앞에 이미 동사 was가 있으므로 is를 삭제하여 used 이하의 과거분사구가 the sprinkler system을 수식하도록 고쳐야 적절하다.

④ 문맥상 과거 사실의 반대를 가정하고 있으므로 가정법 과거완료로 표현해야 한다. 따라서 주절은 「S + 조동사의 과거형 + have p.p.」가 되어야 하므로 be를 have been으로 고쳐야 한다.

⑤ 문장 맨 앞에 Only some years later라고 했으므로 이 전에 서술된 내용보다 더 먼저 일어난 일이라고 볼 수 없다. 따라서 had perfected를 단순과거형인 perfected로 고쳐야 적절하다.

---

① 「One of + 복수 명사」가 주어 자리에 올 경우 One에 동사의 수를 일치시키므로 단수 동사 was는 어법상 적절하다.

③ Francis의 디자인은 일련의 구멍을 낸 파이프를 '포함하는' 것이므로 동사 involved가 능동태로 사용되었고, 파이프가 건물 전체에 '뻗어 있는' 것이므로 능동의 의미를 나타내는 현재분사 running을 사용하여 pipes를 수식하는 것은 어법상 적절하다.

구문 분석

12행 Only some years later, when other engineers perfected the kind of sprinkler heads in use nowadays, **could the concept become** popular.

▶ Only를 포함하는 부사구를 강조하기 위해 문장 앞으로 보내면 주어와 동사의 도치가 일어난다. 이때 조동사가 있으면 「조동사 + 주어 + 동사원형」의 구조가 되므로, could the concept become의 어순이 되었다.

어휘 및 어구

- emigrate 이주하다
- perforated 구멍이 뚫린
- manually 손으로
- perfect 완성하다
- contribution 공헌, 기여
- defect 결점
- activate 작동시키다
- concept 개념

04

정답 he might(may) have been preoccupied with trying to imagine pumpkin pie

해석

한 초등학교 선생님이 그녀가 아주 흔한 지시 대상이라고 생각하는 것을 사용해서 학생들이 분수 부분을 이해하도록 돕고 있다. "오늘, 우리는 추수감사절에 가장 좋아하는 것인 호박 파이 자르기에 대해 이야기할 거예요." 그녀는 (분수) 부분들에 대한 설명을 이어간다. 그녀의 이야기에 열심히 몰두하여, 한 어린 아프리카계 미국인 소년이 의아해하며 "호박 파이가 뭐예요?"라고 질문한다. 대부분의 아프리카계 미국인들은 명절 만찬으로 고구마 파이를 내는 경향이 있다. 사실, 아프리카계 미국인 부모들이 그들의 자녀들에게 호박 파이를 설명하는 방식들 중의 하나는 그것이 고구마 파이와 비슷한 무언가라고 말하는 것이다. 그들에게 있어서, 고구마 파이는 흔한 지시 대상인 것이다. 심지어 호박 파이에 대한 낯섦이라는 작은 차이도 그 학생에게는 간섭의 원인으로 작용할 수 있다. 그 수업에 적극적으로 참여하기보다, 그는 호박 파이를 상상하기 위해 노력하는 데 사로잡혀 있었을지도 모른다: 그건 무슨 맛일까? 그건 어떤 냄새가 날까? 그것의 질감은 사과나 체리 파이처럼 덩어리가 들어 있을까? 한 아이의 마음 속에서, 이러한 모든 질문들은 그 선생님이 가르치려 시도하는 분수라는 주제보다 더 초점이 될 수 있다.

풀이

과거 사실에 대한 추측을 나타내야 하므로 '~이었을지도 모른다'는 의미의 「might(may) have p.p.」를 써야 하는데, 문맥상 그가 '사로잡힌' 것이므로 수동태로 표현하려면 「might(may) have been p.p.」가 와야 한다. 여기에 '~에 사로잡히다. ~에 정신이 팔리다'라는 뜻의 be preoccupied with를 결합하여 might(may) have been preoccupied with라고 쓴다. 전치사 with의 목적어로는 동명사를 써야 하므로 try를 trying으로 변형시켜 trying to로 쓰고, 뒤에 '호박 파이를 상상하다'라는 의미에 맞게 imagine pumpkin pie를 연결해 준다.

구문 분석

1행 A primary school teacher is helping students to understand fractional parts by using what **she thinks** is a commonplace reference.

▶ 선행사를 포함한 주격 관계대명사 what과 동사 is 사이에 she thinks가 삽입절로 들어가 있다.

6행 **Well** into her discourse, a young African American boy, looking puzzled, asks, "What is pumpkin pie?"

▶ Well 앞에는 분사구문을 이끄는 현재분사 Being이 생략되어 있다. '~에 몰두하다'를 뜻하는 be into의 be동사와 into 사이에 부사 well이 들어간 형태이다.

어휘 및 어구

- fractional 분수의
- discourse 이야기
- referent 지시 대상
- texture 질감
- fraction 분수
- commonplace 아주 흔한
- puzzled 어리둥절해하는
- interference 간섭
- chunky 덩어리가 든
- attempt 시도하다

UNIT 12 전치사와 접속사

A

01 because	02 Despite	03 whether
04 unless	05 Since	

B

01 ×, during	02 ×, such a fierce	03 ○
04 ×, that	05 ×, how she thought	

C

01 what → that　　　　02 during → while

03 have you → you have　　04 what → that

05 Despite of → Despite 또는 In spite of

D

01 Now that I have seen Venice

02 The next time Alice met Danny

03 Every time people have to introduce themselves

04 so that the full and empty boxes alternate

05 won't forget how deeply relieved I was

E

01 what it means to have a disability

02 The speech was so powerful that

03 In case you get hungry

04 Despite the fact that the smell of the spices

05 While studying in the library, I take

A

01 정답 because

해석 타는 사람들이 편안하게 느낀다면 헬멧을 착용할 가능성이 더 높기 때문에 헬멧은 가벼워야 한다.

풀이 because와 because of는 둘 다 '~ 때문에'라는 뜻을 가지고 있지만, 뒤에 주어 riders와 동사 are를 갖춘 절이 이어지고 있으므로 접속사 because가 적절하다. because of는 뒤에 명사가 나와야 한다.

02 정답 Despite

해석 엄청난 압박감에도 불구하고 Jessy는 최우수상을 탔다.

풀이 although와 despite는 둘 다 '~에도 불구하고'라는 뜻을 가지고 있지만, 뒤에 명사구 the huge amount of pressure가 이어지고 있으므로 전치사 Despite가 적절하다.

03 정답 whether

해석 그의 조언은 내 진로 계획을 바꾸어 놓았다. 나는 건축가가 되기 위해 공부를 해야 할지 신중히 고려하고 있다!

풀이 그의 조언이 내 진로 계획을 바꾸었기 때문에, '건축가가 되기 위한 공부를 해야 할지 말지'를 고려하고 있다는 내용이 되어야 자연스럽다. 따라서 '~인지 아닌지'의 뜻을 나타내는 접속사 whether가 적절하다.

04 정답 unless

해석 그 정보는 당신의 단기기억에 저장되어 있어서, 당신이 그것을 장기기억으로 옮기려고 노력하지 않으면 곧 잊혀질 것이다.

풀이 그 정보를 장기기억으로 옮기려고 노력하지 '않으면', 그 정보가 곧 잊혀질 것이라는 의미가 되어야 문맥상 자연스럽다. 따라서 '만약 ~하지 않으면'이라는 의미를 나타내는 접속사 unless가 적절하다. unless는 if ~ not으로 바꿔 쓸 수 있다.

05 정답 Since

해석 많은 동남아시아인들은 머리가 인간의 신체의 가장 높은 부분이기 때문에, 그것이 정신이 존재하는 곳이라고 믿는다.

풀이 since와 due to는 둘 다 '~ 때문에'라는 뜻을 가지고 있지만, 뒤에 절이 이어지고 있으므로 접속사 since가 적절하다. due to는 뒤에 명사가 나와야 한다. 참고로 since는 전치사와 접속사의 역할을 모두 할 수 있는데, 접속사일 때는 '~ 때문에', '~ 이래로(이후로)'라는 의미를 둘 다 가지고 있고 전치사일 때는 '~이래로(이후로)'라는 의미이다.

B

01 정답 ×, during

해석 놀랍게도, 20세기 초 경에는, 분홍색은 남자들을 위한 색이었고 파란색은 여자들을 위한 색이라는 인식이 널리 받아들여졌다.

풀이 뒤에 명사구 the early 20th century가 이어지고 있으므로 '~ 동안'이라는 의미에 맞도록 접속사 while을 전치사 during으로 고쳐야 한다. while 뒤에는 절이 나와야 한다.

02 정답 ×, such a fierce

해석 Max는 매우 사나운 개여서 누군가 그를 무사히 지나갈 거라고 생각하는 것은 거의 불가능하다.

풀이 '매우 ~하여 …하다'라는 뜻의 「such a(n) + 형용사 + 명사 + that」 구문으로, a such fierce를 such a fierce의 어순으로 고쳐야 한다.

03 정답 ○

해석 비록 영어 문자로 쓰여지고, 따라서 모든 사람들이 읽을 수 있지만, 그 공고문들은 완전히 무시된다.

풀이 Though 뒤에 명사가 아니라 과거분사 written이 이어지고 있으므로 written 앞에 주절의 주어와 동일한 주어 the notices와 be동사 are가 생략된 것으로 볼 수 있다. 따라서 '~에도 불구하고'라는 의미를 나타내는 접속사 Though는 적절하다.

04 정답 ×, that

해석 대부분의 사람들은 인스턴트 식품이 방부제 같은 성분 때문에 건강에 나쁘다는 것을 이미 이해하고 있다.

풀이 '인스턴트 식품이 건강에 나쁜지 그렇지 않은지'를 이해하는 것이 아니라 '인스턴트 식품이 건강에 나쁘다는 것'을 이해한다는 내용이 되어야 하므로 whether를 that으로 고쳐야 한다.

05 정답 ×, how she thought

해석 Jane이 자신의 감정을 다루는 가장 쉬운 방법은 그 직업에 대한 그녀의 생각을 바꾸는 것이었다.

풀이 how ~ job은 to change의 목적어 역할을 하는 간접의문문이다. 의문사가 있는 간접의문문은 「의문사 + 주어 + 동사」의 어순을 따르므로, 의문사 how 뒤에 주어 she가 먼저 나오고 동사 think의 과거형인 thought가 이어져야 적절하다. 따라서 how did she think를 how she thought로 고쳐야 한다.

01 **정답** what → that
해석 흑사병은 너무 치명적이어서 유럽 인구의 30%에서 50%를 전멸시켰다.
풀이 '너무 ~해서 …하다'라는 의미를 나타내기 위해 「so + 형용사/부사 + that」 구문을 사용해야 한다. 따라서 what을 접속사 that으로 고쳐야 한다.

02 **정답** during → while
해석 그 사람에게 당신이 화장실에 간 동안에 당신의 소지품을 지켜봐달라고 요청해라.
풀이 전치사 during 뒤에 주어 you와 동사 go를 갖춘 절이 이어지고 있으므로 어법상 적절하지 않다. 따라서 전치사 during을 같은 의미의 접속사 while로 고쳐야 한다.

03 **정답** have you → you have
해석 당신이 지금까지 얼마나 많이 발전했고 무엇을 성취했는지 확인할 때 당신은 행복하다고 느낄 것이다.
풀이 동사 see의 목적어인 명사절 how ~ developed와 what ~ far는 and를 중심으로 병렬 구조를 이루고 있다. 명사절 what ~ far는 간접의문문으로 「의문사 + 주어 + 동사」의 어순을 따라야 하므로, 의문사 what 뒤에 주어 you가 먼저 나오고 이어서 동사 have가 나와야 한다. 따라서 have you를 you have로 고쳐야 한다.

04 **정답** what → that
해석 우리 학교의 뮤지컬 동아리는 10월의 전국 뮤지컬 대회에서 공연하기 위해 '맘마미아!'를 준비하고 있다.
풀이 we ~ October의 내용이 앞 문장 My school's ~ 'Mamma Mia!'의 목적을 나타내고 있다. 따라서 '~하기 위해'라는 의미를 나타내며 앞 문장의 목적을 나타내는 접속사 so that이 we ~ October절을 이끌어야 하므로 what을 that으로 고쳐야 한다.

05 **정답** Despite of → Despite 또는 In spite of
해석 그녀의 장애에도 불구하고, 그 예술가는 자신이 그려왔던 그 그림을 완성하겠다고 결심했다.
풀이 Despite는 전치사이므로 뒤에 of를 쓰지 않고 바로 명사가 와야 한다. 따라서 Despite of를 Despite로 고치거나 In spite of로 고쳐야 한다.

01 **정답** Now that I have seen Venice
풀이 '베니스를 본 적이 있기 때문에'라는 의미를 나타내야 하므로 이유를 나타내는 접속사 Now that을 쓰고, 그 뒤에 주어 I와 동사 have seen, 그리고 have seen의 목적어인 Venice를 차례로 배열해야 한다. '~을 본 적이 있다'라는 경험을 나타내기 위해 현재완료 have seen이 쓰였다.

02 **정답** The next time Alice met Danny
풀이 '다음에 ~할 때'라는 뜻을 나타내는 접속사 The next time을 먼저 쓰고, 그 뒤에 주어 Alice와 동사 met, 그리고 met의 목적어인 Danny를 차례로 배열해야 한다.

03 **정답** Every time people have to introduce themselves
풀이 '~할 때마다'라는 뜻을 나타내는 접속사 Every time을 먼저 쓰고, 그 뒤에 주어 people과 동사 have to introduce, 그리고 introduce의 목적어 themselves를 차례로 배열해야 한다. 주어인 people과 목적어가 가리키는 대상이 같으므로 재귀대명사 themselves가 쓰였다.

04 **정답** so that the full and empty boxes alternate
풀이 '~하기 위해서, ~하도록'이라는 뜻을 나타내는 접속사 so that을 먼저 쓰고, 그 뒤에 주어 the full and empty boxes와 동사 alternate를 차례로 배열해야 한다.

05 **정답** won't forget how deeply relieved I was
풀이 '잊지 않을 것이다'라는 의미에 맞게 동사 won't forget을 먼저 쓴 뒤, 목적어로 '얼마나 깊이 안도했는지'라는 뜻에 맞게 간접의문문을 써야 한다. 간접의문문은 「의문사 + 주어 + 동사」의 어순으로 써야 하므로 forget 뒤에 의문사 how deeply relieved와 주어인 I, 동사 was를 차례대로 배열해야 한다.

01 **정답** what it means to have a disability
풀이 전치사 about의 목적어 역할을 하며 '장애가 있다는 것이 무엇을 의미하는지'라는 뜻을 나타낼 수 있는 간접의문문이 와야 한다. 의문사가 있는 간접의문문은 「의문사 + 주어 + 동사」의 어순으로 써야 하므로, 의문사 what과 가주어 it을 먼저 쓴다. 단수 대명사인 it에 수를 일치시켜야 하므로 mean을 단수 동사 means로 고쳐 it 뒤에 쓰고 진주어인 to have a disability를 연결한다. 진주어 to have a disability가 길어서 문장 끝으로 이동하고 가주어 it이 쓰인 구조이다.

02 **정답** The speech was so powerful that
풀이 '너무 ~해서 …하다'라는 의미를 나타내기 위해 「so + 형용사/부사 + that」 구문을 사용해야 한다. 따라서 주어인 The speech가 먼저 나오고, 과거의 일을 말하고 있으므로 be를 과거형인 was로 고쳐 문장의 동사로 써야 한다. 다음으로 주격보어인 powerful 앞에 부사 so를 넣어 so powerful을 쓴 후에, 접속사 that이 차례로 이어져야 한다.

03 **정답** In case you get hungry
풀이 '~할 경우에 대비해서'라는 의미를 나타내는 접속사 In case 뒤에 주어 you와 동사 get이 이어져야 한다. 이때 get은 '~하게 되다'라는 뜻의 2형식 동사로 뒤에 주격보어가 나와야 하기 때문에 get 뒤에 형용사 hungry를 쓴다.

04 **정답** Despite the fact that the smell of the spices
풀이 '~에도 불구하고'라는 의미를 나타내기 위해 전치사 Despite를 쓰고 그 뒤에 Despite의 목적어인 the fact를 써야 한다. '향신료 항이 그에게 낯설었다는 사실'을 나타내기 위해 the fact를 부연 설명하는 동격절이 와야 하므로 the fact 뒤에 that the smell of the spices가 이어져야 한다.

05 **정답** While studying in the library, I take
풀이 '공부하는 동안'이라는 의미를 나타내기 위해 접속사 While이 먼저 나오고 이어서 study를 현재분사 studying으로 고쳐 써야 한다. While 뒤에 주절의 주어와 동일한 주어 I와 be동사 am이 생략되어 studying만 남은 구조이다. studying 뒤에는 '도서관에서'를 의미하는 in the library가 이어져야 한다. 그 뒤에 '나는 자주 휴식을 취한다'라는 의미를 나타내기 위해 주어 I와 동사 take 를 차례로 배열해야 한다.

UNIT 13 관계대명사

PRACTICE TEST
with Textbooks

A

01 who   02 what   03 which

04 whose   05 that

B

01 ○   02 ×, in that   03 ○

04 ×, which   05 ×, which 또는 that

C

01 them → which   02 which → that

03 that → what   04 that → which

05 something what → what
또는 something what → something that

D

01 which extends the expiration date of food products

02 the majority of which are found nowhere else

03 two experts who will tell us

04 whose languages perform more complex functions

05 what my teachers taught me in class

E

01 whom society regarded as the handicapped in the past

02 the fact that the early immigrants in this region were French

03 that they think has the power to recapture youth

04 What makes one pine tree suffer

05 the color blue does the same as green in that it inspires trust

---

A

01 **정답** who

해석 오늘 우리는 다른 사람들을 돕기 위한 행동을 취했던 두 어린 소녀들에 관한 비디오를 볼 것입니다.

풀이 선행사 two young boys를 수식하는 절에 주어가 없고 선행사가 사람이므로 주격 관계대명사 who가 적절하다. 선행사를 the videos로 보지 않도록 주의한다.

02 **정답** what

해석 사실, 그녀의 유명한 작품들 중 다수는 Dublin에 있는 그녀의 학교에서 그녀가 본 것들을 그린 것이다.

풀이 she ~ Dublin에서 동사 saw의 목적어가 없고 앞에 나온 전치사 from의 목적어도 없으므로, '~ 것'이라는 의미를 나타내며 선행사를 포함하는 관계대명사 what이 적절하다.

03 **정답** which

해석 나는 당신이 내가 고등학교를 시작할 때 썼던 이 소설을 마음에 들어 하길 바란다.

풀이 I wrote ~ high school에서 동사 wrote의 목적어가 없으므로 목적격 관계대명사 which가 적절하다.

04 **정답** whose

해석 이제 그 나라에는 학생들이 인공지능(AI) 기술 과정을 수강하는 여러 개의 과학영재학교가 있다.

풀이 관계사절 안에 주어와 목적어가 이미 있으므로 주격 또는 목적격 관계대명사 which는 들어갈 수 없고 뒤의 명사 students와 함께 어울려 쓸 수 있는 소유격 관계대명사 whose가 적절하다.

05 **정답** that

해석 그들이 경찰서에 가까이 있었다는 사실에도 불구하고, 그들을 찾는 것은 어려웠다.

풀이 they ~ office는 필요한 문장 성분이 모두 있는 완전한 절이므로 주격 또는 목적격 관계대명사 which는 적절하지 않다. they ~ office가 앞에 나온 the fact의 내용을 부연 설명하고 있으므로 동격절을 이끄는 접속사 that이 적절하다.

B

01 **정답** ○

해석 왕에게는 자신처럼 적극적이고 낙천적인 태도를 가진 우아한 딸이 있었습니다.

풀이 관계사절 안에 주어와 목적어가 이미 있으므로 주격 또는 목적격 관계대명사는 쓸 수 없다. 따라서 뒤의 명사 attitude와 함께 어울려 쓸 수 있는 소유격 관계대명사 whose는 적절하다.

02 **정답** ×, in that

해석 그 순간에, 나는 내 발명품을 이용해서 아픈 어린이들을 위해 무언가 할 수 있다는 점에서 흥분했다.

풀이 I could ~ my inventions는 필요한 문장 성분이 모두 있는 완전한 절이므로 관계대명사 which가 이끌 수 없다. 문맥상 '무언가를 할 수 있다는 점에서'라는 뜻이 되어야 하므로 in which를 '~라는 점에서'라는 의미로 사용되는 접속사 in that으로 고쳐야 한다.

03 **정답** ○

해석 알락딱새는 위험한 상황에서 서로를 돕는 작은 새이다.

풀이 밑줄 친 that 뒤에는 주어가 빠져 있고, help ~ situations의 내용이 앞에 나오는 선행사 tiny birds를 수식하고 있으므로 주격 관계대명사 that은 적절하다.

04 **정답** ×, which

해석 내 반 친구는 빨간색을 사용했는데, 그것은 중국에서 전통적으로 행운과 즐거움을 상징한다.

풀이 traditionally ~ China의 내용이 앞에 나온 선행사 red를 부연 설명하고, 관계사절 앞에 콤마(,)가 있으므로 계속적 용법의 관계대명사가 쓰인 문장이다. 관계대명사 that은 계속적 용법으로 쓸 수 없으므로 that을 which로 고쳐야 한다.

05 **정답** ×, which 또는 that

해석 첫날, 나는 내가 느끼기에 모든 한국인들에게 친숙한 달콤한 냄새가 나는 거리를 걸었다.

풀이 I felt는 '내가 느끼기에'라는 뜻을 나타내는 삽입절이다. 선행사 sweet smells가 앞에 나오므로 선행사를 포함하는 관계대명사 what은 쓸 수 없다. what이 이끄는 절 were ~ Koreans에 주어가 빠져 있으므로 what을 주격 관계대명사 which나 that으로 고쳐야 한다.

C

01 정답 them → which
해석 당신은 깊은 숲속에 있는 나무들로 둘러싸여 있는데, 그 중 많은 나무들의 높이가 50미터 이상이다.
풀이 두 개의 절 You ~ forest와 many ~ tall이 나오고 있는데 두 절을 이어주는 접속사가 없으므로, 두 절에서 의미상 중복으로 가리키는 trees를 선행사로 놓고, 문장을 연결하는 역할을 하는 관계대명사가 나와야 한다. 선행사가 사물이고 전치사 of의 목적어 역할을 해야 하므로 them을 목적격 관계대명사 which로 고쳐야 한다.

02 정답 which → that
해석 몇몇 과학적인 연구들은 기부하는 것이 행복을 지속하는 강력한 방법이라는 증거를 뒷받침하는 믿을 수 있는 자료를 제공한다.
풀이 donating ~ happiness는 필요한 문장 성분이 모두 있는 완전한 절이므로 관계대명사 which가 이끌 수 없다. donating ~ happiness가 앞에 나온 the evidence의 내용을 부연 설명하고 있으므로, which를 동격절을 이끄는 접속사 that으로 고쳐야 한다.

03 정답 that → what
해석 Henry의 부모님은 아들에게 음악의 즐거움 그 자체를 가르쳐 주었다. 그것은 그가 집에서 피아노를 연주하게 하는 것이다.
풀이 It is 뒤에는 보어 역할을 하는 명사절이 와야 한다. that 뒤에 주어가 없으므로 that은 주격 관계대명사로 봐야 하는데, 앞에 선행사가 없으므로 어법상 적절하지 않다. 따라서 that은 선행사를 포함하면서 명사절인 보어절을 이끌 수 있는 관계대명사 what으로 고쳐야 한다.

04 정답 that → which
해석 그들은 비타민 A의 결핍으로 발생되는 병을 가지고 있었는데, 그런데 그것(비타민 A)은 시금치와 당근에서 발견할 수 있다.
풀이 can ~ carrots의 내용이 앞에 나온 선행사 Vitamin A를 부연 설명하고, 관계사절 앞에 콤마(,)가 있으므로 계속적 용법의 관계대명사가 쓰인 문장이다. 관계대명사 that은 계속적 용법으로 쓸 수 없으므로 that을 which로 고쳐야 한다.

05 정답 something what → what
또는 something what → something that
해석 당신이 취미 삼아 할 수 있는 무언가를 찾아서 그것을 지금 바로 시작해 보는 것은 어떤가?
풀이 you can do for your hobby에서 동사 do의 목적어가 없는 상태이다. 따라서 목적격 관계대명사 what을 썼는데, what은 이미 선행사를 포함하고 있으므로 something을 삭제해야 한다. 또는 what을 목적격 관계대명사 that으로 고치는 것도 가능하다. -thing으로 끝나는 단어 뒤에는 관계대명사 that만 가능하다는 것을 알아 두자.

D

01 정답 which extends the expiration date of food products
풀이 주어진 단어 중에 '그것'을 나타내는 표현이 없으므로 대명사와 접속사의 역할을 하는 관계대명사를 써야 하는데, 앞에 콤마(,)가 있으므로 계속적 용법으로 쓸 수 있는 관계대명사 which가 먼저 나와야 한다. 그 뒤에 동사 extends와 extends의 목적어 the expiration date of food products를 차례로 써야 한다. 참고로 관계대명사 that은 계속적 용법으로 쓸 수 없기 때문

에 사용할 수 없다.

02 정답 the majority of which are found nowhere else
풀이 주어진 단어 중 앞뒤 문장을 연결할 수 있는 접속사가 없으므로, 대명사와 접속사의 기능을 하는 관계대명사를 써야 한다. 선행사는 rare plants이고 관계사절의 주어가 '그들(희귀 식물들)의 대다수'이므로, '대다수의 ~'를 의미하는 「the majority of + 명사」와 관계대명사 which를 결합하여 the majority of which를 먼저 쓴다. 희귀 식물들 대다수가 어디에서도 '발견되지 않는다'라고 했으므로 수동태를 써서 동사 are found nowhere else가 이어져야 한다.

03 정답 two experts who will tell us
풀이 '두 명의 전문가'는 two experts를 먼저 쓰고 선행사 two experts를 수식하는 관계사절을 써야 한다. 선행사가 사람이고 관계사절에서 주어 역할을 하고 있으므로 관계대명사 who를 쓰고 이어서 동사 will tell, 그리고 tell의 간접목적어인 us를 차례로 써야 한다.

04 정답 whose languages perform more complex functions
풀이 다른 동물들의 언어가 더 복잡한 기능을 수행한다는 의미이므로 소유격 관계대명사 whose를 먼저 쓰고 그 뒤로 명사 languages와 동사 perform, 그리고 perform의 목적어인 more complex functions를 차례로 배열해야 한다.

05 정답 what my teachers taught me in class
풀이 forget의 목적어가 '선생님들께서 수업시간에 내게 가르쳐 주신 것'이므로 '~ 것'의 의미를 가지고 명사절을 이끌 수 있는 관계대명사 what을 먼저 쓴다. 다음으로 명사절의 주어인 my teachers와 동사인 taught, 그리고 간접목적어인 me와 전치사구 in class를 차례대로 배열한다. 관계대명사 what이 taught의 직접목적어를 대신하고 있으므로 직접목적어는 생략되었다.

E

01 정답 whom society regarded as the handicapped in the past
풀이 '과거에 사회가 장애인으로 여겼던 사람들'이라는 의미를 나타내기 위해 선행사인 People을 수식하는 관계사절을 써야 한다. 'A를 B라고 여기다'라는 뜻의 「regard A as B」에서 선행사인 People이 A에 해당하므로, 목적격 관계대명사 whom과 주어 society를 먼저 쓴다. 다음으로 과거의 일을 말하고 있으므로, regard를 과거시제 동사 regarded로 고쳐 쓴 후 남아 있는 as the handicapped를 차례로 배열해야 한다. 목적격 관계대명사가 목적어를 대신하므로, 목적어는 생략된 구조이다. 마지막으로 '과거에'라는 의미를 나타내기 위해 in the past를 the handicapped 뒤에 위치시킨다. 여기서 「the + 형용사」는 복수 보통명사로 the handicapped는 '장애인들'이란 뜻이다.

02 정답 the fact that the early immigrants in this region were French
풀이 '~라는 사실'을 반영한다고 했으므로 reflect의 목적어인 the fact를 쓰고, 그 뒤에 the fact의 내용을 부연 설명하는 동격절을 이끄는 접속사 that을 쓴 다음, 주어 the early immigrants in this region과 동사 were 그리고 주격보어 French를 차례로 배열해야 한다.

03 정답 that they think has the power to recapture youth
풀이 먼저 선행사인 a legendary item을 수식하는 관계사절이 쓰

여야 한다. '그들이 생각하는'이라는 뜻을 나타내는 삽입절이 관
계대명사 뒤에 위치해야 하므로, 주격 관계대명사 that이 가장
먼저 나오고 그 뒤로 삽입절 they think가 이어져야 한다. 삽입
절 뒤에는 관계사절의 동사가 와야 하는데 생략된 주어는 선행
사인 단수 명사 a legendary item이므로 이에 수를 일치시켜
have를 단수 동사 has로 고쳐 써야 한다. 이어서 목적어 the
power를 쓰고, 마지막으로 the power를 수식하는 형용사적
용법의 to부정사구 to recapture youth를 써야 한다.

04 **정답** What makes one pine tree suffer
풀이 주어가 '소나무 한 그루를 병들게 하는 것'이므로 '~ 것'의 의미
를 가지고 명사절을 이끌 수 있는 관계대명사 what을 써야 한
다. 따라서 관계대명사 what을 먼저 쓰고 그 뒤에 동사 makes
와 목적어 one pine tree, 그리고 목적격보어 suffer를 차례
로 배열한다. make가 '~하게 하다'는 뜻의 사역동사로 쓰일
때는 목적격보어로 동사원형을 쓰므로, 목적격보어로 suffer가
쓰였다.

05 **정답** the color blue does the same as green in that it
inspires trust
풀이 '파란색은 초록색과 같다'라는 의미에 맞게 주어인 the color
blue를 쓰고 이에 수를 일치시켜 do를 단수 동사 does로 고
친 동사구 does the same as green을 차례대로 배열한
다. 다음으로 '~라는 점에서'라는 의미를 나타내기 위해 「in
that＋S＋V」 구문을 사용하여 in that과 주어인 it을 쓰고 주
어에 수를 일치시켜 inspire을 단수 동사 inspires로 고쳐 쓴
뒤, 목적어인 trust를 차례대로 연결한다.

PRACTICE TEST *with Textbooks*

A
01 where **02** that **03** Whenever
04 whoever **05** when

B
01 ×, which **02** ○ **03** ×, which(that)
04 ×, how **05** ○

C
01 what → how
02 which → where(in which/that) 또는 생략
03 where → which
04 for what → where 또는 for which
05 which → why(that) 또는 생략

D
01 No matter how simply you explain it
02 in which we are free to speak
03 whatever the obstacles are
04 street food plays a cultural role in Korea
05 whenever I get a chance and wherever I am

E
01 On the day when his funeral took place
02 from which the term 'Impressionism' was coined
또는 which the term 'Impressionism' was coined from
03 are doing whatever interests you
04 where American teenagers give homeless youth their
clothes
05 the extent to which things can be classified

━━━━━━━━━━ A ━━━━━━━━━━

01 **정답** where
해석 우리는 스마트폰의 평범한 사용이 너무 과도하게 되는 선을 넘
을 수 있다는 것을 안다.
풀이 뒤에 완전한 문장이 이어지고 있으므로 장소를 나타내는 관계부
사 where가 적절하다.

02 **정답** that
해석 유머 감각을 개발하는 것은 삶에서 당신이 사물을 대하는 방법
을 바꾸는 것, 그리고 당신 자신을 웃음에 더 많이 개방하는 것
으로 이어진다.
풀이 뒤에 you ~ life로 이루어진 완전한 절이 이어지고 있으므로 관
계부사가 와야 한다. 선행사 the way는 관계부사 how와 함께
쓸 수 없으므로 how 대신 쓸 수 있는 관계부사 that이 적절하다.

03 **정답** Whenever
해석 그가 인생의 한 분야에서 성공하고 있을 때마다, 그는 다른 분야
에서는 실패하고 있다.

풀이 뒤에 he ~ life의 완전한 절이 이어지고 있으므로 '~할 때마다'라는 뜻의 복합관계부사 Whenever가 적절하다. 복합관계대명사는 뒤에 불완전한 절이 와야 하므로 Whatever는 답이 될 수 없다.

04 **정답** whoever
해석 아몬드를 찾는 사람은 누구든지 새해에 열두 달의 행운을 받을 것이라고 믿어진다.
풀이 앞에 선행사가 없고 that 이하의 절에서 주어 역할을 하는 명사절을 이끌고 있으므로, '~하는 사람은 누구든지'라는 뜻의 복합관계대명사 whoever가 적절하다.

05 **정답** when
해석 Magritte는 약 3년 동안 파리에서 살았는데, 최고의 생산성을 보이며 순수 예술가로 성장한 시기이다.
풀이 뒤에 완전한 절이 이어지고 있고, 시간을 나타내는 선행사 a period of the best productivity를 수식하는 절을 이끌어야 하므로 관계부사 when이 적절하다.

B

01 **정답** ×, which
해석 그녀의 아이디어를 현실로 만들기 위해, 지휘자인 kate는 오케스트라가 등장하는 한 비디오를 게시했다.
풀이 '나타나다, 등장하다'라는 뜻의 appear는 자동사이므로, where 뒤는 완전한 절이라고 볼 수 있다. 하지만 선행사 a video 뒤에 전치사 on이 있으므로 관계부사 where가 잘못 쓰였다. 사물을 선행사로 하고 전치사의 목적어 역할을 할 수 있는 관계대명사 which로 고쳐야 한다. 전치사 on은 an orchestra appears on a video에서 온 것으로 보면 된다.

02 **정답** ○
해석 당신에게 필요한 것은 당신 자신이 어려운 상황에 놓인 것을 발견할 때마다 사물을 긍정적으로 바라보는 태도이다.
풀이 you find ~ situations는 완전한 절이므로 '~할 때마다'라는 뜻의 복합관계부사 whenever는 적절하다.

03 **정답** ×, which(that)
해석 우리는 하루에 단 한 번 우리 동네를 지나 10㎞를 계속 더 달려 시내로 가는 버스를 타야 한다.
풀이 「전치사 + 관계대명사」는 관계부사와 같은 역할을 하며 뒤에 완전한 절이 이어져야 한다. 뒤에 주어가 없는 불완전한 절이 이어지고 있으므로 for which를 주격 관계대명사 which 또는 that으로 고쳐야 한다.

04 **정답** ×, how
해석 오늘 강연에서, 김 박사님은 어떻게 기억이 형성되고 인간의 두뇌에 저장되는지를 설명할 것이다.
풀이 '아무리 ~하더라도'라는 뜻의 복합관계부사 however는 양보의 부사절만 이끌 수 있는데, 여기서는 explain의 목적어 역할을 할 수 있는 명사절이 필요하다. 따라서 however를 명사절을 이끌 수 있는 의문사 how로 고쳐야 한다. however를 how로 고치면 how ~ brains는 「의문사 + S + V」 구조의 간접의문문이 된다.

05 **정답** ○
해석 당신이 천막을 세우는 곳이 어디든지, 야생의 예민하거나 희귀한 식물들을 보호하는 것은 매우 중요하다.
풀이 뒤에 완전한 절이 이어지고 있으므로 '어디든지'라는 의미를 나타내며 부사절을 이끄는 복합관계부사 wherever는 적절하다.

C

01 **정답** what → how
해석 만약 당신이 길 위에서 행진하는 개미들을 본다면, 당신은 개미들이 아무리 빨리 움직이더라도 결코 교통 혼잡을 일으키지 않는다는 것을 발견할 수 있다.
풀이 '아무리 ~하더라도'의 뜻을 나타내는 「no matter how + 형용사/부사 + S + V」가 되어야 하므로 what을 how로 고쳐야 한다.

02 **정답** which → where (in which/that) 또는 생략
해석 그녀는 새로운 집이 그녀가 가족과 살아갈 편안한 곳이라는 것을 깨달았다.
풀이 she ~ family는 완전한 절이므로 관계대명사 which는 적절하지 않다. a comfortable place가 장소를 나타내는 선행사이므로 which를 관계부사 where나 that으로 고치거나, 「전치사 + 관계대명사」 구조를 사용하여 in which로 고쳐야 한다. 전치사 in은 she would live with her family in a comfortable place에서 온 것으로 볼 수 있다. 참고로 일반적인 선행사인 장소(place), 시간(time), 이유(reason), 방법(way)뒤에 오는 관계부사 대신 that을 쓰거나 생략할 수 있다.

03 **정답** where → which
해석 바닐라 아이스크림을 만들 때 많은 양의 우유, 크림, 설탕이 필요한데, 이것이 이 아이스크림이 흰색인 이유이다.
풀이 where 뒤에 주어가 없는 불완전한 문장이 이어지고 있으므로 관계부사 where는 적절하지 않다. where 앞에 콤마(,)가 있고 선행사가 앞 문장 전체이므로 where는 계속적 용법으로 쓸 수 있는 주격 관계대명사 which로 고쳐야 한다.

04 **정답** for what → where 또는 for which
해석 드릴을 사용해서 벽을 뚫어야 했던 세 번째 작업에서, Jake는 첫 시도에서 실패했다.
풀이 what 뒤에 완전한 절이 이어지고 있으므로 관계대명사 what은 적절하지 않다. 따라서 for what을 선행사가 구체적인 장소가 아니라 상황, 입장, 사정을 나타낼 때도 쓸 수 있는 관계부사 where로 고치거나 「전치사 + 관계대명사」 구조의 for which로 고쳐야 한다. 전치사 for는 he had to use a drill to cut through a wall for the third task에서 온 것으로 보면 된다.

05 **정답** which → why(that) 또는 생략
해석 운전을 할 때 남성들에게 매우 명확한 것을 여성들이 보지 못하는 자연적인 이유가 있다.
풀이 which 뒤에 완전한 문장이 이어지고 있으므로 관계대명사 which는 적절하지 않다. 따라서 which를 이유를 나타내는 선행사 a natural reason을 수식하는 절을 이끄는 관계부사 why나 that으로 고치거나 생략해야 한다.

D

01 **정답** No matter how simply you explain it
풀이 '아무리 ~해도'라는 뜻을 나타내기 위해 「no matter how + 형용사/부사 + S + V」 구문을 이용한다. No matter how와 부사 simply를 먼저 쓰고, 이어서 주어 you와 동사 explain, 그리고 목적어인 it을 차례로 쓴다.

02 **정답** in which we are free to speak
풀이 선행사인 the country를 수식하는 관계사절을 써야 한다. 「전

치사＋관계대명사」는 관계부사의 역할을 할 수 있으므로 in which를 먼저 쓰고, 주어 we와 서술어 부분인 are free to speak를 차례로 쓴다. 「be free to V」는 '자유롭게 ～하다'라는 뜻이다.

03 정답 whatever the obstacles are
풀이 '～한 무엇이든지'라는 의미를 나타내기 위해 양보의 부사절을 이끄는 whatever을 먼저 쓰고 이어서 주어인 the obstacles와 동사 are를 차례로 배열한다.

04 정답 street food plays a cultural role in Korea
풀이 the way는 관계부사 how와 함께 쓸 수 없으므로 생략하고, 주어인 street food, 동사 plays 그리고 목적어인 a cultural role과 전치사구 in Korea를 차례대로 써야 한다. 참고로 주어, 동사와 목적어를 갖춘 완전한 문장이므로 관계대명사 which는 쓸 수 없다.

05 정답 whenever I get a chance and wherever I am
풀이 '내가 기회를 가진 언제든지'라는 의미를 나타내기 위해 복합관계부사 whenever을 먼저 쓰고 부사절의 주어인 I와 동사인 get a chance를 이어서 쓴다. 다음으로 접속사 and를 쓴 뒤, '내가 어디에 있든지'라는 의미에 맞게 '～한 어디든지'라는 뜻의 복합관계부사 wherever과 주어인 I, 동사 am을 차례대로 배열한다.

───────────── E ─────────────

01 정답 On the day when his funeral took place
풀이 '그 날에'라는 의미에 맞게 On the day를 먼저 쓰고, 선행사인 the day를 수식하는 관계사절이 이어져야 한다. the day가 시간을 나타내는 선행사이므로, 관계부사 when과 주어 his funeral을 먼저 쓴다. 다음으로 과거에 일어난 일을 말하고 있으므로 take place를 과거 시제 took place로 고쳐 써야 한다. 참고로 take place는 '일어나다, 발생하다'라는 뜻의 자동사이다.

02 정답 from which the term 'Impressionism' was coined
또는 which the term 'Impressionism' was coined from
풀이 선행사 The Exhibition of the Impressionists 뒤에 '이것으로부터', '그것에서'라는 의미를 나타내기 위해 「전치사＋관계대명사」인 from which를 먼저 쓰고 이어서 주어 the term 'Impressionism'을 쓴다. coin은 '(새로운 어구를) 만들다'라는 뜻의 타동사로, 용어가 '만들어진' 것이므로 수동태를 쓰되, 과거의 일을 가리키므로 be를 was로 고치고, coin을 과거분사 coined로 고쳐 was coined를 이어서 쓴다. 참고로 전치사 from은 문장의 맨 끝에 위치해도 무방하므로 which the term 'Impressionism' was coined from도 가능하다.

03 정답 are doing whatever interests you
풀이 부사절의 주어 you 다음에 동사 are doing을 먼저 쓰고 doing의 목적어인 '무엇이든 당신을 흥미롭게 하는 것'을 나타내기 위해 '무엇이든'이라는 뜻의 복합관계대명사 whatever가 이끄는 명사절을 써야 한다. 주어 역할을 하는 whatever는 단수 취급하므로 interest를 단수 동사 interests로 고쳐 whatever interests를 쓴 뒤 목적어인 you를 차례로 배열하여 절을 완성한다.

04 정답 where American teenagers give homeless youth their clothes

풀이 선행사인 a campaign을 수식하는 관계사절이 이어져야 하므로, 주어진 단어 중 관계부사 where를 먼저 쓴다. 그 뒤에 주어인 American teenagers와 동사 give 그리고 give의 간접목적어인 homeless youth와 직접목적어인 their clothes를 차례대로 배열한다.

05 정답 the extent to which things can be classified
풀이 전치사 by의 목적어로 '정도'를 나타내는 the extent를 먼저 쓴다. 이어서 선행사인 the extent를 수식하는 관계사절을 써야 하므로, 「전치사＋관계대명사」인 to which를 쓰고 주어인 things, 그리고 동사 can be classified를 차례대로 배열한다. 참고로 '～한 정도'라는 뜻을 나타내는 the extent to which는 관용적으로 자주 쓰이므로, 숙지하도록 한다.

01 ①, ②, ④   **02** ⑤

03 ③   **04** ①, ④, ⑥

05 No matter how hard he tried to think of an intelligent answer

06 ⓒ because of   ⓔ whose

07 the tea culture in which they drink tea with milk 또는 the tea culture which(that) they drink tea with milk in

08 ④

09 Although it oversimplifies the actual processes involved

10 teachers must provide them with what is achievable

---

01   정답 ①, ②, ④

해석

상당히 많은 과학자들과 예술가들이 창의성의 보편성에 대해 주목해 왔다. 1980년에 열린 제 16차 Nobel Conference에서 과학자들, 음악가들 그리고 철학자들은 Freeman Dyson의 말을 인용하여, 우리가 창조와 행위에 관해 이야기하고 있는 한 과학과 예술 사이의 유사성은 매우 높다는 것에 모두 동의했다. 게다가, 그들은 그 두 분야에서 창조가 매우 유사해서 행위의 솜씨에서 나오는 미적 쾌감은 과학에서도 상당히 강하다는 사실도 인정했다. 몇 년 후, 또 다른 여러 학문 분야에 걸친 회의에서 물리학자인 Murray Gell-Mann은 "모두가 아이디어가 어디에서 오는지에 대해 동의합니다. 우리는 몇 명의 화가, 시인 한 명, 두세 명의 작가 그리고 물리학자들을 포함하여 약 10년 전에 이곳에서 세미나를 했습니다. 모두가 그것이 진행되는 방식에 동의합니다. 이 사람들 모두는 자신들이 예술적인 일을 하고 있든 과학적인 일을 하고 있든, 문제를 해결하려고 노력하고 있습니다."라는 것을 확인하였다.

풀이

① 뒤에 완전한 절이 이어지고 있으므로 관계대명사는 올 수 없다. 앞에 나온 동사 agreed의 목적어가 없으므로 목적어 역할을 할 수 있도록 who를 명사절을 이끄는 접속사 that으로 고쳐야 한다.

② 뒤에 완전한 절이 이어지고 있으므로 관계대명사는 올 수 없다. 문맥상 앞 문장 the creation ~ two fields의 내용에 대한 결과가 which 이하에서 나타나고 있으므로 '매우 ~해서 (그 결과) …하다'라는 뜻의 「so + 형용사/부사 + that + S + V」 구문이 되도록 which를 접속사 that으로 고쳐야 한다.

④ 선행사 the way와 관계부사 how는 같이 쓸 수 없으므로, how 대신 관계부사 that 또는 관계부사의 역할을 하는 「전치사 + 관계대명사」 구조의 in which를 써야 한다. how를 생략해도 무방하다.

---

③ 뒤에 완전한 절이 이어지고, 이 절이 found의 목적어 역할을 하고 있으므로 명사절을 이끄는 접속사 that은 적절하다.

⑤ 문맥상 '예술적인 일을 하고 있든 과학적인 일을 하고 있든'이라는 의미이므로, or와 함께 '~이든 …이든'이라는 뜻을 나타내며 부사절을 이끌 수 있는 접속사 whether를 사용한 것은 적절하다.

구문 분석

2행 At the Sixteenth Nobel Conference, held in 1980, scientists, musicians, and philosophers all agreed, [1)[to quote Freeman Dyson], that 2)**the analogies** between

science and art **are** very good 3)**as long as** we are talking about the creation and the performance.

> 1) [ ]는 'Freeman Dyson을 인용하여'라는 뜻을 나타내기 위해 삽입된 구이다.
> 2) 주어의 핵이 복수 명사 the analogies이므로 복수 동사 are가 쓰였다.
> 3) as long as는 '~하는 한'이라는 뜻의 접속사로 쓰였다.

어휘 및 어구

- universality 보편성
- quote 인용하다
- analogy 유사점
- admit 인정하다
- aesthetic 미적인
- craftsmanship 솜씨
- multidisciplinary 여러 학문 분야에 걸친

---

02   정답 ⑤

해석

당신이 극심한 스트레스 요인과 직면할 때, 당신은 즉각적인 반응을 보이며 반격할지도 모른다. 이것은 당신의 조상들이 야생 동물로부터 공격을 받았을 때는 도움이 되었지만, 오늘날에는 당신이 물리적으로 공격받지 않는 한 그다지 도움이 되지 않는다. 기술은 성급한 반응으로 상황을 악화시키는 것을 훨씬 더 쉽게 만든다. 나는, 특히 이메일에서, 상황을 악화시키기만 하는 거친 어조로 사람들에게 너무 성급하게 반응한 것에 대해 죄책감을 느꼈던 것을 안다. 무엇인가가 당신의 심장을 빨리 뛰게 할 때(마다) 한 마디를 말하거나 타자로 치기 전에 한 걸음 뒤로 물러서는 것이 중요하다. 이것은 당신에게 상황을 충분히 생각하고 더 건강한 태도로 상대를 대하는 방법을 찾을 시간을 줄 것이다.

풀이

ⓒ 뒤에 완전한 절이 이어지고 있으므로 관계대명사 what은 올 수 없다. 앞에 나온 동사 know의 목적어가 없으므로, 목적어 역할을 할 수 있는 명사절을 이끄는 접속사 that으로 고쳐야 한다.

ⓔ 뒤에 완전한 절이 이어지고 있으므로 복합관계대명사 Whatever는 어법상 적절하지 않다. 따라서 Whatever를 '~할 때'를 의미하는 관계부사 When 또는 '~할 때마다'를 의미하는 복합관계부사 Whenever로 고쳐야 한다.

ⓐ 뒤에 완전한 절이 이어지고 있으므로 접속사 While은 어법상 적절하다. 여기서 While은 '~인데 반하여'라는 뜻으로 쓰였다.

ⓑ 접속사 unless는 '~하지 않으면'이라는 뜻으로 if ~ not과 바꾸어 쓸 수 있다. 뒤에 완전한 절이 이어지고 있고, 문맥상 '물리적으로 공격받지 않는 한'이라는 의미를 나타내기에도 적절하므로 unless는 어법상 옳다.

ⓓ 뒤에 주어가 없는 불완전한 절이 이어지고 있으며 that ~ worse의 내용이 앞에 나온 선행사인 a harsh tone을 수식한다고 보는 것이 자연스러우므로 주격 관계대명사 that은 어법상 적절하다.

구문 분석

5행 Technology **makes it** much **easier to worsen** a situation with a quick response.

> ▶ 「make it + 목적격보어 + to V」 구조로, it은 가목적어, to worsen 이하가 진목적어이다.

10행 When(Whenever) something 1)**causes** your heart **to race**, 2)**it** is important [to step back before speaking or typing a single word].

1) cause는 목적격보어로 to부정사만을 취하는 동사이므로, 목적어인 your heart 뒤에 목적격보어로 to race가 쓰였다.
2) it은 가주어이고, to부정사구인 [ ]가 진주어이다.

어휘 및 어구

- severe 극심한
- ancestor 조상
- particular 특정한
- harsh 거친
- immediately 즉시
- guilty 죄책감이 드는
- physically 물리적으로
- think through 충분히 생각하다

03 정답 ③

해석

의료 행위는 모든 나라에서 사람들이 살 것이라고 기대하는 평균 연령이 역사에 기록되었던 것보다 더 높아진다는 것을 의미하게 되었고, 이제 한 개인이 암, 뇌종양, 심장병과 같은 심각한 질병에서 살아남을 수 있는 가능성이 높다. 그러나 더 길어진 수명은 인구의 증가로 이어지고, 이는 식량과 주택 공급의 어려움을 악화시킨다. 게다가 의료 서비스는 여전히 공정하게 분배되지 않고, 의료 서비스에 대한 접근성은 세계의 여러 지역에서 문제로 남아 있다. 덧붙여 의학 기술의 향상으로 인해, 인구 집단의 균형점이 초기에는 어린아이들에게로 그리고 다음에는 노인들에게로 이동된다. 그것은 또한 돈과 자원을 시설과 숙련된 사람들을 위해 쓰도록 묶어 두어, 더 많은 비용이 들게 하고, 다른 것들에 쓰일 수 있는 것에 영향을 미친다.

풀이

ⓐ 「전치사+관계대명사」는 관계부사와 같은 역할을 하여 뒤에 완전한 절이 온다. 1형식 동사 live가 보이나 목적어를 필요로 하지 않아 완전한 절을 이루고 있으므로 어법상 적절하다.
ⓓ On account of는 '~ 때문에'라는 뜻의 전치사구로 뒤에 (동)명사만 와야 하기 때문에 적절하게 쓰였다.
ⓔ 현재분사 affecting의 목적어 역할을 하는 명사절 자리인데, 뒤에 주어가 빠져 있고 앞에 선행사가 없으므로 선행사를 포함한 주격 관계대명사 what이 온 것은 적절하다.

ⓑ 뒤에 완전한 절이 오면서 앞에 있는 명사 a good chance와 동격을 이루고 있으므로 which를 동격의 접속사 that으로 고치는 것이 적절하다.
ⓒ 뒤에 주어가 빠져 있고 앞에 ,(콤마)가 있는 것으로 보아 관계대명사의 계속적 용법이다. 관계대명사 that은 계속적 용법으로 사용할 수 없으므로 which로 바꾸어야 한다. which가 가리키는 선행사는 an increase in population이다.

구문 분석

14행 They also tie up money and resources in facilities and trained people, **costing** more money, and **affecting** what can be spent on other things.

▶ costing과 affecting은 분사구문을 이끄는 현재분사이며, 접속사 and로 연결되어 병렬 구조를 이루고 있다.

어휘 및 어구

- practice 행위
- chance 가능성
- tumor 종양
- distribute 분배하다
- population 인구
- medicine 의학, 의료; 약물
- disorder 질병
- life span 수명
- accessibility 접근성
- tie up 묶어두다

04 정답 ①, ④, ⑥

해석

① near와 far 같은 단어들은 여러분이 어디에 있는지와 무엇을 하고 있는지에 따라 다양한 것을 의미할 수 있다.
② 그 사진을 여러분이 가장 필요로 하는 어디에든지 붙여라, 그러면 그것을 볼 때마다 당신은 미소를 짓고 기분이 북돋아지는 것을 느낄 것이다.
③ 거기에 있는 동안, 그는 그에게 크게 영향을 준 독일과 플랑드르 지역의 작품들을 보았는데, 특히 Jan van Eyck의 작품이 영향을 주었다.
④ 그 섬의 원주민들에게, 주요 식량 작물은 고구마였는데, 매년 그것을 수백만 개나 수확했다.
⑤ 핀란드에서, 사람들이 단지 편의상 구분으로서만 작용한다고 믿는 계층적 구분은 사회 구조 내 유동성에 장애물일 수 있다.
⑥ 그 소년은 끔찍한 자동차 사고로 자신의 왼쪽 팔을 잃은 사실에도 불구하고 유도를 배우기로 결정했다.

풀이

① 전치사 on의 목적어에 해당하는 간접의문문 2개의 어순이 잘못되었다. 「의문사+S+V」의 어순이 되도록 where you are와 what you are doing으로 고쳐야 한다.
④ 두 절을 연결하는 접속사가 없으므로 대명사 them을 관계대명사 which로 바꾸어야 적절하다. 이때 선행사는 the sweet potatoes이고 앞에 ,(콤마)가 있어 계속적 용법으로 쓰였기 때문에 that으로는 바꿀 수 없다.
⑥ 관계대명사 which 뒤에 완전한 절이 오므로 which를 접속사 that으로 바꾸어야 하며, 명사 the fact와 동격을 이루는 명사절을 이끈다.

② '어디에든지'를 의미하는 복합관계부사 wherever와 '~할 때마다'를 의미하는 접속사 every time이 적절하게 사용되었다.
③ 접속사 While 뒤에 바로 부사 there가 왔으므로 while 뒤에는 주어 he와 be동사 was가 생략되어 있다고 볼 수 있고, 이는 어법상 적절하다. 또한 관계대명사 that은 artworks를 선행사로 하는 주격 관계대명사로 적절하게 쓰였다.
⑤ a hierarchical division을 선행사로 하는 주격 관계대명사 뒤에 people believe가 삽입절로 들어가 있다. 이 관계사절의 동사는 단수 선행사인 a hierarchical division에 맞추어 serves가 적절하게 사용되었다.

구문 분석

② Post the photo [wherever you **need** it most], and [every time you **see** it], you will smile and feel your spirit lifted.

▶ 두 개의 [ ]는 시간의 부사절이므로 현재시제가 미래시제를 대신하고 있다.

어휘 및 어구

- spirit 기분
- harvest 수확하다
- division 분할, 구분
- judo 유도
- artwork 작품
- hierarchical 계층에 따른, 계급제의
- fluidity 유동성
- devastating 끔찍한

05 정답 No matter how hard he tried to think of an intelligent answer

해석

한 아버지가 자신의 아들을 서커스에 데려갔다. 쇼가 시작되기 전, 그는 자신의 아들을 데리고 밧줄에 묶여 있는 코끼리를 제외하고 모두 각자의 우리에 있는 동물들을 보러 갔다. 작은 소년은 자신의 아버지의 손을 잡으면서 그를 향해 돌아보며 "아빠, 이 코끼리는 매우 크고 힘이 세잖아요. 그는 밧줄을 걷어차고 도망갈 수 있어요. 왜 그렇게 안 하나요?"라고 말했다. 그가 아무리 열심히 현명한 대답을 생각해 내려고 노력했음에도, 아버지는 아들에게 해 줄 좋은 대답이 없었다. 그래서 그는 자신의 아들에게 코끼리 조련사에게 가서 질문하라고 제안했다. 소년이 조련사가 지나가는 것을 보았을 때, 그는 왜 이 동물이 탈출하려고 애쓰지 않는지를 물었다. 조련사는 "이 코끼리가 아기였을 때, 우리는 같은 밧줄을 그의 발과 나무에 묶었단다. 코끼리는 탈출할 수 없었고, 시간이 지나면서 그는 단순히 밧줄을 삶의 방식으로 받아들였지."라고 말했다.

풀이

'아무리 ~일지라도'를 의미하는 부사절은 「no matter how + 형용사/부사 + S + V」의 어순으로 쓴다. 따라서 No matter how 뒤에 '열심히'를 뜻하는 부사 hard를 연결한 후에 주어와 동사인 he tried to를 쓴다. 그리고 '현명한 대답을 생각해 내다'란 뜻에 맞게 think of an inteligent answer를 이어서 쓴다.

구문 분석

9행 So, he **suggested** to his son **that** he **go** ask the question to the elephant trainer.

▶ 제안을 나타내는 동사 suggested의 목적어로 쓰인 that절에 '~해야 한다'라는 당위성의 내용이 있으므로 절의 동사는 「(should) + 동사원형」의 형태가 되어야 한다. 따라서 여기서는 that절의 주어가 he이지만 go가 쓰였고, 동사 go 앞에 조동사 should가 생략되어 있다고 보면 된다.

어휘 및 어구

- respective 각각의
- pass by 옆을 지나가다
- except for ~을 제외하고
- beast 동물, 짐승

[06~07]

06 정답 ⓒ because of ⓔ whose

07 정답 the tea culture in which they drink tea with milk 또는 the tea culture which(that) they drink tea with milk in

해석

어떤 점에서, 차는 중국의 초원이나 목초지에 전파된 후 유목민들과 사냥꾼들에게 삶을 바꿀 정도의 중요한 역할을 했다. 환경이 인간에게 미치는 상당한 영향 때문에 인간은 주어진 환경에 따라 생계를 유지하게 된다고들 말한다. 중국 북서 지역의 고원과 초원에서는, 많은 양의 소, 양, 낙타, 그리고 말이 길러진다. 그 젖과 고기를 먹음으로써, 사람들은 많은 지방과 단백질을 쉽게 섭취할 수 있지만 비타민은 거의 얻지 못한다. 그러므로 채소가 부족한 유목민들의 식단에 기본적인 필요 요소들을 보충하도록 차가 많이 소비된다. 그 결과, 그 지역의 유목민들은 우유를 차와 함께 마시는 차 문화를 따른다. 그리고 그들은 우유를 넣은 차를 중국 북서 지역의 사람들에게 가장 소중한 것이 되게 했다.

풀이

06 ⓒ 뒤에 명사가 이어지므로 접속사 because가 아닌 전치사 because of로 고쳐야 한다.

ⓔ 뒤에 주어와 목적어가 모두 있는 것으로 보아 주격 또는 목적격 관계대명사의 자리가 아니다. 해석상 '유목민들의 식단'이 되어야 자연스러우므로 who는 명사 diet 앞에 놓일 수 있는 소유격 관계대명사 whose로 바꾸어야 적절하다.

ⓐ after는 전치사와 접속사의 역할을 모두 할 수 있으므로 뒤에 절의 형태가 온 것은 적절하다.

ⓑ 앞의 It은 가주어이고 that은 진주어인 명사절을 이끄는 접속사로 쓰였으므로 적절하다.

ⓓ so that이 '~하도록'이라는 의미의 목적을 나타내는 접속사로 적절하게 사용되었다. 이 표현은 문맥에 따라 '그래서 ~하다'라는 의미로 결과를 나타낼 수도 있다.

07 동사 follow의 목적어 the tea culture를 관계사절이 수식하는 구조를 만들어야 하는데, 〈조건〉에서 적절한 관계사 한 개를 추가하라고 하였고, [보기]에 in이 주어져 있으므로 '전치사 + 관계대명사'인 in which가 절을 이끌도록 만들면 된다. in which 다음에는 주어 they, 동사 drink, 목적어 tea와 전치사구 with milk를 차례로 쓴다. 전치사 in은 관계대명사 앞에 둘 수도 있지만 절의 끝에 둘 수도 있으므로 which they drink tea with milk in의 어순도 가능하다. 전치사를 절의 끝에 둘 때는 which 대신 that을 쓸 수 있다는 것도 참고로 알아두자.

구문 분석

14행 And they **make** milky tea **the most precious thing** for the people in the northwest part of China.

▶ make + O + O.C : ~가 …이 되도록 만들다

어휘 및 어구

- herdsman 유목민
- make a living 생계를 꾸리다
- cattle 소(떼)
- supplement 보충하다
- tribe 부족
- lack ~가 없다(부족하다)
- pasture 목초지
- quantity 양
- protein 단백질
- nomadic 유목의
- diet 식단
- precious 소중한

[08~09]

08 정답 ④

09 정답 Although it oversimplifies the actual processes involved

해석

뇌 연구는 뇌가 운동 기술을 처리하고 내면화하는 방식을 이해하기 위한 틀을 제공한다. 골프채 휘두르기와 같은 복잡한 움직임을 연습할 때, 우리는 그것이 산출하는 결과의 관점에서 각각을 분석하면서 다른 잡기, 자세, 그리고 휘두르는 움직임으로 실험한다. 이것은 의식적인 좌뇌 작용이다. 일단 우리가 원하는 결과를 만들어 내는 휘두르기의 그러한 요소들을 확인하면, 우리는 '근육 기억' 속에 그것들을 영구적으로 기록하고자 하는 시도에서 그것들을 반복적으로 연습한다. 이러한 방식으로, 우리는 필요할 때마다 원하는 휘두르기를 다시 만들어 낼 거라고 믿는 운동 감각성 느낌으로 휘두르기를 내면화한다. 이러한

내면화는 휘두르기를 의식적으로 통제되는 좌뇌 기능으로부터 더 직관적이거나 자동화된 우뇌 기능으로 전이시킨다. 관련된 실제 과정을 과도하게 단순화함에도 불구하고, 이러한 묘사는 뇌가 운동 기술을 완벽하게 하는 법을 배울 때 뇌에서 의식적인 활동과 무의식적인 활동 사이에 상호작용을 위한 모델로 쓰인다.

풀이

08 ⓑ the results를 선행사로 하면서 뒤에 동사 yields의 목적어가 빠져 있으므로 여기서 that은 목적격 관계대명사이다.

ⓓ a kinesthetic feeling을 선행사로 하면서 뒤에 동사 trust의 목적어가 빠져 있으므로 여기서 that은 목적격 관계대명사이다.

ⓐ the way를 선행사로 하면서 뒤에 완전한 절이 오므로 여기서 that은 관계부사이다. the way how는 불가능하지만 the way that은 어법상 가능한 구조이다.

ⓒ the swing을 선행사로 하면서 뒤에 동사 produce의 주어가 빠져 있으므로 여기서 that은 주격 관계대명사이다.

09 '~에도 불구하고'라는 뜻을 가진 단어로 전치사 despite와 접속사 although가 [보기]에 제시되어 있다. despite는 뒤에 명사(구)만 와야 하므로 despite 뒤에 oversimplification과 the actual processes로 구성된 명사구가 나와야 한다. 그런데 이 두 개의 명사를 서로 연결해주는 전치사가 [보기]에 없고 '단어 추가 금지'라는 조건도 있으므로 명사구로 만들 수가 없다. 따라서 뒤에 절이 이어지는 접속사 although를 사용하여 문장을 구성해야 한다. Although it oversimplifies the actual processes를 먼저 쓴 후, '관련된 실제 과정'이라는 의미에 맞게 목적어 the actual processes를 후치 수식할 수 있도록 과거분사가 필요하므로 involve를 involved로 바꿔서 연결시킨다. 참고로 processes와 involved 사이에는 「주격 관계대명사＋be동사」인 which(that)＋are가 생략되어 있다고 보면 된다.

구문 분석

3행 In practicing a complex movement such as a golf swing, we experiment with different grips, positions and swing movements, **analyzing** each in terms of the results that it yields.

▶ analyzing은 동시상황을 나타내는 분사구문을 이끌고 있으며, 주절의 주어인 we와 능동 관계이므로 현재분사가 쓰였다.

어휘 및 어구

- framework 틀
- grip 잡기
- conscious 의식적인
- rehearse 연습하다
- intuitive 직관적인
- unconscious 무의식적인
- internalize 내면화하다
- yield 산출하다
- identify 확인하다
- kinesthetic 운동 감각의
- description 묘사
- athletic 운동의

러한 구상을 통하여, 학생들은 참여하게 되고 다음 단계로 나아가기 위해 필요한 능력을 습득하는 것에 개방적이 된다. 개별화된 성취 가능한 도전 과제는 높은 기대감을 전달하고, 학생들이 이러한 목표에 도달할 능력을 가지고 있음을 확인해 주고, 그리고 그들이 바람직하다고 여기는 목표에 도달하기 위해 필요한 도구와 지원을 이용하는 방법을 그들에게 보여줌으로써 학생들을 지식에 연결시킨다. 학생들을 참여시키고 그들이 자주 성공한다는 것을 보장해 줌으로써, 우리는 그들의 수학 지식과 수학에 대한 이해가 증가한다는 느낌을 주는 것에 의해 수학에 대한 부정적 성향을 가진 학생들에게 능력을 주게 된다.

→ 학생들이 수학을 배우는 것을 돕기 위해서, 교사들은 그들에게 성취 가능한 것을 제공해야 한다.

풀이

주어인 teachers 뒤에 '해야 한다'라는 조동사 must와 'A에게 B를 제공하다'라는 의미의 「provide A with B」 구문을 이용하여 쓰면 된다. A에는 students를 받는 대명사 them을, B에는 '성취 가능한 것'이라는 의미가 되도록 선행사를 포함하는 관계대명사 what을 사용하여 what is achievable을 써서 배열한다.

구문 분석

5행 Through this construct, students become engaged and open to acquiring **the skills** [they need to progress to the next level].

▶ [ ]는 목적격 관계대명사 which(that)가 생략되어 있는 관계사절로, 선행사 the skills를 수식하고 있다.

8행 Individualized achievable challenge connects students to knowledge **by** 1)[**communicating** high expectations], [**confirming** that they have the capacity to reach these goals], and [**showing** them how to access **the tools and support** 2){they need to reach **goals** 3)<they consider desirable>}].

1) 3개의 [ ]는 전치사 by의 목적어인 동명사구로 and로 연결되어 병렬 구조를 이루고 있다.

2) { }는 목적격 관계대명사 which나 that이 생략된 관계사절로 선행사 the tools and support를 수식한다.

3) 〈 〉는 목적격 관계대명사 which나 that이 생략된 관계사절로 선행사 goals를 수식한다.

어휘 및 어구

- curriculum 교육과정
- achievable 성취 가능한
- engaged 참여하는
- expectation 기대
- desirable 바람직한
- negativity 부정적 성향
- promote 향상시키다, 촉진하다
- construct 구상, 구성
- individualized 개별화된
- capacity 능력
- empower 능력을 주다
- appreciation 이해, 인식

---

10 정답 teachers must provide them with what is achievable

해석

성공적이고 장기적인 학습과 긍정적인 수학 태도를 향상시키는 방식으로 수학 교육과정을 통해 학생들의 발전을 이끄는 것은 그들의 다른 수준의 성취 가능한 도전 과제와 다른 학습 강점에 주의를 기울이는 것을 필요로 한다. 이

01 ②, ④   **02** ④

03 ① which → that
③ have been experienced → have experienced
④ provides → provide

04 where we can watch people perform attract many people

01 정답 ②, ④

해석
① 대부분의 초보 투자자들이 이해하지 못하는 것은 주식 시장에 투자하는 것에는 위험성이 있다는 것과 위험성으로 인해 때때로 손실을 본다는 것이다.
② 매체에서 'King of Bollywood' 또는 'King Khan'으로 불렸던, 그는 80편이 넘는 Bollywood 영화에 출연했다.
③ 나이 든 사람들의 몸이 암을 발달시키게 한 유전자는 그들이 암에 걸리기 전에 자식을 낳았을 것이므로 무수히 많은 자손들에게 전달될 수 있었을 것이다.
④ 미식축구 경기는 정확히 60분 경기로 구성되지만, 야구는 경기가 끝나야 하는 정해진 시간의 길이가 없다.
⑤ 사람들이 카드 게임을 반복해서 할 수 있는 이유는 그 게임을 아무리 여러 번 했을지라도 그것이 어떤 면에서는 다를 것이기 때문이다.

풀이
② Referred ~ media는 주절의 주어인 he와 수동의 관계를 가지면서 Being이 생략된 분사구문이다. 'A를 B라고 부르다'라는 뜻의 「refer to A as B」가 수동태로 전환되면 「A is referred to as B」가 되어야 하므로 the "King of Bollywood" 앞에 전치사 as가 있어야 어법상 적절하다.
④ 두 개의 절이 등위접속사 but으로 연결된 문장이므로, 첫 번째 절에 '~로 구성되어 있다'라는 뜻을 가진 표현으로 「be comprised of ~ 」가 사용되어야 한다. 따라서 comprised 앞에 be동사 is를 넣어 주어야 비로소 본동사가 존재하는 완전한 절이 될 수 있다.

① 주어 자리에 관계대명사 What이 이끄는 명사절이 왔고, 명사절 주어는 단수 취급하므로 단수 동사 is가 쓰인 것은 적절하다. 이어지는 두 개의 that은 모두 is의 주격보어 역할을 하는 명사절을 이끄는 접속사로, 접속사 that 뒤에는 모두 완전한 절이 이어지고 있으므로 주어진 문장은 어법상 적절하다.
③ that은 A gene을 선행사로 하는 주격 관계대명사로 알맞게 사용되었으며, that절 안의 동사 made는 사역동사로 목적어와 목적격보어가 능동 관계이므로 목적격보어로 동사원형이 온 것 또한 어법상 적절하다. 「pass A on to B」는 'A를 B에게 전하다'라는 뜻으로 A에 해당하는 부분이 문장의 주어인 A gene이므로 이를 수동태로 전환하면서 「A be passed on to B」가 된 것은 어법상 적절하다.
⑤ 주어 One reason을 that ~ and over가 수식하고 있는데, 이때 that은 관계부사 why 대신 쓰인 것이다. 관계부사 뒤에는 완전한 절이 와야 하므로 주어진 문장은 적절하다. 또한 단수 주어 One reason에 맞추어 뒤에 단수 동사 is가 적절히 쓰였으며, 복합관계부사 however로 바꾸어 쓸 수 있는 no matter how는 '아무리 ~일지라도'를 뜻하는 표현으로 뒤에 완전한 절이 왔으므로 어법상 적절하다.

구문 분석
④ A football game [1]**is comprised of** exactly sixty minutes of play, but baseball has no **fixed length of time** [2][**within which** the game must be completed].

> 1) be comprised of: ~로 구성되다
> (=be composed of, be made up of, consist of)
> 2) [ ]는 「전치사+관계대명사」로 구성된 within which가 이끄는 관계사절로, 선행사 fixed length of time을 수식한다.

어휘 및 어구
- investor 투자자
- risk 위험성
- gene 유전자
- numerous 수많은
- reproduce 번식하다
- fixed 고정된
- over and over 반복적으로
- stock market 주식 시장
- loss 손실
- cancer 암
- offspring 자손
- comprise ~로 구성되다
- length 길이

02 정답 ④

해석
사람들은 가장 흔하게 설득을 깊은 사고 과정으로 생각하지만, 그것은 실제로 얕은 사고 과정으로서 행동에 영향을 주는 보다 흔한 방법이다. 예를 들어, Facebook은 사용자들의 웹 페이지 중간에 광고를 넣기 시작했다. 많은 사용자들이 이 변화를 싫어했고, 기본적으로 광고들을 클릭하기를 거부했다. 그러나, 이러한 접근은 광고 이면에 있는 심리에 대한 기본적인 오해를 보여준다. 사실은 Facebook이 누구도 그 광고를 클릭할 거라고 기대하지 않았다는 것이다. 그 회사가 원하는 것은 단지 당신을 그 상품의 브랜드와 이미지에 노출시키는 것뿐이다. 당신이 무언가에 더 많이 노출될수록, 일반적으로 당신은 그것을 더 좋아한다. 모든 사람들은 이미지의 친숙함에 영향을 받는다. 그래서, 당신이 그 광고를 무시할 수는 있지만 단순히 당신의 눈앞에 있음으로 해서 그 광고는 제 역할을 하는 것이다.

풀이
ⓐ 접속사 Although 뒤에 주어와 동사를 갖춘 절이 왔으므로 적절하게 쓰였다. 의미는 같지만 전치사 Despite는 뒤에 절이 아닌 명사(구)가 온다는 점에서 구분해서 알아 두어야 한다.
ⓑ 뒤에는 주어가 빠진 불완전한 절이 왔고, 앞에는 선행사 shallow processing이 있으므로 주격 관계대명사 that을 쓴 것은 적절하다. 이때 that은 which로 바꾸어 쓸 수 있다.
ⓒ refuse는 목적어로 to부정사를 취하므로 to click은 적절하다.
ⓔ 5형식 동사 expect는 목적격보어로 to부정사를 취하므로 to click은 적절하다.
ⓖ 모든 사람이 이미지의 친숙함에 영향을 '받는' 것이므로 is 뒤에 과거분사 influenced를 써서 수동태 동사로 표현한 것은 적절하다.

ⓓ 뒤에 완전한 절이 왔으므로 관계대명사 what을 접속사 that으로 바꾸어야 한다. 이 that절은 is의 주격보어 역할을 하는 명사절이다.
ⓕ All이 (that) the company wants의 관계사절의 수식을 받아 대명사로 쓰인 구조로, 이때 All은 단수 취급하므로 are를 is로 바꾸어야 적절하다.

13행 **The more** times you're exposed to something, in general, **the more** you like it.

▶ the 비교급＋S＋V, the 비교급＋S＋V : ～할수록 더 …하다

어휘 및 어구

- persuasion 설득
- advertisement 광고(ad)
- approach 접근
- fundamental 기본적인, 중요한
- expose 노출시키다
- ignore 무시하다
- shallow 얕은
- on principle 기본적으로
- display 전시하다, 보여주다
- misunderstanding 오해
- familiarity 친숙함

03 정답 ① which → that
③ have been experienced → have experienced
④ provides → provide

해석

학교 과제는 전형적으로 학생들이 혼자 하도록 요구해 왔다. 이러한 개별 생산성의 강조는 독립성이 성공의 필수 요인이라는 의견을 반영했던 것이다. 타인에게 의존하지 않고 자신을 관리하는 능력을 가지는 것이 모든 사람에게 요구되는 것으로 간주되었다. 따라서, 과거의 교사들은 모둠 활동을 덜 자주 준비하거나 학생들이 팀워크 기술을 배우는 것을 덜 자주 권장했다. 그러나, 뉴 밀레니엄 시대 이후, 기업들은 향상된 생산성을 요구하는 더 많은 국제적 경쟁을 경험해 오고 있다. 이러한 상황은 고용주들로 하여금 노동 시장으로 새로 진입하는 사람들이 전통적인 독립성뿐만 아니라 팀워크 기술을 통해 보여지는 상호의존성도 입증해야 한다고 주장하게 만들었다. 교육자의 도전 과제는 기본적인 기술에서의 개인의 능력을 보장하는 동시에 학생들이 팀에서 잘 수행할 수 있게 하는 학습 기회를 늘려주는 것이다.

풀이

① which 뒤에 완전한 절이 이어지므로 관계대명사 which는 적절하지 않다. 따라서 an opinion과 동격을 이루며 명사절을 이끄는 접속사 that으로 고쳐야 적절하다.

③ '～을 경험하다'라는 뜻의 타동사 experience 뒤에 목적어가 있으므로 능동태로 쓰는 것이 적절하다. 따라서 have been experienced를 have experienced로 고쳐야 적절하다.

④ 요구를 나타내는 동사 insist의 목적어인 that절에 '～해야 한다'라는 당위성의 의미가 있으므로 provides 앞에 조동사 should가 생략되어 있다고 보아야 한다. 따라서 provides를 동사원형인 provide로 고쳐야 적절하다.

- - - - -

② 주어는 Having ~ others로 동명사(구) 주어는 단수 취급하므로 단수 동사 was는 적절히 쓰였고, 능력을 가지는 것이 모든 사람에게 요구되는 것으로 '간주되는' 것이므로 수동태 was considered도 알맞게 사용되었다. consider가 「consider＋O＋O.C」 구조의 5형식 동사로 쓰일 때, 목적격보어 자리에 명사가 오면 수동태로 전환되어도 명사는 그대로 와야 하므로 was considered 뒤에 a requirement가 온 것 또한 적절하다.

⑤ while로 시작하는 분사구문으로, 접속사의 의미를 명확하게 하기 위해 while을 생략하지 않았다. 의미상의 주어인 educators와 능동의 관계이므로 현재분사 형태로 adding이 쓰였고 add가 타동사이므로 adding 뒤에 목적어 learning opportunities ~ in teams가 온 것은 적절하다. 또한 that이 이끄는 관계사절 안의 enable은 5형식 동사로 「enable＋O＋to V」의 구조로 쓰므로 목적격보어 자리에 to perform

이 온 것은 적절하다.

12행 This situation has [1]**led** employers **to insist** that a newcomer to the labor market provide evidence of traditional independence but also **interdependence** [2][shown through teamwork skills].

1) lead＋O＋to V : ～가 …하도록 만들다(이끌다)
2) [ ]는 interdependence를 수식하는 과거분사구이다.

어휘 및 어구

- assignment 과제
- individual 개인적인, 개별적인
- independence 독립성
- requirement 필수조건
- arrange 준비하다, 마련하다
- insist 주장하다
- ensure 보장하다
- emphasis 강조
- productivity 생산성
- factor 요인, 요소
- consequently 따라서, 그 결과
- competition 경쟁
- labor market 노동 시장
- competence 능력, 역량

04 정답 where we can watch people perform attract many people

해석

전 세계의 도시에서 행해진 연구들은 도시의 매력으로서의 생활과 활동의 중요성을 보여준다. 사람들은 무언가가 일어나고 있는 곳에 모이고 다른 사람이 존재하는 것을 추구한다. 텅 빈 거리를 걷는 것 혹은 활기찬 거리를 걷는 것의 선택에 직면하면, 대부분의 사람들은 삶과 활동으로 가득한 거리를 선택할 것이다. 걷는 것이 더 흥미로울 것이고 더 안전하게 느껴질 것이다. 사람들이 공연을 하는 것을 우리가 볼 수 있는 행사들은 많은 사람들을 끌어들여 머무르면서 구경하게 한다. 도시 공간의 벤치와 의자에 대한 연구들은 다른 사람들을 볼 수 없는 자리들보다 도시의 생활을 가장 잘 볼 수 있는 자리들이 훨씬 더 자주 이용된다는 것을 보여준다.

풀이

먼저 선행사 Events를 수식하는 관계사절이 이어져야 하므로 관계부사 where를 먼저 쓴다. 그리고 뒤에 '우리가 ～을 볼 수 있다'라는 의미를 만들기 위해 주어 we와 동사 can watch를 쓰고, 지각동사의 목적어와 목적격보어가 능동의 관계일 때 목적격보어 자리에는 동사원형이나 현재분사가 오는데, '어령 번호 금지'라고 했으므로 watch 뒤에 목적어 people과 동사원형 perform을 이어서 쓴다. 그리고 문장의 본동사인 attract와 목적어인 many people을 써서 문장을 완성한다.

4행 **Faced** with the choice of walking down an empty or a lively street, most people would choose the street with life and activity.

▶ Faced는 '～할 때'라는 의미의 시간의 분사구문을 이끌며, 주절의 주어인 most people과 수동의 관계이므로 과거분사 Faced가 쓰였다. 수동형의 분사구문은 원래 Being이나 Having been으로 시작하지만 보통 이들은 생략되므로 이와 같이 과거분사로 시작하는 형태를 취한다.

10행 Studies of benches and chairs in city space show [1][that the seats with the best view of city life are used [2]**far** more frequently than **those** ³⁾{that do not offer a view of other people}].

1) [ ]는 show의 목적어 역할을 하는 명사절이다.

2) far는 비교급을 강조하는 표현으로, even, much, still, a lot과 바꿔 쓸 수 있다.

3) { }는 주격 관계대명사 that이 이끄는 관계사절로, 선행사 those를 수식한다. those는 앞에 있는 seats를 지칭한다.

어휘 및 어구

- urban 도시의
- gather 모이다
- presence 존재
- attraction 매력
- seek 추구하다
- face 직면하다

UNIT 15 대명사

PRACTICE TEST *with **Textbooks***

A

01 his	02 them	03 them away
04 it	05 yours	

B

01 ×, it	02 ○	03 ×, for themselves
04 ×, them	05 ×, their	

C

01 her → hers	02 them → they
03 it's → its	04 them → it
05 turn down it → turn it down	

D

01 there are some paintings of his

02 themselves into the other person's experience

03 make himself understood well enough

04 putting them together with the words

05 I want you to make yourself at home

E

01 An old friend of his

02 in spite of their huge size and density

03 help yourself to anything you like

04 give it out to the patients

05 their worst just before they get better

································ **A** ································

01 **정답** his

해석 그는 삶의 방식이 자신의 방식과 비슷한 누군가를 찾고 있는 중이다.

풀이 문맥상 someone's lifestyle이 his lifestyle과 비슷하다는 뜻이 되어야 하므로 소유대명사 his가 적절하다.

02 **정답** them

해석 그 음식에 대한 사람들의 기억이 그들이 그것을 계속 찾게 했다.

풀이 주어는 People's memories이고, kept의 목적어는 문맥상 '그들(people)'이므로 주어와 목적어가 일치하지 않는다. 따라서 people을 대신하는 복수의 목적격 대명사 them이 적절하다.

03 **정답** them away

해석 당신의 구형 전자 제품들을 처리하는 하나의 방법은 그것들을 다른 사람들에게 주는 것이다.

풀이 「동사 + 부사」로 이루어진 이어동사의 목적어가 대명사일 때는 「동사 + 대명사 + 부사」의 어순으로 써야 하므로 giving them away가 적절하다. 참고로 give away는 '기부하다, 남에게 거저 주다'라는 뜻이다.

04 **정답** it

해석 도서관에서, 비록 그것을 사용하지 않더라도 그 자리가 당신의 것이라고 주장하기 위해서, 당신은 옆에 있는 의자 위에 당신의 책들을 놓을 수도 있다.

풀이 문맥상 '그 자리'를 사용하지 않더라도 자기 자리라고 주장하려는 것이므로, using의 목적어로는 단수 명사 that space를 받는 단수 대명사 it이 적절하다.

05 **정답** yours

해석 당신은 다양한 상황에서 다양한 역할들을 하지만, 당신의 역할 중 하나는 당신이 다르게 행동할 것을 요구할지도 모른다.

풀이 관사 a와 소유격 your를 함께 쓸 수 없으므로, '당신의 역할 중 하나'라는 의미를 나타내기 위해 이중소유격을 사용해야 한다. 이중소유격은 「관사 + 명사 + of + 소유대명사」의 형태로 나타내므로 yours가 적절하다.

B

01 **정답** ×, it

해석 그는 매일 운동하는 것의 이점들에 대한 책을 읽었고 그래서 그는 그것을 습관으로 만들려고 노력했다.

풀이 문맥상 그가 습관으로 만들려고 하는 것은 매일 운동하는 것의 '이점들'이 아니라 '매일 운동하는 것'이므로 make의 목적어가 가리키는 것은 exercising everyday이다. 구나 절은 단수 취급하므로 them을 it으로 고쳐야 한다.

02 **정답** ○

해석 광고업자들이 매력적인 이미지들을 특정한 제품들과 연관시킬 때, 소비자들은 그들 자신과 그 이미지들을 연결시키기 위해 그 제품을 살지도 모른다.

풀이 문맥상 '소비자들'이 '그들 자신'을 그 이미지들에 연결시키는 것이므로 주어도 consumers이고 to connect의 목적어도 consumers이다. 목적어가 주어와 동일할 때는 재귀대명사를 써야 하므로 복수 명사 consumers를 받는 재귀대명사 themselves는 적절하다.

03 **정답** ×, for themselves

해석 당신의 아이들이 스스로 그들에게 무엇이 좋은지 알 것이라고 기대하지 마라.

풀이 문맥상 '스스로의 힘으로'라는 의미가 되어야 하므로, 복수 명사 your kids를 받는 재귀대명사 themselves를 사용하여 for themselves로 고쳐야 한다. beside oneself는 '제정신이 아닌'이라는 뜻이다.

04 **정답** ×, them

해석 책을 여러 번 읽는 습관은 사람들이 그것들에 감정적으로 연관되게 한다.

풀이 문맥상 engage with의 목적어가 앞에 나온 복수 명사인 books를 가리키므로 it을 복수 대명사 them으로 고쳐야 한다.

05 **정답** ×, their

해석 그 당시, 무명의 작가들이 그림을 그려 그들의 작품을 대중에게 팔기 시작했다.

풀이 them 뒤에 명사 works가 바로 이어지고 있는데, 명사와 명사는 전치사나 연결사 없이 함께 쓰일 수 없으므로 them은 적절하지 않다. 문맥상 unknown artists인 '그들의' 작품을 판다는 의미가 되어야 하므로 them을 소유격 대명사 their로 고쳐야 한다.

C

01 **정답** her → hers

해석 그녀의 한 친한 친구는 보수되어야 할 필요가 있는 집을 샀다.

풀이 이중소유격은 「관사 + 명사 + of + 소유대명사」의 형태로 나타내므로 소유격 대명사 her를 소유대명사 hers로 바꿔야 한다.

02 **정답** them → they

해석 벌들이 일직선을 만들 때는 오직 그들이 한 짐의 꿀을 가지고 집으로 돌아올 때뿐이다.

풀이 Only when 부사절이 문장 앞으로 나오면서 주절의 주어와 동사가 도치되었으므로, do 뒤는 주어 자리인데 them은 목적격 대명사이므로 주어 자리에 쓸 수 없다. 따라서 them을 주격 대명사 they로 고쳐야 한다. (Unit 20 참고)

03 **정답** it's → its

해석 떠오르기 위해서, 물고기는 자신의 총 밀도를 낮춰야 하는데, 대부분의 물고기는 부레를 통해 그렇게 한다.

풀이 문맥상 '그것의' 총 밀도를 낮춰야 한다는 의미가 되어야 하는데 it's는 it is의 축약형이므로 적절하지 않다. 따라서 it's를 소유격 its로 고쳐야 한다.

04 **정답** them → it

해석 전자 제품 안의 아주 작은 금속 조각을 얻으려고 그것을 깨뜨리는 동안, 그 노동자는 매우 유독한 물질들에 노출된다.

풀이 전치사 inside의 목적어가 문맥상 앞에 나온 단수 명사 an electronic device이므로 them을 단수 대명사 it으로 고쳐야 한다.

05 **정답** turn down it → turn it down

해석 그 기회에 대해 오랫동안 곰곰이 생각해 보고 그는 그것을 거절하기로 선택했다.

풀이 「동사 + 부사」로 이루어진 이어동사의 목적어가 대명사일 때는 「동사 + 대명사 + 부사」의 어순으로 써야 하므로 turn down it을 turn it down으로 고쳐야 한다. turn down은 '거절하다, (소리, 온도 등을) 낮추다'라는 뜻이다.

D

01 **정답** there are some paintings of his

풀이 '~가 있다'라는 뜻을 나타내기 위해 there are를 먼저 쓴다. 그리고 '그의 그림들 중 몇 점'이라는 의미를 나타내야 하는데 some과 소유격 대명사 his는 함께 쓸 수 없으므로 이중소유격을 사용한다. 이중소유격은 「some + 명사 + of + 소유대명사」의 형태로 나타내므로 some paintings of his를 차례대로 쓴다.

02 **정답** themselves into the other person's experience

풀이 문맥상 '공감 능력이 뛰어난 사람들'이 '그들 자신'을 상상한다는 의미이므로 주어와 목적어는 같은 대상이다. 목적어가 주어와 같을 때 목적어 자리에는 재귀대명사를 써야 하므로, visualize의 목적어로 재귀대명사 themselves를 먼저 쓴다. 그런 다음 '상대의 경험'이라는 의미에 맞게 into the other person's experience를 차례대로 배열한다.

03 **정답** make himself understood well enough

풀이 '자신의 의사를 제대로 전달하다'라는 뜻의 make oneself understood를 사용하여 make himself understood를 먼저 쓰고, '충분히 잘'이라는 의미에 맞게 well enough를 이어서 써야 한다. '충분히 ~한'이란 의미를 가진 「형용사/부사

「＋enough」구조도 익혀 두자.

04 **정답** putting them together with the words
풀이 「동사＋부사」로 이루어진 이어동사의 목적어가 대명사일 때는 「동사＋대명사＋부사」의 어순으로 써야 하므로 putting them together를 먼저 쓴다. 이때 putting together의 목적어인 '그것들'이 가리키는 것이 pictures이므로 복수 대명사 them이 쓰였다. together 다음에는 '글자들과'라는 의미에 맞게 with the words를 이어서 쓴다.

05 **정답** I want you to make yourself at home
풀이 주어인 I와 동사 want, 목적어인 you를 먼저 써야 한다. '편히 쉬다'라는 뜻을 나타내기 위해 「make oneself at home」 표현을 사용하되, want는 목적격보어로 to부정사를 취하는 동사이므로 목적격보어인 to make를 쓰고 yourself at home을 차례대로 배열해야 한다.

━━━━━━━━━━━━ E ━━━━━━━━━━━━

01 **정답** An old friend of his
풀이 관사 an과 소유대명사를 함께 쓸 수 없으므로 '그의 오래된 친구 중 하나'라는 의미를 나타내기 위해 이중소유격을 사용해야 한다. 이중소유격은 「관사＋명사＋of＋소유대명사」의 형태로 나타내므로 he를 소유대명사 his로 고쳐 An old friend of his의 어순으로 써야 한다.

02 **정답** in spite of their huge size and density
풀이 '～에도 불구하고'라는 뜻의 전치사 in spite of를 먼저 쓰고 전치사의 목적어로 their huge size and density를 이어서 써야 한다. '그 지역들의 거대한 크기와 밀도'라는 의미를 나타내야 하므로 복수 명사 the areas를 가리키는 소유격 대명사가 되도록 they를 their로 고쳐 써야 한다.

03 **정답** help yourself to anything you like
풀이 '～을 마음껏 먹다'라는 뜻의 help oneself to를 사용해야 하므로 you를 yourself로 고쳐 help yourself to를 먼저 쓴다. 그리고 '어떤 것도'라는 뜻을 나타내기 위해 anything을 쓰고, 이를 수식하는 you like를 차례로 배열한다. 이 때 you like는 목적격 관계대명사 that이 생략된 관계사절이다.

04 **정답** give it out to the patients
풀이 「동사＋부사」로 이루어진 이어동사의 목적어가 대명사일 때는 「동사＋대명사＋부사」의 어순으로 써야 하므로 give it out을 먼저 쓴다. 그리고 '그 환자들에게'라는 의미에 맞게 to the patients를 이어서 쓴다. give out은 '～을 나누어 주다'라는 뜻이다.

05 **정답** their worst just before they get better
풀이 '최악'이 되는 것은 복수 명사인 Things이므로 이를 받는 소유격 their worst를 먼저 쓴다. '그것들이 개선되기 직전에'라는 의미를 나타내기 위해 접속사의 역할을 하는 just before를 쓰고 주어와 동사인 they get better를 이어서 써야 한다. '그것들'이 가리키는 것 역시 복수 명사인 Things이므로 주격 대명사 they가 쓰였다.

UNIT 16 알아두어야 할 대명사와 형용사

PRACTICE TEST *with Textbooks*

A

01 that　　**02** little　　**03** ones
04 How is it　　**05** the other

B

01 ×, those　　**02** ×, it　　**03** ○
04 ×, another　　**05** ×, Few

C

01 This → It　　**02** them → it
03 a little → a few　　**04** those → that
05 another → other

D

01 has little to do with how many people are
02 similar to those of people now
03 it harder for them to learn the virtue of gratitude
04 some insisted, others answered
05 consider it safe to build their nests

E

01 it difficult to produce food to sell
02 takes it for granted that I am
03 that of babies who had an adult to interact with
04 it was not difficult to see tigers
05 those which do not offer a view of other people

━━━━━━━━━━━━ A ━━━━━━━━━━━━

01 **정답** that
해석 아랍 국가들의 남성 인터넷 사용 비율은 아시아 태평양의 남성 인터넷 사용 비율과 같았다.
풀이 문맥상 아랍 국가들의 남성 인터넷 사용 비율과 아시아 태평양의 남성 인터넷 사용 비율을 비교하고 있으므로, 앞에 나온 단수 명사 The internet usage rate를 받는 단수 대명사 that이 적절하다.

02 **정답** little
해석 Joshua 나무들은 오늘날의 기준으로는 먹기 힘들고, 법으로 보호되기 때문에 상업적인 식용 작물이 될 가능성은 거의 없다.
풀이 셀 수 없는 명사 possibility를 수식하며 '거의 없는'이라는 의미를 나타내야 하므로 little이 적절하다.

03 **정답** ones
해석 오이에 관해서는, 주름이나 반점 없이 단단하고 짙은 초록색인 것을 골라라.
풀이 대명사 ones는 앞에 언급된 명사와 종류는 같지만 불특정한 것을 가리킬 때 사용한다. 특정한 어떤 오이가 아니라, 오이들 중 불특정한 어떤 것들을 고르라는 의미이므로, 복수 명사 cucumbers를 가리키는 ones가 적절하다.

04 정답 How is it

해석 다른 나라의 문화에 관한 너의 에세이는 어떻게 되어가고 있니?

풀이 에세이의 진행 '상황'을 묻고 있는 것으로, 비인칭주어 it을 사용한 How is it이 적절하다. 상대방의 안부를 물을 때, How is it going?이란 표현을 쓰는데 이때도 it은 상대방의 '상황'을 묻는 것으로 이해하면 된다.

05 정답 the other

해석 나이가 들어감에 따라 당신은 손이 두 개라는 것을 알게 될 것인데, 한 손은 당신 자신을 돕는 손이고, 다른 하나는 다른 사람들을 돕는 손이다.

풀이 두 개 중에 하나를 가리킬 때는 one, 나머지 하나를 가리킬 때는 the other를 쓴다.

B

01 정답 ×, those

해석 어떤 연구들은 자신의 능력에 자신감이 있는 학생들이 자신감이 덜한 학생들보다 학업 시험에서 더 잘하는 경향이 있음을 보여준다.

풀이 문맥상 자신감이 있는 학생들과 자신감이 없는 학생을 비교하고 있으므로, that은 students를 의미해야 한다. 따라서 복수 명사인 students에 맞게 that을 those로 고쳐야 한다.

02 정답 ×, it

해석 백인 가정에서 집사로 일하는 게 어떤지 제게 말해 줄 수 있나요?

풀이 밑줄 친 this가 가리키는 것은 뒤에 있는 진주어 to work ~ white households인데, 가주어로는 this가 아닌 it을 사용하므로 this를 it으로 고쳐야 한다. 참고로 '~하는 것은 어떠한가?'라는 뜻의 「what is it like to V」 표현이 간접의문문이 되어 「의문사 + 주어 + 동사」의 어순으로 쓰였다.

03 정답 ○

해석 Jack 박사의 무료 진료소는 어려움에 처하게 되었는데, 밀려드는 난민들이 그의 진료소가 그들 모두를 치료하는 것을 어렵게 만든 것이다.

풀이 it은 뒤에 나온 진목적어 to treat them all을 가리키는 가목적어이므로 적절하다. for his clinic은 to부정사구의 의미상 주어로 쓰였다.

04 정답 ×, another

해석 한 연구에서, 피실험자들은 3개의 다른 세제 상자를 받았다. 한 상자는 노란색, 다른 것은 파란색, 세 번째 것은 노란색 무늬가 있는 파란색이었다.

풀이 앞에 언급된 세 개의 상자 중 두 번째 것을 가리켜야 한다. 하나는 one, 또 다른 하나는 another, 나머지 하나는 the other로 나타낸다. 따라서 the other를 another로 고쳐야 한다.

05 정답 ×, Few

해석 상대편 팀의 아이들 중에 Jason을 알아보는 사람은 거의 없었지만, 그의 학교에 있는 대부분의 학생들은 그를 알았다.

풀이 '거의 없는'이라는 의미를 나타내며 셀 수 있는 명사 kids를 수식하고 있으므로 Little을 Few로 고쳐야 한다.

C

01 정답 This → It

해석 만약 당신이 당신의 학습 능력을 향상시키기 원한다면 충분한 잠을 자는 것이 필수적이다.

풀이 This가 가리키는 것은 뒤에 나온 진주어 to get ~ sleep인데, 가주어 역할을 할 수 있는 대명사는 it이므로 This를 It으로 고쳐야 한다.

02 정답 them → it

해석 우리는 선생님들이 그들의 학교 일정에 맞는 시간에 심폐 소생술 연습에 참여하게 하는 것을 쉽게 했다.

풀이 「make + it(가목적어) + 목적격보어 + 진목적어」 구문이 사용된 문장으로, 뒤에 나온 진목적어 to participate 이하를 대신하는 가목적어 it이 필요하다. 따라서 them을 it으로 고쳐야 한다.

03 정답 a little → a few

해석 우리 농장의 과일 따기 프로그램이나 치즈 만들기 프로그램에 참여해 보라. 이것들은 우리가 당신의 가족을 위해 제공하는 프로그램들 중 일부에 불과하다.

풀이 a little 뒤에 셀 수 있는 명사 the programs가 나오고 있으므로 이를 수식할 수 있도록 a little을 a few로 고쳐야 한다.

04 정답 those → that

해석 그것은 95퍼센트의 미국인들이 직업을 가지고 있다는 것을 의미하는데, 다른 산업 국가들의 그것보다 훨씬 더 높은 취업률이다.

풀이 문맥상 미국의 취업률과 다른 산업 국가들의 취업률을 비교하고 있으므로, those는 앞에 있는 an employment rate을 지칭해야 한다. 따라서 이에 맞게 those를 단수 대명사 that으로 고쳐야 한다.

05 정답 another → other

해석 당신은 당신의 기타가 다른 악기나 목소리와 어떻게 어울릴 것인지를 이해할 필요가 있다.

풀이 뒤에 복수 명사 instruments and voices가 있으므로 another를 other로 고쳐야 한다.

D

01 정답 has little to do with how many people are

풀이 '거의 없는'이란 뜻의 little은 동사나 형용사를 수식하는 부사의 역할도 할 수 있는데, 'A와 연관이 있다'라는 뜻의 have to do with A와 결합하여 'A와 연관이 거의 없다'라는 뜻의 「have little to do with A」라는 표현을 만들 수 있다. 따라서 has little to do with을 먼저 쓴 후, A에 해당하는 것이 '얼마나 많은 사람들이 있는지'이므로 「의문사 + 주어 + 동사」 구조의 간접의문문을 사용하여 how many people are를 이어서 쓴다.

02 정답 similar to those of people now

풀이 「be similar to ~ 」는 '~와 비슷하다'라는 뜻으로, '~와 비슷하지 않다'라는 의미를 나타내기 위해 aren't 뒤에 similar to를 쓴다. 문맥상 오늘날 사람들의 삶과 1950년대의 사람들의 삶을 비교하고 있으므로 앞에 나온 the lives를 대신하는 복수 대명사 those를 이용하여 those of people now를 이어서 배열한다.

03 정답 it harder for them to learn the virtue of gratitude

풀이 「make + it(가목적어) + 목적격보어 + 진목적어」 구문을 사용하여 가목적어 it과 목적격보어 harder를 먼저 쓴다. 그리고 to부정사의 의미상의 주어 for them과 진목적어 to learn을 차례대로 배열한 뒤 learn의 목적어인 the virtue of gratitude를 연결한다.

04 **정답** some insisted, others answered
풀이 어떤 사람들과 다른 사람들, 이렇게 두 그룹으로 나눠 비교하고 있기 때문에 some과 others를 사용하면 된다. 따라서 앞의 빈칸에는 some insisted, 뒤의 빈칸에는 others answered를 쓴다.

05 **정답** consider it safe to build their nests
풀이 「consider + it(가목적어) + 목적격보어 + to V(진목적어)」 구문을 사용하여 consider와 가목적어 it, 그리고 목적격보어인 safe를 먼저 써야 한다. 다음으로 진목적어에 해당하는 to부정사구를 써야 하므로 '그들의 둥지를 짓는 것'이라는 의미에 맞게 to build their nests를 이어서 배열한다.

E

01 **정답** it difficult to produce food to sell
풀이 「find + it(가목적어) + 목적격보어 + to V(진목적어)」 구문을 사용하여 가목적어 it과 목적격보어 difficult를 먼저 쓴다. 진목적어는 to부정사 형태여야 하므로 produce를 to produce로 고쳐 difficult 뒤에 연결한다. 다음으로 목적어 food를 쓰고 food를 수식하는 형용사적 용법의 to부정사 to sell을 이어서 배열해야 한다.

02 **정답** takes it for granted that I am
풀이 '~을 당연하게 여기다'라는 뜻의 「take + it(가목적어) + for granted + 진목적어」 구문을 사용하여 배열한다. 주어가 단수이므로 이에 수를 일치시켜 take를 단수 동사 takes로 고친 takes it for granted를 먼저 쓰고, 진목적어의 일부인 that I am을 차례대로 써야 한다. 이때 주어인 I에 수를 일치시키고 시제 일치를 시켜 be를 am으로 고쳐 써야 한다.

03 **정답** that of babies who had an adult to interact with
풀이 혼자서 노는 아기들의 놀이와 상호작용할 어른이 있던 아이들의 놀이를 비교하고 있으므로, 앞에 나온 단수 명사 the play를 받도록 대명사 that을 사용하여 that of babies를 먼저 쓴다. 그리고 babies를 수식하는 관계사절 who had an adult to interact with을 차례대로 배열해야 한다. 이때 to interact with는 an adult를 수식하는 형용사적 용법의 to부정사구이다.

04 **정답** it was not difficult to see tigers
풀이 진주어가 to부정사구로 길이가 길 때 가주어 it을 사용하므로 가주어 it을 먼저 쓴다. 다음으로 '300년 전'이라는 과거의 일을 말하고 있으므로 be를 과거동사 was로 고쳐 쓴 뒤 보어인 not difficult를 이어서 쓴다. 다음으로 진주어는 to부정사구여야 하므로 see를 to see로 고쳐 to see tigers를 차례대로 배열한다.

05 **정답** those which do not offer a view of other people
풀이 '도시 생활이 잘 보이는 자리들'과 '다른 사람들의 모습이 보이지 않는 자리들'을 비교하고 있으므로 앞에 나온 복수 명사 the seats를 대신할 수 있는 복수 대명사 those를 먼저 써야 한다. 다음으로 '다른 사람들의 모습을 보여주지 못하는 자리들'이라는 의미를 나타내기 위해 복수 대명사 those를 수식하는 관계사절을 사용하여 관계대명사 which와 동사 do not offer, 그리고 목적어인 a view of other people을 차례대로 배열해야 한다. other 뒤에는 복수 명사가 나와야 하므로 people을 써야 한다.

---

01 ②   **02** ②
03 ③   **04** ③
05 ④, ⑤
06 ① them ③ those ④ ones
07 ② other → another
    ④ those → that
    ⑥ him → his
08 ② others → the other
    ④ it → that
    ⑤ themselves → them
09 (A) any food of hers (B) her to clean it up
10 Fewer options make it easy to choose something.

---

01 정답 ②

해석
포유류와 조류 둘 다 시끄러운 동물이다. 그것들은 공통적으로 소리로 자신들의 존재가 느껴지도록 만들고 자신의 의사를 전달하지만, 조류가 그것에 훨씬 더 능숙하다. 많은 포유류가 각각 다른 대상에 대해 각기 다른 소리를 내지만, 조류가 낼 수 있는 유의미한 소리의 범위에 필적할 수 있는 포유류는 거의 없다. 인간을 제외하고는 포유류는 대체로 노래하지 못하며, 그것들이 그렇게 하려 한다는 증거도 거의 없다. 몇몇 포유류가 큰 소리로 울기는 하지만, 인간과 아마도 고래를 제외하고는 노래하는 포유류는 거의 없다. 하지만 많은 조류는 노래로 유명하며, 가장 멋진 소리로 우는 새 중의 일부는 우리가 가장 흔하게 마주치는 것들이다.

풀이
② 소리로 자신들의 존재를 느끼게 하고 자신의 의사를 전달하는 '것'에 훨씬 능숙하다는 내용이 되어야 하므로 them을 단수 대명사 it으로 고쳐야 한다.

① '자신의 의사를 제대로 전달하다'라는 의미의 make oneself understood를 이용한 표현이다. 여기서 주어인 they와 목적어인 themselves가 지칭하는 대상이 서로 일치하므로 재귀대명사 themselves는 적절하다.
③ few는 셀 수 있는 명사를 수식하거나 대신하는 데 사용된다. few는 few mammals를 가리키므로 올바른 표현이다.
④ little은 셀 수 없는 명사를 수식하거나 대신하는데, 셀 수 없는 명사인 evidence를 수식하므로 little은 올바른 표현이다.
⑤ ones는 앞에 나온 songsters를 가리키는 부정대명사이므로 올바른 표현이다.

구문 분석
7행 Apart from human beings, mammals on the whole are not melodious and there is little evidence that they intend to **be**.
▶ be는 앞에 나온 are melodious의 의미를 대신하기 위해 사용된 대동사이다.

어휘 및 어구

- mammal 포유류, 포유동물
- match ~에 상응하다
- on the whole 대체로
- glorious 눈부시게 아름다운
- encounter 마주치다
- presence 존재
- range 범위
- melodious 노래하는
- songster 고운 소리로 우는 새, 가수

02 정답 ②

해석

Mary는 인테리어 디자이너이다. 그녀의 친구 중 한 명이 개조할 필요가 있는 집을 샀는데, 그녀에게 실내 장식을 해달라고 요청했었다. Mary는 그 집의 실내가 매력적으로 보이는 것이 낫다고 생각했다. 그러나 그녀는 안전 기준을 무시하곤 했고, 다른 계약자들의 제안이 자신의 이상과 맞지 않는다고 생각되면, 그들의 말을 들으려 하지 않았다. 그 집에 그녀가 직접 선택한 모든 가정용 제품에 있어 그녀의 주된 관심은 그것이 효율적인가 또는 믿을 만한가가 아니라 매력적으로 보이는가 하는 것이었다. 그녀는 화려해 보이는 출입문 자물쇠를 믿을 만하다고 생각하지 않는 자물쇠 업자의 조언을 듣지 않고, 그것을 선택했다. 그 결과, 1년 뒤 열쇠로 자물쇠를 여는 데 어려움이 있어 출입문 자물쇠를 교체하는 것이 필요했다.

풀이

ⓓ their가 가리키는 것은 앞에 나온 복수명사 other contractors이므로 올바른 표현이다.

ⓔ '그녀가 직접' 고른 제품이라는 것을 강조하고자 강조용법의 재귀대명사를 쓴 것이므로 herself는 올바른 표현이다.

ⓐ 이중소유격은 「a(n) + 명사 + of + 소유대명사」의 구조를 가지고 있으므로 소유격 her를 소유대명사 hers로 고쳐야 한다.

ⓑ 문장이 「think + 가목적어(it) + 목적격보어(better) + 의미상의 주어(for the interior of the house) + 진목적어(to look attractive)」의 구조를 가지고 있다. 따라서 진목적어인 to부정사구 to look attractive를 대신할 가목적어 it이 필요하므로 that을 it으로 고쳐야 한다.

ⓒ another 뒤에는 단수 명사를 쓰는데, 복수 명사 contractors가 나오므로 another를 복수 명사 앞에 쓰는 other로 고쳐야 한다.

ⓕ 가주어와 진주어를 가진 문장으로 to change the door lock을 대신할 가주어가 필요하므로 this를 it으로 고쳐야 한다.

구문 분석

8행 For **all the home products** [she picked herself for the house], her main concern was whether they looked attractive, not whether they were effective or reliable.

▶ [ ]는 목적격 관계대명사가 생략된 관계사절로 앞에 있는 all the home products를 수식한다.

어휘 및 어구

- renovate 개조(수리)하다
- ignore 무시하다
- contractor 계약자
- fit (~에) 맞다
- concern 관심사
- fancy-looking 화려해 보이는
- dependable 믿을 만한
- attractive 매력적인
- safety standards 안전수칙
- proposal 제안
- ideal 이상
- reliable 믿을 만한
- locksmith 자물쇠 업자
- consequence 결과

03 정답 ③

해석

우리는 모두 우리 자신의 결점을 확대경으로 보는 경향이 있다. 만일 여러분이 자신의 이런저런 부분이 기준에 미치지 못한다고 끊임없이 스스로에게 말한다면 어떻게 그것이 조금이라도 나아지길 기대할 수 있겠는가? 여러분이 자신에 대해 좋아하는 점에 집중하라. 스스로를 깎아내리기보다는 칭찬하는 것이 훨씬 더 기분을 좋게 한다는 것을 알게 될 것이다. 이런 좋은 기분으로, 여러분은 자기비판의 부정적인 에너지로 할 수 있는 것보다 더 많은 것을 자신과 다른 사람들을 위해 할 수 있다. 부정적인 에너지를 가지고 당신이 잘할 수 있는 것은 거의 없다. 좋은 점들을 보도록 선택하는 것을 원칙으로 삼아라. 선택은 여러분 자신의 몫이다.

풀이

ⓒ '스스로를 깎아내리기보다는 칭찬하는 것이 훨씬 더 기분을 좋게 한다'는 내용으로 보아 진주어 to praise yourself를 대신할 가주어 it이 필요하다. 따라서 this를 it으로 고쳐야 한다.

ⓕ 진목적어 to choose to see the good을 대신할 가목적어가 필요하므로 them을 it으로 고쳐야 한다.

ⓐ '자기 자신에게' 말한다는 의미를 나타내고, 문장의 주어인 you와 지칭하는 대상이 같으므로 재귀대명사 yourself는 올바른 표현이다.

ⓑ it이 가리키는 것이 앞에 나온 단수 명사 this or that part of you이므로 올바른 표현이다.

ⓓ 이어동사에 대명사가 들어가는 경우, 「동사 + 대명사 + 부사」의 어순으로 사용된다. 따라서 문장의 주어인 you와 같은 대상을 지칭하고 있는 목적어 yourself가 동사와 부사 사이에 들어가 put yourself down의 어순으로 쓴 것은 어법상 적절하다.

ⓔ 문맥상 '당신이 할 수 있는 것이 거의 없다'라는 내용이 되어야 하므로 부정의 의미를 가지고 있으며 셀 수 있는 명사를 수식하거나 대신하는 few things는 올바른 표현이다.

ⓖ your choice 대신에 사용된 소유대명사 yours는 올바른 표현이다.

어휘 및 어구

- tendency 경향
- magnifying glass 확대경
- up to standard 기준에 미치는
- self-criticism 자기비판
- flaw 결점, 결함
- continually 끊임없이
- put down ~을 깎아내리다

04 정답 ③

해석

2004년에 올림픽이 그리스로 돌아왔을 때, 모든 메달 수상자는 그들의 메달과 함께 월계관을 받았다. 그러나 마라톤 승자들의 월계관은 특별할 예정이었다. 그것은 그리스에서 가장 오래된 나무로 만들기로 하였다. 불행하게도 다른 마을 출신의 두 경쟁자가 있었다. 둘 모두 그들의 나무가 고대 올림픽 시대로 거슬러 올라간다고 주장했다. 그러나 그들 중 어느 누구도 그 사실을 증명하기 위해 그것을 베어서 나이테를 세려고 하지 않았다. 결국 여자 마라톤 승자를 위한 월계관은 한 쪽 마을의 나무로 만들었고, 남자 금메달리스트를 위한 월계관은 다른 쪽 마을의 나무로 만들었다.

풀이

ⓐ They가 가리키는 것은 앞에 나온 복수 명사 The wreaths이다. 따라서 복수 대명사 They와 복수 동사 were는 올바른 표현이다.

ⓓ it은 두 경쟁자가 주장한 내용에 해당하는 their tree ~ ancient Olympics이다. 문장 전체는 단수로 받기 때문에 it은 적절한 표현이다.

ⓑ 내용상 its가 가리키는 것이 앞에 나온 복수명사 two competitors이자 주어인 Both를 가리키므로 its를 their로 고쳐야 한다.

ⓒ 이어동사의 목적어가 대명사일 때는 「동사＋대명사＋부사」의 어순을 따라야 하므로, cut down it을 cut it down으로 고쳐야 한다. 참고로 neither of them에서 them은 앞에 나온 Both, 즉 two competitors를 지칭한다. neither는 단수 취급하므로 단수 동사 was가 사용되었다.

ⓔ those가 가리키는 것은 앞에 나온 the wreath for the winner에서 the wreath이다. 이는 단수 명사이기 때문에 those를 that으로 고쳐야 한다.

ⓕ 문맥상 두 개의 마을 중에 첫 번째 마을은 one village로 표현되었으므로 두 번째 마을은 the other로 지칭해야 한다. 참고로 another는 '또 다른 마을'이란 뜻이므로 다른 마을이 더 있을 때 사용한다.

구문 분석

10행 In the end the wreath for the winner of the women's marathon **was made** from the tree in one village and [those for the men's gold medalist] from the tree of the other.

▶ [ ] 뒤에는 반복을 피하기 위하여 was made가 생략되었다.

어휘 및 어구

· competitor 경쟁자
· be willing to V 기꺼이 ~하다
· date back to ~까지 거슬러 올라가다
· growth ring 나이테

05 정답 ④, ⑤

해석

① 포식자들과는 달리, 먹잇감이 되는 동물들은 보통 바깥쪽을 향하고 있는 눈을 가지고 있는데, 이것이 어떤 각도에서 접근하고 있을지도 모르는 위험을 스스로 감지할 수 있게 해 준다.

② 우리는 지난 주말에 호숫가에 있는 오두막집에 갔다. 너무 화창해서 아버지는 파라솔 아래 계셨다.

③ 가장 매력적인 자연의 온도 조절 행동 중에는 벌이나 개미와 같은 사회적 곤충들의 행동들이 있다.

④ 나는 겨울 동안 당신의 피부를 건강한 상태로 유지해 줄 간단한 몇 가지를 추천하고 싶다.

⑤ 5명 중에, Scott은 잠을 자지 않은 유일한 사람이었다. 그래서 그는 다른 사람들을 깨우지 않기 위해 조용히 옷을 입었다.

풀이

④ a few는 셀 수 있는 명사를 수식하거나 대신하는데 뒤에 복수명사 recommendations이 나오므로 올바른 표현이다.

⑤ 5명 중에 잠들지 않은 유일한 사람은 Scott이므로 나머지 4명을 the others로 표현한 것은 올바른 표현이다. 또한 Scott이 스스로 옷을 입는 것이므로 문장에 사용된 재귀대명사 himself도 올바른 표현이다.

① 그들에게 위험을 감지하게 하는 것은 '바깥쪽으로 향한 눈들'인데, allow의 주어이자 선행사인 eyes facing outward와 allow의 목적어인 preys가 다른 대상이므로 재귀대명사 themselves를 사용할 수 없다. 따라서 themselves를 them으로 고쳐야 한다.

② 날씨를 나타내는 비인칭주어 it이 필요하므로 That을 It으로 고쳐야 한다.

③ that이 가리키는 것이 앞에 나온 복수 명사 the most fascinating natural temperature-regulating behaviors이므로 those로 고쳐야 한다.

구문 분석

⑤ Of the five people, Scott was the only person that didn't sleep. So he dressed himself silently **so as not to** wake the others.

▶ '~하기 위하여'라는 뜻의 「so as to V」에 부정어를 추가할 때는 to 부정사 앞에 넣어야 하므로 「so as not to V」의 어순이 된다.

어휘 및 어구

· prey 먹잇감, 먹이
· detect 감지하다
· fascinating 매력적인
· recommendation 추천사항
· predator 포식자
· cabin 오두막집
· regulating 조절하는

06 정답 ① them ③ those ④ ones

해석

오페라 가수와 건조한 공기는 잘 어울리지 않는다. 사실, 최고의 전문 가수는 정확한 음에 도달하는 것을 돕기 위해서 습한 환경을 필요로 한다. 언어학자인 Caleb Everett은 만일 공기 중의 수분의 양이 음조에 영향을 미친다면, 그것이 수분이 부족한 지역에서 더 적은 성조 언어가 발달하는 것으로 해석되는지 궁금했다. 표준 중국어와 같은 성조 언어에서는 높은 음에서 발화된 같은 음절이 만약 낮은 음에서 발화된다면 다른 단어를 나타낼 수 있다. 3,700개가 넘는 언어들에 대한 연구에서, 그는 복잡한 성조를 가지고 있는 언어는 습한 지역에서보다 건조한 지역에서 덜 빈번하게 나타난다는 것을 발견했다. 전반적으로, 복잡한 성조 언어 30개 중 단 하나만이 건조한 지역에서 발달했고, 비성조 언어 3개 중 하나 꼴로 그러한 동일한 지역에서 발생했다. 이러한 결론은 언어의 구조가 환경과 무관하다는 언어관과 상반된다.

풀이

① 습한 환경이 가수들을 돕는 것이므로 의미상의 주어 humid settings와 목적어 the best professional singers는 가리키는 대상이 같지 않다. 따라서 재귀대명사를 사용할 수 없으므로 themselves를 them으로 고쳐야 한다.

③ that이 가리키는 것은 앞에 나온 복수 명사 languages이므로 that을 those로 고쳐야 한다.

④ one이 가리키는 것은 앞에 나온 복수 명사 areas이므로 one을 ones로 고쳐야 한다.

② 셀 수 있는 명사를 수식하거나 대신하는 few가 비교급 형태로 사용되었다. tonal languages가 셀 수 있는 명사이므로 fewer는 올바른 표현이다.

⑤ 앞에 나온 단수 명사 language를 가리키는 대명사가 필요하므로 its는 올바른 표현이다.

구문 분석

16행 Those conclusions go against a linguistic view **that** the structure of language is independent of its environment.

▶ that은 동격의 접속사로, that이 이끄는 절이 a linguistic view에

대해서 구체적으로 설명하고 있다.

어휘 및 어구
- get along 어울리다
- pitch 음
- syllable 음절
- flourish 번창하다, 발달하다
- humid 습한
- tonal language 성조 언어
- specify 나타내다
- linguistic 언어의

07 정답 ② other → another
ㅤㅤㅤㅤ④ those → that
ㅤㅤㅤㅤ⑥ him → his

해석
① 그녀는 최근에 출판된 하루키의 소설을 빨리 읽고 싶다고 말했다. 그녀는 그의 열렬한 팬이었음에 틀림없다.
② 자연을 바라보는 것은 우리의 주의력을 회복할 수 있는 기회를 주는 또 다른 활동이다.
③ 내 딸은 자전거를 사고 싶었지만 새 자전거들은 너무 비싸서 중고 자전거를 사기로 했다.
④ 조사에 따르면 2014년에 사업 때문에 한국을 방문한 방문객의 수는 전년도에 비해 감소했다.
⑤ 일반적인 질문을 하는 것은 당신에게 가치 있는 정보를 거의 주지 않으며, 심지어 오해의 소지가 있는 답변을 초래할 수도 있다.
⑥ Joe는 내 연락처를 의뢰인에게 주는 대신, 자신이 그 일에 책임자라는 것을 확실히 하기 위해 그의 것을 제공하기로 결정했다.

풀이
② 뒤에 단수 명사 activity가 나오므로 other를 another로 고쳐야 한다.
④ those는 앞에 나온 단수 명사 the number ~ business interests를 가리킨다. 주어의 핵은 단수인 the number이므로 이를 받는 대명사는 that이어야 한다. 따라서 those를 that으로 고쳐야 한다.
⑥ 나의 연락처를 주는 대신에, '그의 연락처'를 제공한다는 의미가 되어야 하므로 him이 아니라 his contact information을 받을 수 있는 소유대명사 his를 써야 한다.

---

① 소유격 his와 관사 a는 함께 쓸 수 없으므로 이중소유격으로 표현해야 한다. 이중소유격은 「a(n) + 명사 + of + 소유대명사」의 구조를 가지므로 a big fan of his는 올바른 표현이다.
③ one은 앞에 있는 명사 a bike를 가리키므로 적절하다.
⑤ little은 셀 수 없는 명사를 수식하거나 대신할 때 사용되는데, 뒤에 셀 수 없는 명사인 information이 나왔으므로 올바른 표현이다.

구문 분석
② Looking at nature is **another activity** [that gives our attention a chance to recover].
ㅤ▶ [ ]는 주격 관계대명사 that이 이끄는 관계사절로, 선행사 another activity를 수식한다. our attention이 gives의 간접목적어이고, a chance가 직접목적어이다.

어휘 및 어구
- can't wait to V 몹시 ~하고 싶어 하다

- purchase 사다, 구매하다
- misleading 오해의 소지가 있는
- be responsible for ~에 책임이 있다
- yield 초래하다, 생산하다

08 정답 ② others → the other
ㅤㅤㅤㅤ④ it → that
ㅤㅤㅤㅤ⑤ themselves → them

해석
Newcastle 대학의 심리학 교수 세 명은 그들 학과의 커피 마시는 장소에서 실험을 했다. 동료들과 학생들은 커피를 마음대로 마실 수 있었고 커피에 대한 대가로 50센트를 남기도록 요구받았다. 10주 동안 교수들은 그 장소에 두 개의 포스터를 번갈아 가며 교체했는데, 하나는 꽃 포스터였고, 나머지 다른 하나는 응시하고 있는 눈동자 포스터였다. 눈동자가 사람들을 지켜보고 있던 주에 사람들이 기부한 돈은 꽃 포스터가 걸려 있을 때 기부한 돈의 2.76배였다. 핼러윈 때 시행했던 유사한 연구에서는 거울들이 집 밖에 놓여졌다. 모든 사람들에게 충분하도록 아이들은 사탕을 한 개만 가져가라는 말을 들었다. 거울이 그들의 모습을 비추었을 때, 대부분의 아이들은 자신도 모르게 사탕을 한 개만 가져갔다.

풀이
② 두 개의 포스터 중에 하나의 포스터와 나머지 하나에 대해 설명하고 있으므로 others를 the other로 고쳐야 한다.
④ 여기서 it은 문맥상 앞에 있는 the money를 가리키는데, 이 문장에서처럼 비교 대상의 일치가 필요한 경우, 대상이 단수이면 that을 쓰고 복수이면 those를 쓴다. 따라서 it을 that으로 고쳐야 한다.
⑤ 문장의 주어는 the mirrors이므로 themselves라고 썼을 때, 거울 자체를 지칭하게 되므로 어색하다. 거울들이 학생들의 모습을 비춰 주는 것이므로 themselves를 them으로 고쳐야 한다.

---

① 주어는 Colleagues and students이고 help oneself는 '마음껏 먹다'라는 의미이므로 문맥상 help themselves는 올바른 표현이다.
③ the eyes는 응시하는 눈이 있는 포스터에서의 '눈'을 뜻하고, them은 앞에서 지칭한 동료들과 학생들이다. 따라서 them은 올바른 표현이다. 문장의 주어와 목적어가 지칭하는 대상이 다르므로 themselves를 쓰지 않아야 한다.
⑥ 주어는 most children이고, despite oneself는 '자신도 모르게'라는 의미로 사용된다. '아이들 자신도 모르게'라는 의미의 despite themselves는 올바른 표현이다.

구문 분석
12행 Children were told to take only one piece of candy **so that** there would be plenty for everyone.
ㅤ▶ so that ~ : ~하기 위하여, ~하도록

어휘 및 어구
- in return ~에 대한 답례로
- contribute 내다, 기부하다
- alternate 번갈아 교체하다
- reflect 비추다, 반사하다

09 정답 (A) any food of hers (B) her to clean it up

풀이

(A) any와 소유격 her가 함께 사용될 수 없기 때문에 「any + 명사 + of + 소유대명사」의 이중소유격을 사용해야 한다. 따라서 any food of hers로 나열해야 한다.

(B) 「help + O + (to) V」의 구조와 「동사 + 대명사 + 부사」의 이어동사 어순을 따라야 한다. [보기]에 to clean으로 제시되어 있기 때문에, 목적어 her 뒤에 to부정사 to clean up을 써야 하는데, 앞에 나온 단수명사 any food를 가리키는 대명사 목적어가 필요하므로 it을 사용해야 한다. 이어동사의 목적어가 대명사이면 동사와 부사 사이에 목적어를 써야 하므로 clean it up의 어순으로 써야 한다. 따라서 her to clean it up으로 나열한다.

10 정답 Fewer options make it easy to choose something.

해석

오늘날 시장에서 선택 항목의 과잉은 당신에게 더 많은 선택의 자유를 준다. 그러나 행복의 관점에서 치러야 할 대가가 있을지도 모른다. 심리학자 David Myers와 Robert Lane의 연구에 따르면, 이런 모든 선택은 자주 사람들을 우울하게 만든다. 연구자들이 어떤 쇼핑객들에게는 24개의 잼을 맛보게 했고 다른 사람들에게는 오직 6개만 맛보게 했다. 더 적은 선택 항목을 가진 사람들이 맛보는 것에 더 행복했다. 훨씬 더 놀랍게도, 더 넓은 범위의 선택 사항을 가진 사람들 중 오직 그 당시 3%만이 잼을 구매한 반면, 더 적은 선택 사항을 가진 사람들 중에서는 그 당시 31%가 잼을 구매했다. 이에 대해 아이러니한 점은 사람들이 거의 항상 더 많은 선택 항목을 원한다고 말한다는 것이다. 그러나 그들이 더 많은 선택 항목을 가질수록 그들은 더 마비된다. 영리한 레스토랑 사장들은 더 적은 선택 항목을 제공한다. 이것은 고객들이 더 편안함을 느끼게 하고, 그들이 쉽게 선택하여 그들의 선택에 더 만족한 상태로 떠나도록 부추긴다.

풀이

이 글의 주제는 '선택 항목이 적은 것이 무언가를 선택하는 것을 쉽게 한다'이다. 그리고 보기에 주어진 단어들을 조합해 보면 「make + 가목적어 it + 목적격보어 + 진목적어」로 구성할 수 있음을 알 수 있다. 따라서 주어인 Fewer options를 먼저 놓고, 동사는 make, 가목적어 it을 뒤에 놓은 후에, 목적격보어인 easy, 그리고 진목적어인 to choose something을 순서대로 나열하는 것이 적절하다.

구문 분석

16행 This [1)]**allows** customers **to feel** more relaxed, [2)]**prompting** them [3)]**to choose** easily and **leave** more satisfied with their choices.

1) allow + O + to V : ~가 …하도록 허용하다
2) prompt + O + to V : ~가 …하도록 자극하다(부추기다)
  현재분사 prompting으로 시작하는 분사구문이다.
3) to choose와 (to) leave가 and를 중심으로 병렬 구조를 이루고 있다.

어휘 및 어구

- overabundance 과잉
- in terms of ~라는 점에서
- ironic 역설적인
- paralyzed 마비된

---

01 ⑤   **02** ②, ⑤

03 ② consulting ⑤ advertised

04 they can control themselves in situations in which they can't do so

---

01 정답 ⑤

해석

ⓐ 자신에게 하는 긍정적인 말이 효과가 있다는 증거는 빈약하며, 그것이 실제로 도움이 될 수 있기보다는 오히려 해를 끼칠 수 있다고 말하는 심리학자들이 있다.

ⓑ 그들이 칭찬 배지를 받을 만큼 충분히 잘 할 수 있다고 확신하지 않거나, 혹은 보상이 보장되지 않는다면, 아이들은 특정 활동들을 하기를 피할지도 모른다.

ⓒ 전형적으로 단지 몇 개의 빛 파장만 포함하고 있는 인공 조명은 햇빛이 분위기에 미치는 것과 똑같은 효과를 갖고 있는 것 같지는 않다.

ⓓ Darwin이 자신의 연구를 발표하기 오래 전에, Adam Smith는 이미 사업에서 경쟁이 경제적 효율 이면에 있는 추진력이라고 생각했다.

ⓔ 그리스에서는 어떤 낯선 이가 문 앞에 나타나면 선한 주인이 되어 그에게 거처를 주고 그와 음식을 나누는 것이 의무였다.

풀이

ⓑ '~할 만큼 충분히 …하다'라는 뜻으로 「형용사/부사 + enough to V」 구조로 쓰인 well enough to earn은 적절하다. or 뒤의 if절에서 gifts와 guarantee의 관계는 수동이므로 수동태인 are guaranteed가 알맞게 쓰였다. 또한 주절에서 동사 avoid는 목적어로 동명사만 취하므로 doing을 쓴 것도 어법상 적절하다.

ⓒ 계속적 용법으로 사용된 관계대명사 which는 선행사 Artificial light를 부연 설명하고, 관계사절 안의 a few는 뒤의 복수 가산명사 wavelengths of light와 함께 사용되었으므로 어법상 적절하다. 또한, 단수 주어 Artificial light에 맞추어 단수 동사 does를 쓴 것과 the same effect를 선행사로 하는 목적격 관계대명사 that도 어법상 적절하다.

ⓔ if절은 가정법의 조건절이 아닌 과거 시점에서의 조건을 나타내는 부사절로 쓰였고, 주절의 it은 가주어, to be 이하가 진주어로 어법상 적절하게 사용되었다. 그리고 뒤의 give는 4형식 동사로 사용되어 간접목적어 him과 직접목적어 a shelter가 적절한 어순으로 쓰였다.

ⓐ 문맥상 두 개의 they가 가리키는 것은 앞 절의 positive self-talk이다. 따라서 이에 맞게 복수의 대명사 they를 단수의 대명사 it으로 고쳐야 적절하다.

ⓓ 부사구 in business life 뒤에 완전한 절이 이어지고 있고, what을 '무엇'이라고 해석하는 의문사로 보거나 '~(하)는 것'이라고 해석하는 관계대명사로 보고 해석하면 문맥상 어색하다. 따라서 what을 considered의 목적어 역할을 하는 명사절의 접속사 that으로 고쳐야 적절하다.

구문 분석

ⓐ **The evidence** [1)][that positive self-talk works] is weak, and there are **psychologists** [2)][who suggest that it can actually hurt more than it can help].

1) [　]는 The evidence와 동격을 이루는 명사절이다.
2) [　]는 주격 관계대명사 who가 이끄는 관계사절로, 선행사인 psychologists를 수식한다.

어휘 및 어구
- work 효과가 있다
- merit badge 칭찬 배지
- artificial 인공적인
- mood 분위기
- driving force 추진력
- duty 의무
- suggest 말하다, 시사하다
- guarantee 보장하다
- wavelength 파장
- competition 경쟁
- efficiency 효율
- shelter 거처, 피난처

02 정답 ②, ⑤

해석
당신은 다른 사람들이 그들의 행동을 바꾸려고 하고 있을 때 어떻게 그들을 격려하는가? 다이어트 중이며 몸무게를 많이 줄이고 있는 한 친구를 당신이 만난다고 가정해 보라. 그녀가 멋져 보이고 기분이 정말 좋겠다고 그녀에게 말하고 싶다. 누구든 긍정적인 말을 듣는 것은 기분이 좋고, 이런 피드백은 종종 고무적일 것이다. 그러나 만약 당신이 거기서 대화를 끝낸다면, 당신의 친구가 받게 되는 유일한 피드백은 결과를 향한 그녀의 진전에 대한 것뿐이다. 대신, 그 대화를 계속하라. 그녀의 성공을 가능케 한 어떤 것을 하고 있는지 물어보라. 그녀가 무엇을 먹고 있는가? 그녀가 어디서 운동을 하고 있는가? 그녀가 만들어 낸 생활양식의 변화는 무엇인가? 그 대화가 결과보다 변화의 과정에 초점을 맞출 때, 그것은 지속 가능한 과정을 만들어 내는 가치를 강화시킨다.

풀이
② for someone이 의미상 주어, to hear가 진주어로 쓰인 문장이므로 주어 자리에는 가주어가 와야 한다. 따라서 That을 가주어 It으로 고쳐야 적절하다.

⑤ 선행사 the lifestyle changes를 she 이하가 수식하는 구조로 본다면 changes와 she 사이에는 목적격 관계대명사 which(that)가 생략되어 있다고 볼 수 있다. 그러므로 관계사절 안에는 목적어가 빠져 있어야 하는데, 수동태 동사는 목적어를 필요하지 않으므로 has been made를 능동태인 has made 또는 has been making으로 바꾸어야 한다. 문맥상으로도 그녀가 '만들어 낸' 또는 '만들어 내고 있는' 생활양식의 변화이므로 능동태를 쓰는 것이 타당하다.

① has been losing은 주격 관계대명사 who가 이끄는 관계사절 안에 있는 동사이다. 따라서 선행사는 a friend이고 이에 맞게 단수 동사 has를 쓴 것은 적절하다. 현재 다이어트 중이므로 살이 빠지고 있는 상태임을 나타내기 위해 능동태의 현재완료진행형을 쓴 것도 어법상 적절하다.

③ your friend is getting은 목적격 관계대명사 that이 생략되어 있는 관계사절로, 선행사 the only feedback을 수식하고 있다. 따라서 주어 the only feedback에 맞추어 단수 동사 is가 적절히 쓰였다.

④ allow는 「allow + O + to V」의 구조로 사용되므로 목적어 her 뒤에 목적격보어로 to be successful을 쓴 것은 어법상 적절하다.

구문 분석
4행 1)**It**'s tempting **to tell** her 2)[that she looks 3)**great** and she must feel **wonderful**].
1) It은 가주어이며, to tell 이하가 진주어이다.
2) [　]는 tell의 직접목적어에 해당하는 명사절이다.

3) great와 wonderful은 각각 2형식 동사 looks와 feel의 주격보어로 쓰인 형용사이다. 보어 자리에 부사는 올 수 없으므로 greatly와 wonderfully를 쓰지 않도록 주의한다.

어휘 및 어구
- suppose 가정하다
- tempting 유혹하는, 솔깃한
- progress 진전
- work out 운동하다
- value 가치
- be on a diet 다이어트를 하다
- comment 말
- outcome 결과
- reinforce 강화시키다
- sustainable 지속 가능한

03 정답 ② consulting ⑤ advertised

해석
소비자들은 일반적으로 높은 위험을 무릅쓰는 것을 불편해 한다. 그 결과, 소비자들은 대개 위험을 줄이기 위해 많은 전략을 사용하도록 동기 부여를 받는다. 소비자들은 온라인 조사를 하거나, 뉴스 기사를 읽거나, 친구들에게 이야기하거나 혹은 전문가에게 자문을 구함으로써 추가 정보를 수집할 수 있다. 소비자들은 또한 그 제품이 적어도 자신들의 지난번 구매만큼은 만족스러울 것이라고 믿으면서, 자신들이 지난번에 샀던 똑같은 브랜드를 구매하여 불확실성을 줄인다. 게다가, 어떤 소비자들은 더 안전한 선택을 초래하는 간단한 판단 규칙을 이용할 수도 있다. 예를 들어, 어떤 이는 가장 비싼 물건을 사거나, 아주 많이 광고되는 브랜드가 다른 브랜드들보다 더 품질이 높다고 믿고 이 브랜드를 선택할 수도 있다.

풀이
② 밑줄 앞에 등위접속사 or가 있으므로 병렬 구조가 되어야 한다. 전치사 by의 목적어로 동명사 conducting, reading, talking과 더불어 병렬 구조로 이어져야 하므로 동사 consult를 동명사 consulting으로 고쳐야 어법상 적절하다.

⑤ '아주 많이 광고되는' 브랜드라는 뜻으로 분사의 의미상 주어인 brand를 advertising이 수동의 관계로 수식해야 하므로 advertising을 과거분사인 advertised로 고쳐야 어법상 적절하다.

① motivate는 5형식 동사로 쓰일 때 「motivate + O + to V」의 구조를 갖는다. 수동태로 전환 시 목적격보어인 to부정사가 그대로 나와 「be motivated to V」의 형태가 되므로 to use는 어법상 적절하다.

③ Consumers ~ time까지 완전한 절의 형태가 나왔고 연결사 없이 콤마(,)가 있으므로 동사가 올 수 없는 구조이다. 따라서 앞 문장에 이어 추가적인 정보를 제공하는 분사구문이 오는 것은 어법상 적절하다. 또한 believing의 의미상 주어인 consumers가 '믿는' 것이므로 능동의 의미를 갖는 현재분사 believing을 쓴 것은 어법상 적절하다.

④ that은 주격 관계대명사로 선행사 a simple decision rule을 수식하며, 주어가 없는 불완전한 절을 이끌고 있으므로 어법상 적절하다.

구문 분석
7행 Consumers also reduce uncertainty 1)**by buying the same brand** 2)[that they **did** the last time], believing that the product should be at least 3)**as satisfactory as** their last purchase.
1) by + V-ing : ~함으로써
2) [　]는 목적격 관계대명사 that이 이끄는 관계사절로, 선행사 the same brand를 수식한다. did는 bought를 대신하는 대동사이다.
3) '~만큼 …한'이라는 의미를 나타내는 원급비교 구문인 「as + 형용사/

부사 원급＋as」가 사용되었다.

12행 For example, someone might buy the most expensive offering or choose a heavily advertised brand **in the belief** [that this brand has higher quality than other brands].

▶ in the belief that ~ 은 '～라고 믿고, ～라는 믿음으로'라는 뜻으로, that이 이끄는 [   ]가 the belief와 동격을 이룬다.

어휘 및 어구
- motivate 동기를 부여하다
- reduce 줄이다, 감소시키다
- uncertainty 불확실성
- satisfactory 만족스러운
- offering 팔 물건, 제공된 것
- strategy 전략
- conduct 실시하다
- at least 적어도(최소한)
- employ 쓰다, 이용하다
- consistently 지속적으로
- frustrating 좌절시키는
- pop up 불쑥 나타나다
- conscious 의식적인
- overestimate 과대평가하다
- resolution 결심
- well-practiced 길들여진
- submission 굴복, 항복

04 정답 they can control themselves in situations in which they can't do so

해석
누구도 자신이 평균이라고 생각하기를 좋아하지 않으며, 평균 이하라고 생각하는 것을 가장 좋아하지 않는다. 심리학자들에게 질문을 받았을 때, 대부분의 사람들은 지능, 외모, 건강 등을 포함한 모든 척도들에서 자신들이 평균 이상이라고 평가한다. 자기 통제 또한 다르지 않다. 사람들은 자기 자신을 통제할 수 있는 능력을 지속적으로 과대평가한다. 자기 통제에 대한 이러한 과신은 그들이 그렇게 할 수 없는 상황에서 스스로를 통제할 수 있다고 가정하도록 이끈다. 이것이 원하지 않는 습관을 멈추려 노력하는 것이 극도로 좌절감을 주는 일이 될 수 있는 이유이다. 변화하고자 결심한 순간부터 며칠과 몇 주에 걸쳐, 우리는 그것(원하지 않는 습관)이 반복적으로 불쑥 나타나는 것을 알아채기 시작한다. 그 오래된 습관의 길들여진 행동이 우리의 변화하고자 하는 의식적인 욕구를 굴복시키고 있다.

풀이
assume의 목적어에 해당하는 명사절을 접속사 that이 이끌고 있는 구조로 that절을 완성시켜야 한다. 먼저 '그들이 스스로를 통제할 수 있다'라는 의미에 부합하도록 they can control을 먼저 써 주고, 의미상 주어와 목적어가 동일하므로 control의 목적어 자리에 재귀대명사 themselves를 쓴다. 그리고 '～한 상황에서'라는 의미가 되도록 뒤에 in situations를 쓰고, situations를 선행사로 하여 in which 이하가 이를 수식하도록 in which they can't do so로 연결한다. 이 관계사절 안의 do so는 문맥상 앞 절의 control themselves를 의미한다.

구문 분석
2행 When **asked** by psychologists, most people rate themselves above average on all manner of measures including intelligence, looks, health, and so on.

▶ asked는 분사구문을 이끄는 과거분사로, 주절의 주어인 most people과 수동의 관계이므로 과거분사가 쓰였다. 이때 접속사 When은 의미를 명확하게 하기 위해 생략되지 않았다.

어휘 및 어구
- average 평균
- least of all 특히 ～하지 않다, 가장 ～가 아니다
- psychologist 심리학자
- all manner of 온갖(모든) 종류의
- rate 평가하다
- measure 척도

UNIT 17 형용사 vs. 부사

PRACTICE TEST with *Textbooks*

A

01 positive	02 sad	03 culturally
04 such	05 someone helpful	

B

01 ×, intentionally	02 ○	03 ×, freely
04 ○	05 ×, so	

C

01 easily → easy　　　　02 common → commonly

03 terrible something → something terrible

04 safely → safe　　　　05 significantly → significant

D

01 spending time in the woods can help them feel calm

02 quite a difficult job for me

03 The less the old trail was used, the faster

04 The $50 loss in cash is considered separate

05 to realize how big a galaxy is

E

01 the stronger the force to lift the athlete becomes

02 Living without luxuries turned out more difficult

03 rather a sensitive topic without hurting others' feelings

04 looked as thin as a withered branch of a tree

05 might find it more attractive than you think

A

01 정답 positive
해석 아직 갈 길이 멀었지만, 그들은 탱크에 연료를 어느 정도 가지고 있었기 때문에 긍정적이려고 애썼다.
풀이 '~인 채로 있다'라는 뜻의 불완전자동사 stay는 주격보어 자리에 형용사가 와야 한다. 따라서 형용사 positive가 적절하다.

02 정답 sad
해석 그녀가 아무 말도 하지 않았기 때문에, 나는 무엇이 나의 할머니를 그렇게 슬프게 만들었는지 짐작할 수 없었다.
풀이 동사 make가 5형식으로 쓰인 「made + O + O.C」 구조의 문장이다. 목적격보어 자리에는 형용사가 와야 하므로 형용사 sad가 적절하다.

03 정답 culturally
해석 동남아시아는 중국과 유사한 민족적 배경을 가졌지만 문화적으로는 인도와 더 가깝다.
풀이 문맥상 '문화적으로 더 가까운'이라는 의미이므로 형용사의 비교급인 closer를 수식할 수 있는 부사 culturally가 적절하다.

04 정답 such
해석 식용 작물의 교환은 신세계와 구세계 모두에서 매우 지대한 결

과를 초래했다.
풀이 명사를 강조하기 위해서는 such를 사용하여 「such a(n) + 형용사 + 명사」의 어순으로 쓴다. 따라서 such가 적절하다.

05 정답 someone helpful
해석 당신은 도움이 되는 누군가일 뿐만 아니라, 귀중한 자원으로 여겨진다.
풀이 -thing, -body, -one, -where로 끝나는 부정대명사는 형용사가 뒤에서 수식하므로 someone helpful이 적절하다.

B

01 정답 ×, intentionally
해석 발전은 자동적인 과정이 아니기 때문에 당신은 의도적으로 성장할 필요가 있다.
풀이 grow는 '~하게 되다'라는 뜻의 불완전자동사로 쓰이기도 하지만 이 문장에서는 '성장하다'라는 뜻의 완전자동사로 쓰였다. 따라서 intentional은 동사를 수식하는 부사 intentionally로 고쳐 써야 한다.

02 정답 ○
해석 당신의 계획은 아주 합리적으로 들리지만, 그것은 불확실하다.
풀이 형용사인 sensible을 수식하고 있으므로 부사 perfectly는 적절하다. 참고로 '~하게 들리다'라는 뜻의 불완전자동사 sound는 주격보어 자리에 형용사가 와야 하므로, 형용사 sensible이 쓰였다.

03 정답 ×, freely
해석 인상주의자들의 영향을 받은 몇몇 예술가들은 이전 어느 때보다 더 자유롭게 그림을 그리기 시작했다.
풀이 비교급인 more를 지워보면 free가 수식하는 것이 동사 paint임을 알 수 있다. 따라서 free 대신 동사를 수식할 수 있는 부사 freely를 써야 한다.

04 정답 ○
해석 줄타기 고수 김영철 선생님의 공연을 보고 나서 나는 줄타기에 관심을 갖게 되었다.
풀이 '~하게 되다'라는 뜻의 불완전자동사 become은 주격보어 자리에 형용사가 와야 한다. 따라서 형용사 역할을 할 수 있는 과거분사 interested는 적절하다.

05 정답 ×, so
해석 Andre가 매우 정확한 분석을 해서 판사가 그에게 무죄를 선고했다.
풀이 형용사 accurate를 강조하는 so를 앞에 써서 「so + 형용사 + a(n) + 명사」의 어순으로 써야 한다. 따라서 such를 so로 고쳐야 한다.

C

01 정답 easily → easy
해석 그것이 얼마나 쉬울지 보여주기 위해 아이가 그것을 하도록 하는 것은 어떨까?
풀이 show의 목적어로 의문사 how가 이끄는 명사절이 쓰였다. 의문사 how는 형용사나 부사를 수식할 수 있는데, 여기서는 it will be 뒤에 주격보어로 사용되는 형용사가 와야 하므로 부사 easily를 형용사 easy로 고쳐야 한다.

02 **정답** common → commonly

해석 그는 천과 밧줄을 만드는 데 흔히 사용되는 물질인 황마 위에 그림을 그리곤 했다.

풀이 a substance ~ and rope에서 과거분사 used는 명사 substance를 수식하는 형용사의 역할을 하고 있다. 따라서 common은 형용사 used를 수식할 수 있는 부사 commonly로 고쳐야 한다.

03 **정답** terrible something → something terrible

해석 만약 누군가 이 메모를 발견한다면, 이는 끔찍한 일이 생겼다는 의미이므로 즉시 경찰에 이를 신고해 주십시오.

풀이 -thing, -body, -one, -where로 끝나는 부정대명사는 형용사가 뒤에서 수식하므로, terrible something을 something terrible로 고쳐야 한다.

04 **정답** safely → safe

해석 도시의 나무들은 자연 재해로부터 사람들을 안전하게 지켜 줄 뿐만 아니라 편안한 환경을 조성하기도 한다.

풀이 동사 keep이 5형식으로 쓰인 문장으로 목적격보어 자리에는 형용사가 와야 한다. 따라서 부사 safely를 형용사 safe로 고쳐야 한다.

05 **정답** significantly → significant

해석 콜럼버스의 교환은 인류 역사상 다른 어떤 사건들보다 더 중요할지도 모른다.

풀이 불완전 자동사인 be동사는 주격보어 자리에 형용사가 와야 하므로 부사 significantly를 형용사 significant로 고쳐야 한다. 비교구문에서는 비교급 표현을 지우고 필요한 문장 성분만 남겨 확인하면 된다.

D

01 **정답** spending time in the woods can help them feel calm

풀이 '숲에서 시간을 보내는 것'이 that절의 주어이므로 동명사구인 spending time in the woods를 먼저 써야 한다. '~가 …하도록 돕다'라는 뜻을 나타내기 위해 「help + O + O.C(동사원형/to V)」를 사용하여 동사 can help, 목적어 them 그리고 목적격보어 feel을 차례로 배열해야 한다. feel은 불완전자동사의 동사적 성질을 가지고 있어 보어를 취할 수 있는데 보어 자리에는 부사가 아닌 형용사를 쓰므로 feel 뒤에 형용사 calm을 써야 한다.

02 **정답** quite a difficult job for me

풀이 '꽤 ~한'이라는 뜻을 나타내기 위해 「quite a(n) + 형용사 + 명사」 표현을 써야 하므로 quite a difficult job for me의 어순으로 배열한다.

03 **정답** The less the old trail was used, the faster

풀이 '~하면 할수록 더 …하다'라는 뜻을 나타내기 위해 「The 비교급 + S + V, the 비교급 + S + V」의 어순으로 써야 한다. 따라서 The less를 먼저 쓰고 주어에 해당하는 the old trail과 동사에 해당하는 was used를 차례로 배열해야 한다. 마지막으로 콤마 뒤에 두 번째 'the 비교급'에 해당하는 the faster를 써야 한다.

04 **정답** The $50 loss in cash is considered separate

풀이 먼저 주어인 The $50 loss in cash를 쓰고, 현금 50달러의 손실이 '간주되는' 것이므로 수동형의 동사 is considered를 이어서 쓴다. 「consider + O + O.C」의 구조가 수동태로 전환된 문장이므로, be considered 뒤에는 목적격보어였던 형용사 separate를 써야 한다.

05 **정답** to realize how big a galaxy is

풀이 감정의 원인을 나타내는 부사적 용법의 to부정사를 사용하여 surprised 뒤에 to realize를 먼저 쓴다. realize의 목적어로 「의문사 + 주어 + 동사」 어순의 간접의문문을 쓰되, '은하계가 얼마나 큰지'라는 의미를 나타내기 위해 「how + 형용사 + a(n) + 명사」 표현을 사용하여 how big a galaxy is의 어순으로 배열해야 한다.

E

01 **정답** the stronger the force to lift the athlete becomes

풀이 '~하면 할수록 더 …하다'라는 뜻을 나타내기 위해 「The 비교급 + S + V, the 비교급 + S + V」의 어순으로 써야 한다. 따라서 strong을 비교급 stronger로 고쳐 the stronger를 먼저 쓰고 주어에 해당하는 the force to lift the athlete을 차례로 배열한다. to lift는 앞에 나온 명사 the force를 수식하기 위해 형용사적 용법으로 쓰인 to부정사구이다. 마지막으로 주어인 the force는 셀 수 없는 명사로 단수 취급하므로 become을 단수 동사 becomes로 고쳐 써야 한다.

02 **정답** Living without luxuries turned out more difficult

풀이 '사치품 없이 사는 것'이 주어이므로, 주어 역할을 할 수 있도록 live를 동명사 Living으로 고쳐 Living without luxuries를 차례로 배열한다. 다음으로 '~라고 밝혀지다'라는 뜻의 동사 turned out을 써야 한다. 불완전자동사 turn out은 주격보어 자리에 형용사가 와야 하므로 형용사의 비교급인 more difficult를 turned out 뒤에 연결한다.

03 **정답** rather a sensitive topic without hurting others' feelings

풀이 '다소 ~한'이라는 의미를 나타내기 위해 「rather a(n) + 형용사 + 명사」 표현을 사용하여 rather a sensitive topic을 먼저 쓴다. 다음으로 '~하지 않고'라는 뜻의 전치사 without을 쓰고 without의 목적어는 동명사로 써야 하므로 hurt를 hurting으로 고쳐 hurting others' feelings를 차례로 배열해야 한다.

04 **정답** looked as thin as a withered branch of a tree

풀이 감각동사 look은 불완전자동사이므로 주격보어 자리에 형용사가 와야 하는데, '~만큼 …한'이라는 의미를 나타내기 위해 「as + 형용사 + as」의 구조로 써야 한다. 따라서 동사 looked를 먼저 쓰고 이어서 as thin as를 써야 한다. 다음으로는 전치사 as의 목적어인 a withered branch와 of a tree를 쓴다.

05 **정답** might find it more attractive than you think

풀이 '발견할지도 모른다'라는 의미에 맞게 조동사 might와 동사 find를 먼저 써야 한다. 「find + O + O.C」의 구조에서 목적격보어로 형용사를 사용해야 하므로, find 뒤에 목적어인 it과 형용사의 비교급인 more attractive를 연결해야 한다. 마지막으로 '당신이 생각한 것보다'라는 의미에 맞게 than you think를 차례대로 배열하면 된다.

04 **정답** near

해석 우리는 가까이와 멀리서 모두 관찰한 것에 대해서 궁금해 하고, 우리는 그것을 모두 이해하고 싶어 한다.

풀이 앞에 나온 동사 observe를 수식하고 있고 '가까이'와 멀리서 관찰한 것이라는 의미가 되어야 자연스러우므로, '가까이'라는 뜻의 부사 near가 적절하다. nearly는 '거의'라는 의미의 부사이다.

05 **정답** seldom finished

해석 피라미드를 짓는 데 너무 오랜 시간이 걸렸기 때문에 파라오의 생전에 무덤이 좀처럼 완성되지 않은 것은 놀랄 일이 아니다.

풀이 '좀처럼 ~않는'이라는 뜻의 부정부사 seldom은 be동사 뒤에 위치해야 하므로 was seldom finished가 적절하다.

UNIT 18 암기해야 할 부사와 동사

PRACTICE TEST *with Textbooks*

A

01 are 02 does 03 highly

04 near 05 seldom finished

B

01 ○ 02 ×, hard 03 ×, do

04 ○ 05 ×, nearly

C

01 scarcely → scarce 02 son → son to

03 are → do

04 had had hardly → had hardly had

05 does → do
또는 does indeed communicate → indeed communicate

D

01 A.I. systems' highly accurate analysis of medical images

02 Whether you are a serious runner or a leisurely walker

03 than they do on a one-to-one basis

04 rarely harm the environment will be chosen

05 but recently I have decided not to

E

01 high enough so it hardly touched

02 serious than they were twenty years ago

03 they answered that they hoped to

04 a coffee lover that he does drink coffee

05 to offer friendly advice to each performer

A

01 **정답** are

해석 솔밭 사이로 부는 바람의 속삭임이나 고양이의 부드러운 울음과 같은 소리들처럼, 음악은 일상적으로 아름다운 것으로 인식된다.

풀이 앞에 나온 is routinely recognized as beautiful을 받는 대동사 자리이므로, be동사를 쓰되 시제와 주어인 sounds의 수에 일치시킨 are가 적절하다.

02 **정답** does

해석 이 버거는 건강에 좋은 재료로 만들어졌고 놀랍게도 맛이 아주 좋다.

풀이 뒤에 동사 taste가 있으므로 be동사는 올 수 없고, 일반동사 taste를 강조하기 위한 does가 적절하다.

03 **정답** highly

해석 크고 매우 중대한 회의 중에 당신의 상사가 갑자기 당신에게 핵심적인 사실이나 수치를 물어본다고 상상해 보라.

풀이 뒤에 나오는 형용사 crucial을 수식하고 있고 '매우' 중대한 회의라는 의미를 나타내야 하므로, '매우'라는 뜻으로 형용사를 수식할 수 있는 부사 highly가 적절하다. high는 형용사로는 '높

B

01 **정답** ○

해석 많은 사람들은 강이나 호수가 바다와 마찬가지로 물살이 있다는 것을 모른다.

풀이 앞에 나온 has its current를 받는 대동사 자리이므로 일반동사 has의 대동사인 do를 시제와 주어인 the sea의 수에 일치시킨 does는 적절하다.

02 **정답** ×, hard

해석 다음에 여러분이 산책이나 조깅을 하러 나갈 때, 여러분의 심장과 폐가 여러분을 위해 열심히 일하고 있다는 것을 기억하라.

풀이 동사 are working을 수식하며 '열심히' 일하고 있다는 의미가 되어야 하므로 hardly를 '열심히'라는 뜻의 부사 hard로 고쳐야 한다.

03 **정답** ×, do

해석 연구들은 건널목 표시가 없는 건널목에서보다 표시가 되어 있는 건널목에서 운전자들이 보행자들에게 양보할 가능성이 더 높다는 것을 확실히 보여준다.

풀이 doing 뒤에 목적어가 없으므로 Studies를 수식하는 현재분사일 수 없다. 따라서 doing을 동사 show 앞에서 동사의 의미를 강조하는 do로 고쳐야 한다.

04 **정답** ○

해석 수산 양식 산업이 급속하게 팽창하고 있었을 때, 그 산업이 행한 실수들이 그 산업의 이미지라는 측면에서 대가가 컸다.

풀이 be동사 were의 주격보어로 명사(구)나 형용사(구)가 와야 하므로, '비싼, 대가가 큰'이라는 뜻의 형용사 costly는 적절하다.

05 **정답** ×, nearly

해석 매해 거의 9백만 톤의 플라스틱이 결국 바다에 도착하기 때문에, 어떤 갈매기들은 그들의 배에 플라스틱을 가지고 있는 것으로 밝혀진다.

풀이 수량형용사 9 million을 수식하며 '거의' 9백만 톤이라는 의미를 나타내야 하므로, near를 '거의'라는 의미의 부사 nearly로 고쳐야 한다.

C

01 **정답** scarcely → scarce

해석 분노는 우리 선조들이 음식을 찾게 하고 부족한 자원을 위해 경

쟁하도록 자극했다.

풀이 관계사절 which were scarcely에서 be동사 were의 주격보어로 명사(구)나 형용사(구)가 와야 하고, 문맥상 '부족한' 자원을 위해 경쟁한다는 의미가 되어야 자연스러우므로 부사 scarcely를 '부족한'이라는 의미의 형용사 scarce로 고쳐야 한다.

02 정답 son → son to

해석 그는 젊은 시절에 많은 시간을 낭비하였던 것을 후회한다. 그래서 그는 그의 아들이 그러기를 원치 않는다.

풀이 그가 그의 아들을 바라지 않는 것이 아니라, 그처럼 많은 시간을 낭비하기를 원치 않는다는 의미이므로, want의 목적격보어인 to waste a lot of time을 대신할 대부정사를 써야 한다. 따라서 his son 뒤에 대부정사 to를 추가해야 한다.

03 정답 are → do

해석 카페인을 함유한 탄산음료는 실제로 여러분의 몸에서 수분을 앗아가고, 커피와 차도 마찬가지다.

풀이 are가 쓰인 자리는 앞에 나온 take water from your body를 대신하는 대동사가 필요한 자리이고 일반동사의 대동사는 do동사로 나타내기 때문에 are는 적절하지 않다. 따라서 일반동사 take의 대동사인 do를 시제와 주어인 coffee and tea의 수에 일치시켜 are를 do로 고쳐야 한다.

04 정답 had had hardly → had hardly had

해석 1974년에 한 남자에 의해 그들이 발견될 때까지, 그 부족은 외부 세계와 거의 어떠한 접촉도 하지 않았다.

풀이 '거의 ~ 아니다'라는 뜻의 부정부사 hardly는 조동사 뒤에 위치해야 하므로 had(조동사) had(본동사) hardly를 had hardly had로 고쳐야 한다.

05 정답 does → do

또는 does indeed communicate → indeed communicate

해석 많은 동물들이 패턴이 있는 체계를 통해 정말로 서로 의사소통을 한다.

풀이 「do(does, did)+동사원형」은 '정말로'라는 뜻으로 일반동사를 강조하기 위해 쓰는 표현이다. 문장의 주어는 복수 명사인 Many animals이므로 이에 수를 일치시켜 does를 복수 동사 do로 고쳐야 한다. 또는 does를 생략하여 강조 표현을 쓰지 않는 것도 가능하다.

D

01 정답 A.I. systems' highly accurate analysis of medical images

풀이 'A.I. 시스템의 매우 정확한 분석'이라는 의미에 맞게 A.I systems'를 먼저 쓰고 '매우'라는 뜻의 부사 highly와 형용사 accurate, 그리고 명사 analysis를 차례대로 배열해야 한다. 부사 highly는 형용사 accurate를 수식하고, 형용사 accurate는 명사 analysis를 수식한다. '의료 영상의 분석'이라는 의미이므로 analysis 다음으로 of medical images를 써야 한다.

02 정답 Whether you are a serious runner or a leisurely walker

풀이 '~이든 아니든'이라는 뜻의 접속사 Whether와 주어인 you, 그리고 동사 are를 먼저 차례대로 배열해야 한다. 다음으로 '진지한 달리기 선수'라는 의미에 맞게 a serious runner를 쓰고

등위접속사 or를 쓴다. 마지막으로 '여유로운 산책객'이라는 의미를 나타내기 위해 '여유로운'이라는 뜻의 형용사 leisurely를 사용하여 a leisurely walker를 써야 한다.

03 정답 than they do on a one-to-one basis

풀이 '~보다'라는 뜻의 than과 주어인 they를 먼저 쓴다. 다음으로 앞에 나온 speak with more power를 대신하는 대동사를 쓰되, 주어인 they에 수를 일치시켜야 하므로 대동사 do를 써야 한다. 마지막으로 '일대일로 말할 때'라는 의미에 맞게 on a one-to-one basis를 연결해야 한다.

04 정답 rarely harm the environment will be chosen

풀이 부정부사 rarely는 일반동사 앞에 위치해야 하므로 rarely harm을 먼저 쓰고 목적어인 the environment를 연결해야 한다. 다음으로 전체 문장의 동사인 will be chosen을 써야 한다. '선택 받는' 것이므로 수동태를 쓰되, 앞에 조동사 will이 있어 「조동사+be p.p.」의 어순으로 쓰였다.

05 정답 but recently I have decided not to

풀이 '그러나'라는 뜻의 접속사 but과 '최근에'라는 뜻의 부사 recently를 먼저 쓰고, '나는 결정했다'라는 의미에 맞게 주어인 I와 동사 have decided를 이어서 연결해야 한다. 다음으로 '그러지 않기로 결정했다'라는 의미를 나타내기 위해 have decided의 목적어로 not to를 써야 한다. 이때 to는 앞에 나온 to participate in the Seoul Marathon next month를 대신하는 대부정사이고, to부정사의 부정은 「not to V」의 형태로 나타내므로 not to가 되었다.

E

01 정답 high enough so it hardly touched

풀이 enough는 뒤에서 형용사나 부사를 수식하는 부사이므로, '충분히 높게'라는 의미에 맞게 high enough를 먼저 쓰고, '따라서'라는 의미의 접속사 so와 주어 it을 쓴다. 다음으로 '거의 ~ 아니다'라는 뜻의 부정부사 hardly는 일반동사 앞에 위치해야 하므로 hardly touched를 차례대로 배열해야 한다.

02 정답 serious than they were twenty years ago

풀이 are의 주격보어로 '심각하다'는 의미의 serious를 먼저 써야 한다. 다음으로 '~보다'라는 뜻의 than과 The soil conditions in the area를 받는 대명사 they를 차례대로 써야 한다. they 뒤에는 앞에 나온 are much more serious의 반복을 피하기 위해 대동사를 쓰되, 과거의 일이므로 be를 were로 고쳐 they 뒤에 연결하고 '20년 전'이라는 의미에 맞게 twenty years ago를 차례대로 배열해야 한다.

03 정답 they answered that they hoped to

풀이 '그들이 대답했다'라는 의미에 맞게 주어인 they와 동사 answered를 먼저 써야 한다. '그러기를 희망한다'는 의미를 나타내기 위해 answered의 목적어로 명사절의 접속사 that과 명사절의 주어인 they, 그리고 동사 hoped to를 차례대로 연결해야 한다. 이때 to는 앞에 나온 to have a baby를 대신하는 대부정사이다.

04 정답 a coffee lover that he does drink coffee

풀이 '너무 ~해서 …하다'라는 의미를 나타내기 위해 「such a(n)+(형용사)+명사+that」 표현을 사용하여 such 뒤에 a coffee lover that을 먼저 쓰고 that절의 주어인 he를 쓴다. 다음으로 '정말로'라는 뜻을 나타내며 동사의 의미를 강조하는 「do(does, did)+동사원형」 표현을 사용해야 하는데 주어가

he이므로 이에 수를 일치시켜 do를 단수 동사 does로 바꿔 써야 한다. 따라서 he 뒤에 does drink를 차례로 배열한 뒤 목적어인 coffee를 연결해야 한다.

05 정답 to offer friendly advice to each performer

풀이 try가 목적어로 to부정사를 취할 때는 '~하려고 애쓰다'라는 의미이므로, offer를 to offer로 고쳐 써야 한다. 다음으로 '친절한 조언'이란 뜻을 나타내기 위해 offer의 목적어인 friendly advice를 쓰고, '각 연주자에게'라는 의미에 맞게 to each performer를 연결해야 한다.

---

01 ②, ⑤ | **02** ①, ②, ⑤

03 ② | **04** ⑤

05 ⑤

06 (A) exactly (B) do (C) sophisticated

07 ① wrongly → wrong
④ quite big a → quite a big

08 rarely does because we don't use it in such a careful manner

09 the more likely they are to see money as a way

10 ⓒ appealingly → appealing
ⓓ differently → different

---

01 정답 ②, ⑤

해석

어느 날, Jane이 고개를 숙인 채로, 절망에 빠져 눈물을 참으며, 집으로 가는 버스를 타기 위해 수업을 마치고 캠퍼스를 가로질러 걷고 있을 때, 한 여자가 인도를 따라 그녀를 향해 다가왔다. Jane은 이전에 그녀를 본 적이 없었다. (자신이) 매우 감정적으로 엉망인 상태의 모습으로 보이는 것에 당황하여 그녀는 자신의 고개를 돌렸고 빨리 지나가기를 바랐다. 그러나 그 여자는 Jane의 바로 앞까지 곧장 다가왔고, 그녀가 올려다 볼 때까지 기다리고는 미소지었다. 그녀(Jane)의 눈을 들여다보며 그 여자는 조용한 목소리로 말했다. "무엇이 잘못되었든 다 지나갈 거예요. 당신은 괜찮아질 거예요. 조금만 참으세요." 그러고 나서 그녀(woman)는 다시 미소 지었고, 떠났다. Jane은 그 순간이 준 충격을, 즉 그 여자의 예상치 못한 친절함과 무조건적인 관심이 준 충격을 설명할 수 없었다! 그 여자는 그녀에게 그녀가 완전히 잃어버린 그 한 가지를 주었는데, 그것은 바로 희망이었다. 그녀의 말 덕분에 Jane은 완전히 비참해지지는 않았다. Jane은 그녀에게 감사하기 위해 캠퍼스에서 그녀를 찾았지만 다시는 그녀를 볼 수 없었다.

풀이

② 동사 moved를 수식해야 하므로 부사가 필요하다. 따라서 direct를 directly로 고쳐야 한다.

⑤ become은 상태변화 동사로 어떤 상태인지를 설명해 주는 주격보어가 필요한 동사이다. 주격보어로는 부사가 아닌 형용사가 쓰이므로 miserably를 miserable로 고쳐야 한다.

---

① 「so + 형용사 + a(n) + 명사」의 어순으로 사용되어 올바른 표현이다.

③ 뒤에 나온 명사 caring을 수식하는 형용사 unconditional은 올바른 표현이다.

④ 동사 lost를 수식하는 부사 completely는 올바른 표현이다.

구문 분석

5행 Embarrassed at **being seen** in so emotional a mess, she turned her head away and hoped to hurry past.

▶ Embarrassed로 시작하는 분사구문으로 앞에는 Being이 생략되었다. 그녀가 엉망인 상태로 '보이는' 것에 당황했으므로 동명사의 수동태 being seen이 사용되었다.

어휘 및 어구

- despair 절망
- hang on 버티다
- mess 엉망인 상태
- unconditional 무조건적인

02 정답 ①, ②, ⑤

해석

① 네트워크의 확장은 네트워크 효과를 만들어 내는데, 즉 더 많은 사람이 접근할수록, 연결이 더 가치 있어진다는 것이다.

② 피라미드만큼 오래된 건물은 아니었지만, 그것은 확실히 예술 작품이었다.

③ 당신은 두 가지 일을 한꺼번에 할 수는 있지만, 두 가지 일에 동시에 효과적으로 집중할 수는 없다.

④ 오늘날 우리는 60년 전보다 26배 더 많은 물건을 소비한다. 그러나 스스로에게 물어보라. 우리는 26배 더 행복한가?

⑤ 싱크대 위 창문이 깨져 있었고, 나는 다리가 너무 떨려 가만히 서 있을 수가 없었다.

풀이

① 「the 비교급 + S + V, the 비교급 + S + V」의 구조가 사용된 문장으로, becomes 뒤에 주격보어가 「the 비교급」의 형태로 절의 앞으로 나간 것이다. 부사가 아닌 형용사가 주격보어로 사용되므로 valuably를 valuable로 고쳐야 한다. a connection becomes more valuable이던 문장이 the more valuable a connection becomes로 바뀐 것이라 볼 수 있다.

② 「as ~ as 원급 비교」 구문의 as와 as 사이에 「관사 + 형용사 + 명사」로 이루어진 명사구가 들어가는 경우, 「as + 형용사 + a(n) + 명사 + as」의 어순으로 사용하므로 as an old building as는 as old a building as로 고쳐야 한다.

⑤ 문맥상 '다리가 너무 떨려 가만히 서 있을 수 없다'라는 내용이 되어야 하므로, bad를 부정의 의미를 지닌 badly로 고쳐야 한다.

---

③ 부사 effectively가 동사 focus를 수식하므로 올바른 표현이다.

④ 앞에 나온 일반동사 consume을 대신하는 대동사 do를 사용하였는데, 60 years ago란 표현 때문에 과거형 did를 사용한 것은 어법상 적절하다.

구문 분석

⑤ The window above the sink was broken, and my legs were trembling **so badly that** I could hardly stand still.

▶ so ~ that … : 너무 ~해서 …하다
so 뒤에 있는 badly는 '몹시'라는 의미로 사용된 부사이며, 앞에 있는 동사 were trembling을 수식하고 있다.

어휘 및 어구

- extension 확장
- absolutely 정말로, 확실히
- consume 소비하다
- badly 심하게(몹시)
- access 접근
- at once 동시에(한꺼번에)
- tremble 떨다, 떨리다
- still 가만히

03 정답 ②

해석

학교 도서관에서 소리에 대한 염려는 과거에 그랬던 것보다 오늘날 훨씬 더 중요하고 복잡하다. 오래 전, 전자 장비들이 도서관 환경의 아주 중요한 일부가 되기 전에 우리는 사람들이 만들어 내는 소음을 처리하기만 하면 되었다. 오늘날, 컴퓨터, 프린터 그리고 다른 장비들의 폭넓은 사용이 기계 소음을 더했다. 집단 활동과 교사의 설명이 학습 과정의 필수적인 부분이기 때문에, 사람의 소음 또한 점점 증가했다. 그래서 현대의 학교 도서관은 거의 조용한 구역이 아니다. 그러나 우리의 많은 학생들이 그들이 공부에 집중하기에 충분히 조용한 환경을 원하기 때문에, 도서관은 공부와 독서를 위해 여전히 조용함을 제공해야 한다. 도서관 환경에 대한 이러한 요구를 고려해 볼 때, 원치 않는 소음이 제거되거나 적어도 최소한으로 유지될 수 있는 공간을 설계하는 것이 중요하다.

풀이

ⓐ and 앞문장에 동사가 are이고 이것을 대신할 대동사가 필요한데 in the past라는 과거 시점을 나타내는 표현이 있으므로 did를 were로 고쳐야 한다.

ⓔ 문맥상 많은 학생들이 환경이 조용한 것을 원한다고 했으므로 「want + O + O.C」의 구조가 되어야 한다. 따라서 목적어인 environment 뒤에는 목적격보어가 와야 하는데 부사는 보어로 사용될 수 없으므로 부사 quietly를 형용사 quiet로 고쳐야 한다.

ⓑ 「such + a(n) + 형용사 + 명사」의 어순으로 사용되어 올바른 표현이다.

ⓒ 부사 gradually가 동사 has increased를 수식하므로 올바른 표현이다.

ⓓ '거의 ~않다'라는 의미로 사용된 준부정어 hardly는 올바른 표현이다.

구문 분석

12행 Yet libraries must still provide quietness for study and reading, because many of our students want an environment quiet [1]**enough** [2][for them] **to focus** on their study.

1) enough는 형용사와 부사의 뒤에 사용될 수 있는데, 「형용사/부사 + enough to V」는 '~하기에 충분히 …한'이라는 의미이다.

2) [ ]는 to focus의 의미상의 주어이다.

15행 Considering this need for library surroundings, it is important to design **spaces** [where unwanted noise can be **eliminated** or at least **kept** to a minimum].

▶ [ ]는 관계부사 where가 이끄는 관계사절로 앞에 나온 명사 spaces를 수식하며, eliminated와 kept가 or를 중심으로 수동태를 나타내는 be동사 뒤의 과거분사로 병렬 구조를 이루고 있다.

어휘 및 어구

- acoustic 소리의, 음향의
- electronic resources 전자 장비
- gradually 점점
- surroundings (pl.) 환경
- keep ~ to a minimum ~을 최저(최소)로 해 두다
- concern 염려, 관심사
- vital 필수의
- instruction 지시, 설명
- eliminate 제거하다

04 정답 ⑤

해석

사람들은 삶이 나아질수록 더 높은 기대를 갖는다. 하지만 기대감이 더 높아질수록 만족감을 느끼기는 더욱 어려워진다. 우리는 기대감을 통제함으로써 삶에서 느끼는 만족감을 향상시킬 수 있다. 적절한 기대감은 많은 경험들이 즐거운 놀라움이 되게 하는 여지를 남긴다. 문제는 적절한 기대감을 가지는 방법을 찾는 것이다. 이렇게 하는 한 가지 방법은 멋진 경험들을 드문 상태로 유지하는 것이다. 그것이 아무리 구입할 만 할지라도, 특별한 경우를 위해 훌륭한 와인을 아껴 두어라. 품위 있는 실크 블라우스를 특별한 즐거움이 되게 하라. 이것은 당신의 욕구를 부정하는 행동처럼 보일 수도 있지만, 내 생각은 그렇지 않다. 반대로, 그것은 당신이 즐거움을 계속해서 경험할 수 있도록 보장해 주는 방법이다. 멋진 와인과 멋진 블라우스가 당신을 기분 좋게 만들지 못한다면 무슨 의미가 있겠는가?

풀이

ⓓ 부사 elegantly가 형용사 역할을 하는 과거분사 styled를 수식하는 것으로, 올바른 표현이다.

ⓔ 「make + O + O.C」 구조로 사역동사의 목적어와 목적격보어가 능동의 관계일 때, 목적격보어 자리에는 동사원형이 나와야 하므로 feel은 어법상 적절하며 feel의 주격보어로 형용사 great가 쓰였으므로 올바른 표현이다.

ⓐ 「the 비교급 + S + V, the 비교급 + S + V」의 구조가 사용된 문장으로, more를 the more로 고쳐야 한다. 참고로 「the 비교급 + S + V, the 비교급 + S + V」 구문에서 보어가 「the 비교급」의 형식으로 문두에 올 경우 be동사는 생략할 수 있어 the higher the expectations 뒤에 are가 생략되었다.

ⓑ 「keep + O + O.C」가 사용된 문장으로, 목적격보어 자리에는 부사가 아닌 형용사를 사용해야 한다. 따라서 부사 rarely를 형용사 rare로 고쳐야 한다.

ⓒ 「no matter how + 형/부 + S + V」는 '아무리 ~할지라도'라는 의미의 표현으로, 원래 it is affordable이었던 문장의 형용사 보어 affordable이 how 뒤로 간 것이므로 affordably를 affordable로 고쳐야 한다.

구문 분석

12행 This may seem like **an act of denying your desires**, but I don't think it is.

▶ it is 뒤에는 반복을 피하기 위해 앞에 있는 an act of denying your desires가 생략되어 있다.

어휘 및 어구

- expectation 기대(감), 예상
- room 여지, 공간
- proper 적절한
- affordable (가격이) 적당한
- deny 부인하다, 부정하다
- adequate 적절한
- pleasant 즐거운
- occasion 때, 경우
- treat 한턱, 즐거움

05 정답 ⑤

해석

만약에 당신이 누군가에게 스포츠 이름 세 가지를 말하라고 요청하면, 그 사람은 아마도 쉽게 대답할 수 있을 것이다. 어쨌든, 거의 모든 사람들이 어떤 유형의 활동이 스포츠로 여겨지고 어떤 것이 그렇지 않은지에 대한 생각을 가지고 있다. 우리 대부분은 무엇이 스포츠인지 안다고 생각한다. 하지만, 스포츠, 여가 활동, 놀이의 사례들 사이에 그어진 선이 항상 분명한 것은 아니다. 사실, 어떤 유형의 활동이 포함되어야 하고 제외되어야 하는지를 둘러싼 분명하고 깔끔한 범위를 규정하는 정의를 궁리하는 것은 비교적 어렵다. 오늘날 놀이로 여겨지는 활동이 미래에는 스포츠의 지위를 얻을 수도 있다. 예를 들면, 많은 사람이 예전에 자기 뒤뜰에서 배드민턴을 쳤지만 이 활동은 거의 스포츠로 여겨지지 않았다. 하지만 1992년 이래 배드민턴은 올림픽 스포츠가 되었다!

풀이

ⓑ '거의 모든 사람'이라는 의미이기 때문에 near를 nearly로 고쳐야 한다. nearly는 '거의'라는 뜻의 부사이며, near은 '가까운, 가까이'라는 뜻으로 형용사와 부사로 쓰인다.

ⓓ be동사 is의 보어로는 형용사가 필요하므로 clearly를 clear로 고쳐야 한다.

ⓔ relative는 '상대적인'이란 뜻의 형용사이고, relatively는 '비교적'이란 뜻의 부사이다. 형용사 difficult를 수식하기 위해서는 부사가 필요하므로 relative를 relatively로 고쳐야 한다.

ⓕ 준부정어 seldom은 not과 함께 사용되지 못하므로 wasn't seldom을 wasn't나 was seldom으로 고쳐야 한다.

ⓐ '아마도, 필시'라는 의미를 지닌 most likely는 부사로서 문장 전체를 수식하므로 올바른 표현이다. with ease는 '쉽게'라는 뜻으로 easily와 같은 의미이다.

ⓒ which are not regarded as sports에서 반복을 피하기 위해 regarded as sports가 생략되어 which are not으로 되었다.

구문 분석

8행 In fact, devising **a definition** [that establishes clear and clean parameters around what types of activities should be included and excluded] is relatively difficult to do.

▶ [ ]는 주격 관계대명사 that이 이끄는 관계사절로, 선행사 a definition을 수식한다.

어휘 및 어구

- with ease 쉽게
- draw (선을) 긋다
- definition 정의
- include 포함하다
- relative 상대적인
- after all 어쨌든, 결국에
- devise 고안하다, 만들다
- establish 규정하다, 확립하다
- exclude 제외하다
- status 지위

06 정답 (A) exactly (B) do (C) sophisticated

해석

감정은 우리의 행복 추구를 포함한 모든 추구에 있어서 필수적인 역할을 한다. 우리가 감정이 없는 삶을 상상하는 것은 거의 불가능하다. 감정에 대한 능력을 제외하고는 인간과 정확히 동일한 신체적, 인지적 특성을 가지고 있는 감정 없는 로봇을 생각해 보라. 로봇은 인간이 하는 것과 똑같은 방식으로 생각하고 행동한다. 로봇은 심오한 철학적 문제에 대해 논의하고 복잡한 논리를 따를 수 있으며, 터널을 파고 고층 건물을 지을 수 있다. 하지만, 우리가 로봇을 정교하다고 여길지라도 그것은 행동하려는 동기가 전혀 없다. 이는 가장 기본적인 욕구마저, 이러한 로봇에게 없는 한 가지인 감정에 의존하기 때문이다.

풀이
(A) 인간과 '정확하게' 같은 신체적, 인지적 특징을 지닌 로봇이라는 뜻이므로, the same을 수식할 부사인 exactly가 적절하다.

(B) 앞에 나온 일반동사 thinks and behaves를 대신할 동사가 필요하므로 대동사 do가 적절하다.

(C) 「consider + O + O.C」의 구조가 사용된 문장으로, 목적격보어에는 형용사가 사용되므로 sophisticated가 적절하다.

구문 분석
12행 This is because even the most basic desires are dependent on emotions — the one thing this robot lacks.

▶ this is because ~ 는 '이것은 ~ 때문이다'라는 뜻으로 뒤에 원인이 나온다. 참고로 this is why ~ 는 '이것은 ~한 이유이다'라는 뜻으로 뒤에 결과가 온다.

어휘 및 어구
- essential 필수적인
- emotionless 감정이 없는
- capacity 능력
- desire 욕구, 바람
- pursuit 추구
- other than ~ 이외에도
- skyscraper 고층 건물

---

07 정답 ① wrongly → wrong
④ quite big a → quite a big

해석
① 당신의 실험에서 무엇이 잘못되었는지를 살펴봄으로써, 당신은 그것을 제대로 할 수 있다.

② 세 개의 최우수 출품작이 우리에 의해 선정될 것이고, 우승자를 결정하기 위해 투표를 하도록 온라인으로 이용 가능하게 만들어질 것이다.

③ 우리는 곧 그 건물의 화재 경보 시스템 테스트를 실시할 것이다.

④ 어렸을 때, 나는 시골에 살았고 뒷마당에 꽤 큰 나무가 있었다.

⑤ 목자는 정말 걱정해야 한다. 그는 자신의 가축들이 없어지는 끊임없는 파산의 위협 아래에 있다.

풀이
① '되다'의 의미로 쓰인 go는 주격보어가 필요한 동사인데 부사는 보어로 사용될 수 없으므로 부사 wrongly를 형용사 wrong으로 고쳐야 한다.

④ 「quite a(n) + 형용사 + 명사」의 어순을 따라야 하므로 quite big a tree를 quite a big tree로 고쳐야 한다.

---

② 「make + O + O.C」 구문을 수동태로 만들면 「be made + O.C」로 바뀌게 된다. 능동태 문장에서 make의 목적격보어로는 동사원형, 형용사, 명사, 과거분사가 올 수 있는데, 수동태로 전환되어도 목적격보어의 형태는 변하지 않으므로 make의 목적격보어로 사용된 형용사 available는 올바른 표현이다.

③ '곧'이라는 의미의 부사 shortly는 올바른 표현이다.

⑤ 일반동사를 강조하기 위해 사용된 does는 올바른 표현이다.

구문 분석
② The three best entries will be selected by us and will be made available online for voting **to decide** the winner.

▶ to decide는 목적을 나타내는 부사적 용법의 to부정사로 쓰였으며, '결정하기 위해'라고 해석한다.

어휘 및 어구
- examine 조사(검토)하다
- conduct 실시하다
- constant 끊임없는
- entry 참가작, 출품물
- herdsman 목자, 가축지기
- ruin 붕괴, 몰락

---

08 정답 rarely does because we don't use it in such a careful manner

풀이
부정의 의미를 나타내는 준부정어 rarely는 빈도 부사처럼 be동사와 조동사 뒤에, 그리고 일반동사 앞에 위치해야 한다. 그리고 앞 문장의 일반동사 last를 대신하는 대동사 do가 필요한데, 주어가 it이므로 does를 써야 한다. does를 일반동사의 대동사로 보아 rarely does를 먼저 써 준 후, because가 이끄는 절인 because we don't use it을 연결한다. 그리고 '아주 조심하는 태도로'라는 의미에 맞게 in 뒤에 「such + a(n) + 형용사 + 명사」의 어순에 따라 such a careful manner를 차례로 배열하여 문장을 완성한다.

---

09 정답 the more likely they are to see money as a way

해석
최근에 행해진 새로운 연구는 사회적 고립이 사람들로 하여금 위험성이 있는 재정적 결정을 내리게 만든다는 점을 시사한다. 사람들은 사회망과 연결되어 있지 않다고 느낄 때, 그들은 흔히 만족감을 사려고 한다. 사람들은 거절당한다는 느낌이 더 많이 들수록 더욱 돈을 그들의 문제를 해결하는 수단으로 여기는 것 같다. 홍콩의 공공장소에서 무작위로 사람들에게 다가가서 한 어느 실험은 더 많이 거절당했다고 느끼는 사람들이 더 많은 사회적 관계를 맺고 있다고 말한 사람들보다 일반적으로 복권에 더 많은 돈을 걸고 경마 혹은 카지노에서 더 큰 도박을 하고, 더 위험한 투자 전략을 보고하는 경향이 있다는 것을 발견했다. 거절은 돈이 더 나은 삶과 연결되어 있다는 그들의 믿음을 증가시켰고, 이러한 믿음은 그들의 돈과 관련한 더 위험한 선택의 전적인 원인이 되었다.

풀이
빈칸 뒤에 나온 실험의 내용을 보면, 거절당한다는 느낌을 더 많이 가진 사람이 복권에 더 많은 돈을 쓰고 경마나 카지노에서 더 큰 도박을 하고, 더 위험한 투자 전략을 쓰면서 돈이 더 나은 삶과 연결되어 있다고 믿는다는 내용이 나온다. 그러므로 빈칸이 있는 문장은 그들이 거절을 많이 당할수록, '더욱 돈을 그들의 문제를 해결하는 수단으로 본다'라는 내용으로 완성되어야 한다. 「the 비교급 + S + V, the 비교급 + S + V」가 사용된 문장으로, 앞부분은 이미 제시 되었으므로 뒷부분을 채우면 된다. 먼저 '~인 것 같다'라는 의미의 be likely to를 이용하여 they are likely to ~ 로 표현할 수 있는데, the more를 문장 앞으로 보내야 하기 때문에 more에 연결될 수 있는 형용사인 likely를 함께 써서 the more likely they are to로 배열한다. 이 뒤에는 'A를 B로 보다'라는 의미의 「see A as B」라는 표현을 사용하여, '돈을 방법으로 본다'라는 의미가 되도록 see money as a way를 연결한다.

구문 분석
7행 An experiment, [1][which involved randomly approaching people in public places in Hong Kong], found that **those** [2][who said they felt more rejected] in general tended to report [3]{more betting on lotteries}, {more gambling at the

horse track or casino}, and {riskier investment strategies} than **those** 4)[who reported feeling more socially connected].

   1) [ ]는 주격 관계대명사 which가 이끄는 계속적 용법의 관계사절로, 선행사 An experiment를 부연 설명한다.

   2), 4) [ ]는 각각 주격 관계대명사 who가 이끄는 절로 주어이자 선행사인 those를 수식하고 있다.

   3) 세 개의 { }가 and로 연결되어 병렬 구조를 이루고 있다.

어휘 및 어구

- isolation 고립
- randomly 무작위로
- gambling 도박
- link A to B A를 B에 관련짓다
- reject 거절(거부)하다
- lottery 복권
- strategy 전략
- account for ~의 원인이 되다

10   정답 ⓒ appealingly → appealing
              ⓓ differently → different

해석

(A) 좋은 결정도 나쁜 결과를 초래할 수 있음을 기억하는 것은 중요하다. 여기 한 가지 사례가 있다. 나는 학교를 졸업한 직후에 일자리를 제안받았다. 나는 그것이 나에게 아주 잘 맞는 것인지 확신이 없었다. 그 기회에 대해 곰곰이 생각해 본 후, 나는 그 제안을 거절하기로 마음먹었다. 나는 그보다 더 잘 맞는 다른 일자리를 찾을 수 있을 것이라고 생각했다. 유감스럽게도, 경제는 곧 빠르게 나빠졌고, 나는 다른 일자리를 찾느라 여러 달을 보냈다. 나는 그 일자리를 선택하지 않은 것에 대해 자책했고, 그 일자리는 점점 더 매력적으로 보이기 시작했다. 나는 그 당시에 가진 모든 정보에 기초하여 좋은 결정을 내렸지만, 단기적인 관점에서 보면 그것은 그다지 좋은 결과를 가져오지는 않았다.

(B) 대부분의 사람들이 글을 쓰기 시작할 때 그들에게 어떤 생각이 밀려온다. 그들은 친구들에게 이야기할 경우에 사용할 법한 말과는 다른 언어로 글을 쓴다. 하지만, 만약 사람들이 당신이 쓴 것을 읽고 이해하기를 원한다면, 구어체로 글을 써라. 문어체는 더 복잡한데, 이것은 읽는 것을 더욱 수고롭게 만든다. 그것은 또한, 형식적이고 거리감이 들게 하여 독자로 하여금 주의를 잃게 만든다. 생각을 표현하기 위해 복잡한 문장이 필요하지는 않다. 심지어, 어떤 복잡한 분야의 전문가들조차도 자신의 생각을 표현할 때, 그들이 점심으로 무엇을 먹을지에 대해 이야기할 때 사용하는 것보다 복잡한 문장을 사용하지는 않는다. 만약 당신이 간단히 구어체로 글을 써 내게 된다면, 당신은 작가로서 좋은 출발을 하는 것이다.

풀이

ⓒ look은 '~으로(하게) 보이다'라는 뜻을 가진 자동사로, 주격보어가 필요한 동사인데 보어 자리에는 부사가 아닌 형용사가 사용되어야 하므로 appealingly를 appealing으로 고쳐야 한다.

ⓓ '그들이 사용하는 것과 다른 언어'라는 의미이므로 명사 a language를 수식하는 형용사가 필요하다. 따라서 differently를 different로 고쳐야 한다. different 앞에는 주격 관계대명사와 be동사가 생략되어 있다고 보면 된다.

ⓐ '곧'이라는 의미로 사용된 Shortly와 접속사 after 뒤에 주어와 동사를 쓴 것은 올바른 표현이다.

ⓑ grew는 주격보어가 필요한 동사로 보어 자리에 사용된 형용사 worse는 올바른 표현이다. 또한 quickly는 앞에 나온 동사 grew를 수식하므로 어법상 적절하다.

ⓔ be동사 뒤에는 주격보어가 필요하므로 그 자리에 사용된 형용사 formal과 distant는 올바른 표현이다.

ⓕ do는 앞에 나온 일반동사 use sentences 대신에 사용된 대동사이며 올바른 표현이다.

구문 분석

(A) 12행 I had made a good decision, based upon all the **information** [I had at the time], but in the short run it didn't lead to a great outcome.

   ▶ [ ]는 목적격 관계대명사 which나 that이 생략된 관계사절로, 선행사 information을 수식하고 있다.

어휘 및 어구

- turn down 거절하다
- kick oneself 자책하다
- in the short run 단기적으로
- complex 복잡한
- complicated 복잡한
- manage 잘 해내다, 어떻게든 ~하다
- match 잘 어울리는 것
- appealingly 매력적으로
- come over (생각, 감정이) 밀려오다
- formal 형식적인
- field 분야

01 ③   02 ⑥

03 ①, ⑦, ⑧

04 ② safely → safe
   ④ enters into → enters

---

01 정답 ③

해석

우리는 끊임없는 상호작용의 시대에 살고 있지만, 우리 중 더 많은 이들이 어느 때보다도 '외롭다'고 주장하고 있다. 외로움은 우리 주변에 물리적으로 얼마나 많은 사람이 있는지와 관련 있는 것이 아니라, 우리가 인간관계로부터 필요로 하는 것을 획득하지 못하는 것과 전적으로 관련이 있다. 온라인의 가상 인물들과 텔레비전 속의 등장인물들이 우리 본연의 정서적 욕구를 인위적으로 충족하여, 우리의 뇌가 현실과 비현실을 잘 구분하지 못하는 불분명한 영역을 차지하게 된다. 우리가 '유대감'을 얻기 위해 이러한 가상 인물과 등장인물에게 더욱 의존할수록, 우리의 뇌는 더욱 더 그것들을 '관련된' 것으로 인지한다. 이것은 우리의 뇌가 속을 수 있음을 의미하고, 아이러니한 것은 우리가 그 속임수의 공범이라는 사실이다. 욕구에 의해 움직이는 동물로서, 우리는 우리가 필요로 하는 것을 얻기 위해서 저항이 가장 적은 경로를 탐색하고, 전자기기에 대한 몰입은 이제까지 발명된 가장 접근하기 쉽고 비화학적인 경로를 제공한다.

풀이

ⓒ 동사 fulfill을 수식하는 부사가 필요하므로, 형용사 artificial을 부사 artificially로 고쳐야 한다.

ⓕ '~을 속이다'라는 뜻의 타동사 trick 뒤에 목적어가 없고, 문맥상 우리의 뇌가 속임을 '당하다'라는 내용이므로 수동태가 사용되어야 한다. 따라서 can trick을 can be tricked로 고쳐야 한다.

ⓐ 부사 physically가 동사구 are around us를 수식하므로 올바른 표현이다. 이 문장에서 be동사는 '있다'라는 뜻을 가진다.

ⓑ 관계대명사 what은 선행사를 포함한 관계대명사이므로, 선행사가 없어야 한다. 또한 문장에 동사 need의 목적어가 없으므로 관계대명사 what이 목적격 관계대명사의 역할을 하고 있음을 알 수 있다. 따라서 what은 올바른 표현이다.

ⓓ in which는 관계부사 where로 바꿔 쓸 수 있고, 뒤에 완전한 문장이 나오므로 in which는 올바른 표현이다. 또한 전치사 in은 앞에 있는 선행사에 걸려 in the blurry margins로 연결될 수 있으므로 in도 적절하다. 그리고 '~하는 데 어려움을 겪다'라는 뜻의 「have difficulty (in) V-ing」가 사용된 문장으로 동명사 distinguishing이 적절하게 사용되었다.

ⓔ '더 ~하면 할수록, 더욱 더 ~하다'라는 뜻의 「the 비교급＋S＋V, the 비교급＋S＋V」의 구조가 사용된 문장이다. the more가 encode를 수식하고 있으므로 올바른 표현이다.

구문 분석

15행 As need-driven animals, we seek out the paths of least resistance to get [1][what we need], and electronic immersion provides the most accessible, nonchemical **path** [2][yet invented].

1) [ ]는 목적격 관계대명사 what이 이끄는 절로, what은 '~ 것'이라고 해석한다.

2) [ ]는 앞에 있는 path를 수식하고 있다.

어휘 및 어구

- constant 끊임없는
- have nothing to do with ~와 관련이 없다
- have everything to do with ~와 전적으로 관련이 있다
- virtual 가상의   · personality 인물, 인격
- artificial 인공적인   · occupy 차지하다
- blurry 흐릿한   · margin 경계
- encode A as B A를 B라고 인지하다
- relevant 중요한, 관련된   · complicit 공범
- deception 속임수   · immersion 몰입
- accessible 접근 가능한   · nonchemical 비화학적인

---

02 정답 ⑥

해석

수십만 명의 사람들이 캐나다 모피 무역에 참여하기 위해 먼 여정을 떠났다. 많은 사람들은 북쪽 지역 거주민들이 겨울에 어떻게 그들의 식량을 저장하는지를 보았다. 눈 속에 고기와 채소를 묻어 두는 것이었다. 하지만 아마 그들 중 이 관습이 다른 분야와 어떻게 연관될 수 있는지 생각한 사람들은 거의 없었을 것이다. 그렇게 한 사람은 Clarence Birdseye라는 이름의 젊은이였다. 그는 갓 잡은 물고기와 오리가 이런 방식으로 급속히 얼려졌을 때, 그것들의 맛과 질감을 유지한다는 사실을 알고 놀랐다. 그는 '왜 우리는 그와 같은 기본적인 원리에 따라 처리한 음식을 미국에서 팔 수 없을까?'라고 궁금해 하기 시작했다. 이 생각에서 냉동식품 산업은 탄생했다. 북부 사람들에게는 음식을 저장하는 평범한 관습이었던 것으로부터 그는 뭔가 특별한 것을 만들어 냈다. 그렇다면 이 저장 방법을 목격했을 때 그의 마음속에 어떤 생각이 들었을까? 호기심을 갖고 완전히 몰두한 그의 마음속에 무언가 신비로운 일이 일어났다. 호기심은 당신이 바라보는 것에 가치를 더하는 한 방법이다. Birdseye의 경우, 호기심은 사물을 보는 일상적인 관점에서 그를 벗어나게 할 만큼 충분히 강했다. 그것은 새로운 것을 생각해 내는 혁신과 발견의 장을 마련해 주었다.

풀이

⑥ 선행사가 없고 이어지는 절에 주어가 없어 불완전하므로 which를 명사절을 이끌어 주어 역할을 할 수 있는 선행사를 포함하는 관계대명사 what으로 고쳐야 한다. 참고로 for the northern folk는 중간에 들어간 삽입구이다.

---

① 「의문사＋S＋V」의 구조인 간접의문문은 명사절의 역할을 할 수 있어 saw의 목적어로 쓰였으므로 적절하다.

② 부사는 문장 전체를 수식할 수 있으므로 부사 probably는 올바른 표현이다. them은 앞 문장에 있는 복수 명사 inhabitants를 가리키며, inhabitants는 셀 수 있는 명사이므로 셀 수 있는 명사를 수식하는 표현인 few는 올바른 표현이다.

③ did는 앞 문장에서 나온 동사 had를 대신해서 사용된 대동사로 올바른 표현이다.

④ 그가 '놀라움을 느낀' 것이므로 과거분사 amazed는 올바른 표현이다.

⑤ frozen은 앞에 있는 fish and duck을 수식하는 과거분사로, '얼려진'이란 의미를 나타내며 fish and duck과 수동의 관계를 갖기 때문에 과거분사를 쓴 것은 적절하다. 또한 부사 quickly가 과거분사 frozen을 뒤에서 수식하는 것도 올바른 표현이다.

⑦ 전치사 for는 뒤에 동명사나 명사가 와야 하는데 동명사인 coming이 왔으므로 올바른 표현이다. 또한 -thing으로 끝나는 단어는 형용사가 뒤에서 수식하므로 something new는 올바른 표현이다.

8행 He was amazed to find [that [1]**freshly caught fish and duck**, [2]{frozen quickly in such a fashion}, **kept** their taste and texture].

   1) [ ] 부분은 find의 목적어 역할을 하는 명사절이며, that절의 주어는 freshly caught fish and duck이고, 동사는 kept이다.

   2) { }는 that절의 주어를 수식하는 과거분사구이다.

어휘 및 어구

• fur trade 모피 무역
• custom 관습
• fashion 방식
• extraordinary 비범한, 놀랄 만한
• preserve 저장하다
• innovation 혁신
• inhabitant 거주민
• relate 관련시키다
• texture 질감
• folk 사람들
• engaged 몰두한, 관여한
• come up with ～을 생각해내다

03 정답 ①, ⑦, ⑧

해석

인간들은 도덕성을 가지고 있고 동물들은 그렇지 않다는 믿음은 너무나 오래된 가정이라서 그것은 충분히 습관적 사고로 불릴 수 있고, 우리가 모두 알다시피 나쁜 습관은 고치기가 극도로 어렵다. 많은 사람이 이러한 가정에 굴복해 왔는데, 왜냐하면 동물들이 도덕적 태도를 가진다는 가능성의 복잡한 영향들을 다루는 것보다 동물에게서 도덕성을 부정하는 것이 더 쉽기 때문이다. 우리 대 그들이라는 시대에 뒤처진 이원론의 틀에 갇힌 이 역사적 경향은 많은 사람들이 현재 상태를 고수하도록 만들기에 충분히 강력하다. 동물들이 누구인가에 대한 부정은 동물들의 인지적, 감정적 능력에 대한 잘못된 고정관념을 유지하는 것을 편리하게 허용한다. 분명히 중대한 패러다임의 전환이 요구되는데, 왜냐하면 습관적 사고에 대한 안일한 수용이 동물들이 어떻게 이해되고 다루어지는지에 강한 영향을 미치기 때문이다.

풀이

① 일반동사 have를 대신하는 대동사가 필요하므로 aren't를 don't로 고쳐야 한다.

⑦ 문맥상 패러다임이 전환이 '필요하게 되는' 것이므로 수동태가 사용되어야 한다. 따라서 needs를 is needed로 고쳐야 한다.

⑧ 「quite a(n) + 형용사 + 명사」의 어순으로 사용되어야 하므로 quite strong an influence를 quite a strong influence로 고쳐야 한다.

---

② 「such a(n) + 형용사 + 명사」의 어순을 따른 such a longstanding assumption은 올바른 표현이다.

③ 「a number of + 복수 명사」는 복수로 취급하므로 동사 have는 올바른 표현이다.

④ 진주어 to deny ~ 를 대신하는 가주어 it은 올바른 표현이다.

⑤ 「형용사/부사 + enough to V」의 구조가 사용된 문장으로 strong enough 뒤에 사용된 to make는 올바른 표현이다. 그리고 사역동사 make 뒤에 목적격보어로 사용된 동사원형 cling 또한 올바른 표현이다.

⑥ Denial 뒤에 전치사구가 붙어 Denial ~ are까지 주어 부분이지만, 주어의 핵은 단수 명사 Denial이므로 동사 allows는 올바른 표현이다. 또한 동사 allows를 수식하는 부사 conveniently도 올바른 표현이다.

1행 **The belief** [1][that humans have morality and animals don't] is [2]**such a longstanding assumption that** it could well be called a habit of mind, and bad habits, [3][as we all know], are extremely hard to break.

   1) [ ]는 동격의 접속사 that이 이끄는 절로, 앞에 나온 명사 The belief 를 부연 설명하고 있다.

   2) such a(n) + 형용사 + 명사 + that : 아주 ～한 …라서 ～하다

   3) [ ]는 주어 bad habits와 동사 are 사이에 들어간 삽입절이다.

5행 A number of people have caved in to this assumption because it is easier [1][to deny morality to animals] **than** [to deal with the complex effects of the **possibility** [2]{that animals have moral behavior}].

   1) 두 개의 [ ]가 than을 중심으로 병렬 구조를 이루고 있다.

   2) { }는 앞의 the possibility를 부연 설명해 주는 동격의 절로, the possibility that ~ 은 '～라는 가능성'이라고 해석한다.

11행 [1][Denial of [2]{who animals are}] conveniently **allows** for maintaining false stereotypes about the cognitive and emotional capacities of animals.

   1) [ ]는 문장의 주어이고 동사는 allows이다.

   2) { }는 간접의문문으로 명사절의 역할을 하는데 여기서는 전치사 of 의 목적어로 쓰였다.

어휘 및 어구

• morality 도덕성
• assumption 가정
• frame 틀에 넣다
• dualism 이원론
• cling to ～을 고수하다
• cognitive 인지적
• longstanding 지속적인
• cave in to ～에 굴복하다
• outdated 구식의
• versus ～대(對)
• stereotype 고정관념
• paradigm 패러다임

04 정답 ② safely → safe
     ④ enters into → enters

해석

비록 신뢰가 그것의 더욱 까다로운 분석가를 만족시키기 위해 유의미한 관계를 요구할지도 모르지만 그것은 반드시 호의를 필요로 하는 것은 아니다. A가 사람이고 B가 은행이라면, A는 비록 그 은행이 그녀에게 따뜻한 마음을 지니고 있다고 잠시도 생각하지 않겠지만, 그리고 은행이 수수료를 부과하거나 이자율을 조정할 기회를 갖게 되었을 때 그녀의 비용으로 은행의 이익을 확고히 할 것이라고 의심하는 것도 당연하겠지만, 그녀는 B가 그녀의 돈을 안전하게 관리한다고 신뢰할 것이다. 만약 A가 병원에 가서 의사 B에게 진찰을 받는다면, 그녀는 설령 B가 그녀에게 한 사람으로서는 무관심해 보일지라도 B의 전문적인 지식과 진실성을 신뢰할 것이다. 비교적 최근까지 의료 전문가 쪽에서의 무관심이나 명백한 무례함은 오히려 신뢰성의 표시로 여겨졌다. 그것은 전문성에 요구되는 객관성을 의미하였고, 의학전문성이 부여한 우월한 지위를 확고히 했다.

풀이

② 「keep + O + O.C」의 구조에서, 부사는 목적격보어 자리에 사용될 수 없으므로 safely를 형용사 safe로 고쳐야 한다.

④ enter는 타동사이므로 전치사 없이 바로 목적어를 가진다. 따라서 enters into를 enters로 고쳐야 한다.

---

① 접속사 뒤에는 주어와 동사로 이루어진 절이 나와야 한다. Although 뒤에서 주어 trust와 동사 may require가 나오므로 올바른 표현이다.
③ feels 뒤에 주격보어로 형용사 역할을 하는 과거분사 disposed가 사용되었고, 과거분사 disposed를 부사 warmly가 수식하므로 올바른 표현이다.
⑤ appears 뒤에 주격보어로 형용사 indifferent가 나왔으므로 올바른 표현이다.
⑥ 문맥상 '요구되는' 객관성을 의미한다는 뜻이므로, 수동의 의미를 지닌 과거분사 needed는 올바른 표현이다.

구문 분석

13행 Until relatively recently **indifference on the part of medical professionals**, or plain rudeness, was if anything regarded as a sign of trustworthiness: ¹⁾**it** ²⁾[implied **the objectivity** ³⁾{needed for expertise}], and [asserted **the superior status** ⁴⁾{that medical expertise granted}].

1) 대명사 it은 앞에 나온 indifference on the part of medical professionals을 가리킨다.
2) 두 개의 [ ]는 and로 연결되어 병렬 구조를 이루고 있다.
3) { }는 the objectivity를 수식하는 과거분사구이다.
4) { }는 목적격 관계대명사 that이 이끄는 관계사절로, 선행사 the superior status를 수식한다.

어휘 및 어구

• demanding 까다로운
• warmly disposed 따뜻한 성향의
• assert 확고히하다, 주장하다
• expertise 전문 지식
• indifferent 무관심한
• trustworthiness 신뢰성, 신용
• analyst 분석가
• may well ~하는 것이 당연하다
• at one's expense ~의 비용으로
• integrity 진실성
• if anything 오히려
• grant 부여하다

UNIX 19 병렬 구조

PRACTICE TEST
with Textbooks

A

01 keep
02 left
03 solve
04 to watch
05 cooking

B

01 ×, lead
02 ×, (to) be protected
03 ○
04 ○
05 ×, (to) gain

C

01 to submit → submitting
또는 writing → to write
02 has → have
03 threatened → threaten 또는 threatening
04 helping → to help
05 directly → direct

D

01 plan for your time and stick to it
02 and recorded what color they preferred
03 not only be cooked but also be printed on a 3D printer
04 did not stop both painting and developing
05 as important as to treat the disease

E

01 spent countless hours and money, but yielded little
02 will live happily and in harmony with
03 much stronger than the desperation to save her
04 Not imagining but rather building knowledge
05 as well as enable them to climb stairs more easily

━━━━━━━━ A ━━━━━━━━

01 **정답** keep
해석 그는 내가 좀 더 도전적인 목표를 세우게 하고 계속해서 익숙한 것을 넘어서도록 나 자신을 밀어붙이게 만든다.
풀이 pushing의 목적어로 myself가 쓰였으므로 익숙한 것에 안주하지 않도록 밀어붙이는 주체가 '나(me)'임을 알 수 있다. 따라서 앞에 나온 동사원형의 목적격보어 set과 병렬 구조를 이루는 keep이 적절하다. 참고로 사역동사 make는 목적어와 목적격보어의 관계가 능동일 때 목적격보어 자리에 동사원형을 쓰므로 keep이 적절하다.

02 **정답** left
해석 가장 심각한 문제 중 하나는 비닐봉지가 버려지고 그대로 방치된다는 것이다.
풀이 문맥상 비닐봉지가 버려지고 그대로 '방치되는' 것이 심각한 문제 중 하나라는 의미이므로, and를 중심으로 과거분사 discarded와 대등하게 동사 are에 연결될 수 있는 과거분사 left가 적절하다.

03 **정답** solve

해석 　새롭게 개발된 그 기술은 훼손된 문화재를 복원할 뿐만 아니라 그것의 숨겨진 수수께끼를 해결할 것으로 기대된다.

풀이 　'A뿐만 아니라 B도'라는 뜻의 상관접속사「not only A but also B」가 쓰였으며 이때 A와 B는 같은 형태 혹은 같은 품사여야 한다. 따라서 A에 해당하는 restore와 대등한 형태의 동사원형인 solve가 적절하다.

04 **정답** 　to watch

해석 　그녀와 이야기하는 것은 흥미진진하고 궁금증을 자아내는 영화를 보는 것만큼이나 재미있다.

풀이 　원급비교 구문에서는 비교 대상 간의 형태 혹은 품사를 일치시켜야 하므로, 주어인 To talk과 대등한 형태의 to watch가 적절하다.

05 **정답** 　cooking

해석 　오늘날, 패스트푸드 식당에서 음식을 주문하는 것이 직접 요리를 하는 것보다 더 빠르고 값싸다.

풀이 　비교급 구문에서는 비교 대상 간의 형태 혹은 품사를 일치시켜야 하므로, 주어인 ordering과 대등한 형태의 동명사 cooking이 적절하다.

B

01 **정답** 　×, lead

해석 　플라스틱은 적어도 수백 년 동안 쓰레기 매립지에 남아있고 따라서 토양 오염으로 이어진다.

풀이 　등위접속사 and로 연결되어 remain과 병렬 구조를 이루어야 하므로 leading을 동사 lead로 고쳐야 한다.

02 **정답** 　×, (to) be protected

해석 　우리는 모든 동물들이 동등한 살 권리와 보호 받을 권리를 가지고 있다는 것을 명심해야 한다.

풀이 　and로 연결되어 to live와 병렬 구조를 이루도록 protection을 to부정사로 고쳐야 하는데, '보호 받을' 권리라는 의미가 되려면 수동형의 to부정사로 써야 한다. 따라서 protection을 (to) be protected로 고쳐야 한다.

03 **정답** 　○

해석 　그들이 스케이트보드 타는 연습을 하는 모든 장면은 정말 재미있고 감동적이었다.

풀이 　and로 연결되어 주격보어로 쓰인 형용사 fun과 병렬 구조를 이루어야 하므로 현재분사 touching은 적절하다.

04 **정답** 　○

해석 　당신은 파리에 놀러갔는가 아니면 사업차 갔는가?

풀이 　'A 또는 B'라는 뜻의 상관접속사「either A or B」는 A와 B의 형태 혹은 품사가 일치해야 한다. 따라서 전치사구 for pleasure와 동일한 형태의 전치사구 on business는 적절하다.

05 **정답** 　×, (to) gain

해석 　어떤 동물들은 힘들이지 않고 얻는 것보다 먹이를 위해 노력하는 것을 더 선호한다는 것은 놀라운 일이다.

풀이 　'B보다 A를 선호하다'라는 뜻의「prefer A rather than B」구문으로 비교 대상인 A와 B는 동일한 형태 혹은 품사여야 한다. 따라서 to부정사 to strive와 병렬 구조를 이루도록 gaining을 (to) gain으로 고쳐야 한다. to gain의 to는 생략 가능하다.

C

01 **정답** 　to submit → submitting
또는 writing → to write

해석 　그는 계속해서 단편 소설을 써서 출판사에 제출했다.

풀이 　등위접속사 and를 중심으로 continued의 목적어가 병렬 구조를 이루어야 한다. continue는 목적어로 to부정사와 동명사를 모두 취할 수 있는 동사이므로, writing과 병렬 구조를 이루도록 to submit을 submitting으로 고치거나, to submit과 병렬 구조를 이루도록 writing을 to write로 고쳐야 한다.

02 **정답** 　has → have

해석 　인간은 본래 사회적이며, 따라서 다른 사람들과 소통하고 싶은 선천적인 욕구가 있다.

풀이 　등위접속사 and를 중심으로 2개의 동사가 병렬 구조를 이루어야 하는데, 주어가 복수 명사인 Humans이므로 이에 수를 일치시켜 has를 have로 고쳐야 한다.

03 **정답** 　threatened → threaten 또는 threatening

해석 　매년 수백만 톤의 쓰레기가 바다에 버려지고 해양 생태계를 위협한다(위협하는 중이다).

풀이 　등위접속사 and를 중심으로 2개의 동사가 병렬 구조를 이루어야 하는데, 주어가 Millicons of tons of trash로, 문맥상 '수백만 톤의 쓰레기가 버려지고, 수백만 톤의 쓰레기가 위협한다'라는 의미이므로 threatened는 능동태가 되어야 하고, 앞의 동사 are dumped의 시제에 맞춰 현재시제인 threaten으로 고쳐야 한다. 또는 are dumped의 are와 연결시켜 현재진행형인 threatening으로 고쳐도 무방하다.

04 **정답** 　helping → to help

해석 　스마트폰의 카메라는 단순히 사진을 찍는 것이 아니라 다른 사람들을 돕는 데에도 사용될 수 있다.

풀이 　'A뿐만 아니라 B도'라는 뜻의「not merely(only, just/simply) A but (also) B」구문에서 A와 B는 형태 혹은 품사가 일치해야 한다. 따라서 '~하기 위해서'라는 뜻의 부사적 용법으로 쓰인 to take와 병렬 구조를 이루도록 helping을 to help로 고쳐야 한다.

05 **정답** 　directly → direct

해석 　어떤 과학자들은 과학적 사실의 힘이 설득력 있지도 않고 직접적이지도 않다는 것을 결코 받아들이지 않는다.

풀이 　'A, B 둘 다 아닌'이라는 뜻의「neither A nor B」구문에서 A와 B는 형태 혹은 품사가 일치해야 한다. 따라서 is의 주격보어 역할을 하는 형용사 convincing과 병렬 구조를 이루도록 부사 directly를 형용사 direct로 고쳐야 한다.

D

01 **정답** 　plan for your time and stick to it

풀이 　문맥상 '당신은 ~을 멈추고, ~을 계획하고 ~을 고수해야 한다'라는 의미이므로, 앞에 있는 조동사 should에 연결되는 stop과 대등하게 동사원형으로 시작하는 어구를 써주어야 한다. 따라서 plan for your time을 먼저 쓰고 이어서 and stick to it을 차례로 배열해야 한다.

02 **정답** 　and recorded what color they preferred

풀이 　문맥상 '과학자들은 ~을 관찰하고, ~을 기록했다'라는 의미이므로, 등위접속사 and 뒤에 동사 observed와 병렬 구조를 이루는 동사 recorded를 써야 한다. 다음으로 목적어인 '그들이 어떤 색의 꽃을 선호하는지'를 나타내기 위해 「의문형용사 + 명사 + 주어 + 동사」 어순의 간접의문문을 사용하여 what color they preferred를 차례로 배열해야 한다.

03 **정답** not only be cooked but also be printed on a 3D printer

풀이 'A뿐만 아니라 B도'라는 의미를 나타내기 위해 「not only A but (also) B」 구문을 사용하여 not only를 먼저 쓴 뒤 A에 해당하는 be cooked를 써야 한다. 다음으로 but also를 쓴 뒤 B에 해당하는 be printed와 on a 3D printer를 차례대로 배열해야 한다. 음식들이 '요리되고 출력되는' 것이므로 수동태로 표현해야 해서 조동사 can 뒤에 be cooked와 be printed가 쓰였다.

04 **정답** did not stop both painting and developing

풀이 '멈추지 않았다'라는 의미에 맞게 동사 did not stop을 먼저 써야 한다. 다음으로 stop의 목적어인 '그리는 것과 발전시키는 것 둘 다'를 나타내기 위해 'A와 B 둘 다'라는 뜻의 「both A and B」 구문을 사용하여 both painting and developing을 차례대로 배열해야 한다. 참고로 「stop V-ing」는 '~하는 것을 멈추다'라는 의미이고 「stop to V」는 '~하기 위해 멈추다'라는 의미이므로 동명사 painting과 developing이 쓰였다.

05 **정답** as important as to treat the disease

풀이 '~만큼 중요한'이라는 의미를 나타내기 위해 원급 비교 구문을 사용하여 as important as를 먼저 써야 한다. 비교 구문에서 비교하는 두 대상은 품사나 형태상 병렬 구조를 이뤄야 하는데, 명사적 용법으로 쓰인 to부정사는 to부정사끼리 병렬시켜야 한다. 따라서 앞에 나온 to prevent the disease에 맞춰 to treat the disease를 연결해야 한다.

수식하는 형용사적 용법의 to부정사구를 사용하여 save를 to save로 고쳐 써야 한다. 참고로 비교급을 강조하는 부사로는 much 외에 even, still, far, a lot이 있다.

04 **정답** Not imagining but rather building knowledge

풀이 주어가 '상상만 하는 것이 아니라 오히려 지식을 쌓는 것'이므로 'A가 아니라 B'라는 뜻의 「not A but B」 구문을 사용해야 한다. 따라서 Not 뒤에 A에 해당하는 imagining을 쓰고 이어서 but rather 뒤에 B에 해당하는 building knowledge를 차례대로 배열해야 한다.

05 **정답** as well as enable them to climb stairs more easily

풀이 'A뿐만 아니라 B도'라는 의미를 나타내기 위해 「B as well as A」 표현을 사용하여 as well as를 먼저 쓴다. 이때 A와 B는 병렬 구조를 이루어 서로 형태 또는 품사를 일치시켜야 하므로 B에 해당하는 double their strength에 맞추어 A에 해당하는 enable them을 써야 한다. enable은 목적격보어로 to부정사를 취하는 동사이므로 climb을 to climb으로 바꿔 enable 뒤에 쓴 뒤 climb의 목적어인 stairs와 부사의 비교급인 more easily를 차례대로 배열해야 한다.

E

01 **정답** spent countless hours and money, but yielded little

풀이 과거부터 지금까지 이어져 온 행위를 말하고 있으므로 현재완료 시제를 사용해야 한다. 따라서 spend를 과거분사 spent로 고쳐 have에 연결되는 spent를 먼저 쓰고 목적어인 countless hours and money를 써야 한다. '전 세계적인 노력이 수많은 시간과 돈을 소비해 왔지만 (전세계적인 노력이) 이루어 낸 것이 거의 없었다'라는 의미이므로, 등위접속사 but을 쓰고 앞에 나온 과거분사 spent와 병렬 구조를 이루는 과거분사가 되도록 yield를 yielded로 고쳐 써야 한다. 마지막으로 '거의 ~아닌'이라는 뜻으로 yielded를 수식하는 부정부사 little을 연결해야 한다.

02 **정답** will live happily and in harmony with

풀이 '살아갈 것이다'라는 의미에 맞게 동사 will live를 먼저 써야 한다. 다음으로 '행복하게 그리고 조화를 이루며'라는 의미에 맞게 will live를 수식하는 부사 happily와 등위접속사 and, 그리고 부사와 같은 역할을 하는 전치사구 in harmony with를 차례로 배열해야 한다.

03 **정답** much stronger than the desperation to save her

풀이 '훨씬 더 강한'이라는 의미를 나타내기 위해 비교급을 강조하는 부사 much와 비교급 stronger를 먼저 써야 한다. 다음으로 '~보다'라는 뜻의 전치사 than을 쓰고 이어서 his fear of death의 비교 대상인 the desperation to save her을 차례로 배열해야 한다. 이때 '그녀를 살려야 한다는 간절함'이라는 의미를 나타내기 위해 앞에 나온 명사 the desperation을

UNIT 20 강조와 도치

A

01 that   02 neither   03 do

04 did he   05 has

B

01 ○   02 ×, did he know   03 ×, were

04 ×, that 또는 when   05 ×, does

C

01 seem → seems   02 was → were

03 does → do   04 did → was

05 were → was

D

01 It was not the scientist but his children who

02 was it necessary to count everything

03 because of the rain that we did not stop to shake his hand

04 nor have we heard from you

05 would a would-be baker consider himself or herself someone

E

01 are big windows to allow natural light in

02 was only in 1919 when the scientists got the first clue

03 Not until the beginning of the twentieth century did people begin to think

04 had she entered the store

05 so did tea in Holland and England

A

01 정답 that

해석 나에게 세상과 나 자신에 대해 많은 것을 가르쳐 준 것은 바로자원 봉사 시간이었다.

풀이 뒤에 불완전한 절이 이어지고 있으므로 관계부사 when은 적절하지 않다. 주어인 the volunteering time을 강조하는 「It is(was) ~ that」 강조구문으로 that이 적절하다.

02 정답 neither

해석 지하에 갇힌 사람들은 절망에 굴복하지 않았고, 지상에 있던 그들의 가족들도 포기하지 않았다.

풀이 부정문 뒤에서 '~도 …아니다'라는 뜻을 나타낼 때는 「neither + V + S」 구문을 사용하므로 neither가 적절하다.

03 정답 do

해석 오직 방어적인 목적으로만 금빛 독 개구리들은 그들의 강력한 독을 사용한다.

풀이 Only가 이끄는 부사구가 문장 맨 앞으로 이동한 도치구문으로, 일반동사가 도치될 때는 「do(does, did) + 주어 + 동사원형」의 어순으로 써야 한다. 주어가 복수인 golden poison frogs 이고 일반동사 use가 쓰였으므로 do가 적절하다.

04 정답 did he

해석 그는 5개의 앨범들을 발매하고 나서야 비로소 가수로서 현저한 성공을 거두었다.

풀이 부정어 Not until이 이끄는 절이 문장 맨 앞으로 이동하면 not until 부사절 내의 주어와 동사가 아닌, 주절의 주어와 동사가 도치되어야 한다. 따라서 did he가 적절하다.

05 정답 has

해석 그 전에도 그 이후에도 기념비성이라는 특성이 이집트에서처럼 완전히 달성된 적은 한 번도 없었다.

풀이 부정어구 Never before and never since가 문장 맨 앞으로 이동한 도치구문으로, 주어인 단수 명사 the quality of monumentality에 수를 일치시킨 단수 동사 has가 적절하다.

B

01 정답 ○

해석 나는 국립박물관에서 있었던 고대 유적에 관한 당신의 강연에 참석하여 정말 즐거웠다.

풀이 부사구 with great pleasure를 강조하기 위한 「It is(was) ~ that」 강조구문으로, 뒤에 완전한 절이 이어지고 있으므로 that은 적절하다.

02 정답 ×, did he know

해석 그는 다음 2주가 그의 인생을 영원히 바꿀 것이라는 것을 전혀 알지 못했다.

풀이 부정어 Little이 문장 맨 앞으로 이동한 도치구문으로, 일반동사가 도치될 때는 「do(does, did) + 주어 + 동사원형」의 어순으로 써야 한다. 따라서 시제가 과거이므로 he knew를 did he know로 고쳐야 한다.

03 정답 ×, were

해석 공원 내 언덕 위에는 방문객들이 멋진 풍경을 즐길 수 있는 여러 가지 색깔의 타일 의자들이 있었다.

풀이 부사구 On a hill within the park가 문장 맨 앞으로 이동한 도치구문으로, 주어인 복수 명사 multicolored tile seats에 수를 일치시켜 was를 복수 동사 were로 고쳐야 한다.

04 정답 ×, that 또는 when

해석 향신료에 대한 막대한 수요는 유럽인들이 인도로 가는 새로운 길을 탐색하게 했고, 유럽인들이 최초로 미 대륙에 간 것이 바로 이때였다.

풀이 during this time을 강조하기 위해 「It is(was) ~ that」 강조구문이 쓰였는데, 시간의 부사구를 강조하고 있으므로 which를 that 또는 when으로 고쳐야 한다.

05 정답 ×, does

해석 거리가 말의 힘을 평가하듯이, 시간이 사람의 성격을 드러나게 한다.

풀이 긍정문 뒤에서 '~도 마찬가지다'라는 의미를 나타내기 위해 「so + V + S」를 쓴다. 일반동사 reveal은 「do(does, did) + 주어 + 동사원형」의 어순으로 써야 하므로 do동사를 쓰되 주어가 단수 명사인 time이므로 이에 수를 일치시켜 is를 does로 고쳐야 한다.

C

01 **정답** seem → seems
해석 새로운 기계에 관한 아이디어의 수에는 한계가 없는 듯하다.
풀이 유도부사 There가 문장 맨 앞으로 이동한 도치구문으로, 주어인 단수 명사 no limit에 수를 일치시켜 seem을 단수 동사 seems로 고쳐야 한다.

02 **정답** was → were
해석 그 집에는 그녀의 두 아이들이 있었는데, 그들 중 한 명은 후에 유명한 의사가 되었다.
풀이 부사구 In the house가 문장 맨 앞으로 이동한 도치구문으로, 주어인 복수 명사 her two children에 수를 일치시켜 was를 복수 동사 were로 고쳐야 한다.

03 **정답** does → do
해석 서로 다른 사회가 각기 다른 도덕적 규칙을 가지고 있는 것처럼 보일 뿐만 아니라, 심지어 하나의 사회에서도 이성적인 사람들 사이에 무엇이 도덕적으로 행해져야 하는지에 관해 종종 의견이 일치하지 않는다.
풀이 부정어구 Not only가 문장 맨 앞으로 이동한 도치구문으로, 일반동사 seem은 「do(does, did) + 주어 + 동사원형」의 어순으로 써야 한다. 주어가 복수 명사인 different societies이므로 이에 수를 일치시켜 does를 do로 고쳐야 한다.

04 **정답** did → was
해석 경기가 끝난 뒤에야 승자는 몸을 풀고 승리를 만끽할 수 있었다.
풀이 부사절 Only after the game was finished를 강조하기 위해 문장 맨 앞으로 이동시킨 도치구문이다. '~할 수 있었다'라는 뜻의 「be able to V」가 동사이므로 be동사를 쓰되, 시제 일치를 시키고 주어인 단수 명사 the winner에 수를 일치시켜 did를 was로 고쳐야 한다. only가 이끄는 부사절에서 도치가 일어나는 것이 아니고, 주절에서 일어나야 하므로 Only after was the game finished라고 고치지 않도록 주의한다.

05 **정답** were → was
해석 사람들이 그에게 바로 그를 우울하게 하는 것은 그의 생각이라고 말했지만 그는 훨씬 더 기분이 나빠졌다.
풀이 told의 목적어로 「it is(was) ~ that」 강조구문이 사용되었다. 강조구문의 that절의 주어는 앞에 나온 단수 명사 his thinking이므로 동사 were는 이에 수를 일치시켜 was로 고쳐야 한다.

D

01 **정답** It was not the scientist but his children who
풀이 '그 학자가 아니라 그의 아이들'을 강조하고 있으므로 「It is (was) ~ that」 강조구문을 사용하되, 강조하는 대상이 사람이므로 that 대신 who를 사용한다. 또한 'A가 아니라 B'라는 뜻의 「not A but B」 구문을 사용하여, It was not the scientist but his children who의 어순으로 써야 한다.

02 **정답** was it necessary to count everything
풀이 부정어구 In neither case가 문장 맨 앞에 나왔으므로, 주어와 동사가 도치되어야 한다. 주어가 가주어 it이므로 동사 was를 먼저 쓰고 가주어인 it을 쓴다. 다음으로 주격보어인 necessary를 쓰고 진주어 to count everything을 차례대로 배열해야 한다.

03 **정답** because of the rain that we did not stop to shake his hand
풀이 '비 때문이었다'는 것을 강조하는 「it is(was) ~ that」 강조구문이 쓰였으므로, 강조 대상인 because of the rain을 먼저 써야 한다. 다음으로 that과 문장의 나머지 부분인 we did not stop to shake his hand를 차례대로 배열해야 한다. 「stop to V」는 '~하기 위해 멈추다'라는 뜻이다.

04 **정답** nor have we heard from you
풀이 내용상 부정의 의미가 반복되므로, 'A도 아니고 B도 아니다'라는 뜻을 나타내기 위해 「not A nor B」 구문을 써야 하는데, 이때 B가 절이면 「nor + V + S」 구조로 써야 한다. 완료시제의 경우 「nor + have(has/had) + 주어 + p.p.」의 어순으로 써야 하므로 nor have we heard를 쓴 다음 '당신에게서'라는 의미에 맞게 from you를 써야 한다.

05 **정답** would a would-be baker consider himself or herself someone
풀이 부정부사 Hardly가 문장 맨 앞으로 이동한 도치구문이므로 동사가 먼저 나와야 하는데, '~일 것이다'라는 의미를 나타내기 위해 조동사 would가 쓰였으므로 「조동사 + S + V」의 어순이 되어야 한다. 따라서 Hardly 뒤에 조동사 would와 주어인 a would-be baker, 그리고 동사 consider를 차례대로 배열해야 한다. 다음으로 consider의 목적어인 himself or herself와 목적격보어인 someone을 연결시킨다. '~를 …라고 생각하다'라는 뜻의 「consider O O.C」이 사용된 구조이다.

E

01 **정답** are big windows to allow natural light in
풀이 장소를 나타내는 부사구 Between the columns가 문장 맨 앞으로 이동한 도치구문이므로 동사를 먼저 써야 한다. 주어가 복수 명사인 big windows이므로 이에 수를 일치시켜 be를 복수 동사 are로 고쳐 쓰고 이어서 주어인 big windows를 써야 한다. 다음으로 '자연 채광이 들어오도록 하는 큰 창문들'이라는 의미를 나타내기 위해 big windows를 수식하는 형용사적 용법의 to부정사구 to allow natural light in을 연결해야 한다.

02 **정답** was only in 1919 when the scientists got the first clue
풀이 '불과 1919년'이었음을 강조하고 있으므로 「It is(was) ~ that」 강조구문을 사용하여 was only in 1919를 먼저 써야 한다. 다음으로 강조하는 대상이 시간이므로 that 대신 관계부사 when을 쓰고 문장의 나머지 부분인 the scientists got the first clue를 차례대로 배열해야 한다.

03 **정답** Not until the beginning of the twentieth century did people begin to think
풀이 부정어구가 문장 맨 앞으로 이동한 도치구문으로 나타낼 수 있으므로 '20세기 초가 되어서야 비로소'라는 의미의 부정어구 Not until the beginning of the twentieth century를 먼저 쓰고, 이어서 동사를 쓴다. 도치구문에서 동사가 일반동사이면 「do(does, did) + 주어 + 동사원형」의 어순으로 써야 하고 과거의 일을 나타내므로 do를 과거시제 did로 고쳐 did people begin을 쓰고 begin의 목적어인 to think를 이어서 배열한다.

04 **정답** had she entered the store
풀이 부정어구 No sooner이 문장 맨 앞으로 이동한 도치구문이므로 동사를 먼저 써야 하는데, 완료 시제는 「have/has/had + 주어 + p.p.」의 형태가 되어야 하므로 had를 먼저 쓰고 주어인 she, 그리고 과거분사인 entered를 차례대로 배열한 다음 목적어인 the store를 연결해야 한다.

* 「no sooner A(had + 주어 + p.p.) than B(주어 + 과거동사)」: A하자마자 B하다

〈문장 전환 이해하기〉

• She had no sooner entered the store than she felt the store sway a little.

= No sooner had she entered the store than she felt the store sway a little.

05 **정답** so did tea in Holland and England

풀이 두 문장을 이어주는 접속사 and를 먼저 쓴다. 다음으로 '~도 그러하다'라는 의미를 나타내기 위해 「so + V + S」 도치 구문을 사용하되, 앞에 나온 과거 시제의 일반 동사 became을 대신해야 하므로 do를 did로 고쳐 써야 한다. 따라서 so did tea를 차례대로 배열하고 마지막으로 '네덜란드와 영국에서'라는 의미에 맞게 in Holland and England를 tea 뒤에 위치시킨다.

---

01 ②	**02** ④
03 ①, ②	**04** ⑤

05 ④

06 ①, ②, ④

07 ② individuals would → would individuals
③ making → to make
⑤ is → does
⑥ it begins → does it begin

08 so did our ability not only to trick prey and deceive predators

09 ② historical → historically
⑤ does → do

10 It is a cultural factor that determines what is tasty.

---

01 정답 ②

해석

(A) 당신의 전형적인 하루를 생각해 보라. 당신은 아침에 잠에서 깨서 Florida에서 재배된 오렌지로 만든 주스와 브라질에서 재배된 콩으로 만든 커피를 마신다. 당신은 Georgia에서 재배된 목화로 만들어지고 태국의 공장에서 바느질된 옷을 입는다. 매일, 당신은 당신이 즐기는 제품과 서비스를 제공해 주는 많은 사람들에게 의존하는데, 그들 중 대부분을 당신이 알지 못한다. 이러한 상호 의존은 사람들이 서로 교역을 하기 때문에 가능하다. 당신에게 제품과 서비스를 제공하는 사람들은 관대함으로 행동하는 것이 아니다. 또한 정부기관이 그들에게 당신의 욕구를 충족시키도록 지시하고 있는 것도 아니다. 대신, 사람들은 그들이 대가로 무언가를 얻기 때문에 당신과 다른 소비자들에게 그들이 생산한 제품과 서비스를 제공한다.

(B) 우리의 최근 늘어난 수명의 숨겨진 비밀은 유전학이나 자연 선택 때문이 아니라, 오히려 우리의 전반적인 생활 수준의 끊임없는 향상 때문임이 드러나고 있다. 의학과 공중 보건의 관점에서, 이러한 발전들이 그야말로 결정적이었다. 예를 들어, 천연두, 소아마비 그리고 홍역과 같은 주요 질병들은 집단 예방 접종에 의해 근절되어 왔다. 게다가, 건강을 증진시키기 위해 고안된 기술들이 대중에게 이용 가능해졌는데, 부패를 막기 위한 냉장이든 체계화된 쓰레기 수거를 통해서든, 그 자체로 질병의 많은 흔한 원인을 제거하였다. 이러한 인상적인 변화들은 문명사회가 음식을 먹는 방식들에 극적으로 영향을 주었을 뿐만 아니라, 문명사회가 살고 죽는 방식을 정해왔다.

풀이

ⓐ and로 연결되어 동사 wake와 병렬 구조를 이루는 동사 pour는 올바른 표현이다.

ⓔ or로 연결된 명사구인 refrigeration to prevent spoilage와 systemized garbage collection이 병렬 구조를 이루고 있으므로 올바른 표현이다.

ⓑ Georgia에서 재배되고 태국의 공장에서 '바느질 된' 옷이라는 뜻이 되어야 하므로, and를 중심으로 앞에 있는 과거분사 grown과 병렬 구조를 이루도록 sew를 과거분사 sewn으로 고쳐야 한다.

ⓒ 부정어 Nor가 문장의 맨 앞으로 나오면 주어와 동사가 도치되어야 한다. 따라서 Nor 다음에 동사 is가 오고 이어서 주어 some government agency가 와야 한다.

ⓓ 상관접속사 「not A but B」가 사용된 문장으로, A와 B에 해당하는 부분이 모두 due to에 연결되어야 한다. 즉, A의 자리에는 due to genetics of nature selection이, B의 자리에는 rather (due) to the relentless improvements가 와야 하므로 for를 to로 고쳐야 한다.

ⓔ 상관접속사 「not only A but also B」가 사용된 문장으로, not only 뒤의 과거분사 affected는 앞에 있는 have와 연결되어 현재완료시제로 쓰이고 있다. 따라서 A와 B가 병렬 구조를 이루어야 하기 때문에 determine을 과거분사 determined로 고쳐야 한다.

구문 분석

(A) 6행 Every day, you rely on **many people**, ¹⁾[most of whom you do not know], ²⁾[to provide you with **the goods and services** ³⁾{that you enjoy}].

1) [ ]는 선행사 many people을 부연설명하는 관계사절로, whom이 가리키는 것은 many people이다.
2) [ ]는 형용사적 용법으로 쓰인 to부정사구로, many people을 수식한다.
3) { }는 목적격 관계대명사 that이 이끄는 관계사절로, 선행사 the goods and services를 수식한다.

어휘 및 어구

- sew(-sewed-sewn) 바느질하다, 꿰매다
- interdependence 상호 의존
- government agency 정부기관
- life span 수명
- natural selection 자연 선택
- perspective 관점
- vaccination 예방 접종
- shift 변화
- generosity 관대함
- in return 보답으로, 대가로
- genetics 유전학
- relentless 끊임없는
- eradicate 박멸하다
- spoilage 부패, 손상
- civilization 문명 (사회)

02 정답 ④

해석

우리는 기회의 시대에 살고 있다. 만일 당신이 야망, 추진력, 그리고 지성을 가지고 있다면 당신이 어디에서 시작을 했든지 상관없이 당신은 당신이 선택한 직업에서 최고까지 오를 수 있다. 하지만 이런 기회와 함께 책임이 따라온다. 요즘 회사들은 그들의 지식 노동자들의 경력을 관리하지 않는다. 오히려, 우리는 각자가 우리 자신의 최고 경영자가 되어야 한다. 간단히 말하자면, 직장 생활을 하는 동안에 자신을 계속 몰두하게 하고 생산적이게 하는 것은 당신에게 달려 있다. 이 모든 것들을 잘하기 위해서 바로 당신이 기를 필요가 있는 것은 바로 자신에 대한 깊은 이해이다. 당신의 가장 가치 있는 강점과 가장 위험한 약점은 무엇인가? 똑같이 중요하게, 당신은 어떻게 배우고 다른 사람들과 함께 일하는가? 당신이 가장 깊이 간직하는 가치는 무엇인가? 시사하는 바는 분명하다. 당신이 당신의 강점과 자기 이해의 조합으로부터 일을 할 때에만 당신은 진정한, 그리고 지속적인 탁월함을 이루어 낼 수 있다.

풀이

④ This가 가리키는 말이 앞에 언급되지 않았으며, 문맥상 「it is ~ that」 강조구문이 사용되기에 적절하므로 This를 It으로 고쳐야 한다.

① if절에 A, B, and C의 병렬 구조가 사용되었는데, 앞에 명사 ambition과 drive가 나왔으므로 명사 smarts가 이어진 것은 적절하다.
② 부사구인 with this opportunity가 강조된 문장으로 부사구가 문장 맨

앞에 나오면 주어와 동사가 도치되므로, with this opportunity 뒤에 동사 comes가 먼저 오고 주어 responsibility가 뒤에 나온 것은 올바른 표현이다.
③ 「keep + O + O.C」 구조에서 목적격보어의 역할, 즉 형용사 역할을 하는 과거분사 engaged와 형용사 productive가 and로 연결되어 병렬 구조를 이루고 있으므로 productive는 올바른 표현이다.
⑤ 「only + 부사절」인 Only when ~ and self-knowledge가 문장이 맨 앞에 나왔으므로 주어와 동사가 도치되어야 하는데 조동사 can이 있으므로 「조동사(can) + 주어(you) + 동사원형(achieve)」의 어순이 된 것은 올바른 표현이다.

구문 분석

9행 **It is** a deep understanding of yourself **that** you'll need to cultivate in order to do all of these things well.

▶ 「It is(was) ~ that」 강조구문으로 that절의 동사 cultivate의 목적어였던 a deep understanding of yourself를 강조하고 있다.
원 문장: You'll need to cultivate a deep understanding of yourself in order to do all of these things well.

어휘 및 어구

- ambition 야망
- profession 직업
- chief executive officer 대표이사(CEO)
- engage (주의를) 끌다
- implication 암시, 함축, 함의
- self-knowledge 자기 이해
- drive 추진력
- regardless of ~와 상관없이
- cultivate 기르다, 계발하다
- combination 결합

03 정답 ①, ②

해석

제국에 의해 확산된 문화적 사상들은 좀처럼 지배층에 의해 독점적으로 창조되지 않았다. 제국의 시각은 보편적이고 포괄적인 경향이 있기 때문에, 제국의 지배층이 사상, 규범, 그리고 전통을 그들이 그것들을 발견한 어떤 곳으로부터든지 채택하는 것은 오히려 단 하나의 완고한 전통을 고수하는 것보다 상대적으로 쉬웠다. 일부 황제들은 그들의 문화를 정화시키고 그들의 뿌리라고 여겼던 것으로 회귀하는 것을 추구했던 반면, 대부분의 제국들은 피지배 민족들로부터 많은 것을 흡수한 합성의 문명을 만들어 왔다. 로마의 제국 문화는 로마식일 뿐만 아니라 그리스식이었다. 몽고 제국 문화는 중국의 복사판이었다. 미 제국에서, 케냐 혈통의 미국 대통령은 이탈리아 피자를 먹을 수 있을 뿐만 아니라 투르크 족에 대항하는 아랍인들의 반란에 대한 영국의 서사시인 'Lawrence of Arabia'라는 자신이 가장 좋아하는 영화를 볼 수도 있다.

풀이

① 부정어인 Seldom이 문장 맨 앞에 사용됐으므로, 주어와 동사가 도치되어야 한다. 따라서 Seldom 뒤에 동사 were가 먼저 오고 주어 the cultural ideas spread by empire가 나와야 한다.
② rather than으로 연결되어 병렬 구조를 이루는 어구가 무엇인지 확인해야 한다. 문맥상 앞에 나온 to adopt와 병렬 연결되어야 하므로 sticking을 to stick으로 고쳐야 한다.

③ and로 연결되어 앞에 나온 purify와 병렬 구조를 이루고 있는 return은 올바른 표현이다.
④ 상관접속사 「B as well as A」에서 A와 B는 모두 병렬 구조를 이루어야 한다. 따라서 '그리스식의'란 뜻과 '로마식의'라는 뜻인 Greek과 Roman

이 각각 형용사로 병렬 구조를 이루고 있으므로 올바른 표현이다.

⑤ 상관접속사 「not only A but also B」에서 A와 B는 병렬 구조를 이루어야 한다. 따라서 동사 eat과 watch를 쓴 것은 올바른 표현이다.

구문 분석

7행 While some emperors sought to purify their cultures and return to 1)[what they **viewed as** their roots], 2)[for the most part] empires have produced **hybrid civilizations** 3)[that absorbed much from their subject peoples].

1) [ ]는 선행사를 포함하는 관계대명사 what이 이끄는 절로 '~ 것'이라고 해석한다. 'A를 B로 여기다'라는 의미로 「view A as B」 구조가 쓰였고, A에 해당하는 부분을 what으로 생각하면 된다.

2) [ ]는 부사구이고 empires가 주어이다. for the most part는 '대부분, 대개, 보통'이란 뜻의 관용적 표현이다.

3) [ ]는 주격 관계대명사 that이 이끄는 관계사절로 선행사 hybrid civilizations를 수식한다.

어휘 및 어구

- exclusively 독점적으로
- universal 보편적인
- stick to ~을 고수하다
- purify 정화(순화)시키다
- subject 지배를 받는
- epic 이야기, 서사시
- imperial 제국의
- inclusive 포괄적인
- rigid 완고한
- hybrid 혼합의
- copycat 모방자
- rebellion 반란, 폭동

04 정답 ⑤

해석

사람들 앞에서 말하는 것에 대한 불안감은 사람들이 가지고 있는 가장 흔한 공포 중 하나이다. 그것은 효과적인 의사소통, 그리고 궁극적으로 학업과 직업상 성공을 가로막는 실질적이고 중대한 장벽으로 작용한다. 토론은 사람들이 그들의 발표 불안을 관리할 수 있게 해 주는 대응 전략을 개발하는 데 이상적인 환경이다. 토론이 많은 준비를 요구하고 준비를 허용하기 때문에 개인은 그들의 자료에 대한 확신과 그들이 옹호하는 주장에 대한 열정을 가지게 된다. 토론은 표현 방식보다는 내용에 초점을 두게 하기 때문에, 관심은 사람이 아니라 논거에 맞추어진다. 참가자는 그 외에 생각할 것이 너무 많기 때문에 불안감을 잊을지도 모른다. 그리고 반복된 경험은 그들이 자신감을 기르도록 돕고, 그들의 목표를 방해하는 것을 막는 방식으로 그들의 불가피한 불안감에 대처하는 것을 배우도록 돕는다.

풀이

ⓓ and 뒤에 연결되어 앞에 나온 동사 develop의 목적이가 되어야 하고 또 명사 confidence와 병렬 구조를 이루어야 하므로 형용사 passionate를 명사 passion으로 고쳐야 한다.

ⓔ 반복된 경험이 참가자들이 자신감을 기르고 불가피한 불안감을 다루는 것을 배우도록 돕는다는 내용으로 해석할 수 있으므로, helps가 아닌 build와 병렬 구조를 이루는 것이 자연스럽다. 따라서 helps의 목적격보어로 쓰인 learns를 learn으로 고쳐야 한다.

ⓐ Among이 이끄는 부사구가 문장의 맨 앞에 나왔으므로 주어와 동사가 도치되어야 한다. 동사 is가 먼저 오고 주어인 nervousness ~ speaking이 왔으므로 어법상 올바른 어순이다.

ⓑ 앞에 전치사 to와 명사로 이루어진 to effective communication과 (ultimately) to academic and professional success가 병렬 구

조를 이루고 있으므로 올바른 표현이다. 이 두 개의 전치사구는 앞에 있는 barrier를 수식한다.

ⓒ 상관접속사 「both A and B」에서 A와 B는 병렬 구조를 이루어야 하므로 앞에 동사 allows와 같은 형태의 동사 requires는 올바른 표현이다.

구문 분석

14행 And repetition of experience helps them 1)[build confidence] and [learn to cope with their inevitable nervousness in such a way as to 2)**prevent** it **from interfering** with their objectives].

1) 두 개의 [ ]가 and로 연결되어 병렬 구조를 이루고 있으며, 모두 helps의 목적격보어이다.

2) prevent A from B(V-ing) : A가 B하는 것을 막다(방해하다)

어휘 및 어구

- significant 상당한
- ultimately 궁극적으로
- content 내용
- inevitable 불가피한
- objective 목적, 목표
- barrier 장애물
- strategy 전략
- cope with 대처하다
- interfere with ~을 방해하다

05 정답 ④

해석

① 그 상을 받는 날이 올 거라고 그녀는 꿈도 꾸지 못했다.

② 나는 직장사람들뿐만 아니라 Jordan과 다른 운동선수들에게도 가장 큰 기쁨의 원천은 자신의 능력을 사용할 기회라고 믿는다.

③ 제비 한 마리가 여름을 만들 수 없고, 날씨 좋은 하루의 날 또한 여름을 만들 수 없다. (제비 한 마리가 왔다고 해서 여름이 아니고, 날씨 좋은 날이 하루 있다고 해서 여름이 온 것은 아니다.)

④ 그 법률들은 공장 근로자들의 삶을 더 즐겁게, 근로 여건은 더 안전하게 만들었다.

⑤ 인형들 옆에는 작은 빗들과 은색 거울을 담은, 상아로 만든 작은 상자가 있었다.

풀이

④ 「make + O + O.C」의 구조가 쓰인 문장으로, 목적어인 factory workers' lives와 목적격보어인 more pleasant처럼 and 뒤에도 목적어와 목적격보어가 나오는 병렬 구조가 이루어져야 한다. 앞에서 목적격보어 자리에 형용사를 썼으므로, 뒤쪽의 목적격보어 자리에도 형용사가 와야 하기 때문에 more safely를 safer로 고쳐야 한다.

---

① 부정어 Never가 문장 맨 앞으로 나왔으므로 주어와 동사가 도치되어야 한다. 도치 전의 문장은 She never dreamed ~ 였는데 dreamed가 일반동사이므로 did를 쓰고 뒤에 주어 She와 동사의 원형인 dream의 어순을 따른 did she dream은 올바른 표현이다.

② 「B as well as A」에서 A와 B는 병렬 관계이어야 한다. 앞에 전치사와 명사로 구성된 to Jordan and other athletes와 to people in the workplace는 as well as를 중심으로 병렬 구조를 이루므로 올바른 표현이다.

③ 「neither + V + S」는 '~도 또한 그렇지 않다'라는 구문으로, 주어와 동사의 도치가 일어나서 does one fine day가 되었고, 도치되어야 하는 문장의 동사가 일반동사이면 do/does/did 뒤에 주어와 동사의 원형을 쓰므로 시제와 인칭을 고려하여 does를 쓴 것은 올바른 표현이다.

⑤ 부사구 Next to the dolls가 문장 맨 앞으로 나왔으므로 주어와 동사가 도치되어야 한다. 따라서 「be동사＋주어」의 어순으로 쓴 was a small box는 올바른 표현이다.

구문 분석

① Never did she dream that **the day** [she was awarded the prize] would come.

▶ [ ]는 the day를 수식하는 관계사절로, she 앞에 관계부사 when 이 생략되었다.

어휘 및 어구

- award (상을) 수여하다
- swallow 제비
- contain ～을 함유하다, ～이 들어있다
- athlete 운동선수
- ivory 상아

06 정답 ①, ②, ④

해석

과학적 발견들은 과거 어느 때보다 더 빠른 속도로 결실을 맺고 있다. 예를 들어, 1836년에 (곡식을) 베고, 타작하고, 짚을 다발로 묶고, 낟알을 자루 안으로 쏟아 부어 주는 기계가 발명되었다. 그 기계는 심지어 그 당시에 20년이 된 기술에 기초하였지만, 1930년이 되어서야 비로소 그러한 기계가 실제로 유통되었다. 타자기에 대한 최초의 영국 특허권이 1714년에 발급되었지만, 150년이 더 지나서야 타자기는 상업적으로 판매되었다. 오늘날, 우리는 아이디어와 적용 사이의 그러한 지연을 거의 생각할 수가 없다. 그것은 우리가 우리 조상들보다 더 똑똑하거나 더 야심이 있어서가 아니라, 시간이 지나면서 우리가 그 과정을 앞당기는 모든 종류의 사회적 장치들을 발명해 왔기 때문이다. 그러므로 혁신적인 순환의 첫 번째와 두 번째 단계 사이, 즉 아이디어와 적용 사이의 시간이 급격히 줄어들었다는 것을 우리는 알게 된다.

풀이

① and로 연결되어 mowed, threshed, tied와 병렬 구조를 이뤄야 하므로 poured는 올바른 표현이다.

② 「it is(was) ~ that」 강조구문과 not until이 결합된 문장으로 not until 1930을 강조하고 있다. '1930년이 되어서야 비로소 ～하다'라는 의미의 올바른 표현이다.

④ 형용사의 비교급 smarter와 more ambitious가 or로 연결되어 병렬 구조를 이루고 있으므로 올바른 표현이다.

- -

③ '좀처럼 ～하지 않는'이라는 부정의 의미를 가진 부사 Rarely가 문장 앞에 나왔으므로 주어와 동사가 도치되어야 한다. 조동사가 있는 경우, 「조동사＋주어＋동사」의 어순을 따르므로 we can을 can we로 고쳐야 한다.

⑤ 문장 전체를 보면 「not A but B」가 사용된 구조이므로 A와 B에 해당하는 부분이 병렬 구조를 이루어야 한다. not 뒤에 that절이 사용되었으므로 but 다음에도 that절이 오도록 but 뒤에 that을 추가해야 한다.

구문 분석

2행 For example, in 1836, **a machine** was invented [that mowed, threshed, and tied straw into bundles and poured grain into sacks].

▶ [ ]는 주격 관계대명사 that이 이끄는 절로 문장의 주어인 a machine 을 수식한다. 관계대명사와 선행사가 떨어져 있으므로 해석에 유의해야 한다.

어휘 및 어구

- fruition 결실
- straw 짚
- sack 부대, 자루
- issue 발급하다
- application 적용
- radically 급격하게
- mow 베다
- grain 곡물, 낟알
- patent 특허, 특허권
- commercially 상업적으로
- hasten 앞당기다

07 정답 ② individuals would → would individuals
③ making → to make
⑤ is → does
⑥ it begins → does it begin

해석

① 도대체 왜 면화와 가장 관련이 적은 세계의 지역, 즉 유럽이 면화의 제국을 만들고 지배하게 되었을까?

② 오직 이러한 조건 아래에서 개인들은 살아남을 수 있고 그들의 규모를 유지하기 위해 자손과 개체군을 낳을 수 있다.

③ 우리의 목표는 예술가의 의도를 존중하는 것이지만, 동시에 그것을 시각적으로 통일성 있는 예술 작품으로 만드는 것이다.

④ 이러한 장난감들은 가지고 놀기에 느낌이 좋고 아이들을 바깥 세계에 연결해 줄 뿐만 아니라, 평생 혹은 그보다 훨씬 더 오래 지속될 만큼 튼튼하다.

⑤ 소매점의 규모가 감소함에 따라, 소매상이 취급하는 상품의 숫자도 감소한다.

⑥ 원숭이는 6살이 되고 나서야 비로소 어미에게서 독립하려는 신호를 보여주기 시작한다.

풀이

② only가 이끄는 부사구 Only under this condition이 문장 앞에 나왔으므로 주어와 동사가 도치되어야 한다. 따라서 individuals would를 would individuals의 어순으로 고쳐야 한다.

③ but 앞뒤로 병렬 구조를 이루어야 하는데, 앞에서 주격보어로 to부정사를 썼으므로 making을 to make로 고쳐야 한다.

⑤ '～도 그러하다'라는 의미를 지닌 「so＋V＋S」가 사용된 문장으로, 앞에서 일반동사 decreases가 쓰였으므로 is를 does로 고쳐야 한다.

⑥ 부정어구 Not until ~ old가 문장 앞에 나왔으므로 주어와 동사가 도치되어야 한다. 동사 다음에 주어가 나오는 어순으로 써야 하는데, 일반동사 begins가 있으므로 does를 사용해서 it begins를 does it begin으로 고쳐야 한다.

- -

① 의문사 Why가 「it is(was) ~ that」 강조구문에 의해서 강조되는 문장으로 it was와 that 사이에 Why가 있어야 하지만, 의문문이기 때문에 문장 맨 앞으로 온 올바른 표현이다. '도대체 왜～?'라고 해석하는 것이 자연스럽다.

④ 부정어구 Not only가 문장 앞에 나왔으므로 주어와 동사가 도치되어야 한다. feel이 일반동사이어서 do를 사용하여 do these toys feel로 쓴 것은 어법상 올바르다.

구문 분석

④ [1]**Not only** do these toys [2][feel good to play with] and [connect children to the outside world], **but** they are **also** often [3]**strong enough to** last a lifetime and even more.

1) not only A but also B : A 뿐만 아니라 B도
2) 두 개의 [ ]가 and로 연결되어 병렬 구조를 이루고 있다.

3) 형용사 + enough to V : ∼할 만큼 충분히 ⋯한

⑤ As the size of a retail store decreases, so does the number of **products** [a retailer can carry].

▶ [　]는 목적격 관계대명사가 생략된 관계사절로 선행사 products를 수식한다.

어휘 및 어구

- have to do with ∼와 관련이 있다
- dominate 지배하다
- empire 제국
- offspring 자손
- coherent 일관성 있는
- retailer 소매상

08 정답 so did our ability not only to trick prey and deceive predators

해석

실제로 말을 할 수 있는 유일한 종으로서, 호모 사피엔스는 큰 소리로 거짓말을 할 수 있는 유일한 종이다. 이 능력은 초기 인간에게 중요한 진화적 우위를 주었다. 이미 그들은 교묘하게 숨겨둔 덫으로 먹이를 사냥하거나 먹잇감을 절벽으로 달려가도록 속임으로써 그들의 기만적인 기술의 숙련을 증명했다. 인간의 말하는 능력이 발달함에 따라, 우리의 먹잇감을 속이고 포식자를 속이는 능력뿐만 아니라 다른 인간들을 속이는 우리의 능력 역시 발달했다. 이것 또한 이로울 수 있었다. 경쟁 부족의 구성원들에게 서쪽으로 이동하는 순록의 무리가 동쪽으로 이동했다고 설득할 수 있는 사람들은 생존을 위한 전쟁에서 승리했다. 언어적 속임수는 초기 인간에게 그러한 생존을 위한 이점을 주어서 일부 진화생물학자들은 말하는 능력과 거짓말하는 능력이 함께 발달했다고 믿는다.

풀이

'∼도 그러하다'라는 의미를 가진 「so + V + S」가 사용되어야 하는데, 종속절의 As가 이끄는 절에서 일반동사 developed가 사용되었으므로 so 뒤에 그것을 대신할 did를 사용해야 한다. 이 뒤에 주어로 '우리의 능력'이란 뜻에 맞게 our ability를 연결한다. 또한 상관접속사 「not only A but (also) B」 구조가 사용된 문장인데, but 뒤에 to부정사 to lie가 사용되었으므로, 앞에도 병렬 구조를 이루도록 not only 뒤에 to trick prey를 쓰고 and deceive predators를 병렬 연결한다. 이때 deceive 앞에는 to가 생략된 것으로 보면 된다.

구문 분석

13행 Verbal deceitfulness gave early humans ¹⁾**such a survival advantage that** some evolutionary biologists believe ²⁾[{the capacity to speak} and {the ability to lie} developed hand in hand].

1) such a(n) + 명사 + that ∼ : (아주/그렇게) ∼해서 ⋯하다
2) [　]는 believe의 목적어로 the 앞에 명사절의 접속사 that이 생략되었다. 두 개의 {　}는 and로 연결되어 병렬 구조를 이루고 있으며 이 that절의 주어이다.

어휘 및 어구

- capacity 능력
- evolutionary 진화의
- edge 우위, 이점
- demonstrate 입증하다
- mastery 숙달, 숙련
- deceptive 기만적인
- advantageous 이점이 되는
- tribe 부족

- caribou (북미의) 순록
- survival 생존; 생존을 위한
- verbal 언어의, 말로 나타낸
- deceitfulness 속임수
- hand in hand 함께

[09∼10]

09 정답 ② historical → historically
⑤ does → do

10 정답 It is a cultural factor that determines what is tasty.

해석

음식은 비록 우리가 그렇게 그것을 인식하도록 교육을 받아 왔지만 절대적으로 좋거나 나쁘지 않다. 맛을 보는 기관은 혀가 아니라 문화적으로, 그렇기에 역사적으로 결정되는 신체 기관인 뇌이며, 평가의 기준들이 그것을 통해 전달되고 학습된다. 그러므로 이러한 기준들은 공간과 시간에 따라 다르다. 한 시대에 긍정적으로 판단되는 것이 다른 시대에는 의미를 변화시킬 수 있고, 한 장소에서 맛있다고 여겨지는 것이 또 다른 장소에서는 맛이 없다고 여겨질 뿐만 아니라 역겨운 것으로 거부될 수도 있다. 맛에 대한 정의는 인간 사회의 문화적 유산에 속한다. 세상의 다양한 사람들과 지역들 사이에서 (맛에 대한) 다른 취향과 선호가 존재하는 것과 마찬가지로 취향과 선호도 역시 수세기의 과정을 거쳐 변화한다.

풀이

09 ② 부사 culturally와 병렬 구조를 이루고 과거분사 determined를 수식할 수 있어야 하므로 형용사 historical을 부사 historically로 고쳐야 한다.

⑤ '∼도 그러하다'라는 의미의 「so + V + S」가 사용된 문장이다. 주어가 복수명사인 tastes and preferences이므로 동사 does를 do로 고쳐야 한다.

① 'A와 B 둘 다 아닌'이라는 의미의 「neither A nor B」가 사용된 문장으로, A와 B에 해당하는 형용사 good과 bad가 병렬 구조를 이루고 있으므로 올바른 표현이다.

③ and로 연결된 과거분사 transmitted과 learned가 병렬 구조를 이루고 있으므로 올바른 표현이다.

④ 'A뿐만 아니라 B도'라는 의미의 「not only A but also B」가 사용된 문장이다. A에 해당하는 부분이 be regarded ∼ 이므로, 뒤에서도 be rejected ∼ 가 나와 병렬 구조를 이루고 있으므로 올바른 표현이다.

10 주어진 우리말에 맞게 만들려면 「it is(was) ∼ that」 강조구문을 사용해야 한다. 강조하고 있는 말이 '문화적 요소'이므로, It is와 that 사이에 a cultural factor를 쓴다. 그리고 a cultural factor를 설명해 주는 내용이 뒤에 나와야 하므로 '무엇이 맛이 있는지를 결정하는 것'이란 우리말에 맞게 that determines what is tasty를 연결해 준다.

구문 분석

7행 ¹⁾[What in one era is judged positively], ²⁾**in another** can change meaning; what in one locale is considered tasty, ³⁾**in another** can ⁴⁾**not only** be regarded untasty **but also** be rejected as disgusting.

1) [　]는 관계대명사 what이 이끄는 명사절로 문장의 주어이고, 동사는 can change이다.

2) 여기서 in another은 in another era를 말한다.

3) 여기서 in another은 in another locale을 말한다.

4) not only A but also B : A뿐만 아니라 B도

어휘 및 어구

- as such 보통 말하는 그런
- criteria 기준(criterion의 복수형)
- locale (환경 등에 관련된 특정의) 장소
- disgusting 역겨운
- preference 선호
- organ (생물의) 기관
- transmit 전달하다
- tasty 맛있는
- heritage 유산

01 ③　　　　　　　　　　　　02 ④

03 ②, ⑥

04 ② personal → personally
　　⑤ it is → is it

01 정답 ③

해석

1800년대 후반 동안, 인쇄가 더 저렴해지고 더 빨라지면서 신문과 잡지 수에서의 급증과 이러한 출판물들에서의 이미지 사용 증가로 이어졌다. 이미지들의 목판화와 판화뿐만 아니라 사진도 신문과 잡지에 등장했다. 수적으로 늘어난 신문과 잡지는 더 큰 경쟁을 만들어 냈는데, 몇몇 신문들이 독자를 끌어들이기 위해 더 외설적인 기사들을 찍어 내도록 만들었다. 이러한 '황색 저널리즘'은 때때로 자신을 사적인 인물로 여기는 사교계 인물들뿐만 아니라 공인들, 그리고 심지어 고위층에 속하지는 않지만, 기자들이 생각했을 때 신문을 잘 팔리게 할 수 있는 스캔들, 범죄 또는 비극적인 일에 연루된 것으로 밝혀진 사람들에 대한 가십의 형태를 취했다. 가십이 물론 새로운 것은 아니었지만, 널리 배포되는 신문과 잡지 형태의 대중 매체의 증가는 가십이 제한된(흔히 구두로만) 유포에서 광범위한 인쇄된 형태의 보급으로 이동했음을 의미했다.

풀이

ⓔ 'A 뿐만 아니라 B도'라는 의미인 「B as well as A」에서 A와 B는 병렬 구조가 되어야 하는데, 앞에 있는 about public figures와 밑줄 친 부분이 병렬 구조가 되어야 하므로 with를 about으로 고쳐야 한다.

① in which 다음에 주어가 없는 불완전한 문장이 나오므로 주격 관계대명사가 필요하다. 따라서 in which를 which나 that으로 고쳐야 한다. journalists thought는 관계사절 속에 삽입된 절로 문장의 구조에 영향을 미치지 않는다.

ⓖ 등위접속사 but 앞에 절이 왔으므로 but 뒤에도 절이 와야 한다. 주어는 the rise ~ magazines인데 동사가 없으므로 meaning을 동사로 고치되, 시제를 고려하여 과거 동사 meant로 고치는 것이 어법상 적절하다. 동사 moved는 meant의 목적어로 쓰인 that절의 동사이다.

ⓐ 전치사 During 뒤에 명사구 the late 1800s가 나오고 있으므로 올바른 표현이다.

ⓑ 앞에 명사구 an explosion in the number of newspapers and magazines와 and를 중심으로 병렬 연결된 명사구 the increased use of images는 올바른 표현이다.

ⓒ 상관접속사 as well as의 앞뒤에 나오는 표현은 병렬 구조를 이루어야 하는데, 모두 명사형을 쓰고 있으므로 올바른 표현이다.

ⓓ 앞에 동사 created가 나왔고 접속사는 없으므로 분사구문을 이끄는 현재분사 driving은 올바른 표현이다. driving 이하는 결과를 나타내는 분사구문이다. 「drive + O + to V」는 '〜가 …하도록 내몰다'란 뜻으로 목적격보어로 to print를 쓴 것 또한 올바른 표현이다.

구문 분석

10행 This "yellow journalism" sometimes took the form of **gossip** [1)][about public figures], as well as [about socialites who considered themselves private figures], and [even about those who were not part of high society but had

2)**found** themselves **involved** in a scandal, crime, or tragedy which 3){journalists thought} would sell papers].

1) 세 개의 [　]는 as well as와 and를 중심으로 병렬 구조를 이루고 있으며, 앞에 있는 명사 gossip을 꾸며준다.

2) 「find + O + O.C」 구조에서 목적어와 목적격보어의 관계가 수동이면 목적격보어로 과거분사를 쓴다.

3) {　}는 삽입된 절로, '기자들이 생각하기에'라고 해석한다.

16행 Gossip was of course 1)**nothing new**, but 2)**the rise of mass media** [in the form of widely distributed newspapers and magazines] meant that gossip moved 3)**from** limited (often oral only) distribution **to** wide, printed dissemination.

1) -thing으로 끝나는 명사를 형용사가 수식할 때는 반드시 뒤에서 수식한다.

2) [　]는 the rise of mass media를 수식하고 있다.

3) from A to B: A에서 B로

어휘 및 어구

- explosion 폭발
- woodcut 목판화
- gossip 가십, 험담
- sociality 사교계의 인물들
- distribute 배포하다
- publication 출판, 출판물
- article 기사
- figure 인물
- scandal 스캔들, 추문
- oral 구두의

02 정답 ④

해석

탱크는 영국의 발명품이었다. 전쟁 초기에 발명가들이 육군 지휘관들에게 그것에 관한 아이디어를 가지고 왔지만 육군은 비실용적이라고 그것을 거절했다. 하지만 해군의 수장이었던 Winston Churchill은 그 아이디어가 잠재성이 있다고 생각했고 해군 본부는 그것의 개발에 자금을 지원했다. 2년 후, 탱크는 Somme 전투에서 처음으로 사용되었다. 탱크는 보병대보다 앞서서 진격하여 방어선을 무너뜨리고 적군에게 기관총을 난사했다. 탱크는 독일군 사이에서 불안감을 야기했고 영국군의 사기를 높였다. 틀림없이 이것은 획기적인 돌파구가 될 수 있는 무기였다! 하지만 이 최초의 기계들은 고작 걷는 속도로 이동했다. 그것들 중 절반 이상이 독일군 참호에 도달하기 전에 망가졌다. 그것은 그다지 믿을 만하지 못했다. 1년 후에야 탱크는 실제로 큰 성과를 거두었다. 탱크는 매우 빠르게 적의 전선을 돌파해서 보병대가 따라올 수 없을 정도였다.

풀이

ⓓ 뒤에 목적어 the morale이 나오므로 타동사가 필요하다. 따라서 자동사 rose를 타동사 raised로 고쳐야 한다.

ⓔ 「it is(was) ~ that」 강조구문과 not until이 결합된 문장으로 what을 that으로 고쳐야 한다.

ⓐ 'A를 B라고 거절하다'라는 뜻의 「reject A as B」 구문에서 A는 목적어, B는 목적격보어 역할을 하므로 형용사 impractical은 올바른 표현이다. 또한 it은 the idea를 가리키므로 단수 형태의 대명사 it은 적절하다.

ⓑ 탱크가 '사용되는' 것이므로 수동태 were used는 올바른 표현이다.

ⓒ 앞에 나온 현재분사 crushing과 spraying이 and로 연결되어 병렬 구조를 이루고 있으므로 올바른 표현이다.

ⓕ 「so + 형용사/부사 + that + S + V」는 '아주 ~해서 …하다'라는 뜻으로, 동사 blasted를 수식하는 부사 quickly는 올바른 표현이다.

구문 분석

3행 However, Winston Churchill, head of the navy, thought [the idea had potential] and his department funded its development.

▶ [　]는 thought의 목적어이며, thought 뒤에는 이 목적어를 이끄는 명사절의 접속사 that이 생략되었다.

어휘 및 어구

- impractical 비실용적인
- fund 자금을 대다
- crush 무너뜨리다, 짓밟다
- cause alarm 불안을 야기하다
- breakthrough 돌파구
- reliable 믿을 만한
- navy 해군
- advance 전진하다, 나아가다
- spray 발사하다
- morale 사기
- pace 속도
- blast 돌파하다

03 정답 ②, ⑥

해석

몇몇 학습 안내서들은 달력에 상세히 기록하는 것을 지지하며, 그래야 당신이 전체 학기 내내 매분, 매시간, 매일 동안 무엇을 해야 할지 알게 될 것이다. 그것들은 당신이 각 과목의 학습, 식사, 체육 활동 참여, 친구와의 사교 활동 등을 할 시간을 배정하도록 할 것이다. 나는 이런 접근 방법이 매우 잘못되었다고 느낀다. 학생들은 이런 일정을 따르는 것을 내키지 않아 할 뿐만 아니라, 인간이 그렇게 엄격한 계획을 시도하는 것은 바람직하지 않다. 그러한 일정을 따르는 것은 당신으로 하여금 당신의 모든 인생이 이미 결정되어져 있다고 느끼도록 이끌며, 당신은 당신의 학습에 빠르게 싫증을 느낄 것이다. 독일의 철학자인 Frederick Nietzsche가 질문했던 것처럼 "우리가 우리 자신을 지루하게 하기에 우리의 삶은 너무 짧지 않은가?" 중요한 날짜를 기록하는 의도된 목적을 위해 달력을 사용해라. 시험이나 학기말 보고서의 제출 기한과 같은 중요한 일들의 날짜를 기록해라. 그러면, 당신은 얼마나 많은 시간 동안 그 일들을 준비해야 할지를 알게 될 것이다. 달력이 당신의 삶을 통제하게 하지 말아라.

풀이

② to study ~, to eat ~, to engage ~와 병렬 구조를 이루어야 하므로 socializing을 to socialize로 고쳐야 한다.

⑥ is의 주격보어가 필요하므로 부사 shortly를 형용사 short으로 고쳐야 한다.

---

① '~하기로 되어 있다'라는 의미의 「be supposed to V」는 올바른 표현이다.

③ 부정어 Not only가 문장 맨 앞에 나와서 동사와 주어가 도치되어 will students의 어순으로 쓴 것은 올바른 표현이다. 조동사가 있는 경우에는 「조동사 + 주어 + 동사원형」의 구조를 갖는다.

④ to부정사인 to attempt의 의미상의 주어로 사용된 for humans는 올바른 표현이다. 또한 such strict arrangements는 「such a(n) + 형용사 + 명사」의 구조이며 명사가 복수형이어서 관사 a(n)이 빠진 것으로 올바른 표현이다.

⑤ 부사 quickly가 동사 become을 수식하므로 적절하며, 지루함을 '느끼는' 것이므로 과거분사 bored는 올바른 표현이다.

⑦ 「의문사 + S + V」의 구조가 사용된 간접의문문으로, 의문사 how much time, 주어 you, 동사 have가 적절하게 사용된 올바른 표현이다.

구문 분석

11행 Following such a schedule would [1)]**lead** you **to feel** that [2)][your whole life is predetermined] and [you would quickly become bored with your studies].

    1) lead + O + to V : ~가 …하게 이끌다

    2) 두 개의 [ ]는 and를 중심으로 병렬 구조를 이루고 있다.

14행 As Frederick Nietzsche, [1)][the German philosopher], inquired, "Is not life a hundred times [2)]**too short** for us **to bore** ourselves?"

    1) [ ]는 Frederick Nietzsche와 동격을 이룬다.

    2) too ~ to … : 너무 ~해서 …하지 못하다, …하기에 너무 ~하다

어휘 및 어구

- advocate 지지하다, 주장하다
- allocate 할당하다
- be unwilling to ~하는 것을 꺼리다
- undesirable 바람직하지 않은
- arrangement 일정
- significant 중요한
- regulate 규제하다
- elaborate 정교한
- engage in ~에 참여하다
- strict 엄격한
- predetermined 이미 정해진
- deadline 마감 기한

구문 분석

17행 [Only through a balanced program of team, dual, and individual sports] **is it** possible **to develop** well-rounded individuals.

  ▶ 가주어 it과 진주어 to develop가 쓰인 문장으로, only를 포함한 부사구를 맨 앞으로 보내면서 주어와 동사인 it is가 is it으로 도치된 문장이다.

    • 원문장: It is possible to develop well-rounded individuals only through a balanced program of team, dual, and individual sports.

어휘 및 어구

- physical education 체육
- dominate 지배하다
- at the expense of ~을 희생하여
- well-rounded 고르게 균형을 갖춘
- dual 둘의
- curriculum 교육 과정

---

04   정답 ② personal → personally
        ⑤ it is → is it

해석

학교 체육 프로그램은 젊은 사람들이 즐길 만하고 개인적으로 의미 있는 평생 활동의 능력을 계발하게 해 주는 균형 잡힌 다양한 활동을 제공해야 한다. 균형은 단체 스포츠, 듀얼 스포츠, 개인 (평생) 스포츠 중의 어떠한 체육 프로그램도 존재해야 한다. 농구와 축구 같은 단체 스포츠는 학생들이 기술을 계발하고 팀으로서 함께 활동하고 경쟁하는 것을 즐길 수 있는 기회를 제공한다. 그러나 많은 학교 체육 프로그램에서는 팀 스포츠가 테니스, 수영, 배드민턴, 골프와 같은 다양한 개인 스포츠와 듀얼 스포츠를 희생시키며 교육 과정을 지배하고 있다. 그러한 경우에, 학생들은 성인 시절 내내 자신들이 참여할 수 있는 활동의 기술을 계발할 기회를 박탈당한다. 단체 스포츠, 듀얼 스포츠, 개인 스포츠의 균형 있는 프로그램을 통해서만 고르게 균형을 갖춘 개인을 성장시키는 것이 가능하다.

풀이

② 형용사 meaningful을 수식하기 위해서는 부사가 사용되어야 하므로 personal을 personally로 고쳐야 한다.

⑤ only ~ sports까지는 only를 포함한 부사구로, 이를 강조하기 위해 문장 앞으로 보내면 주어와 동사의 순서가 바뀌는 도치가 일어난다. 따라서 it is를 is it으로 고쳐야 한다.

---

① 동사 allow의 주어는 선행사인 복수 명사 activities이므로 복수 동사 allow는 올바른 표현이다. 그리고 동사 allow가 목적어와 목적격보어를 가질 때, 「allow + O + to V」의 구조로 쓰는데, 목적격보어로 to develop가 왔으므로 올바른 표현이다.

③ 명사 opportunity를 수식하는 to develop ~과 to enjoy ~가 and를 중심으로 병렬 구조를 이루고 있고, enjoy의 목적어로 사용된 동명사 working과 competing이 병렬 구조를 이루고 있으므로 올바른 표현이다.

④ that은 관계대명사로 뒤에 불완전한 문장이 나와야 하는데, 뒤에 전치사 in의 목적어가 없으므로 목적격 관계대명사 that은 올바른 표현이다.

01 ②　　　　**02** ②

03 ①　　　　**04** ②

05 ①, ②, ④

06 younger people are when they start using a brand or product, the more likely they are to keep using it

07 ① broadly in nature　⑥ has thrived

08 (A) are allowed　(B) dominate　(C) needs

09 ② was it → it was
　　⑤ are → is

10 can you ever begin to know

---

01 정답 ②

해석

여러분이 자신의 파이 한 조각을 간절히 얻고 싶을 때, 다른 사람들이 그들의 파이 한 조각을 얻을 수 있도록 그들에게 도움을 주는 데 여러분이 왜 관심을 갖겠는가? Ernest Hamwi가 1904년 세계 박람회에서 페르시아의 아주 얇은 와플 잘라비아를 팔고 있었을 때, 그런 태도를 가지고 있었더라면, 그는 거리의 상인으로 생을 마감했을지도 모른다. Hamwi는 근처의 아이스크림 상인이 고객에게 줄 아이스크림을 담을 그릇이 동난 것을 알게 되었다. 대부분의 사람들은 "내 문제가 아니야"라고 콧방귀를 뀌었을 것이며, 아마도 심지어 그 아이스크림 상인의 불행이 자신들에게 더 많은 고객을 의미하기를 바랐을 것이다. 대신, Hamwi는 와플을 말아 올려 꼭대기에 한 수쿠프의 아이스크림을 놓아서, 세계 최초의 아이스크림콘 중의 하나를 만들었다. 그는 자신의 이웃을 도왔으며, 그 과정에서 많은 돈을 벌었다.

풀이

② 과거의 시점을 나타내는 at the 1904 World's Fair가 있고, 주절의 동사의 형태(조동사 과거형 + have p.p.)로 보아 과거 사실에 대한 반대를 나타내는 가정법 과거완료 구문이다. 가정법 과거완료 구문에서 if절의 동사는 had p.p.로 표현하므로 took를 had taken으로 고쳐야 한다.

① interest는 '~에게 관심을 갖게 하다'라는 뜻의 타동사로 문맥상 당신이 '관심을 갖게 되는' 것이므로 수동태로 표현해야 한다. 따라서 과거분사 interested는 올바른 표현이다.

③ 뒤에 완전한 절이 왔으므로 noticed의 목적어를 이끄는 접속사 that은 올바른 표현이다.

④ them이 가리키는 것이 앞에 나온 복수 명사 Most people이므로, them은 올바른 표현이다.

⑤ 문맥상 creating의 생략된 주어는 주절의 주어인 Hamwi인데, Hamwi와 create의 관계가 능동이므로 능동의 분사구문을 만들기 위해 쓴 현재분사 creating은 올바른 표현이다.

구문 분석

1행 When you're eager to get your slice of the pie, why would you be interested in giving a hand to other people **so that** they **can** get their piece?

▶ so that + S + can : ~가 …하도록, ~가 …하게 하기 위해서(목적)

9행 Most people would have sniffed, "Not my problem,"

perhaps even hoping [the ice-cream vendor's misfortune would mean more customers for them].

▶ [ ]는 hoping의 목적어로, 앞에 명사절을 이끄는 접속사 that이 생략되어 있다.

어휘 및 어구

- be eager to 간절히 ~하고 싶어 하다
- attitude 마음가짐, 태도
- run out of ~이 동나다, ~을 다 써버리다
- serve (고객의) 시중을 들다
- roll up ~을 말아 올리다
- make a fortune 많은 돈을 벌다
- give a hand 도움을 주다
- fair 박람회
- bowl 그릇, 사발
- misfortune 불행, 불운
- scoop 한 스쿠프, 한 숟갈

---

02 정답 ②

해석

영어 사용자들은 가족 관계를 묘사하기 위한 가장 단순한 체계들 중 하나를 가진다. 많은 아프리카 언어 사용자들은 남성과 여성 친척 양쪽 모두를 묘사하는 데 'cousin'과 같은 한 단어를 사용하는 것, 또는 묘사되는 사람이 말하는 사람의 아버지와 혈연 관계인지 아니면 어머니와 혈연 관계인지 구별하지 않는 것을 불합리하다고 여길 것이다. brother-in-law를 아내의 남자 형제인지 여자 형제의 남편인지 구별할 수 없다는 것은 많은 문화에 존재하는 인간 관계의 구조 내에서 혼란스럽게 보일 것이다. 마찬가지로, 'uncle'이라는 한 단어가 아버지의 형제와 어머니의 형제에게 적용되는 상황을 이해하는 것이 어떻게 가능하겠는가? 하와이 언어는 동일한 용어를 사용하여 아버지와 아버지의 남자 형제를 지칭한다. Jinghpaw 언어로 사고하는 Northern Burma의 사람들은 그들의 친족을 묘사하기 위한 18개의 기본 용어를 가지고 있다. 이 용어 중 어떤 것도 영어로 바로 번역될 수 없다.

풀이

ⓐ 「consider + 가목적어 it + 목적격보어(absurd) + 진목적어(to use)」의 구조가 사용된 문장으로, 가목적어 자리에 있는 this를 it으로 고쳐야 한다.

ⓑ the person이 묘사하는 것이 아니라, '묘사되는' 사람이라는 의미이므로 수동의 의미를 지닌 과거분사가 필요하다. 따라서 describing을 described로 고쳐야 한다.

ⓒ seem의 주격보어로 부사가 아닌 형용사만 올 수 있으므로 confusingly를 형용사 confusing으로 고쳐야 한다.

ⓓ 「전치사 + 관계대명사」 구조인 in which는 관계부사 where로 바꿔 쓸 수 있고, 뒤에 완전한 절이 와야 한다. 주어진 문장도 뒤에 완전한 절이 왔으므로 in which는 올바른 표현이다.

ⓔ 앞에 나온 to one's father는 전치사와 명사로 이뤄진 구조로, and를 중심으로 이와 병렬 구조를 이루고 있는 to the father's brother는 올바른 표현이다.

ⓕ 문장의 주어인 one of them에서 them이 가리키는 것은 앞에서 설명하고 있는 basic terms이다. term(용어)과 translate(~을 번역하다)의 관계는 수동이므로 수동태로 쓴 것은 적절하며, 동사를 수식하는 부사 directly도 올바른 표현이다.

구문 분석

16행 **People of Northern Burma**, [who think in the Jinghpaw language], have eighteen basic terms for describing their kin.

▶ [ ]는 계속적 용법으로 쓰인 주격 관계대명사 who가 이끄는 관계사

절로, 주어인 People of Northern Burma를 보충 설명한다.

어휘 및 어구
- familial 가족의
- distinguish 구별하다
- make sense of ~을 이해하다
- tern 용어
- kin 친족
- absurd 불합리한
- brother-in-law 매부, 처남
- apply to ~에 적용하다
- refer to ~을 가리키다
- translate 번역하다

03 정답 ①

풀이

① 사역동사 let은 목적격보어로 동사원형을 취하므로 know는 올바른 표현이다.

② 이중소유격의 구조는 「관사 + 명사 + of + 소유대명사」이므로, us를 ours로 고쳐야 한다.

③ ask는 목적격보어로 to부정사를 취하므로 letting을 to let으로 고쳐야 한다.

④ be동사 was 뒤에 주격보어 역할을 하는 형용사가 필요하므로 heavily를 heavy로 고쳐야 한다.

⑤ what은 선행사를 포함하는 관계대명사로 뒤에 불완전한 절이 와야 하는데 뒤의 절이 완전하므로 what을 discover의 목적어를 이끄는 접속사 that으로 고쳐야 한다.

구문 분석

④ Without saying a word, the father took his backpack off and handed it to his son, [1)[who immediately discovered that it was 2)**so** heavy **that** he **could** not carry].

1) [ ]는 계속적 용법으로 쓰인 주격 관계대명사 who가 이끄는 관계사절로, 선행사인 his son을 보충 설명한다. 계속적 용법은 주로 콤마(,) 다음에 관계대명사가 나오는 형태이며, who의 의미는 and he이므로 '그리고 그는'이라고 해석하는 것이 적절하다.

2) so + 형용사 + that + S + can not : 너무 ~해서 …할 수 없다

어휘 및 어구
- limitation 한계
- hand 건네주다
- experientially 경험적으로
- conflict 갈등, 마찰
- immediately 곧, 즉시
- indeed 정말로, 진정

04 정답 ②

해석

수세기 동안, 사람들은 바다를 그들에게 공급될 수 있는, 무한정한 식량 공급원으로 여겼다. 그러나 전 세계 어장의 76%가 최근에 무분별한 개발과 남획으로 시달리고 있다. 해마다 수십억 마리의 불필요한 어류와 다른 동물들이 죽는 것은 바로 이런 비효율적이고 불법적이고 파괴적인 수산업의 관행 때문이다. 우리는 어떻게 이 귀중한 자원을 구할 수 있을까? 우리가 해양 식품을 적절하게 소비하고, 지속 가능한 수산업에서 나온 해산물만을 선별해서 소비함으로써 그렇게 할 수 있다. 현재 어떤 종류의 해산물을 당신이 먹을 수 있는지 또는 자연 상태에서 개체군의 감소로 인해 어떤 종류는 피해야 하는지 알려주는 몇 가지 안내서들이 있다. 소비자로서의 당신의 선택은 더 많은 수산

업이 우리의 자원을 고갈시켜 왔던 그들의 관행을 바꿀 수 있도록 촉진할 수 있다.

풀이

② 「it is(was) ~ that」 강조구문의 that이다.

① 주격 관계대명사 that으로 선행사 an unlimited food source를 수식한다.

③ 주격 관계대명사 that으로 선행사 seafood를 수식한다.

④ 주격 관계대명사 that으로 선행사 several guides를 수식한다. that이 이끄는 관계사절인 that ~ the wild가 길어 available 뒤에 위치한 것으로 보면 된다.

⑤ 주격 관계대명사 that으로 선행사 their practices를 수식한다.

구문 분석

11행 Now several guides are available that 1)**let you know** 2)[what types of seafood you can eat or should avoid 3)**due to** the declining populations in the wild].

1) let은 목적어와 목적격보어의 관계가 능동일 때, 목적격보어로 동사원형을 취한다.

2) [ ]는 know의 목적어로 쓰인 명사절이다.

3) due to는 '~때문에'라는 의미로, to는 전치사이므로 뒤에 명사(구)나 동명사(구)가 와야 한다.

어휘 및 어구
- unlimited 무한정한
- thoughtless 무분별한
- over fishing 남획
- destructive 파괴적인
- in moderation 적당하게, 적절하게
- declining 기우는, 쇠퇴하는
- wild 자연 상태
- fishery (보통 pl.) 어업
- exploitation 착취, 채굴, 벌채
- illegal 불법적인
- practice 관행
- sustainable 지속 가능한
- population 개체수
- exhaust 고갈시키다

05 정답 ①, ②, ④

해석

대부분의 습관들은 아마도 처음 형성될 때는 좋을 것이다. 즉, 당신이 의도적으로 만들지 않은 많은 습관에 대해서, 그 특정한 행동을 하게 된 것에는 어떤 가치가 있었음에 틀림없다. 그 가치가 당신이 그 습관을 형성할 만큼 충분히 자주 그 행동을 반복하게 하는 것이다. 몇몇 습관은 나빠지기도 하는데, 그 이유는 한때 보상적 요소를 가진 행동이 그 습관이 시작되었을 때는 명확하지 않았을지도 모를 부정적인 영향 역시 가지고 있기 때문이다. 과식이 그러한 습관이다. 당신은 머릿속으로는 너무 많이 먹는 것이 문제라는 것을 알고 있을 것이다. 그러나 당신이 실제로 과식할 때, 바로 그 순간에는 부정적인 영향이 거의 없다. 그래서 당신은 그것을 반복한다. 그러나 결국, 당신은 살이 찌기 시작할 것이다. 당신이 이것을 인지할 때쯤, 당신의 과식 습관은 깊이 자리 잡게 된다.

풀이

① 과거 사실에 대한 확실한 추측을 나타내므로 '~했음에 틀림없다'는 의미를 가진 「must have p.p.」는 올바른 표현이다.

② what은 선행사를 포함하는 관계대명사로, 문장의 보어절을 이끌고 있으며, 뒤에 동사로 시작하는 불완전한 절이 이어지고 있으므로 올바른 표현이다. 또한 cause는 목적격보어로 to부정사를 취하므로 to repeat가

쓰인 것도 올바른 표현이다.

④ 동사 has는 선행사인 단수 명사 a behavior에 수를 일치시킨 것이므로 올바른 표현이다.

---

③ 「형용사/부사 + enough to V」의 어순으로 사용되어야 하므로, enough often to를 often enough to로 고쳐야 한다.

⑤ little은 '거의 ~않는(없는)'이라는 의미로 뒤에 셀 수 없는 명사가 나와야 한다. 그런데 뒤에 셀 수 있는 명사 consequences가 나오므로 little을 few로 고쳐야 한다.

구문 분석

2행 That is, for many of **the habits** [1)][that you do not create intentionally], there must have been some value [2)]**to** performing that particular behavior.

1) [ ]는 목적격 관계대명사 that이 이끄는 관계사절로, 선행사 the habits를 수식한다.
2) to는 '~에는'이라는 의미의 전치사로 쓰였으므로 뒤에 동명사 performing이 왔다.

어휘 및 어구

- intentionally 의도적으로
- element 요소
- consequence 결과
- root 자리잡다, 뿌리 내리다
- rewarding 보상으로서의
- negative 부정적인
- conceptually 개념적으로

06

정답 younger people are when they start using a brand or product, the more likely they are to keep using it

풀이

「the 비교급 + S + V, the 비교급 + S + V」 구문을 이용해야 하는 문장이다. 먼저 '사람들이 어리면 어릴수록'이라는 의미에 맞게 The 다음에 younger people are를 쓰고, 그 뒤의 내용인 '(사람들이) 상표나 상품을 사용하기 시작하는 때'라는 의미에 맞게 when they start using a brand or product를 쓴다. 다음으로 '가능성이 더 높다'라는 의미에 맞게 배열하려면 '~할 가능성이 있다'라는 의미의 「be likely to V」를 쓰되, 비교급 형태로 바꾼 more likely를 사용해서 the more likely라고 먼저 써 준 후, 주어와 동사에 해당하는 they are를 써 주고, 그 뒤에는 to부정사인 to keep과 using it을 차례로 배열하면 된다.

07

정답 ① broadly in nature ⑥ has thrived

해석

왜 쓰레기가 인간 체계에는 존재하지만 자연에는 더 널리 존재하지 않는가? 자연은 모든 체계의 산출물이 다른 체계들에 유용한 투입물이 되는 체계들의 아름다운 조화이다. 나무에서 떨어지는 도토리는 그것을 먹는 다람쥐에게 중요한 투입물이다. 그 맛있는 식사의 부산물인 다람쥐 배설물은 그것을 섭취하는 미생물에게 중요한 투입물이다. 미생물의 산출물인 비옥한 부엽토와 토양은 결국 그로부터 새로운 오크 나무가 자랄 수 있는 바로 그 물질이다. 심지어 다람쥐가 내쉬는 이산화탄소는 그 나무가 들이쉴 수도 있는 것이다. 이러한 순환은 수백만 년 동안 생명이 우리 지구상에서 번창해 온 근본적인 이유이다. 그것은 자신의 꼬리를 먹는 뱀 또는 용을 그린 고대 상징물인

Ouroboros와 같다. 어떤 면에서 자연은 진정 자신을 소비하는 끊임없는 순환이다.

풀이

① but을 중심으로 in the human system과 병렬 구조를 이루어야 하므로 「전치사 + 명사」의 형태로 표현해야 한다. 따라서 broadly nature를 broadly in nature로 고쳐야 한다.

⑥ 뒤에 for millions of years으로 보아 과거부터 현재까지 지속되어 온 일을 나타내는 현재완료 시제가 사용되어야 한다. 따라서 thrives를 has thrived로 고쳐야 한다.

---

② other 뒤에는 복수 명사가 나오므로 other 뒤에 쓰인 systems는 올바른 표현이다.

③ 동사 eats는 선행사이자 단수 명사인 a squirrel에 수를 일치시킨 것이므로 올바른 표현이고, it이 가리키는 것이 앞에 나온 단수 명사 an acorn이므로 올바른 표현이다.

④ 「전치사 + 관계대명사」는 관계부사와 같은 역할을 하므로 관계부사처럼 뒤에 완전한 절이 나와야 한다. 여기서도 뒤에 완전한 절이 나오므로 from which는 올바른 표현이다.

⑤ 관계대명사 what 다음에 불완전한 절이 나와야 하는데, 전치사 in 뒤에 목적어가 없으므로 관계대명사 what은 올바른 표현이다.

⑦ 전치사의 목적어로 동명사 consuming이 온 것은 올바른 표현이고, 자연이 스스로를 소비한다는 내용으로 consuming의 주어와 목적어가 nature로 같기 때문에 재귀대명사 itself도 올바른 표현이다.

구문 분석

14행 It's like the Ouroboros — **the ancient symbol** [1)][depicting **a snake or dragon** [2)]{eating its own tail}]; in a way, nature [3)]**truly** is a constant cycle of consuming itself.

1) [ ]는 현재분사구로, the ancient symbol을 수식한다.
2) { }는 현재분사구로, 앞에 나온 a snake or dragon을 수식한다.
3) 일반적으로 부사는 be동사와 조동사 뒤에, 일반동사 앞에 위치하지만, 이는 일반적인 규칙이지 절대적인 것은 아니다. 여기서 부사 truly를 be동사 앞에 쓴 것은 '자연은 진정 자신을 소비하는 끊임없는 순환이다'라는 점을 강조하기 위해서이다.

어휘 및 어구

- harmony 조화
- output 산출물
- squirrel 다람쥐
- by-product 부산물
- microbe 미생물
- fundamental 근본적인
- depict 그리다
- whereby (그것에 의해) ~하는
- input 투입물
- acorn 도토리
- poop 배설물
- carbon dioxide 이산화탄소
- thrive 번성하다
- constant 끊임없는

08

정답 (A) are allowed (B) dominate (C) needs

해석

흐름을 조정하는 인간의 시스템은 기계적인 시스템보다 거의 항상 즉각적인 반응을 더 잘한다. 여러분이 정지 신호에 걸려 차 안에서 기다려야 하는데, 여러분의 차선에 많은 차량이 있고 교차되는 차선에는 차가 하나도 없을 때가 있었는가? 경찰관은 즉시 그 상황을 보고 일시적인 필요에 맞게 방향적인 흐름을 조정할 것이다. 회의의 엄격한 규칙에도 같은 것이 적용된다. 참가자들을 정해진 순서로만 발언하게 하면 건설적인 대화가 진행되는 것이 어렵다. 섬세

한 중재자인 인간의 시스템은 어느 누군가가 그 회의를 오랫동안 지배하게 두지 않으면서 집단 내 개인들의 순간순간의 욕구에 맞출 수 있을 것이다. 분명, 네 명이나 다섯 명 이상의 모든 회의는 균형 잡힌 대화의 흐름을 유지할 지도자를 필요로 한다.

풀이
(A) 참가자들이 말하도록 '허락받는다'는 내용이 되어야 하고, allow 뒤에 목적어가 아닌 목적격보어인 to부정사가 이어지고 있으므로 수동태가 필요하다. 따라서 are allowed가 적절하다.
(B) 사역동사 let은 목적격보어로 동사원형을 취하므로 dominate가 적절하다.
(C) 단수 명사인 every meeting이 주어이므로 단수 동사 needs가 적절하다.

구문 분석
2행 Have you ever had to wait in a car at a red light when there was **a lot of traffic on your street** and **none on the cross street**?
▶ a lot of traffic on your street와 none on the cross street가 and를 중심으로 병렬 구조를 이루고 있다.

어휘 및 어구
• regulate 조정하다
• mechanical 기계적인
• immediately 즉시
• directional 방향의
• rigid 엄격한
• order 순서
• moderator 중재자, 조정자
• responsive 반응을 잘 하는
• red light (교통의) 정지 신호
• adjust 조정하다
• momentary 일시적인
• constructive 건설적인
• sensitive 섬세한, 민감한
• moment-by-moment 순간순간의

[09~10]

09 정답 ② was it → it was
⑤ are → is

10 정답 can you ever begin to know

해석
어느 날 나는 할아버지가 덤불을 보고 계신 것을 지켜보았다. 할아버지는 30분 동안 말없이 가만히 서 계셨다. 내가 더 가까이 다가갔을 때, 할아버지가 일종의 새를 보고 계신다는 것을 알 수 있었지만, 그것이 어떤 종류의 새인지는 알 수 없었다. 내가 막 할아버지에게 여쭤보려고 했을 때, 흔한 울새가 덤불에서 날아갔다. 나는 할아버지에게 무엇을 보고 계셨는지 여쭤보았다. 할아버지는 미소를 지으시면서 "울새란다."라고 대답하셨다. 나는 "하지만 할아버지, 그냥 흔한 울새잖아요. 울새가 뭐가 그렇게 흥미로우세요?"라고 말했다. 그는 "그냥 울새라고?"라고 말씀하셨다. 그런 다음, 그는 땅에 막대기로 새 그림을 그리시고는 나에게 막대기를 건네주시면서, "울새의 모든 검은 반점이 어디에 있는지 그려 봐라."라고 말씀하셨다. "잘 모르겠는데요."라고 나는 말했다. 할아버지께서는 계속해서 말씀하셨다. "봐라, 각각의 새는 너와 나처럼 서로 다르단다. 그 어떤 새도 다른 새와 같지 않아. 우리는 울새를 볼 때마다 항상 새로운 것을 배울 수 있어. 그건 모든 경험, 모든 상황, 모든 새, 나무, 바위, 물 그리고 나뭇잎과 같은 삶의 다른 모든 것에 있어서도 사실이야. 어떤 것이든 더 배울 점이 있어." 마지막으로, 할아버지는 계속하셨다. "그러니, 동물을 만져보고, 그 동물의 마음을 느껴야 비로소 그 동물을 알기 시작하는 거야. 오직

그때서야 알기 시작할 수 있단다."

풀이
09 ② 간접의문문인 「의문사＋S＋V」의 구조가 쓰인 부분으로, 의문사 부분인 what kind of bird 다음에 주어 it과 동사 was가 차례로 와야 한다. 따라서 was it을 it was로 고쳐야 한다. kind of bird를 주어로 보지 않도록 주의한다.
⑤ each 뒤에는 단수 명사가 오고 단수 취급하므로, are를 단수 동사 is로 고쳐야 한다.

① 지각동사 watched의 목적격보어로 사용된 현재분사 looking은 올바른 표현이다.
③ Smiling은 접속사와 주어가 생략된 분사구문으로, 생략된 주어는 주절의 주어인 he이다. 주어 he와 Smile의 관계가 능동이므로 현재분사 Smiling은 올바른 표현이다.
④ locate는 '～을 위치시키다'라는 의미의 타동사이므로 '위치하다'는 의미는 수동태로 표현해야 하며, 주어가 복수 명사 marks이므로 사용한 are located는 올바른 표현이다.
⑥ -thing을 꾸며주는 형용사는 뒤에서 수식하므로, something new는 올바른 표현이다.

10 문장의 맨 앞에 Only then의 부사구가 왔으므로 주어와 동사의 위치가 바뀌는 도치가 일어나야 한다. 여기서는 조동사 can이 있어 「조동사＋S＋V」의 어순으로 배열해야 하므로, can you ever begin을 먼저 쓴다. begin은 목적어로 to부정사와 동명사 모두 사용가능한 동사로, 주어진 단어 중 to와 know가 남으므로 to know를 이어서 써 준다.

구문 분석
20행 Finally, he continued, "you do [1]**not** even begin to know an animal **until** you touch it, and feel its spirit. Only then can you [2]**ever** begin to know."
1) not A until B : B 하고 나서야 비로소 A 하다
2) ever는 동사 begin을 강조한다.

어휘 및 어구
• bush 덤불
• reply 대답하다
• locate 위치시키다
• spirit 정신, 마음
• be about to V 막 ～하려고 하다
• mark 표시, 점
• observe 목격하다, 관찰하다

01 ④, ⑤
02 ②
03 ②
04 ③, ④
05 ③ although ④ reminding
06 (A) to count (B) are (C) going
07 change your perception of how long you have been working
08 Related to the control of gases and moisture
09 (A) is (B) associated
10 helpful in keeping us from danger in our lives

01　정답 ④, ⑤

해석

여러분은 여러분이 분명히 볼 수 있는 것을 먹을 가능성이 훨씬 더 크다. 제일 좋은 선택이 가장 눈에 아주 잘 띄고 쉽게 접근 가능하도록 여러분의 주방에 있는 음식을 정돈하라. 좋지 못한 선택은 불편한 장소에 숨기는 것 또한 도움이 된다. 훨씬 더 좋은 생각은 여러분이 먹고 싶다는 유혹을 받을 수 있는 영양가가 낮은 것은 어떤 것이든 그냥 없애는 것이다. 과일과 야채, 그리고 다른 건강한 선택 사항들을 냉장고에 눈높이로 두거나, 그것들을 식탁 위에 꺼내 놓아라. 여러분이 배고프지 않을 때조차도, 그냥 이러한 품목들을 보기만 하는 것으로도 여러분의 마음에 다음 간식을 위한 (생각의) 씨앗이 심어질 것이다. 또한 여러분이 집을 떠나 있을 때 견과류, 과일, 또는 야채를 작은 봉지에 담아 가는 것도 고려하라. 그런 방식으로, 여러분은 좋은 선택 사항을 이용할 수 없다 하더라도 오후 중반에 느끼는 갈망을 충족시킬 수 있다.

풀이

④ leaving 앞에 등위접속사 or가 있고, 앞에 동사원형 Put으로 시작하는 명령문이 있으므로 뒤에도 동사로 시작하는 명령문이 병렬로 이어져야 한다. 따라서 leaving을 leave로 고쳐야 한다.

⑤ consider는 동명사만을 목적어로 취하는 동사이므로 to take를 동명사 taking으로 고쳐야 한다.

① what은 선행사를 포함하는 관계대명사이므로 앞에는 선행사가 없고 뒤에는 불완전한 절이 이어져야 한다. what 앞에 명사가 없고 뒤에는 타동사 see의 목적어가 없는 불완전한 절이 이어지고 있으므로 어법상 적절하다.

② 접속사 so가 있으므로, 이 문장에는 두 개의 동사가 있어야 한다. so 앞에 동사가 없으므로 동사원형을 써서 명령문이 되게 한 것은 어법상 적절하다.

③ that 앞에 선행사인 명사가 있고 뒤에는 타동사 eat의 목적어가 없는 불완전한 절이 이어지므로 목적격 관계대명사 that을 쓴 것은 적절하다.

구문 분석

10행 Even when you aren't hungry, simply **seeing** these items will plant a seed in your mind for your next snack.

▶ when이 이끄는 부사절 뒤에 이어지는 주절에서 동명사 seeing이 문장의 주어 역할을 하고 있다.

어휘 및 어구

• plain 명백한, 순수한
• inconvenient 불편한
• accessible 접근하기 쉬운
• get rid of ～을 제거하다
• nutritional 영양상의
• midafternoon 오후 중반
• available 이용 가능한
• tempt 유혹하다
• craving 갈망, 열망

02　정답 ②

해석

(A) 둘 이상이 참여하는 어떤 경기를 하는 것은 아이들에게 팀워크, 속임수 사용의 결과, 그리고 그들이 경기에 이기든 지든 훌륭한 팀플레이어가 되는 방법을 가르쳐 준다. 그런 기술들이 아이들의 일상생활 속으로 어떻게 형성되어 들어가는지 확인하는 것은 어렵지 않다. 하지만 우리가 아이들에게 가르치기를 희망하는 모든 것들처럼, 협력하거나 정정당당하게 경쟁하는 것을 배우는 것은 연습이 필요하다. 인간은 본래 지는 것을 잘하지 못하므로, 눈물, 고함, 그리고 속임수가 있을 테지만, 괜찮다. 요점은 함께 경기를 하는 것은 아이들의 사회화에 도움을 준다는 것이다. 그것은 아이들에게 사이좋게 지내기, 규칙 준수하기, 그리고 패배 시 멋진 모습을 보이는 방법 배우기를 연습할 안전한 장소를 제공한다.

(B) 인터넷의 대중적인 성장은 점점 더 많은 수의 컴퓨터가 가정과 직장으로 들어오면서 1990년대에 시작되었다. 최초의 온라인 신문이 미국에서 발간되었고, Chicago에 기반을 둔 Tribune은 자사의 기사를 온라인으로 제공한 최초의 신문사 중 한 곳이었는데, 그때는 1991년이었다. 그 십 년의 시간이 진행되는 동안, 소프트웨어의 발전이 온라인 콘텐츠를 만드는 작업을 더 빠르고 더 저렴하게 해 주었으며, 1995년과 1998년 사이에 웹 상의 미국 일간지의 수가 175개에서 750개로 성장했다. 영국의 신문도 동일한 패턴을 따라서, 1994년에 Sunday Times가 온라인 판 신문을 가진 영국 최초의 신문이 되었고, 몇 개월 후에 Daily Telegraph도 유럽 최초의 온라인 일간지인 Electronic Telegraph를 출간하였다.

풀이

ⓐ 문장이 가주어 It으로 시작하고 있어 뒤에 진주어의 역할을 하는 to부정사가 쓰였고 의문사 how가 이끄는 간접의문이 명사절로 see의 목적어 역할을 하고 있다. 간접의문문의 어순은 「의문사＋S＋V」이므로 how those skills make의 어순은 알맞다. make it은 '～을 해내다, ～을 성공하다'라는 뜻의 관용적인 표현으로 it에는 특별한 의미가 없다. it을 가목적어나 대명사로 생각하지 않도록 유의한다.

ⓒ to practice로 시작하는 to부정사구가 앞에 있는 명사 a safe place를 수식하고 있으며, practice의 목적어로 세 개의 동명사구 getting ~, following ~, learning ~ 이 and로 연결되어 병렬 구조를 이룬 것은 적절하다. '～하는 방법'이라는 뜻으로 「how to V」가 쓰이는데 이를 적용한 how to be ~ 도 어법상 적절하다.

ⓓ 접속사 as는 '～하게 되면서, ～하는 동안에'라는 의미로 쓰였으며, 뒤에 절이 나왔으므로 어법상 적절하다. 그리고 컴퓨터의 수가 '증가하는' 것이므로 능동의 의미를 나타내는 현재분사 increasing이 numbers of computers를 수식하는 것은 적절하다.

ⓑ hope는 to부정사만을 목적어로 취하는 동사이므로 teaching을 to teach로 고쳐야 한다.

ⓔ published in the US가 문장의 주어인 The first online newspaper를 수식한다고 보면 서로 수동의 관계이므로 어법상 옳고, and를 중심으로 The first online newspaper와 the Chicago-based Tribune이 병렬 구조를 이루고 있다고 보아 was를 were로 고쳐야 한다고 생각할 수도 있다. 하지만 문장 뒤의 its content에서 its는 the Chicago-based Tribune을 지칭하고 있으므로, and는 명사와 명사를 이어주는 접속사가 아닌, 절과 절을 이어주는 접속사 역할을 하고 있음을 알 수 있다. 따라서 앞쪽의 published가 동사의 역할을 할 수 있도록 published를 was

published로 고쳐야 한다.
① a number of는 '많은'이란 뜻을 가진 형용사이고, the number of는 '~의 수'라는 뜻으로 쓰이는 명사구이다. 웹상의 미국 일간지 '수'가 175개에서 750개로 성장했다는 것이 문맥상 자연스러우므로 a number of를 the number of로 고쳐야 한다.

구문 분석

(A) 1행 Playing **any game** [1)][that involves more than one person] teaches [2)][{kids teamwork}, {the consequences of cheating}, and {how to be a good team player [3)]**whether** they win or lose}].

1) [ ]는 주격 관계대명사 that이 이끄는 절로 선행사 any game을 수식하고 있다. 선행사에 any가 있는 경우에 관계대명사는 that만 가능하다.
2) [ ]는 teaches의 목적어이고, 세 개의 { }는 and로 연결되어 병렬 구조를 이루고 있다.
3) 종속접속사 whether는 '~인지(아닌지)'라는 뜻으로 명사절을 이끌 때도 있지만, '~이든(아니든)'의 뜻으로 양보의 부사절을 이끌기도 한다. 여기서 whether는 양보의 부사절을 이끄는 접속사로 사용되었다.

(B) 11행 Newspapers in the UK followed the same pattern: in 1994, the Sunday Times became **the UK's first newspaper** [1)][to have an online edition] and [2)]**a few** months later the Daily Telegraph launched the Electronic Telegraph, Europe's first online daily.

1) [ ]는 the UK's first newspaper를 수식하는 형용사의 역할을 하는 to부정사구이다.
2) a few는 '어느 정도, 조금'이란 뜻으로 복수 가산 명사를 수식한다.

어휘 및 어구

- consequence 결과
- cheating 속임수
- cooperate 협력하다
- socialization 사회화
- graceful 품위를 지키는
- defeat 패배
- dailies (pl.) 일간지, 신문
- launch 시작하다, 출간하다

03 정답 ②

해석

A. 우리는 아직 돈을 받지 않았기 때문에, 당신의 회원 자격 특혜를 일시적으로 중지했다.
B. 나는 대기실로 안내되었고, 내 이름이 불릴 때까지 거기에 머물렀다.
C. 겨우 열 살 때 그의 아버지가 돌아가셨고, 그의 어머니는 가족을 데리고 Iowa 주의 Cedar Rapids로 이사하였고, 그곳에서 Wood는 학교에 다녔다.
D. 2015년에 낚시에 참여한 사람들의 수는 전년도에 비해 두 배가 넘었다.
E. 갑자기 우리는 우리의 창의적이라는 능력에 경쟁자가 없는 것이 아니라는 가능성에 직면해야 한다.
F. 파트너들이 자신에 관한 모든 것을 서로에게 말함으로써 관계를 시작하는 사례도 일어나기는 하지만, 그러한 사례는 드물다.
G. Jack은 Mark가 화가 나서 우는 것을 보고 싶지 않았기 때문에 항상 Mark가 체스 시합에서 이기게 함으로써 Mark의 태도에 일조하고 있었다.

풀이

A. 현재완료시제는 과거에 일어난 일이 현재까지 영향을 끼치거나 또는 지속될 때 사용한다. 문맥상 지금보다 과거인 최근에 돈을 지불받지 못했고 그로 인해 최근 회원 자격 특혜를 중지했다는 내용이므로 현재완료시제를 사용한 것은 적절하다.
E. 동격의 접속사 that이 이끄는 명사절이 목적어인 the possibility에 대한 부연 설명을 하고 있다. 이 경우 접속사 that은 보통 생략하지 않는다.
G. 전치사 by 뒤에는 동명사가 나와야 하므로 letting은 적절하다. 사역동사 let 뒤에 목적어 him과 목적격보어 win의 관계가 능동이면 동사원형이 오므로 win은 적절하다. 지각동사 see 뒤에 목적어 Mark와 목적격보어 get의 관계가 능동이면 동사원형 또는 현재분사가 올 수 있으므로 get은 적절하다. get과 cry는 and를 중심으로 병렬구조를 이루고 있으며, 둘 다 지각동사 see의 목적격보어이다.

B. 관계대명사 which 뒤에는 주어 또는 목적어가 없는 불완전한 절이 이어져야 한다. 그런데 which 뒤에 remain은 1형식 동사이므로 보어나 목적어가 필요 없고 따라서 완전한 절이 이어지고 있다. 이처럼 완전한 절을 이끌면서 장소의 선행사를 수식하는 형용사절을 이끄는 관계부사로는 where가 있으므로 which를 where로 고쳐야 한다.
C. 과거완료시제는 특정한 과거보다 더 이전에 일어난 일을 나타낼 때 사용한다. 문맥상 '그의 아버지가 돌아가셨을 때 그는 10살이었다'라는 내용이므로, 그가 10살인 상황이 아버지가 돌아가신 것보다 더 이전에 일어난 일이라고 볼 수 없다. 따라서 같은 과거시제를 사용하는 것이 적절하므로 had been을 was로 고쳐야 한다.
D. 분사의 태는 의미상의 주어와의 관계와 분사 뒤에 이어지는 구조를 통해 파악할 수 있다. 2015년에 낚시에 참여한 사람들의 수가 '비교되는 것'이므로 The number of participants와 comparing은 서로 수동의 관계여야 하고 comparing 뒤에는 명사 없이 바로 전치사 to가 이어지고 있으므로 comparing을 수동의 의미를 나타내는 과거분사 compared로 고치는 것이 어법상 적절하다. (compare A to B : A를 B에 비교(비유)하다) 만약 comparing을 쓰려면 뒤에 비교 대상인 목적어가 있어야 한다. 이 문장에서 doubled가 본동사이고, more than은 동사를 수식하는 부사의 역할을 하여 '~ 이상으로'의 의미를 가지고 있다.
F. 문맥상 '파트너들이 자신들에 대해 모든 것을 이야기를 하는 것'으로 해석되므로 them을 재귀대명사 themselves로 고쳐야 한다.

구문 분석

F. Although instances occur [1)]**in which** partners start their relationship [2)]**by telling** everything about themselves to each other, such instances are rare.

1) 「전치사 + 관계대명사」는 관계부사의 역할을 하며 선행사를 수식하는 형용사절을 이끌 수 있다. 이 문장에서 선행사는 instances이다.
2) by + V-ing : ~함으로써

어휘 및 어구

- payment 지불, 지급
- suspend 중지(유예)하다
- privilege 특혜, 특권
- double 두 배로 되다
- unrivaled 경쟁자가 없는, 무적의
- instance 사례, 실례
- rare 귀한, 드문
- contribute to ~에 기여하다

04 정답 ③, ④

해석

① 귀금속은 내재적인 아름다움을 지니고 있을 뿐만 아니라 고정된 양으로 존

재하기 때문에 수천 년에 걸쳐 돈으로서 가치가 있었다.

② 금과 은은 발견되고 채굴되는 속도로 사회에 유입되며, 추가적인 귀금속은 생산될 수 없고, 적어도 싸게 생산될 수는 없다.

③ 쌀과 담배와 같은 상품들은 재배될 수 있지만, 그것은 여전히 시간과 자원이 든다.

④ Zimbabwe의 Robert Mugabe와 같은 독재자도 정부에 100조 톤의 쌀을 생산하라고 명령할 수 없었다.

⑤ 그는 수조의 새로운 Zimbabwe 달러를 만들어 유통시킬 수 있었는데, 이것은 결국 그것이 통화(通貨)보다 휴지로서 더 가치가 있게 되었던 이유이다.

풀이

③ 문장의 주어는 Commodities이므로 조동사 can 뒤에 '재배될 수 있다'라는 의미를 나타내기 위해 수동태가 왔고 접속사 but 뒤에 이어지는 that은 대명사로 문장의 주어 역할을 하며 앞 문장의 내용을 받고 있으므로 어법상 적절하다.

④ 타동사 order가 5형식으로 쓰이면 목적격보어 자리에는 to부정사가 오게 되므로 어법상 적절하다.

---

① 상관접속사 「not only A but also B」가 사용된 병렬 구조 문장이다. not only 뒤에 접속사 because가 이끄는 절이 있으므로 but also 뒤에도 because가 이끄는 절이 와야 하는데 현재분사 existing이 왔으므로 existing을 they exist로 고쳐야 한다.

② 관계대명사 which 뒤에 이어지는 절의 구조가 완전하다. 선행사 rate와 어울리는 전치사 at을 사용하여 which를 at which의 형태로 고치거나 at을 minded 뒤에 써 줘야 하며 해석은 '금과 은이 발견되고 채굴되는 속도로'라고 하는 것이 자연스럽다.

⑤ that 앞에 콤마가 있으며, 문맥상 앞 문장 내용 전체를 선행사로 해야 뒤에 이어지는 절의 내용이 자연스러우므로, that은 계속적 용법으로 사용 가능한 관계대명사 which로 고치는 것이 어법상 적절하다.

구문 분석

① Precious metals **have been desirable** as money across the millennia not only because they have intrinsic beauty but also because they exist in fixed quantities.

▶ 막연한 과거부터 현재까지 지속된 것이므로 현재완료시제가 사용되었다. 단서는 '수천 년에 걸쳐(across the millennia)'인데 be동사가 쓰였으므로 형용사 desirable이 보어 역할을 하고 있다. 주격보어와 목적격보어 자리에 부사를 쓰지 않도록 유의한다.

어휘 및 어구

- precious 귀중한, 비싼
- millennia 천 년
- additional 추가적인
- trillion 1조
- desirable 가치 있는, 바람직한
- intrinsic 본질적인, 내재적인
- distribute 분배하다
- currency 통화, 화폐

05 정답 ③ although ④ reminding

해석

한 실험에서 아이들은 마시멜로 과자를 즉시 먹는 것을 선택하면 마시멜로 과자 하나를 먹을 수 있지만, 기다리면 두 개를 먹을 수 있다는 말을 들었다. 4세에서 8세에 이르는 아이들 대부분이 기다리는 것을 선택했지만, 그들이 사용한 전략은 상당히 달랐다. 4세 아이들은 흔히 기다리면서 마시멜로를 쳐다보는 것을 선택했는데, 그 전략은 그다지 효과적이진 않았다. 그에 반해서, 6세

와 8세 아이들은 유혹을 이겨내는 데 도움을 얻기 위해 언어를 사용했는데, 방법은 서로 달랐다. 6세 아이들은 기다리면 더 많은 과자를 얻게 될 거라고 자신에게 상기시키며, 혼잣말을 하고 노래를 흥얼거렸다. 8세 아이들은 겉모습과 같은, 맛과 관계없는 마시멜로의 측면들에 집중했는데, 이것은 그들이 기다리는 데 도움을 주었다. 요컨대, 아이들은 자신의 행동을 통제하기 위해 '혼잣말'을 사용했다.

풀이

③ 전치사 뒤에는 명사(구) 또는 동명사가 목적어로 와야 하는데 despite 뒤에 형용사 또는 부사의 역할을 하는 전치사구가 이어지고 있으므로 전치사 despite가 올 수 없는 구조이다. 문맥상 '6세와 8세 아이들은 유혹을 이겨내는 데 도움을 얻기 위해 언어를 사용했지만, 방법 면에서 서로 달랐다'는 내용이므로 '~에도 불구하고, ~이기는 하지만'이라는 의미의 접속사 although를 사용하는 것이 어법상 자연스럽다. 이처럼 부사절을 이끄는 종속접속사 뒤에 오는 대명사 주어와 be동사는 생략 가능하며, although 뒤에는 they were가 생략된 것으로 보면 된다.

④ reminded 앞에 등위접속사가 없으므로 병렬 구조를 이루는 과거 동사는 올 수 없으며, 뒤에 목적어 themselves가 이어지므로 수동의 의미를 갖는 과거분사도 올 수 없다. 따라서 주절을 수식하는 현재분사 reminding이 오는 것이 어법상 적절하다. reminding ~ 은 as they reminded를 분사구문으로 전환한 형태라고 보면 된다.

---

① 해석상 to eat을 수식하여 '즉시'라는 뜻을 나타내는 부사 immediately가 오는 것은 어법상 자연스럽다.

② 접속사 but 뒤에 오는 주어인 the strategies를 목적격 관계대명사 which나 that이 생략된 관계사절 they used가 수식하고 있는 구조로, 동사 differed를 쓴 것은 어법상 자연스럽다.

⑤ 계속적 용법의 관계대명사 which는 앞 문장의 내용 전체를 받고 있으며 이 관계사절은 앞 문장에 대한 부연 설명을 하고 있다. 따라서 which는 적절하다.

구문 분석

6행 The 4-year-olds often chose to look at the marshmallows while waiting, [1]**a strategy** [2][that was not terribly effective].

1) which was가 생략된 상태로 명사 a strategy 이하가 앞 문장의 내용을 부연 설명을 하고 있는 구조이다.

2) [ ]는 주격 관계대명사 that이 이끄는 관계사절로 선행사 a strategy를 수식한다. 「관계대명사＋be동사」는 생략 가능하므로 that was도 생략 가능하다.

어휘 및 어구

- treat 한턱, 대접
- strategy 전략, 전술
- temptation 유혹
- regulate 통제하다, 조절하다
- range 범위가 ~에 이르다
- overcome 극복하다
- appearance 겉모습

[06~07]

06 정답 (A) to count (B) are (C) going

07 정답 change your perception of how long you have been working

한 실험에서, 사람들이 머릿속으로 3분을 세도록 요구 받았을 때 25세의 사람들은 꽤 정확했지만, 65세의 사람들은 평균적으로 40초가 더 걸렸다. 나이가 더 많은 집단에게는 시간이 더 빨리 가는 것 같았다. 이것이 무의미해 보일 수도 있지만, 65세의 사람들처럼 시간을 인식하는 것에는 많은 이점이 있다. 예를 들어, 만약 당신이 8시간 동안 프로젝트 작업을 하고 있지만 그것을 단지 6시간처럼 느낀다면, 당신은 일을 계속 할 수 있는 더 많은 에너지를 가질 것이다. 만약 당신이 20분 동안 달리기를 하고 있는데 그것을 단지 13분이라고 인식한다면, 당신은 7분의 추가적인 에너지를 가지고 있을 것이다. 그래서 만약 당신이 더 오래 일하는 데 자신의 에너지를 사용하고 싶다면, 단지 얼마나 오래 일했는지에 대한 인식을 바꾸어 보라.

풀이

06 (A) ask가 5형식으로 쓰이면 「ask + O + to V」 구조를 갖는데, 이것이 수동태로 전환되면 「be asked to V」가 된다. 이처럼 수동태가 되더라도 목적격보어인 to부정사는 바뀌지 않고 그대로 남아야 하므로 to count로 고치는 것이 적절하다.

(B) 존재를 나타내는 「There + be동사 + 주어」는 be동사 뒤에 있는 주어에 수일치를 시켜야 하는데, 주어가 복수인 benefits이므로 복수동사를 써야 하고, 문맥상 어떤 특정 시점과 상관없는 사실을 말하고 있으므로 현재시제 동사 are를 써야 한다.

(C) keep이 2형식 동사로 쓰일 때 주격보어 자리에는 분사가 올 수 있는데, 주어와 보어가 능동의 관계이므로 현재분사 going으로 바꾸는 것이 적절하다.

07 '~하라'는 뜻의 명령문이므로 동사원형인 change로 시작하고, 그 뒤에 change의 목적어로 your perception을 이어서 쓴다. 다음으로 무엇에 대한 인식인지를 표현하기 위해서 전치사 of가 이끄는 구가 your perception을 수식하도록 만들어야 하는데, 문맥상 '얼마나 오래 일했는지'란 의미에 맞게 간접의문문을 써야 한다. 간접의문문의 어순은 「의문사(구) + 주어 + 동사」이므로 이에 맞게 how long you have been working의 순서로 써야 한다. have been working은 현재완료진행형으로, 과거부터 현재까지 계속되면서 지금도 진행 중인 일을 표현할 때 사용할 수 있다.

구문 분석

5행 This may seem meaningless, but there are a lot of benefits ¹⁾**to perceiving** time like ²⁾**65-year-olds**.

1) to는 전치사이므로 뒤에 동명사 perceiving이 왔다.

2) 65-year-olds에서 year는 -(하이픈)으로 연결되어 명사 olds를 수식하는 형용사처럼 쓰였으므로 앞의 숫자와 관계없이 단수 형태이다.

어휘 및 어구

• accurate 정확한
• on average 평균적으로
• meaningless 무의미한
• perceive 인식하다
• be likely to V ~일 것 같다, ~할 가능성이 높다

08 정답 Related to the control of gases and moisture

해석

신선한 농산물을 취급할 때 온도를 관리하는 것뿐만 아니라 공기의 관리도 중요하다. 저장하는 동안 탈수를 막기 위해 공기 중에 약간의 습기가 필요하지만, 너무 많은 습기는 곰팡이의 증식을 조장할 수 있다. 일부 상업용 저장 시설은 이산화탄소와 습기 둘 다의 수준이 세심하게 조절되는 CA(controlled

atmosphere) 시스템을 갖추고 있다. 바나나와 다른 신선한 농산물의 최적의 품질을 달성하는 데 도움이 되도록 때때로 에틸렌 가스와 같은 다른 기체가 통제된 수준으로 유입될 수 있다. 저장된 식품들 사이에 약간의 공기 순환의 필요성이 기체와 습기의 관리와 관련되어 있다.

풀이

원래 문장은 The need for some circulation of air is related to the control of gases and moisture.로 주어진 문장은 보어가 문두로 나가면서 주어와 동사의 위치가 바뀐 도치구문이다. 빈칸은 보어에 해당하는 부분이므로 먼저 '~와 관련된'이란 뜻에 맞게 (be) Related to로 시작하고, 전치사 to의 목적어로 the control을 이어서 쓴 다음 the control을 수식하는 전치사구 of gases and moisture를 차례로 배열하면 된다.

구문 분석

6행 Some commercial storage units have **controlled atmospheres**, [with the levels of both carbon dioxide and moisture being regulated carefully].

▶ [ ]는 controlled atmospheres를 부연 설명하는 분사구문이다.

어휘 및 어구

• produce 농산물
• atmosphere 공기
• storage 저장
• mold 곰팡이
• commercial 상업용의
• optimal 최적의
• circulation 순환

09 정답 (A) is (B) associated

해석

연구에 따르면 어느 누구도 기업가가 되도록 '타고난' 것은 아니며 모든 사람은 기업가가 될 잠재력이 있다는 것을 보여 준다. 어떤 사람이 기업가가 되느냐 되지 않느냐 하는 것에는 환경의 작용, 인생 경험, 그리고 개인적인 선택이 작용한다. 그러나 기업가와 흔히 연관되어 있는 성격 특성과 특징이 있다.

풀이

(A) 종속접속사 Whether가 이끄는 명사절이 주어 자리에 왔다. 명사구 또는 명사절이 주어 역할을 할 때 동사의 수는 단수 취급하며, 일반적인 사실에 대한 진술이므로 현재시제를 사용하는 것이 어법상 적절하다. 따라서 be를 is로 바꿔야 한다.

(B) 유도부사 there가 문두에 오고 동사 are 뒤에 도치된 주어 personality traits and characteristics가 연결되어 있으므로 이는 완전한 절이라 할 수 있다. 따라서 뒷부분은 주어를 수식하는 형용사구가 오는 것이 적절하다. 문맥상 '흔히 기업가와 연관된'으로 이어질 수 있으므로 수동의 의미를 나타내며 주어 personality traits and characteristics를 수식하는 과거분사 associated로 고치는 것이 어법상 적절하다.

구문 분석

1행 Studies show [that no one is "born" to be an entrepreneur] and [that everyone has the potential to become one].

▶ 타동사 show의 목적어로 종속접속사 that이 이끄는 두 개의 명사절 [ ]가 and로 연결되어 병렬 구조를 이루고 있다.

- entrepreneur 기업가
- potential 잠재력
- function 기능, 작용
- trait 특성
- characteristic 특징

10 정답 helpful in keeping us from danger in our lives

해석

습관 앞에서 의도가 얼마나 약한지에 관한 온갖 말에도 불구하고, 대부분의 경우에 심지어 우리의 강한 습관조차도 우리의 의도를 정말 따른다는 것은 강조할 만한 가치가 있다. 비록 자동적으로 일어나기는 하지만, 우리는 대체로 우리가 하고자 의도하는 것을 하고 있다. 이것은 아마 대부분의 습관에 있어서도 마찬가지일 것이다. 우리가 의도를 의식하지 않은 채 그것들(습관들)을 행하지만, 습관은 여전히 우리의 본래 의도와 함께 작용한다. 더 좋은 점은 우리의 의식적 마음이 산만할 때조차 우리의 자동적이고 무의식적인 습관이 우리를 안전하게 지켜줄 수 있다는 것이다. 우리가 브라질에서 가졌던 다소 울적한 휴일에 관해 생각하고 있음에도 불구하고, 우리는 길을 건너기 전에 양쪽을 모두 쳐다보고, 양배추가 지나치게 익었는지에 관해 몰두하고 있음에도 불구하고, 오븐 안으로 손을 뻗기 전에 오븐용 장갑을 낀다. 두 가지 경우에서 모두, 자신을 살리고 데이지 않게 하려는 우리의 목표가 우리의 자동적이고 무의식적인 습관에 의해 이행된다.
→ 우리가 자동적으로 행하는 습관적 행동은 우리의 의도와 관련이 있으며 이러한 행동은 우리의 삶에서 우리를 위험으로부터 지켜주는 데 도움을 줄 수 있다.

풀이

우리가 무의식적이고 자동적으로 하는 습관적 행동들이 삶의 위험으로부터 우리를 지켜주는 데 도움이 된다는 내용의 글이다. 빈칸에는 먼저 be동사의 보어 자리에는 '도움이 되는'의 뜻을 나타내는 형용사 helpful이 오고 뒤에는 어떤 상황에 도움이 되는지에 대한 구체적인 내용이 이어져야 한다. '~하는 데에'라는 의미로는 「in + V-ing」를 쓰므로 전치사 in을 써주고, 뒤에는 「keep + O + from + N/V-ing」 구문과 결합해야 하므로 in 뒤에 나오는 keep을 동명사 keeping으로 바꿔 쓴 후, 목적어인 us와 from danger를 연결시켜 준다. 그리고 마지막으로 '우리의 삶에서'라는 의미에 맞게 in our lives를 배열하는 것이 자연스럽다.

구문 분석

1행 Despite ¹⁾[all the talk of {how weak intentions are in the face of habits}], ²⁾it's worth emphasizing that much of the time even our strong habits do follow our intentions.

1) Despite는 전치사로 뒤에 명사나 동명사가 와야 한다. Despite 뒤에 있는 [ ]는 명사구로 「명사 + of + 명사(절)」의 구조를 가지고 있고 그 안에 { } 부분이 명사절이다.
2) '~할 가치가 있다'의 뜻을 나타내는 동명사의 관용표현은 「be worth V-ing」, 「be worthwhile to V」, 「be worthy of N/V-ing」로 표현한다.

어휘 및 어구
- despite ~에도 불구하고
- intention 의도
- in the face of ~앞에서, ~에 직면하여
- emphasize 강조하다
- line up with ~와 함께 작용하다
- unconscious 무의식적인
- distracted 산만한
- depressing 울적한
- preoccupied (어떤 생각에) 사로잡힌, 몰두한

---

01 ④   02 ③, ④

03 ④   04 ①, ⑤, ⑥

05 ①, ④, ⑥

06 ③ replace → replaced
   ⑤ might end → might have ended

07 were taught that there are several crops that archaeologists think directly affected

08 ③ changing → change

09 to cultivate both distance and a degree of detachment from their shifting emotions so that you are not caught up

10 ① is stopped → stops
   ③ concerned → concern

---

01 정답 ④

해석

(A) 노벨상 수상자인 Daniel Kahneman에 의한 Princeton 대학 연구가 일단 한 사람이 일 년에 75,000달러를 벌게 되면 소득에 대한 정서적 이득은 사라진다는 것을 밝혀냈다. 그는 Gallup Organization에 의해 실시된 1,000명의 미국 거주자에 대한 일일 설문 조사 Gallup - Healthways 행복 지수에 대한 450,000개가 넘는 응답들을 분석하였고, 정서적 행복이 소득에 따라 증가하지만 연 소득 75,000달러를 넘어서는 그렇지 않는다는 것을 발견했다. 75,000달러가 의미하는 것은 무엇일까? 그것이 마법의 숫자는 아니다. 그것은 사람들의 기본 욕구를 충족시키기에 '충분하다'고 여겨지는 소득인 것으로 보인다. 그리고 그 연구자들은 더 낮은 소득 그 자체가 슬픔을 초래하는 것은 아니지만, 이미 가지고 있던 문제에 의해 사람들이 더 부담을 느끼게 만든다는 것을 발견했다. 다시 말해서, '돈으로 행복을 살 수 없다'는 옛 속담이 사실인 것으로 드러난다.

(B) 교실 안의 소음은 의사소통 패턴과 주의를 기울이는 능력에 부정적인 영향을 미친다. 그러므로 지속적으로 소음에 노출되는 것이 특히 읽기와 읽기 학습에 미치는 소음의 부정적인 영향 면에서 아이들의 학업 성취와 관계가 있다는 것은 놀랍지 않다. 몇몇 연구자들은 유치원 교실이 소음 수준을 낮추도록 바뀌었을 때 아이들이 서로에게 더 자주 말을 걸고 더 완전한 문장으로 말했으며 아이들의 읽기 전 시험 성적이 향상되었다는 사실을 발견했다. 나이가 더 많은 아이들을 대상으로 한 연구는 비슷한 결과를 보여 준다. 읽기와 수학 시험에서 시끄러운 학교나 교실의 초등학생과 고등학생은 더 조용한 환경의 학생들보다 일관되게 성취 수준이 낮다.

풀이

ⓑ 동사 appear가 쓰인 2형식 문장으로, 본동사와 같은 시제이면 appear 뒤에 to부정사를 쓰고, 본동사보다 앞선 일을 나타낼 때는 to have p.p.를 쓴다. 여기서는 본동사와 같은 시제로 설명하고 있으므로 to be는 적절하다. 또한 considered ~ needs는 보어인 income을 수식하는 과거분사구로 소득이 '여겨지는' 것이므로 과거분사를 쓰는 것은 어법상 적절하다.

ⓓ 가주어 it 뒤에 접속사 that이 이끄는 완전한 절이 진주어의 역할을 하는 구조이다. be related to는 '~와 관련이 있다'라는 뜻이고 전치사 to의 목적어로 children's academic achievement의 명사구가 이어진 것은 어법상 적절하다.

ⓔ 주어인 preschool classrooms가 '바뀌게 된' 것이므로 수동태 were

changed는 어법상 적절하고, '~하도록'의 의미로 목적을 나타내는 부사적 용법의 to부정사구 to reduce ~도 문맥상 적절하다.

ⓐ 종속절의 시제는 주절에 일치시키는 것이 시제 일치의 원칙이다. 주절이 과거이면 종속절의 시제는 과거 또는 과거완료가 오는 것이 일반적이다. 하지만 종속절의 내용이 일반적 사실, 진리, 과학적 법칙 등을 나타낼 때는 주절의 시제와 무관하게 현재시제로 나타내야 한다. 연구가 밝혀낸 것은 과거에 일어난 일이지만 그 내용은 일반적이고 보편적인 사실(일 년에 75,000달러는 버는 것)에 해당하므로 earned를 earns로 고쳐야 한다.

ⓒ 사역동사의 목적어와 목적격보어가 능동의 관계일 때는 목적격보어로 동사원형을 쓰고 수동의 관계일 때는 과거분사를 쓰는데 people과 feel의 관계는 능동이므로 felt를 feel로 고쳐야 한다.

ⓕ 시끄러운 환경에서 초등학생과 고등학생의 성취 수준과 더 조용한 환경에서의 초등학생과 고등학생의 성취 수준을 비교하고 있는데, 동일한 비교대상인 자리에 elementary and high school students를 대신 받을 수 있는 것은 복수형인 대명사 those이므로, that을 those로 고쳐야 한다.

구문 분석

(A) 4행 He [1)]analyzed more than 450,000 responses to **the Gallup-Healthways Well-Being Index**, [2)][a daily survey of 1,000 U.S. residents [3)]{conducted by the Gallup Organization}], and **discovered** that emotional well-being rises with income — but not beyond an annual income of $75,000.

1) analyzed와 discovered가 and를 중심으로 병렬 구조를 이루고 있다.
2) [ ]는 앞에 있는 the Gallup - Healthways Well - Being Index에 대한 부연 설명을 하고 있다.
3) { }는 앞에 있는 a daily survey of 1,000 U.S. residents를 수식하고 있다.

어휘 및 어구

- emotional 정서적인
- significance 의미, 중요성
- have an effect on ~에 영향을 끼치다
- constant 지속적인, 끊임없는
- setting 환경
- resident 거주민, 주민
- turn out ~임이 드러나다
- exposure 노출

02 정답 ③, ④

해석

휴식은 당신의 에너지 수준을 회복시키고 정신적인 원기를 재충전하는 데 필요하지만, 그것들을 부주의하게 취해서는 안 된다. 만약 당신이 일정을 효과적으로 계획했다면, 이미 하루의 적절한 시간에 휴식들을 일정에 포함시켰어야 하므로 계속 진행 중인 근무 시간 도중에 어떤 다른 휴식들은 불필요하다. 예정된 휴식들은 자기 강화의 전략적이고 활력을 되살려 주는 방법이 됨으로써 순조롭게 일이 진행되도록 하는 반면, 미리 계획되지 않은 휴식들은 마치 당신이 '자유 시간'을 가졌다고 느끼게 만듦으로써 일을 미룰 기회를 제공하기 때문에 목표에서 벗어나게 한다. 계획에 없던 휴식을 취하는 것은 일을 미루는 덫에 빠지게 하는 확실한 방법이다. 당신은 스스로 정신을 차리기 위해 커피 한 잔을 마시고 있을 뿐이라고 합리화할 수도 있지만, 실제로는 단순히 책상 위에 놓인 과업을 처리해야만 한다는 것을 피하려고 애쓰고 있을 뿐이다. 따라서 일의 지연을 막기 위해, 대신에 되는대로의 휴식을 취하지 않도록 전념하라.

풀이

③ 문맥상 '(일을) 미룰 기회'라는 뜻이 되도록 앞에 있는 명사를 수식하는 형용사적 용법의 to부정사가 쓰이는 것이 어법상 적절하다. 따라서 procrastinating을 procrastinate로 고쳐야 한다.

④ 문장의 주어는 동명사구 Taking unscheduled breaks이다. 주어 자리에 사용된 명사구나 명사절은 단수 취급하므로 동사 are를 is로 고쳐야 한다.

① 뒤에 목적어가 없고 주어인 they는 앞에 나온 Breaks를 뜻하여 문맥상 '휴식이 취해지다'라는 수동의 뜻을 나타내야 하므로 be taken은 어법상 적절한 표현이다.

② 동사 planned를 수식하는 역할을 하는 부사 effectively는 어법상 적절한 표현이다.

⑤ 동사 try 뒤에 to부정사가 오면 '~하려고 노력하다, 애쓰다'의 뜻을 나타내고 동명사가 오면 '(시험 삼아) ~을 해보다'라는 뜻이 된다. 문맥상 '과업을 처리해야만 한다는 것을 피하려고 애쓰고 있을 뿐이다'라는 뜻이 되어야 자연스러우므로 to avoid를 쓰는 것은 어법상 적절하다.

구문 분석

18행 So [1)]**to prevent** procrastination, [2)]**commit to having** no random breaks instead.

1) '~을 위하여'란 의미의 목적을 나타내는 부사적 용법의 to부정사가 쓰였다.
2) 명령문의 형태가 쓰였는데, '~에 대하여 전념하다'라는 뜻의 표현인 commit to에서 to는 전치사이므로 뒤에 동명사를 썼다.

어휘 및 어구

- revive 회복시키다
- appropriate 적절한, 알맞은
- unwarranted 불필요한, 부적절한
- procrastination 꾸물거림, 지연
- recharge 재충전하다
- ongoing 계속 진행 중인
- self-reinforcement 자기 강화
- rationalize 합리화하다

03 정답 ④

해석

A. 안타깝게도, 많은 사람들이 그들이 가지고 있지 않은 것에 집중하는 경향이 있는데, 실제로는 그때 그들은 축복들의 더미 위에 앉아 있다!

B. 우리는 우리의 상황이 이렇게 또는 저렇게, 혹은 최소한 지금 상태와는 달라야 한다고 생각한다.

C. 1928년 그는 Otis Barton이라는 미국인 심해 잠수부를 만났는데, 그는 심해 잠수구 설계 작업을 해 오고 있었다.

D. 그가 처음에는 만성 통증 환자들을 치료하는 힘든 일을 맡았는데, 그들 중 다수는 전통적인 통증 관리 요법에 잘 반응하지 않았다.

E. 그러나, 그 핵심은 통증과의 싸움, 즉 통증에 대한 그들의 인식을 사실상 연장시키는 분투에 동반되는 끊임없는 긴장감을 사람들이 놓을 수 있도록 도와주는 것이다.

F. 그녀는 친구들과 가족에게 연락해서 그들이 100달러를 지불할 수 있는지를 물었다.

G. 친구들과 낯선 사람들 모두가 보여 준 친절함과 너그러움이 Monica와 그녀의 가족에게 큰 변화를 불러일으켰다.

풀이

A. which 앞에 선행사가 없고, 뒤에 have의 목적어가 빠진 불완전한 절이 이어지고 있으므로 which를 선행사를 포함한 관계대명사 what으로 고

쳐야 한다. 관계대명사 what이 이끄는 명사절이 전치사 on의 목적어가 되는 구조이다.

B. they는 단수 명사 our situation을 받을 수 없으므로 they are를 it is 로 고쳐야 어법상 적절하다.

D. 한 문장 안에 절이 두 개 이상 이어지면 두 절을 이어주는 연결사가 반드시 필요하다. 문두와 콤마(,) 뒤에 연결사가 없으므로 many of them을 and many of them으로 고치거나, 접속사 and와 대명사 them의 역할을 동시에 하는 목적격 관계대명사 whom을 사용하여 many of whom으로 고쳐야 어법상 적절하다.

E. accompany는 '~을 동반하다'라는 뜻의 타동사이다. 그런데 주격 관계대명사 that의 선행사인 the constant tension이 목적어인 their fighting of pain을 '동반하는' 주체이므로 능동의 관계이다. 따라서 수동태 is accompanied를 능동태 accompanies로 고쳐야 한다.

F. 문맥상 주인공인 그녀가 친구들과 가족에게 연락을 해서 그들이 100달러를 지불할 수 있는지 없는지를 물었다는 내용이므로 접속사 that을 if 또는 whether로 고치는 것이 어법상 적절하다.

C. 과거완료진행시제는 특정 과거 시점보다 이전 시제를 나타낼 때 쓴다. 주어인 he가 1928년도에 Otis Barton이라는 미국인 심해 잠수부를 만났는데, Otis는 1928년보다 이전부터 계속 그 일을 해 왔다고 추측할 수 있으므로 과거완료시제 또는 과거완료진행시제를 쓰는 것은 어법상 적절하다.

G. 과거분사구 shown ~ strangers가 주어인 The kindness and generosity를 수식하고, 그 뒤에 동사 made가 와서 목적어를 취하는 3형식 문장으로 어법상 적절하다.

구문 분석

E. However, the key is to 1)help people 2)**let go of the constant tension** 3)[that accompanies **their fighting of pain**], 4)[a struggle 5){that actually prolongs their awareness of pain}].

  1) help + O + (to) V : ~가 …하도록 돕다
  2) let go of : ~을 놓다, ~에서 손을 놓다
  3) [ ]는 주격 관계대명사 that이 이끄는 관계사절로, 선행사 the constant tension을 수식한다.
  4) [ ]는 앞에 있는 their fighting of pain과 동격의 관계로, 부연 설명을 하고 있다.
  5) { }는 주격 관계대명사 that이 이끄는 관계사절로, 선행사 a struggle을 수식한다.

어휘 및 어구

• blessing 축복
• sphere 구(球), 구체
• struggle 분투, 노력
• awareness 의식, 인지
• at least 최소한
• initially 처음에
• prolong 연장하다
• generosity 관대함

---

04 정답 ①, ⑤, ⑥

해석

① 나는 여러분이 "만약 충분히 오랫동안 열심히 노력하기만 한다면, 여러분이 원하는 것은 무엇이든 할 수 있다."와 같은 말을 들어본 적이 있을 거라고 확신한다.

② 그녀는 Troy에게 지하철이 일시적으로 멈췄으니 지하철을 타지 말라고 조언했다.

③ 우리 중 우리가 되고 싶어 하는 프로 운동선수, 예능인, 또는 영화배우가 될 수 있는 사람은 거의 없다.

④ 환경적, 신체적, 심리적인 요인들이 우리의 잠재력을 제한하고, 우리가 살아가면서 할 수 있는 것들의 범위를 좁힌다.

⑤ 학생 회장의 첫 번째 후보는 학교 축제를 최고로 만들 것을 약속한다.

⑥ 만약 내가 새로운 도전을 찾지 않는다면, 똑같은 쉬운 일을 하는 것에 익숙해져서 발전하지 않을 것이다.

풀이

① 조건의 부사절에서는 현재시제가 미래시제를 대신하므로, if 조건절의 내용이 미래를 나타내도 persist를 쓴 것은 어법상 적절하다. 또한 enough는 형용사 또는 부사를 뒤에서 수식하므로 long and hard enough는 어법상 바른 표현이다.

⑤ 주어 The first candidate for the student president는 3인칭 단수이므로 동사 promises는 어법상 적절하다. 또, promise는 목적어로 to부정사만을 사용하므로 to make도 어법상 적절하다.

⑥ 「get used to V-ing」는 '~하는 데 익숙해지다'라는 의미로, 여기서 to는 전치사이므로 뒤에 동명사가 나와야 한다. 따라서 doing은 적절하다.

---

② advise는 목적격보어 자리에 to부정사를 취한다. 따라서 taking을 to take로 고쳐야 한다.

③ 문장의 주어 자리에 대명사로 쓰인 Little은 '거의 없는'의 뜻을 나타내며 불가산 명사와 함께 쓰인다. 그런데 뒤에 이어지는 us는 복수 가산명사이므로 Little을 Few로 고쳐야 어법상 적절하다. few는 little과 마찬가지로 '거의 없는'의 뜻을 나타내지만 복수 가산명사와 함께 쓰인다.

④ 등위접속사 and가 있으므로 병렬 구조가 와야 한다. 따라서 narrowing을 narrow로 고쳐야 동사 limit과의 병렬 구조를 만들 수 있다. 또는 연속상황 분사구문을 만들기 위해 and와 narrow를 대신하여 narrowing을 쓰는 것도 어법상 가능하다.

구문 분석

③ Few of us can become **the professional athlete, entertainer, or movie star** [we would like to be].

  ▶ [ ]는 목적격 관계대명사가 생략된 관계사절로, 앞에 있는 선행사 the professional ~ movie star를 수식하고 있다.

어휘 및 어구

• persist 끈질기게 계속하다
• potential 잠재력
• range 범위
• temporarily 일시적으로
• narrow 좁히다, 제한하다
• candidate 후보

---

05 정답 ①, ④, ⑥

해석

모든 사람은 매우 '세상 물정에 밝지만', 학교에서는 부진한 어떤 젊은이를 알고 있다. 우리는 삶에서 많은 것에 대해 매우 똑똑한 사람이 그 똑똑함을 학업에 적용할 수 없는 것처럼 보이는 것이 낭비라고 생각한다. 우리가 깨닫지 못하는 것은 학교나 대학이 그러한 세상 물정에 밝은 사람들을 끌어들여 그들을 뛰어난 학업으로 안내해 줄 기회를 놓치는 잘못을 하고 있을지도 모른다는 것이다. 또한 우리는 왜 학교와 대학이 세상 물정에 밝은 사람들의 지적 잠재력을 간과하는지에 대한 주요한 이유 중 하나를 고려하지 않는다. 말하자면 우리는 이러한 세상 물정에 밝은 사람들을 반지성적인 근심거리와 연관시킨다는 사실이다. 우리는 교육받은 삶, 지성인의 삶을 우리가 중요하며 학문적이라고 고려하는 과목과 교과서에 지나치게 좁게 연관시킨다.

풀이

① 접속사 but을 중심으로 앞에 나온 동사 is와 병렬 구조를 이루어야 하므로, do를 단수 동사인 does로 고쳐야 한다.

④ 부정어 Nor가 문장 맨 앞으로 이동했으므로 주어와 동사의 도치가 일어나야 한다. consider가 일반동사이므로 do 동사를 사용하여 Nor do we consider ~ 로 고쳐야 한다.

⑥ 본래 「consider + O + O.C」의 구조로, consider의 목적어가 없고 앞에 목적격 관계대명사 that이 있는 것으로 보아 목적어가 빠진 채로 목적격보어가 이어지는 문장이다. consider의 목적격보어 자리에는 명사(구)나 형용사(구)가 올 수 있는데, 현재 부사구인 weightily and academically가 왔으므로 형용사구인 weighty and academic으로 고쳐야 한다.

---

② 앞에 선행사가 없고, 뒤에 목적어가 없으므로 관계대명사 What은 올바른 표현이며, 관계대명사 what이 이끄는 절은 명사절로서 단수 취급하므로 is는 올바른 표현이다.

③ 접속사 and를 중심으로 앞에 나온 동사 draw와 병렬 구조를 이루어야 하므로 guide는 올바른 표현이고 them은 앞에 있는 street smarts를 가리키므로 올바른 표현이다.

⑤ 문장의 본동사인 associate를 수식하는 부사 narrowly는 올바른 표현이다.

구문 분석

13행 We ¹⁾**associate** the educated life, the life of the mind, too narrowly **with subjects and texts** ²⁾[that we consider weighty and academic].

　1) associate A with B: A와 B를 연관시키다
　2) [ ]는 목적격 관계대명사 that이 이끄는 관계사절로, 선행사 subjects and texts를 수식한다.

어휘 및 어구
- street smart 세상 물정에 밝은
- overlook 간과하다
- potential 잠재력
- concern 걱정거리, 근심
- at fault 잘못해서
- intellectual 지능의, 지적인
- anti-intellectual 반지성적인
- associate 연관시키다

06 정답 ③ replace → replaced
　　　　⑤ might end → might have ended

해석

조직 행동 전문가인 Frank Barrett은 일상을 방해하는 것과 다른 사람의 관점으로 상황을 바라보는 것이 새로운 해결책을 이끌어 낼 수 있다고 설명한다. 한 강연에서, Barrett은 고객 서비스에 대한 많은 불만을 해결했던 항공사의 이야기를 들려준다. 그 항공사의 임원들은 어떻게 고객들에게 더 나은 경험을 제공할 것인지 논의하려고 워크숍을 열었다. 워크숍의 첫날, 모든 사람들이 회의에 참석하는 동안, 그 항공사의 마케팅 부사장은 임원들의 호텔 방 침대를 비행기 좌석으로 교체했다. 비행기 좌석에서 그날 밤을 보낸 후, 임원들은 '근본적인 혁신안'을 생각해 냈다. 만약 그가 임원들의 일상적 수면을 방해하지 않고 그들이 고객의 불편을 경험하도록 하지 않았다면, 그 워크숍은 주목할 만한 변화 없이 끝났을지도 모른다.

풀이

③ 사역동사 have는 「have + O + O.C」의 구조를 가지는데, 문맥상 침대가 '교체되는' 것이므로 목적어인 the beds와 목적격보어인 replace는 수동의 관계이다. 따라서 replace를 수동의 의미를 나타내는 과거분사인 replaced로 고쳐야 한다.

⑤ 전체 문장을 보면 가정법 과거완료의 if 조건절이 나와 있고, 뒤에는 가정법 과거의 주절이 나와 있으므로 '혼합가정법'을 쓴 것으로 보인다. 그런데 문맥상 그 워크숍이 끝난 것은 현재의 상황이 아니라 이미 지나간 '과거의 상황'이므로 혼합가정법을 쓸 수 없다. 따라서 주절의 시제인 가정법 과거완료에 맞추어 might end를 might have ended로 고쳐야 한다.

---

① another's 뒤에 단수 명사 perspective가 나왔으므로 올바른 표현이다.

② every-가 붙는 명사인 everyone, everybody, everything 등은 모두 단수 취급한다. 따라서 단수 동사인 was는 적절하다.

④ 혁신안을 생각해 낸 것보다 밤을 보낸 것이 시간 순서상 먼저 일어난 일이므로, 완료형 분사구문인 having spent는 올바른 표현이다. 접속사 After는 의미를 명확히 하게 위해서 생략하지 않은 것으로 보면 된다.

구문 분석

6행 The airline's leaders held a workshop to focus on **how to create** a better experience for their customers.

　▶ 전치사 on의 목적어로는 명사(구)나 동명사(구)가 쓰이는데, 「의문사 + to V」 구조는 명사(구) 역할을 하므로 on 뒤에 위치할 수 있다.

어휘 및 어구
- disrupt 방해하다
- deal with 처리하다
- come up with ~을 생각해 내다
- innovation 혁신(안)
- perspective 관점
- vice president 부사장
- radical 근본적인, 급진적인
- noteworthy 주목할 만한

07 정답 were taught that there are several crops that archaeologists think directly affected

풀이

teach가 4형식 동사로 「teach + I.O + D.O」의 구조일 때, 수동태로 바뀌면 「be taught + D.O」로 바뀌게 된다. 이때 직접목적어가 명사인 경우와 절인 경우가 있는데, 주어진 우리말을 통해 명사가 아닌 절이 나와야 함을 알 수 있다. 따라서 목적어를 이끄는 접속사 that을 써서 절을 연결하는 것이 핵심이다. 먼저 we 뒤에 were taught를 써준 후, that을 이어준다. that 뒤에는 '~이 있다'라는 의미를 가진 「there + be동사」가 사용되어야 하는데 주어가 복수 명사인 several crops이므로 there are several crops라고 쓴다. 그리고 several crops를 수식할 수 있도록 관계대명사 that을 이용하여 관계사절을 만들어야 한다. '곡물들이 직접적으로 영향을 주었다'라는 의미에 맞게 that directly affected를 먼저 써 주고, '고고학자들이 생각하기에'라는 의미에 맞게 삽입절 archaeologists think를 관계대명사 that 바로 뒤에 연결하여 that archaeologists think directly affected의 어순이 되게 배열한다.

[08~09]

08 정답 ③ changing → change

09 정답 to cultivate both distance and a degree of detachment from their shifting emotions so that you are not caught up

해석

우리는 우리의 결정이 얼마나 많이 이성적 고려에 근거하는지 보여주고 싶지만, 진실은 우리는 주로 우리의 감정에 의해 지배당하고, 그것은 지속적으로 우리의 인지에 영향을 준다는 것이다. 이것이 의미하는 것은 끊임없이 그들 감정의 끌어당김 아래에 있는 여러분의 주변 사람들이 날마다 혹은 시간마다 그들의 기분에 따라 자신들의 생각을 바꾼다는 것이다. 여러분은 사람들이 특정한 순간에 말하거나 행동하는 것이 그들의 영구적인 바람에 대한 진술이라고 가정해서는 안 된다. 어제 그들은 여러분의 생각에 완전히 빠져 있었지만, 오늘 그들은 냉담해 보인다. 이것이 여러분을 혼란스럽게 할 것이고, 만약 여러분이 조심하지 않는다면, 여러분은 그들의 실제 감정, 그 순간 그들의 기분, 그들의 빠르게 지나가는 열의를 알아내려고 노력하는 데 소중한 정신적 공간을 허비할 것이다. 여러분이 그 과정에 휩쓸리지 않기 위해서는 그들의 변화하는 감정들로부터 거리감과 어느 정도의 분리감 모두를 기르는 것이 최선이다.

풀이

08 ③ that절의 주어 the people 다음에 동사가 없으므로 changing을 동사 change로 고쳐야 한다.

---

① 「의문사(how much) + 주어(our decisions) + 동사(are)」의 어순으로 사용된 간접의문문으로 올바른 표현이다.

② 계속적 용법으로 사용된 주격 관계대명사 which는 어법상 적절하고, which의 선행사는 앞에 나온 복수 명사 our emotions이므로 복수 동사 influence도 올바른 표현이다. 또한 동사 influence를 수식하는 부사 continually도 어법상 적절하다.

④ they가 가리키는 것은 앞에 있는 복수 명사 people이므로 they seem은 올바른 표현이며, seem은 주격보어로 형용사를 필요로 하므로 cold 또한 올바른 표현이다.

⑤ 조건의 부사절에서는 현재시제가 미래시제를 대신하므로, are는 올바른 표현이다.

⑥ 「try to V」는 '~하려고 노력하다'라는 뜻으로 문맥상 자연스러우므로 to figure는 올바른 표현이다.

09 문장이 가주어 It으로 시작하는데 [보기]에 주어진 단어 중 진주어 자리에 쓸 수 있는 것은 to부정사밖에 없으므로 먼저 to cultivate를 써야 하며, cultivate의 목적어로 '~와 …모두를'을 나타내기 위해 「both A and B」 구문을 사용해서 both distance and a degree of detachment를 이어서 쓴다. 그 다음 '그들의 변화하는 감정들로부터'라는 의미에 맞게 from their shifting emotions를 배열한다. 그 뒤로는 '~가 …하기 위해서'라는 의미를 가진 「so that + 주어 + 동사」 구문을 이용하여 '그 과정에 휩쓸리지 않기 위해서'라는 우리말에 맞게 so that you are not caught up을 연결해 준다. 이때 you가 휩쓰는 것이 아니라 '휩쓸리는' 것이기 때문에 수동태가 되도록 caught up을 써야 한다.

구문 분석

8행 You must never assume [1][that [2]{what people say or do in a particular moment} **is** a statement of their permanent desires].

1) [   ]는 assume의 목적어로 쓰인 명사절이다.

2) {   }는 관계대명사 what이 이끄는 명사절로 that절의 주어이며, 이는 단수 취급하므로 단수 동사 is가 쓰였다.

어휘 및 어구

- rational 이성적인
- govern 지배하다
- assume 가정하다
- fleeting 빨리 지나가는
- consideration 고려 사항
- perception 인식
- permanent 영구적인
- motivation 열의, 욕구

---

10 정답 ① is stopped → stops
③ concerned → concern

해석

여러분의 상사가 여러분의 자녀들의 이름과 나이를 모두 기억하고, 주기적으로 여러분의 책상에 들러서 그들에 대해 묻고 나서, 여러분이 그들에 대해 말할 때 들어 준다고 잠시 동안 상상해 보라. 같은 상사가 여러분에게 여러분이 계발시킬 필요가 있는 기술에 대해 말하고 그 특정한 기술에 대해 여러분이 훈련을 받을 기회를 열어 준다고 상상해 보라. 가족들 중에 죽음이 있고 격려의 표시로서 여러분의 상사가 장례식 후에 여러분의 가족들을 위해 여러분의 회사가 식사를 제공해 주는 것을 상상해 보라. 이 모든 것들은 실재하는 시나리오인데, 어떻게 생각하는가? 이런 배려와 관심의 행동을 했던 모든 상사는 열렬히 충성스러운 부하 직원들을 두고 있다. 그들은 자신들의 상사를 위해 특별히 더 노력을 하는 것을 개의치 않는 부하 직원들이 있다. 그들은 출근하는 것을 즐기고 자진해서 회삿돈을 절약하고 매출을 증대시키는 창의적인 아이디어를 제안한다. 이런 상사들은 그들에게 무엇을 다르게 해야 할지를 말함으로써가 아니라, 배려함으로써 그들의 팀의 행동에 영향을 미친다.

풀이

① 문맥상 당신의 상사가 당신의 책상에 '들르다'라는 뜻이 되도록 수동태인 is stopped를 능동태인 stops로 고쳐야 한다.

③ and 뒤에 concerned가 사용되려면 앞에 있는 동사 engaged와 병렬이 되어야 한다. 그런데 concern은 '걱정시키다'라는 의미의 타동사이므로 '보스가 (누구를) 걱정시켰다'로 해석되어 문맥상 어색하며, concerned의 목적어도 없으므로 어법상 적절하지 않다. 따라서 명사 care와 병렬이 되도록 concerned를 명사 concern으로 고쳐야 한다.

---

② to부정사의 의미상 주어인 「for + 목적격」이 사용되었고, 문맥상 당신이 '훈련을 받는' 것이기 때문에 수동형의 to부정사인 to be trained가 사용된 것은 올바른 표현이다.

④ mind는 동명사만을 목적어로 취하므로 going은 올바른 표현이다.

⑤ that은 ideas를 선행사로 하는 주격 관계대명사이고, 동사는 선행사의 수에 일치시켜야 하므로 복수 동사 save는 올바른 표현이다.

⑥ 'A가 아니라 B'라는 의미인 「not A but B」 구문에서 A와 B는 병렬 구조를 이루어야 한다. not 뒤에 「by + V-ing」가 사용되었으므로 but by caring은 올바른 표현이다.

구문 분석

14행 They [1]**enjoy** going to work and voluntarily **suggest creative ideas** [2][that [3]**save** the company money and **increase** sales].

1) 동사 enjoy와 suggest가 등위접속사 and로 연결되어 병렬 구조를 이루고 있다.

2) [   ]는 주격 관계대명사 that이 이끄는 관계사절로, 선행사 creative ideas를 수식한다.

3) 동사 save와 increase가 등위접속사 and로 연결되어 병렬 구조를 이루고 있다.

어휘 및 어구

- routinely 주기적으로
- engage in ~에 참여하다
- loyal 충성심이 높은
- voluntarily 자진해서
- cater 식사를 제공하다
- fiercely 열렬히
- go the extra mile 한층 더 노력하다

01 ②　　　　　　　　**02** ②

03 ①, ④　　　　　　　**04** ③

05 ③ committing → commit
　　④ in which → which(that)
　　⑥ accumulates → accumulate

06 Imagine how good it will feel to have gotten over

07 ② saying important → saying is important
　　⑥ while → during

08 (A) have been considered (B) do (C) escape
　　(D) to help (E) resulting

09 considered the education of a daughter as important as that of a son

10 (B) Terrified (C) actively (D) helping
　　(E) Caring (F) to return

01　정답 ②

해석

우리가 더 행복하고 더 긍정적일 때 우리는 더 성공적이게 된다. 예를 들어, 진단을 내리기 전에 긍정적인 기분에 놓여진 의사들은 중립적인 상태의 의사들보다 거의 세 배 더 높은 사고력과 창의력을 보이고, 그들은 정확한 진단을 19퍼센트 더 빠르게 내린다. 낙관적인 판매원이 비관적인 판매원보다 56퍼센트 더 많이 판매한다. 수학 성취 평가를 보기 전에 기분이 좋아진 학생들은 그들의 중립적인 (기분의) 또래들보다 훨씬 더 잘한다. 우리의 두뇌는 그것들이 부정적이거나 심지어 중립적일 때가 아니라 그것들이 긍정적일 때 최상의 상태에서 기능하도록 말 그대로 계획되어 있음이 드러난다.

풀이

② 밑줄 친 부분이 있는 문장의 동사는 show이고, put은 '놓여진'이라는 뜻으로 수동의 의미를 나타내는 과거분사이며 앞에 있는 doctors를 수식하는 역할을 한다. 또한 전치사 뒤에는 명사(구)나 동명사(구)가 와야 하므로 before 뒤에 사용된 동명사 making은 올바른 표현이다.

---

① become은 주격보어로 형용사가 와야 하므로 successfully를 successful로 고쳐야 한다.

③ 사역동사를 수동태로 만들면, 주격보어 자리에 to부정사를 사용해야 하므로 feel을 to feel로 고쳐야 한다.

④ are programmed를 수식하는 부사가 필요하므로, 형용사 literal을 부사인 literally로 고쳐야 한다.

⑤ 'A가 아니라 B'라는 의미의 「not A but B」 구문에서 A와 B는 병렬 구조를 이루어야 하는데, not 다음에 when절이 나왔으므로, but 다음에도 when을 추가해야 한다.

구문 분석

2행 For example, [1)[**doctors** 2){put in a positive mood before making a diagnosis}]] show almost three times more intelligence and creativity **than** [doctors in a neutral state], and 3)**they** make accurate diagnoses 19 percent faster.

　1) than을 중심으로 두 개의 [　]를 비교하고 있다.
　2) {　}는 과거분사구로 앞에 있는 doctors를 수식한다.

3) they는 1)의 [　]를 지칭한다.

7행 **Salespeople** [**who are** optimistic] sell more than **those** [who are pessimistic] by 56 percent.

　▶ 두 개의 [　]는 각각 선행사 Salespeople과 those를 수식하는데, those는 salespeople을 대신하여 사용된 대명사이다.

어휘 및 어구

- diagnosis 진단
- accurate 정확한
- pessimistic 비관적인
- neutral 중립적인
- optimistic 낙관적인
- literal 문자 그대로의

02　정답 ②

해석

때때로, 우리는 우리의 가정이 뒤집힐 때 매료된다. 예를 들어, 예술가 Pablo Picasso는 우리가 세상을 다르게 보는 것을 돕는 방법으로써 큐비즘을 이용했다. 그의 유명한 작품인 'Three Musicians'에서 그는 아주 예상치 못한 방식으로 연주자들을 형상화하기 위해 추상적인 형태를 사용하여, 여러분이 처음 이 작품을 볼 때 여러분은 어떤 것도 이치에 맞지 않는다고 생각한다. 그러나 여러분이 그 그림을 두 번째로 볼 때, 그 형태들은 합쳐진다. Picasso의 작품은 어떻게 공간과 사물들이 사용되는지에 대한 여러분의 가정에 도전한다. 그의 예술 작품은 여러분이 세상을 다르게 보도록 돕고, 형체, 사물, 색을 사용하는 대안적인 방식들이 있다는 것을 여러분에게 상기시켜 준다. 이에 대한 보상은 이 작품을 봄으로써 여러분이 얻는 내적인 즐거움이다.

풀이

ⓔ '그의 예술 작품이 ～을 돕고 …을 상기시켜 준다'는 내용이므로, remind는 앞에 나온 helps와 병렬이 되도록 reminds로 고쳐야 한다. 참고로 helps의 목적격보어인 see와 병렬 구조를 이루려면 remind의 의미상의 주어가 you이므로 '당신 스스로에게 상기시켜 준다'는 내용이 되도록 remind 다음에 you가 아닌 yourself가 와야 한다.

① 명사 pleasure 뒤에 주어와 동사로 이루어진 관계사절이 수식하는 구조가 자연스러우므로, getting을 get 또는 are getting으로 고쳐야 한다. 목적격 관계대명사 that이나 which가 생략된 관계사절인 you ~ this work가 선행사 the intrinsic pleasure를 수식한다고 보면 된다.

ⓐ fascinate는 '～을 매료하다'라는 의미의 타동사로, 문맥상 우리가 '매료되는' 것이므로 수동태로 표현해야 한다. 따라서 are fascinated는 올바른 표현이다.

ⓑ to help가 앞에 있는 a way를 꾸며주는 to부정사로 적절히 사용되었고, help의 목적격보어로는 동사원형과 to부정사 모두 사용될 수 있으므로 see는 적절하다. 그리고 동사 see를 꾸며주는 부사 differently도 올바른 표현이다.

ⓒ 「such a(n) + 형용사 + 명사」의 어순이 적절히 쓰였고, 그 뒤에 way를 수식하는 that절이 이어진 구조로 올바른 표현이다.

ⓓ 간접의문문이 「의문사 + S + V」의 어순에 맞게 쓰였으므로 적절하며, 공간과 사물들이 '사용되는' 것이므로 수동태 are used도 올바른 표현이다.

구문 분석

4행 In his famous work *Three Musicians*, he used abstract forms to shape the players in 1)**such an unexpected way** 2)[**that** {when you first see this artwork}, **you assume** that nothing makes sense].

1) '너무 ~해서 …하다'는 의미를 나타내는 「such a(n) + 형용사 + 명사 + that절」의 구문이 쓰였다.

2) that절 안에 부사절 when~artwork이 먼저 나온 다음 that절의 주어와 동사 you assume이 왔다.

11행 His artwork helps you see the world differently and **remind** you [there are alternative ways of using shape, objects, and colors].

▶ [ ]는 remind의 직접목적어로 앞에 명사절을 이끄는 접속사 that이 생략되어 있다. remind가 간접목적어와 직접목적어를 가지는 4형식 동사로 쓰일 때, 직접목적어로 that절을 쓴다.

어휘 및 어구
- assumption 가정, 추정
- shape 형성하다, 만들다
- assumption 가정
- intrinsic 내적인
- abstract 추상적인
- figure 형체
- alternative 대안적인

03 정답 ①, ④

해석

그 당시, 고대 그리스 문명은 놀라울 정도로 진보했었다. 그리스인들은 계산기가 사용 가능하기 훨씬 전에 수학, 기하학, 미적분학을 이해했다. 망원경이 발명되기 수세기 전, 그들은 지구가 축을 중심으로 회전하거나, 혹은 태양 주변을 돌지도 모른다고 제안했다. 이러한 수학적, 과학적 진보와 더불어, 그리스인들은 몇몇 초기 연극과 시를 만들었다. 강력한 왕이나 피에 굶주린 전사에 의해 지배되는 세상에서, 그리스인들은 심지어 민주주의에 대한 생각도 발전시켰다. 하지만 그들은 여전히 원시적인 사람들이었다. 그들이 잘 이해하지 못했던 그들 주변 세상의 많은 측면들이 있었다. 그들은 '왜 우리가 여기에 존재하는가?' 그리고 '왜 저 근처의 화산에서 연기가 나오고 있는가?'와 같은 커다란 의문들을 가졌다. 신화가 그러한 질문들에 답을 제공했다. 그것들은 한 세대에서 다음 세대로 지식을 전달하는 교육적 도구였다. 그것은 또한 도덕성을 가르쳤고 삶의 복잡성에 관한 진실을 전달했다. 이런 방식으로, 그리스인들은 그들의 삶에서 옳고 그름을 이해할 수 있었다.

풀이

① 망원경들이 '발명된' 것이므로 수동태 were invented는 적절하다. 그리고 제안을 나타내는 동사 proposed 뒤에 당위성을 나타내는 내용이 나오지 않으므로 「(should) + 동사원형」을 쓰지 않고, 추측의 의미를 나타내는 might를 사용한 것은 적절하다.

④ They는 앞에 나온 복수 명사 Myths를 가리키고, 시제와 수 일치가 적용된 동사 were는 적절하다. 그리고 현재분사 passing은 educational tools를 수식하고 있는데, 서로 능동 관계이므로 현재분사가 쓰인 것은 적절하다. 또한 'A에서 B까지'라는 의미의 「from A to B」 구문에서 A와 B는 병렬 구조를 이루어야 하는데, A와 B에 해당하는 부분에 각각 명사구가 쓰였으므로 적절하다.

② 콤마(,) 뒤에 완전한 절이 왔으므로, 콤마(,) 앞 접속사를 포함한 절이나 분사구문 또는 부사구가 나와야 한다. 문맥상 강력한 왕이나 피에 굶주린 전사에 의해 '지배되는' 세상으로 해석할 수 있으므로 앞에 있는 a world를 수식하도록 동사 was ruled를 과거분사 ruled로 고쳐야 한다. 이렇게 되면 In a world로 시작하는 부사구가 된다.

③ where 뒤에 동사 understand의 목적어가 없는 불완전한 절이 왔다. 따라서 where를 관계대명사 which나 that으로 고쳐야 한다.

⑤ 문맥상 They는 '고대 그리스인들'을 지칭하는데, 이들이 진실을 전달 받는

것이 아니라 '전달하는' 것이므로 능동태로 표현해야 한다. 따라서 were conveyed를 conveyed로 고쳐야 한다.

구문 분석

7행 **Along with these mathematical, scientific advances**, the Greeks produced some of the early dramatic plays and poetry.

▶ 부사구 Along with these mathematical, scientific advances가 문장 맨 앞에 위치한 구조이다.

어휘 및 어구
- remarkably 현저하게, 매우
- rotate 자전하다
- revolve 회전하다
- warrior 전사
- primitive 원시적인
- morality 도덕성
- complexity 복잡성
- calculus 미적분학
- axis 축
- bloodthirsty 피에 굶주린
- democracy 민주주의
- generation 세대
- convey 전달하다

04 정답 ③

해석

원시 농업 체제에서, 남성과 여성 농업 노동력 간의 생산성에 있어서의 차이는 물리적인 힘의 차이에 대략 비례한다. 농업이 점차 인간의 근력에 의존을 덜하게 됨에 따라, 양성간의 노동 생산성의 차이는 좁혀질 것이라 예상될 수도 있다. 하지만, 이것은 전혀 그렇지 않다. 새로운 유형의 장비를 사용하는 법을 배우는 것은 주로 남성인 반면, 여성은 계속 구식의 손 도구로 일한다. 향상된 농업 장비가 도입됨에 따라, 남성의 근력에 대한 필요는 줄어든다. 그럼에도 불구하고, 남성이 새로운 장비와 현대적인 농업 방식의 사용에서 우위를 차지하기 때문에, 생산성의 차이가 늘어나는 경향이 있다. 따라서, 농업 발전의 과정에서 여성의 노동 생산성은 남성의 것에 비해 정체되어 있다.

풀이

ⓒ 주어는 the difference이고 문맥상 차이가 좁혀질 것으로 '예상될' 수도 있다는 의미가 되어야 하므로 수동태로 써야 한다. 따라서 expect를 be expected로 고쳐야 한다.

ⓘ because of는 뒤에 명사(구)나 동명사(구)가 와야 하는데 절이 왔으므로 because of에서 of를 삭제하여 접속사 because로 고쳐야 한다.

ⓐ 주어가 단수 명사인 the difference이므로 단수 동사 is는 올바른 표현이며, 형용사 proportional을 수식하는 부사 roughly도 올바른 표현이다.

ⓑ becomes는 주격보어를 필요로 하므로 형용사 dependent는 올바른 표현이다.

ⓓ 「It is(was) ~ that」 강조구문을 사용하여 the men을 강조하고 있는데, 강조하는 대상이 사람이면 that 대신에 who를 사용할 수 있으므로 올바른 표현이다.

ⓔ 분사구문의 의미상 주어가 문장의 주어와 다를 때는 생략할 수 없으므로 Improved agricultural equipment가 제시되어 있는 것은 올바른 표현이다. 또한 농업 장비가 '도입되는' 것이기 때문에 수동의 의미를 나타내야 하며, 문장의 동사보다 먼저 발생한 일이므로 완료형 분사구문을 써야 한다. 따라서 수동형의 완료형 분사구문 having been introduced는 올바른 표현이다.

ⓖ remains는 주격보어로 형용사를 쓰므로 unchanged는 올바른 표현이

다. '～와 비교하여'라는 뜻의 compared to를 사용하여 여성의 노동 생산성을 남성의 노동 생산성에 비교하고 있다. 따라서 남성의 노동 생산성을 의미하는 men's labor productivity를 줄여서 쓴 men's는 올바른 표현이다.

구문 분석

8행 ¹⁾**It is** usually the men **who** learn to operate new types of equipment while women ²⁾**continue to work** with old hand tools.

1) 「It is(was) ~ that」 강조구문에서 강조하는 대상이 사람인 the men이어서 that 대신 who를 사용하였다.
2) continue는 목적어로 to부정사와 동명사를 모두 취할 수 있는 동사이다. 이와 같은 동사로는 like, love, hate, begin, start 등이 있다.

어휘 및 어구

- agricultural 농업의
- roughly 대략적으로
- physical 물리적인
- operate (기계를) 가동(조작)하다
- productivity 생산성
- proportional 비례하는
- muscular 근육의
- dominate 지배하다, 우위를 차지하다

[05~06]

05 정답 ③ committing → commit
　　　　④ in which → which(that)
　　　　⑥ accumulates → accumulate

06 정답 Imagine how good it will feel to have gotten over

해석

(어떤 일을) 미루게 되었을 때, 당신은 어떻게 꼼짝하지 않음으로부터 그날의 가장 힘든 일을 해내는 것으로 이동하는가? 나는 "개구리를 먹어라(싫은 일을 먼저 해라)!"고 말한다. 그 생각은 "아침에 살아있는 개구리를 제일 먼저 먹어라, 그러면 그날의 나머지 시간에는 그보다 더 나쁜 어떤 일도 당신에게 일어나지 않을 것이다."라는 Mark Twain의 인용구에서 온 것이다. 매일 아침, 당신의 할 일 목록 중에서 당신이 가장 꺼리는 항목을 처리하는 데 전념하고 다른 어떤 것보다 먼저 그 일을 하라. 아침 시간은 특히 여러분의 정신을 산만하게 하는 것들이 거의 없고 당신의 마음에는 근무 시간 동안 쌓이는 스트레스가 없기 때문에, 글쓰기와 같은 창의적인 일들에 생산적이어야 할 때 이상적이다. 꺼려지는 일에 제일 먼저 뛰어드는 동안, 그 장애물을 극복해 버렸고 여러분 앞에 온전한 하루가 남았을 때 얼마나 기분이 좋을지를 상상해 보라.

풀이

05 ③ committing을 동명사 주어로 본다면 뒤에 동사가 나와야 하는데 동사가 될 만한 단어가 없다. 접속사 and 뒤에 바로 동사 do가 왔으므로 명령문의 형태로 병렬 구조를 이룰 수 있는 동사가 필요하다는 것을 알 수 있다. 따라서 committing을 동사 commit로 고쳐서 명령문으로 만들어야 한다.

④ dread는 '～을 두려워하다'라는 뜻의 타동사로 뒤에 목적어가 없어 불완전하므로, in which를 불완전한 절을 이끄는 목적격 관계대명사 which나 that으로 고쳐야 한다. 참고로 the most는 목적어가 아닌 '가장'이라는 의미로 dreading을 수식하는 부사로 쓰였다.

⑥ accumulates의 주어는 선행사인 복수 명사 the stresses이므로

accumulates를 복수 동사 accumulate로 고쳐야 한다.

① 밑줄 친 부분은 분사구문으로, 뒤에 나오는 의문문의 주어와 동일한 주어인 you가 생략되어 있다. engage는 '～를 관여하게 하다'라는 의미의 타동사인데 you와의 관계가 수동이므로 과거분사 engaged가 쓰여야 하므로 Engaged in은 올바른 표현이다.

② -thing으로 끝나는 단어는 형용사가 뒤에서 수식하므로 nothing worse는 올바른 표현이다.

⑤ few는 셀 수 있는 명사를 수식하며, few의 비교급인 fewer도 이와 동일하게 적용된다. 복수 명사 distractions 앞에 사용되었으므로 fewer는 올바른 표현이다.

06 명령문이므로 동사원형 Imagine을 먼저 쓰고, Imagine의 목적어로 「의문사＋S＋V」 표현을 써서 '얼마나 기분이 좋을지를'이라는 의미에 맞게 「의문사＋형용사」인 how good을 쓴 후에, 가주어 it과 동사 will feel을 연결하여 how good it will feel의 순서로 나열한다. 다음으로 진주어를 써 주어야 하는데, 문맥상 장애물을 극복하고 나서 온전한 하루가 남은 것이므로, 장애물을 극복해 버린 것이 온전한 하루가 남은 것보다 이전에 일어나는 일임을 알 수 있다. 따라서 온전한 하루가 남은 것을 현재시제로 쓰고 있으므로 장애물을 극복한 것은 그것보다 한 시제 앞선 시제로 나타내어 to have gotten over를 선택하고 이어서 쓴다.

구문 분석

1행 Engaged in procrastination, how do you move **from being** stuck **to doing** the day's most difficult tasks?

▶ 'A부터 B까지'라는 뜻의 「from A to B」 구문이 사용되었는데, 이때 from과 to는 전치사이므로 뒤에 동명사 being과 doing이 사용되었다.

9행 Mornings are especially ideal for ¹⁾[when you need to be productive on creative tasks, such as writing], because you have fewer distractions and your mind is free of **the stresses** ²⁾[that accumulate over the course of a workday].

1) [ ]는 전치사 for의 목적어로 쓰인 명사절이다.
2) [ ]는 주격 관계대명사 that이 이끄는 관계사절로, 선행사 the stresses를 수식한다.

어휘 및 어구

- engage in ～에 관여하다
- commit to ～에 전념하다
- distraction 집중을 방해하는 것
- dive into ～에 뛰어들다
- stuck 꼼짝 못하는
- dread 두려워하다
- accumulate 쌓이다
- hurdle 장애물

07 정답 ② saying important → saying is important
　　　　⑥ while → during

해석

주의를 산만하게 하는 요소들이 여러분이 화자의 말을 주의 깊게 듣는 것을 방해하게 두지 마라. 여러분은 화자가 하고 있는 말이 여러분에게 중요하다는 메시지를 전달하고 싶다. 여러분이 휴대전화를 받고 화자를 기다리게 한다면 그 메시지는 공허하게 들릴 것이다. 대화 중에 여러분의 휴대전화가 울린다면, 전화를 받고 싶은 충동을 물리쳐라. 무슨 영문인지, 대부분 사람들은 울리는 전화를 받아야 한다고 느낀다. 여러분의 휴대전화가 울리고 있다는 사실이 여러분이 전화를 받아야 한다는 것을 의미하지는 않는다. 긴급한 전화는 거의

없다. 메시지가 남겨져 있지 않다면, 그것은 분명히 그러한 경우이다. 그리고 메시지가 남겨져 있다면, 일단 여러분의 대화가 끝나고 보통 몇 분 내에 여러분은 그것을 들을 수 있다. 기술 사용이 능숙한 요즘 세상에서도, 대화 중에 전화를 받는 것은 무례한 일이다.

풀이
② that절의 주어는 what ~ saying이고 그 뒤에 형용사 important가 바로 나와 있으므로 be동사가 필요하다. 주어가 관계대명사 what이 이끄는 명사절로, 명사절은 단수 취급하므로 문맥상 현재 시제에 맞춰 important 앞에 is를 넣어야 한다.
⑥ while은 접속사로 뒤에 절이 이어져야 하는데 뒤에 명사 a conversation이 왔으므로 while을 같은 의미의 전치사 during으로 고쳐야 한다.

---

① 사역동사 let은 목적격보어로 동사원형을 취하므로 interrupt는 올바른 표현이다.
③ 울리는 전화에 응답하라고 '강요를 받는' 느낌이 든다는 내용이므로, 수동의 의미를 나타내는 과거분사 compelled는 올바른 표현이다.
④ 주어가 단수 명사인 The fact이므로 doesn't는 올바른 표현이다. 동사 mean의 목적어로 접속사 that이 이끄는 절이 나올 수 있는데, 이때 that은 생략 가능하므로 that이 없는 절이 온 것은 올바른 표현이다.
⑤ 부정부사 Rarely가 강조를 위해 문장의 맨 앞으로 이동하면 주어와 동사의 도치가 일어난다. 따라서 「동사＋주어」의 어순인 are phone calls는 올바른 표현이다.

구문 분석
6행 If your cell phone rings while you are in a conversation, fight **the urge** [to answer].
▶ [ ]는 형용사적 용법의 to부정사로 앞에 있는 명사 the urge를 수식한다.

9행 **The fact** [that your cell phone is ringing] doesn't mean you have to answer it.
▶ [ ]는 앞에 있는 명사 The fact와 동격 관계이며, The fact를 부연 설명하고 있다.

어휘 및 어구
• distraction 주위를 산만하게 하는
• ring hollow 공허하게 들리다
• compelled 강요받는
• disrespectful 무례한
• attentive 주의 깊은
• urge 충동
• urgent 긴급한

08 정답 (A) have been considered (B) do (C) escape (D) to help (E) resulting

해석
일부 물고기가 그렇듯, 공격을 받은 fathead minnow들은 피부에 있는 특화된 세포에서 나오는 화학물질을 분비한다. 오랜 시간 동안, 이 화학물질은 그 종의 다른 구성원들에게 포식자의 존재를 알리기 위해 고안된 경고 신호로 여겨져 왔다. 일부 경우에는 이 화학물질에 노출된 물고기가 실제로 정말 숨는 것으로 보인다. 그러나 이러한 종류의 관찰은 이러한 전통적인 관점에 대한 문제를 제기한다. 어떻게 부상당한 물고기가 같은 종의 다른 물고기들이 포식자로부터 도망가도록 돕는 것에서 이익을 얻을 수 있는가? 다친 물고기는 다른 물고기들을 이롭게 하려고 이런 특별한 화학물질을 분비하기보다는 오히려 자신을 돕기 위해 그렇게 하는 듯하다. 그것들은 최초 공격자를 방해

할 수 있는 추가 공격자들을 유인하고 있는 것일지도 모르며, 때때로 포획된 먹잇감을 풀어주는 결과를 낳는다.

풀이
(A) For a long time이라는 표현으로 보아 시제는 현재완료가 사용되어야 하고, 이러한 화학물질이 경고 신호라고 '여겨지는' 것이므로 수동태로 표현해야 한다. 따라서 현재완료 수동태인 have been considered로 쓰는 것이 적절하다.
(B) 동사 do가 동사원형 앞에 사용되면 내용상 강조를 나타내는 역할을 하는데, 이때 do의 형태는 시제나 수에 일치시켜야 한다. 주어진 문장에서 fish 앞에 관사가 없으므로 주어인 fish는 복수 명사이고, 문맥상 현재시제가 적절하므로 do로 쓰는 것이 적절하다.
(C) 동사 help는 목적격보어로 동사원형이나 to부정사를 사용하는데 앞에 to가 있으므로 escape로 쓰는 것이 적절하다. 「from A to B」의 구조로 착각하고 escaping을 쓰지 않도록 주의한다.
(D) 다른 물고기들을 이롭게 하려는 것이 아니라 자신을 돕기 위한 것이라는 내용이므로, but을 중심으로 앞에 나온 to benefit과 병렬 구조를 이루도록 to help로 쓰는 것이 적절하다.
(E) 앞 문장이 완전한 절이고, 콤마(,) 뒤에 접속사와 주어 없이 동사부터 등장하고 있으므로 분사구문으로 써야 한다. 생략된 주어인 they와 동사 result의 관계가 능동이므로 현재분사를 이용한 분사구문으로 만들기 위해 resulting을 쓰는 것이 적절하다.

구문 분석
14행 They might be attracting additional **predators** [that may interfere with the initial attacker], occasionally resulting in the release of the captured prey.
▶ [ ]는 주격 관계대명사 that이 이끄는 관계사절로, 선행사인 predators를 수식한다.

어휘 및 어구
• release 배출하다
• cell 세포
• presence 존재
• expose 노출하다
• interfere 방해하다
• occasionally 때때로
• specialized 특화된
• alarm signal 경고 신호
• predator 포식자
• conventional 전통적인
• initial 처음의

[09~10]

09 정답 considered the education of a daughter as important as that of a son

10 정답 (B) Terrified (C) actively (D) helping (E) Caring (F) to return

해석
Elsie Inglis는 John Inglis의 둘째 딸로 1864년 8월 16일에 인도에서 태어났다. 그녀는 딸의 교육도 아들의 그것(교육)만큼 중요하다고 여기는 깨어 있는 부모를 두는 행운을 가졌다. 아버지의 지원으로, 그녀는 의사로서 교육을 시작했다. 여성 환자들에 대한 열악한 치료에 놀라서, 그녀는 Edinburgh에 직원들이 여성으로만 구성된 여성을 위한 병원을 설립했다. 또한 그녀는 정치에 적극적으로 참여했고 여성의 투표권을 위해 일했다. 제1차 세계 대전의 발

발은 그녀의 주의를 군부대를 돕는 것으로 돌렸고, 그녀는 유럽 전역의 전쟁 터로 보낼 14개의 의료 부대를 조직했다. 질병으로 고통받는 군인과 민간인 모두를 돌보다가 Inglis는 러시아에서 병에 걸려 영국으로 돌아가야만 했고, 그곳에서 1917년에 사망했다. 그녀는 여전히 열정, 강인함, 그리고 온정의 훌 륭한 여성으로 기억되고 있다.

풀이

09 「consider+O+O.C」의 구조와 원급비교 「as + 형용사/부사 + as」 의 구조를 결합하여 문장을 만들어야 한다. 먼저 동사 considered의 목적어로 the education of a daughter를 쓰고 목적격보어로 형용 사 important를 사용해야 하는데, 「as + 형용사/부사 + as」 구조와 결 합시켜 as important as로 쓴다. 그리고 딸의 교육(the education of a daughter)과 아들의 교육(the education of a son)을 비교하 고 있으므로, 반복되는 단어인 the education 대신에 that을 사용하 여 that of a son을 연결하여 문장을 완성한다.

10 (B) 주어 없이 동사만 제시되었다면 명령문이거나 분사구문일 가능성 이 크다. 콤마(,) 뒤에 접속사 없이 완전한 절이 왔으므로 접속사와 주어가 생략된 분사구문으로 나타내야 한다. 생략된 주어는 she이 고, 그녀가 열악한 치료에 '놀라서'라는 의미이므로 '~을 놀라게 하 다'라는 뜻의 terrify와 she의 관계는 수동이다. 따라서 과거분사 Terrified로 써야 한다.
(C) '~에 참여했다'라는 뜻의 was engaged in이 동사의 역할을 하 고 있고, 위치상 engaged를 수식할 부사가 필요하므로 actively 로 써야 한다.
(D) turn one's attention to는 '~에 주의를 돌리다'라는 의미로 여 기서 to는 전치사이다. 전치사 뒤에는 명사(구)나 동명사(구)가 와야 하므로 helping으로 써야 한다.
(E) 동사만 제시되었고 콤마(,) 뒤에 접속사 없이 완전한 절이 왔으므로 분사구문으로 나타내야 하는데, 생략된 주어인 Inglis와 care의 관 계가 능동이므로 현재분사 Caring을 써야 한다.
(F) force는 목적격보어로 to부정사를 취하는데 수동태로 전환되어도 to부정사는 그대로 쓴다. 따라서 to return으로 써야 한다. 참고로 「be forced to V」는 '어쩔 수 없이 ~하다'의 의미로 해석한다.

구문 분석

14행 Caring for both **soldiers and civilians** [1)][suffering from sickness], Inglis became ill in Russia and was forced to return to Britain, [2)]**where** she died in 1917.

1) [ ]는 현재분사구로 앞에 있는 soldiers and civilians를 수식한다.
2) where은 계속적 용법의 관계부사로, and there의 의미로 해석한다.

어휘 및 어구

- fortune 운(행운)
- found 설립하다
- outbreak (전쟁의) 발발(발생)
- battlefield 전쟁터
- enthusiasm 열정
- enlightened 깨우친, 탁 트인
- consist of ~로 구성되다
- troop 군대
- civilian 민간인
- kindliness 온정, 친절

01 ②, ④   **02** ①
03 ①   **04** ③, ④
05 (A) using (B) burning
06 ② counteract ④ has had ⑤ recent
07 have always used invention in order to devise better ways
08 ② which → where (in which)
　　③ result in → results in
09 of cleaning the paper makes it too expensive to use
10 matched the category of the previous object's typical color

---

01 정답 ②, ④

해석

노동은 한때 에덴동산에서의 악의 시초에 대한 인간의 속죄로 여겨졌다. 여 러 해를 거치면서 사회경제적 계층이 중세 시대 사회에서 생겨남에 따라, 노 동은 가난한 사람들에 대한 저주로 여겨지기 시작했다. 사회의 부유한 사람들 은, 아마도 숭고한 것으로 여겨졌던 전쟁을 제외하고는, 노동을 피하기 위해 할 수 있는 모든 것을 했다. 마침내 St. Thomas Aquinas와 그의 동시대 인들과 같은 계몽된 철학자들은, 특히 우리가 다른 사람들을 돕기 위해 우리 의 잉여를 사용한다면, 노동이 중요하다고 가르쳤다. 그들의 가르침은 Martin Luther와 같은 개혁가들에게 영향을 주었는데, 그는 만약 같은 인간과의 관 계에서 우리가 진실성을 가지고 있고 정직하다면 노동은 고결하다고 설명했 다. 이후에 미국과 캐나다가 새로운 영토로 확장해 가면서, 당대 사회에서 노 동은 자유인들의 특권으로 묘사되었다. 그러다, 우리가 1900년대에 들어서면 서, Henry Ford와 다른 기업가들은 노동이 우리 사회와 가정의 발전으로 이 어진다는 것을 우리에게 확신시켰다.

풀이

② 두 개의 절 The wealthy ~ for war와 it was ~ as noble이 나오고 있는데, 두 절을 이어주는 접속사가 없고 문맥상 it은 앞 절의 war를 가리 키는 것으로 볼 수 있으므로 war를 선행사로 가지며 문장을 연결하는 역 할을 하는 주격 관계대명사가 필요하다. 따라서 it을 which로 고쳐야 한 다. 앞에 콤마가 있으므로 계속적 용법에 사용하지 못하는 that은 올 수 없다.
④ 접속사 as가 이끄는 절 as ~ territories의 주어는 America and Canada이고 동사가 없으므로 본동사가 나와야 한다. 따라서 현재분사 expanding을 과거형 동사 expanded로 고쳐야 한다.

---

① 접속사 as가 이끄는 절 as ~ Ages에서 주어는 socioeconomic classes이고 동사는 arose이다. 사회경제적 계층이 '생겨나다'라는 의미 이므로 '생기다, 발생하다'라는 뜻을 가진 자동사 arise의 과거형 arose 는 적절하다.
③ 뒤에 완전한 절이 이어지고 있으며 앞에 나온 동사 taught의 목적어가 없 으므로, taught의 목적어 역할을 하는 명사절 work was important를 이끄는 접속사 that은 어법상 적절하다.
⑤ 주어가 단수명사 work이므로 이에 수를 일치시킨 단수동사를 쓰되, 당 대 사회에서의 노동이 자유인의 특권으로 '묘사된' 것이기 때문에 수동형 의 동사 was described as는 적절하다. 'A를 B로 묘사하다'라는 뜻의 「describe A as B」가 수동태로 전환된 것으로 보면 된다.

구문 분석

10행 Their teachings influenced reformers such as **Martin Luther**, [1)][who explained [2)]{that work was virtuous [3)]<if we had integrity and were honest in our dealings with our fellow men>}].

1) [ ]는 주격 관계대명사 who가 이끄는 관계사절로, 선행사인 Martin Luther에 대한 추가적인 정보를 제공하는 계속적 용법으로 쓰였다.

2) { }는 접속사 that이 이끄는 명사절로 동사 explained의 목적어 역할을 한다.

3) 〈 〉는 「If + S + 동사의 과거형」 구조가 쓰인 가정법 과거 문장으로 Martin Luther가 발언할 당시를 현재 시점으로 한 가정을 나타내고 있다.

어휘 및 어구

- socioeconomic 사회경제적인
- curse 저주
- contemporary 동시대인
- reformer 개혁가
- integrity 진실성, 청렴함
- territory 영토, 지역
- industrialist 기업가
- class 계층, 계급
- noble 숭고한
- surplus 잉여, 과잉
- virtuous 고결한, 정숙한
- fellow men (*pl.*) (같은) 인간, 동포
- privilege 특권

02 정답 ①

해석

(A) 꼭 필요한 사람이 된다는 것은 당신이 무엇을 생산해 내는지에 관한 것만큼 당신이 어떻게 일하는지에 관한 것일 수 있다. 많은 직원들은 단 하나의 시각으로 그들의 일을 착수함으로써 그들이 바라는 인정을 받을 것이라 믿는다. 그들은 이것이 그들의 재능을 보여주고 최고 관리자들에게 인상을 남길 최선의 결과를 만들어 내는 것을 도와주리라 믿으면서 레이저 빔 초점을 지닌 채 의욕에 넘친다. 하지만 당신이 이렇게 하면, 중요한 무언가를 놓치고 있는 것이다. 좁은 초점은 당신이 있는 회사의 작은 구석에만 가치가 있는 편협한 결과를 낳는 경향이 있다. 가장 성공적인 직원들은 자신들의 일에만 초점을 맞추는 사람들이 아니다. 그들은 회사와 회사의 미래에 가장 중요한 것과 자신들의 일이 조화를 이루도록 하면서 더 넓은 초점을 유지하는 사람들이다. 좁은 초점으로 만들어진 일은 보통 '전형적'이라고 무시되는 반면, 더 큰 그림을 볼 수 있는 렌즈를 통해 만들어 내는 것은 당신의 일을 실제보다 더 크게 보이도록 할 것이다.

(B) 우리 모두는 우리의 뇌가 가능한 가장 이성석인 방법으로 정보를 가려낸다고 믿고 싶어 한다. 이와 반대로, 수없이 많은 연구들이 인간의 추론에 많은 약점들이 있음을 보여준다. 추론에 있어서 흔히 드러나는 약점들은 모든 연령대와 교육적 배경을 가진 사람들에게 존재한다. 예를 들어, 확증편향은 아주 흔하다. 사람들은 자신들의 견해와 반대되는 증거는 무시하는 반면에, 자신들의 견해를 지지하는 정보에는 주의를 기울인다. 확증 편향은 고집을 피우는 것과 같은 것은 아니며, 사람들이 강력한 의견을 갖고 있는 사안들에 국한되지 않는다. 대신, 그것은 우리가 정보를 수집하고 가려내는 방식을 통제하기 위하여 잠재의식 수준에서 작용한다. 우리들 대부분은 우리의 추론 과정에서 이러한 종류의 결함을 인식하지 못하지만, 우리에게 특정한 견해를 설득하기 위해 일하는 전문가들은 자신들의 메시지에 우리를 좀 더 취약하게 만들기 위해 우리의 약점들을 이용하는 방법을 정하려고 인간의 의사결정에 관한 연구를 한다.

풀이

ⓐ 앞에 전치사 as의 목적어가 없고, 뒤에 produce의 목적어도 없으므로 선행사를 포함하는 관계대명사 what은 적절하다.

ⓒ who 뒤에 주어가 없는 불완전한 절이 이어지고 있으므로 선행사 those를 수식하는 주격 관계대명사 who는 적절하다. 관계사절의 주어는 선행사인 복수 대명사 those이므로 이에 수를 일치시켜 복수 동사 focus가 쓰였고 부사 solely는 동사 focus를 수식하고 있다. 참고로 '~한 사람들'이라는 뜻의 those who는 people who로도 바꿔 쓸 수 있다.

ⓕ that 뒤에 주어가 없는 불완전한 문장이 이어지고 있으므로 주격 관계대명사 that이 이끄는 관계사절 that ~ viewpoints는 적절하다. 관계사절의 주어는 선행사인 단수 명사 information이므로 이에 수를 일치시켜 단수 동사 supports가 쓰였다. 부사절의 주어가 주절의 주어와 같을 때 「주어 + be동사」는 생략할 수 있으므로 while 뒤에 they are가 생략된 것으로 보면 된다.

ⓑ 문장의 동사는 are이고 접속사가 없으므로 또 다른 동사 believe는 적절하지 않다. 주어인 They가 '믿는' 것이므로 능동의 의미를 가진 현재분사를 사용하여 believe를 believing으로 고쳐야 한다. believing 이하는 분사구문이다.

ⓓ 문맥상 소유대명사 its가 가리키는 것이 앞에 나온 복수 대명사 those이므로 이에 수를 일치시켜 its tasks를 their tasks로 고쳐야 한다. keeping 이하는 분사구문이다.

ⓔ 문장의 주어가 복수 명사 Common weaknesses이므로 이에 수를 일치시켜 복수 동사를 써야 한다. 따라서 exists를 exist로 고쳐야 한다. in reasoning은 주어를 수식하는 전치사구이다.

ⓖ 접속사 but이 이끄는 절 professionals ~ 에 동사가 없으므로 studying을 study로 고쳐야 한다. who ~ viewpoints는 주어인 professionals를 수식하는 관계사절이다.

구문 분석

(A) **3행** Many employees believe [1)][they will receive **the recognition** [2)]{they desire by attacking their work with a singular vision}].

1) [ ]는 접속사 that이 생략된 명사절로 동사 believe의 목적어 역할을 한다.

2) { }는 목적격 관계대명사 which 또는 that이 생략된 관계사절로 선행사인 recognition을 수식한다.

(B) **10행** Confirmation bias [1)][is not the same as being stubborn], and [2)][is not constrained to **issues** [3)]{about which people have strong opinions}].

1), 2) 두 개의 [ ]는 주어 Confirmation bias를 주어로 하는 동사구로 and로 연결되어 병렬 구조를 이루고 있다.

3) { }는 「전치사 + 관계대명사」가 이끄는 관계사절로, 선행사인 issues를 수식한다. 전치사 about은 people have strong opinions about issues에서 온 것으로 보면 된다. 참고로 전치사 뒤에 오는 관계대명사는 생략하거나 that으로 바꿔 쓸 수 없다.

어휘 및 어구

- indispensable 없어서는 안 될
- in line with ~와 긴밀히 연결되도록
- rational 이성적인
- confirmation bias 확증편향
- constrain 제한하다
- convince A of B A에게 B를 확신시키다
- exploit 이용하다, 착취하다
- optimal 최적의
- dismiss 묵살하다
- reasoning 추론
- stubborn 완고한, 고집 센
- subconscious 잠재의식(의)

03 정답 ①

해석

A. 그것이 나의 탁자에 아름다운 중앙 장식물이 됨에도 불구하고, 나는 동봉된 안내 전단지에서 그 그릇이 전자레인지에서 사용되면 해로운 화학물질을 방출한다는 것을 알게 되었다.

B. 그는 비행기를 점검할 수 있는 Louisiana의 예정된 연료 공급소까지 비행하기를 바라면서, 고도를 낮추고 오일 게이지를 주시하였다.

C. 베이글, 바나나 그리고 에너지 바와 같은 것을 몇 가지 주식으로 삼아 살아가는 것은 당신에게 건강에 필수적인 섬유질, 비타민 그리고 미네랄을 부족하게 할 수도 있다.

D. 남/동아시아에서 태어난 이주민 인구의 비율은 2013년에 26퍼센트로 증가했고, 이것은 1960년의 비율의 일곱 배보다 많았다.

E. 세계에서 가장 길게 뻗어 지속되는 내리막길 중 하나가 있다.

F. 그 결과는 존재하는 모든 권력의 차이가 이러한 차원의 렌즈를 통해 확대되는 것이다.

G. 몇 년 후에 성공한 사업가로서, 한때 불행했던 그 대학생은 그 아이가 그날 그녀에게 가르쳐 준 삶에 대한 놀라운 교훈을 기억했다.

풀이

A. 뒤에 완전한 절이 이어지고 있는 접속사 Although와 that은 적절하다. that the ~ when microwaved는 접속사 that이 이끄는 명사절로 동사 noticed의 목적어 역할을 한다. on the ~ information leaflet은 중간에 삽입된 전치사구이다.

E. there is 다음에 문장의 주어 one of ~ the world가 사용된 문장이다. 「one of + 복수 명사」는 단수로 취급하므로 단수 동사 is는 적절하다.

B. 등위접속사 and가 과거 동사 reduced와 kept를 연결하고 있으며, hoped 앞에는 이를 연결해 줄 접속사가 없으므로 hoped는 동사로 사용되기에 적절하지 않다. 주어인 He가 '바라는' 것이므로 hope를 능동의 의미를 가진 현재분사 hoping으로 고쳐 분사구문을 이끌게 해야 한다.

C. 문장의 동사는 may leave이므로 Exist는 동사로 사용될 수 없고 주어 역할을 할 수 있는 동명사나 to부정사구가 되어야 한다. 따라서 Exist를 Existing 또는 To exist로 고쳐야 한다.

D. 관계대명사 that은 계속적 용법으로 쓰일 수 없으므로 콤마(,) 뒤에 나올 수 없다. 따라서 that을 계속적 용법으로 쓸 수 있는 주격 관계대명사 which로 고쳐야 한다.

F. '존재하다'라는 뜻의 자동사 exist는 수동태로 쓸 수 없으므로 is existed를 exists로 고쳐야 한다. exists의 주어는 앞에 나온 선행사인 단수 명사 any power gap이므로 이에 수를 일치시켜 단수 동사로 써야 한다.

G. the child ~ that day는 taught의 직접목적어가 없는 불완전한 문장이므로 관계부사 when은 적절하지 않다. taught의 목적어가 가리키는 것이 앞 문장의 the remarkable lesson about life이므로, 이를 선행사로 가지는 목적격 관계대명사 which 또는 that으로 고쳐야 한다.

구문 분석

F. The effect is [1)][that **any power gap** 2){that exists} 3)**is magnified** through the lens of this dimension].

   1) [ ]는 접속사 that이 이끄는 명사절로 is의 주격보어 역할을 한다.

   2) { }는 주격 관계대명사 that이 이끄는 관계사절로 앞에 나온 선행사 any power gap을 수식한다.

   3) 어떤 권력의 차이도 '확대된다'라는 의미이므로 수동태 is magnified가 쓰였다.

어휘 및 어구

- centerpiece (탁자 가운데 놓는) 장식물
- enclosed 동봉된
- service 점검(정비)하다
- crucial 필수적인, 중대한
- magnified 확대된
- altitude 고도, 높은 수위
- dietary 식이요법의
- immigrant 이주하는, 이민자
- remarkable 놀라운, 훌륭한

04 정답 ③, ④

해석

① 만약 우리가 오늘 원하는 모든 것을 가질 수 없다면, 우리는 무엇을 하는가? 우리는 선택을 할 수밖에 없다. 우리는 다른 것들이 아닌 어떤 물품과 서비스를 선택해야 한다.

② 당신은 장난감 가게에서 손에 상품권을 쥐고 있는 아이들을 지켜본 적이 있는가?

③ 그들이 산 장난감을 두고 흥분으로 잔뜩 들떠 있는 대신, 그들은 보통 모든 것을 가지고 가지 못하는 것에 대해 좌절하는 것처럼 보인다!

④ 우리가 한꺼번에 모든 것을 가질 수 없으므로 우리는 영원히 선택할 수밖에 없다.

⑤ 우리는 많은 다른 것들을 충족되지 않은 상태로 두고, 우리가 원하는 것들의 일부만을 충족시키기 위해 우리의 자원을 활용할 수 있다.

풀이

③ they bought는 목적격 관계대명사 which 또는 that이 생략된 관계사절로 선행사인 the toy를 수식하고 있으므로 적절하다. 두 번째 문장에서 appear는 '~한 것처럼 보인다'라는 뜻의 불완전 자동사로 쓰였으므로 주격보어로 형용사가 나와야 한다. 따라서 형용사 역할을 할 수 있는 과거분사 frustrated는 적절하다. 주어인 they가 좌절하게 '되는' 것이므로 수동의 의미를 갖는 과거분사가 쓰였다.

④ we are forever made to make choices는 우리가 선택하게 '된다'라는 의미이므로, 사역동사 make가 쓰인 5형식 문장이 수동태로 전환된 구조이다. 사역동사 make가 쓰인 문장이 수동태로 바뀌면 능동태 문장에서 목적격보어로 쓰인 동사원형을 to부정사로 바꿔야 하므로 to make가 쓰인 것은 적절하다.

① 「must have p.p.」는 '~했음에 틀림없다'라는 뜻으로 과거 사실에 대한 강한 추측을 나타낸다. 문맥상 우리는 어떤 물품과 서비스를 '선택해야만 한다'라는 내용이므로 must have chosen을 must choose로 고쳐야 한다.

② Have you ~ in hand?는 「watch + O + O.C」 구조가 쓰인 문장으로 지각동사 watch는 목적격보어로 동사원형 또는 현재분사를 쓴다. 따라서 to hold를 hold 또는 holding으로 고쳐야 한다.

⑤ 여기서 leave는 '~한 상태로 두다'라는 뜻의 5형식 동사로 쓰였으므로 목적격보어 자리에 형용사 역할을 할 수 있는 분사가 쓰였다. 많은 다른 원하는 것들이 '충족되지 않은' 채로 남겨진다는 수동의 의미를 나타내기 위해서는 과거분사가 와야 하므로 unsatisfying을 unsatisfied로 고쳐야 한다.

구문 분석

① If we can't have **everything** [we want today], what do we do?

   ▶ [ ]는 목적격 관계대명사 that이 생략된 관계사절로, 선행사인 everything을 수식한다. 참고로 -thing으로 끝나는 부정대명사가 선행사일 때는 관계대명사로 that만 올 수 있다.

- goods 상품, 물품
- gift certificate 상품권
- bubble (over) 들뜨다, 흥분하다
- satisfy 만족시키다

05 정답 (A) using (B) burning

해석

다시 말해서, 전통적인 주택 방식은 문화, 기후, 그리고 환경에 고유한 것이었다. 열은 감싸고 눈은 견뎌내기 위해 얼음의 열 질량을 이용한 건물인 이글루나, 타는 듯한 사막 열기 한가운데에서 내부를 시원하게 해 주는 고대 이집트인들의 통풍 돔을 생각해 보라.

풀이

(A) 건물이 열 질량을 '이용하는' 것이므로, 능동의 의미를 지닌 현재분사 using으로 고쳐야 한다. a building ~ resist snow는 the igloo를 부연 설명하는 동격의 명사구이다.

(B) 명사 desert heat을 수식하는 형용사 역할을 할 수 있는 현재분사가 와야 한다. 따라서 '타고 있는, 타는 듯한'이라는 능동의 의미를 나타내는 현재분사 burning으로 고쳐야 한다.

구문 분석

3행 Consider ¹⁾[the igloo, ²⁾{a building using the thermal mass of ice to enclose heat and resist snow}], or ³⁾[the ancient Egyptians' ventilation domes ⁴⁾{that produced interior cooling amid burning desert heat}].

1), 3) 동사 Consider의 목적어인 두 개의 명사구 [ ]가 or로 연결되어 병렬 구조를 이루고 있다.

2) { }는 the igloo를 부연 설명하는 동격의 삽입구이다.

4) { }는 주격 관계대명사 that이 이끄는 관계사절로, 선행사인 the ancient Egyptians' ventilation domes를 수식한다.

어휘 및 어구

- traditional 전통적인
- housing 주거(주택) 방식
- specific 고유한, 특정한
- enclose 에워싸다, 둘러싸다
- resist 저항하다, 견디다
- ventilation 환기, 통풍
- interior 내부의, 실내의

[06~07]

06 정답 ② counteract ④ has had ⑤ recent

07 정답 have always used invention in order to devise better ways

해석

우리의 부엌은 과학의 훌륭함의 덕을 많이 보고 있고, 스토브에서 혼합 재료로 실험하는 요리사는 흔히 실험실에 있는 화학자와 크게 다르지 않다. 우리는 색을 유지하기 위해 적양배추에 식초를 첨가하고 케이크에 있는 레몬의 산성을 중화하기 위해 베이킹 소다를 사용한다. 그러나 기술이 단지 과학적 사고를 적용한 것이라고 생각하는 것은 잘못이다. 그것(기술)은 이것(과학적 사고)보다 더 기초적이고 더 오래된 무언가이다. 모든 문화가 기원전 4세기에

Aristotle에게서 시작된 우주에 관한 체계화된 지식의 형태인 형식과학을 가지고 있지는 않았다. 실험이 가설, 실험법, 그리고 분석의 구조화된 체계의 일부를 형성하는 현대 과학 방식은 17세기에 이르러서인 근래의 것이다. 요리의 문제 해결 기술은 수천 년 전으로 거슬러 올라간다. 초기 석기 시대 인간이 날카롭게 만든 부싯돌로 날 음식물을 잘랐던 이래로, 우리는 항상 우리 자신을 먹여 살리는 더 나은 방법들을 고안하기 위해 발명을 사용해 왔다.

풀이

06 ② '~하기 위하여'라는 뜻의 「so as to V」를 써야 하므로 to 뒤의 counteracting을 counteract로 고쳐야 한다.

④ '기원전 4세기에 시작된 과학을 모든 문화가 가져온 것은 아니다'라는 내용이므로, 기원전 4세기라는 과거 시점부터 현재까지 계속되어 온 행위를 나타내는 현재완료시제를 써야 한다. 따라서 had had를 has had로 고쳐야 한다.

⑤ 「as ~ as」 원급 비교가 쓰인 문장이다. as를 지워 보면 앞에 불완전자동사 is가 있으므로 as ~ as 사이에 주격보어 역할을 할 수 있는 형용사가 와야 함을 알 수 있다. 따라서 부사 recently를 형용사 recent로 고쳐야 한다.

---

① a cook ~ the lab에서 동사는 is이므로 준동사가 나와야 하는 자리임을 알 수 있다. 요리사가 '실험하는' 것이므로, 능동의 의미를 가지면서 a cook을 수식하는 현재분사 experimenting은 적절하다. experimenting 앞에는 주격 관계대명사와 be동사가 생략된 것으로 볼 수 있다.

③ 뒤에 완전한 절이 이어지고 있고 동사 suppose의 목적어가 없으므로, 목적어 역할을 할 수 있는 명사절을 이끄는 접속사 that은 적절하다.

07 '초기 석기 시대 인간이 날카롭게 만든 부싯돌로 날 음식물을 잘랐던 이래로' 발명을 사용해 왔다는 내용이므로, 과거부터 현재까지 계속되어 온 행위를 나타내는 현재완료시제를 써야 한다. 빈도부사 always는 조동사 뒤에 위치시켜야 하므로 have always used를 먼저 쓰고 used의 목적어인 invention을 이어서 써야 한다. '더 나은 방법들을 고안하기 위해'라는 의미를 나타내기 위해 '~을 위해서'라는 뜻의 「in order to V」를 사용하여 in order to devise를 쓰고 devise의 목적어로 '더 나은 방법들'에 해당하는 better ways를 이어서 써야 한다.

구문 분석

12행 **The modern scientific method**, [in which experiments form part of a structured system of hypothesis, experimentation, and analysis] is as recent as the seventeenth century;

▶ [ ]는 「전치사 + 관계대명사」의 구조의 in which가 이끄는 관계사절로, 완전한 절을 이끌며 앞에 있는 선행사 The modern scientific method를 수식하고 있다. 이때 in which는 관계부사와 같은 역할을 한다.

어휘 및 어구

- brilliance 훌륭함
- mixture 혼합물
- chemist 화학자
- vinegar 식초
- acidity 신맛, 산도
- appliance 적용, 기구
- hypothesis 가설
- analysis 분석
- sharpened 날카로운

08 정답 ② which → where (in which)
③ result in → results in

해석
온전한 생태계가 있는 보호구역을 만드는 것은 종 보존에 필수적이다. 그러나 생물 다양성을 보존하기 위해서 오직 보호구역에만 의존하는 것은 근시안적이다. 그러한 의존은 보호구역 내의 종과 생태계는 보존되는 반면에 바깥에 있는 같은 종과 생태계는 손상되도록 허용되는 역설적인 상황을 만들어 낼 수 있는데, 이는 다시 보호구역 내의 생물 다양성의 쇠퇴라는 결과를 가져온다. 부분적으로 이것은 많은 종이 보호구역 자체가 제공할 수 없는 자원에 접근하기 위해 보호구역의 경계를 넘어서 이동해야 한다는 사실에 기인한다. 예를 들어, 인도에서 호랑이는 주변의 인간이 지배하는 지역에서 사냥하기 위해 자신들의 보호구역을 떠난다. 일반적으로, 보호구역이 작으면 작을수록 그것은 생물 다양성의 장기적인 유지를 위해 보호되지 않는 인근 지역에 더욱 의존하게 된다. 그러므로 보호구역 바로 바깥에 있는 지역들을 포함하여 비보호구역들은 전반적인 보존 전략에 있어 매우 중요하다.

풀이
② 뒤에 완전한 절이 이어지고 있으므로 관계대명사 which는 적절하지 않다. a paradoxical situation이 선행사이므로 장소나 상황을 선행사로 가지는 관계부사 where 또는 관계부사 역할을 할 수 있는 「전치사 + 관계대명사」 구조의 in which로 고쳐야 한다.
③ 계속적 용법으로 쓰인 관계대명사 which는 앞 문장 전체 또는 일부를 선행사로 가질 수 있다. 문맥상 '역설적인 상황'이 다시 생물 다양성의 쇠퇴라는 결과를 가져온다는 내용이므로, 관계사절의 주어는 선행사인 단수 명사 a paradoxical situation이고 이에 수를 일치시켜 단수 동사를 써야 하므로 result in을 results in으로 고쳐야 한다.

─────────

① 문장의 주어는 동명사구인 Establishing ~ ecosystems이다. 동명사구는 단수 취급하므로 이에 수를 일치시킨 단수 동사 is는 적절하다.
④ 재귀대명사 itself는 주어인 단수 명사 the protected area를 강조하는 역할로 쓰였으므로 적절하다. 참고로 강조 용법의 재귀대명사는 생략 가능하다.
⑤ 「The 비교급 + S + V, the 비교급 + S + V」 구문이 쓰여 동사 depend on을 수식하는 비교급 the more가 문장 앞으로 나온 구조이므로 적절하다.

구문 분석
2행 ¹⁾It is, however, shortsighted [to rely solely on protected areas ²⁾{to preserve biodiversity}].
　1) It은 가주어이고 to부정사구인 [　]가 진주어이다.
　2) {　}는 '~하기 위해서'라는 뜻을 나타내기 위해 부사적 용법으로 쓰인 to부정사구이다.

18행 Unprotected areas, [including those immediately outside protected areas], **are** thus crucial to an overall conservation strategy.
　▶ [　]는 Unprotected areas를 수식하는 삽입구로, 문장의 주어는 복수 명사인 Unprotected areas이므로 이에 수를 일치시켜 복수 동사 are이 쓰였다.

어휘 및 어구
- intact 완전한
- biodiversity 생물의 다양성
- paradoxical 역설적인
- migrate 이동하다
- shortsighted 근시안적인
- reliance 의존
- decline 쇠퇴, 감소
- boundary 경계

- maintenance 유지

09 정답 of cleaning the paper makes it too expensive to use

해석
어느 제품에 대해서든지, 재활용 과정의 마지막 단계는 새 제품을 판매하는 것이다. 불행히도, 어떤 유형의 재활용품에 대해서는 시장을 찾는 것이 어려울 수도 있다. 예를 들어, 플라스틱 회사는 일반적으로 새 플라스틱을 선호하는데, 이는 새 플라스틱이 재활용 플라스틱보다 더 일관성 있는 품질을 지니기 때문이다. 새 플라스틱에는 플라스틱이 재활용되기 전에 잘 분류되지 않으면 때때로 섞이는 배합할 수 없는 폴리머, 즉 플라스틱이 만들어지는 화학물질이 없다는 것이 보장된다. 제조업자들은 재활용된 내용물이 없는 플라스틱의 색상을 조절하기가 또한 더 쉽다고 말한다. 마찬가지로 종이 제조업자들은 재활용 종이가 수집되고 분류되는 동안 자주 더러워진다고 불평한다. 그 종이를 깨끗하게 하는 추가 비용이 어떤 목적을 위해 사용하기에는 그것(재활용 종이)을 지나치게 비싸게 만든다.

풀이
주어인 '그 종이를 깨끗하게 하는' 추가 비용을 나타내기 위해 먼저 of cleaning the paper를 쓴다. '~하기에 너무 …하다'는 뜻의 「too + 형용사 + to V」 구문과 '~을 …하게 만들다'라는 뜻의 「make + 가목적어(it) + 목적격보어 + 진목적어(to V)」 구문을 사용하는데, 주어가 단수 명사인 added expense이므로 단수 취급하여 동사 make를 makes로 바꾼 후, it을 쓰고 목적격보어에 해당하는 too expensive와 진목적어인 to use를 차례로 배열한다.

구문 분석
4행 Plastic companies generally prefer new plastic, for instance, because it is **of more consistent quality** than recycled plastic.
　▶ 「of + 추상명사」는 형용사처럼 쓰이므로, of more consistent quality는 '더 일관성 있는 품질의'라는 뜻이다.

어휘 및 어구
- prefer 선호하다
- guarantee 보증하다
- sort 분류하다
- complain 불평하다
- consistent 일관된
- manufacturer 제조업자
- content 내용, 만족하는

10 정답 matched the category of the previous object's typical color

해석
Mitterer와 de Ruiter는 '세상에 대한 지식'과 색 범주들의 관계를 연구하기 위해 색 범주화 패러다임을 사용했다. 우선, 관찰자들의 절반은 완전한 주황색인 전형적인 주황색 사물(예를 들어, 당근)과 주황색과 노란색 사이의 중간 색조를 띤 전형적인 노란색 사물(예를 들어, 바나나)을 보았다. 나머지 절반은 중간 색조를 띤 전형적인 주황색 사물과 완전한 노란색인 전형적인 노란색 사물을 보았다. 이후에 관찰자들은 노란색과 주황색 사이의 어딘가의 색을 띤 색 중립적인 사물(예를 들어, 양말)을 노란색이나 주황색 중 하나로 분류하라고 요구받았다. 연구자들은 관찰자들이 중간 색조를 띤 전형적인 노란색 사물을 보았으면 나중에 이 색조가 노란색으로 분류되었다는 것을 발견했다. 중간 색조를 띤 전형적인 주황색 사물을 보았던 관찰자들에게 있어서는 그 반대였다.

→ 관찰자들이 중간 색조를 띤 전형적인 노란색 혹은 주황색 사물에 노출된 후, 그들은 색 중립적인 사물의 그 중간 색조가 <u>이전 사물의 전형적인 색의 범주와 부합한다고</u> 생각했다.

풀이

관찰자들이 이전에 중간 색조를 띤 전형적인 노란색 혹은 주황색 사물을 보게 되면, 이후에 색 중립적인 사물을 보았을 때도 그 중간 색조가 이전 사물의 전형적인 색의 범주와 같다고 생각한다는 연구에 관한 글이다. they thought 뒤에 접속사 that이 생략되어 있는 구조로 thought의 목적어 역할을 하는 명사절이 이어져야 한다. 명사절의 주어는 the intermediate hue of a color-neutral object이므로 빈칸에 동사 matched를 먼저 써야 한다. 그 다음 '이전 사물의 전형적인 색의 범주'라는 의미를 나타내기 위해 목적어인 the category를 쓰고 이어서 category를 부연 설명하는 전치사구 of the previous object's typical color를 써야 한다.

구문 분석

9행 Later, observers [1]**were asked to categorize** a color-neutral object (e.g., sock) [2]**colored** somewhere between yellow and orange as [3]**either** yellow **or** orange.

1) 관찰자들이 '요청받은' 것이므로 「ask + O + to V」 구조가 수동태로 표현되었다.
2) '색깔이 칠해진' 사물들이라는 의미이므로 수동의 의미를 나타내는 과거분사 colored가 쓰였다.
3) either A or B: A이거나 B

어휘 및 어구

- categorization 범주와
- observer 관찰자, 감시자
- neutral 중립적인
- reverse 반대로 하다
- paradigm 패러다임, 보기
- intermediate 중간의
- subsequently 나중에
- expose 노출시키다

OX로 개념을 적용하는
고등 국어 문제 기본서

더 THE 개념
블랙라벨

국어

국어 문학   국어 독서   국어 문법

개념은 빠짐없이! 설명은 분명하게!
연습은 충분하게! 내신과 수능까지!

B L A C K L A B E L

짧은 호흡, 다양한 도식과 예문으로	꼼꼼한 OX 문제, 충분한 드릴형 문제로	내신형 문제부터 수능 고난도까지
직관적인 개념 학습	**국어 개념 완벽 훈련**	**내신 만점 수능 만점**

impossible

+

땀 한 방울

=

i'm possible

불가능을 가능으로 바꾸는 것은
한 방울의 땀입니다.

틀을 깨는 생각 *Jinhak*

1등급을 위한 **명품 영어**

블랙라벨 영어 내신 어법

Tomorrow
better than today

수능&내신을 위한
명품 영단어장

불랙라벨 보카시리즈

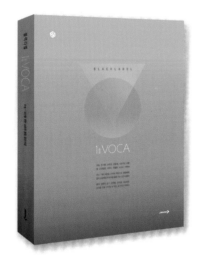

상위권 어휘로 실력을 **레벨업**하고 싶다면?

BLACKLABEL

1등급
VOCA

고1 (상위권)
~ 고3

고등 내신의 **어휘변형**을 준비하고 싶다면?

BLACKLABEL

커넥티드
VOCA

예비 고1
~ 고2

전교 1등의 책상 위에는 **블랙라벨**	국어	독서(비문학) | 문법
	영어	커넥티드 VOCA | 1등급 VOCA | 내신 어법 | 독해
	15개정 고등 수학	수학(상) | 수학(하) | 수학 I | 수학 II | 확률과 통계 | 미적분 | 기하
	15개정 중학 수학	1-1 | 1-2 | 2-1 | 2-2 | 3-1 | 3-2
	15개정 수학 공식집	중학 | 고등
	22개정 고등 수학	공통수학 1 | 공통수학 2
	22개정 중학 수학	1-1 | 1-2
단계별 학습을 위한 플러스 기본서 **더 개념 블랙라벨**	국어	문학 | 독서 | 문법
	15개정 수학	수학(상) | 수학(하) | 수학 I | 수학 II | 확률과 통계 | 미적분
	22개정 수학	공통수학 1 | 공통수학 2
내신 서술형 명품 영어 **WHITE** *label*	영어	서술형 문장완성북 | 서술형 핵심패턴북
마인드맵 + 우선순위 **링크랭크**	영어	고등 VOCA | 수능 VOCA

완벽한 학습을 위한 수학 공식집

블랙라벨 **BLACKLABEL**

수학 공식집 15개정

- 블랙라벨의 모든 개념을 한 권에
- 블랙라벨 외 내용 추가 수록
- 목차에 개념 색인 수록
- 한 손에 들어오는 크기

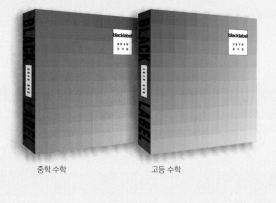

중학 수학   고등 수학